GESTÃO DE PESSOAS
REALIDADE ATUAL E DESAFIOS FUTUROS

O GEN | Grupo Editorial Nacional – maior plataforma editorial brasileira no segmento científico, técnico e profissional – publica conteúdos nas áreas de ciências sociais aplicadas, exatas, humanas, jurídicas e da saúde, além de prover serviços direcionados à educação continuada e à preparação para concursos.

As editoras que integram o GEN, das mais respeitadas no mercado editorial, construíram catálogos inigualáveis, com obras decisivas para a formação acadêmica e o aperfeiçoamento de várias gerações de profissionais e estudantes, tendo se tornado sinônimo de qualidade e seriedade.

A missão do GEN e dos núcleos de conteúdo que o compõem é prover a melhor informação científica e distribuí-la de maneira flexível e conveniente, a preços justos, gerando benefícios e servindo a autores, docentes, livreiros, funcionários, colaboradores e acionistas.

Nosso comportamento ético incondicional e nossa responsabilidade social e ambiental são reforçados pela natureza educacional de nossa atividade e dão sustentabilidade ao crescimento contínuo e à rentabilidade do grupo.

Joel Souza Dutra
Tatiana Almendra Dutra
Gabriela Almendra Dutra

GESTÃO DE PESSOAS

REALIDADE ATUAL E DESAFIOS FUTUROS

- Os autores deste livro e a editora empenharam seus melhores esforços para assegurar que as informações e os procedimentos apresentados no texto estejam em acordo com os padrões aceitos à época da publicação, *e todos os dados foram atualizados pelos autores até a data de fechamento do livro*. Entretanto, tendo em conta a evolução das ciências, as atualizações legislativas, as mudanças regulamentares governamentais e o constante fluxo de novas informações sobre os temas que constam do livro, recomendamos enfaticamente que os leitores consultem sempre outras fontes fidedignas, de modo a se certificarem de que as informações contidas no texto estão corretas e de que não houve alterações nas recomendações ou na legislação regulamentadora.
- Os autores e a editora se empenharam para citar adequadamente e dar o devido crédito a todos os detentores de direitos autorais de qualquer material utilizado neste livro, dispondo-se a possíveis acertos posteriores caso, inadvertida e involuntariamente, a identificação de algum deles tenha sido omitida.
- **Atendimento ao cliente: (11) 5080-0751 | faleconosco@grupogen.com.br**
- Direitos exclusivos para a língua portuguesa
  Copyright © 2017, 2025 (6ª impressão) by
  Editora Atlas Ltda.
  Uma editora integrante do GEN | Grupo Editorial Nacional
  Travessa do Ouvidor, 11
  Rio de Janeiro – RJ – 20040-040
  www.grupogen.com.br
  Reservados todos os direitos. É proibida a duplicação ou reprodução deste volume, no todo ou em parte, em quaisquer formas ou por quaisquer meios (eletrônico, mecânico, gravação, fotocópia, distribuição pela Internet ou outros), sem permissão, por escrito, da Editora Atlas Ltda.
- Capa: MSDE | MANU SANTOS Design
- Imagem da capa: DrAfter123 | iStockphoto.com
- Editoração eletrônica: Formato Editora e Serviços
- Ficha catalográfica

CIP-BRASIL. CATALOGAÇÃO NA PUBLICAÇÃO
SINDICATO NACIONAL DOS EDITORES DE LIVROS, RJ

J975g
Dutra, Joel Souza
Gestão de pessoas: realidade atual e desafios futuros / Joel Souza Dutra, Tatiana Almendra Dutra, Gabriela Almendra Dutra. – 1. ed. – [6ª Reimpr.]. – São Paulo: Atlas, 2025.
496 p. ; 28 cm.

Inclui bibliografia e índice
ISBN 978-85-97-01298-9

1. Administração de pessoal. 2. Recursos humanos. I. Dutra, Tatiana Almendra. II. Dutra, Gabriela Almendra. III. Título.

17-42996

CDD: 658.3
CDU: 658.3

SUMÁRIO

Apresentação xiii

Parte I
COMPREENDENDO A GESTÃO DE PESSOAS

1 A Gestão de Pessoas no Contexto Contemporâneo 3
- Importância da gestão de pessoas 4
  - A gestão de pessoas passada a limpo 4
  - Relações entre pessoas e organização 7
  - Gestão de pessoas e seu impacto na competitividade da organização 9
  - Impacto no desenvolvimento das pessoas 10
- Processo evolutivo da gestão de pessoas 11
  - Evolução no mundo 12
  - Processo evolutivo no Brasil 14
  - Novos caminhos para a gestão de pessoas 16
  - Organização da gestão de pessoas 18
    - Papéis na gestão de pessoas 18
    - Papel das pessoas 19
    - Papel das organizações 19
  - Organização da gestão de pessoas 20
    - Processos de gestão de pessoas 20
    - Orientação às pessoas 21
    - Cuidados com as pessoas 21
  - Tendências na gestão de pessoas 22
    - Perdas dos referenciais para a gestão 22
    - Novas formas de organização do trabalho 23
    - Demografia do Brasil 24
    - Transformações culturais 25
- *Resumo* 26
- *Questões* 26
- *Referências* 27

2 Fundamentos da Gestão de Pessoas 31
- Bases conceituais para compreender a gestão de pessoas 32
  - Competência 33
    - Evolução do conceito de competência 33
    - Articulação entre estratégia empresarial e competências individuais 34
    - Caracterização das competências individuais 36
  - Complexidade 38
    - Critérios de valorização das pessoas 39
  - Espaço ocupacional 41
- Elementos estáveis na gestão de pessoas 42
  - Expectativas em relação às pessoas 43
  - Trajetórias de carreira 44
    - Compreensão das trajetórias de carreira 45
    - Referenciais estáveis para a gestão de pessoas 46
- Gestão de pessoas em um ambiente em constante transformação 47
  - Tendências na gestão de pessoas 47
  - Efeitos perversos a serem evitados na gestão de pessoas 48
  - Expectativa das pessoas 49
  - Expectativa da organização 49
  - Conciliação de expectativas 50
- *Resumo* 51
- *Questões* 51
- *Referências* 53

Parte II
MOVIMENTANDO PESSOAS

3 Dinâmica do Mercado de Trabalho 59
- Demanda e oferta de pessoas 60
  - Posicionamento em relação ao mercado de trabalho 60
  - Compreendendo a demanda do mercado de trabalho 62
  - Como o mercado constrói a oferta de pessoas 63
  - Análise das características do mercado 64

Monitoramento do mercado pela organização............ 65
    Informações estruturadas sobre o mercado de trabalho 65
    Análise do mercado para posições críticas para o negócio 66
    Processos de intervenção no mercado de trabalho 67
    Construção de imagem no mercado de trabalho .. 67
Monitoramento do mercado pela pessoa 68
    Empregabilidade e monitoramento do mercado de trabalho 68
    Oportunidades e ameaças apresentadas pelo mercado 69
Resumo 70
Questões 70
Referências 71

4 Planejamento de Pessoas e Desenvolvimento de Fontes 73
Planejamento do quadro de pessoas 74
    Movimentação e a gestão estratégica de pessoas 74
    Dimensionamento do quadro de pessoas............... 76
    Análise do nível de preparo das pessoas para posições de maior complexidade 81
    Projeção do quadro... 85
    Indicadores importantes para planejamento e acompanhamento do quadro 86
Fontes de recursos 86
    Fontes de recursos como um diferencial competitivo 86
    Desenvolvimento de fontes 87
    Parcerias com instituições na sociedade para construir fontes... 88
    Monitoramento das fontes de recursos.................... 88
Resumo 89
Questões 89
Referências 90

5 Captação, Socialização e Movimentação de Pessoas 93
Captação de pessoas.. 94
    Definição do perfil da pessoa a ser captada 94
    Formas de atração de pessoas 97
    Processo de escolha 99
    Papéis no processo de escolha 100
    Processos discriminatórios na escolha 100
    Avaliação da efetividade do processo de escolha . 101
Socialização das pessoas.. 102
    Integração das pessoas pela organização............. 102
    Importância de suporte à pessoa quando ingressa na organização 103
    Importância do suporte quando a pessoa se movimenta na organização 103
Movimentação das pessoas.. 104
    Processos de transferência 104
    Expatriações... 104
    Recolocação 106
Resumo 107
Questões 107
Referências 108

Parte III
DESENVOLVENDO PESSOAS

6 O Protagonismo das Pessoas em Relação ao seu Desenvolvimento e à sua Carreira 111
Importância do protagonismo da pessoa em relação à sua carreira.. 112
    O que é o protagonismo da pessoa 112
    Importância do protagonismo em relação à carreira.. 113
    Como pensar a carreira 114
    Cuidados ao pensar na carreira 115
        Futuro pensado em bases movediças 115
        Dificuldade de sonhar a carreira 115
        Criação de autorrestrições 116
Construção de um projeto de carreira 117
    Elaboração de objetivos 117
    Autoconhecimento 117
        Tipos psicológicos... 117
        Valores... 118
        Habilidades naturais 120
        Processos de escolha e etapas da carreira 121
Armadilhas profissionais... 126
    Caminhos sem saída 126
    Infelicidade profissional 127
    Caminho errado 128
    Desgaste de imagem 129
Estratégias de carreira.. 130
    Crescimento na carreira 130
    Mudança de carreira na mesma organização....... 130
    Mudança de organização na mesma carreira......... 131
    Mudança de organização e de carreira ao mesmo tempo... 131

Carreiras complementares 131
Negociação da carreira com a organização 132
    Papéis no processo de negociação..................... 132
    Cuidados necessários no processo de negociação com a organização 133
    Espaços a serem criados pela organização para a negociação de carreira 133
    Resumo 134
    Questões 134
    Referências 136

7 Gestão de Carreiras pela Organização 139
Sistemas de gestão de carreiras 140
    Princípios 141
    Estrutura de carreiras 141
    Instrumentos de gestão 141
Relação entre gestão de carreiras e estratégia de gestão de pessoas 142
    Pontos de alinhamento 142
    Pontos de atenção na carreira e estratégia de gestão de pessoas 145
Papel da organização na gestão de carreiras 146
    Definições sobre o sistema de gestão de carreira.. 146
        Definição estratégica 146
        Definição do sistema de gestão de carreiras 146
        Definição da metodologia de modelagem, implementação e atualização de sistema 147
    Aplicação do sistema de administração de carreira 147
Transição de carreira 150
    As etapas típicas de um processo de transição de carreira 151
    Transição da carreira técnica ou funcional para a gerencial 152
    Retorno para a carreira técnica ou funcional 153
    Gestão da transição de carreira 153
Avaliação da gestão de carreiras 155
    Critérios para avaliação 155
    Medidas para aprimoramento 156
Resumo 156
Questões 157
Referências 159

8 Treinamento e Capacitação de Pessoas 161
Gestão do desenvolvimento das pessoas 162
    Construção da gestão do desenvolvimento 165
    Estruturação das ações de desenvolvimento 170
Processo de aprendizagem 172
    Consciência da necessidade de desenvolvimento 174
    Processos formais de aprendizagem 175
    Experimentação 175
    Reflexão sobre a aprendizagem 176
Ações de desenvolvimento para lidar com maior complexidade 177
    Exposição a desafios 178
    Ampliação da visão 178
    Rede de relacionamento 179
    Orientação 179
Avaliação das ações de desenvolvimento 180
    Formas para mensurar a efetividade das ações de desenvolvimento 181
        Expectativas das pessoas 181
            Informações sobre a carreira e políticas de movimentação e ascensão 181
            Indicação da pessoa para atribuições e responsabilidades de maior complexidade 182
            Acompanhamento do processo de desenvolvimento profissional 182
            Ocupação de uma posição de maior complexidade 182
        Expectativas dos gestores 182
        Expectativas da organização 183
Aprimoramento do processo de desenvolvimento 183
Fontes de dados e informações 183
Resumo 184
Questões 184
Referências 185

9 Conciliação de Expectativas de Desenvolvimento entre Pessoas e Organização 187
Papéis na conciliação de expectativas 188
    Papel das pessoas 188
    Papel dos gestores 190
    Papel da organização 192
Suporte às decisões individuais 194
    Instrumentos para auxiliar o autoconhecimento 195
    Aconselhamento individual 195
    Informações sobre oportunidades internas 196
Suporte para a organização na gestão de pessoas 197
    Previsão de demanda de pessoas 197
    Programas de desenvolvimento e gestão da massa salarial 198
Facilitadores da comunicação entre pessoas e organização 198
    Preparação dos gestores para atuar como orientadores 199

Processos de avaliação de desempenho 199
Processos de avaliação de potencial 199
Informações que um sistema de gestão de pessoas deve apresentar 200
Premissas que nortearam a construção do sistema 200
Instrumentos de gestão 200
Navegação geral no sistema por pessoas, gestores e organização 201
Navegação da organização 202
Processos de orientação profissional 202
Mentoring e tutoria 203
Aconselhamento 204
Coaching 205
Resumo 206
Questões 206
Referências 207

Parte IV
VALORIZANDO PESSOAS

10 Padrões de Equidade e Justiça no Tratamento das Pessoas 211
Padrões internos de equidade 212
Construção de padrões internos de equidade 212
Mensuração da agregação de valor das pessoas 213
Novos padrões de valorização × padrões tradicionais 215
Coerência e transparência dos critérios de equidade 216
Formas de valorização das pessoas 217
Tipos de remuneração × tipos de contribuição 217
Parâmetros para a determinação da remuneração adequada 219
Lógica do mercado em relação à remuneração 220
Pesquisa e análise da valorização das pessoas pelo mercado 222
Monitoramento da valorização das pessoas pelo mercado 222
Construção e realização de pesquisas 223
Análise das pesquisas sobre o mercado 224
Ações gerenciais decorrentes das pesquisas 225
Padrões externos de equidade 226
Definição do posicionamento da organização em relação ao mercado 226
Conciliação entre padrões internos e externos de equidade 226
Resumo 227
Questões 228
Referências 229

11 Remuneração e Recompensa 231
Remuneração fixa 232
Evolução do pensamento sobre remuneração 232
Formas tradicionais para estabelecer a remuneração fixa 234
Remuneração como função da complexidade 235
Remuneração variável 237
Aplicação e resultados esperados 237
Tipos de remuneração variável 238
Definição do bolo a ser distribuído 239
Formas de distribuição do bolo 239
Pagamento da remuneração variável 240
Incentivos de curto prazo e de longo prazo 240
Incentivos de curto prazo 240
Incentivos de longo prazo 241
Críticas e riscos da remuneração variável 241
Benefício, serviços e facilidades oferecidos pela organização 242
Papel e resultados esperados dos benefícios 242
Benefícios flexíveis 243
Resumo 244
Questões 244
Referências 246

12 Gestão da Massa Salarial 247
Composição e impactos da massa salarial 248
Composição da massa salarial 248
Características e impactos da massa salarial 248
Dinâmica da massa salarial 249
Racionalização e uso estratégico da massa salarial 249
Remuneração fixa × remuneração variável 249
Remuneração fixa × desenvolvimento 250
Massa salarial × dimensionamento do quadro 251
Recompensas não financeiras 253
Tipos de recompensas não financeiras 253
Uso da remuneração não financeira 254
Impacto da remuneração não financeira na massa salarial 255
Resumo 255
Questões 255
Referências 256

Parte V
ORIENTANDO AS PESSOAS

13 Processo de Avaliação de Pessoas 261
   Relação entre avaliação e gestão de pessoas 262
      Aspectos ritualísticos da avaliação de pessoas 262
         Relação entre avaliação e o amadurecimento da gestão de pessoas 263
      Tipos de avaliação de pessoas 264
   Avaliação de desenvolvimento 265
      Mensuração do desenvolvimento 265
         Exemplos de descrições separadas de competências e complexidade 267
         Exemplos de descrições conjuntas de competências e complexidade 269
      Descrição de casos e exemplos de avaliação de desenvolvimento 270
   Avaliação de resultado 276
      Como mensurar os resultados 277
         Resultado e as outras dimensões do desempenho 278
      Exemplos de avaliação e valorização do resultado 279
   Avaliação de comportamento 282
      Categorias de comportamentos a serem avaliados 282
      Exemplos de práticas na avaliação do comportamento 283
   Avaliação de potencial 287
      Conceitos utilizados sobre potencial 287
      Formas para identificar pessoas com potencial .. 288
      Instrumentos e processos utilizados para avaliar potencial 289
   Processos colegiados de avaliação 296
      Composição, preparação e condução de processos colegiados 297
   Resumo 301
   Questões 301
   Referências 302

14 Ações Gerenciais Decorrentes da Avaliação ... 305
   Principais ações gerenciais decorrentes da avaliação ... 306
      Final do período fiscal 307
      Início do período fiscal 307
      Ações após a avaliação colegiada 308
      Ações gerenciais decorrentes dos colegiados ... 309
      Processo sucessório 309
      Retenção 310
      Remuneração, carreira e desenvolvimento 312
      Movimentação 312
   Importância da avaliação para as pessoas 313
      Construção de histórico de contribuições 313
      Estímulo ao diálogo entre a pessoa e seu gestor ... 314
      Respeito às pessoas 314
   Indicadores de sucesso do processo de avaliação 314
      Clima organizacional 315
      Canais de comunicação 315
      Sugestões 315
      Ambulatório médico 315
      Produtividade 316
      Alcance de metas 316
      Rotatividade 317
   Resumo 317
   Questões 317
   Referências 318

15 Diálogo de Desenvolvimento 321
   Processo do diálogo de desenvolvimento 322
      Foco do diálogo de desenvolvimento 323
      Etapas do diálogo de desenvolvimento 323
         Preparação para o diálogo 324
         Realização do diálogo 324
         Execução e acompanhamento das decisões tomadas durante o diálogo 325
   Papel da pessoa 326
      Preparação para o diálogo 326
      Condução do diálogo 326
      Acompanhamento das decisões definidas no diálogo 327
   Papel do gestor 328
      Preparação para o diálogo 328
      Condução do diálogo 329
      Acompanhamento das decisões definidas no diálogo 330
   Papel da organização 331
      Preparação para o diálogo 331
      Realização do diálogo 332
      Acompanhamento das ações definidas no diálogo 332
   Resumo 333
   Questões 333

Parte VI
CUIDADO COM AS PESSOAS

16 Segurança e Condições de Trabalho ... 337
- Integridade das pessoas ... 338
    - Integridade física ... 338
    - Integridade psicológica ... 339
    - Integridade social ... 340
- Segurança no trabalho ... 341
    - Segurança como cultura organizacional ... 342
    - Análise de incidentes e acidentes de trabalho ... 343
    - Importância do ambiente de trabalho ... 343
- Monitoramento da saúde das pessoas ... 344
    - Programas preventivos de saúde ... 344
    - Acompanhamento das incidências das doenças apresentadas pelas pessoas ... 345
    - Saúde como um conceito mais amplo do que não ter doenças ... 346
- Qualidade de vida no trabalho ... 346
    - Estudos sobre qualidade de vida no trabalho ... 346
    - Relação entre qualidade de vida e resultados para a organização ... 347
    - Formas de aprimorar a qualidade de vida no trabalho ... 348
- *Resumo* ... 348
- *Questões* ... 348
- *Referências* ... 349

17 Gestão do Clima e Satisfação das Pessoas ... 353
- Clima organizacional ... 354
    - Compreendendo o que é clima organizacional ... 355
    - Definindo o que é clima organizacional ... 356
    - Diferenças entre o clima e a cultura organizacional ... 358
    - A importância de um clima positivo e seu impacto nos resultados da organização ... 358
- Monitoramento do clima organizacional ... 358
    - Estruturação de pesquisa de clima ... 359
    - Ações gerenciais decorrentes da análise das pesquisas ... 360
    - Construção de indicadores de sucesso para as ações gerenciais ... 361
- Papel dos gestores na manutenção de um clima adequado ... 362
    - Uso das pesquisas do clima organizacional para orientar o desenvolvimento de líderes ... 362
    - Monitoramento do aprimoramento da liderança através das pesquisas sobre clima ... 362
    - Ações de aprimoramento da gestão de pessoas através das pesquisas de clima ... 363
- *Resumo* ... 363
- *Questões* ... 363
- *Referências* ... 364

18 Sistemas de Informação na Gestão de Pessoas ... 369
- Caracterização de um sistema de informação na gestão de pessoas ... 370
    - Importância e uso de um sistema de informação para aprimorar a gestão de pessoas ... 371
    - Componentes de um sistema de informação ... 372
    - Articulação do sistema de informação com as políticas e práticas de gestão de pessoas ... 373
- Utilização do sistema de informação pelas pessoas ... 374
    - Responsabilidade das pessoas por atualizar seus dados ... 374
    - Orientação das pessoas em todos os aspectos relacionados aos seus interesses ... 375
    - Uso de tecnologias de interação com as pessoas ... 375
    - Suporte ao desenvolvimento profissional ... 376
    - Criação de serviços e facilidades ... 376
- Utilização do sistema de informação pela organização ... 376
    - Suporte ao processo decisório sobre pessoas ... 377
    - Comunicação instantânea com todas as pessoas ou grupos ... 378
    - Prevenção de potenciais problemas na gestão de pessoas ... 380
    - Tendências no uso do sistema de informação ... 380
- *Resumo* ... 381
- *Questões* ... 381
- *Referências* ... 382

19 Responsabilidade Social e Ambiental ... 383
- Desenvolvimento organizacional × responsabilidade social e ambiental ... 384
    - Como se caracteriza a responsabilidade social e ambiental da organização no Brasil ... 386
    - Impactos sobre o desenvolvimento organizacional ... 386
    - Impactos sobre as pessoas direta e indiretamente ligadas à organização ... 387
- Criação de significado para o trabalho ... 387
    - Responsabilidade social e ambiental × significado para o trabalho ... 388
    - Responsabilidade social e ambiental como formas de construção de carreiras complementares para os colaboradores da organização ... 388
- Gestão de pessoas × responsabilidade social e ambiental ... 389

Aprimoramento da gestão de pessoas através da responsabilidade da organização com as questões sociais e ambientais 389

Processo desenvolvido de dentro para fora da organização 390

Expansão das fronteiras organizacionais através da responsabilidade social e ambiental 390

Resumo 390

Questões 391

Referências 392

Parte VII
DESENVOLVIMENTO DE LIDERANÇAS

20 Diferença entre Líder e Gestor 395
Contexto da liderança no brasil 396
- Bases da legitimidade da liderança 397
- Manter o foco no que é essencial 399
- O líder com maiores chances de sucesso 399

Características do líder e do gestor 400
- A formação do gestor a partir do líder 400
- Exigências sobre o líder e sobre o gestor 401
- Desafios para que a mesma pessoa assuma os papéis de líder e gestor 402

Características da arena política da organização 403
- Evolução da discussão sobre a arena política nas organizações 403
- Características da arena política no nível tático 403
- Características da arena política no nível estratégico 404

Habilidades políticas 404
- Definição e tipos de habilidades políticas 404
- Visão preconceituosa sobre as habilidades políticas 405
- Desenvolvimento das habilidades políticas 406

Resumo 406

Questões 406

Referências 408

21 Escolhendo e Desenvolvendo Líderes e Gestores 411
Definição do perfil da liderança desejado pela organização 412
- Responsabilidade da organização na definição da liderança desejada 412
- Aspectos a serem discutidos no delineamento do perfil da liderança 413
- Processos de identificação dos futuros líderes e gestores 413

Desenvolvimento da liderança 414
- Exigências do processo de liderança sobre o líder ... 414
- Etapas de desenvolvimento da liderança 414
- Competências exigidas em cada etapa de desenvolvimento 416

Ações de desenvolvimento de líderes 417
- Desafios para desenvolver habilidades comportamentais na liderança 417
- Suporte da organização à liderança para o seu desenvolvimento 418
- Armadilhas típicas no processo de desenvolvimento das lideranças 420

Resumo 420

Questões 421

Referências 421

22 Processo Sucessório Estruturado 423
Bases conceituais para compreender o processo sucessório 424
- Evolução do processo sucessório estruturado 425
- Estruturação típica do processo sucessório em organizações brasileiras 425
- Impacto do processo sucessório estruturado na perenidade da organização 426

Mapa sucessório 429
- Caracterização e uso do mapa sucessório 429
- Processo de construção do mapa sucessório 430
- Desdobramentos do mapa sucessório 433

Preparação de sucessores 433
- Construção de ações de desenvolvimento dirigidas à formação de sucessores 433
- Papéis no desenvolvimento de sucessores 435
- Aspectos comportamentais do processo sucessório 436

Sucessão em trajetórias de carreira técnicas e funcionais 437
- Processo de sucessão em trajetórias técnicas e funcionais 437
- Aprendizados com os processos sucessórios em trajetórias técnicas e funcionais 438
- Recomendações para o aprimoramento dos processos sucessórios nas trajetórias técnicas e funcionais 440

Resumo 440

Questões 441

Referências 442

Parte VIII
TENDÊNCIAS E DESAFIOS DA GESTÃO DE PESSOAS

23 Tendências na Gestão de Pessoas 447
Transformações no ambiente e seu impacto na gestão de pessoas 448
    Demografia brasileira e seus impactos na gestão de pessoas 449
    Transformações tecnológicas e seu impacto na organização do trabalho 449
    Ciclos de carreira mais curtos e maior velocidade no desenvolvimento das pessoas 450
    Valorização crescente do equilíbrio entre vida e trabalho 451
Impactos das transformações no sistema de gestão de pessoas 451
    Transparência dos critérios de gestão de pessoas 451
    Gestão de pessoas com diferentes vínculos empregatícios 452
    Identidade das pessoas com os propósitos e práticas da organização 452
Demandas para que as organizações repensem a gestão de pessoas 453
    Organização em processo contínuo de desenvolvimento 453
    Pressões para repensar a relação das organizações com as pessoas 454
    Preparação das pessoas para assumir maior nível de complexidade 456
Desafios futuros sobre a gestão de pessoas 457
    Diálogo com diferentes culturas para atuar globalmente e criar uma única identidade 457
    Criação de condições objetivas para o trabalho em equipe de pessoas com grande diversidade comportamental e de conhecimentos e formação 458
    Construir referenciais para as pessoas em um ambiente volátil e ambíguo 459
Construir novos modelos mentais para viabilizar o desenvolvimento, valorização e movimentação das pessoas em um contexto com novas *Referências* 459
Resumo 460
Questões 460
Referências 462

24 Novos Estudos na Gestão de Pessoas 463
Estudos emergentes na gestão de pessoas como resposta a pressões já presentes no contexto 464
    Escolha e desenvolvimento de lideranças para um ambiente volátil e ambíguo 465
    Processo sucessório sem utilizar como referência o desenho organizacional 466
    Aprimoramento das relações organizacionais em ambientes com estrutura de poder mais diluída 466
    Preparação da cultura organizacional para trabalhar a diversidade e pessoas mais exigentes 466
Tendências de estudos como resposta a pressões previstas para o futuro 467
    Papéis na gestão de pessoas 467
    Impacto da tecnologia nos processos de comunicação interpessoal e na organização 467
    Distribuição do trabalho entre pessoas e computadores 467
    Papel do estado e das organizações nos processos de transição de carreira profissional 468
    Disponibilidade de tempo das pessoas para o trabalho 468
    Discussões sobre as fronteiras organizacionais 468
Especulações a respeito de estudos futuros sobre a relação entre pessoas e organizações 469
    Trabalho das pessoas para diversas organizações ao mesmo tempo 469
    Trabalho sem fronteiras organizacionais e nacionais 469
    Aprendizagem e trabalho como um único processo 469
    Papel do líder em uma orquestra que pode atuar sem maestro 470
    Gestão de pessoas regulada pelas próprias pessoas 471
Resumo 471
Questões 471
Referências 472

Índice remissivo 475

APRESENTAÇÃO

Quando fomos convidados para escrever um livro didático sobre gestão de pessoas, sentimo-nos lisonjeados e, ao mesmo tempo, desafiados. Não é tarefa simples abrir um diálogo como nossos leitores quando, de um lado, necessitamos apresentar conceitos complexos e aplicados à realidade de nossas organizações e, de outro lado, utilizar uma forma lúdica e atraente de fazê-lo. Para a produção deste livro, foi necessária a participação de várias pessoas com diferentes especialidades, tanto em relação ao conteúdo quanto à forma de apresentação.

Esperamos que nossos objetivos em trazer uma discussão avançada em relação a gestão de pessoas e aplicável à realidade de nossas organizações vá ao encontro da expectativa de nossos leitores. Percebemos o despreparo das organizações e das pessoas para encarar um ambiente cada vez mais competitivo e exigente. O aprimoramento das relações de cumplicidade e parceria entre pessoas e organizações é fundamental para que tenhamos um mundo melhor, onde as pessoas sejam mais respeitadas em sua individualidade e que possam contribuir com o que têm de melhor. Esse aspecto é essencial porque as organizações necessitam vivenciar um contínuo desenvolvimento, caso contrário perderão vantagens competitivas ao longo do tempo e não conseguirão sobreviver. Para isso, necessitam da colaboração das pessoas.

A gestão de pessoas vem ganhando contornos cada vez mais importantes para a construção de vantagens competitivas duradouras por parte da organização. Por essa razão, seu estudo ganhou relevância em nossa sociedade. Quando um dos autores realizou seu curso de administração de empresas, no final da década de 1960 e início da década de 1970, a gestão de pessoas praticamente não existia na grade curricular do curso, mas atualmente ganhou grande relevância, e seu estudo tornou-se muito sofisticado.

O objetivo deste livro é cobrir as discussões mais relevantes sobre a gestão de pessoas, oferecendo ao leitor um retrato atual da realidade de nossas organizações e sinalizar para os desafios que enfrentaremos em um futuro próximo. Para tanto, organizamos o conteúdo para oferecer conceitos, informações e reflexões contemporâneos e, ao mesmo tempo, de forma agradável de absorver.

Com esse propósito, cada capítulo do livro está estruturado em uma introdução que explica a organização do seu conteúdo e já propõe questões para reflexão do leitor. Ao longo do capítulo, vamos estimulando a reflexão ao apresentar:

- **Vivências** – descrição de casos ou situações reais onde são apresentados dilemas, experiências e desafios vividos por pessoas e/ou organizações.
- **Conceitos** – onde são apresentados pensamentos, ideias e experiências desenvolvidos ou elaborados por diversos teóricos sobre os temas abordados no capítulo. Os conceitos são apresentados de forma a criar um diálogo com o leitor que estimule, de um lado, a compreensão da origem e forma como se processam situações organizacionais ligadas a gestão de pessoas e, de outro lado, a reflexão sobre se aquelas situações organizacionais não poderiam ser processadas de forma diferente.
- **Dicas** – informações para o leitor lidar com situações que enfrentará como pessoa gerida pela organização e/ou como gestor de pessoas. Essas dicas são oriundas de observações sobre a realidade organizacional que os autores fizeram ao longo de sua experiência e de outros autores sobre os temas abordados nos capítulos. Desse modo, quando falarmos de como a pessoa pode assumir o protagonismo de sua carreira ou desenvolvimento, vamos oferecer algumas dicas sobre como ela pode utilizar seus aspectos positivos ou como pode evitar armadilhas de carreira que venham a prejudicar sua vida profissional ou felicidade.
- **Pontos de atenção** – nesta parte do capítulo vamos colocar em evidência aspectos, conceitos ou práticas que são essenciais para compreender o tema do capítulo ou para que o leitor tenha cuidado com determinada prática que pode representar uma oportunidade ou uma armadilha.
- **Saiba mais** – o estudo sobre gestão de pessoas é muito rico e não permite esgotar todos ângulos e perspectivas sobre o tema trabalhado no capítulo. Por essa razão, apresentaremos, sempre que necessário, outras visões e onde podem ser encontradas mais informações ou reflexões.
- **Exemplos** – a forma como as organizações praticam a gestão de pessoas é muito diversa e oferece uma quantidade grande de exemplos. Na apresentação dos conceitos, ofereceremos, naturalmente, uma série de exemplos. Existem, porém, temas ou conceitos que podem ser aplicados de diferentes formas. Muitas vezes, ao apresentarmos um exemplo, o leitor é inclinado a acreditar que aquela é a única forma de aplicar o conceito. Nessas situações, apresentaremos diferentes exemplos de aplicação dos conceitos.

- **Conexões ampliadas** – para cada um dos temas apresentados nos capítulos procuraremos indicar conexões com sites, textos, vídeos etc. onde o leitor pode encontrar mais informações, reflexões e exemplos. As conexões indicadas foram previamente analisadas pelos autores de forma a oferecer ao leitor fontes confiáveis de complementação de conhecimentos.
- **Debates** – em gestão de pessoas temos muitas ambiguidades, pois há diferentes visões ou formas de abordagem válidas e possíveis. Vamos tirar partido dessas situações para propor debates, onde não há certo ou errado, mas diferentes possibilidades de solucionar o problema. Essas situações nos permitem ratificar que em gestão de pessoas não existem receitas, mas sim a necessidade de compreendermos as demandas do contexto sobre nós e oferecermos as respostas mais adequadas.

A organização do livro foi pensada levando em consideração dois aspectos: de um lado, as necessidades das instituições educacionais para formar e transmitir conhecimentos sobre gestão de pessoas e as práticas encontradas na realidade das organizações brasileiras e, de outro lado, as tendências e o estado da arte e da prática em gestão de pessoas. A consideração desses aspectos teve por objetivo alcançarmos os seguintes resultados:

- **Alinhamento da formação com a prática das organizações** – atualmente, temos a falta de diálogo entre as instituições de ensino e as organizações como uma discussão muito constante. Nosso propósito com este livro é aproximar os dois lados, oferecendo ao leitor uma visão que integre a discussão acadêmica com a prática de nossas organizações. Esse aspecto é importante porque a maior parte de nossos estudantes trabalha e estuda ou realiza estágios em organizações e estuda, tendo, portanto, a percepção dos dois lados.
- **Questionamento do *status quo*** – muitas de nossas organizações estão presas em visões de gestão de pessoas que funcionaram no passado, mas se tornam cada vez menos adequadas à realidade presente e futura. Na medida em que o ensino se inspira nessas organizações, analisamos a gestão de pessoas olhando pelo retrovisor. Por essa razão, o propósito do conteúdo da obra é provocar a reflexão sobre todos os temas tratados.
- **Posicionamentos não datados sobre gestão de pessoas** – os conceitos são importantes para compreendermos a gestão de pessoas independentemente do tipo de organização, do seu nível de maturidade, de seu tamanho ou do setor de atividade econômica. Ao longo do livro, procuramos oferecer elementos para compreender a realidade que não envelhecem. A escolha de exemplos para auxiliar na compreensão dos conceitos levou em consideração situações que se repetem de diferentes formas ao longo do tempo para que não sejam datados, ou seja, para que sejam válidos para exemplificar os conceitos ao longo do tempo.

Ao refletirmos sobre a estrutura do livro, pensamos em temas atuais sobre gestão de pessoas que organizamos em capítulos e os agrupamos por sua natureza. Desse modo, o leitor pode escolher temas para trabalhar, não havendo necessidade de ler o livro na ordem dos capítulos. Sempre que houver ligação entre os temas dos capítulos, isso estará indicado, permitindo ao leitor, se tiver interesse, ler o capítulo indicado ou parte deste, para aprofundar sua compreensão sobre o tema estudado.

As partes do livro e seus capítulos foram organizados seguindo a lógica apresentada pela maior parte da literatura sobre gestão de pessoas. Nossa recomendação é que a primeira parte do livro seja lida como forma de organizar o pensamento sobre gestão de pessoas e posteriormente o leitor pode obedecer à ordem que mais interessar. Da mesma forma, os docentes que lecionam gestão de pessoas podem adequar a ordem de leitura dos capítulos por seus alunos em função da sua opção didática.

Na Parte I do livro, oferecemos uma visão ampla sobre gestão de pessoas. No Capítulo 1, localizamos a gestão de pessoas no contexto contemporâneo de nossas organizações e sua importância para a efetividade organizacional e, ao mesmo tempo, procuramos oferecer uma ideia de onde viemos e para onde vamos. No Capítulo 2, oferecemos conceitos fundamentais para compreendermos como a gestão de pessoas ocorre em nossas organizações por detrás dos instrumentos formais. Nosso objetivo nesse capítulo é permitir ao nosso leitor analisar os aspectos não visíveis da gestão de pessoas, instrumentalizando-o para analisar como a organização realiza a gestão de pessoas, quer na condição de pessoa gerida quer na condição de gestor.

Na segunda parte, trabalhamos a movimentação das pessoas na organização, desde o processo de captação até a saída. No Capítulo 3, é apresentada a dinâmica do mercado de trabalho, tanto na perspectiva da pessoa quanto na perspectiva da organização. O foco do Capítulo 4 é a forma como as pessoas são atraídas e escolhidas pela organização, dando ênfase aos processos utilizados pela organização e seu impacto sobre as pessoas. O Capítulo 5 é dedicado ao planejamento de quadro e os tipos de movimentos praticados por parte da organização.

A Parte III é dedicada ao desenvolvimento das pessoas e à gestão de carreiras. No Capítulo 6, é discutido o protagonismo das pessoas em relação à sua carreira e ao seu desenvolvimento, oferecendo elementos para que reflitam sobre o seu projeto profissional e sobre o relacionamento com a organização. No Capítulo 7, apresentamos o sistema de gestão de carreiras por parte da organização e o modo como esse processo ocorre na realidade, independentemente de estar formalizado. Ao mesmo tempo, sinalizamos as vantagens, para a organização e para as pessoas, de um sistema estruturado e com critérios claros para todos. No Capítulo 8, as ações de capacitação e de desenvolvimento são o foco, discutindo como se dá o processo de desenvolvimento das pessoas e como a organização pode estimular e oferecer suporte para que a pessoa assuma o protagonismo sobre o seu desenvolvimento. Uma das questões mais delicadas na gestão de pessoas é apresentada no Capítulo 9: a conciliação entre as expectativas de carreira e desenvolvimento das pessoas e as expectativas de desenvolvimento da organização.

Na quarta parte do livro, abordamos a valorização das pessoas pelo mercado e pela organização. A discussão dessa temática está dividida em três capítulos: no 10, estimulamos a reflexão sobre ao tratamento equânime ou justo entre as pessoas que colaboram com a organização, tanto internamente à organização quanto externamente. No Capítulo 11, apresentamos as diferentes formas de trabalhar a remuneração e recompensa das pessoas e como o composto remuneratório pode estar adequado às estratégias organizacionais. Finalmente, no Capítulo 12 dedicamos uma atenção especial à gestão da massa salarial, que é um item de despesa importante para a organização e sua gestão é fundamental para a geração dos resultados esperados e para que não crie problemas sociais e relacionamento com as pessoas no futuro.

A Parte V é dedicada à orientação da pessoa em relação ao seu desenvolvimento e carreira. No Capítulo 13, apresentamos os processos de avaliação e sua importância para decisões justas sobre as pessoas. No Capítulo 14, as ações gerenciais decorrentes da avaliação são o foco, bem como a relação entre a avaliação e decisões sobre remuneração, ascensão na carreira, sucessão, movimentação etc. No Capítulo 15, discutimos o diálogo de desenvolvimento como um processo fundamental para auxiliar a pessoa a assumir o protagonismo de seu desenvolvimento e de sua carreira. Aproveitamos o capítulo para efetuar uma crítica à forma como o *feedback* foi implantado em nossas organizações, onde se privilegia o passado. A proposta com o diálogo de desenvolvimento é privilegiar o futuro da pessoa e o suporte para que enfrente seus desafios organizacionais, bem como realize seus sonhos pessoais e profissionais.

O cuidado com as pessoas em todos os sentidos, desde sua integridade até sua satisfação e motivação com o trabalho, é objeto de estudo da Parte VI. No Capítulo 16, trabalhamos a segurança no trabalho como forma de garantir a integridade física psíquica e social da pessoa e, também, as condições de trabalho para assegurar qualidade de vida no trabalho. No Capítulo 17, o foco é a gestão do clima organizacional e a satisfação das pessoas com seu trabalho, procurando demonstrar como esses aspectos têm uma estreita ligação com a produtividade e lucratividade da organização. No Capítulo 18, o sistema de informação sobre a gestão de pessoa é o foco, analisando sua importância para as pessoas e para a organização, tanto no que se refere à conciliação de expectativas quanto ao suporte ao desenvolvimento de ambos. Finalmente, no Capítulo 19, trabalhamos a responsabilidade social e ambiental da organização e seu impacto sobre o desenvolvimento e imagem dela. Nesse tema, discutimos sua importância para o desenvolvimento das pessoas e para a criação de possibilidade de carreiras complementares e de realização profissional.

A sétima parte do livro é dedicada à escolha e desenvolvimento da liderança e ao processo sucessório. O Capítulo 20 abre a discussão realizando uma provocação: como diferenciar o líder do gestor? Reforçamos nesse capítulo o gestor como alguém que está na arena política da organização. Aproveitamos o capítulo para caracterizarmos a arena política das organizações, tanto no nível tático quanto no nível estratégico, e a necessidade de o gestor desenvolver habilidades políticas para exercer seu papel com efetividade. O Capítulo 21 é dedicado a como escolhermos pessoas que podem ser ao mesmo tempo bons gestores e bons líderes. A escolha dessas pessoas define o futuro da organização, pois serão estas pessoas as responsáveis pela gestão da organização do amanhã. Nesse capítulo, discutimos também as etapas de desenvolvimento da liderança e as ações necessárias em cada uma dessas etapas para auxiliar as pessoas em posição de liderança. No Capítulo 22, apresentamos as experiências das empresas brasileiras na estruturação de processos sucessórios.

Na oitava e última parte do livro, procuramos discutir o futuro da gestão de pessoas e os desafios que apresenta. Para tanto, dividimos esta parte do livro em três capítulos. No Capítulo 23, apresentamos as tendências da gestão de pessoas frente aos desafios que já enfrentamos em nossas organizações e aqueles que já são visíveis. Discutimos, também, o futuro da gestão de pessoas para fazer frente a uma realidade que provavelmente enfrentaremos nos próximos 15 anos. Finalmente, no Capítulo 24 apresentamos reflexões sobre estudos futuros sobre a gestão de pessoas onde olhamos pela perspectiva da pessoa e da organização e, também, apresentamos algumas especulações sobre o futuro.

Para os docentes, a obra conta ainda com um *Manual do Professor*, organizado em função das partes e dos capítulos do livro. Em cada tópico, são apontados aspectos que podem ser explorados ao longo da obra, bem como respostas para as questões para fixação e reflexão existentes em cada capítulo. São apresentadas também possíveis respostas para os casos propostos ao final dos capítulos e formas de trabalhar os exercícios sugeridos. O docente terá um total de 228 respostas comentadas para as questões dos casos e as questões de reflexão. Essas respostas podem ser acessadas pelo Ambiente de aprendizagem.

Gostaríamos de deixar registrado nosso agradecimento para nossos colegas do Departamento de Administração da Faculdade de Economia, Administração e Contabilidade da Universidade de São Paulo (FEA/USP) e da Growth, Desenvolvimento de Pessoas e Organizações, que contribuíram com importantes reflexões sobre a gestão de pessoas nas organizações brasileiras. Também gostaríamos de agradecer à Editora GEN | Atlas pelo estímulo na publicação deste livro e pelo suporte na forma de apresentação do conteúdo.

Gostaríamos de registrar também um agradecimento especial à nossa família, que com seu apoio e carinho nos incentivou a iniciar e concluir este livro.

Joel Dutra, Tatiana Dutra e *Gabriela Dutra*

Material Suplementar

Este livro conta com os seguintes materiais suplementares:

- Manual do Professor (exclusivo para professores);
- Vídeos do autor (requer PIN).

O acesso ao material suplementar é gratuito. Basta que o leitor se cadastre, faça seu *login* em nosso *site* (www.grupogen.com.br) e, após, clique em Ambiente de aprendizagem. Em seguida, insira no canto superior direito o código PIN de acesso localizado na orelha deste livro.

O acesso ao material suplementar online fica disponível até seis meses após a edição do livro ser retirada do mercado.

Caso haja alguma mudança no sistema ou dificuldade de acesso, entre em contato conosco (gendigital@grupogen.com.br).

PARTE I

Compreendendo a Gestão de Pessoas

Objetivos da PARTE I

- Construir as bases para o leitor compreender as demais partes do livro.
- Oferecer conceitos e instrumentos para uma visão geral da gestão de pessoas.
- Compreender a importância da gestão de pessoas para o desenvolvimento das organizações.
- Perceber o processo de evolução da gestão de pessoas.

Resultados esperados com a leitura da PARTE I

- Reflexão do leitor sobre a relação entre a gestão de pessoas e o desenvolvimento da organização.
- Percepção da relação entre as pessoas e a organização.
- Compreensão do processo de desenvolvimento e de progressão na carreira.

A gestão de pessoas ganhou grande relevância em um ambiente cada vez mais exigente e competitivo que vivenciamos no Brasil desde o início dos anos 1990. Compreender a origem desse processo é fundamental para entendermos o momento que vivemos e as tendências para os próximos anos. Por essa razão, o objetivo, nesta parte do livro, é oferecer uma visão geral de onde viemos, onde estamos e para onde provavelmente caminhamos em gestão de pessoas.

No primeiro capítulo, vamos obter uma visão articulada das políticas e práticas de gestão e o desenho de uma proposta de modelo para a compreensão do papel da pessoa e da organização. Neste capítulo, cara leitora e caro leitor, há uma reflexão sobre o significado da gestão de pessoas tanto para a própria pessoa quanto para a organização. Também neste capítulo é apresentada a evolução da gestão de pessoas até o presente. Ele oferece a chave para a articulação de todo o conteúdo deste livro, e também uma base conceitual para trabalhar a gestão de pessoas na organização contemporânea.

O segundo capítulo apresenta as bases conceituais onde estão assentadas as práticas das organizações que têm conseguido atuar de forma mais efetiva na gestão de pessoas. Esse capítulo oferece parâmetros da gestão de pessoas que não se alteram ao longo do tempo, permitindo tanto às pessoas quanto às organizações visualizar a dinâmica de suas relações e qualidade da gestão. Nesse capítulo serão apresentadas, também, tendências na gestão de pessoas.

CAPÍTULO 1

A Gestão de Pessoas no Contexto Contemporâneo

O QUE SERÁ VISTO NESTE CAPÍTULO

Importância da gestão de pessoas
- A gestão de pessoas passada a limpo.
- Relações entre pessoas e organização.
- Gestão de pessoas e seu impacto na competitividade da organização.
- Impacto no desenvolvimento das pessoas.

Processo evolutivo da gestão de pessoas
- Evolução no mundo.
- Evolução no Brasil.
- Novos caminhos para a gestão de pessoas.

Organização da gestão de pessoas
- Papéis na gestão de pessoas.
- Organização da gestão de pessoas.
- Tendências na gestão de pessoas.

CONEXÕES COM O NOSSO COTIDIANO

Gestão do meu desenvolvimento pessoal e da minha carreira
- Como posso utilizar a compreensão de como as pessoas se desenvolvem a meu favor.
- Como posso identificar oportunidades de desenvolvimento profissional.
- Como as pessoas podem me ajudar em meu desenvolvimento.

Compreender a minha relação com a organização e as minhas possibilidades futuras
- Por que sou importante para a organização.
- Como posso contribuir mais com meu trabalho.
- Como posso utilizar melhor minhas qualidades.

QUE REFLEXÕES SERÃO ESTIMULADAS

- Com que intensidade a gestão de pessoas influencia o desenvolvimento organizacional?
- Como ocorreu o processo evolutivo da gestão de pessoas?
- Para onde caminhamos na gestão de pessoas?
- Por que é importante compreender a forma como as pessoas são geridas pelas organizações?

CONTEÚDOS ADICIONAIS

- Reflexões sobre o tema do capítulo através do caso Digitalmemo.
- Saiba mais.
- Estudos de caso complementares.
- Questões para guiar a reflexão sobre o conteúdo do capítulo.
- Indicação de *links* para aprofundamentos.
- Referências bibliográficas.

ESTUDO DE CASO

A Digitalmemo é uma organização que atua no mercado de eletrônica profissional e está em busca de seu desenvolvimento através das pessoas. O diferencial competitivo da empresa é a velocidade entre captar uma necessidade do mercado e apresentar produtos com qualidade a um preço competitivo. Esse diferencial surgiu a partir de uma grande integração entre as áreas de desenvolvimento de produto, engenharia de produção, industrial, marketing, comercialização e assistência técnica. O mercado onde atua é muito competitivo, o que aumenta a dificuldade de atração e retenção de recursos humanos estratégicos. A perda de pessoas para o mercado representa perda de patrimônio intelectual. O que poderia ser proposto para a Digitalmemo para que ela ampliasse a sua capacidade de atrair e de reter esses recursos humanos estratégicos?

Poderíamos efetuar algumas proposições:

- Diálogo intenso e contínuo da organização com as pessoas, buscando a conciliação de expectativas.
- Condições de trabalho adequadas, tanto em termos de ambiente e recursos quanto em termos de instrumentos, capacitação e facilidades.
- Estímulo e criação de condições concretas para o desenvolvimento das pessoas e definição clara dos critérios para ascensão profissional na organização.
- Lideranças preparadas para atuar como orientadores do desenvolvimento das pessoas e como peça-chave no diálogo entre a organização e as pessoas.

Caro(a) leitor(a), procure adicionar outras proposições.

IMPORTÂNCIA DA GESTÃO DE PESSOAS

A Gestão de Pessoas Passada a Limpo

Historicamente, as pessoas vêm sendo encaradas pela organização como um insumo, ou seja, como um recurso a ser administrado. Apesar das grandes transformações na organização da produção, os conceitos sobre gestão de pessoas e sua transformação em práticas gerenciais têm ainda como principal fio condutor o controle sobre as pessoas. Em contraponto, as organizações vêm sofrendo grande pressão do contexto externo, forçando-as a uma revisão na forma de gerir pessoas. As principais mudanças nas empresas têm sido:

- Estruturas e formas de organização do trabalho flexíveis e adaptáveis às contingências impostas pelo ambiente, gerando demanda por pessoas em processo de constante adaptação.
- Processos decisórios ágeis e focados nas exigências do mercado, por decorrência, descentralizados e fortemente articulados entre si, necessitando de pessoas comprometidas e envolvidas com o negócio e com uma postura autônoma e empreendedora.
- Velocidade para entrar e sair de mercados locais e globais e para revitalizar seus produtos e/ou linhas de produtos/serviços, demandando pessoas atualizadas com as tendências do mercado e de seu campo de atuação tanto em termos nacionais quanto internacionais.
- Alto grau de competitividade em padrão global, necessitando de pessoas que se articulem muito bem entre si, formando um time em processo contínuo de aprimoramento e aperfeiçoamento.

De outro lado, as alterações em padrões de valorização socioculturais, a velocidade das transformações tecnológicas e do ambiente e as alterações nas condições de vida têm afetado profundamente o conjunto de expectativas das pessoas em sua relação com as organizações e com seu trabalho, tais como:

> As organizações vêm sofrendo grande pressão do contexto externo, forçando-as a uma revisão na forma de gerir pessoas.

- Pessoas cada vez mais conscientes de si mesmas e, por consequência, mais mobilizadas pela autonomia e liberdade em suas escolhas de carreira e de desenvolvimento profissionais.
- Pessoas mais atentas a elas mesmas em termos de sua integridade física, psíquica e social, que cultivam a cidadania organizacional e exercem maior pressão para a transparência na relação da empresa com elas e para processos de comunicação mais eficientes.
- Pessoas com uma expectativa de vida maior, ampliando seu tempo de vida profissional ativa. Como decorrência disso, há maior exigência de condições concretas para o contínuo desenvolvimento.
- Pessoas que demandam oportunidades e desafios profissionais e pessoais e contínua atualização e ganho de competência como condição para a manutenção da competitividade profissional.

> As alterações em padrões de valorização socioculturais, a velocidade das transformações tecnológicas e do ambiente e as alterações nas condições de vida têm afetado profundamente o conjunto de expectativas das pessoas.

Esse quadro vem gerando grande pressão por novas formas de encarar a gestão de pessoas por parte das organizações. Verificamos que essas novas formas têm assumido como premissas:

- O desenvolvimento da organização está diretamente relacionado à capacidade em desenvolver pessoas e ser desenvolvida por pessoas, originando de tal premissa uma série de reflexões teóricas e conceituais acerca da aprendizagem da organização e das pessoas e de como as mesmas estão inter-relacionadas. O desenvolvimento das pessoas deve estar centrado nas próprias pessoas, ou seja, o desenvolvimento é efetuado respeitando cada um a partir de sua individualidade.
- A gestão de pessoas deve ser integrada e o conjunto de políticas e práticas que a formam deve, a um só tempo, atender aos interesses e expectativas da empresa e das pessoas. Somente dessa maneira será possível dar sustentação a uma relação produtiva entre ambas.
- A gestão de pessoas deve oferecer à empresa visão clara sobre o nível de contribuição de cada pessoa e às pessoas uma visão clara do que a empresa pode oferecer em retribuição no tempo.
- As pessoas abrangidas pelas práticas de gestão da empresa não são apenas aquelas que estabelecem um vínculo formal de emprego com a organização, mas todas as que mantêm algum tipo de relação com a organização.

Diante dessas premissas, podemos caracterizar a gestão de pessoas como um conjunto de políticas e práticas que permitem a conciliação de expectativas entre a organização e as pessoas para que ambas possam atendê-las ao longo do tempo.

Vamos abrir essa definição. Ao falarmos de um conjunto de políticas e práticas, estamos nos referindo a **política** como princípios e diretrizes que balizam decisões e comportamentos da organização e das pessoas em sua relação com a organização, e a **prática** como os diversos tipos de procedimentos, métodos e técnicas utilizados para a implementação de decisões e para nortear as ações no âmbito da organização e em sua relação com o ambiente externo.

A conciliação de expectativas está relacionada ao compartilhamento de responsabilidades entre a organização e a pessoa. À organização cabe o papel de estimular e dar o suporte necessário para que as pessoas possam entregar o que têm de melhor e, ao mesmo tempo, oferecer-lhes o que necessitam para atender suas expectativas. Cabe à pessoa um papel ativo, concebendo e negociando com a organização seu projeto de desenvolvimento profissional e pessoal. Para tanto, a pessoa necessita ter consciência de sua capacidade de contribuição e compreender as possibilidades concretas que a organização tem para atender às suas expectativas.

> A conciliação de expectativas está relacionada ao compartilhamento de responsabilidades entre a organização e a pessoa.

A gestão de pessoas tem sido compreendida como uma função organizacional. Essa abordagem nasce com Fayol, que em 1916 efetua a analogia da administração de empresas com a anatomia. Nessa analogia, procura compreender a administração subdividindo-a em "funções essenciais existentes em qualquer empresa" (FAYOL, 1981:23). Nesses termos, a gestão de pessoas é entendida como um conjunto de atividades essenciais, tais como:

- "Atração, manutenção, motivação, treinamento e desenvolvimento do pessoal de um grupo de trabalho" (TOLEDO, 1978:22).
- "Prover as organizações com uma força efetiva de trabalho. Para conseguir esse propósito, o estudo da gestão de pessoas revela como empresários obtêm, desenvolvem, utilizam, avaliam, mantêm e retêm o número e tipo certo de trabalhadores" (WERTHER, 1983:6).
- "Interessa-se pela procura, desenvolvimento, remuneração, integração e manutenção de pessoas de uma organização, com a finalidade de contribuir para que ela alcance suas principais metas ou objetivos" (FLIPPO, 1970:25).

O olhar funcionalista da gestão de pessoas ajuda-nos a compreender o posicionamento relativo dela na organização, mas falta outra dimensão que é a forma como a gestão de pessoas interage com as demais funções organizacionais e como as políticas e práticas que a compõem interagem entre si. Para nos auxiliar na compreensão desse processo, temos a abordagem sistêmica da gestão de pessoas. Essa abordagem nasce do desenvolvimento de uma teoria geral dos sistemas (MOTTA, 1979).

"De acordo com a abordagem sistêmica, a organização é vista em termos comportamentais inter-relacionados. Há uma tendência de enfatizar mais os papéis que as pessoas desempenham do que as próprias pessoas, entendendo-se papel como um conjunto de atividades associadas a um ponto específico do espaço organizacional, a que se pode chamar de cargo (...). A organização acaba por ser entendida como um sistema de conjuntos de papéis, mediante os quais as pessoas se mantêm inter-relacionadas" (MOTTA, 1979:74).

De acordo com essa abordagem, a gestão de pessoas é vista como um sistema inserido em um sistema maior com o qual interage. Como um sistema, a gestão de pessoas é vista também como constituída por subsistemas que interagem entre si e modificam o todo.

"A Administração de Recursos Humanos é constituída de subsistemas interdependentes (...) que formam um processo através do qual os recursos humanos são captados e atraídos, aplicados, mantidos, desenvolvidos e controlados pela organização. Contudo, esses subsistemas não são estabelecidos de uma única maneira. São contingentes ou situacionais: variam conforme a organização e dependem de fatores ambientais, organizacionais, humanos, tecnológicos etc." (CHIAVENATO, 1989:181-182).

> Caso as políticas e práticas de gestão estabelecidas pela organização não agreguem valor para as pessoas, não terão efetividade no tempo.

A abordagem sistêmica procura entender a gestão de pessoas a partir da interação entre os seus subsistemas e destes com toda a organização, com o ambiente externo e com as pessoas. Tal abordagem nos ajuda a enxergar o papel da organização na gestão e o seu movimento em direção à pessoa. Falta-nos, entretanto, enxergar o papel da pessoa e seu movimento em direção à organização.

Vamos assumir que uma pessoa com consciência de seu projeto de desenvolvimento profissional se tornasse, naturalmente, mais exigente na sua relação com a organização e com seu trabalho. Nesse caso, a gestão de pessoas deveria atender as expectativas e necessidades das pessoas para fazer sentido; em outras palavras, caso as políticas e práticas de gestão estabelecidas pela organização não agreguem valor para as pessoas, não terão efetividade no tempo.

A compreensão e a discussão das expectativas das pessoas são aspectos negligenciados nas visões funcionalista e sistêmica sobre a gestão de pessoas. Nessas duas visões, há uma preocupação em explicar as práticas organizacionais e a interação entre elas. Existe uma lacuna conceitual sobre as relações entre as pessoas e as organizações.

Essa lacuna deixa alguns fenômenos na gestão de pessoas sem reflexões e estudos mais aprofundados. Um dos propósitos deste livro é oferecer elementos para tal reflexão a partir da realidade que observamos em nossas organizações, cuja compreensão é fundamental para podermos agir sobre ela de forma efetiva, com ganhos para as pessoas e para a organização.

Podemos identificar algumas alterações nas práticas estabelecidas pelas empresas. Essas alterações constituem uma sinalização da direção dada à gestão de pessoas pelas organizações. Verificamos que há uma crescente preferência por:

- Transparência nos critérios que norteiam as relações entre a organização e as pessoas.
- Práticas de gestão que privilegiem a conciliação de expectativas das pessoas e da organização.
- Carreira e remuneração centradas na agregação de valor das pessoas para a organização.
- Processos de diálogo entre pessoas e organização para a compreensão e o atendimento das expectativas de ambos.
- Espaços para que as pessoas possam se desenvolver dentro de suas expectativas e de acordo com sua capacidade.

Para obtermos uma leitura mais clara da realidade organizacional no que se refere à gestão de pessoas, vamos adicionar, à visão funcionalista e à visão sistêmica, a visão do desenvolvimento humano. Com base nessa visão, procuraremos, ao longo deste livro, analisar o processo pelo qual a pessoa agrega valor para a organização e, esta, para a pessoa.

SAIBA MAIS

A gestão de pessoas é muito influenciada pelo Movimento da Administração Científica (MOTTA, 1979). Vamos destacar dois teóricos:
Henry Fayol publicou em 1916 o livro *Administração geral e industrial* e traz para a gestão de pessoas toda a lógica funcional.
Frederick Taylor em 1911 publicou seu livro *Os princípios da administração científica* e influencia a gestão de pessoas com as bases para os processos de recrutamento, desenvolvimento e valorização das pessoas.
Destaque-se também o Movimento de Relações Humanas pelo trabalho de **George Elton Mayo**, que publicou em 1933 *The human problems of an industrial civilization*, a partir de suas experiências em Hawtorne. Esse movimento influencia a gestão de pessoas ao despertar a atenção sobre as relações informais no ambiente de trabalho.
Para maiores reflexões sobre os movimentos teóricos da administração geral, recomendamos o livro de Maximiniano (2017).

Henry Fayol

Frederick Taylor

George Elton Mayo

Relações entre Pessoas e Organização

A gestão de pessoas pelas organizações passa por grandes transformações em todo o mundo. Essas transformações vêm sendo motivadas pelo surgimento de um novo contrato psicológico entre as pessoas e a organização. O contrato psicológico é um contrato tácito, ou seja, ele está presente mesmo que não esteja formalizado ou que as partes tenham consciência dele. O contrato psicológico entre as pessoas e a organização está sempre presente e define as expectativas na relação entre ambos.

> **O QUE É CONTRATO PSICOLÓGICO?**
>
> Segundo Menegon e Casado (2006), com base em Kidder e Buchholtz (2002), contrato psicológico é o conjunto de expectativas recíprocas relativas às obrigações mútuas entre organizações e pessoas.

Esse novo contrato psicológico advém de um ambiente mais competitivo, em que as organizações, para sobreviver, necessitam estar em processo contínuo de desenvolvimento. O desenvolvimento organizacional está intimamente ligado à capacidade de contribuição das pessoas que trabalham na organização. Embora não esteja explícito nas organizações, a valorização das pessoas, manifestada por aumentos salariais, promoções ou conquista de espaço político, se dá à medida que elas aumentam o seu nível de contribuição para o desenvolvimento organizacional. Essa contribuição se manifesta de forma natural e muitas vezes não é percebida nem pela organização, nem pela pessoa. Por exemplo, temos dois gestores: um obtém os resultados esperados "esfolando viva" a sua equipe; outro obtém os resultados esperados porque desenvolveu sua equipe, aprimorou procedimentos e/ou introduziu no trabalho novos conceitos; os dois conseguiram os resultados, porém o primeiro terá dificuldades em sustentá-los ao longo do tempo, enquanto o segundo não só conseguirá sustentá-los como terá grande probabilidade de ampliá-los. O exemplo ilustra o tipo de cobrança que está cada vez mais presente nas organizações, no qual se pede às pessoas que façam contribuições que a um só tempo obtenham os resultados esperados e criem condições objetivas e concretas para resultados sustentados e continuamente ampliados.

O novo contrato psicológico é influenciado, também, por alterações importantes nas expectativas das pessoas em relação à organização. A partir de um ambiente mais competitivo, as pessoas percebem rapidamente que sua mobilidade, tanto no interior da organização quanto no mercado, está atrelada ao seu contínuo desenvolvimento. As pessoas passam a exigir das organizações a criação de condições objetivas e concretas para o seu desenvolvimento contínuo, passam a assumir investimentos em seu desenvolvimento e mudam valores na relação com as organizações. Como efeito dessa transformação, foi possível perceber no Brasil alguns sinais importantes: as pessoas dispostas a trocar remuneração por desenvolvimento no final da década de 1990, a criação e ampliação rápida de cursos de pós-graduação e da ideia de educação continuada ao longo da década de 1990 e a mobilidade das pessoas se dando em função da busca de condições de desenvolvimento a partir dos anos 2000.

O novo contrato psicológico está assentado no desenvolvimento mútuo, ou seja, a relação entre pessoa e organização se mantém à medida que a pessoa contribui para o desenvolvimento da organização e a organização para o desenvolvimento da pessoa. O desenvolvimento organizacional está cada vez mais atrelado ao desenvolvimento das pessoas e, ao mesmo tempo, as pessoas valorizam cada vez mais as condições objetivas oferecidas pela empresa para o seu desenvolvimento. Esse novo contrato envolveu inicialmente os segmentos mais competitivos do mercado e hoje abrange toda a nossa sociedade e todos os tipos de organização: públicas, privadas e organizações da sociedade civil (terceiro setor).

Esse novo contrato psicológico altera substancialmente o papel das pessoas e da organização na gestão de pessoas. Entretanto, observamos que a maior parte das organizações brasileiras tem suas práticas baseadas em um modelo tradicional de gestão de pessoas, considerando modelos de gestão como sendo constituídos por um conjunto de pressupostos, práticas e instrumentos de gestão (BREWSTER e HEGEWISCH, 1994; FISCHER, 2002; ULRICH, 1997). Esse modelo tradicional tem sua gênese nos movimentos de administração científica, na busca da pessoa certa para o lugar certo, e está ancorado no controle como referencial para encarar a relação entre as pessoas e a organização (BRAVERMAN, 1980; GORZ, 1980; FRIEDMANN, 1972; HIRATA et al., 1991; FLEURY e FISCHER, 1992). O controle do qual falamos é o pressuposto de que a empresa sabe o que é melhor para seus empregados e, portanto, determina treinamentos e ações de desenvolvimento a serem empreendidas pelas

> O desenvolvimento organizacional está cada vez mais atrelado ao desenvolvimento das pessoas.

pessoas, determina movimentações e as condições de trabalho. No modelo tradicional, a pessoa tem um papel passivo e submisso, já que é o objeto do controle, enquanto a realidade atual do mercado exige uma pessoa com papel ativo em relação ao seu desenvolvimento, como condição necessária para a sua contribuição para o desenvolvimento organizacional.

No Brasil, a efetividade de uma prática calcada no mútuo desenvolvimento esbarra em questões culturais. Embora o brasileiro esteja preocupado com o seu desenvolvimento, raramente assume a gestão dele e de sua carreira, normalmente cobra da empresa a oferta de situações e de oportunidades de aprendizagem (DUTRA, 1996). De outro lado, a empresa brasileira tem normalmente uma postura de proteção e provimento, o que vai ao encontro das ansiedades das pessoas, mas camufla uma forma sutil de controle.

Nos últimos anos, é possível observar, mediante pesquisas, mudanças importantes no comportamento das organizações, criando mais espaço para as pessoas e respeitando as individualidades, estimulando o desenvolvimento a partir delas e abrindo um diálogo mais frequente e profundo com as pessoas. Ao mesmo tempo, observamos as pessoas mais exigentes na relação com as organizações, valorizando o diálogo, as condições de trabalho que as respeite em sua individualidade e as oportunidades concretas de aprendizagem e desenvolvimento profissional.

Gestão de Pessoas e seu Impacto na Competitividade da Organização

As organizações vêm passando por grandes transformações em função de pressões que recebem tanto do contexto externo quanto do contexto interno. As mudanças vividas pelas organizações não estão limitadas a suas estruturas organizacionais, seus produtos ou seus mercados, mas afetam principalmente seus padrões comportamentais ou culturais e seus padrões políticos ou relações internas e externas de poder. Essas mudanças não são de natureza episódica, mas sim de processos contínuos na vida delas (FISCHER, 1992).

As pressões relativas ao contexto externo têm sido bastante estudadas, enquanto as relativas ao contexto interno não têm sido ainda objeto de grande aprofundamento. Por conta disso, daremos maior ênfase neste capítulo às discussões relativas ao contexto interno. Vamos iniciar, entretanto, por uma visão do contexto externo.

> A qualidade da gestão de pessoas torna-se um diferencial competitivo que se sustenta no tempo.

Verificamos na década de 1980 o questionamento e as mudanças profundas das práticas organizacionais motivadas por uma sequência de ondas de globalização, inicialmente do sistema financeiro, posteriormente do sistema de comercialização e do sistema de produção. Com a globalização do sistema de produção, busca-se um processo de aquisição, transformação e distribuição globalizado e altamente integrado, agregando-se vantagens competitivas onde elas existirem. À globalização somamos grande turbulência tecnológica e um maior nível de exposição das organizações em função da necessidade de parcerias com fornecedores, clientes e concorrentes em termos globais, tornando-as muito mais susceptíveis às transformações do ambiente onde se inserem.

As características desse contexto levaram as organizações à procura de maior flexibilidade para se adequarem à volatilidade do ambiente, maior prontidão para usufruírem das oportunidades quando estas surgem e maior efetividade para apresentar respostas com qualidade, preço e condições de entrega. O esforço das empresas na década de 1980 para se adequarem às exigências do contexto externo conduziu-as a uma profunda revisão de seu comportamento, sendo a mais dramática a aproximação do processo decisório à base operacional. Esse movimento exigiu a descentralização do processo decisório, levando-o cada vez mais à capilaridade da organização, tornando os gestores responsáveis pela gestão do negócio e de todos os recursos colocados à sua disposição: humanos, materiais, financeiros, tecnológicos e de informação. Ao fazê-lo, as organizações, além de obter maior agilidade na resposta aos estímulos do mercado, reduziram seu custo operacional em torno de 30%, tornando esse movimento obrigatório para a manutenção das suas vantagens competitivas em termos internacionais.

Como resultante desse movimento, o perfil dos gestores transforma-se radicalmente, passando de um perfil obediente e disciplinado para um perfil autônomo e empreendedor. Há também grande transformação da relação entre as áreas-meio, responsáveis por atividades e gestão de recursos comuns, tais como: tecnologia de informação, finanças, administração e pessoas, e as áreas-fim, responsáveis pelas operações da organização, produzindo e entregando produtos, serviços, tecnologia etc. Até os anos 1980, as áreas-meio eram responsáveis pelo controle dos recursos, posteriormente assumem o papel de assessorar os gestores e a empresa na gestão desses recursos, com um consequente enxugamento de suas estruturas; as áreas-fim ganharam importância crescente, sendo o principal foco dos processos de ganhos de eficiência das organizações.

As organizações, a partir de então, dependem cada vez mais do grau de envolvimento e comprometimento das pessoas com seus objetivos estratégicos e negócios. O envolvimento e o comprometimento das pessoas tornam-se vitais para:

- Produtividade e nível de qualidade dos produtos e serviços.
- Velocidade na absorção de novas tecnologias.
- Otimização da capacidade instalada.
- Criação de oportunidades para a aplicação das competências organizacionais.
- Velocidade de resposta para o ambiente/mercado.

> As organizações dependem cada vez mais do grau de envolvimento e comprometimento das pessoas com seus objetivos estratégicos e negócios.

Acompanhando o resultado de pesquisas realizadas nos EUA e em países europeus, as pesquisas realizadas no Brasil demonstram que organizações consideradas "boas para se trabalhar", na percepção dos trabalhadores, são mais lucrativas e produtivas quando comparadas com organizações do mesmo setor. As organizações percebidas como um bom local para se trabalhar oferecem, em primeiro lugar, condições para a pessoa sentir-se satisfeita e motivada e, em segundo lugar, estímulo e condições concretas para a aprendizagem e o desenvolvimento.

A obtenção de envolvimento e comprometimento das pessoas não se dá com um discurso bonito e bem preparado sobre os objetivos sociais ou sobre a importância da organização, nem se dá com a cooptação das pessoas com salários, benefícios ou facilidades, mas sim através do atendimento de suas expectativas e necessidades no tempo. Ou seja, caso a pessoa não verifique vantagens concretas para si própria com base na relação com a organização no presente e no futuro, ela dificilmente irá comprometer-se. Atualmente, questiona-se duramente a eficácia de programas arrojados de benefícios e salários para gerar compromisso; esses programas geram apenas dependência e sentimento de gratidão que se mostram cada vez mais inadequados para suportar as pressões de um ambiente competitivo em escala global.

Impacto no Desenvolvimento das Pessoas

O fato de as organizações serem obrigadas a observar melhor o conjunto de expectativas e necessidades das pessoas fez com que surgissem as pressões do contexto interno, ou seja, de dentro da própria organização. Essas pressões têm sua principal origem na forma como as pessoas passaram a enxergar sua relação com o trabalho e com a organização a partir dos anos 1980. Nessa década, vai cristalizando-se a importância do ser em detrimento do ter na sociedade ocidental, ao mesmo tempo em que o ambiente que cerca as pessoas se torna cada vez mais volátil. As pessoas, principalmente nas nações desenvolvidas, são impelidas a estabelecer sua relação com o mundo com base nelas próprias, pois qualquer referencial buscado fora delas se torna movediço. Esse **remeter-se a si mesmo** torna as pessoas mais preocupadas em cuidar de sua integridade física, mental, social e espiritual e mais críticas quanto às suas relações com o ambiente.

Tal movimento torna as pessoas mais atraídas por situações profissionais ou de trabalho que lhes permitam maior autonomia e liberdade. Dessa forma, uma organização com postura autoritária tem mais dificuldade de conseguir o envolvimento das pessoas do que uma organização que estimula e oferece suporte para a participação das pessoas nos processos decisórios que lhe digam respeito.

A maior preocupação das pessoas com sua integridade e os avanços na medicina vêm permitindo aumento significativo na expectativa de vida das pessoas. Essa maior longevidade das pessoas afeta seu conjunto de expectativas com grandes reflexos no projeto profissional e pessoal. Por exemplo, uma pessoa com 50 anos está preocupada em se preparar para a continuidade de sua vida ativa em vez de estar preparando-se para um período de inatividade; um jovem com 30 anos sabe que enfrentará pelos 20 anos seguintes um ambiente de grande competitividade, em que não há cadeira cativa para ninguém, e precisa assumir mais a postura de um fundista do que a de um velocista, pois as carreiras rápidas e meteóricas podem ser uma verdadeira armadilha ou muito difíceis de ser sustentadas. Nos casos exemplificados, na medida em que a organização não tem sensibilidade e não oferece ao profissional de 50 anos oportunidades de desenvolvimento ou não permite ao jovem de 30 anos visualizar um processo de desenvolvimento sustentado, terá dificuldade para obter o comprometimento deles.

As pressões do contexto externo e interno geraram a necessidade de uma profunda reflexão acerca da gestão de pessoas com um deslocamento do foco no controle das pessoas para o foco em seu desenvolvimento. Desse modo, a pessoa deixa de ser um paciente do processo de gestão para ser um agente do processo e passa, portanto, a assumir papel importante na gestão de seu próprio desenvolvimento e de sua competitividade profissional. Nesse quadro, cabe à organização estimular e dar suporte às pessoas em seus processos de desenvolvimento e definir com maior precisão as expectativas em relação a elas.

As organizações, de forma geral, têm grande dificuldade em definir com clareza o que esperam das pessoas e dificuldade ainda maior para definir horizontes profissionais que podem oferecer. O grande desafio que o contexto atual e o futuro impõem às organizações é o de criar condições para que as pessoas tenham atendidas suas expectativas de desenvolvimento, realização e reconhecimento. Quanto mais conscientes de si mesmas as pessoas, mais exigirão transparência por parte da organização, e esses aspectos se tornarão fatores críticos para a sustentação da competitividade.

Esse é o pano de fundo para o surgimento da necessidade de uma nova forma de se pensar a gestão de pessoas, abrindo caminho para um novo modelo de gestão.

UM CASO DE DESENVOLVIMENTO PROFISSIONAL A PARTIR DA DESCOBERTA DE SI PRÓPRIO

Um caso interessante nos foi relatado pelo presidente de uma grande empresa de embalagens. Um de seus colaboradores conduzia uma empilhadeira, sofreu um grave acidente e quase perdeu a vida. Quando esse colaborador já estava em condições de receber visita, o Presidente da organização foi vê-lo e ficou surpreso ao encontrar uma pessoa com um propósito: analisar os elementos causadores do acidente para que ninguém mais passasse pela mesma situação. O Presidente nos relatou que esperava encontrar uma pessoa deprimida e abalada pelo acidente e, ao invés, encontrou uma pessoa que já tinha investigado na Internet problemas parecidos, havia analisado o que havia ocorrido por diversas perspectivas e tinha algumas recomendações para propor. Três meses depois do acidente, o Presidente lhe fez o convite para assumir a coordenação de todas as iniciativas de segurança para evitar acidentes de trabalho na organização. O trabalho representou para a pessoa um crescimento em sua vida profissional e trouxe uma grande contribuição para a organização por fazer seu trabalho com paixão.

PROCESSO EVOLUTIVO DA GESTÃO DE PESSOAS

Antes de iniciarmos a discussão sobre o modelo de gestão que emerge do processo de transformação do contexto, vamos repassar rapidamente o histórico da gestão de pessoas. Vamos iniciar pela evolução no mundo e depois no Brasil e, finalmente, os novos caminhos da gestão de pessoas.

Evolução no Mundo

De forma geral, vamos verificar que, embora a gestão com pessoas remonte ao período histórico da Antiguidade (GEORGE, 1968), somente no final do século passado é que essa questão assume a relevância necessária para merecer uma sistematização dos conhecimentos acumulados até então. Verificamos preocupação com a gestão de pessoas desde a Revolução Industrial, na Inglaterra, por pressões dos sindicatos e do parlamento, e nos EUA, por receio da organização dos trabalhadores, como ilustra Werther:

> *"Alguns empresários reagiram aos problemas humanos causados pela industrialização e criaram o posto de secretários do bem-estar. Esses secretários existiam para atender às necessidades dos trabalhadores e impedir que eles formassem sindicatos. Assim, os secretários sociais marcaram o nascimento da administração especializada de pessoas, distintamente da supervisão cotidiana de pessoal pelos gerentes operacionais"* (WERTHER, 1983:25-26).

> Assim, os secretários sociais marcaram o nascimento da administração especializada de pessoas.

Nos EUA, embora haja registros de gestão profissionalizada de empresas desde o início do século XIX (CHANDLER, 1962:19-29) a gestão de pessoas é sistematizada no movimento de Administração Científica.

> *"A Administração Científica mostrou ao mundo que o estudo sistemático científico do trabalho podia levar a melhor eficiência. Seus argumentos em prol da especialização e treinamento fomentaram a necessidade de um departamento de pessoal. Estimuladas pelos desenvolvimentos da administração científica e dos primeiros sindicatos, as décadas iniciais do século XX presenciaram os primitivos departamentos de pessoal substituindo os secretários de bem-estar"* (WERTHER, 1983:26).

Na França, são observadas no século XIX discussões estruturadas sobre a gestão de pessoas em conjunto com aquelas efetuadas sobre as relações de trabalho e sobre a regulamentação social do trabalho e, ainda, relatos de autores, como Victor Hugo, Émile Zola, Malot e outros (PERETTI, 1990:5).

É no século XX que a gestão de pessoas se estrutura. Essa estruturação ocorre com base na Escola de Administração Científica. Esse fato condiciona a gestão de pessoas durante todo o século XX aos paradigmas de gestão criados por esse movimento na história da administração. É essencial, portanto, darmos uma olhada nas características desse movimento.

A Administração Científica está suportada pelas seguintes ideias:

- "O homem é um ser eminentemente racional e que, ao tomar uma decisão, conhece todos os cursos de ação disponíveis, bem como as consequências da opção por qualquer um deles.
- Existe uma única maneira certa, que, uma vez descoberta e adotada, maximizará a eficiência do trabalho.
- Fixados os padrões de produção, era preciso que fossem atingidos. Para isso, eram necessários a seleção, o treinamento, o controle por supervisão e o estabelecimento de um sistema de incentivos" (MOTTA, 1979:8).

Essas ideias geraram um modo de organização do trabalho e princípios norteadores da gestão de pessoas que foram importantes para suportar a produção de bens e serviços em larga escala, aspecto essencial para o desenvolvimento econômico do mundo ocidental durante o pós-guerra. O sucesso desse modo de organização do trabalho fez com que fosse reproduzido em todas as organizações, independentemente da ideologia ou da finalidade delas. Esse modo de organização do trabalho foi sendo confirmado como a forma mais eficiente "para se fazer", e foi chamado de paradigma taylorista ou fordista, lembrando o nome de dois expoentes da Administração Científica, Taylor e Ford.

> Na década de 1960, são percebidas as primeiras fissuras nos modelos de gestão de pessoas centrados no paradigma taylorista/fordista.

Podemos destacar os seguintes traços característicos desse paradigma:

- "Racionalização do trabalho com uma profunda divisão – tanto horizontal (parcelamento das tarefas) quanto vertical (separação entre concepção e execução) – e especialização do trabalho.
- Desenvolvimento da mecanização através de equipamentos altamente especializados.
- Produção em massa de bens padronizados.
- Salários incorporando os ganhos de produtividade para compensar o tipo de processo de trabalho predominante" (HIRATA, 1991:8).

Esse modo de organização do trabalho foi duramente criticado por tornar o trabalho humilhante e degradante e ainda por não permitir um processo de desenvolvimento das pessoas a partir delas próprias. No tempo, as restrições impostas às pessoas por esse modo de produção limitaram as próprias organizações, tirando-lhes o oxigênio necessário para a sua contínua renovação (BRAVERMAN, 1980; ARENDT, 1987; FRIEDMANN, 1972; GORZ, 1980).

Na década de 1960, são percebidas as primeiras fissuras nos modelos de gestão de pessoas centrados no paradigma taylorista/fordista, principalmente em segmentos industriais atuando em segmentos de maior turbulência tecnológica, tais como: aeroespacial e processamento eletrônico de dados. Mas é na década de 70 que surgem críticas mais fundamentadas, gerando as bases para uma ruptura profunda nos princípios que sustentavam as políticas e práticas de gestão de pessoas (BRAVERMAN, 1980; ARENDT, 1987; FRIEDMAN, 1972; GORZ, 1980).

Grandes transformações no contexto marcam a década de 1980, particularmente na Europa e nos EUA, com impactos importantes nos cenários cultural, econômico, geopolítico e tecnológico. O ambiente empresarial torna-se extremamente competitivo e torna-se evidente a importância da gestão de pessoas como um diferencial competitivo. Os anos 1990 ocorrem em um ambiente cada vez mais globalizado, fazendo com que os aprendizados fluam com maior velocidade e torne-se cada vez mais comum observarmos estruturas de gestão de pessoas globais.

Os anos 2000 são marcados pela chegada ao mercado de trabalho de uma nova geração e dos avanços na tecnologia de comunicação e informação. Esses movimentos alteram a forma de organizar o trabalho, o tempo das pessoas à disposição das organizações e a mobilidade das pessoas dentro das organizações e no mercado de trabalho.

O processo evolutivo da gestão de pessoas é lido de forma diferente por diferentes autores. Alguns autores procuram classificar as várias fases desse processo evolutivo com base em funções desempenhadas na organização pela gestão de pessoas. Na abordagem funcionalista podemos identificar três fases (FOMBRUM, 1984; ROTHWELL, 1988):

- **Operacional** – até a década de 1960. Nessa fase, a gestão de pessoas preocupa-se basicamente com a operacionalização da captação, treinamento, remuneração, informações etc.
- **Gerencial** – dos anos 1960 até início dos anos 1980, em que a gestão de pessoas passa a influir nos diferentes processos da organização, sendo requisitada como parceira nos processos de desenvolvimento organizacional.
- **Estratégica** – a partir dos anos 1980, quando a gestão de pessoas começa a assumir um papel estratégico na absorção de novos conceitos para pensar o papel das pessoas na geração de valor para as organizações.

SAIBA MAIS

Para nos aprofundarmos na história da evolução da gestão de pessoas no mundo, vale recomendar os trabalhos de Fischer (2002), Albuquerque (1987), Frombrum (1984), Kochan (1992), Sennett (1999), Springer (1990) e Brewster (1994).

Outros autores, como Werther (1983) e Peretti (1990), procuram relacionar as fases aos desafios do ambiente sobre as organizações. Desafios oriundos da legislação, da tecnologia, da economia, da política, da cultura, da demografia etc. Ao relacionar os desafios, esses autores reforçam as três fases apresentadas; em face dos desafios no final dos anos 1960 e início dos anos 1970, as organizações americanas e europeias iniciaram a profissionalização da gestão de pessoas. Nesse processo, a preocupação central é a adequação dos processos às exigências principalmente legais, tecnológicas e demográficas.

Processo Evolutivo no Brasil

No caso brasileiro, o processo evolutivo passou por fases peculiares de nossa história. Para a maior parte dos autores brasileiros, a evolução das relações de trabalho e da gestão de pessoas no Brasil segue as fases históricas brasileiras, quais sejam (FLEURY; FISCHER, 1992; FAUSTO, 1977; AQUINO, 1980; WOOD JR., 1995; ALMEIDA, 1993):

- **Até 1930 (Primeira República)** – Nesse período, assistimos a uma atividade industrial incipiente, resultado do esgotamento do modelo exportador cafeeiro, transferindo parte dos recursos excedentes desse setor para a atividade industrial (DEAN, 1977). Os núcleos de trabalhadores mais organizados nesse período são o ferroviário e o portuário, por conta do modelo exportador; temos ainda como núcleo importante o setor têxtil.

  "As políticas de gestão da força de trabalho assumiam contornos variados conforme o setor de atividade. Em pequenas empresas de setores como gráfico, sapatos, mobiliário, nos quais ainda predominava atividade semiartesanal, as distâncias hierárquicas e de qualificação entre patrão e empregados eram menores, manifestando-se padrões mais informais de gestão. No setor têxtil o grau de mecanização era maior e o número de empregados por unidade fabril superior. A imposição coercitiva da disciplina do trabalho fabril constituía a mola mestra do sistema de gestão de uma mão de obra de baixa qualificação composta por homens, mulheres e crianças. Essa disciplina era exercida por diversos escalões hierárquicos, intermediando relações extremamente predatórias entre capital e trabalho" (FLEURY; FISCHER, 1992:7).

  Essa fase é denominada por Wood Jr. como pré-jurídico-trabalhista, caracterizando-se por inexistência de legislação trabalhista e funções de gestão de pessoas dispersas nos diferentes níveis de comando das organizações (WOOD JR., 1995; ALMEIDA, 1993). Nesse período, verificamos a inexistência de qualquer estruturação da gestão de pessoas, uma vez que elas eram recursos abundantes, pouco organizados entre si para pressionar as organizações, onde se consideravam as manifestações de trabalhadores caso de polícia; não havia nenhuma legislação que disciplinasse as relações entre capital e trabalho e não havia preocupação com uma gestão estruturada;

- **De 1930 a 1945 (Estado Novo)** – Esse período é caracterizado pela formatação de um corpo de leis para disciplinar as relações entre capital e trabalho, pela criação de uma estrutura de sindicatos de trabalhadores e de empresas e pela formatação de uma estrutura jurídica para mediar conflitos entre capital e trabalho. Nesse período, há o fortalecimento da atividade industrial no país e ao final dele é iniciada uma indústria de base. Tal conjunto de fatos gera a pressão para que as organizações busquem estruturar a gestão de pessoas dentro das exigências legais estabelecidas. É um período marcado pela gestão burocrática de pessoas. Existem poucos registros de organizações preocupadas com a estruturação de sua gestão, como é o caso relatado por Segnini (1982) da Cia. Paulista de Estradas de Ferro, que introduziu conceitos da administração científica. Quase a totalidade das empresas desenvolvia uma administração empírica, o que naturalmente abrange também a gestão de pessoas. Esse período ficou marcado pelo início da gestão burocrática e legalista de pessoas, que perdura até os dias atuais em uma grande parte das empresas brasileiras, onde a atividade de gestão de pessoas resume-se a atender às exigências legais.

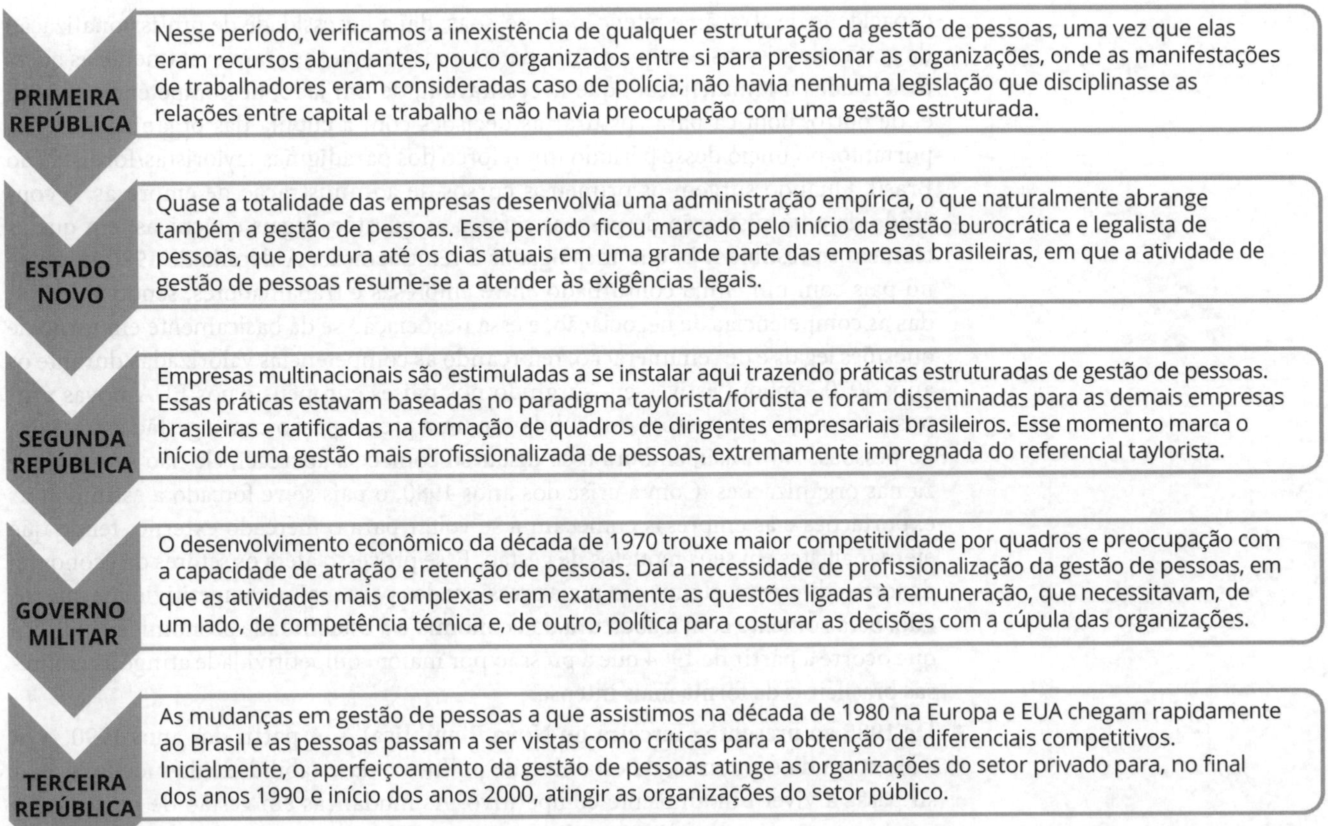

PRIMEIRA REPÚBLICA — Nesse período, verificamos a inexistência de qualquer estruturação da gestão de pessoas, uma vez que elas eram recursos abundantes, pouco organizados entre si para pressionar as organizações, onde as manifestações de trabalhadores eram consideradas caso de polícia; não havia nenhuma legislação que disciplinasse as relações entre capital e trabalho e não havia preocupação com uma gestão estruturada.

ESTADO NOVO — Quase a totalidade das empresas desenvolvia uma administração empírica, o que naturalmente abrange também a gestão de pessoas. Esse período ficou marcado pelo início da gestão burocrática e legalista de pessoas, que perdura até os dias atuais em uma grande parte das empresas brasileiras, em que a atividade de gestão de pessoas resume-se a atender às exigências legais.

SEGUNDA REPÚBLICA — Empresas multinacionais são estimuladas a se instalar aqui trazendo práticas estruturadas de gestão de pessoas. Essas práticas estavam baseadas no paradigma taylorista/fordista e foram disseminadas para as demais empresas brasileiras e ratificadas na formação de quadros de dirigentes empresariais brasileiros. Esse momento marca o início de uma gestão mais profissionalizada de pessoas, extremamente impregnada do referencial taylorista.

GOVERNO MILITAR — O desenvolvimento econômico da década de 1970 trouxe maior competitividade por quadros e preocupação com a capacidade de atração e retenção de pessoas. Daí a necessidade de profissionalização da gestão de pessoas, em que as atividades mais complexas eram exatamente as questões ligadas à remuneração, que necessitavam, de um lado, de competência técnica e, de outro, política para costurar as decisões com a cúpula das organizações.

TERCEIRA REPÚBLICA — As mudanças em gestão de pessoas a que assistimos na década de 1980 na Europa e EUA chegam rapidamente ao Brasil e as pessoas passam a ser vistas como críticas para a obtenção de diferenciais competitivos. Inicialmente, o aperfeiçoamento da gestão de pessoas atinge as organizações do setor privado para, no final dos anos 1990 e início dos anos 2000, atingir as organizações do setor público.

FIGURA 1.1

Processo evolutivo da gestão de pessoas no Brasil.

- **De 1945 a 1964 (Segunda República)** – O país vive nesse período um processo de redemocratização, preocupado com o desenvolvimento econômico por meio da intensificação dos investimentos na indústria de base e do movimento de substituição de importações (FURTADO, 1977; TAVARES, 1976). Empresas multinacionais são estimuladas a se instalar aqui trazendo práticas estruturadas de gestão de pessoas. Essas práticas estavam baseadas no paradigma taylorista/fordista e foram disseminadas para as demais empresas brasileiras e ratificadas na formação de quadros de dirigentes empresariais brasileiros. Esse momento marca o início de uma gestão mais profissionalizada de pessoas, extremamente impregnada do referencial taylorista.

- **De 1964 a 1984 (Governo Militar)** – A intervenção estatal na economia marca os 30 anos seguintes de nossa história, sendo revertida somente no final dos anos 1990. O início desse período é marcado por um regime de exceção, em que o referencial taylorista de gestão de pessoas e toda a estrutura de controle das relações de capital e trabalho, montada no Estado Novo, são reforçados. Associado ao regime de exceção, o país vive nos anos 1970 um período de grande expansão econômica, em que o paradigma taylorista/fordista de gestão encontra um terreno fértil para sua expansão e consolidação. Cria-se um paradoxo interessante: enquanto na Europa e nos EUA esse paradigma é extremamente criticado, no Brasil é cultuado e encanta a grande maioria dos dirigentes empresariais brasileiros. Não é por acaso que a trajetória privilegiada para acesso às posições de topo nas áreas de recursos humanos nesse período é a de cargos e salários, em que esses paradigmas são aplicados mais fortemente, como, por exemplo, nas ideias de racionalização, descrição de cargos, definição da remuneração justa, no dimensionamento do quadro etc. O desenvolvimento econômico da década de 1970 trouxe maior competitividade por quadros e preocupação com a capacidade de atração e retenção de pessoas, daí a necessidade de profissionalização da gestão de pessoas, em que as atividades mais complexas eram exatamente as questões ligadas à remuneração, que necessitavam, de um lado, de competência técnica e, de outro, política para costurar as decisões com a cúpula das organizações. Há, portanto, no início desse período um reforço dos paradigmas tayloristas/fordistas no Brasil. Quando surgem os primeiros cursos de administração de empresas, o conteúdo da administração de pessoas reforça as questões legais e técnicas, em que as técnicas se resumem às questões ligadas à remuneração. A década de 1980 inicia-se no país com um clima conturbado entre empresas e trabalhadores, sendo valorizadas as competências de negociação, e essa negociação se dá basicamente em torno de questões legais e de remuneração, reforçando as competências valorizadas durante os anos 1970, embora estivessem surgindo nos países europeus e nos EUA novas propostas de gestão de pessoas, consolidando uma preocupação com a gestão estratégica de pessoas. No Brasil, embora esse discurso comece a aparecer, ele não se concretiza nas organizações. Com a crise dos anos 1980, o país se vê forçado a estimular as exportações e as empresas começam a se voltar para o mercado externo, tendo que efetuar ajustes em seus modelos de gestão. Esse processo afeta os setores da economia de forma diferente: alguns são mais pressionados para maior competitividade, outros não. Será somente com a abertura da economia e a estabilidade econômica e política que ocorre a partir de 1994 que a pressão por maior competitividade atinge as empresas brasileiras de forma mais intensa.

- **De 1985 ao presente (Terceira ou Nova República)**[1] – A partir dos anos 1990, com a abertura da economia, da estabilidade política e da estabilidade da moeda, o Brasil passa a viver um ambiente competitivo. As mudanças em gestão de pessoas que assistimos na década de 1980 na Europa e nos EUA chegam rapidamente ao Brasil e as pessoas passam a ser vistas como críticas para a obtenção de diferenciais competitivos. Inicialmente, o aperfeiçoamento da gestão de pessoas atinge as organizações do setor privado para, no final dos anos 1990 e início dos anos 2000, atingir as organizações do setor público.

> As mudanças em gestão de pessoas que assistimos na década de 1980 na Europa e EUA chegam rapidamente ao Brasil.

SAIBA MAIS

Temos uma série de estudos sobre as relações de trabalho e as relações sindicais associados às fases históricas do Brasil. Vale a pena uma espiada nesse material para compreendermos melhor a gestão de pessoas praticada em nossas organizações nos dias de hoje e suas tendências para o futuro.
Recomendamos as leituras de Fleury e Fischer (1987); Fausto (1977); Pereira (1979).

Novos Caminhos para a Gestão de Pessoas

Quando tomamos por base os desafios já enfrentados pelas organizações e aqueles previsíveis para os próximos anos, podemos antever grandes transformações na gestão de pessoas. É importante analisarmos o comportamento de nossas organizações frente a esses desafios tendo em vista nossa história e aspectos fundamentais de nossa cultura. Caso contrário, corremos o grande risco de importar conceitos e visões da gestão de pessoas que fazem sentido em outras culturas, mas jamais terão o mesmo resultado em nossa realidade.

> A gestão de pessoas deve alinhar a um só tempo os objetivos estratégicos e negociais da organização e o projeto profissional e de vida das pessoas.

---

[1] Alguns historiadores apontam como início da Terceira ou Nova República o ano de 1990, com as eleições diretas para presidente; outros, 1988, com a promulgação da nova Constituição.

Quando nós nos voltamos para a gestão de pessoas, verificamos que muitas organizações tratam essa questão com base em premissas equivocadas sobre a realidade organizacional, gerando efeitos não desejados e obstruindo a análise das causas do insucesso. O estudo e o acompanhamento de vários casos de sucesso nos permitem propor uma base conceitual que ofereça suporte, não somente para a compreensão da realidade, mas também para a construção de diretrizes e instrumentos que assegurem uma gestão de pessoas coerente e consistente no tempo.

As bases conceituais e a forma de organizar a gestão de pessoas propostas partem de premissas ou "ideias-força" que são encontradas de forma recorrente nos principais autores a partir dos anos 1980 e nas práticas das organizações que consideramos exemplos de sucesso.

As "ideias-força" nesse caso são valores subjacentes em um conceito ou prática na gestão de pessoas. Podemos sintetizá-las em:

- **Desenvolvimento Mútuo** – A gestão de pessoas deve estimular e criar as condições necessárias para que a organização e as pessoas possam desenvolver-se mutuamente nas relações que estabelecem. Estaremos entendendo aqui como desenvolvimento o processo que permite à organização e às pessoas atuar em realidades cada vez mais complexas e demandantes.
- **Satisfação Mútua** – A gestão de pessoas deve alinhar a um só tempo os objetivos estratégicos e negociais da organização e o projeto profissional e de vida das pessoas. Cabe enfatizar que estão incluídas aqui todas as pessoas que tenham uma relação de trabalho com a organização, independentemente de seu vínculo empregatício. Somente desse modo a gestão de pessoas fará sentido para a organização e para as pessoas.
- **Consistência no Tempo** – A gestão de pessoas deve, ainda, oferecer parâmetros estáveis no tempo para que, dentro de uma realidade cada vez mais turbulenta, seja possível à organização e às pessoas ter referenciais para posicionarem-se de forma relativa em diferentes contextos e momentos dessa realidade.

Temos verificado que a existência dessas ideias-força nas práticas de gestão de pessoas assegura sua efetividade. Verificamos, ainda, que essa efetividade é obtida de forma consistente quando o conjunto de políticas e práticas de gestão de pessoas apresenta as seguintes características:

- **Transparência** – A clareza dos critérios que norteiam a gestão de pessoas e a contínua irrigação de informações acerca da forma de aplicação desses critérios é fundamental tanto para a aceitação deles quanto para sua contínua renovação e ajuste à realidade.
- **Simplicidade** – A simplicidade na formulação dos critérios e na forma de sua aplicação ajuda na transparência e é fundamental para facilitar a compreensão, a análise, a discussão, o consenso, a aceitação e o comprometimento em torno dos valores e de sua prática em cada contexto específico.
- **Flexibilidade** – Os critérios que norteiam a gestão de pessoas são validados a cada momento ao longo do tempo e permanecem se tiverem a flexibilidade necessária para ajustar-se aos diferentes contextos existentes e às pressões impostas pelas transformações desses contextos no tempo.

Um valor que se tornou global, frente à história de evolução da gestão de pessoas no mundo, é o desenvolvimento contínuo tanto da organização quanto das pessoas. A gestão de pessoas necessita dar respostas adequadas a esse valor. Quando os valores da organização estão alinhados com os das pessoas, não importa em que localidade, criam-se as condições para a construção de identidade entre ambas.

DESAFIOS NA GESTÃO DE PESSOAS

Uma organização brasileira iniciou na década de 1980 seu processo de internacionalização, inicialmente para países da América do Sul e, posteriormente, na década de 1990 para a América Central e do Norte, incluindo Canadá e EUA. Nos anos 2000 passou a atuar na Europa, Ásia e África. Seu desafio, como das organizações que fizeram esse caminho, era criar um sistema de gestão de pessoas que criasse nas pessoas uma identidade com a organização e conseguisse adequação às especificidades de cada localidade e/ou negócio da organização.

Para tanto, a organização necessitava efetuar uma ligação íntima entre os valores organizacionais e suas políticas e práticas de gestão de pessoas. Essa ligação garantia a coerência da gestão de pessoas em todas as localidades onde atuava.

Ao mesmo tempo, as políticas de gestão de pessoas ofereciam grandes diretrizes que permitiam que as práticas decorrentes pudessem ser adequadas às características culturais, legais e do mercado local. Obtinha-se, desse modo, uma uniformidade que viabilizava a movimentação de pessoas para diferentes partes do mundo com um tratamento equânime e, para as pessoas, a certeza de que a organização as considerava sua principal prioridade.

O que esse caso nos traz como lição? Mostra como a maior complexidade da organização pressiona um repensar da gestão de pessoas, onde parâmetros transparentes, simples e flexíveis passam a ser essenciais.

FIQUE ATENTO

As fases de evolução da gestão de pessoas no mundo e no Brasil nos dão condições de desenvolver uma visão mais ampla e crítica sobre a nossa realidade atual e suas tendências.

Procure observar, na organização onde trabalha ou realiza estágio e em futuros empregos, em que estágio de amadurecimento encontra-se a organização. Para tanto, procure responder às seguintes questões:

- Qual é a abertura para o diálogo na organização? De quem deve ser a iniciativa da pessoa ou do gestor?
- Qual é o nível de respeito às pessoas, tanto no que se refere ao tratamento quanto ao atendimento das expectativas delas?
- Quem são os gestores? São pessoas preocupadas em obter resultados a qualquer preço e qualquer custo ou pessoas que buscam conciliar os interesses da organização com as expectativas das pessoas?

Organização da Gestão de Pessoas

Papéis na gestão de pessoas

Observando a forma como as organizações gerenciam e orientam o comportamento humano, verificamos uma preocupação crescente com a integração entre o conjunto de políticas e práticas de gestão de pessoas. Essa integração é percebida pela forma como tais políticas e práticas de gestão de pessoas articulam-se entre si, gerando um efeito sinérgico para que sejam atendidas as expectativas das pessoas e da organização no presente e no futuro (FISCHER, 2002).

Segundo André Fischer (2002), o modelo de gestão de pessoas pode ser entendido através da maneira pela qual a organização gerencia e orienta o comportamento humano no trabalho. Para tanto, define princípios, estratégias, políticas e práticas. Segundo o autor, o modelo de gestão de pessoas é influenciado pela tecnologia adotada, estratégia de organização do trabalho, cultura organizacional, estrutura e contexto onde a organização se insere.

Em uma tentativa de representar o modelo de gestão de pessoas, foi pesado na balança como representação do contínuo equilíbrio que deve ser perseguido entre a organização e

> O modelo de gestão de pessoas pode ser entendido através da maneira pela qual a organização gerencia e orienta o comportamento humano no trabalho.

FIGURA 1.2

Modelo de gestão de pessoas.

▪ A construção de vantagens competitivas através de pessoas é fruto de um processo de aprendizagem que oferece à organização um diferencial de difícil reprodução.

as pessoas e que ambos têm papéis importantes nesse equilíbrio. Os processos de gestão de pessoas atuam como garantidores desse equilíbrio. Os processos não são suficientes, é necessário um conjunto de políticas e práticas organizacionais que suporte e que sirva de base na sustentação tanto do equilíbrio quanto dos processos, o que chamaremos de bases estruturais. Veja a Figura 1.2.

Para discutirmos o modelo, vamos analisar suas partes. Inicialmente, vamos destacar os papéis das pessoas e das organizações na gestão de pessoas. Posteriormente, vamos analisar como a gestão de pessoas se organiza através dos processos, da orientação oferecida para as pessoas e os cuidados com elas.

Papel das pessoas

Cabe às pessoas a gestão de seu desenvolvimento, de sua competitividade profissional e de sua carreira. As pessoas estão adquirindo consciência de seu papel e passam a cobrar de si mesmas a gestão de sua carreira, e da empresa as condições objetivas de desenvolvimento profissional. Temos verificado em nossas pesquisas que a partir dos últimos anos de 1990 as pessoas passaram a valorizar mais as oportunidades concretas de desenvolvimento na movimentação dentro da empresa e no mercado de trabalho.

Vamos procurar ao longo do livro aprofundar o papel das pessoas na construção de si próprias e de sua relação com o trabalho, com a organização e com o mercado de trabalho. Mas, em todas as situações, como veremos, o ponto de partida é a consciência de si, autoconhecimento, conhecimento das oportunidades para se desenvolver.

Papel das organizações

Cabe às organizações, através de uma contínua interação com as pessoas, criar para elas o estímulo e as condições concretas de desenvolvimento profissional e pessoal. A organização, ao desempenhar seu papel, conseguirá alavancar sua competitividade por meio das pessoas. Essa conquista por parte da organização é fruto de um processo de aprendizagem que oferece um diferencial competitivo de difícil reprodução.

Esse papel não é exercido nem exercitado unicamente por meio de processos, ferramentas, instrumentos etc., mas por meio do comprometimento da organização com as pessoas. Como esse comprometimento se traduz? Traduz-se por meio de respeito à individualidade, do estímulo e suporte à cidadania organizacional, do contínuo desenvolvimento e satisfação das necessidades das pessoas e de uma proposta transparente de intenções. Para tanto, a organização necessita saber e disseminar o que espera de cada um.

Organização da Gestão de Pessoas

Processos de gestão de pessoas

Vamos inicialmente definir o que é processo. *Processo* é um termo emprestado da Biologia e pode significar a transição ou uma série de transições de uma condição para outra; quando adaptado para a Sociologia, agrega a ideia de interação entre elementos diferentes associados à ideia de movimento, mudança e fluxo. Esses processos podem repetir-se dentro de padrões, sendo passíveis de interferência para induzi-los, aprimorá-los, inibi-los etc. Processos de gestão são interações entre partes com um objetivo e dentro de parâmetros previamente definidos.

Quanto aos objetivos e parâmetros dos processos de gestão de pessoas, podemos classificá-los, em função de sua natureza, em:

- Movimentação.
- Desenvolvimento.
- Valorização.

Os processos classificados na categoria de movimentação têm como objetivos básicos oferecer suporte a toda ação de movimento da pessoa que estabelece uma relação com a empresa, independentemente de seu vínculo empregatício. Essa categoria compreende as seguintes práticas:

- Captação.
- Internalização.
- Transferências.
- Promoções.
- Expatriação.
- Recolocação.

Desenvolvimento é uma categoria que congrega processos cujo objetivo é o de estimular e criar condições para o desenvolvimento das pessoas e da organização. As práticas agrupadas nessa categoria são:

- Treinamento e capacitação.
- Carreira (pessoas e organização).
- Conciliação de expectativas.

Além dessas categorias de práticas, vamos ressaltar uma preocupação crescente de nossas organizações com a escolha e o desenvolvimento das lideranças. As práticas de desenvolvimento dedicadas à liderança podem ser classificadas nas seguintes categorias:

- Escolha e desenvolvimento de líderes.
- Processo sucessório estruturado.

Na categoria de valorização estão os processos que têm como objetivo estabelecer parâmetros e procedimentos para distinção e valorização das pessoas que estabelecem alguma relação com a empresa. São compreendidas nessa categoria as práticas:

- Remunerações e recompensas.
- Gestão da massa salarial.

GESTÃO DE PESSOAS

- Movimentação
- Desenvolvimento
- Gestão de Pessoas
- Valorização

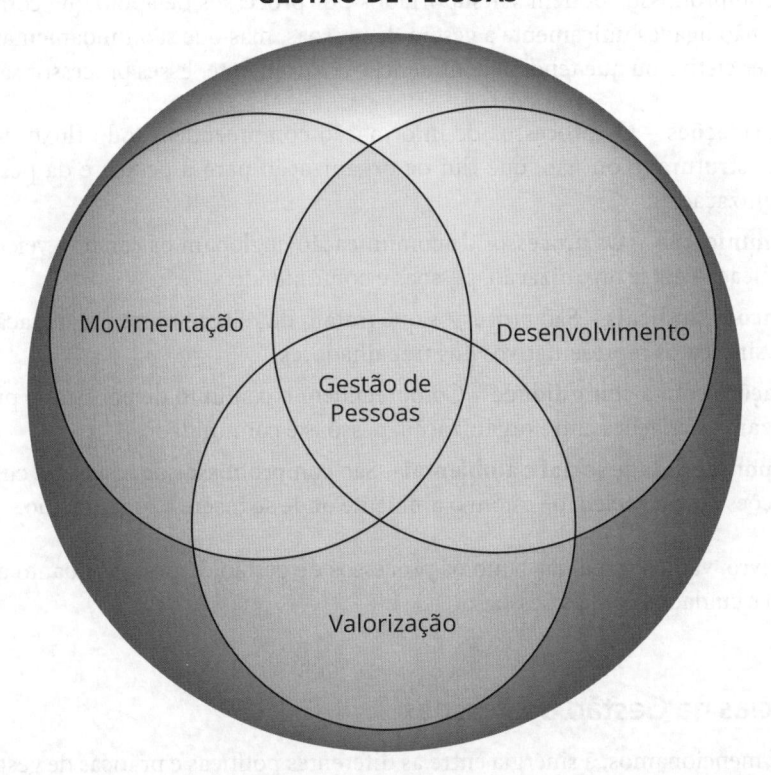

FIGURA 1.3

Processos de gestão de pessoas.

Fonte: Criada pelos autores.

Orientação às pessoas

A fim de integrar os processos de gestão de pessoas, várias ações as orientam e permitem seu desenvolvimento, suas reflexões sobre sua relação com a organização, trabalho e carreira. Essas ações podem ser agrupadas nas seguintes categorias:

- Avaliação das pessoas.
- Ações gerenciais decorrentes da avaliação.
- Diálogos de desenvolvimento.

Cuidados com as pessoas

A postura das organizações em cuidar das pessoas torna-se um suporte fundamental para a construção e sustentação de uma relação efetiva e de mútua agregação de valor. Esses cuidados podem ser traduzidos em compromissos mútuos estabelecidos entre a organização e as pessoas. Tais compromissos são traduzidos no conjunto de políticas e práticas existentes na organização e orientam o comportamento de ambos, podendo ser agrupados nas seguintes categorias:

- Relacionamento entre pessoas e organização expresso no contrato psicológico estabelecido, no clima organizacional, nas dinâmicas interpessoais e nas dinâmicas intergrupais.
- Preservação da integridade biopsicossocial da pessoa, englobando: saúde, segurança e ergonomia.
- Valorização da pessoa pelo que ela é através do respeito a sua individualidade, preocupação com a sua qualidade de vida e estímulo e oferta de condições para sua participação nos processos decisórios que lhe dizem respeito.

Esses compromissos podem ser suportados por processos de apoio que compreendem interações não ligadas unicamente à gestão de pessoas, mas que são fundamentais para que ela possa ser efetiva ou que tendem a influenciá-la fortemente. Esses processos são:

- **Informações** – Os processos de informação compreendem todo fluxo de informação, estruturado ou não, que flui da organização para a pessoa e da pessoa para a organização.
- **Comunicação** – Os processos de comunicação englobam os canais e veículos de comunicação entre organização, pessoas e comunidade.
- **Relações sindicais** – São processos que tratam da relação entre organização, pessoas e os sindicatos representativos dos trabalhadores.
- **Relações com a comunidade** – Compreendem o conjunto de políticas e práticas que balizam as relações entre organização, pessoas e comunidade.
- **Responsabilidade social e ambiental** – São compromissos de respeito e cuidado com relações com a sociedade e com o ambiente onde se insere a organização.

> A sinergia entre as diferentes políticas e práticas de gestão de pessoas oferece condições para maior efetividade na concretização dos intentos estratégicos da organização.

Neste livro, vamos trabalhar tanto os processos de gestão de pessoas quanto as ações de orientação e cuidados com as pessoas.

Tendências na Gestão de Pessoas

Conforme mencionamos, a sinergia entre as diferentes políticas e práticas de gestão de pessoas oferece condições para maior efetividade na concretização dos intentos estratégicos da organização. Essa sinergia enfrentará desafios cada vez mais exigentes, entre os quais cabem ser destacados os seguintes:

Perdas dos referenciais para a gestão

O aumento da competitividade faz com que aspectos da gestão dos negócios que antes eram encarados como pouco relevantes tornem-se críticos na busca por um diferencial que permita maior velocidade de resposta para o mercado e/ou redução dos custos operacionais. Atualmente, os avanços tecnológicos em comunicação e informação permitem ganhos de escala inimagináveis no final da década de 1990, com a criação de serviços compartilhados, e o questionamento da efetividade das estruturas funcionais, ao estimular estruturas matriciais como forma de minimizar as ineficiências causadas pelas interfaces funcionais. Dentro desse contexto, as pessoas assumem diferentes papéis dentro da organização, acumulando responsabilidades por atividades funcionais e, ao mesmo tempo, responsabilidades por projetos que vão desde o aprimoramento operacional até a revisão de intentos estratégicos. Em empresas internacionais é cada vez mais comum observar pessoas com responsabilidades por funções e/ou projetos locais e, ao mesmo tempo, acumulam responsabilidades por funções e/ou projetos globais.

Nos próximos anos, vamos assistir a uma inflexão tecnológica com a disseminação dos computadores cognitivos. As portas de entrada no Brasil para essa tecnologia têm sido o sistema judiciário e o setor de saúde. Com os computadores cognitivos haverá a possibilidade de uma pessoa atuar em diferentes atividades da organização sem necessitar se deslocar fisicamente, tornando as divisões das atribuições e responsabilidades mais complexas. Será cada vez mais comum assistirmos a pessoas com várias chefias e atuando em diferentes unidades organizacionais e/ou negócios.

A maior parte das organizações brasileiras se apoia no cargo ou no posicionamento no organograma como referência para pensar a gestão de pessoas. Podemos antever com facilidade que esses referenciais se tornarão cada vez mais movediços. O que então as organizações passarão a utilizar para referenciar as pessoas? Como poderão categorizá-las para efeito de remuneração e desenvolvimento? Como poderão trabalhar questões mais sofisticadas como sucessão, retenção e o uso ótimo da massa salarial? Como prepararão as lideranças para assumirem parte do tempo das pessoas e conseguir motivá-las e engajá-las com o trabalho? Como as organizações conseguirão criar para as pessoas um significado para seu trabalho e contribuição?

Por essa razão, a compreensão de como se organiza o trabalho das pessoas através de novas lentes pode ajudar a rever a forma como pensamos a sua gestão. Se assumirmos que existem elementos estáveis no posicionamento das pessoas em relação ao seu trabalho, podemos usá-los como referência para organizarmos a gestão de pessoas. Um elemento estável são as trajetórias de carreira; mesmo que a pessoa assuma diferentes atribuições e responsabilidades simultaneamente, verificaremos que todas têm a mesma natureza, ou seja, todas estão dentro de uma mesma trajetória. Ainda que a organização tenha operações em várias partes do mundo, que tenha operações e/ou negócios estruturados de diferentes formas (funcional, matricial e/ou por projetos), isso não afetará as trajetórias de carreira, elas se manterão estáveis no tempo e serão as mesmas nas diferentes partes do globo. Do mesmo modo, os degraus de complexidade serão os mesmos nas diferentes estruturas e operações da organização, assim como as competências exigidas.

Caso as organizações não repensem formalmente as suas estruturas de gestão de pessoas, o farão intuitivamente. Naturalmente, as organizações procurarão assentar sua gestão em parâmetros estáveis. Por essa razão, estudar e aprofundar a compreensão sobre os conceitos e instrumentos de gestão de carreiras ajudará em um processo mais ordenado de transição da gestão de pessoas.

A gestão de carreiras cria para a organização e para as pessoas referenciais que podem balizar suas relações de modo estável, mesmo vivendo uma realidade de trabalho volátil. Essa estabilidade de referenciais cria mais segurança e suporta contratos psicológicos ao longo do tempo. Desse modo, a organização terá melhores condições para escolher e preparar gestores, construir expectativas nas pessoas e prepará-las para o futuro.

> As mudanças na organização do trabalho exigem sua flexibilização.

Novas formas de organização do trabalho

Uma questão que está cada vez mais presente em nossa realidade é a importância da flexibilização nas condições e organização do trabalho, como forma de obter melhores condições de atração e retenção e, também, de favorecer o desenvolvimento profissional. Um exemplo de flexibilização é o trabalho a distância. Em 2009, realizamos uma pesquisa sobre trabalho a distância (SILVA, 2013) e 104 empresas, entre as 150 Melhores Empresas para Trabalhar, relatavam oferecer trabalho a distância e que haviam gerado economias importantes: em algumas organizações, a redução de espaço físico foi de 70%. Entretanto, constatamos que a maior parte das organizações não está preparada para gerir o trabalho realizado a distância. Esse despreparo é mais cultural do que tecnológico.

Outra tendência importante na reorganização do trabalho é o crescimento dos serviços compartilhados. Os serviços compartilhados caracterizam-se pela concentração de atividades de mesma natureza, gerando economia de escala. Inicialmente, foram concentrados trabalhos repetitivos na empresa, tais como: folha de pagamentos, contabilidade e contas a pagar e a receber, para, posteriormente, envolverem, também, atividades ligadas a questões fiscais e tributárias, caixa único, serviços de contratação e treinamento e a cadeia de suprimentos (**supply chain**). Os serviços compartilhados podem gerar uma economia de 20% a 30% das despesas operacionais, em função da redução de custos que geram. Por essa razão, a disseminação desse processo é inexorável. No setor privado está crescendo rapidamente e começa a se estender para o setor público.

No final da década de 1960 e início da década de 1970, quando realizava minha formação em administração, discutíamos as melhores opções de organização do trabalho e do processo decisório, se mais centralizado ou descentralizado. Ao longo da década de 1980, assistimos a muitas experiências nas quais ora a empresa se organizava em unidades de negócio e havia uma multiplicação das estruturas-meio, ora voltava a centralizar as estruturas-meio e a logística para obter ganhos de escala. Por que havia essa alternância em movimentos centrífugos e centrípetos nos processos decisórios? Porque nesses movimentos existia um deslocamento do poder; quando havia centralização, as pessoas que detinham os recursos detinham o poder. A partir dos anos 2000, com o avanço da tecnologia, foi possível realizar a centralização de serviços e logística sem retirar o poder dos clientes internos ou das unidades de negócio ou das diversas unidades operacionais. Por essa razão, os serviços compartilhados tendem a crescer em volume e complexidade.

Essas novas formas de organização do trabalho trazem um grande desafio para a gestão de pessoas. Parte da gestão de pessoas é realizada pelos gestores, parte pelas próprias pessoas e parte pelas áreas especializadas em gestão de pessoas. Nessa reorganização, as áreas especializadas em gestão de pessoas serão, mais cedo ou mais tarde, encaradas como serviços a serem compartilhados, principalmente no que se refere a atividades mais estruturadas como captação, capacitação, remuneração, relações sindicais etc.

Como pensar a gestão de pessoas em situações em que uma atividade, um processo, uma operação ou negócio têm as pessoas diretamente envolvidas separadas em lógicas organizacionais diferentes, nas quais parte dessas pessoas atua a distância e parte tem que se deslocar diariamente para uma determinada instalação, onde existem equipes de trabalho localizadas em diferentes partes do mundo, onde existem operações com utilização intensiva de mão de obra e operações com uso intensivo de tecnologia. Ou seja, teremos em nossas organizações uma diversidade cada vez maior de situações em que haverá a necessidade de construir uma mesma identidade em termos de gestão de pessoas e, ao mesmo tempo, atender um grande número de especificidades.

> Necessitamos de parâmetros que sejam comuns para toda a organização com o objetivo de criar identidade e, ao mesmo tempo, dialogar com as necessidades de cada localidade, de cada negócio e, no limite, com cada pessoa.

Desse modo, haverá a necessidade de parâmetros que sejam comuns para toda a organização com o objetivo de criar identidade e, ao mesmo tempo, dialogar com as necessidades de cada localidade, de cada negócio e, no limite, com cada pessoa. Os conceitos e instrumentos de gestão de carreiras têm essa característica e de uma forma natural serão incorporados no dia a dia das organizações, talvez com outros nomes ou propostas. Para os especialistas em gestão de pessoas o risco é não protagonizar esse processo e ficar a reboque dos acontecimentos.

Demografia do Brasil

Atualmente, temos uma grande concentração de pessoas jovens. Nos próximos anos, vamos assistir a uma queda crescente na natalidade e a um aumento da idade média do brasileiro. Isso fará com que o mercado de trabalho vá mudando a sua feição ao longo dos anos. Fazendo um contraponto com essa realidade, verificamos ciclos de carreira cada vez mais rápidos, conforme já trabalhamos nos capítulos iniciais, e uma longevidade crescente de nossa população. Caso não tenhamos compreensão clara da dinâmica do mercado de trabalho, estratégias de gestão de pessoas que são efetivas hoje podem não ser amanhã.

> Notamos uma alteração geracional, ou seja, alterações na forma de pensar e agir, nas pessoas nascidas a partir do ano de 1986.

De outro lado, temos características geracionais muito particulares, resultantes de nossas características demográficas e históricas. Os estudiosos da questão geracional caracterizam uma nova geração quando há mudança significativa na forma de pensar e agir das pessoas. Nesse sentido, nos Estados Unidos e na Europa, são consideradas as seguintes gerações: *babyboomers*, nascidos entre o final da década de 1940 e o final da década de 1960; geração X, nascidos do final da década de 1960 e ao longo da década de 1970; e geração Y, nascidos ao longo da década de 1980 e início da década de 1990. No Brasil, estudos realizados por Silva (2011 e 2013) e Veloso et al. (2011) confirmam a geração dos *babyboomers* como a das pessoas nascidas de 1946 a 1965, a geração X, como as pessoas nascidas de 1966 a 1985 e uma nova geração, que pode ser chamada de Y ou Z, como as pessoas nascidas a partir de 1986.

A geração Y aparece nos Estados Unidos e na Europa no final da década de 1970 e ao longo da década de 1980, como consequência de grandes transformações, tais como: ambiente competitivo, com a entrada de novos *players*, consolidação da globalização, com sua ampliação para mercados e sistemas produtivos, alterações geopolíticas, caracterizadas com a queda do muro de Berlim, e transformações culturais, com o crescimento do **ser** em detrimento do **ter**. No Brasil, na década de 1980, vivíamos a continuidade do ambiente vivido na década de

1970, com um governo militar, restrições às importações, ambiente protegido e com baixa competitividade e uma inflação alta, que camuflava a incompetência na gestão das organizações. Em todas as nossas pesquisas (VELOSO; DUTRA; NAKATA, 2008), as pessoas nascidas na década de 1980 apresentavam as mesmas características das pessoas nascidas na década de 1970. Com uma pesquisa mais profunda realizada por Silva (2013), confirmamos que as marcas geracionais no Brasil são diferentes.

Notamos uma alteração geracional, ou seja, alterações na forma de pensar e agir, nas pessoas nascidas a partir do ano de 1986. Essas pessoas cresceram em um ambiente bem diferente do vivido no início da década de 1980: ambiente econômico aberto e competitivo, tecnologia de informação acessível, transformações culturais intensas e estabilidade econômica e política. Essas pessoas começaram a entrar no mercado de trabalho no final da primeira década dos anos 2000 e passaram a estar maciçamente no mercado na segunda década dos anos 2000.

Vamos assistir nos próximos anos a pessoas que já se aposentaram formalmente, mas que continuam no mercado oferecendo seus conhecimentos e capacidade de trabalho. Esse número será crescente e criará um tipo de competição que nunca vivenciamos. As organizações poderão decidir entre aumentar o seu quadro ou contratar os serviços dessas pessoas. Vamos assistir, também, às pessoas aposentadas formalmente participando de concursos públicos e iniciando uma nova carreira.

Essas particularidades de nossa demografia exigem uma gestão de pessoas capaz de lidar com uma maior diversidade etária e geracional e, ao mesmo tempo, com diferentes ciclos de carreira. A forma tradicional de pensar a gestão de pessoas terá poucos recursos conceituais e instrumentais para fazer frente a tal realidade.

Os impactos de nossas características demográficas não serão sentidos facilmente, será um processo insidioso; sem que consigamos perceber, estaremos vivendo uma nova realidade.

Transformações culturais

Nos próximos anos, teremos um crescimento gradativo da carreira subjetiva em detrimento da carreira objetiva (HALL, 2002). Ou seja, cada vez mais, as pessoas tomarão decisões sobre suas vidas profissionais a partir de valores, família e compromissos sociais e, cada vez menos, a partir de salários e **status** profissional. Temos duas evidências importantes. A primeira vem da experiência vivida por jovens nos Estados Unidos na primeira década dos anos 2000, em que o casal decide buscar empregos menos glamorosos e com menores salários para poder cuidar dos filhos. Nos anos 1990, a mulher tinha sua carreira truncada por conta dos filhos, e os homens, uma carreira linear; agora, cada vez mais, o casal busca se organizar para cuidar dos filhos de forma a preservar a carreira de ambos. Esse movimento, que foi chamado de *opt out* (MAINIERO; SULLIVAN, 2006), tomou uma grande proporção na sociedade norte-americana, a ponto de estimular as organizações a apresentar formas mais flexíveis de organização do trabalho.

> Outro aspecto das transformações culturais vem com o surgimento da carreira da família.

O movimento *opt out* ainda não está completamente instalado no Brasil, mas acreditamos que a geração que está entrando no mercado de trabalho tem esses valores na sua relação com o cônjuge e com os filhos. Essa é a segunda evidência: é provável que essa geração, associada aos movimentos sociais, cristalizados nos Estados Unidos e na Europa, influencie uma grande transformação cultural em que, cada vez mais, as pessoas subordinem seu projeto profissional ao projeto pessoal e familiar.

Outro aspecto das transformações culturais vem com o surgimento da carreira da família. Para exemplificar, há um grande escritório de advocacia, onde trabalham em conjunto o fundador, o seu filho e o seu neto. Os pais do fundador estão vivos e o neto do fundador tem filhos; temos, portanto, cinco gerações vivendo em conjunto e três trabalhando juntas. O que parece algo pitoresco tende a se tornar cada vez mais comum em nossa sociedade, onde os pais e os avós estarão cada vez mais envolvidos na carreira de seus filhos e netos.

Ao longo dos últimos 10 anos, pudemos notar, na vida dos jovens casais brasileiros, o compartilhamento da carreira entre os cônjuges, caracterizado pela ajuda mútua para o crescimento nessa carreira e a construção do projeto de família. Reflexões sobre o assunto podem ser encontradas no trabalho de Santos (2011).

A organização deverá estar preparada para uma relação cada vez mais exigente das pessoas com ela e com seu trabalho, buscando satisfação, realização e conciliação com outras dimensões de sua vida.

FIQUE ATENTO

Ao futuro das necessidades de sua organização e do mercado onde atua, em relação ao desenvolvimento e à contribuição das pessoas; você está se preparando para o amanhã ou está olhando o mundo pelo retrovisor?

Resumo e Implicações para o Aprendizado sobre Gestão de Pessoas

Neste capítulo, vimos a evolução da gestão de pessoas no mundo e no Brasil e como essa evolução está conectada com as fases de nossa história. Vimos também como a gestão de pessoas se estrutura e os papéis das pessoas e da organização. Finalmente, discutimos grandes desafios que a gestão de pessoas no Brasil terá que enfrentar. As principais implicações para o aprendizado sobre a gestão de pessoas podem ser resumidas:

- Na conciliação de expectativas entre pessoas e organização através de um diálogo continuado entre ambas.
- Na gestão de pessoas como um diferencial de competitividade da organização e/ou negócio.
- Nos papéis e na forma de estruturação da gestão de pessoas em nossas organizações.
- Na importância de enxergarmos o invisível em gestão de pessoas e de nos despirmos de ideias preconcebidas para podermos avançar e modernizá-la.

QUESTÕES

Questões para fixação

1. Quais são as principais transformações ocorridas no ambiente onde a organização se insere e nas expectativas das pessoas que têm impulsionado a alteração na forma de gerir pessoas?
2. Como podemos caracterizar a gestão de pessoas na organização contemporânea?
3. Quais são as contribuições do olhar funcionalista e da abordagem sistêmica para a compreensão da gestão de pessoas?
4. Qual é o papel das pessoas e da organização no modelo de gestão de pessoas?
5. Quais são os principais processos de gestão de pessoas na organização e o que os caracteriza?
6. Como é marcada a evolução da gestão de pessoas no mundo ocidental?
7. Quais são os eventos que marcam a evolução da gestão de pessoas no Brasil?
8. Qual é o papel das pessoas e da organização no modelo de gestão de pessoas?
9. Quais são os principais processos de gestão de pessoas na organização e o que os caracteriza?

Questões para desenvolvimento

1. Quais são as principais diferenças existentes entre a forma tradicional de gerir pessoas e as novas propostas?
2. Quais as limitações do olhar funcionalista para a compreensão da gestão de pessoas?
3. Quais as limitações da abordagem sistêmica para a compreensão da gestão de pessoas?
4. Como poderíamos caracterizar o processo de desenvolvimento mútuo entre pessoa e empresa?
5. Como podemos correlacionar a evolução da gestão de pessoas no mundo ocidental e no Brasil?

ESTUDO DE CASO E EXERCÍCIOS

Carlos Eduardo há 15 anos se formou em engenharia eletrônica e iniciou sua carreira profissional em um centro de pesquisa e desenvolvimento na área de telefonia. Após cinco anos, passou a atuar na área de pesquisa e desenvolvimento de uma grande empresa multinacional em telefonia como engenheiro sênior; nessa época tinha terminado seu mestrado e iniciava o seu doutorado. Atualmente, Carlos Eduardo é engenheiro especialista na mesma empresa, tem reconhecimento internacional em sua área de especialização e vê que sua carreira na organização terminou. Não consegue visualizar um crescimento no Brasil na área de pesquisa e desenvolvimento. Carlos Eduardo tem consciência de que não se daria bem em uma carreira gerencial porque só gosta de comandar pessoas em aspectos técnicos e não em aspectos administrativos, só se sente atraído pelos desafios técnicos e nem um pouco por questões gerenciais e burocráticas; adora o processo de concepção e construção de produtos tecnológicos e procura se afastar da negociação de recursos e das articulações políticas que não estão ligadas diretamente aos projetos que coordena.

1. Como não consegue se enxergar na carreira gerencial e já chegou ao teto de sua carreira na área de engenharia, quais podem ser os caminhos para continuidade da carreira de Carlos Eduardo?
2. Qual deve ser a responsabilidade de Carlos Eduardo e da organização onde trabalha na definição e implantação do processo de desenvolvimento?

Para responder a essas questões, considere que Carlos Eduardo pode pensar nas seguintes alternativas: expatriação para o centro de pesquisa e desenvolvimento na matriz da empresa, atuação como consultor externo, busca da carreira acadêmica, outra empresa ou outra carreira. Procure avaliar essas diferentes alternativas olhando o papel de Carlos Eduardo e da organização onde trabalha.

REFERÊNCIAS

ALBUQUERQUE, L. G. *O papel estratégico de recursos humanos*. 1987. Tese (Livre-Docência) – Faculdade de Economia e Administração, Universidade de São Paulo, São Paulo.

ALMEIDA, M. I. R.; TEIXEIRA, M. L. M.; MARTINELLI, D. P. Por que administrar estrategicamente recursos humanos? *Revista de Administração de Empresas FGV*, v. 33, nº 2, mar./abr. 1993.

AQUINO, P. A. *Administração de recursos humanos:* uma introdução. São Paulo: Atlas, 1980.

ARENDT, H. *A condição humana*. Rio de Janeiro: Forense, 1987.

BRAVERMAN, H. *Trabalho e capital monopolista*: a degradação do trabalho no século XX. Rio de Janeiro: Zahar, 1980.

BREWSTER, C.; HEGEWISCH, A. Human resource management in Europe: issues and opportunities in policy and practice in European human resource management. London: Routlegde, 1994.

CHANDLER JR., Alfred D. *Strategy and structure*: chapters in the history of the american industrial enterprise. Massachusetts: MIT press, 1962.

CHIAVENATO, I. *Recursos humanos na empresa*. São Paulo: Atlas, 1989.

DEAN, W. *Rio Claro, um sistema brasileiro da lavoura*. Rio de Janeiro: Paz e Terra, 1977.

DUTRA, J. S. *Administração de carreira*. São Paulo: Atlas, 1996.

FAUSTO, B. *Trabalho urbano e conflito social*. São Paulo: Difel, 1977.

FAYOL, H. *Administração industrial e geral*. São Paulo: Atlas, 1981.

FISCHER, André L. Um resgate conceitual e histórico dos modelos de gestão de pessoas. In: FLEURY, M. T. et al. *As pessoas na organização*. São Paulo: Gente, 2002.

FISCHER, Rosa Maria. A modernidade da gestão em tempos de cólera. *Revista de Administração da USP*, v. 27, nº 4, out./dez. 1992.

FLEURY, M. T.; FISCHER, R. M. Relações de trabalho e políticas de gestão: uma história das questões atuais. *Revista de Administração da USP*, v. 27, nº 4, out./dez. 1992.

_____. *Processos e relações do trabalho no Brasil*. São Paulo: Gen/Atlas, 1987.

FLIPPO, E. B. *Princípios de administração de pessoal*. São Paulo: Atlas, 1970.

FOMBRUM, C.; TICHY, N. M.; DEVANNA, M. A. *Strategic human resource management*. New York: John Wiley, 1984.

FRIEDMANN, G. *O trabalho em migalhas*. São Paulo: Perspectiva, 1972.

FURTADO, C. *Formação econômica do Brasil*. São Paulo: Nacional, 1977.

GEORGE, C. S. *History of management thought*. New Jersey: Prentice-Hall, 1968.

GORZ, A. *Crítica da divisão do trabalho*. São Paulo: Martins, 1980.

HALL, D. T. *Careers in and out of organizations*. London: Sage Publications, 2002.

HIRATA, H.; MARX, R.; SALERMO, M. S.; FERREIRA, C. G. *Alternativas sueca, italiana e japonesa ao paradigma fordista*: elementos para uma discussão sobre o caso brasileiro. São Paulo: Instituto de Estudos Avançados da Universidade de São Paulo, maio 1991. (Coleção Documentos, Série Política Científica e Tecnológica, nº 6).

KIDDER, D. L.; BUCHHOLTZ, A. K. Can excesso bring success? CEO compensation and the psychological contracts. *Human Resources Management Review*, New Orleans, v. 12, nº 4, p. 599-617, Winter 2002.

KOCHAN, T. A.; DYER, L. *Manager transformational change:* the role of human resource professionals. Sloan Working Paper 3420. Massachusetts: MIT, 1992.

MAINIERO, L. A.; SULLIVAN, S. E. *The opt-out revolt:* why people are leaving companies to create kaleidoscope careers. Mountain View: Davies-black, 2006.

MAXIMIANO, Antonio Cesar Amaru. *Teoria geral da administração.* São Paulo: Atlas, 2017.

MAYO, G. Elton. *The social problems of an industrial civilization.* London: Routledge, 1949.

_____. The human problems of an industrial civilization. London: McMillan, 1933.

MENEGON, Letícia; CASADO, Tânia. O contrato psicológico como ferramenta para a gestão de pessoas. *Revista de Administração*, 41.2, p. 125-135, 2006.

MOTTA, F. C. P. *Teoria geral da administração*: uma introdução. São Paulo: Pioneira, 1979.

PEREIRA, V. M. C. *O coração da fábrica.* Rio de Janeiro: Campus, 1979.

PERETTI, J. M. *Ressources humaines.* Paris: Vuibert, 1990.

ROTHWELL, W. J.; KAZANAS, H. C. *Strategic human resources planning and management.* New Jersey: Prentice Hall, 1988.

SANTOS, H. B. *O processo de* dual career family: um estudo sobre os impactos e implicações na vida do casal. 2011. (Tese de Doutorado) – Faculdade de Economia, Administração e Contabilidade, Universidade de São Paulo, São Paulo.

SEGNINI, L. *Ferrovias e ferroviários.* São Paulo: Cortez, 1982.

SENNETT, R. *A corrosão do caráter*: consequências pessoais do trabalho no novo capitalismo. Rio de Janeiro: Record, 1999.

SILVA, Rodrigo C. *Abordagem geracional como proposta à gestão de pessoas.* 2013. Tese (Doutorado) – Departamento de Administração, Faculdade de Economia, Administração e Ciências Contábeis, Universidade de São Paulo, São Paulo.

_____; DIAS, C. A. F.; SILVA, M. T. G.; KRAKAUER, P. V. C.; MARINHO, B. L. *Carreiras:* novas ou tradicionais? Um estudo com profissionais brasileiros. In: Anais do XXXV ENANPAD, Rio de Janeiro, 2011.

_____; SANTOS, A. L; VELOSO, E. F. R; DUTRA, J. S. *Políticas e práticas de flexibilização do trabalho e seus impactos na percepção dos empregados sobre a equidade entre vida e trabalho e crescimento profissional.* In: Anais do XXXIV ENANPAD, Rio de Janeiro, 2010.

SPRINGER, B.; SPRINGER, S. Human resources management in the USA: celebration of its centenary. In: PIEPPER, R. *Human resources management:* na international comparison. New York: De Gruyter, 1990.

TAVARES, M. C. *Da substituição de importações ao capitalismo financeiro.* Rio de Janeiro: Zahar, 1976.

TAYLOR, Frederick W. *Princípios de administração científica.* São Paulo: GEN/Atlas, 1982.

TOLEDO, F. *Administração de pessoal:* desenvolvimento de recursos humanos. São Paulo: Atlas, 1978.

ULRICH, D. *Human resource champions*: the nest agenda for assing value and delivering results. Boston, Massachusetts: Harvard Business School, 1997.

VELOSO, E. F. R.; DUTRA, J. S.; NAKATA, L. E. *Percepção sobre carreiras inteligentes*: diferenças entre as gerações Y, X e *baby boomers*, 2011. Disponível em: <http://www.progep.org.br/MelhoresEmpresas/InfoDocs/VELOSO%20E_2008_Percep%C3%A7%C3%A3o%20sobre%20carreiras%20inteligentes_diferen%C3%A7as%20entre%20as%20gera%C3%A7%C3%B5es%20Y,%20X%20e%20baby%20boomers.pdf>. Acesso em: 18 jul. 2012.

WERTHER JR., W. B.; DAVIS, K. *Administração de pessoal e recursos humanos.* São Paulo: McGraw Hill, 1983.

WOOD JR., T. *Mudança organizacional.* São Paulo: Atlas, 1995.

CAPÍTULO 2

Fundamentos da Gestão de Pessoas

O QUE SERÁ VISTO NESTE CAPÍTULO

Bases conceituais para compreender a gestão de pessoas

- Competências.
- Complexidade.
- Espaço ocupacional.

Elementos estáveis na gestão de pessoas

- Expectativa em relação às pessoas.
- Trajetórias de carreira.

Gestão de pessoas em um ambiente em constante transformação

- Tendências na gestão de pessoas.
- Efeitos perversos a serem evitados na gestão de pessoas.
- Expectativas das pessoas.
- Expectativas das organizações.
- Conciliação de expectativas entre pessoas e organização.

CONEXÕES COM O NOSSO COTIDIANO

- Diagnóstico de minha carreira.
- Como posso perceber em que trajetória de carreira atuo e se estou no início, no meio ou no final da trajetória.
- Como posso identificar oportunidades em outras trajetórias de carreira na organização.
- Quais são as expectativas da organização sobre mim.
- Compreender as possibilidades de desenvolvimento oferecidas pela organização.
- Qual é o processo de desenvolvimento profissional.
- Como posso mensurar o meu desenvolvimento profissional.
- Qual a relação entre carreira, desenvolvimento e remuneração.

CONTEÚDOS ADICIONAIS

- Reflexões sobre o tema do capítulo através do caso Atende Bem.
- Saiba mais.
- Estudos de caso complementares.
- Questões para guiar a reflexão sobre o conteúdo do capítulo.
- Indicação de leituras complementares para aprofundamentos.
- Referências bibliográficas.

QUE REFLEXÕES SERÃO ESTIMULADAS

- Como podemos compreender a gestão de pessoas que ocorre por detrás dos sistemas formais?
- Como podemos efetuar um diagnóstico de nosso posicionamento e perspectivas de carreira?
- Quais são os aspectos perenes na gestão de pessoas, mesmo em um ambiente de incertezas e ambiguidades?

ESTUDO DE CASO

A empresa Atende Bem atua no mercado de **call centers**. Atualmente, o efetivo da Atende Bem é de 3.500 funcionários distribuídos em cinco centrais interligadas entre si. Desse modo, a empresa presta serviço para todo o território nacional. Tem hoje um grande desafio que é o de motivar e comprometer os funcionários com seu negócio. As características do efetivo das centrais são:

- Tempo médio de permanência na empresa – 2 anos.
- Perfil: sexo feminino – 83%, idade média – 21 anos, nível educacional – superior em andamento, estado civil – solteiro.
- Quantidade de atendimento em média a cada turno (4 horas) – 235 atendimentos.

Em pesquisa de clima organizacional realizada por uma empresa especializada foram levantados os seguintes problemas:

- Insatisfação em relação aos salários.
- Falta de carreira e oportunidades de desenvolvimento.
- Alto nível de pressão.

Poderíamos efetuar algumas proposições:

- Compreender os degraus de complexidade dos trabalhos realizados e propor degraus de carreira.
- Associar a cada degrau da carreira uma faixa salarial compatível com o mercado.
- Agregar valor para as pessoas, de forma que, ao deixar a organização, possam se empregar no mercado com facilidade e com salários superiores aos recebidos na organização.
- Rever o perfil das pessoas contratadas pela organização, de forma a agregar valor para elas durante a sua permanência.

Caro(a) leitor(a), procure adicionar outras proposições.

BASES CONCEITUAIS PARA COMPREENDER A GESTÃO DE PESSOAS

Como vimos até aqui, necessitamos de uma lente que nos ajude a compreender o que ocorre na realidade das organizações em termos de gestão de pessoas. Ao longo do tempo, essas lentes foram sendo aprimoradas de forma a gerar os seguintes resultados:

- Instrumentos para gestão de pessoas de fácil compreensão e utilização por parte dos gestores, pessoas e pelos próprios profissionais especializados.
- Integração entre as várias políticas e práticas de gestão de pessoas, de forma a criar um efeito sinérgico entre elas.
- Orientação no trato de problemas na gestão de pessoas, de forma que as soluções sejam sistêmicas e articuladas entre si e com a estratégia organizacional. Desse modo, podemos definir as prioridades em função de uma visão estratégica e sistêmica, evitando que sejam estabelecidas em função das situações, áreas ou pessoas que mais pressionam.
- Confiança em relação aos instrumentos de gestão, uma vez que eles interagem de forma harmônica com a realidade organizacional. Essa confiança faz com que haja um aprimoramento contínuo dos instrumentos e aprofundamento de seu diálogo com as necessidades presentes e futuras da organização e das pessoas.

No Brasil, ao longo dos últimos 20 anos, ao analisarmos organizações bem-sucedidas em gestão de pessoas, tanto utilizando parâmetros de análise definidos por pesquisas acadêmicas nacionais e internacionais, quanto utilizando a opinião das pessoas através das suas percepções sobre sua relação com a organização, verificamos pontos em comum entre as suas políticas e práticas. Esses pontos em comum podem ser simplificados nos seguintes tópicos:

- Contínuo diálogo com as pessoas que mantêm algum tipo de relação com a organização.

- Alinhamento entre as políticas e as práticas de gestão de pessoas e destas com o intento estratégico da organização.
- Esforço permanentemente voltado para o desenvolvimento da organização e das pessoas.
- Relacionamento com as pessoas justo e equânime, buscando a conciliação das expectativas da organização e das pessoas.

Das organizações analisadas, 85% utilizam conceitos integradores de suas políticas e práticas, ou seja, é utilizada uma mesma base conceitual para valorização, desenvolvimento e movimentação das pessoas. Conceitos que no início dos anos 1990 eram utilizados para diagnóstico hoje são utilizados como integradores. A seguir, esses conceitos são apresentados e discutidos.

> Das organizações analisadas, 85% utilizam conceitos integradores de suas políticas e práticas, ou seja, é utilizada uma mesma base conceitual para valorização, desenvolvimento e movimentação das pessoas.

Competência

No final dos anos 1980 e início dos anos 1990, percebíamos uma inflexão na gestão de pessoas, na qual as pessoas eram demandadas e valorizadas pelo seu nível de contribuição para o desenvolvimento da organização.

O conceito que ajudou a compreender esse fenômeno foi o de competências, desenvolvido na França. Os franceses nos ensinaram que a pessoa é competente quando mobiliza sua capacidade para atender as demandas do contexto sobre elas. Portanto, uma pessoa somente conseguirá agregar valor ao contexto se compreender a demanda dele. Nesse sentido, ainda que a pessoa tenha capacidade e vontade de contribuir, só o fará se conseguir perceber quais são as demandas do contexto sobre elas.

> Uma pessoa somente conseguirá agregar valor ao contexto se compreender a demanda dele.

Entretanto, a demanda do contexto sobre as pessoas tornou-se cada vez menos tangível. Podemos dizer com certeza que uma pessoa que faz suas tarefas corretamente e alcança os objetivos e/ou metas definidas pela organização está contribuindo muito pouco. Atualmente, as exigências sobre as pessoas são maiores; quero, por exemplo, que as pessoas percebam o impacto de seu trabalho no trabalho do colega; a isso chamamos de visão sistêmica.

Evolução do conceito de competência

O conceito de competência foi proposto de forma estruturada pela primeira vez em 1973 por David McClelland (1973), na busca de uma abordagem mais efetiva que os testes de inteligência nos processos de escolha de pessoas para as organizações. O conceito foi rapidamente ampliado para dar suporte a processos de avaliação e para orientar ações de desenvolvimento profissional. Outro expoente na estruturação do conceito é Boyatzis (1982:13), que, a partir da caracterização das demandas de determinado cargo na organização, procura fixar ações ou comportamentos efetivos esperados. Em seu trabalho, o autor já demonstra preocupação com questões como a entrega da pessoa para o meio no qual se insere. A percepção do contexto é fundamental para que a pessoa possa esboçar comportamentos aceitáveis. Mas são autores como Le Boterf (1995, 2000, 2001 e 2003) e Zarifian (1996 e 2001) que exploram o conceito de competência associado à ideia de agregação de valor e entrega a determinado contexto de forma independente do cargo, isto é, a partir da própria pessoa. Essa construção do conceito de competência explica de forma mais adequada o que observamos na realidade das organizações.

Vários autores procuraram estruturar o desenvolvimento do conceito de competência e/ou efetuar uma revisão bibliográfica. Dentre eles, cabe destacar os seguintes: Parry (1996), McLagan (1997) e Woodruffe (1991). Além desses autores, vários alunos de nossos cursos de pós-graduação efetuaram boas revisões bibliográficas, cabendo destacar os trabalhos de Amatucci (2000), Hipólito (2000), Bitencourt (2001), Sant'anna (2002) e Silva (2003).

Articulação entre estratégia empresarial e competências individuais

A competência pode ser atribuída a diferentes atores. De um lado, temos a organização, com o conjunto de competências que lhe é próprio. Essas competências decorrem da gênese e do processo de desenvolvimento da organização e são concretizadas em seu patrimônio de conhecimentos, que estabelece as vantagens competitivas da organização no contexto em que se insere (RUAS, 2002). De outro lado, temos as pessoas, com seu conjunto de competências, aproveitadas ou não pela organização. Empregaremos aqui a definição para a competência das pessoas estabelecida por Maria Tereza Fleury (2000): "Saber agir responsável e reconhecido, que implica mobilizar, integrar, transferir conhecimentos, recursos, habilidades, que agreguem valor econômico à organização e valor social ao indivíduo."

Ao colocarmos organização e pessoas lado a lado, podemos verificar um processo contínuo de troca de competências. A organização transfere seu patrimônio para as pessoas, enriquecendo-as e preparando-as para enfrentar novas situações profissionais e pessoais, na organização ou fora dela. As pessoas, ao desenvolver sua capacidade individual, transferem para a organização seu aprendizado, capacitando-a a enfrentar novos desafios.

Desse modo, são as pessoas que, ao colocar em prática o patrimônio de conhecimentos da organização, concretizam as competências organizacionais e fazem sua adequação ao contexto. Ao utilizarem, de forma consciente, o patrimônio de conhecimento da organização, as pessoas o validam ou implementam as modificações necessárias para aprimorá-lo. **A agregação de valor das pessoas é, portanto, sua contribuição efetiva ao patrimônio de conhecimentos da organização, permitindo-lhe manter suas vantagens competitivas no tempo.**

> São as pessoas que, ao colocar em prática o patrimônio de conhecimentos da organização, concretizam as competências organizacionais e fazem sua adequação ao contexto.

SAIBA MAIS

Observamos que a troca entre organização e pessoas ocorre em qualquer organização, independentemente de estar estruturada ou não. Em 1994, acompanhamos a modernização de uma grande organização metalúrgica que introduziu técnicas avançadas de gestão de projetos. Nesse movimento, um fato despertou nossa atenção: a gestão de pequenos projetos.

Até então, pequenos projetos demoravam em média oito meses para serem concluídos. Ao modernizar a gestão de projetos, a organização estabeleceu como objetivo reduzir esse prazo para cinco dias úteis. Após um ano, havia reduzido para quatro dias úteis. Em 2008, esse prazo já estava em 1,3 dia e, em 2012, em 0,6 dia.

Em 1994, um grupo de pessoas introduziu essa tecnologia no patrimônio de conhecimentos da organização e as pessoas que vieram posteriormente foram aperfeiçoando. As pessoas, ao desenvolverem-se em gestão de projetos, ajudaram a organização a se desenvolver. As pessoas que entraram na organização após 1994 não tinham a memória do que ocorria antes e beberam do conhecimento existente na organização. No tempo, essas pessoas contribuíram, também, para o aperfeiçoamento do patrimônio de conhecimento da organização.

Há, pois, uma relação íntima entre competências organizacionais e individuais. O estabelecimento das competências individuais deve estar vinculado à reflexão sobre as competências organizacionais, uma vez que a influência é mútua. Na abordagem das competências organizacionais, cabe a analogia de Prahalad e Hamel (1990), que comparam as competências às raízes de uma árvore, pois estas oferecem à organização alimento, sustentação e estabilidade. As competências impulsionam as organizações e seu uso constante as fortalece à medida que se aprendem novas formas para seu emprego ou utilização mais adequada (FLEURY; FLEURY, 2000); como vimos, o processo de aprendizado organizacional está vinculado ao desenvolvimento das pessoas que mantêm relações de trabalho com a organização.

> A agregação de valor das pessoas é, portanto, sua contribuição efetiva ao patrimônio de conhecimentos da organização, permitindo-lhe manter suas vantagens competitivas no tempo.

O olhar atento sobre as competências organizacionais revela uma série de questionamentos sobre sua instituição, desenvolvimento e acompanhamento. Um primeiro questionamento é a distinção entre recursos e competências. Para autores como Mills et al. (2002) e Javidan (1998), os recursos articulados entre si formam as competências organizacionais. Recursos e competências, entretanto, diferenciam-se quanto a seus impactos, abrangência e natureza. Para Mills et al., existem recursos e competências importantes para a organização – por serem fontes para sustentar atuais ou potenciais vantagens competitivas – e existem recursos e competências da organização que não apresentam nada de especial no momento presente. Todos, entretanto, são recursos e competências da organização; daí a importância de criar categorias distintivas. Esses autores propõem as seguintes:

- **Competências essenciais** – fundamentais para a sobrevivência da organização e centrais em sua estratégia.
- **Competências distintivas** – reconhecidas pelos clientes como diferenciais em relação aos competidores; conferem à organização vantagens competitivas.
- **Competências de unidades de negócio** – pequeno número de atividades-chave (entre três e seis) esperadas pela organização das unidades de negócio.
- **Competências de suporte** – atividades que servem de alicerce para outras atividades da organização. Por exemplo: a construção e o trabalho eficientes em equipes podem ter grande influência na velocidade e qualidade de muitas atividades dentro da organização.
- **Capacidade dinâmica** – condição da organização de adaptar continuamente suas competências às exigências do ambiente.

Essas categorias são importantes para discutirmos sua relação com as competências individuais. Inicialmente, as pessoas eram encaradas como um tipo de recurso na construção de competências. Barney (1991) classificava os recursos organizacionais em três categorias: físicos – planta, equipamentos, ativos; humanos – gerentes, força de trabalho, treinamento; e organizacionais – imagem, cultura. A literatura recente considera como recursos os conhecimentos e as habilidades que a organização adquire ao longo do tempo (KING et al., 2002). Nesse contexto, as pessoas estão inseridas em todos os recursos, independentemente da forma como são classificados, e, portanto, na geração e sustentação das competências organizacionais. Como exemplo: as pessoas estão presentes em todos os tipos de recursos propostos por Mills et al. (2002): tangíveis; conhecimento, experiência e habilidades; sistemas e procedimentos; valores e cultura; rede de relacionamentos. E são fundamentais para a contínua transformação da organização.

A partir dessas considerações, não podemos pensar as competências individuais de forma genérica e sim atreladas às competências essenciais para a organização. As entregas esperadas das pessoas devem estar focadas no que é essencial. Assim procedendo, as pessoas estarão mais orientadas em suas atividades, no seu desenvolvimento e nas possibilidades de fazer carreira dentro da organização. Parâmetros e instrumentos de gestão de pessoas estarão também direcionados de forma consistente e coerente com o intento estratégico da organização. Por exemplo: o que valorizar nas pessoas, como avaliar sua contribuição, como estruturar as verbas remuneratórias, critérios de escolha etc.

A questão da origem das competências individuais é essencial para a caracterização das expectativas da organização em relação às pessoas. Os trabalhos desenvolvidos por Fleury e Fleury (2000) mostram relação íntima entre a estratégia da organização, as competências organizacionais e as competências individuais. A partir das tipologias propostas por Treacy e Wiersema (1995) e por Porter (1996), os autores estabelecem três formas de competir (FLEURY e FLEURY 2000:45):

- Excelência operacional.
- Inovação em produtos.
- Orientação para clientes.

> As competências individuais devem estar atreladas às competências essenciais para a organização.

A partir dessas categorias, é possível verificar que a forma de competir influencia o estabelecimento de competências organizacionais, ou seja, existem competências organizacionais típicas de uma organização que se enquadra dentro de determinada categoria. Cabe o mesmo raciocínio para as competências individuais. Na organização cuja forma de competir se caracteriza pela excelência operacional, naturalmente a pessoa deverá atender a um determinado conjunto específico de exigências. É o que se vê no Quadro 2.1.

QUADRO 2.1

Relação entre intento estratégico, competências organizacionais e competências individuais

DEFINIÇÃO DAS COMPETÊNCIAS POR EIXO

Quais são as entregas exigidas das pessoas em cada eixo de carreira em função da estratégia e das competências organizacionais.

ESTRATÉGIA	COMPETÊNCIAS ORGANIZACIONAIS	COMPETÊNCIAS INDIVIDUAIS
Volume de Vendas Excelência Operacional (bens de consumo, *commodities*)	▪ Custo ▪ Qualidade ▪ Processo produtivo ▪ Distribuição ▪ Monitoramento do mercado ▪ Comercialização ▪ Parcerias estratégicas	▪ Orientação a custos e qualidades ▪ Gestão de recursos e prazos ▪ Trabalho em equipe ▪ Planejamento ▪ Interação com sistemas ▪ Multifuncionalidade ▪ Relacionamento interpessoal
Foco na Customização Inovação em Produtos (produtos para clientes ou segmentos específicos)	▪ Inovação de produtos e processos ▪ Qualidade ▪ Monitoramento tecnológico ▪ Imagem ▪ Parcerias tecnológicas estratégicas	▪ Capacidade de inovação ▪ Comunicação eficaz ▪ Articulação interna e externa ▪ Absorção e transferência de conhecimentos ▪ Liderança e trabalho em equipe ▪ Resolução de problemas ▪ Utilização de dados e informações técnicas ▪ Aprimoramento de processos/produtos e participação em projetos

Fonte: Quadro desenvolvido pelo autor a partir das reflexões efetuadas por Fleury e Fleury (2000).

Conforme o Quadro 2.1, os gerentes financeiros das duas organizações terão diferentes conjuntos de entregas esperadas, mesmo que sua descrição de cargo seja semelhante. Nesse exemplo, é possível notar que o tipo de empresa irá determinar o conjunto de entregas esperado das pessoas, ainda que isso não esteja formalizado ou consciente, influenciando os processos de escolha de candidatos externos, os processos de ascensão, de valorização etc.

Caracterização das competências individuais

Muitas pessoas e alguns teóricos compreendem a competência como o conjunto de conhecimentos, habilidades e atitudes necessárias para que a pessoa desenvolva suas atribuições e responsabilidades. Esse enfoque é pouco instrumental, uma vez que o fato de as pessoas possuírem determinado conjunto de conhecimentos, habilidades e atitudes não é garantia de que elas irão agregar valor para a organização. Para melhor compreender o conceito de competência individual, é importante discutir também o conceito de entrega.

Para efeitos de admissão, demissão, promoção, aumento salarial etc., a pessoa é avaliada e analisada em função de sua capacidade de entrega para a empresa. Por exemplo, ao escolhermos uma pessoa para trabalhar conosco, além de verificar sua formação e experiência avaliamos também como ela atua, sua forma de entregar o trabalho, suas realizações; enfim, cada um de nós usa diferentes formas de assegurar que a pessoa que estamos escolhendo terá condições de obter os resultados de que necessitamos. Embora, na prática organizacional, as decisões sobre as pessoas sejam tomadas em função do que elas entregam, o sistema formal, concebido em geral a partir do conceito de cargos, as vê pelo que fazem. Esse é um dos principais descompassos entre a realidade e o sistema formal de gestão. Ao avaliarmos as pessoas pelo que fazem e não pelo que entregam, criamos uma lente que distorce a realidade.

Fomos educados a olhar as pessoas pelo que fazem e é dessa forma que os sistemas tradicionais as encaram. Intuitivamente, valorizamos as pessoas por seus atos e realizações e não pela descrição formal de suas funções ou atividades. Ao mesmo tempo, somos pressionados pelo sistema formal e pela cultura de gestão a considerar a descrição formal, gerando distorções em nossa percepção da realidade. Por exemplo: tenho dois funcionários em minha equipe com as mesmas funções e tarefas, que são remunerados e avaliados por esses parâmetros. Um deles, quando demandado para resolver um problema, traz a solução com muita eficiência e eficácia e é, portanto, uma pessoa muito valiosa. O outro não deixa o problema acontecer. Este é muito mais valioso, só que, na maioria das vezes, não é reconhecido pela chefia ou pela empresa.

Considerar as pessoas por sua capacidade de entrega nos dá uma perspectiva mais adequada para avaliá-las, orientar seu desenvolvimento e estabelecer recompensas. Sob essa perspectiva é que vamos analisar os conceitos de competência individual. Muitos autores procuraram discutir a questão tentando entender, como competência, a capacidade das pessoas em agregar valor para a organização. Nessas tentativas, surgiram vários conceitos.

Para alguns autores, a maioria de origem norte-americana, que desenvolveram seus trabalhos nos anos 1970, 1980 e 1990, competência é o conjunto de qualificações (*underlying characteristics*) que permite à pessoa uma **performance** superior em um trabalho ou situação. Os conceitos de seus principais expoentes, McClelland (1973), Boyatzis (1982) e Spencer e Spencer (1993), formaram a base dos trabalhos da McBer, mais tarde Hay McBer, importante consultoria em competência. As competências podem ser previstas e estruturadas de modo a se estabelecer um conjunto ideal de qualificações para que a pessoa desenvolva uma *performance* superior em seu trabalho.

Durante os anos 1980 e 1990, muitos autores contestaram a definição de competência associada ao estoque de conhecimentos e habilidades das pessoas e procuraram associar o conceito às suas realizações e àquilo que elas proveem, produzem e/ou entregam. Segundo eles, o fato de a pessoa deter as qualificações necessárias para um trabalho não assegura que ela irá entregar o que lhe é demandado. Essa linha de pensamento é defendida por autores como Le Boterf (1995) e Zarifian (1996). Para Le Boterf, por exemplo, a competência não é um estado ou um conhecimento que se tem, nem é resultado de treinamento. Na verdade, competência é colocar em prática o que se sabe em determinado contexto, marcado geralmente pelas relações de trabalho, cultura da empresa, imprevistos, limitações de tempo e de recursos etc. Nessa abordagem, portanto, podemos falar de competência apenas quando há **competência em ação**, traduzindo-se em saber ser e saber mobilizar o repertório individual em diferentes contextos.

Atualmente, os autores procuram pensar a competência como o somatório dessas duas linhas, ou seja, como a entrega e as características da pessoa que podem ajudá-la a entregar com maior facilidade (McLAGAN, 1997; e PARRY, 1996). Outra linha importante é a de autores que discutem a questão da competência associada à atuação da pessoa em áreas de conforto profissional, usando seus pontos fortes e tendo maiores possibilidades de realização e felicidade (SCHEIN, 1990; e DERR, 1988).

Há grande diversidade de conceitos sobre competências que podem ser complementares. Estruturamos esses vários conceitos na Figura 2.1, na qual temos, de um lado, as competências entendidas como o conjunto de conhecimentos, habilidades e atitudes necessárias para a pessoa exercer seu trabalho; e, de outro lado, temos as competências entendidas como a entrega da pessoa para a organização.

> ■ Embora, na prática organizacional, as decisões sobre as pessoas sejam tomadas em função do que elas entregam, o sistema formal, concebido em geral a partir do conceito de cargos, as vê pelo que fazem.

> ■ Considerar as pessoas por sua capacidade de entrega nos dá uma perspectiva mais adequada para avaliá-las, orientar seu desenvolvimento e estabelecer recompensas.

Conhecimentos
Habilidades
Atitudes

CAPACIDADES

INPUTS

OUTPUTS

Contribuição
Agregação de
Valor

MOBILIZAÇÃO DAS CAPACIDADES

FIGURA 2.1

Conceitos sobre competência.

As pessoas atuam como agentes de transformação de conhecimentos, habilidades e atitudes em competência entregue para a organização. A competência entregue pode ser caracterizada como agregação de valor ao patrimônio de conhecimentos da organização. Cabe destacar o entendimento de agregação de valor como algo que a pessoa entrega para a organização de forma efetiva, ou seja, que permanece mesmo quando a pessoa sai da organização. Assim, a agregação de valor não é atingir metas de faturamento ou de produção, mas melhorar processos ou introduzir tecnologias.

A caracterização das entregas esperadas ao longo dos níveis da carreira deve ser observável para que elas possam ser acompanhadas. É comum encontrar descrições extremamente genéricas e vagas, ou efetuadas a partir de comportamentos desejáveis, de observação difícil, o que dá margem a interpretações ambíguas. As descrições devem retratar as entregas esperadas das pessoas de forma a serem observadas tanto pela própria pessoa quanto pelos responsáveis por acompanhá-las e oferecer-lhes orientação. Cabe notar que a interpretação de qualquer descrição será subjetiva e essa subjetividade poderá ser minimizada quando:

- As expectativas da empresa em relação à pessoa forem expressas de forma clara.
- Forem construídas coletivamente, expressando o vocabulário e a cultura da comunidade.
- As descrições das várias entregas estiverem alinhadas entre si, ou seja, quando estivermos olhando a mesma pessoa através de diferentes competências ou por diferentes perspectivas. Esse alinhamento ocorrerá, como veremos adiante, com a graduação das competências em termos de complexidade.
- As competências devem ser graduadas em função do nível de complexidade da entrega. A graduação permite melhor acompanhamento da evolução da pessoa em relação à sua entrega para a organização e/ou negócio.

Complexidade

O conceito de competência, embora seja muito importante para compreender a base da contribuição e relação entre pessoas e organização, não nos permite uma mensuração da contribuição da pessoa para o contexto.

No início dos anos 1990, nossa busca foi encontrar uma forma de mensurar a contribuição das pessoas para o contexto. Conseguimos encontrar uma forma indireta de mensuração. A contribuição das pessoas tem características subjetivas, já que estamos verificando que a demanda sobre as pessoas é cada vez menos tangível. A forma indireta foi a complexidade.

Percebemos que na medida em que a pessoa assume atribuições e responsabilidades de maior complexidade, naturalmente agrega mais valor ao contexto. Nesse caso, estamos falando de qualquer contexto, não só do organizacional.

Vamos utilizar um exemplo, quando o casal tem seu primeiro filho. As relações com pais, sogros, irmãos e cunhados muda, não é que fossem inadequadas antes, mas o filho traz uma

> Na medida em que a pessoa assume atribuições e responsabilidades de maior complexidade, naturalmente agrega mais valor ao contexto onde se insere.

complexidade maior na relação familiar e provoca a percepção de aspectos importantes da relação com a família que o casal não percebia antes do primeiro filho.

O mesmo fenômeno se dá nas organizações; à medida que a pessoa assume posições mais exigentes, passa a compreender melhor o contexto onde se insere e a oferecer-lhe melhores respostas.

Critérios de valorização das pessoas

Temos observado que o processo de valorização das pessoas pelo mercado e pela empresa está vinculado ao nível de agregação de valor para a empresa e para o negócio. Essa agregação de valor até há bem pouco tempo podia ser medida pelo cargo e pelo nível hierárquico da pessoa na empresa. Nestes últimos 20 anos isso mudou. Até bem pouco tempo atrás eu podia dizer que um supervisor de produção agregava mais valor que um ajudante de produção. Mas, hoje, eu não posso porque não existe mais o ajudante de produção, existe agora o operário multifuncional e polivalente, não existe mais o supervisor, mas sim grupos semiautônomos e autogeridos. Antes eu podia dizer que um diretor da empresa agregava mais valor do que um gerente, hoje eu tenho um gerente de uma unidade de negócio que fatura 500 milhões de reais por ano e agrega mais valor do que um diretor de outra unidade de negócio que fatura 50 milhões de reais por ano.

O mercado não podia ficar sem um elemento de diferenciação a partir da falência dos cargos como elementos diferenciadores. Naturalmente, passou a utilizar a complexidade das atribuições e responsabilidades como elemento de diferenciação.

A questão da complexidade sempre esteve presente nos critérios de diferenciação dos cargos; só que, com a falência deles como elementos de diferenciação, a complexidade passou a ocupar o primeiro plano.

Ao analisarmos as descrições de cargo ao longo dos anos 1990, notamos transformações em suas características. No final dos anos 1980, eram tipicamente descrições das funções e atividades dos cargos, hoje procuram traduzir as expectativas de entrega desses cargos e apresentam uma escala crescente de complexidade. Percebemos que as empresas vão intuitivamente procurando adequar-se à realidade. Ao fazê-lo conscientemente, entretanto, tornamos nossos sistemas de gestão mais eficientes.

A questão da complexidade nos processos de valorização das pessoas sempre esteve presente. Pesquisadores como Jaques (1967) já produziam reflexões a esse respeito no final dos anos 1950. Em 1956, Jaques escrevia sobre o assunto e o livro *Equitable payment* foi publicado pela primeira vez em 1961. Jaques lançava a ideia de **time span**, ou seja, "o maior período de tempo durante o qual o uso do discernimento é autorizado e esperado, sem revisão por um superior" (Jaques, 1967:21). O autor demonstra que, quanto maior o **time span**, maior a complexidade da posição e maior o nível remuneratório. Em suas proposições sobre complexidade, Jaques é muito reducionista, acreditando que somente o **time span** seria suficiente para determinar a complexidade. Seus seguidores Stamp (1989, 1993, 1994b e 1994a) e Rowbottom (1987) demonstraram a necessidade de elementos adicionais para essa caracterização.

Le Boterf (2003) retoma a discussão ao ampliar o debate sobre competências. Discute o que chamou de profissionalismo, inserindo questões sobre complexidade e carreira. O sentido da discussão de Le Boterf é muito semelhante ao que norteou nossos trabalhos, porém a ênfase difere. A preocupação de Le Boterf se concentra em um saber combinatório, ou seja, a capacidade de a pessoa perceber as transformações no ambiente e suas novas exigências e, a partir daí, mobilizar adequadamente seu repertório e/ou buscar ampliá-lo. Nossa preocupação se concentra em discutir a mensuração desse desenvolvimento. Le Boterf discute a carreira como a articulação combinatória de saberes necessários ao ambiente profissional no qual a pessoa atua. Podemos pensar, no entanto, a trajetória da pessoa dentro de determinado espectro de complexidade, partindo da premissa de que a realidade do mercado e/ou da organização estabelece naturalmente limitações de complexidade na qual a pessoa pode atuar, conforme veremos mais adiante. Le Boterf define o profissional como "aquele que sabe administrar uma

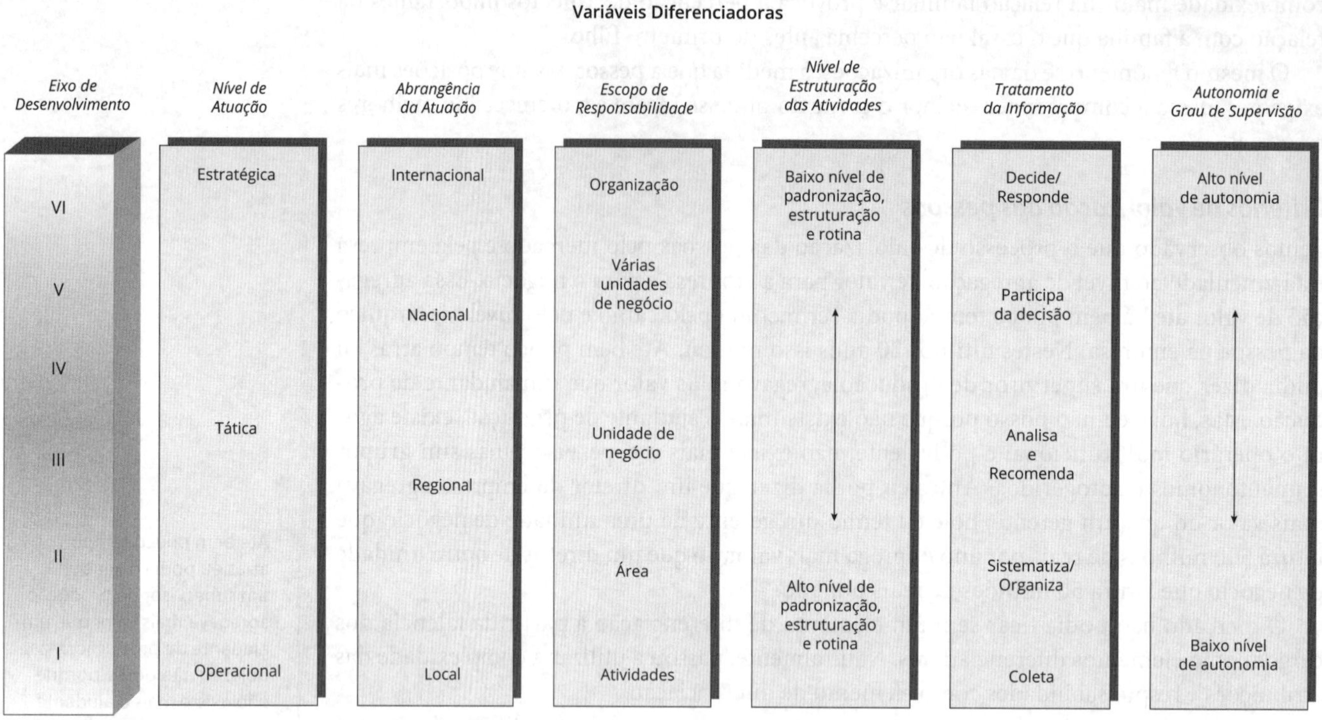

FIGURA 2.2

Dimensões de complexidade.

Fonte: Figura desenvolvida por José Antônio Hipólito para apresentação dessa sistemática em palestras sobre o tema.

Variáveis Diferenciadoras

Eixo de Desenvolvimento	Nível de Atuação	Abrangência da Atuação	Escopo de Responsabilidade	Nível de Estruturação das Atividades	Tratamento da Informação	Autonomia e Grau de Supervisão
VI	Estratégica	Internacional	Organização	Baixo nível de padronização, estruturação e rotina	Decide/ Responde	Alto nível de autonomia
V		Nacional	Várias unidades de negócio		Participa da decisão	
IV						
III	Tática		Unidade de negócio		Analisa e Recomenda	
II		Regional	Área		Sistematiza/ Organiza	
I	Operacional	Local	Atividades	Alto nível de padronização, estruturação e rotina	Coleta	Baixo nível de autonomia

> Se uma atividade de difícil execução puder ser sistematizada e reproduzida com facilidade por outros profissionais de mesmo nível, ela deixa de ser complexa, mas continua sendo de difícil execução.

> Em um ambiente em constante transformação, a complexidade não está na situação em si, mas no que ela exige da pessoa. Esse padrão de exigência é a base para a construção de nossas fitas métricas.

situação profissional complexa" (2003:37), estabelecendo complexidade como o conjunto de características objetivas de uma situação, as quais estão em processo contínuo de transformação.

É necessário estabelecer uma distinção entre complexidade e dificuldade. Se uma atividade de difícil execução puder ser sistematizada e reproduzida com facilidade por outros profissionais de mesmo nível, ela deixa de ser complexa, mas continua sendo de difícil execução, como intervenções cirúrgicas para extração de apêndice ou tonsilas; embora difíceis, porque uma pessoa sem um preparo em medicina dificilmente poderia executá-las, não são complexas, pois são atividades facilmente incorporáveis ao repertório de cirurgião. Um transplante de coração, por sua vez, mesmo que possa ser sistematizado, requer o conhecimento de especialidades diferentes e a possibilidade de ocorrências inesperadas é muito grande. Desse modo, o transplante de coração é uma atividade de grande complexidade e irá exigir do profissional, que lidera uma equipe de cirurgiões, larga experiência, legitimidade perante seus colegas e ter dado mostras para seus clientes de que é competente para executar esse tipo de intervenção cirúrgica. Pode ser que em futuro próximo, com os avanços da medicina, essa intervenção deixe de ser complexa, mas continuará sendo de difícil execução. Analogamente, na realidade vivida nas organizações modernas, em ambiente em constante transformação, a complexidade não está na situação em si, mas no que ela exige da pessoa. Esse padrão de exigência é a base para a construção de nossas fitas métricas. Para cada realidade organizacional e de trajetória de carreira, temos procurado estabelecer dimensões de complexidade que retratem esses padrões de exigência. De forma genérica, podemos verificar essas dimensões na Figura 2.2.

Ao longo de sua utilização, a complexidade revelou-se um conceito importante para se compreender a realidade da gestão de pessoas na empresa moderna. Inicialmente, ele nos permitiu perceber com maior nitidez o processo de desenvolvimento, favorecendo uma definição operacional de desenvolvimento profissional. As pessoas se desenvolvem quando lidam com atribuições e responsabilidades de maior complexidade.

É alta a correlação entre a complexidade das atribuições e responsabilidades e o nível de agregação de valor da pessoa para o ambiente no qual se insere (HIPÓLITO, 2001). Essa constatação permite inferir que o uso da complexidade da entrega, na construção de um sistema de gestão do desenvolvimento, gera os seguintes desdobramentos:

- **Análise das pessoas a partir de sua individualidade** – as pessoas deixam de ser olhadas a partir do cargo que ocupam ou de um perfil (moldura) no qual devem enquadrar-se, e passam a ser observadas a partir de sua entrega. Quando a pessoa não consegue entregar o que dela se espera, pode-se avaliar o quanto essa deficiência foi motivada por problemas que a organização precisa sanar e o quanto foi motivada por deficiências individuais.
- **Análise das deficiências individuais** – ao olharmos a capacidade de entrega da pessoa, é possível detectar o porquê da não entrega: deficiências no nível de informação, conhecimento ou habilidades; questões comportamentais; problemas de orientação do desenvolvimento; falta de formação básica etc. É possível estabelecer com a pessoa um plano de ação para o seu desenvolvimento e aferir se ele foi ou não efetivo.
- **Análise da efetividade das ações de desenvolvimento** – ao estabelecer com a pessoa um plano de ação de desenvolvimento, temos a cumplicidade dela e de sua chefia em relação ao plano. A consciência da necessidade do desenvolvimento pelas pessoas aumenta as chances de sucesso. O sucesso das ações de desenvolvimento pode ser medido ao serem analisadas as mudanças na entrega da pessoa. Assim, pode-se medir o quanto foram efetivas as ações de desenvolvimento.
- **Adequação das ações de desenvolvimento** – o desenvolvimento de uma pessoa deve ter como base a sua individualidade e singularidade. Pessoas se desenvolvem usando de forma cada vez mais elaborada e sofisticada seus pontos fortes (STAMP, 1993). Ações de desenvolvimento devem, portanto, centrar-se nos pontos fortes das pessoas.

Além do aspecto ligado ao desenvolvimento, temos o efeito integrador do conceito de complexidade. A pessoa, ao lidar com maior complexidade, aumenta o seu valor, porque ao fazê-lo passa a agregar mais valor à organização, negócio ou meio onde se insere. Essa valorização tem alta correlação com padrões remuneratórios. Infere-se, portanto, que ao se desenvolver a pessoa vale mais para a organização e para o mercado de trabalho. Pode-se, da mesma forma, correlacionar desenvolvimento e remuneração. Em síntese, a mesma fita métrica que se usa para mensurar o desenvolvimento da pessoa pode ser utilizada para definir padrões remuneratórios. Temos, portanto, um único referencial que integra a gestão de pessoas. Como veremos mais adiante, essa mesma fita métrica poderá ser empregada em processos de escolha de pessoas de dentro ou de fora da organização, nas avaliações e nas definições de carreira. Com o mesmo referencial, pode-se simultaneamente integrar a gestão de pessoas em si e com as estratégias empresariais.

Espaço Ocupacional

O terceiro conceito é decorrente da relação existente entre complexidade e entrega. Ao considerarmos que uma pessoa agrega mais valor na medida em que assume responsabilidades e atribuições mais complexas, concluímos que não é necessário promovê-la para que possa agregar mais valor. A pessoa pode ampliar o nível de complexidade de suas atribuições e responsabilidades sem mudar de cargo ou posição na empresa. Vamos chamar esse processo de ampliação do espaço ocupacional. A ampliação do espaço ocupacional acontece em função de duas variáveis: as necessidades das organizações e a competência da pessoa em atendê-las, conforme mostra a Figura 2.3.

> A pessoa pode ampliar o nível de complexidade de suas atribuições e responsabilidades sem mudar de cargo ou posição na empresa.

Temos observado que essa é outra característica comum da relação entre a pessoa e seu trabalho. Há uma tendência de as pessoas mais competentes serem demandadas a responder desafios e, à medida que respondem bem, recebem desafios maiores. Os sistemas tradicionais não conseguem dar respostas adequadas a essa característica, primeiramente porque reconhecem as pessoas pelo que elas fazem e não pelo que elas entregam e, em segundo lugar, porque não conseguem mensurar a ampliação do espaço ocupacional das pessoas.

FIGURA 2.3

Espaço ocupacional.

[Necessidades da Organização / Competências Individuais e Coletivas → Mudanças no Espaço Ocupacional]

Esse fato tem contribuído para a existência de muitas injustiças nas empresas; por exemplo: tenho na minha equipe alguém que resolve os problemas para mim; eu tendo a carreá-los para essa pessoa sem que ela seja necessariamente reconhecida ou recompensada por isso. Na verdade, a pessoa mais competente inclina-se a ser sobrecarregada com atribuições mais complexas e exigentes sem ter qualquer reconhecimento por isso. Outro exemplo comum é a chefia ficar tão dependente dessas pessoas que passa a bloquear qualquer possibilidade de ascensão profissional.

É importante percebermos a ampliação de espaço ocupacional como uma indicação do desenvolvimento da pessoa e da sua maior capacidade de agregar valor, devendo, portanto, estar atrelada ao crescimento salarial.

SAIBA MAIS

Recomendamos a leitura dos livros sobre competências produzidos ao longo da primeira década dos anos 2000: Zarifian (2001); Dutra (2004); Dutra, Fleury e Ruas (2008); Retour, Picq, Defélix e Ruas (2009).

ELEMENTOS ESTÁVEIS NA GESTÃO DE PESSOAS

Apesar de vivermos em um ambiente cada vez mais instável, verificamos que existem parâmetros estáveis nas expectativas da organização em relação às pessoas e no movimento das pessoas dentro das organizações. Esses parâmetros estáveis permitem observar a gestão de pessoas ao longo do tempo e um diagnóstico das políticas e práticas da organização.

A existência de parâmetros estáveis permite analisar o alinhamento da gestão de pessoas com a estratégia da organização ou do negócio e o nível de alinhamento entre as práticas de movimentação, desenvolvimento e valorização das pessoas.

No final da década de 1990 e início dos anos 2000, observamos que as expectativas em relação à entrega e contribuição das pessoas para a organização sofrem pequenos ajustes ao longo do tempo e que o movimento das pessoas nas organizações segue um mesmo padrão, sofrendo alterações somente quando a organização muda a sua natureza. Vamos observar mais de perto esses aspectos de estabilidade na gestão de pessoas.

Expectativas em Relação às Pessoas

Como vimos no tópico anterior, há uma íntima relação entre a estratégia da organização e as competências organizacionais e individuais (FLEURY; FLEURY, 2000). Ao analisarmos os trabalhos de relacionamento entre estratégia e as competências organizacionais e individuais verificamos que as estratégias se alteram ao longo do tempo para adaptar os rumos da organização frente às exigências do contexto onde ela se insere. As competências organizacionais e individuais, ao contrário, se mantêm estáveis.

Em um trabalho de acompanhamento longitudinal de uma organização gaúcha, Becker (2004 e 2008) constatou que as competências organizacionais não se alteraram ao longo de sua existência. A organização analisada tem como principal competência a inovação tecnológica e, mesmo tendo mudado sua estratégia na relação com o mercado, não alterou suas competências organizacionais, apenas as reconfigurou para atender às diferentes demandas do mercado e às novas estratégias.

As competências organizacionais podem ser compreendidas como o patrimônio de conhecimentos da organização que lhe confere um diferencial competitivo no mercado e/ou contexto onde atua. Esse patrimônio de conhecimentos não é o somatório das competências individuais e, muito menos, o uso sinérgico dessas competências. O patrimônio é o acumulado das contribuições de todas as pessoas que passaram e permanecem na organização. Desse modo, as pessoas, ao saírem das organizações, deixam um legado que permanecerá e será utilizado por outras pessoas.

As competências organizacionais, por traduzir o patrimônio de conhecimentos da organização, se confundem com a cultura organizacional; por essa razão, são elementos estáveis, ou seja, mesmo que a organização mude sua estratégia, os efeitos sobre as competências organizacionais serão muito pequenos; ao contrário, as novas estratégias estarão muito atreladas e dependentes das competências organizacionais.

Essa característica de nossas organizações gerou uma corrente de pensamento estratégico com base nos recursos da firma (**resource based view of the firm**), onde as vantagens competitivas não são advindas única e exclusivamente das oportunidades oferecidas pelo contexto, mas também dos recursos que a organização consegue mobilizar (PENROSE, 1959; WERNERFELT, 1984; RUMELT, 1984; KROGH; ROOS, 1995; BARNEY, 2001). Mais tarde, esses recursos foram caracterizados como competências organizacionais por Prahalad e Hamel (1990).

FIQUE ATENTO

Procure observar quais são suas entregas esperadas em seu local de trabalho, mesmo que elas não estejam explicitadas. Para se orientar nessa reflexão, efetue as seguintes questões:

1. Estou entregando o que o contexto onde me insiro demanda de mim?
2. Poderia contribuir mais efetuando meu trabalho com mais foco nas demandas sobre mim?
3. Será que estou compreendendo adequadamente as demandas da organização sobre mim?
4. Devo perguntar a outras pessoas sobre as demandas da organização para enriquecer a minha percepção?

Assim como as competências organizacionais se mantêm estáveis, o mesmo ocorre com as expectativas da organização em relação às entregas e contribuições das pessoas, chamadas de competências individuais. Desde o início dos anos 1990 já acompanhamos a implantação e evolução das competências individuais em mais de 650 organizações que atuam no Brasil e constatamos que as expectativas em relação às pessoas se alteram muito pouco ao longo da história da organização.

> **DICAS**
>
> Para verificar se estamos atendendo ou não às demandas sobre nós, podemos observar as seguintes manifestações de chefias e colegas:
> - Satisfação das chefias e colegas em relação aos trabalhos realizados por nós.
> - Espaço que temos em reuniões ou situações em que estamos interagindo com nossos colegas e chefias.
> - Complexidade dos trabalhos atribuídos a nós em comparação com os trabalhos atribuídos aos nossos colegas.

Independentemente de essas expectativas estarem ou não expressas formalmente ou de estarem no consciente da organização, elas existem. Conhecê-las exige apenas observar tais expectativas com a lente da realidade organizacional. É fundamental, para termos sucesso, não olharmos as pessoas pelos seus rótulos como: cargo, função, posição no organograma etc. É necessário olharmos as pessoas pelos seus conteúdos e pelas contribuições e entregas oferecidas por elas.

Ao enxergarmos as pessoas por suas entregas, identificamos as competências individuais já existentes na organização. Assumindo que elas mudarão pouco ao longo do tempo, temos aqui o nosso primeiro parâmetro de estabilidade na gestão de pessoas.

Trajetórias de Carreira

Desde os anos 1980, verificamos que as trajetórias de carreira nas organizações e no mercado não se organizam por profissão ou por função, mas sim pela natureza das atribuições e responsabilidades. Desse modo, pessoas que exercem atividades de mesma natureza estão na mesma trajetória. A natureza das atribuições e responsabilidades é definida por um conjunto de fatores em que os dois principais são: público para o qual se destina o trabalho e a natureza do conhecimento técnico. Por exemplo: se um engenheiro de produção entra na organização como engenheiro de operações, depois tem sua função alterada para engenheiro de manutenção e depois para engenheiro de processos, está na mesma trajetória de carreira, embora tenha atuado em três funções diferentes, porque todas as três funções são atribuições e responsabilidades de mesma natureza.

Nos anos 1990, vivenciamos duas experiências importantes no estudo sobre carreiras. A primeira foi quando tentávamos discutir como as competências se distribuíam na realidade cada vez mais exigente de nossas organizações. Verificamos rapidamente que as entregas requeridas das pessoas em uma organização não são uniformes. Inicialmente, acreditávamos que as competências se organizavam da mesma forma como os cargos: operacionais, técnicos, vendas gerenciais e assim por diante. Verificamos rapidamente que obedeciam a outra lógica, havia um grande alinhamento entre as entregas requeridas de um grupo e a caracterização que tínhamos das trajetórias de carreira. Essa descoberta nos levou a investigar mais profundamente como as trajetórias de carreira se organizavam.

A segunda experiência foi a de verificar se as âncoras de carreira desenvolvidas por Edgar Schein (1990) se aplicavam à realidade brasileira; isso nos levou a realizar diversos levantamentos de biografias para analisar a carreira das pessoas e suas âncoras, além de acompanhar trabalhos desenvolvidos por organizações que iniciavam o uso desse material no Brasil. Tal experiência nos fez constatar que as pessoas raramente mudavam de trajetória de carreira ao longo de sua vida profissional; mudavam de função, de empresa e, mesmo, de país, mas não mudavam de trajetória de carreira.

Nos anos 2000, continuamos nossos trabalhos de pesquisa e nos surpreendemos com outras duas constatações. A primeira foi que as trajetórias de carreira nas organizações não se alteram, mesmo quando há mudança de estrutura organizacional ou de organização do trabalho, já que as trajetórias estão assentadas nos macroprocessos. Verificamos que as trajetórias de carreira de uma organização sofrem alterações somente quando há uma mudança na natureza do negócio, como analisaremos com maior profundidade ao longo deste capítulo. Para solidificarmos essa constatação, analisamos a movimentação das pessoas em mais de 200 empresas brasileiras.

A segunda foi que as pessoas, ao mudarem de trajetória de carreira, mudam sua identidade profissional e vivem um grande estresse. Já acompanhávamos a literatura a respeito da transição de carreira, mas não tínhamos ainda relacionado com a transição de trajetória de carreira. Com base nessas constatações, revisitamos as biografias analisadas para constatar que as pessoas viveram um incidente crítico em suas carreiras quando haviam mudado de trajetória de carreira.

> As pessoas, ao mudarem de trajetória de carreira, mudam sua identidade profissional e vivem um grande estresse.

Compreensão das trajetórias de carreira

Observamos que as trajetórias de carreira são definidas, por um lado, pelos macroprocessos da organização e, de outro, pela natureza das trajetórias que podemos agrupar em três categorias:

- **Operacionais** – são carreiras ligadas às atividades-fim da empresa; exigem o uso do corpo ou alto grau de estruturação. Geralmente, se encerram em si mesmas, sendo importante que a organização defina critérios de mobilidade para outras carreiras ou para o mercado. Dos casos analisados, um dos mais interessantes é o dos *call centers*, com uma população de grande mobilidade e baixo nível de aproveitamento interno (menos de 10%). Nos casos bem-sucedidos, as empresas recrutam pessoas sem experiência, desenvolvem-nas e as devolvem para o mercado de trabalho com mais valor e maior nível de articulação.

- **Profissionais** – são carreiras ligadas a atividades específicas; geralmente, exigem pessoas com formação técnica ou de terceiro grau (superior). Não são definidas pela estrutura organizacional da empresa e sim pelos processos fundamentais, como: administração, envolvendo atividades administrativas, sistemas de informação, finanças, contabilidade, recursos humanos, jurídico etc.; tecnologia, envolvendo engenharia de produtos, processos, qualidade, produção, materiais, logística etc.; comercialização, envolvendo vendas, marketing, gestão de consumidores etc.

- **Gerenciais** – são carreiras ligadas às atividades de gestão da empresa. A posição se caracteriza mais pelas demandas políticas do que técnicas, como já vimos. Normalmente, as pessoas são oriundas das carreiras operacionais ou profissionais, que ao longo do seu processo de crescimento demonstraram vocação e apetência para a carreira gerencial. Algumas empresas recrutam pessoas recém-formadas e sem experiência profissional e as preparam para a carreira gerencial; são os chamados programas de *trainees*.

Verificamos que as trajetórias de carreira são constituídas por degraus de complexidade, ou seja, cada degrau na carreira pode ser relacionado a um degrau de complexidade das atribuições e responsabilidades de mesma natureza. Assim, cada trajetória de carreira tem um espectro de complexidade, ou seja, a trajetória tem um final. O final da trajetória de carreira é caracterizado pelo nível mais alto de complexidade daquele conjunto de atribuições e responsabilidades de mesma natureza.

Podemos observar que as trajetórias de carreira têm diferentes espectros de complexidade. Geralmente, o espectro de trajetórias ligadas às atividades-fim da organização tende a ser maior do que o espectro de trajetórias ligadas às atividades-meio.

Referenciais estáveis para a gestão de pessoas

A gestão de carreiras foi sempre uma questão-chave em nossos trabalhos por nos ajudar a compreender as trajetórias reais das pessoas nas organizações trabalhadas. Ao compreendermos essas trajetórias, podemos desenvolver uma visão crítica em relação a elas, observando o quanto essas trajetórias atendem ou não aos interesses da organização e das pessoas. A análise das trajetórias nos permite encontrar referenciais estáveis para a gestão de pessoas, ou seja, parâmetros para a gestão de pessoas que não mudam no tempo, independentemente de a empresa alterar seu intento estratégico ou estar se associando a outras empresas ou, ainda, incorporando outras empresas. Esse aspecto se reveste de grande importância para orientar o desenvolvimento das pessoas no ambiente volátil em que vivemos e, provavelmente, continuaremos a viver.

Observamos que as trajetórias de carreira são estáveis nas organizações, ou seja, ao compreendermos as trajetórias como atuação da pessoa em atribuições e responsabilidades de mesma natureza, é possível verificar que essas trajetórias não se alteram ao longo do tempo (DUTRA, 2004). As trajetórias nas organizações investigadas estão alinhadas a macroprocessos e estes, associados à natureza da organização. As trajetórias mudam quando há mudanças substantivas nos macroprocessos, e isso ocorre somente quando a organização muda sua natureza. Vamos analisar alguns casos para ilustrar esse ponto.

FIQUE ATENTO

Analise as trajetórias de carreira existentes na organização onde trabalha ou estagia. Verifique em qual e em que ponto da trajetória de carreira você está. Essa informação possibilitará as seguintes reflexões sobre a sua carreira na organização:

1. Estou no início, meio ou final da trajetória?
2. Quais são as trajetórias existentes na organização?
3. Existem outras que me interessam mais do que a atual?
4. Gostaria de, no futuro, realizar o trabalho das pessoas que estão em níveis maiores de complexidade?

No caso de uma empresa que produz lingotes de alumínio, encontramos quatro trajetórias de carreira: operacional, englobando pessoas que produzem o alumínio; técnica, englobando pessoas que atuam na engenharia de produção, qualidade, segurança e meio ambiente; suporte, englobando as pessoas que atuam em atividades administrativas, financeiras, de tecnologia de informação, jurídica etc.; e gerencial, englobando as pessoas com responsabilidades gerenciais na empresa. Essas trajetórias existem desde a inauguração dessa empresa, ocorrida há quase 50 anos, embora a empresa já tenha passado por várias revisões da estrutura organizacional e tenha mudado a origem de seu capital duas vezes. Nos próximos 50 anos, se a empresa não mudar sua natureza, manterá a mesma estrutura de trajetórias profissionais. Por quê? Porque, ao manter a mesma natureza, sempre haverá pessoas produzindo o alumínio, pessoas atuando em engenharia, pessoas efetuando atividades administrativo-financeiras e pessoas em posições gerenciais.

Vamos analisar um caso em que houve mudança da natureza da empresa: trata-se do CPqD, fundação de direito privado que atua em tecnologia de telecomunicações. O CPqD foi formado em 1976 como o braço tecnológico do Sistema Telebrás, ligado à sua Diretoria Técnica; com a privatização da telefonia, o CPqD foi transformado em uma empresa que necessitava sobreviver a partir de sua atuação. As trajetórias profissionais existentes até a privatização eram: técnica, englobando o pessoal de desenvolvimento tecnológico; de suporte, englobando o pessoal de administrativo, financeiro, de tecnologia de informação aplicado aos sistemas de apoio, jurídico etc.; e gerencial, englobando o pessoal responsável pela gestão do CPqD. Com a privatização, a empresa mudou a sua natureza e passou a ter que vender seus produtos no mercado mundial. Nesse momento, surgiu uma nova trajetória, que é a comercial, englobando pessoas que cuidam hoje das parcerias estratégicas, da construção e manutenção da imagem da empresa, do relacionamento com o mercado e com os clientes e que asseguram a entrega do que foi vendido.

> **SAIBA MAIS**
>
> Para aprofundar a compreensão sobre trajetórias de carreira, recomendamos a leitura das segundas edições dos livros de Dutra sobre competências (2016) e carreira (2017).

GESTÃO DE PESSOAS EM UM AMBIENTE EM CONSTANTE TRANSFORMAÇÃO

Tendências na Gestão de Pessoas

Necessitamos de novas formas de gerir pessoas, como pudemos verificar no decorrer do trabalho. As organizações, de forma natural e espontânea, estão alterando sua forma de gerir pessoas para atender às demandas e pressões provenientes do ambiente externo e interno. Essa reação natural e espontânea tem padrões comuns que caracterizam um novo modelo de gestão de pessoas. Como esse novo modelo é mais eficiente para compreendermos e atuarmos sobre a realidade organizacional, ele estará presente em todas as organizações.

Observamos que as organizações inseridas em contextos mais exigentes, quer em função de seu setor de atividade econômica, quer em função do papel que exercem junto às congêneres, estão praticando sistemas de gestão de pessoas por meio da utilização de conceitos de competência, complexidade e espaço ocupacional, conscientes ou não desse fato. Embora a constatação pareça uma boa notícia, ela não o é necessariamente, porque dependerá de como as empresas irão empregar esses conceitos. É bem provável que a maior parte os empregue como forma de extrair mais resultados das pessoas, sem nenhuma preocupação em patrocinar o desenvolvimento delas.

Olhando dessa forma, não parece uma situação alvissareira. Devemos considerar que, ao procederem dessa maneira, as organizações estarão orientando sua gestão para o curto prazo e poderão sofrer as consequências disso. A principal delas será a dificuldade de sustentar vantagens competitivas e de atrair e reter pessoas importantes para a organização. Cada vez mais, essas pessoas procuram uma relação que lhes agregue valor e desenvolvimento profissional.

Podemos prever, portanto, que as organizações irão aprender com seus erros e, ao longo do tempo, estarão genuinamente preocupadas com o desenvolvimento das pessoas. Nesse momento, as organizações com experiências bem-sucedidas e levadas a sério serão paradigmáticas para o mercado como um todo. E terão clara vantagem na disputa por pessoas que podem agregar um diferencial competitivo para seus negócios.

Podemos também prever que as organizações necessitarão de um número crescente de trabalhadores especializados. Estes, por sua vez, demandarão atualização contínua para manter sua competitividade no mercado de trabalho; serão, portanto, mais exigentes na sua relação com as organizações. Como decorrência, os processos de movimentação, desenvolvimento e valorização das pessoas ganharão destaque para gerenciar a conciliação de expectativas entre elas e a empresa e/ou negócio. Essa conciliação se tornará cada vez mais complexa e envolverá um conjunto cada vez maior de variáveis e de sutilezas.

É possível prever, portanto, transformações na ética das relações entre pessoas e organizações. Os que não atenderem aos princípios éticos dessa relação terão crescentes dificuldades para movimentar-se em um mercado cada vez mais exigente e complexo.

A maior exigência não será somente em termos da qualificação e/ou formação das pessoas, mas também de sua capacidade de resposta para as necessidades da organização e/ou negócio. Por conta disso, o investimento efetuado pela sociedade como um todo no desenvolvimento das pessoas será menos no conhecimento (saber) e na habilidade (saber fazer) e mais na competência (capacidade das pessoas na articulação de conhecimentos, habilidades e atitudes no contexto em que se inserem).

> O investimento efetuado pela sociedade como um todo no desenvolvimento das pessoas será menos no conhecimento (saber) e na habilidade (saber fazer) e mais na competência (capacidade das pessoas na articulação de conhecimentos, habilidades e atitudes no contexto em que se inserem).

Definir com precisão quais são as competências demandadas pela organização e pela sociedade será um fator essencial para garantir a sustentação de vantagens competitivas e para dar melhor foco aos investimentos em educação. Esse movimento será liderado pelas organizações e, rapidamente, outros segmentos da sociedade se incorporarão a ele.

O estabelecimento das competências requeridas das pessoas permitirá também maior agilidade na troca de carreiras profissionais por parte das pessoas. A reciclagem profissional será cada vez mais frequente em nossa sociedade e várias entidades estarão envolvidas no processo: sindicatos, associações profissionais, governo, escolas, empresas do terceiro setor etc.

De outro lado, podemos antever um crescimento da demanda por profissionais mais bem preparados, com o aumento da complexidade de nossas organizações e do contexto no qual se inserem. Nesse caso, as organizações e as pessoas mais bem preparadas terão clara vantagem sobre as demais.

Efeitos Perversos a Serem Evitados na Gestão de Pessoas

Como vimos, as organizações estão sendo pressionadas para rever a forma de gerir pessoas. Essa revisão ocorre, na maior parte dos casos, como uma reação das organizações às pressões recebidas e com baixo nível de consciência dos fatos. Os casos bem-sucedidos são copiados por outras organizações, sem preocupação com a compreensão do contexto no qual o caso estava inserido, nem com os aspectos geradores do sucesso. O baixo nível de consciência irá provocar o uso inadequado de conceitos e ferramentas. Esse uso inadequado, por sua vez, criará uma série de efeitos indesejáveis chamados **efeitos perversos**.

> Esses efeitos indesejáveis podem ser evitados se as organizações e seus dirigentes se mantiverem atentos às expectativas e necessidades da organização e das pessoas.

Os efeitos perversos mais encontrados até aqui foram os seguintes:

- **Desarticulação conceitual** – existem muitas formas para interpretar e utilizar os conceitos de competência, complexidade e espaço ocupacional. A articulação entre os conceitos e a prática é fundamental para sustentar a coerência da gestão de pessoas pela organização. A ausência dessa articulação tem gerado casos de organizações com práticas tradicionais de gestão de pessoas, revestidas de modernismos. Ou seja, as organizações têm um discurso moderno de gestão de pessoas e uma prática retrógrada. Nesse caso, o discurso não consegue sustentar-se no tempo e os conceitos são desacreditados.

- **Exploração do trabalhador** – os conceitos e as práticas modernas de gestão são mais eficientes para gerar o comprometimento do trabalhador com a organização e/ou negócio. Esse maior comprometimento permite à organização obter mais dedicação, produtividade e empenho do trabalhador, sem necessariamente lhe oferecer uma contrapartida vantajosa, como exigir padrões mais elevados de entrega sem que haja qualquer tipo de valorização e/ou desenvolvimento desse trabalhador, ampliar o nível de exposição e o risco profissional da pessoa sem que ela tenha qualquer suporte político e/ou econômico para tanto etc.

- **Descolamento estratégico** – o modelo de gestão de pessoas, adotado pela organização, tem pouco compromisso com seus objetivos estratégicos. Nesse caso, o modelo de gestão não irá sobreviver por muito tempo, trazendo uma série de problemas nas relações entre as pessoas e a organização. Esses problemas não têm canal para sua vazão através dos processos de gestão de pessoas, uma vez que o modelo não tem sustentação. Os problemas crescem em número e densidade, provocando fissuras na relação entre pessoas e organização. Essas fissuras podem gerar a perda de pessoas importantes para a organização, movimentos grevistas, falta de comprometimento das pessoas e/ou deterioração do clima organizacional.

- **Desarticulação com as pessoas** – o modelo de gestão, embora alinhado com os objetivos estratégicos da organização, está desarticulado em relação às expectativas e necessidades das pessoas. Nesse caso, as práticas de gestão de pessoas não têm credibilidade junto a elas e por isso também não conseguem sustentar-se no tempo. Por não possuírem a legitimidade necessária, não dão vazão aos problemas gerados na relação entre as pessoas e a organização.

Esses efeitos indesejáveis são os mais comumente encontrados atualmente e podem ser evitados se as organizações e seus dirigentes se mantiverem atentos às expectativas e necessidades da organização e das pessoas.

Expectativa das Pessoas

Em um ambiente de incertezas e ambiguidades, as pessoas valorizam a clareza e a transparência sobre todos os aspectos que tenham influência direta e indireta na sua relação com a organização e com seu trabalho.

Se assumirmos que existem aspectos estáveis na gestão de pessoas, os quais regulam as expectativas das organizações sobre as pessoas, e que as trajetórias de carreira e os degraus de complexidade em seu interior não se alteram ao longo do tempo, temos em nossas mãos as condições para tornar mais transparente as possibilidades de movimentação e ascensão profissional. Além disso, podem ser estabelecidos, de forma clara, os critérios para que a pessoa ascenda e seja valorizada, como veremos com maior profundidade nos próximos capítulos.

Em nossas pesquisas, verificamos que há um impacto positivo no clima organizacional quando as pessoas sabem o que esperar de sua relação com a organização. À medida que essas expectativas se traduzem em realidade e se observa uma consistência e coerência entre o discurso organizacional e sua prática, as organizações constroem uma relação de confiança.

> Em nossas pesquisas, verificamos que há um impacto positivo no clima organizacional quando as pessoas sabem o que esperar de sua relação com a organização.

Outro aspecto importante das expectativas das pessoas é uma segurança nas relações com as organizações. Nesse aspecto, a comunicação tem um papel fundamental. A comunicação adequada, entretanto, está vinculada a informações que vão ao encontro das expectativas e necessidades das pessoas. Esse alinhamento ocorre quando o comportamento organizacional está comprometido com as pessoas, fazendo parte de seus valores e crenças.

Novamente, temos a necessidade de parâmetros estáveis para regular a relação entre as pessoas e a organização. Observamos que um bom clima é sustentado ao longo do tempo quando são estabelecidos contratos psicológicos com as pessoas, cumpridos através de políticas e práticas de gestão de pessoas que traduzem os valores e crenças organizacionais. Segundo Menegon e Casado (2006), o contrato psicológico é o conjunto de expectativas recíprocas relativas às obrigações mútuas entre organizações e pessoas.

Expectativa da Organização

Por sua vez, as organizações necessitam contar com regularidade na resposta das pessoas e em sua iniciativa diante de situações cada vez menos previsíveis. Por essa razão, temos assistido ao crescimento de discussões sobre o comprometimento das pessoas com seu trabalho e com os objetivos organizacionais.

Em nossos trabalhos, verificamos uma relação direta entre o clima organizacional e o nível de satisfação das pessoas com os resultados. No Brasil, além de nossas pesquisas temos trabalhos de Fernandes (2006, 2013 e 2015) e Fischer (2015), buscando estabelecer a relação entre gestão de pessoas e resultados.

Parâmetros estáveis na relação com as pessoas em um ambiente turbulento são importantes para a construção de expectativas mútuas de desenvolvimento e ganhos.

Conforme discutimos no Capítulo 1, a maior parte das organizações brasileiras se apoia no cargo ou no posicionamento no organograma como referência para pensar a gestão de pessoas. Com os conceitos trabalhados neste capítulo, podemos verificar caminhos alternativos para a construção de referências para olharmos para as pessoas por seu conteúdo e não por seus rótulos (cargos, funções, posição no organograma etc.). Ao olharmos as pessoas pelo seu real poder de contribuição teremos o impacto nos resultados oriundos do uso de uma capacidade que já está instalada em nossas organizações.

Conciliação de Expectativas

> Os gestores e as lideranças têm um papel importante na conciliação de expectativas entre as pessoas e a organização, uma vez que são os mediadores dessa relação.

Observamos, também, que em determinada trajetória profissional as pessoas têm que entregar as mesmas competências, independentemente de suas funções. Verificamos que o que regula a demanda do contexto sobre a pessoa é a natureza de suas atribuições e responsabilidades e não o tipo de trabalho ou função.

Caso as organizações não repensem formalmente as suas estruturas de gestão de pessoas, o farão intuitivamente. Naturalmente, as organizações procurarão assentar sua gestão em parâmetros estáveis; por essa razão, estudar e aprofundar a compreensão sobre os conceitos e instrumentos de gestão de carreiras ajudará em um processo mais ordenado de transição da gestão de pessoas. Os conceitos de competência, complexidade e trajetórias de carreira ajudarão na criação de parâmetros estáveis que auxiliarão tanto a organização quanto as pessoas, no balizamento de suas relações em um ambiente cada vez mais volátil. Essa estabilidade de referenciais cria mais segurança e suporta contratos psicológicos ao longo do tempo; desse modo, a organização terá melhores condições para escolher e preparar gestores, construir expectativas nas pessoas e prepará-las para o futuro.

Os gestores e as lideranças têm um papel importante na conciliação de expectativas entre as pessoas e a organização, uma vez que são os mediadores dessa relação.

Frente aos desafios que se apresentam para a gestão de pessoas e para a preparação da liderança, dois aspectos foram destacados pelas organizações que investigamos. Embora apontem dificuldades para que a cultura absorva com velocidade as mudanças impostas, relatam o sucesso obtido até o presente momento em obter a mobilização necessária para transformar a realidade e conseguir um nível de resposta adequado, tanto em termos de velocidade quanto em termos de qualidade. Atribuem esses resultados a dois aspectos fundamentais:

- **Coerência e consistência em suas políticas e práticas** – esse resultado é possível porque os valores são utilizados como base para o comportamento e tomada de decisões por toda a organização e, em particular, pelas lideranças. Embora o contexto exija diferentes posicionamentos nas diferentes partes do mundo e nos diferentes negócios, há uma unidade na relação entre as pessoas e destas com a organização por conta dos valores incorporados.
- **Relação de confiança das pessoas com a organização** – tal relação ocorre porque há uma transparência na relação da organização com as pessoas. Essa transparência, por outro lado, é possível por conta da coerência e consistência da organização. A relação de confiança é reforçada por uma cultura de respeito às pessoas, na qual todas as decisões e ações têm as pessoas como prioridade. Essa relação de confiança torna as pessoas mais seguras e com maior propensão a assumir o protagonismo de seu desenvolvimento e contribuição para o desenvolvimento organizacional.

A liderança organizacional tem um papel fundamental na manutenção desses dois aspectos. Por essa razão, **há uma preocupação contínua na escolha** de tais lideranças e em seu preparo e desenvolvimento. O papel da liderança na gestão de pessoas será aprofundado nos próximos capítulos; entretanto, é importante ressaltar que em nossas pesquisas verificamos que, de forma geral, nossas lideranças são referências técnicas ou funcionais e aprimoraram-se em gestão do negócio, mas têm grandes deficiências em aspectos comportamentais. Somente trabalhando esse aspecto teremos lideranças preparadas para enfrentar demandas cada vez menos tangíveis sobre nossas organizações.

O risco de não prepararmos adequadamente nossas lideranças é de perdermos vantagens competitivas para as que conseguirem fazê-lo. As organizações internacionais mais maduras já perceberam essa necessidade há muitos anos (desde os meados da década de 1990), nós estamos despertando para isso somente agora e de forma muito displicente. As organizações que se destacaram como melhores para se trabalhar na pesquisa realizada em conjunto pela revista *VocêS/A* e FIA (Fundação Instituto de Administração), mesmo em momentos de crise e demissões, foram as que respeitaram as pessoas, mesmo tendo vivido a necessidade de reduzir seu quadro. Esse respeito se deveu a lideranças preparadas e a uma cultura sólida que prioriza as pessoas.

Reiteramos que os resultados de todos os nossos trabalhos de campo e boa parte da literatura sobre liderança e gestão indicam que, em um ambiente cada vez mais incerto e ambíguo, é necessário repensarmos a definição do perfil de nossas lideranças e ajustarmos os critérios através dos quais as escolhemos, desenvolvemos e valorizamos.

Uma cultura que prioriza as pessoas tem mais chances de ser vencedora ao criar um diferencial competitivo de difícil reprodução, como já sinalizava Peter Senge (1990) nos anos 1990.

Resumo e Implicações para o Aprendizado sobre Gestão de Pessoas

Apresentamos neste capítulo conceitos para compreendermos como acontece a gestão de pessoas em nossas organizações, independentemente da forma como está definida e do sistema formal. Esses conceitos nos permitem realizar um diagnóstico rápido de como é a realidade da gestão de pessoas em nossas organizações. Finalmente foram apresentados exemplos e situações para a gestão de pessoas em um ambiente em constante transformação. Neste capítulo, estimulamos o leitor a se posicionar como pessoa gerida pela organização e desenvolver um olhar crítico sobre sua relação com ela. Simultaneamente, convidamos o leitor a tomar partido como um gestor da organização e analisar a relação entre a gestão de pessoas e os resultados.

As principais implicações para o aprendizado sobre a gestão de pessoas podem ser resumidas em:

- Conceitos de competência, complexidade e espaço ocupacional para a compreensão da gestão de pessoas real em nossas organizações.
- Discussão sobre parâmetros estáveis na gestão de pessoas que permitem às pessoas e à organização tornar mais transparentes e claras as expectativas e os critérios sobre desenvolvimento, valorização e movimentação.
- Como podem ser conciliadas as expectativas entre pessoas e organização através de políticas e práticas de gestão de pessoas que traduzem valores e crenças.

QUESTÕES

Questões para fixação

1. Como pode ser caracterizado o conceito de competência?
2. Qual a relação entre o conceito de competência e complexidade?
3. O que são elementos estáveis na gestão de pessoas?
4. Quais são os elementos estáveis?
5. O que são trajetórias de carreira?

Questões para desenvolvimento

1. Qual a importância dos conceitos de competência, complexidade e espaço ocupacional para a compreensão do modelo de gestão de pessoas para a organização contemporânea?

2. Qual a importância do conceito do espaço ocupacional para compreendermos o processo de desenvolvimento profissional na organização contemporânea?
3. Qual a importância de pensarmos em elementos estáveis na gestão de pessoas?

ESTUDOS DE CASO E EXERCÍCIOS

Caso 1

Analise a empresa Venhacrescer. A empresa é líder em seu setor e um nome consolidado no mercado onde atua. Sua principal estratégia de gestão de pessoas é o desenvolvimento interno dos seus quadros. Para tanto, procura nas principais universidades jovens talentos que seleciona para seu programa de **trainees**.

O programa de **trainees** tem duração de um ano, quando a pessoa estagia nas principais áreas e recebe informações sobre a empresa e suas políticas. Depois do programa a pessoa é absorvida pela empresa na área para a qual havia sido selecionada no início do programa.

A Venhacrescer tem como política formar seus quadros gerenciais com 1/3 de pessoas oriundas de suas bases operacionais, 1/3 de pessoas oriundas do programa de **trainees** e 1/3 de pessoas contratadas no mercado. A empresa está preocupada pelo fato de perder seus **trainees**, apenas 5% dos **trainees** permanecem na empresa depois de quatro anos, gerando os seguintes problemas:

- Falta de profissionais treinados e capacitados para assumir a média gerência da empresa.
- Envelhecimento do quadro de gerência sênior sem reposição.
- Pressão para aumento das faixas salariais para atração de profissionais formados e para a retenção dos atuais.
- A Venhacrescer projeta para os próximos anos um acirramento da concorrência e, por ser uma tradicional fornecedora de gerentes para o mercado, teme um agravamento do quadro, inclusive a perda de executivos seniores. Como solucionar esse problema, sabendo que:
- Há um descontentamento dos **trainees** em relação às perspectivas de desenvolvimento na empresa.
- Os gerentes da Venhacrescer **são muito procurados pelo mercado**.

Caso 2

Alupara, importante indústria produtora de alumínio, acaba de contratar, como Diretor de Recursos Humanos, o Sr. Germano Metalúrgico, administrador com formação e experiência sólidas. Sua missão inicial foi a de definir um novo modelo de gestão de pessoas. A Alupara vinha utilizando um modelo baseado em cargos e o presidente estava convencido de que um modelo baseado em competências seria mais compatível com o seu plano de ação.

Após o processo de integração, o Diretor de Recursos Humanos recebeu do Presidente a missão de apresentar uma proposta de modelo de gestão de pessoas para os demais diretores, considerando as seguintes características da empresa: 1. As operações da Alupara são executadas no interior do estado do Pará, onde é a única empregadora nas cidades próximas. Sua operação está em uma cidade longe de mercados de trabalho e seus trabalhadores têm sua vida pessoal muito atrelada ao dia a dia da empresa por residirem em vilas perto da fábrica. 2. O Presidente tem como objetivo fazer mudanças radicais no comportamento da empresa, tornando-a mais competitiva. 3. As pessoas que estão na empresa tendem a ser resistentes a mudanças por dependerem da empresa para todas as suas necessidades. 4. As previsões são de crescimento das operações em 30% ao ano nos próximos cinco anos com investimentos feitos pelo acionista.

Germano, para estruturar o modelo pensando em sua apresentação para os demais diretores, formulou as seguintes questões:

1. Quais são as vantagens e desvantagens de um modelo baseado em competências em relação a um modelo baseado em cargos? O objetivo de Germano com essa questão é demonstrar para os demais diretores quais seriam os ganhos que a Alupara teria com a adoção de um modelo com base em competências e quais os riscos a serem evitados.

2. Como fazer para atrair e reter pessoas talentosas?

3. Como suprir a empresa de gestores mais adequados ao novo perfil que está sendo desenhado? Germano percebeu, desde o primeiro contato com o Presidente, que o aspecto mais crítico do plano de ação para a empresa era trabalhar o corpo gerencial. Germano sabia que sua **performance** estaria sendo avaliada pelo seu sucesso em oferecer para a empresa, em espaço reduzido de tempo, gerentes capazes de assumir a responsabilidade pelo negócio, com iniciativa, em condições de gerir seus recursos materiais, financeiros, tecnológicos e humanos, e preocupados com seu desenvolvimento e com o desenvolvimento de sua equipe. Para tanto, teria que desenvolver as pessoas que ocupavam posições gerenciais, mas também preparar futuros sucessores e trazer pessoas do mercado.

Procure ajudar Germano a responder essas questões com base no conteúdo do Capítulo 2.

REFERÊNCIAS

AMATUCCI, Marcos. *Perfil do administrador brasileiro para o século XXI*: um enfoque metodológico. 2000. Tese (Doutorado) – Faculdade de Economia, Administração e Contabilidade, Universidade de São Paulo, São Paulo.

BARNEY, J. B. Resource based theories of competitive advantage: a ten year restropective on the resource based view. *Journal of Management*, v. 27, p. 643-650, 2001.

_____. Firm Resources and Sustained Competitive Advantage. *Journal of Management*, v. 17, nº 1, p. 99-120, 1991.

BECKER, G. V.; DUTRA, J. S.; RUAS, R. Configurando a trajetória de desenvolvimento de competências organizacionais: um estudo de caso em empresa da cadeia automobilística. In: DUTRA, J. S.; FLEURY, M. T. L.; RUAS, R. *Competências:* conceitos, métodos e experiências. São Paulo: Atlas, 2008.

BECKER, G. V. *Trajetórias de formação e desenvolvimento de competências organizacionais da Muri Linhas de Montagem.* 2004. Tese (Doutorado) – Faculdade de Economia e Administração, Universidade de São Paulo, São Paulo.

BITENCOURT, Cláudia C. *A gestão de competências gerenciais*: a contribuição da aprendizagem organizacional. 2001. Tese (Doutorado) – Programa de Pós-Graduação e Pesquisas em Administração, Universidade Federal do Rio Grande do Sul, Porto Alegre.

BOYATZIS, Richard E. *The competent management:* a model for effective performance. Nova York: Wiley, 1982.

DERR, Clyde B. *Managing the new careerist.* San Francisco: Jossey-Bass, 1988.

DUTRA, Joel S. *Gestão de carreiras:* pessoas e organização alinhadas: o grande desafio do mundo contemporâneo. 2. ed. São Paulo: GEN/Atlas, 2017.

_____. *Competências:* conceitos, instrumentos e experiências. 2. ed. São Paulo: GEN/Atlas, 2016.

_____; FLEURY, M. T. L.; RUAS, R. *Competências:* conceitos, métodos e experiências. São Paulo: Atlas, 2008.

_____. *Competências:* conceitos, instrumentos e experiências. São Paulo: GEN/Atlas, 2004.

FERNADES, B. H. R.; CAVA NETO, J.; PEINADO, J.; SANTOS, L. G. A. Estratégia, competência e desempenho em empresas de *software*: evidências de um levantamento no Estado do Paraná. *Revista de Administração da Unimep*, Curitiba, v. 13, nº 3, p. 154-183, 2015.

_____; SANTOS, L. G. A.; PAULIN, R. R. Os impactos das percepções e atitudes dos funcionários sobre a produtividade e a qualidade em empresas de manufatura. *Revista Base da Unisinos*, São Leopoldo, v. 10, nº 3, p. 254-283, jul./set. 2013.

_____; FLEURY, M. T. L.; MILLS, J. Construindo o diálogo entre competência, recurso e desempenho organizacionais. *Revista de Administração da FGV*, São Paulo, v. 46, nº 4, out./dez. 2006.

FISCHER, André Luiz. *As configurações de práticas de gestão de recursos humanos adotadas por um conjunto de empresas brasileiras e suas relações com o desempenho organizacional*. 2015. Tese (Livre-Docência) – Faculdade de Economia, Administração e Contabilidade, Universidade de São Paulo, São Paulo.

FLEURY, A.; FLEURY, M. T. L. *Estratégias empresariais e formação de competências*. São Paulo: Atlas, 2000.

HIPÓLITO, José A. M. *A gestão da administração salarial em ambientes competitivos*: análise de uma metodologia para construção de sistemas de remuneração de competências. 2000. Dissertação (Mestrado) – Faculdade de Economia, Administração e Contabilidade, Universidade de São Paulo, São Paulo.

_____. *Administração salarial*: a remuneração por competência como diferencial competitivo. São Paulo: Atlas, 2001.

JAQUES, Elliott. *Equitable payment*: a general theory of work, differential payment and industrial progress. Londres: Pelican Books, 1967.

JAVIDAN, Mansour. Core competence: what does it mean in practice? *Long Range Planning*, v. 31, nº 1, p. 60-71, fev. 1998.

KING, A. W.; FOWLER, S. W., ZEITHAMIL, C. P. Competências organizacionais e vantagem competitiva: o desafio da gerência intermediária. *RAE – Revista de Administração de Empresas*, v. 42, nº 1, p. 36-49, jan./mar. 2002.

KROGH, G.; ROOS, J. A perspective on knowledge, competence and strategy. *Personal Review*, v. 24, nº 3, p. 56-76, 1995.

LE BOTERF, Guy. *De la compétence*: essi sur um attracteur étrange. Paris: Éditions d' Organisation, 1995.

_____. *L' Ingénierie des compétences*. Paris: Éditions d' Organisation, 2000.

_____. *Construire les compétences individuelles et collectives*. Paris: Éditions d' Organisation, 2001.

_____. *Desenvolvendo a competência dos profissionais*. São Paulo: Artmed e Bookman, 2003.

McCLELLAND, David C. Testing for competence rather than intelligence. *American Psychologist*, p. 1-14, jan. 1973.

McLAGAN, P. Competencies: the next generation. *Training and Development*, p. 40-47, maio 1997.

MENEGON, L.; CASADO, T. O contrato psicológico como ferramenta para a gestão de pessoas. *Revista de Administração*, 41.2, p. 125-135, 2006.

MILLS, J.; PLATTS, K.; BOURNE, M.; RICHARDS, H. *Competing through competences*. Cambridge: Cambridge University Press, 2002.

PARRY, S. B. The quest for competencies. *Training*, p. 48-54, jul. 1996.

PENROSE, E. T. *The theory of growth of the firm*. Oxford: Oxford University Press, 1959.

PORTER, M. E. What's strategy? *Harvard Business Review*, v. 74, n° 6, p. 61-78, nov./dez. 1996.

PRAHALAD, C. K.; HAMEL, G. The core competence of the corporation. *Harvard Business Review*, p. 79-91, maio-jun. 1990.

RETOUR, D.; PICQ, T.; DEFÉLIX, C.; RUAS, R. *Competências coletivas*. Porto Alegre: Bookman, 2009.

ROWBOTTOM, R. W.; BILLIS, D. *Organizational design:* the work-levels approach. Cambridge: Gower, 1987.

RUAS, Roberto. *Gestão das competências gerenciais e a aprendizagem nas organizações*. Documento preliminar preparado como material de apoio aos Cursos de Extensão do Programa de Pós-Graduação e Pesquisas em Administração da UFRGS, 2002.

RUMELT, R. P. Toward a strategic theory of the firm. In: LAMB, R. *Competitive strategic management*. Englewood Clifts: Prentice Hall, 1984.

SANT'ANNA, Anderson de S. *Competências individuais requeridas, modernidade organizacional e satisfação no trabalho*. 2002. Tese (Doutorado) – Faculdade de Ciências Econômicas, Universidade Federal de Minas Gerais, Belo Horizonte.

SCHEIN, Edgar H. *Career anchors:* discovering your real values. Califórnia: University Associates, 1990.

SENGE, Peter M. *A quinta disciplina*. São Paulo: BestSeller, 1990.

SILVA, Cassiano M. *A gestão por competências e sua influência na implementação da gestão estratégica de pessoas:* estudo de caso. 2003. Dissertação (Mestrado) – Faculdade de Economia, Administração e Contabilidade, Universidade de São Paulo, São Paulo.

SPENCER JR., L. M.; SPENCER, S. M. *Competence at work:* models for superior performance. Nova York: John Wiley, 1993.

STAMP, Gilliam. The individual, the organizational and the path to mutual appreciation. *Personnel Management*, p. 1-7, jul. 1989.

_____. The essence of levels of work. Documento interno da *Bioss – Brunel Institute of Organization and Social Studies*, jun. 1993.

_____. Making the most of human capital for competitive advantage. Documento interno da *Bioss – Brunel Institute of Organization and Social Studies*, jun. 1994a.

_____. Key relationship appreciation. Documento interno da *Bioss – Brunel Institute of Organization and Social Studies*, ago. 1994b.

TREACY, M.; WIERSEMA, F. *The discipline of market leaders*. London: Addison-Wesley, 1995.

WERNERFELT, B. A resource based view of the firm. *Strategic Management Journal*, v. 5, p. 171-180, 1984.

WOODRUFFE, C. Competent by any other name. *Personnel Management*, p. 30-33, set. 1991.

ZARIFIAN, Philippe. A gestão da e pela competência. Material de apoio ao *Seminário Internacional Educação Profissional, Trabalho e Competência*. Rio de Janeiro: Ciet, 1996.

_____. *Objetivo competência*: por uma nova lógica. São Paulo: Atlas, 2001.

PARTE II

Movimentando Pessoas

Objetivos da PARTE II

- Ajudar o leitor a compreender a dinâmica do mercado de trabalho e seu impacto nas organizações e nas pessoas.
- Oferecer conceitos e instrumentos para analisar o movimento da pessoa na organização desde a sua entrada até a sua saída.
- Compreender a importância estratégica da movimentação na gestão de pessoas e na gestão da organização.
- Permitir ao leitor uma visão crítica de sua relação com seu trabalho e com a organização.
- Auxiliar o leitor na escolha de uma boa organização para trabalhar e para se articular no mercado de trabalho.

Resultados esperados com a leitura da PARTE II

- Reflexão do leitor sobre seu processo de movimentação na organização e no mercado de trabalho.
- Compreensão das várias etapas e processos envolvidos na movimentação da pessoa dentro das organizações.
- Discussão sobre a gestão estratégica de pessoas e seu impacto no dimensionamento de quadro.

Nesta parte do livro vamos trabalhar os movimentos efetuados pelas pessoas na organização ou no mercado de trabalho. Esse movimento é de natureza física, ou seja, quando a pessoa muda de local de trabalho, de posição profissional, de empresa e de vínculo empregatício. Existe outro tipo de movimento ocasionado pelo desenvolvimento da pessoa. Esse tipo de movimento será trabalhado na Parte III: desenvolvendo pessoas.

Quando olhamos na perspectiva da organização, a movimentação está ligada a decisões como as descritas a seguir:

- **Planejamento de pessoas** – quantidade e qualidade de pessoas necessárias para cada uma das operações ou negócios da organização.

- **Atração de pessoas** – capacidade da organização em atrair pessoas para efetuar os trabalhos necessários.
- **Socialização e aclimatação das pessoas** – capacidade da organização, no espaço de tempo mais reduzido possível, em permitir que a pessoa se sinta à vontade e possa oferecer o melhor de si para o trabalho.
- **Reposicionamento das pessoas** – políticas e práticas para transferências, promoções, expatriações das pessoas de forma a adequar as necessidades da organização com as expectativas e objetivos das pessoas.
- **Recolocação das pessoas** – capacidade da organização em recolocar as pessoas no mercado de trabalho quando a manutenção da relação de trabalho com elas não é mais possível.

Quando olhamos na perspectiva das pessoas, a movimentação está ligada a decisões tais como:

- **Inserção no mercado de trabalho** – as pessoas estão decidindo sobre suas carreiras ou porque estão iniciando ou porque desejam mudar seu rumo ou porque estão se movimentando geograficamente.
- **Melhores oportunidades de trabalho** – as pessoas procuram por melhores condições de recompensa ou novos desafios profissionais ou locais onde possam se sentir melhor etc.
- **Retirada do mercado de trabalho** – as pessoas estão saindo de forma definitiva ou estão saindo por tempo determinado para se dedicar a outros projetos em sua vida.

O processo de movimentação das pessoas tem, portanto, grande influência em sua vida e na vida das organizações. A movimentação, apesar de sua importância, tem sido relegada por dirigentes e por teóricos a um segundo plano na discussão sobre gestão de pessoas. Isso ocorre por se acreditar que é um processo menos nobre quando comparado com os processos de valorização e desenvolvimento das pessoas. Para dimensionar a importância desse processo, vamos iniciar esta parte do livro discutindo, no Capítulo 3, a dinâmica do mercado na perspectiva da pessoa e da organização. No Capítulo 4, apresentamos o processo de planejamento de quadro e o desenvolvimento e gestão de fontes de captação. No Capítulo 5, discutimos o processo de captação de pessoas, sua socialização e movimentação na organização.

CAPÍTULO 3

Dinâmica do Mercado de Trabalho

O QUE SERÁ VISTO NESTE CAPÍTULO

Demanda e oferta de pessoas

- Posicionamento em relação ao mercado de trabalho.
- Compreendendo a demanda do mercado de trabalho.
- Como o mercado constrói a oferta de pessoas.
- Análise das características do mercado.

Monitoramento do mercado pela organização

- Informações estruturadas sobre o mercado de trabalho.
- Análise do mercado para posições críticas para o negócio.
- Processos de intervenção no mercado de trabalho.
- Construção de imagem no mercado de trabalho.

Monitoramento do mercado pelas pessoas

- Situação presente e futura do mercado de trabalho.
- Oportunidades e ameaças apresentadas pelo Mercado.

CONEXÕES COM O NOSSO COTIDIANO

Preparação para o mercado de trabalho

- Como posso escolher profissões e trabalhos que têm uma grande demanda pelo mercado.
- Como me apresento para o mercado de trabalho vendo minhas habilidades e experiências.

Compreender a minha relação com o mercado de trabalho

- Como posso monitorar o mercado de trabalho para perceber meu nível de competitividade.
- Como posso enxergar oportunidades futuras oferecidas pelo mercado de trabalho.
- Como posso potencializar minhas experiências.

CONTEÚDOS ADICIONAIS

- Reflexões sobre o tema do capítulo através de casos.
- Saiba mais.
- Estudos de caso complementares.
- Questões para guiar a reflexão sobre o conteúdo do capítulo.
- Referências bibliográficas.

QUE REFLEXÕES SERÃO ESTIMULADAS

- Qual é a forma utilizada pelo mercado de trabalho para construir as demandas e ofertas de mão de obra?
- As organizações conseguem influenciar a dinâmica do mercado de trabalho?
- Como as pessoas podem usar a dinâmica do mercado de trabalho a seu favor?

ESTUDO DE CASO

OPERADORA TIM – REGIÃO SUL

Descrição do Caso

A TIM, quando se instalou no Brasil, estabeleceu duas operações de telefonia celular (telefonia móvel): a operação sul e a operação nordeste. Na operação sul, as atividades da TIM abrangiam o Estado do Paraná, o Estado de Santa Catarina e a Cidade de Pelotas. Nesse momento, o Brasil estava efetuando a privatização do Sistema Telefônico, em que cada região tinha a empresa que absorvia as operações das estatais e outra, chamada de espelho, que fazia concorrência. Na Região Sul, a TIM absorveu as operações estatais e a Global passou a atuar como empresa espelho.

A TIM absorveu de imediato um milhão de assinantes com apenas três pessoas que decidiram sair da estatal e atuar na nova empresa. O planejamento da empresa era de ampliar sua base de assinantes para três milhões no primeiro ano de atuação. A meta arrojada de ampliação da base de assinantes era necessária para que a TIM pudesse ampliar sua área de atuação. Esse era outro aspecto importante do processo de privatização: as empresas iniciariam suas atividades circunscritas a uma área de atuação e só poderiam ampliá-la após atingir metas de cobertura e de qualidade de serviços. Por isso todas as organizações que assumiram a operação de telefonia celular e fixa efetuaram investimentos e esforços para ampliar sua atuação com muita velocidade.

Esse quadro desenhado já é, por si só, um grande desafio para a gestão de pessoas, particularmente no que se refere à captação de pessoas para suportar a instalação das operações e a sua rápida expansão. A situação, entretanto, era mais complexa. Nos últimos anos, antes da privatização, o governo investiu pouco na modernização de equipamentos e na qualificação de seu quadro de pessoas, a telefonia como monopólio do governo nunca necessitou vender linhas telefônicas. Portanto, quando se iniciou o processo de modernização e rápida expansão da telefonia no Brasil, **não havia quadros técnicos e comerciais suficientes**.

Situação-Problema

A TIM precisava contratar pessoas em grande velocidade para a atividade administrativo-financeira, para a atividade técnica e para a atividade comercial. A atividade técnica consistia basicamente de tecnologia de informação aplicada na programação de equipamentos de comutação e transmissão, e a atividade comercial no estabelecimento de redes de venda de linhas telefônicas, parcerias com produtores de celulares, atendimento da população, desenho dos serviços a serem oferecidos para a população e fixação de preços.

A questão é como a empresa conseguiu equacionar o seu problema de captação, quais foram as suas fontes de captação, quais foram os atrativos oferecidos pela empresa e como estabeleceu estratégias de retenção de pessoas. Lembrando que a TIM estava em um mercado extremamente demandante por pessoas. Procure se colocar no papel de Diretor de Recursos Humanos e desenvolver as soluções para os problemas da organização.

DEMANDA E OFERTA DE PESSOAS

O caso da TIM demonstra uma situação real de mercado onde há escassez de recursos ou inexistência, como o caso de pessoas especializadas na comercialização de linhas telefônicas ou de celulares. Nessas situações, conhecer o mercado de trabalho e conseguir viabilizar os objetivos estratégicos da organização é fundamental. Por tal razão, compreender a dinâmica da demanda e oferta de pessoas pelo mercado de trabalho pode criar um diferencial competitivo. A TIM, por possuir dirigentes que conheciam o mercado de trabalho, desenvolveu uma equipe que construiu vantagens competitivas em sua região de atuação com muita velocidade, permitindo-lhe alcançar as metas antes do tempo previsto.

Posicionamento em Relação ao Mercado de Trabalho

A movimentação das pessoas nas organizações e as opções profissionais efetuadas pelas pessoas são influenciadas pela dinâmica do mercado de trabalho. Consequentemente, compreender essa dinâmica nos permite identificar oportunidades e ameaças, tanto para a organização quanto para as pessoas.

O mercado de trabalho tem sido encarado como um organizador das relações entre as pessoas que oferecem sua força de trabalho e as organizações ou pessoas que demandam (OFFE; HINRICHS, 1989; ARAÚJO; ALBUQUERQUE; SILVA, 2009; CHIAVENATO, 2011; BRATTON; GOLD, 1999). Embora Claus Offe e Karl Hinrichs (1989) procurem analisar o mercado a partir das características da população classificada em inativos, autônomos, empregado e desempregados, não fogem da ideia de uma relação de forças entre os que oferecem a força de trabalho e os que demandam. Essa forma de definir o mercado de trabalho pode nos conduzir a equívocos. É importante analisarmos o mercado de forma mais ampla, observando aspectos tais como:

- Compreender o mercado de trabalho como um espaço de negociação e de troca, onde, de um lado, temos alguém oferecendo seu talento e capacidade, com necessidades sociais, psicológicas e físicas a serem satisfeitas, e, de outro, uma organização que necessita desse talento e capacidade e que está disposta a oferecer as condições para satisfação das necessidades e expectativas das pessoas. Cada negociação estabelecida nesse mercado faz parte de um processo de conciliação de interesses complexos.
- Compreender o mercado como sendo constituído não só pelas oportunidades de trabalho oferecidas pelas organizações, mas também pelos espaços criados pelas próprias pessoas e pela dinâmica do próprio mercado. Nesse sentido, estamos vivendo um ambiente cada vez mais volátil, onde surgem novas demandas a cada momento e as pessoas podem ser, ao mesmo tempo, ofertantes e demandantes de força de trabalho.

> O mercado é um espaço de negociações e trocas entre pessoas e organizações.

Essa visão ampliada do mercado sugere que as organizações e as pessoas devem ter um contato contínuo com o mercado e não de forma episódica em função de uma necessidade específica. Sugere ainda que as relações no mercado de trabalho tornar-se-ão mais complexas no futuro e haverá um crescente espaço para a intermediação das relações entre as pessoas e as organizações através de tecnologia e de pessoas especializadas. Essa intermediação agirá sobre o mercado criando impactos sobre ele em um processo de influência circular. Teremos provavelmente, como decorrência de maior complexidade do mercado de trabalho, uma tendência à globalização, ao trabalho a distância e a ações mais estruturadas para balizá-lo, principalmente oriundas de posicionamentos políticos de governos nacionais. Portanto, não devemos entender o mercado de trabalho condicionado apenas pelas leis de procura e oferta.

Essa definição de mercado de trabalho parte de algumas premissas:

- As organizações estão se tornando cada vez mais complexas, tanto em termos tecnológicos quanto em termos de relações organizacionais e relações com o ambiente.
- As pessoas estão cada vez mais capacitadas e, portanto, cada vez mais aptas a lidar com níveis crescentes de complexidade.
- As relações de trabalho vêm assumindo diferentes formas, além da tradicional, com vínculo empregatício e dominação política e econômica da organização sobre as pessoas. As novas relações desenham-se baseadas na ideia de agregação mútua de valor.

> As pessoas estão cada vez mais capacitadas e, portanto, cada vez mais aptas a lidar com níveis crescentes de complexidade.

Essas premissas nos permitem dizer que as relações são complexas e as organizações e as pessoas que não se prepararem perderão vantagens competitivas.

Normalmente, a organização se mobiliza para analisar o mercado de trabalho e/ou para agir sobre ele quando enfrenta escassez de recursos. É comum observar uma ação mais estruturada das organizações em relação a determinadas categorias profissionais, tais como: executivos, profissionais técnicos em áreas de informática ou profissionais altamente especializados. Além disso, a organização observa o mercado somente quando necessita de recursos. A organização, ao se preocupar com o mercado de forma episódica e somente em relação aos recursos escassos, perde a dimensão do mercado como um todo, escapando-lhe oportunidades e ameaças.

As atitudes reativas das organizações têm gerado grandes problemas para a eficiência organizacional e para a sociedade como um todo. Um caso elucida essa afirmativa. Ocorreu no setor de eletrônica profissional na primeira metade dos anos 1980: durante a fase de expansão das empresas desse setor, os salários oferecidos foram muito elevados, atraindo docentes, retirando das universidades matrizes reprodutoras de conhecimento e pesquisadores, desarticulando células geradoras de conhecimento. Alguns anos mais tarde, com o desaquecimento do mercado e crise no setor, a maioria das organizações reduziu seu quadro e algumas fecharam suas portas, não deixando alternativa para os profissionais senão buscar outros setores de atividade econômica para se colocarem. Nesse caso, a postura reativa das organizações levou-as a agir de forma predatória no momento de aquecimento, enfraquecendo as fontes geradoras e reprodutoras de conhecimento, e de forma imediatista, no momento de desaquecimento, provocando evasão de talentos do mercado. Fenômenos semelhantes no Brasil podem ser observados em relação à Internet no final dos anos 1990, ao setor de telecomunicações no final dos anos 1990 e início dos anos 2000, setores de insumos em 2005 e 2006 e a partir de 2010 em diferentes setores econômicos em função de uma realidade de pleno emprego no mercado de trabalho.

Outro ângulo a ser observado em relação ao mercado de trabalho é a imagem institucional da organização. Uma imagem positiva traz facilidades na captação de pessoas. A relação com o mercado de trabalho deve ser efetuada dentro de uma perspectiva estratégica; de um lado, um fluxo contínuo de informações acerca de seu comportamento auxilia no posicionamento estratégico mais adequado, e, de outro, esse posicionamento define uma abordagem do mercado para o médio e longo prazo.

A partir de meados da primeira década dos anos 2000, ganhou força a ideia de explicitar as agregações de valor oferecidas pela organização, principalmente as não tangíveis, para trabalhar sua imagem perante os empregados e o mercado de trabalho. Essa iniciativa recebeu o nome de Employee Value Proposition (EVP), uma variação do que já era discutido nos anos anteriores com o nome de Employer Branding, e tem gerado bons resultados nos processos de atração, retenção e engajamento, como mostram diversos trabalhos de pesquisa acadêmica nos EUA, na Europa e em outras regiões. Muitas organizações relatam, como efeito dessa prática, maior coerência entre o discurso da organização e sua prática (ALOO; MORONGE, 2014; HEGER, 2007; FROW; PAYNE, 2011; BELL, 2005). Apesar da ampla divulgação dessa prática nos meios acadêmicos e profissionais, poucas organizações brasileiras a implantaram. Em nossa pesquisa sobre as melhores empresas para se trabalhar, revelou-se que, em 2016, entre as 150 melhores, apenas 8% tinham essa prática.

O descaso com o mercado de trabalho revela que as organizações, no que se refere à gestão de pessoas, estão essencialmente voltadas para dentro. A hipótese mais sensata, por enquanto, é que as pressões do contexto externo e interno conduzem as organizações a focar sua atenção para o seu interior. As organizações têm considerado o seu trabalhador mais valioso do que aquele que está fora. As pessoas desenvolvidas pela organização são percebidas como a continuidade dos projetos e dos valores, enquanto o profissional que está fora é percebido como uma ameaça de mudança. No contexto em que vivemos, entretanto, as pressões estão sendo alteradas e as premissas para a relação com o mercado de trabalho devem ser revistas.

Compreendendo a Demanda do Mercado de Trabalho

Para compreender como se forma a demanda do mercado de trabalho, devemos compreender a dinâmica das organizações que concorrem conosco pela nossa mão de obra. Para tanto, devemos analisar nossos concorrentes em diferentes aspectos:

- **Proximidade geográfica** – são concorrentes que disputam a mesma mão de obra e estão localizados a pouca distância das instalações de nossa organização. Normalmente, a competição pela mão de obra com remuneração de até três salários mínimos se dá na mesma localidade. Isso ocorre pelas seguintes razões: essa população atua em trabalhos não qualificados ou de pouca qualificação e tende a se movimentar com facilidade de um setor para outro (agricultura, comércio, indústria, serviços etc.) ou de um tipo de organização para outro (química, metalurgia, artesanato etc.); essa população tem renda baixa e não consegue arcar com a sua locomoção para grandes distâncias; por essa razão, algumas organizações disponibilizam transporte para atrair mão de obra de outras localidades.

- **Organizações do mesmo setor de atividade** – são concorrentes que atuam no mesmo setor de atividade econômica ou no mesmo tipo de produção ou serviços. Essa competição se dá mais intensamente para uma mão de obra de 3 a 10 salários mínimos; trata-se de mão de obra qualificada e que se locomove entre organizações de mesma natureza.

- **Especialidade técnica e/ou funcional** – são organizações concorrentes que podem utilizar a mão de obra especializada, normalmente profissionais com formação superior e com remuneração acima de 10 salários mínimos. Nesse caso, podem ser profissionais com formação técnica ou funcional que têm capacidade para se deslocar para qualquer região do país e, eventualmente, para outros países.

Para analisarmos a demanda do mercado presente e futura, necessitamos observar o crescimento das organizações que concorrem com a nossa mão de obra e como podemos nos antecipar a ameaças e oportunidades oferecidas pelo mercado de trabalho.

No final da primeira década dos anos 2000 e início da segunda década, efetuamos análises do mercado de trabalho em diferentes cidades do Brasil. Nas cidades mais industrializadas havia uma concorrência intensa entre o setor de serviços e a indústria pela mão de obra existente. Nessa disputa, o setor industrial saiu perdendo porque trabalhava com margens muito apertadas e não podia incrementar os salários e, ao mesmo tempo, o setor de serviços apresentava condições de trabalho mais favoráveis, tais como: climatização, trabalho intelectual e não físico, facilidades e benefícios. Em muitas dessas cidades, as indústrias foram buscar mão de obra em outras localidades, gerando problemas inesperados para os municípios estudados.

Outro exemplo foi um estudo encomendado pelo Sindicato Nacional das Indústrias Siderúrgicas no final da primeira década dos anos 2000, preocupado com a dificuldade de atração e retenção de engenheiros. Esse setor foi muito castigado no final dos anos 1990 e houve o fechamento de muitos cursos de engenharia metalúrgica. Era natural que em algum momento ocorresse escassez de profissionais para o setor. Caso houvesse uma análise da demanda projetada, muitos problemas poderiam ter sido evitados.

Podemos acrescentar a essa análise a dinâmica da economia. Exemplo claro é o que vivemos na segunda década dos anos 2000, que iniciamos com um mercado demandante; em meados, vivemos um período de recessão para, ao final, observarmos uma retomada. No início da década, tínhamos escassez de mão de obra e as organizações estavam preocupadas com atração e retenção. Com a crise econômica, deixaram de colocar atenção no mercado de trabalho. Estruturalmente, o mercado não mudou, não houve incremento algum no sistema formal de ensino e, portanto, não houve um aumento da oferta. Desse modo, na retomada do crescimento econômico houve a absorção da massa desempregada e, posteriormente, o enfrentamento dos mesmos problemas do início da década. Conforme já foi frisado, as organizações atuam de maneira reativa na sua relação com o mercado de trabalho.

> As organizações atuam de maneira reativa na sua relação com o mercado de trabalho.

Em 2010 e 2011, tivemos a oportunidade de analisar a declaração de alguns empresários nacionais preocupados por terem recursos financeiros para aplicar. Visualizavam oportunidades de negócio, mas não foram em frente porque não tinham pessoas capazes de atender as demandas do empreendimento. O custo de oportunidades perdidas é muito alto e poder preparar pessoas e retê-las torna-se crítico em situações como essa.

Por tal razão, compreender a demanda do mercado e as necessidades da organização torna-se essencial.

Como o Mercado Constrói a Oferta de Pessoas

A oferta de pessoas no mercado onde a organização atua pode surgir da atração oferecida pelas condições de trabalho ou pelos salários, fazendo com que elas invistam em sua formação e/ou preparação para o ingresso nesse mercado, ou pela migração de pessoas de outros mercados menos atrativos ou, ainda, pela migração geográfica para trabalhos ou localidades que ofereçam melhores condições de vida.

A organização pode ter influência na geração de oferta de mão de obra, atuando ou criando fontes. Exemplo interessante foi vivido pela Embraer no final dos anos 1990 e início dos anos 2000, quando viveu um crescimento acelerado e não havia mão de obra especializada no país.

Inicialmente, localizou onde essa mão de obra estava disponível. Encontrou uma situação favorável na Rússia, que tinha três escolas de formação de engenheiros aeronáuticos e uma indústria em recessão. O problema inicial é que os russos não falavam português ou inglês, havendo, portanto, um problema sério de comunicação. Um atenuante é que a linguagem aeronáutica é universal. A organização percebeu rapidamente que essa era solução paliativa e necessitava de algo mais efetivo. Criou-se então um curso de formação de engenheiros aeronáuticos para engenheiros de outras especialidades e, com isso, a organização criou a sua própria fonte de mão de obra especializada.

A atuação sobre as fontes é uma ação estratégica a fim de garantir o suprimento necessário para a organização e para o mercado. Essa ação não necessita ser realizada pela organização de forma isolada. Pode e deve ser uma ação em comunidade, através de parcerias entre várias organizações interessadas ou através de associações e/ou sindicatos patronais. Um caso interessante foi na região metropolitana de Belo Horizonte, onde haveria a implantação de mais duas indústrias siderúrgicas além das existentes, com um aumento da demanda por profissionais qualificados. As empresas existentes procuraram as empresas que se instalariam na região e, em conjunto, fizeram no local um levantamento de pessoas em condições de serem preparadas, investiram na preparação e, como resultado, aumentaram a oferta para dar conta da demanda com a entrada das duas novas siderúrgicas.

> A atuação sobre as fontes de pessoas talentosas é uma ação estratégica a fim de garantir o suprimento necessário para a organização e para o mercado.

Em alguns casos, temos um movimento articulado entre o poder público e as organizações, como, por exemplo, a eleição da região metropolitana de Campinas como um centro de produção eletrônica, onde foram criados cursos de ensino médio de alta qualidade e o estímulo à Unicamp, com o intuito de investir na formação de profissionais voltados para essa área. Tal iniciativa atraiu várias empresas do setor e a região se tornou um polo de geração de tecnologia e conhecimento em eletrônica.

Finalmente, a cidade ou região, ao oferecer boas condições de vida, pode se tornar um polo de atração de empresas e pessoas. Assistimos a dois exemplos interessantes no Brasil nos anos 1990. Um foi o caso de Curitiba, que, por seu projeto urbano, atraiu muitos investimentos e pessoas em busca de um local melhor para morar. Outro caso foi o do Estado do Ceará que atraiu investimentos e pessoas em sua proposta de desenvolvimento econômico e social bem-sucedido na década de 1990.

Análise das Características do Mercado

A compreensão da dinâmica do mercado de trabalho oferece um diferencial competitivo para a organização e para a pessoa. Para a organização porque pode tirar proveito de oportunidades e pode evitar ameaças. Para a pessoa porque possibilita visualizar oportunidades de desenvolvimento profissional ou ameaças ao seu emprego e/ou à sua carreira.

Quando falamos de características, tratamos de aspectos do mercado de trabalho que permitem criar categorias de análise. Essas categorias são aspectos do mercado de mesma natureza que, agrupados, permitem melhor compreendê-lo.

Um conjunto de aspectos do mercado são as pessoas que o compõem. Podemos analisar o mercado por sua composição em termos de gênero, faixa etária, classe econômica, nível de instrução, ganhos médios etc. Nesse sentido, é possível combinarmos esses aspectos e verificar como o mercado se comporta na relação entre gênero, nível de instrução e ganhos médios. Para a organização, essas informações podem reforçar políticas de gestão de pessoas como, por exemplo, políticas afirmativas contra a discriminação e o impacto na imagem entre seus colaboradores e para o mercado. Para a pessoa que se inclui em um grupo discriminado pelo mercado, é necessário superar e encontrar as melhores alternativas; por exemplo, profissionais com mais de 50 anos que têm dificuldades de se articular em mercado dominado por pessoas mais jovens, como encontrar um nicho onde a maturidade é valorizada.

Outro conjunto de aspectos é a natureza da demanda em função da vocação do país ou da região geográfica. No Brasil, temos regiões onde houve um grande desenvolvimento da tecnologia e produção agrícola, a procura tende a seguir a vocação da região, demandando

CAPÍTULO 3 | Dinâmica do Mercado de Trabalho

SAIBA MAIS

Com base na pesquisa as Melhores para Trabalhar (FIA – Fundação Instituto de Administração e *Você S/A* – Editora Abril) realizada em 2016, procuramos analisar a participação feminina em posições de direção e gestão, além de observar sua participação nas demais posições das organizações analisadas.

Foram consideradas 306 empresas com amostragem válida, totalizando 1.083.334 trabalhadores nas empresas participantes. Pudemos observar a seguinte distribuição do trabalho feminino:

- Nas empresas que participaram da pesquisa, as posições de diretoria são ocupadas por homens em sua maioria. Há somente 16,4% ocupadas por mulheres. Das posições gerenciais, 33,6% são ocupadas por mulheres, e 41,8% das posições de supervisão e coordenação são ocupadas por mulheres.
- Quando analisamos as demais posições, ou seja, posições que não são de liderança ou gestão, temos 43,4% ocupadas por mulheres.
- A presença feminina é mais destacada nas posições administrativas, onde ocupam 51,3% das posições.
- As mulheres são menos presentes em posições de técnicos de nível médio, 35,6%.

profissionais especializados nessa área, mão de obra qualificada e toda a sorte de profissionais para o setor de serviços e comércio. Temos, também, regiões vocacionadas para o turismo e assim por diante. Esse é um aspecto crucial para o planejamento das organizações quando pensam em localidades para se instalar e no aproveitamento de vantagens oferecidas pela vocação do mercado.

Tal aspecto já suscitou muitas discussões entre nós, principalmente durante a década de 1990. Discutíamos a atuação de organizações com a sede fora do Brasil, onde transferiam para cá atividades operacionais e comerciais, mas muito pouco de atividades que exigiam um conhecimento técnico e de gestão mais estratégico. Nossa vocação era para um trabalho de mão de obra intensiva e pouco inteligente. Nesse caso, eram vitais a criação de um movimento nacional para qualificação de nossa mão de obra e políticas públicas para o desenvolvimento de nossas organizações e para privilegiar a transferência de empregos inteligente para o país. Infelizmente, essas discussões e contatos com membros do governo na época tiveram pouca repercussão.

■ Eram vitais para o Brasil, naquela época, a criação de um movimento nacional para qualificação de nossa mão de obra e políticas públicas para o desenvolvimento de nossas organizações e para privilegiar a transferência de empregos inteligente para o país.

MONITORAMENTO DO MERCADO PELA ORGANIZAÇÃO

Informações Estruturadas sobre o Mercado de Trabalho

No Brasil, temos poucas informações estruturadas sobre o mercado de trabalho. Podemos encontrar informações no CAGED (Cadastro Geral de Empregados e Desempregados) do Ministério do Trabalho, no DIEESE (Departamento Intersindical de Estatística e Estudos Socioeconômicos), no IBGE (Instituto Brasileiro de Geografia e Estatística) ou em alguns sindicatos patronais que estruturaram essas informações. Todas essas fontes oferecem informações brutas e pouco trabalhadas para atender as necessidades específicas da organização. Visando a obtenção de informações relevantes para a nossa realidade, devemos realizar um trabalho sistematizado, levando em conta as necessidades de pessoas, presentes e futuras.

A realização desse trabalho sistematizado é algo simples e que não exige custos adicionais, conforme observamos em organizações que monitoram seus mercados de trabalho. Em nossos estudos, verificamos algumas práticas interessantes e que relatamos a seguir:

■ Para obtenção de informações estruturadas do mercado de trabalho, devemos realizar um trabalho sistematizado, o qual é simples e não exige custos adicionais, conforme observamos em organizações que monitoram seus mercados.

- **Opinião de especialistas** – algumas organizações têm conversas periódicas com especialistas que atuam no mercado de trabalho para obter informações sobre a realidade presente e futura. Essas conversas são geralmente efetuadas com prestadores de serviços; por essa razão, não implicam custos adicionais. Normalmente, são utilizados roteiros que procuram explorar aspectos relevantes para a realidade da organização e para sua estratégia.
- **Reunião com dirigentes** – uma fonte importante está dentro da própria organização. Normalmente, os dirigentes têm informações valiosas sobre o mercado, mas que, por falta de estímulos, não efetuam uma reflexão sistemática sobre o tema. Quando provocados, oferecem informações sobre expansão do mercado e das empresas concorrentes, possíveis gargalos na oferta da mão de obra, prováveis ameaças e oportunidades na obtenção de pessoas críticas para a organização e uma posição mais globalizada do mercado.
- **Parceria com outras organizações** – é possível obter-se uma compreensão das dificuldades do setor de atividade econômica ou da região geográfica através de discussões estruturadas com outras organizações. Isso pode ser efetuado através de grupos profissionais, de sindicatos patronais ou de reuniões específicas com tal propósito. Além desse tipo de iniciativa, podem ser formados grupos de estudo para analisar base de dados de entidades ou para a realização de pesquisas
- **Discussão com a academia** – professores e pesquisadores acadêmicos podem oferecer um ângulo diferente do mercado de trabalho, através das pesquisas realizadas ou da convivência com alunos de graduação, pós-graduação ou extensão.
- **Diálogo com centros de estudo ou pesquisa** – em algumas áreas, existem organizações de estudo e pesquisa que podem ser fontes importantes de informação, como, por exemplo: no setor agrícola, temos a EMBRAPA (Empresa Brasileira de Pesquisa Agropecuária) em nível nacional, e, ainda, as organizações estaduais; no setor elétrico, temos o CEPEL (Centro de Pesquisas de Energia Elétrica).

Além dessas iniciativas, algumas organizações elegem dados importantes do mercado de trabalho e armazenam todas as notícias referentes ao tema, realizando uma análise mensal dos dados colhidos. Desse modo, há um estímulo para que toda a equipe fique atenta a informações relevantes para análise do mercado.

Um relato que despertou a nossa atenção foi de uma organização que tinha problemas com um recurso técnico muito disputado pelo mercado naquele momento. Essa organização entrou em contato com todas as entidades que ofereciam bolsas para cursos de pós-graduação fora do país e mapeou todos os bolsistas que atuavam dentro da especialidade de que necessitavam. A partir daí, efetuaram contato com todos os bolsistas e muitos, ao retornar para o Brasil, passaram a procurar essa empresa.

Análise do Mercado para Posições Críticas para o Negócio

O monitoramento do mercado é mais importante para posições críticas para a organização, ou seja, posições que, se não ocupadas, podem comprometer os resultados e objetivos organizacionais.

O mapeamento dessas posições críticas é interessante não somente para o monitoramento do mercado, mas também para avaliar a capacidade da organização de reter os atuais ocupantes das posições. Nesse caso, o monitoramento do mercado serve também para analisar possíveis ameaças de perder pessoas críticas para a organização, e o primeiro passo, então, é definir quais são as posições críticas para o presente e futuro da organização. Normalmente, tais informações surgem de forma natural nos processos de avaliação ou de sucessão. O segundo passo é discutir a capacidade de a organização suprir eventuais necessidades com desenvolvimento e, em eventual necessidade, de buscar pessoas no mercado externo.

> O monitoramento do mercado para as posições críticas é estratégico para que a organização não viva surpresas desagradáveis.

Essas iniciativas oferecem condições para análise do mercado. Há, entretanto, um ponto de atenção, quando a organização é a principal ou uma das principais fornecedoras do mercado. Assim, o suprimento será prioritariamente interno. Analisamos um caso interessante: trata-se de um grande banco nacional, onde havia uma posição crítica na área de tecnologia de informação. Eles chamavam de **business analist**. Era o profissional responsável por fazer a conexão entre o negócio e o pessoal de desenvolvimento de **software**. Esse profissional era muito disputado na época e o banco resolveu criar para essa área um trânsito mais rápido na carreira (**fast track**), onde, à medida que o profissional tinha condições de promoção, recebia um avanço na profissão, sem importar se havia vaga ou não. Desse modo, o banco criou gordura nas posições onde existia maior pressão do mercado, os níveis pleno e sênior. Com isso, conseguiu manter o quadro de que necessitava sem ter que inflacionar os salários.

O monitoramento do mercado para as posições críticas é estratégico para que a organização não viva surpresas desagradáveis. As técnicas utilizadas são as mesmas descritas no item anterior, com a diferença de buscar pessoas conhecedoras desse mercado específico.

Conhecer as limitações do mercado é outra vantagem desse tipo de monitoramento. Por exemplo, caso haja uma dificuldade para suprir as necessidades da organização, vale a pena analisar alternativas, como foi o caso de algumas organizações que optaram por trazer profissionais de outros países nos anos de 2010 e 2011, quando o mercado brasileiro estava aquecido, e o europeu, com sérios problemas de emprego.

Processos de Intervenção no Mercado de Trabalho

A compreensão do mercado de trabalho permite intervenções para realizar os ajustes necessários a fim de atender a demanda da organização ou de um conjunto de organizações. A maior parte das intervenções no mercado de trabalho que observamos em nossas pesquisas foi relacionada a processos educacionais da mão de obra, quer para criar pessoas qualificadas, quer para reeducar essa mão de obra.

Nas intervenções que envolvem processos educacionais, a parceria com escolas ou a criação de escolas torna-se fundamental. Uma das experiências que analisamos foi o caso de uma organização no interior do Estado de São Paulo, que, em função da modernização de suas instalações e equipamentos, associada a uma rápida expansão, necessitava de um grande número de mão de obra qualificada. Realizou uma parceria com o Senai (Serviço Nacional de Aprendizagem Industrial), onde construiu as instalações e equipou a escola e entregou para a entidade administrar.

Outro tipo de intervenção é a importação de mão de obra de outras localidades. Nesse caso, é muito importante a parceria com o governo para a criação da infraestrutura necessária. Uma organização instalada em uma cidade de tamanho médio no sul de Minas Gerais necessitava centralizar suas atividades e, para tanto, iria trazer muitas pessoas de outras cidades. Para a cidade, seria algo interessante porque iria incrementar a economia local, mas ao mesmo tempo sobrecarregaria a infraestrutura. Foi feita uma parceria com a prefeitura, na qual a organização assumiu uma parte dos investimentos com uma contrapartida na redução dos impostos por tempo determinado. Houve, assim, uma relação em que todas as partes ganharam.

Uma experiência interessante de ser relatada foi a instalação da Fiat na cidade de Goiana no Estado de Pernambuco. Durante a instalação da fábrica, a empresa viveu uma crise de falta de mão de obra; de um lado, estávamos vivendo um momento de aquecimento econômico e, de outro, o Estado de Pernambuco estava com várias frentes de obras. A Fiat passou a transformar trabalhadores agrícolas em profissionais para a indústria automotiva.

Construção de Imagem no Mercado de Trabalho

As organizações brasileiras não têm tradição de trabalhar a sua imagem para o mercado de trabalho. Muitas se valem da aparência de seus produtos e/ou serviços para construir uma imagem para o mercado de trabalho. Uma grande empresa brasileira negligenciou sua imagem no mercado de trabalho e se fixou perante os profissionais de mercado como uma "máquina de moer gente", embora a maior parte de seu público interno não tenha essa impressão da organização. Depois de muitos anos está desenvolvendo um trabalho sistemático para reverter essa imagem, mas encontra muita dificuldade.

> Muitas organizações têm dificuldades para atrair pessoas talentosas por terem descuidado de sua imagem.

Esse caso não é um caso isolado. Muitas organizações têm dificuldades para atrair pessoas talentosas por terem descuidado de sua imagem. Um grande grupo de empresas industriais ganhou fama, ao longo dos anos 1990, de ser paternalista e autoritária. Durante os anos 2000, patrocinou uma grande transformação em sua cultura e tornou-se uma empresa moderna e global, mas continuou com grande dificuldade para atrair jovens talentosos. Essa dificuldade prejudicou sua atratividade nos anos de aquecimento econômico, quando os jovens tinham muitas ofertas de emprego e a organização necessitava de pessoas para suportar o seu rápido crescimento. Nessa época, a organização se deu conta do problema e contratou uma profissional com a missão de trabalhar a imagem no mercado de trabalho. Esse trabalho, entretanto, não é de uma pessoa, mas de toda a organização, e os resultados demoram para aparecer. Ao final de um ano, a profissional foi demitida e a organização continua com a mesma imagem no mercado de trabalho.

A imagem construída pela organização deve ser verdadeira, caso contrário não se sustenta no tempo. Em nossas análises das melhores empresas para se trabalhar, uma questão fundamental é a de identificar práticas sustentáveis e coerentes com a cultura e propósitos da organização. Nem sempre é fácil distinguir entre **shows** de pirotecnia e práticas que podem manter a organização com uma boa opção de emprego.

A ideia de criar uma boa marca da organização como empregadora não é nova, mas sua prática vem ganhando urgência no Brasil na medida em que temos um mercado de trabalho cada vez mais competitivo. A proposta do EVP (Employee Value Proposition) é de explorar os aspectos que diferenciam a organização no mercado de trabalho, tanto os tangíveis, tais como remuneração, benefícios, ambiente de trabalho, desenvolvimento profissional e carreira, quanto os não tangíveis, como respeito à individualidade e à diversidade, a valores e a crenças, desenvolvimento pessoal e equilíbrio entre vida e trabalho. A mensagem transmitida pela organização como sua imagem deve estar refletida em suas práticas, por essa razão é tão difícil implantar o EVP. A imagem a ser refletida deve estar assentada na realidade da organização e não em sua visão idealizada.

As organizações que cultivam uma imagem positiva no mercado de trabalho terão vantagens competitivas em momentos de crise ou de alto nível de competição pela mão de obra. O cultivo da imagem deve ser um processo contínuo e de dentro para fora. A organização não consegue sustentar uma imagem no mercado de trabalho se não for compartilhada pelas pessoas que nela trabalham.

MONITORAMENTO DO MERCADO PELA PESSOA

Empregabilidade e Monitoramento do Mercado de Trabalho

O monitoramento do mercado não é importante somente para a organização, mas também para as pessoas. Desde a década de 1990, acompanhamos os trabalhos em serviços de recolocação (**outplacement**) e a grande maioria das pessoas observadas foi surpreendida com sua demissão. Nesse momento, entram em um processo de crise em relação às suas carreiras e sofrem um abalo em sua autoestima.

Ao acompanharmos o diálogo dos profissionais de recolocação com as organizações para analisar os motivos do desligamento, observamos que a ruptura da pessoa com a organização já se iniciara havia muito tempo ou que já existiam sinais evidentes da necessidade de redução do quadro de pessoal. Ou seja, caso as pessoas estivessem mais atentas à sua relação com a organização ou com seu trabalho, teriam percebido o processo de ruptura.

Como as pessoas podem monitorar o mercado de trabalho? A forma mais intuitiva e praticada é a de participar de oportunidade de emprego, enviando currículos e/ou participando de processos seletivos ou, no mínimo, avaliando ofertas de emprego nos meios de comunicação ou redes sociais. Essas práticas nos permitem avaliar o nosso nível de aceitação pelo mercado, chamado popularmente de nível de empregabilidade, mas não nos permitem analisar a nossa relação com a organização ou possíveis limitações do mercado de trabalho.

Para ampliarmos nossa visão do mercado de trabalho, é importante termos um distanciamento crítico do que fazemos. O que é isso? É comum as pessoas entrarem em uma rotina sem perceber, passam a viver para o trabalho e a família e suas relações se tornam restritas a esses ambientes. Criar um distanciamento crítico é passar a frequentar outros ambientes, como, por exemplo: fazer um curso aberto, onde interagimos com pessoas de outras organizações; participar de reuniões em sindicatos empresariais ou em grupos profissionais, onde ganhamos uma visão mais ampla do setor em que atua nossa organização ou das tendências profissionais em nossa atividade; atuar em organizações filantrópicas, onde, ao vivermos outra situação profissional, podemos experimentar novas condições de trabalho; assumir aulas em cursos de graduação ou pós-graduação, onde sistematizamos nossos conhecimentos e convivemos em um ambiente gerador de conhecimentos.

Ao desenvolvermos um distanciamento de nossa realidade, conseguimos um olhar crítico sobre a nossa relação com a organização e com o nosso trabalho. Esse olhar crítico permite a visualização de aprimoramentos ou a percepção de que estamos em uma situação que nos provoca insatisfação. Aprimoramentos nos tornam melhores profissionais e a percepção de nossa insatisfação nos permite visualizar uma rota de descolamento da organização e do nosso trabalho.

Ao nos relacionarmos com pessoas que atuam em outras organizações, elas nos alertam para possíveis ameaças ou oportunidades do mercado de trabalho e nos ofertam uma visão mais arguta de nossa relação com a organização. A participação em redes que envolvem profissionais que atuam em outras organizações cria maior visualização das nossas competências e uma possibilidade de convites para novas oportunidades profissionais.

Oportunidades e Ameaças Apresentadas pelo Mercado

Como identificamos ameaças e oportunidades ao monitorarmos o mercado de trabalho? As ameaças e oportunidades são oriundas de transformações no mercado de trabalho que podem nos afetar, ou são oriundas de transformações da nossa relação com a organização ou com o nosso trabalho, estimulando ou exigindo um movimento no mercado, com a mudança de organização ou de profissão.

Algumas transformações no mercado de trabalho são previsíveis em função da tecnologia, que pode tornar determinadas ocupações e/ou profissões obsoletas, da conjuntura econômica nacional e/ou internacional, que pode estimular o emprego ou desemprego, de políticas influentes em determinados setores da economia ou de movimentos demográficos, que podem criar excesso ou falta de pessoas. Alguns movimentos do mercado não são tão fáceis de prever ou perceber. Exemplo é a nossa demografia; o fato de termos um **boom** de nascimentos no período de 1970 a 1985 formou uma onda, ao longo de meados dos anos 1990 até meados da década de 2010, de valorização dos jovens. Sempre que houver uma conjuntura de recessão, teremos dois grupos sendo afetados: os jovens sem experiência profissional e os trabalhadores com mais de 50 anos. A compreensão dessa realidade é importante para percebermos que a idade pode ser uma ameaça ou uma oportunidade.

Outro exemplo são mudanças de valores como maior respeito à individualidade. Profissionais que não incorporam esses valores perdem espaço nas organizações e no mercado. Por essa razão, é importante estarmos atentos a informações que podem revelar tendências influentes.

As ameaças decorrentes de mudanças de nossa relação com a organização ou com o nosso trabalho são difíceis de serem percebidas. Ao longo dos anos 1990, realizamos várias entrevistas para analisar biografias profissionais e realizamos acompanhamento do trabalho de consultores de recolocação e de carreira e verificamos a existência de um fenômeno que

> É comum as pessoas entrarem em uma rotina sem perceber; passam a viver para o trabalho e a família e suas relações se tornam restritas a esses ambientes. Criar um distanciamento crítico é passarmos a frequentar outros ambientes.

> As ameaças decorrentes de mudanças de nossa relação com a organização ou com o nosso trabalho são difíceis de serem percebidas.

não havíamos encontrado na literatura até então. A situação era descrita como um súbito desinteresse ou desmotivação com o trabalho realizado.

As pessoas que relatavam situações já detectadas e solucionadas descreviam a dificuldade de identificar o que ocorria. Primeiramente, pensavam que eram problemas pessoais ou familiares que estavam afetando a relação com o trabalho para, depois, perceberem que se tratava do trabalho em si.

As pessoas que nos relataram seus desconfortos afirmaram que estavam trabalhando em atividades e organizações das quais gostavam e, em determinado momento, chegaram a um limite no qual não havia mais espaço para o crescimento. Não se deram conta do fato e nem a organização, somente depois de sofrerem com o processo é que foram descobrindo do que se tratava. Em seguida, vem o processo de negociação com a organização, e às vezes não é simples.

As soluções para essa situação foram muito variadas em função do tipo de carreira e de organização onde as pessoas atuavam. A saída mais comum foi a ampliação do espaço ocupacional da pessoa, com o incremento de atribuições e responsabilidades de maior complexidade. Outras saídas foram a mudança de organização ou de ocupação dentro da própria empresa.

No caso de mudança de organização e/ou de ocupação, é muito importante ter uma boa noção do que está ocorrendo no mercado de trabalho para que a decisão tomada não venha gerar problemas futuros, como, por exemplo, buscar uma nova ocupação que no curto prazo oferece satisfação, mas no longo prazo gerará estagnação profissional.

Resumo e Implicações para o Aprendizado sobre Gestão de Pessoas

Neste capítulo, vimos a dinâmica do mercado de trabalho percebida tanto pela pessoa quanto pela organização, permitindo a ambas analisar oportunidades e ameaças. Vimos também a importância de monitorarmos o mercado de trabalho para tirarmos partido das situações favoráveis apresentadas e nos prepararmos para as situações que podem nos criar problemas.

As principais implicações para o aprendizado sobre a gestão de pessoas podem ser resumidas em:

- A importância estratégica para as organizações e a gestão de sua relação com o mercado de trabalho.
- As formas para monitorar o mercado de trabalho e a realização de interferências críticas para o futuro da organização.
- O papel da pessoa em monitorar o mercado de trabalho para tirar proveito das oportunidades e preparar-se para as ameaças.

QUESTÕES

Questões para fixação

1. Como pode ser caracterizado o mercado de trabalho?
2. Quando deve ser utilizado o mercado interno e quando deve ser utilizado o mercado externo?
3. Como a organização pode acessar o mercado de trabalho?
4. Como as pessoas podem acessar o mercado de trabalho?

Questões para desenvolvimento

1. Por que é importante para a organização e para a pessoa monitorar o mercado de trabalho?
2. Qual a importância de a organização trabalhar sua imagem no mercado de trabalho?

ESTUDO DE CASO E EXERCÍCIOS

A Brasrobótica é uma organização especializada em inteligência artificial aplicada e controle de processos industriais. Nos últimos cinco anos, cresceu fortemente e se tornou um dos principais fornecedores de tecnologia do mercado brasileiro. Sua demanda por profissionais especializados cresce geometricamente e a oferta de pessoas pelo mercado cresce aritmeticamente.

Nesse mercado, a disputa por profissionais especializados se tornou muito intensa. Esses profissionais são essenciais para viabilizar o crescimento da organização e o alcance de seus objetivos estratégicos.

Atualmente, a Brasrobótica enfrenta algumas questões críticas em termos de gestão de pessoas:

- Necessita ampliar o seu quadro de profissionais especializados em um mercado onde há escassez de pessoas com essas características.
- Necessita proteger o seu quadro em relação às demais organizações que atuam no setor, uma vez que a Brasrobóticca é percebida pelo mercado como uma grande formadora de profissionais.
- A organização enviou 25 profissionais para estudar no exterior com os parceiros tecnológicos e estão retornando para o Brasil. São pessoas cobiçadas e a organização tem o desafio de retê-las.

O que podemos recomendar para a Brasrobótica tanto em termos de ações de efeito imediato quanto de efeito no longo prazo?

As ações a serem recomendadas devem levar em conta os seguintes aspectos:

1. Como desenvolver fontes alternativas de abastecimento de profissionais especializados?
2. Como estabelecer no mercado de trabalho uma imagem positiva da organização para facilitar a atração de profissionais?
3. Como agilizar o processo de captação para suprir com velocidade a necessidade de profissionais?
4. Como pensar em formas alternativas de relações de emprego ou de organização do trabalho para ampliar o leque de opções de captação?
5. Como pensar ações para retenção dos profissionais pela organização?
6. Como poderiam ser estabelecidos bancos de dados para facilitar o processo de identificação de profissionais e/ou fontes de abastecimento?

REFERÊNCIAS

ALOO, Victoria A.; MORONGE, Makori. The effects of employee value proposition on performance of comercial bank. In: KENYA. *European Journal of Business Management*, Inglaterra, v. 2, issue 1, 2014.

ARAUJO, A. P.; ALBUQUERQUE, L. G.; SILVA, L. M. T. Mercado de trabalho e gestão de pessoas: mudanças e desafios. In: ALBUQUERQUE, L. G.; LEITE, N. P. *Gestão de pessoas:* perspectivas estratégicas. São Paulo: Atlas, 2009.

BELL, Andrew N. The employee value proposition redefined. *Strategic Human Resources Review*, Estados Unidos, v. 4, issue 4, 2005.

BRATTON, J.; GOLD, J. *Human resources management theory and practice.* Londres: Macmillan Business, 1999.

CHIAVENATO, I. *Planejamento, recrutamento e seleção de pessoal.* Barueri: Manole, 2009.

FROW, Pennie; PAYNE, Adrian. A stakeholder perspective of value porposition concept. *European Journal of Marketing*, Inglaterra, v. 45, issue 1-2, p. 223-240, 2011.

HEGER, Brian K. Linking employment value proposition to employee engagement and business outcomes: preliminary findings form linkage researh pilot study. *Organizational Development Journal*, Estados Unidos, v. 25, nº 1, p. 21-33, Spring 2007.

OFFE, Claus; HINRICHS, Karl. *Trabalho e sociedade*: problemas estruturais e perspectivas para o futuro da sociedade do trabalho. Rio de Janeiro: Tempo Brasileiro, 1989.

CAPÍTULO 4

Planejamento de Pessoas e Desenvolvimento de Fontes

O QUE SERÁ VISTO NESTE CAPÍTULO

Planejamento do quadro de pessoas

- Movimentação e a gestão estratégica de pessoas.
- Dimensionamento do quadro de pessoas.
- Projeção do quadro.
- Indicadores importantes para planejamento e acompanhamento do quadro.

Fontes de recursos

- Fontes de recursos como um diferencial competitivo.
- Desenvolvimento de fontes.
- Parcerias com instituições na sociedade para construir fontes.
- Monitoramento das fontes de recursos.

QUE REFLEXÕES SERÃO ESTIMULADAS

- É possível projetar as necessidades de pessoas no curto, médio e longo prazos?
- O desenvolvimento de fontes de suprimento de pessoas pode gerar um diferencial competitivo?
- Como podemos criar parcerias estratégicas para garantir o suprimento de pessoas críticas para a organização e/ou negócio?

CONEXÕES COM O NOSSO COTIDIANO

Compreensão de como as organizações planejam seus quadros

- Onde posso obter informações sobre os planos futuros da organização acerca de seu quadro e que oportunidades podem existir para mim.
- Como posso perceber se o dimensionamento do pessoal na área onde atuo está adequado em termos quantitativos e qualitativos.

Compreensão da dinâmica do mercado de trabalho a partir das fontes utilizadas pelas organizações

- Como posso me aproximar de entidades utilizadas como fonte de pessoas para organizações do meu interesse.
- Como posso criar diferenciais competitivos no mercado onde atuo.

CONTEÚDOS ADICIONAIS

- Reflexões sobre o tema do capítulo através do estudo de casos.
- Saiba mais.
- Estudos de caso complementares.
- Questões para guiar a reflexão sobre o conteúdo do capítulo.
- Referências bibliográficas.

ESTUDO DE CASO

TRADING FLORA

Flora é uma organização especializada na comercialização da soja produzida no Brasil para todo o mundo. Podemos classificá-la como uma **trading**, ou seja, é uma empresa comercial que atua como intermediária entre empresas fabricantes e compradoras, numa operação de exportação ou de importação.

A Flora cresceu mais de 100% ao ano durante três anos; com isso, contratou muitos profissionais, em sua maioria analistas juniores e plenos. Com a sobrecarga de trabalho, os gerentes passaram a oferecer suporte aos analistas, negligenciando seu trabalho de integração logística. A organização percebeu que as coisas não iam bem quando um navio saiu sem a carga de soja porque esta não chegou a tempo no porto. Nesse caso, a Flora teve que pagar o navio, mesmo sem transportar a sua carga, e o prejuízo foi grande.

O primeiro diagnóstico é que faltavam pessoas para dar conta do volume de trabalho e foram contratados mais analistas juniores e plenos, sobrecarregando ainda mais os gerentes. Os problemas enfrentados pela organização continuaram os mesmos.

Questões para discussão:

1. Qual era o principal problema da Flora, já que, quando aumentou seu quadro de pessoas, não solucionou?
2. Como aliviar a carga sobre os ombros dos gerentes?
3. O dimensionamento do quadro estava adequado?

PLANEJAMENTO DO QUADRO DE PESSOAS

No caso analisado da empresa de trading, o problema não estava na quantidade de pessoas e sim na qualidade de pessoas. A organização não percebeu que, durante a sua expansão, criou uma base de operações numerosa sem um grupo mais sênior para efetuar análises mais complexas e auxiliar os gestores na tomada de decisões. Ao pensar na composição do quadro em termos quantitativos, não percebeu que estava errando na composição qualitativa do quadro.

Para análise desse caso, é muito importante utilizarmos os conceitos de complexidade trabalhados na Parte I. É importante verificarmos qual é a demanda de pessoas em cada degrau de complexidade; desse modo, podemos planejar e administrar o quadro de pessoas com mais efetividade.

Movimentação e a Gestão Estratégica de Pessoas

Inicialmente, vamos discutir o nosso entendimento sobre gestão estratégica de pessoas; posteriormente, sobre movimentação e, em seguida, juntaremos movimentação e gestão estratégica de pessoas.

A gestão estratégica de pessoas está intimamente ligada à estratégia da organização ou do negócio e ambas se influenciam mutuamente (ALBUQUERQUE; LEITE, 2009; LUCENA, 1990; ROTHWELL; KAZANAS, 1988). Essa influência mútua dá-se em várias dimensões:

- **A estratégia da organização** – é estabelecida em função da forma como a organização quer atuar e inserir-se no ambiente e em função de sua cultura e competências. Esses dois aspectos se misturam no posicionamento estratégico da empresa. A cultura e as competências da organização têm íntima ligação com seu patrimônio de conhecimentos, formado desde sua gênese até o presente. O patrimônio de conhecimentos da empresa é transferido para as pessoas, enriquecendo-as e preparando-as para enfrentar novas situações profissionais e pessoais, quer na empresa ou fora dela. As pessoas, ao desenvolverem sua capacidade individual, transferem para a organização seu aprendizado, ampliando o patrimônio de conhecimentos dela e capacitando-a para enfrentar novos desafios. Desse modo, o desenvolvimento da organização e o descortinar de novas possibilidades decorrentes estão intimamente ligados ao desenvolvimento das pessoas. Por isso, a estratégia da empresa é pensada em conjunto com a estratégica de pessoas.

- **As pessoas influenciam a estratégia da organização** – a estratégia organizacional é pensada a partir da percepção que a organização tem sobre o contexto onde se insere e de sua capacidade para interagir com esse contexto, bem como dos propósitos ligados à sua sobrevivência, desenvolvimento e perenidade. A percepção do contexto é efetuada no dia a dia da organização, em cada pessoa que mantém qualquer relação com ela; é um terminal nervoso, sentindo, interpretando, internalizando e oferecendo resposta aos estímulos do ambiente. A capacidade de resposta da organização está ligada ao seu patrimônio de conhecimentos que, como vimos, está em constante desenvolvimento a partir da capacidade das pessoas com as quais se relaciona. Os propósitos da organização são definidos a partir de uma combinação entre os interesses de seus acionistas, dirigentes, clientes, empregados, parceiros e comunidade mediados por seus padrões culturais e políticos. A estratégia será tão mais efetiva quanto mais utilizar o potencial de contribuição das pessoas que interagem com a organização.

> A gestão estratégica de pessoas está intimamente ligada à estratégia da organização ou do negócio e ambas se influenciam mutuamente.

- **As pessoas implementam a estratégia da organização** – a formulação e a implementação da estratégia se confundem, uma vez que nos movimentos da organização a premeditação e a ação influenciam-se mutuamente. As diretrizes que norteiam os movimentos da organização são constantemente repensadas à luz dos acontecimentos. É por isso que a ação consciente das pessoas se torna um grande diferencial competitivo para a organização. Ao implementarem a estratégia de forma consciente, estão validando ou apontando necessidades de ajuste.

Para muitos autores, a gestão estratégica de pessoas é definida como a forma de orientar as pessoas no alcance dos objetivos organizacionais e ao mesmo tempo os seus próprios (CHIAVENATO, 1999:59; ROTHWELL, 1988:2; ARMSTRONG; LONG, 1994:39). A gestão estratégica de pessoas é muito mais. Ela está intimamente ligada ao pensar e ao fazer estratégico da organização. Alguns autores têm aprofundado essa reflexão; por exemplo, Fleury e Fleury (1999), que trabalham a relação entre estratégia do negócio e forma de gestão de pessoas. Para os autores, a organização pode ser vista como um feixe de competências organizacionais. Essas competências tornam-se um diferencial competitivo quando, segundo Prahalad e Hamel (1990), apresentam as seguintes características: são difíceis de imitar, trazem benefícios concretos para consumidores e/ou clientes e permitem acesso a diferentes mercados.

Segundo Fleury e Fleury, estratégia e competências transformam-se mutuamente através de um processo de aprendizado, conforme mostra a Figura 4.1.

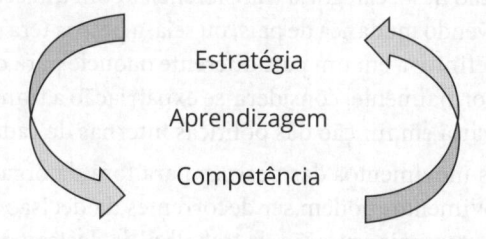

Estratégia
Aprendizagem
Competência

FIGURA 4.1

Relação entre estratégia, aprendizagem e competência.

Fonte: FLEURY, A.; FLEURY, M. T. *Estratégias empresariais e formação de competências*. São Paulo: Atlas, 1999. p. 17.

Para Fleury e Fleury (1999:38),

"A organização, situada em um ambiente institucional, define a sua estratégia e as competências necessárias para implementá-las, num processo de aprendizagem permanente. Não existe uma ordem de precedência neste processo, mas antes um círculo virtuoso, em que uma alimenta a outra através do processo de aprendizagem."

Os autores argumentam que a forma de gerir pessoas tem uma grande influência nesse processo e que, naturalmente, as empresas foram se distanciando dos modelos tradicionais (modelos esses baseados no taylorismo, conforme discutido na Parte I deste livro). Atualmente, busca-se uma gestão estratégica de pessoas que é parte integrante da estratégia do negócio.

> A gestão estratégica de pessoas não deve ser excludente, considerando apenas uma parte das pessoas da organização, e sim abrangente, envolvendo a todos.

Autores como Albuquerque (1987:51) e Wood (1992:35) argumentam que a gestão estratégica de pessoas não deve ser excludente, considerando apenas uma parte das pessoas da organização e/ou negócio, e sim abrangente, envolvendo a todos. Ao olharmos para o futuro, podemos dizer que a gestão estratégica de pessoas deve contemplar todas as pessoas que mantêm qualquer tipo de relação de trabalho com a empresa, não importando seu vínculo contratual.

A gestão estratégica de pessoas pode ser definida como um processo estruturado de interação das pessoas entre si e com a organização e/ou negócio, de forma a construir um projeto coletivo de desenvolvimento (ALBUQUERQUE; LEITE, 2009).

A efetividade da gestão estratégica de pessoas está ligada à clareza por parte da organização sobre o que ela espera das pessoas. Essa clareza permitirá maior efetividade nos seguintes aspectos:

- Planejamento e dimensionamento do quadro e da massa salarial da organização e/ou negócio.
- Definição das necessidades e das políticas de movimentação de pessoas.
- Posicionamento em relação ao mercado de trabalho.
- Políticas e práticas salariais.
- Desenho e gestão de carreiras.
- Processos de avaliação e orientação das pessoas.
- Definição das ações e sistema de gestão do desenvolvimento da organização e das pessoas.

> A efetividade da gestão estratégica de pessoas está ligada à clareza por parte da organização sobre o que ela espera das pessoas.

Esses aspectos serão discutidos com mais acuidade nesta parte do livro. Vamos analisar mais profundamente a movimentação das pessoas na organização e/ou negócio.

A movimentação pode ser classificada nas seguintes categorias em função de sua natureza:

- **Captação** – podemos incluir nesta categoria todas as ações na busca e seleção de pessoas para trabalhar com a organização e/ou negócio, independentemente de qual seja o vínculo contratual.
- **Socialização** – estão nesta categoria as ações que permitem à pessoa atuar na organização e/ou negócio, tais como: socialização na cultura organizacional, condições para assumir atribuições e responsabilidades, suporte para adaptação ao trabalho etc.
- **Transferência** – nesta categoria estão incluídos os movimentos das pessoas no interior da organização que envolvam mudança de local de trabalho e/ou mudança de trabalho.
- **Expatriação** – estão nesta categoria transferências com uma característica particular; são aquelas envolvendo mudança de país, ou seja, a pessoa terá que atuar por um período ou de forma definitiva em um país diferente daquele para o qual ela foi contratada para trabalhar. Normalmente, considera-se expatriação a transferência superior a seis meses, mas isso varia em função das políticas internas de cada organização.
- **Recolocação** – os movimentos das pessoas para fora da organização estão nesta categoria. Esses movimentos podem ser decorrentes da decisão da organização e/ou da pessoa de não manter mais a relação de trabalho, da decisão da pessoa de se retirar de forma definitiva do mercado de trabalho ou de mudar de carreira.

A Figura 4.2 procura dar uma visão geral do processo de movimentação.

A gestão estratégica de pessoas estabelece parâmetros para definir políticas e práticas de movimentação de pessoas. Além disso, estabelece parâmetros para dimensionamento de quadro, balizando todas as ações de movimentação, conforme veremos a seguir.

Dimensionamento do Quadro de Pessoas

O planejamento do quadro de pessoas é uma peça fundamental para a gestão da movimentação. É imprescindível para a organização a clareza sobre a sua necessidade de pessoas

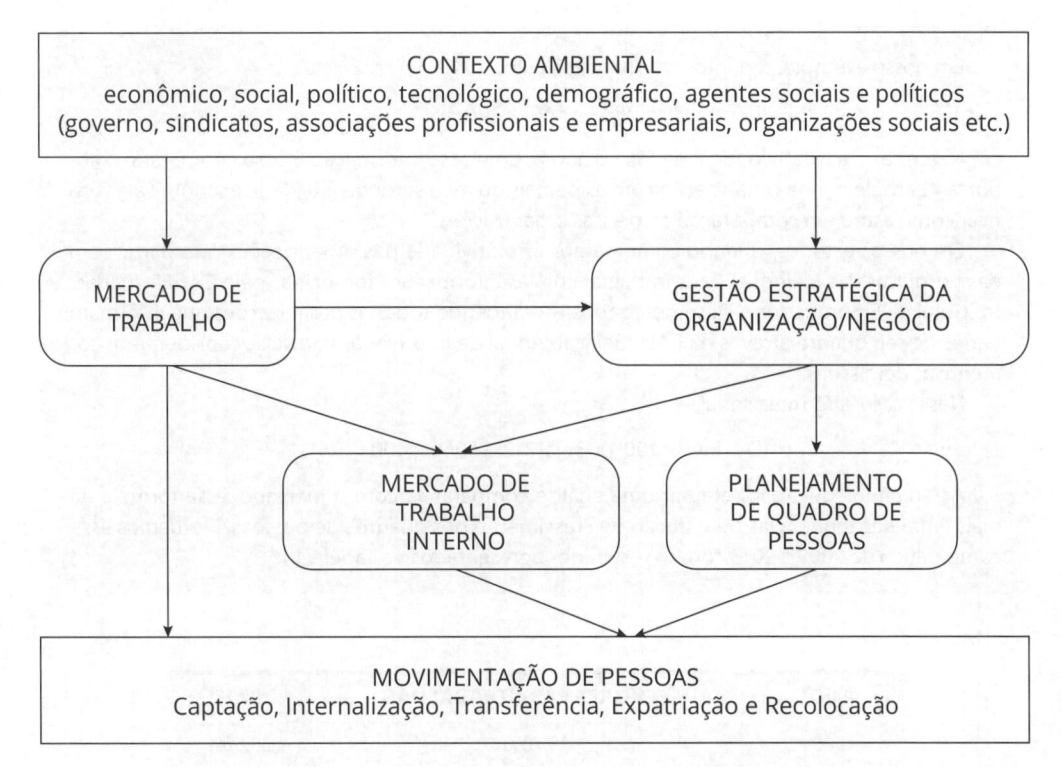

```
┌─────────────────────────────────────────────────────────────────┐
│                      CONTEXTO AMBIENTAL                         │
│  econômico, social, político, tecnológico, demográfico,         │
│  agentes sociais e políticos                                    │
│  (governo, sindicatos, associações profissionais e              │
│  empresariais, organizações sociais etc.)                       │
└─────────────────────────────────────────────────────────────────┘
         │                                    │
         ▼                                    ▼
  ┌──────────────┐                  ┌──────────────────┐
  │  MERCADO DE  │                  │ GESTÃO ESTRATÉGICA│
  │   TRABALHO   │                  │ DA ORGANIZAÇÃO/  │
  │              │                  │     NEGÓCIO      │
  └──────────────┘                  └──────────────────┘
         │              │                    │
         │              ▼                    ▼
         │       ┌────────────┐      ┌──────────────┐
         │       │ MERCADO DE │      │ PLANEJAMENTO │
         │       │  TRABALHO  │      │  DE QUADRO   │
         │       │  INTERNO   │      │  DE PESSOAS  │
         │       └────────────┘      └──────────────┘
         │              │                    │
         ▼              ▼                    ▼
  ┌──────────────────────────────────────────────────┐
  │            MOVIMENTAÇÃO DE PESSOAS               │
  │  Captação, Internalização, Transferência,        │
  │  Expatriação e Recolocação                       │
  └──────────────────────────────────────────────────┘
```

FIGURA 4.2
Processo de movimentação.

ao longo do tempo, tanto em termos quantitativos quanto em termos qualitativos. Em um ambiente de incertezas, prever esse tipo de necessidade é mais difícil, mas ao fazê-lo a organização obtém vantagens competitivas na atração e retenção de pessoas críticas para o seu negócio. Tal vantagem competitiva advém da dificuldade de obter as pessoas adequadas para enfrentar os desafios ou aproveitar as oportunidades que surgem para a organização e/ou negócio. A obtenção das pessoas adequadas requer tempo, seja para localizá-las, seja para desenvolvê-las.

SAIBA MAIS

CÁLCULO E IMPORTÂNCIA DA ROTATIVIDADE DE PESSOAS NA ORGANIZAÇÃO

Em relatório de 2014 sobre rotatividade, o DIEESE (Departamento Intersindical de Estatística e Estudos Socioeconômicos) observou um crescimento significativo e persistente entre os trabalhadores regidos pela CLT; o percentual saltou de 52%, em 2003, para 64% em 2012. Em seu relatório, destaca que a rotatividade não é homogênea quando se consideram os setores de atividade econômica, "conforme o **ranking** a seguir: construção civil (87,4%), agricultura (65,9%), comércio (41,4%), administração pública (40,7%), serviços (38,9%), indústria de transformação (35,5%), indústria extrativa mineral (19,5%) e o setor de serviços de utilidade pública (19,4%)".

Para calcular a rotatividade, existem várias formas:

A mais consagrada é considerar um período de tempo a ser analisado, como, por exemplo, o ano X ou o mês Y, somar o número de admissões (A) e de demissões (D) no período estudado e dividir por 2. O resultado deve ser dividido pela quantidade média de colaboradores (MC) no período analisado. O valor obtido deve ser multiplicado por 100 e teremos o percentual de rotatividade. Exemplo: tenho no ano X 254 admissões e 312 demissões e uma quantidade média mensal de colaboradores igual a 5.660. Desse modo, teríamos o seguinte cálculo:

$$((A + D) \div 2) \div MC) \times 100 = \text{percentual de rotatividade}$$

> Em nosso exemplo, teríamos o seguinte cálculo: (254 + 312) ÷ 2 = 283
>
> $$(283 \div 5660) \times 100 = 5.$$
>
> Nesse caso, a rotatividade é de 5% no ano X. Com essa informação, posso comparar o comportamento de minha organização com as demais do meu setor de atividade econômica e verificar como estou em comparação com essas organizações.
>
> Em nossos estudos, quando comparamos a rotatividade das organizações que participam das pesquisas das Melhores para Trabalhar com as informações fornecidas pelo CAGED (Cadastro Geral de Empregados e Desempregados), abrangendo todas as organizações que informam dados de seu quadro através da RAIS (Relação Anual de Informações Sociais), consideramos somente as demissões.
>
> Nesse caso, a fórmula seria:
>
> $$(D \div MC) \times 100, \text{ ou seja, } 312 \div 5660 \times 100 = 5,51.$$
>
> Acreditamos que, para efetuar uma análise comparativa com o mercado, essa fórmula dá mais ênfase às tendências de redução ou crescimento dos quadros de pessoas. Efetuamos esse comparativo de 2009 a 2013 com os resultados apresentados na Tabela 4.1.

TABELA 4.1

Comparativo de rotatividade

ANO	MELHORES PARA TRABALHAR	RAIS
2009	19,70%	50,50%
2010	17,20%	55,24%
2011	14,23%	56,15%
2012	20,05%	55,86%
2013	29,85%	55,96%

Como planejar as necessidades em um ambiente turbulento? Como estabelecer parâmetros que não sejam esfacelados a cada reviravolta do ambiente onde a organização se insere? Como orientar os movimentos e o desenvolvimento das pessoas? Essas questões vêm preocupando as organizações com maior intensidade nos últimos 20 anos. As organizações que enfrentaram esses problemas com sucesso estabeleceram as seguintes práticas:

- Desvincularam o planejamento do desenho organizacional da empresa, uma vez que o desenho revela a organização de ontem e não a de amanhã. Mesmo quando a organização tenta projetar um desenho a maior parte o faz com base no desenho presente, conduzindo a previsões que raramente são concretizadas.
- Vinculam o planejamento aos processos essenciais da organização e/ou negócio, como, por exemplo: atividades administrativas e financeiras, processos operacionais, tecnologia, ou às carreiras naturais, tais como: operacionais, profissionais e gerenciais.
- As previsões levam em conta o aumento da complexidade tecnológica do setor de atividade da organização ou daqueles em que pretende atuar e o aumento da complexidade de gestão.
- A análise das necessidades do presente e do futuro frente à realidade existente na organização e/ou negócio é efetuada considerando a capacidade das pessoas de atenderem às demandas. A forma de realizar a avaliação da capacidade das pessoas está descrita no capítulo dedicado a avaliação de desempenho.

> É fundamental para a organização a clareza sobre a sua necessidade de pessoas ao longo do tempo, tanto em termos quantitativos quanto em termos qualitativos.

Essas práticas permitem antever o formato do quadro e preparar a organização e as pessoas para tanto. Para ilustrar, apresentamos a Figura 4.3.

FIGURA 4.3
Dimensionamento do quadro.

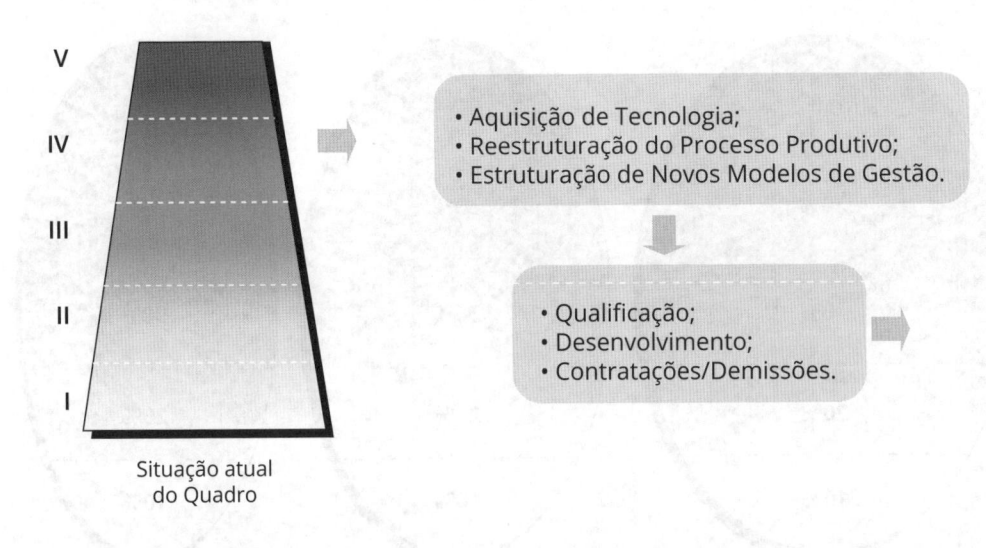

(Situação atual do Quadro → Aquisição de Tecnologia; Reestruturação do Processo Produtivo; Estruturação de Novos Modelos de Gestão. → Qualificação; Desenvolvimento; Contratações/Demissões. → Situação planejada para o Quadro)

Além disso, a organização pode também verificar as lacunas e sobras em relação aos diferentes níveis da carreira ou aos diferentes níveis de complexidade dos processos essenciais. Para efetuar essa verificação, basta confrontar a situação desejada em cada nível com a situação existente, avaliar qual a condição da organização para suprir as lacunas desenvolvendo as pessoas internamente, contratando pessoas prontas, contratando pessoas a serem desenvolvidas ou, ainda, examinando se o mercado de prestação de serviços poderá suprir as necessidades da organização. No caso de excesso de contingente, avalia-se a transferência para outras carreiras ou processos essenciais, o desligamento ou, ainda, a preparação das pessoas para um futuro desligamento.

Para o dimensionamento do quadro, podem ser utilizados vários referenciais como capacidade de produção em cada processo de trabalho, fluxo de produção ou geração de serviços, analogia com processos semelhantes em outras partes da organização ou em organizações de mesma natureza (MARINHO; VASCONCELOS, 2007; ROCHA; MORAIS, 2009). Entretanto, em nossas experiências, observamos que o dimensionamento do quadro é um processo complexo porque afeta o **status** e o espaço político dos gestores e porque existem muitas variáveis a serem consideradas.

> O dimensionamento do quadro é um processo complexo porque afeta o **status** e o espaço político dos gestores.

Observamos que é possível obter um bom resultado quando alinhamos análises estruturadas da realidade organizacional com um processo de construção coletiva de parâmetros. Quanto a análises estruturadas, destacamos as seguintes:

- **Análise de processos, posições de trabalho necessárias e tecnologia utilizada** – esta abordagem é viável em processos de trabalho com pouca variação no tempo. Nesse caso, além do dimensionamento de pessoal em regime normal, é importante analisar índices de absenteísmo, férias, rotatividade e políticas para afastamentos e aposentadoria.
- **Comparativo por tipo de atividade** – existe uma tendência de trabalhos que variam com muita frequência, dificultando estabelecer padrões. Nesses casos, é interessante efetuar comparação entre atividades semelhantes dentro e fora da organização.

Nessas duas abordagens, o foco está no quantitativo de pessoas; entretanto, o aspecto qualitativo é cada vez mais importante, não só no aspecto econômico, mas também para garantir um equilíbrio nas operações da organização. Um caso que chamou nossa atenção para esse aspecto foi o descrito no início deste capítulo, sobre uma **trading** especializada no comércio de soja. Essa organização, durante três anos, havia crescido mais de 100% ao ano, com uma grande concentração de analistas juniores e plenos e um pequeno número de seniores. Para fazer fluir as operações, os gerentes táticos assumiam muitas das funções dos seniores, deixando para um segundo plano suas próprias funções. A organização se deu conta de que algo não estava bem quando um navio saiu vazio porque a carga de soja não havia chegado ao porto

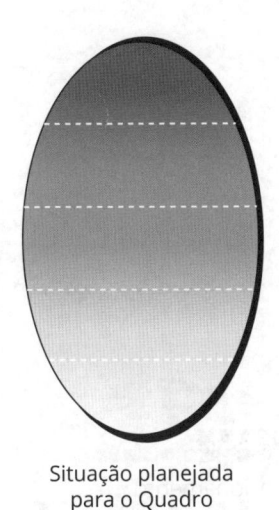

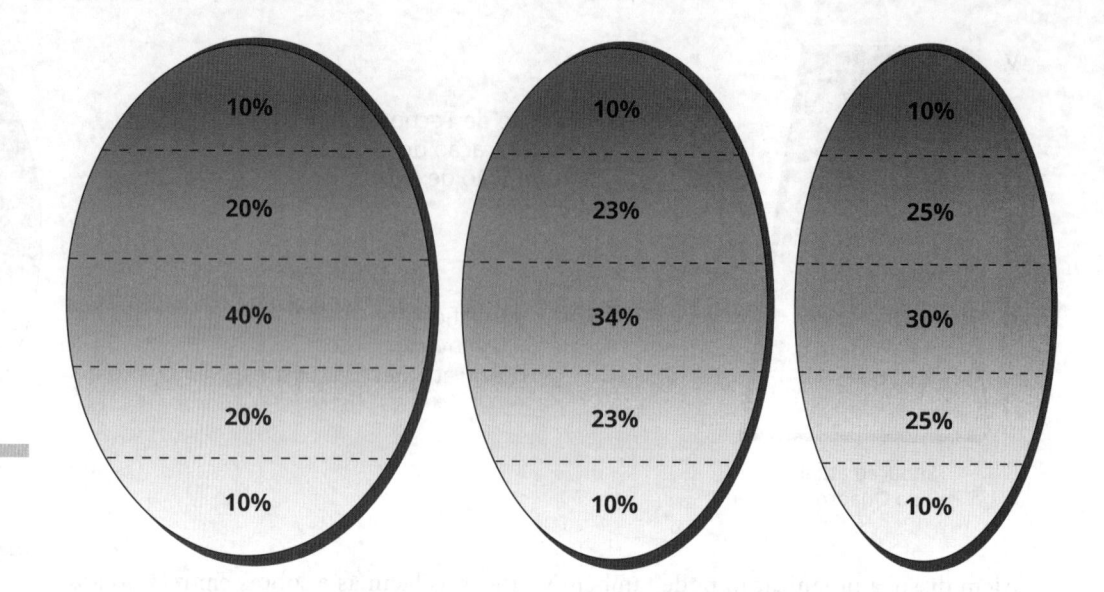

FIGURA 4.4

Dimensionamento qualitativo do quadro de pessoal.

10%	10%	10%
20%	23%	25%
40%	34%	30%
20%	23%	25%
10%	10%	10%

FIGURA 4.5

Dimensionamento qualitativo do quadro de pessoal.

NÍVEIS	Quadro atual	Quadro ótimo	Quadro ótimo futuro	Gap atual	Gap futuro
V					
IV					
III					
II					
I					

> Há uma forte tendência em áreas técnicas, funcionais e gerenciais de uma estrutura qualitativa em forma de pote.

no tempo previsto. Essa falha na logística mostrou toda a fragilidade da organização porque havia um dimensionamento equivocado na qualidade de pessoas.

Observamos que há uma forte tendência em áreas técnicas, funcionais e gerenciais de uma estrutura qualitativa em forma de pote. O formato em pirâmide é cada vez menos presente nas organizações. A Figura 4.4 mostra alguns exemplos de possibilidades para o dimensionamento qualitativo; os casos mais comuns são de grande concentração na média complexidade, porém em áreas de tecnologia mais complexa, como centros de tecnologia de desenvolvimento de produtos, vemos uma distribuição nos diferentes níveis de complexidade.

Com base em um dimensionamento que considera o quantitativo e qualitativo, podemos efetuar uma análise do quadro presente e futuro ideal comparado com o real. A Figura 4.5 ilustra esse tipo de análise.

A Figura 4.6 ilustra como as pessoas podem ser avaliadas em relação ao grau de preparo em que se encontram para assumir posições de maior complexidade nos processos essenciais ou as posições seguintes na carreira. Esse grau de preparo é chamado por muitas empresas de "nível de prontidão". Por exemplo: vamos supor que, no nível IV da Figura 4.3, o quadro atual fosse de 10 pessoas e o quadro ótimo fosse de 20 pessoas. Nesse caso, haveria uma lacuna de 10

Condição da pessoa para:
- manutenção do espaço ocupacional ou
- promoção/avanço na faixa salarial

ANÁLISE INDIVIDUAL		
Perfil de competências para a próxima posição	Atende	Não Atende
1. Competência A	X	
2. Competência B		X
3. Competência C		X
4. Competência D	X	
5. Competência E	X	

Nível de prontidão: 60%

Quantidade de pessoas em cada degrau da carreira com nível de prontidão para o degrau seguinte

DEGRAUS DA CARREIRA	100%	80-99%	50-79%	0-49%
V				
IV				
III				
II				
I				

FIGURA 4.6

Análise do nível de preparo das pessoas para posições de maior complexidade.

pessoas. Ao olharmos o nível de prontidão das pessoas no nível III percebemos que todas estão abaixo de 50%, ou seja, atendem menos que 50% das exigências do nível IV. Nesse exemplo, a empresa, se tiver tempo, deverá acelerar o desenvolvimento das pessoas ou, caso contrário, contratar pessoas preparadas. Vamos trabalhar a situação inversa, supondo que no nível IV tenhamos no quadro atual 20 pessoas e no quadro ótimo 10 pessoas. Nesse caso, temos uma sobra de 10 pessoas e, ao olharmos as pessoas no nível III, verificamos existirem 5 pessoas 100% prontas para o nível IV. As providências da empresa nessa situação são de descongestionar a carreira com um conjunto de ações paralelas, tais como: avaliar necessidade em outras carreiras ou processos, estimular a demissão ou avaliar a possibilidade de aposentadoria.

Análise do Nível de Preparo das Pessoas para Posições de Maior Complexidade

O dimensionamento do quadro é essencial para que a organização possa se preparar e orientar as pessoas, mesmo na perspectiva de um desligamento futuro. O dimensionamento adequado minimiza a possibilidade de surgirem ao longo do tempo gorduras indesejáveis, o que é comum acontecer, ou a possibilidade de se efetuarem cortes no quadro além do necessário, debilitando a organização, com uma consequente perda na qualidade e velocidade de sua atuação.

Além do trabalho de estruturar informações acerca do dimensionamento de quadro, é fundamental que os parâmetros a serem utilizados para tomada de decisões sejam construídos coletivamente. É muito importante a construção de compromissos para sustentar um quadro adequado de pessoas e esse compromisso deve ser forjado pelo conjunto de gestores.

Toda e qualquer organização tem, de forma explicitada ou não, linhas de conduta para a gestão de pessoas. Essas linhas de conduta transparecem nos processos de comunicação, na forma como a organização trata a remuneração, o tipo de investimento que faz no desenvolvimento de pessoas, como encara os processos de movimentação. O planejamento de quadro deve dialogar com essas linhas de conduta e com as estratégias da organização e/ou do negócio.

> É muito importante a construção de compromissos para sustentar um quadro adequado de pessoas e esse compromisso deve ser forjado pelo conjunto de gestores.

Albuquerque, Leme e Zaccarelli (1986) procuram analisar dois modelos extremos de gestão de pessoas, um concentrado no recrutamento externo, onde inexiste um plano de carreira. Nesse caso, a política é a de contratar objetivando determinado cargo. No segundo, o recrutamento é basicamente interno, oferecendo às pessoas condições de progressão na carreira. Partindo do pressuposto de que há um grande inter-relacionamento entre as várias políticas e práticas de recursos humanos, os autores concluem que o modelo adotado irá influenciar de forma decisiva as várias funções de gestão de pessoas (recrutamento, seleção, treinamento, remuneração etc.), as práticas de gestão (promoção, demissão etc.) e até mesmo a atitude que a pessoa desenvolve em relação à organização.

Os autores procuram demonstrar o alto grau de inter-relação entre as políticas e práticas de gestão de pessoas e a linha de conduta adotada pela empresa. Ampliando esta reflexão, Sonnenfeld (1989) desenvolveu uma tipologia de gestão de pessoas com base em duas dimensões:

- **Suprimento de pessoas** – interno ou externo, desenvolvendo o mesmo raciocínio de Albuquerque, Leme e Zaccarelli (1986).
- **Foco da contribuição para os resultados da organização** – podendo estar na contribuição individual ou na contribuição do grupo.

Com base nessas duas dimensões e na tipologia de estratégias desenvolvida por Miles e Snow (1978) – que propõem quatro tipos de organizações: analisadoras, defensoras, reativas e prospectivas –, o autor desenvolveu uma matriz para classificação e comparação entre modelos estratégicos e a orientação dada à gestão de pessoas, conforme a Figura 4.7. Dentro dos quadrantes definidos pela matriz, são identificados quatro tipos de organizações:

Tipo Universidade – são organizações caracterizadas por:

- Estabilidade e baixa rotatividade.
- Estímulo ao desenvolvimento, formando habilidades específicas e estando assentada na lealdade de seus empregados.
- Uso de critérios de antiguidade ou de concurso para determinar promoções.
- Uma estratégia do tipo analisadora, que foca sua atenção no mercado, tendendo a ser empresas excelentes na entrega de novos produtos ou serviços, embora não representem o grupo mais inovador.

FIGURA 4.7
Tipologia de estratégias.

Fonte: Sonnenfeld (1989:218).

	FORTALEZA		TIME DE BEISEBOL	
	Orientação para gestão de pessoas	– Redução de despesas	Orientação para gestão de pessoas	– Recrutamento
	Modelo estratégico	– Reativo	Modelo estratégico	– Prospectivo
	Estratégia de competitividade	– Custo	Estratégia de competitividade	– Foco baseado na habilidade das pessoas
	CLUBE		UNIVERSIDADE	
	Orientação para gestão de pessoas	– Retenção	Orientação para gestão de pessoas	– Desenvolvimento
	Modelo estratégico	– Defesa	Modelo estratégico	– Analisador
	Estratégia de competitividade	– Foco (não competitivo)	Estratégia de competitividade	– Diferenciação

Eixo vertical: PROCESSOS DE SUPRIMENTOS DE PESSOAS (Externo / Interno)
Eixo horizontal: CONTRIBUIÇÃO PARA RESULTADOS (Foco na Contribuição do Grupo / Foco na Contribuição Individual)

- Um sistema de gestão de pessoas preocupado em formar pessoas dispostas a um risco moderado, preocupadas em buscar novas experiências e com alto nível de lealdade à empresa.

Tipo Clube – são organizações caracterizadas por:

- Preocupação em garantir um tratamento equânime tanto para a inovação quanto para a lucratividade, prezando a senioridade e o engajamento.
- Estímulo à fixação das pessoas na organização.
- Uma estratégia do tipo defensora, com quantidade restrita de produtos ou serviços no mercado.
- Lideranças empenhadas em manter as políticas e práticas de gestão existentes.
- Um sistema de gestão de pessoas preocupado em estimular a lealdade e o engajamento das pessoas em relação aos princípios organizacionais, de modo a manter a instituição ao longo do tempo.

Tipo Fortaleza – são organizações caracterizadas por:

- Sua preocupação com a sobrevivência, não podendo garantir segurança para seus membros nem assentar-se sobre pessoas.
- Recrutamento centrado em generalistas e polivalentes.
- Adoção de critérios para promoção e recompensa reconhecidos como válidos pelo grupo.
- Uma estratégia do tipo reativa, em que a organização tem pouco controle sobre recursos vitais ou falha constantemente em suas previsões.
- Um sistema de gestão de pessoas focado na redução de despesas, na limitação do recrutamento e em evitar a perda de especialistas.

Tipo Time de Beisebol – são organizações caracterizadas por:

- Ênfase no recrutamento externo para manter a **performance**, importando do mercado a competência de que necessitam.
- Pouco investimento na formação interna de seus quadros.
- Uma estratégia do tipo prospectiva, em que é fundamental identificar novas oportunidades ou tendências.
- Um sistema de gestão de pessoas continuamente preocupado em recrutar pensadores criativos, independentes e especializados, que produzam novas ideias.

Na Figura 4.8 são apresentados exemplos de empresas classificados de acordo com a tipologia desenvolvida por Sonnenfeld.

Sonnenfeld (1989), após acompanhar a evolução de alunos do MBA da Harvard Business School, percebeu uma preferência por organizações do tipo time de beisebol. Através de pesquisas empíricas no Brasil, podemos observar a mesma tendência. Esse tipo de empresa tem maior capacidade de atração e retenção de pessoas.

A ênfase no planejamento de quadro deve ser estabelecida em função das estratégias e características da organização e/ou negócio. O ideal, entretanto, é possuir um quadro de pessoas formadas na organização e de pessoas formadas em outras organizações do mercado. Juntam-se, dessa forma, as vantagens das diferentes origens das pessoas, conforme mostra o Quadro 4.1.

FIGURA 4.8

Classificação de empresas.

Fonte: Sonnenfeld (1989:215).

	FORTALEZA	TIME DE BEISEBOL
PROCESSOS DE SUPRIMENTOS DE PESSOAS (Externo → Interno)	Hotéis / Varejo / Têxtil / Promoção / Recursos naturais	Entretenimento / Publicidade / Relações públicas / Pesquisa / Advocacia/Consultoria / Bancos de investimentos / Desenvolvimento de *software*
	CLUBE	**UNIVERSIDADE**
	Utilidades / Museus / Agências governamentais / Companhias telefônicas / Forças armadas / Empresas aéreas / Bancos	Indústrias automobilísticas / Indústrias eletrônicas / Indústrias farmacêuticas

CONTRIBUIÇÃO PARA RESULTADOS
(Foco na Contribuição do Grupo ← → Foco na Contribuição Individual)

QUADRO 4.1

Vantagens do mercado interno e externo

ASPECTOS OBSERVADOS	MERCADO INTERNO	MERCADO EXTERNO
Cultura organizacional	Consolida cultura e/ou adapta para as necessidades do contexto.	Oferece visão crítica e/ou auxilia na renovação da cultura.
Conceitos, técnicas e instrumentos de gestão	Aprimora os existentes e internaliza novidades dentro da cultura existente.	Aprimora os existentes e internaliza novidades a partir da vivência externa.
Desenvolvimento humano	Desenvolve-se e auxilia o desenvolvimento de outros a partir da cultura existente.	Oferece sua experiência externa no desenvolvimento das demais pessoas e desenvolve-se amalgamando sua experiência com a cultura da organização.
Otimização de recursos	Aproveita as pessoas preparadas para assumir atribuições e responsabilidades de maior complexidade.	Cobre lacunas existentes na empresa, por não ter pessoas preparadas para as necessidades imediatas da organização.

> O planejamento auxilia na determinação de lacunas e excessos no presente e futuro, permitindo que a organização tome decisões em relação às pessoas e que as pessoas possam se orientar no seu desenvolvimento e carreira.

A dosagem ideal dessas origens varia em cada situação ou para cada grupo de profissionais. Quando a organização está em um processo de desenvolvimento acelerado, terá que ir buscar com mais intensidade pessoas no mercado em diferentes níveis de atuação; ao contrário, quando a organização está em processo de estabilização ou de descontinuidade de negócios ou atividades, estará alimentando o mercado com pessoas em diferentes níveis de atuação.

Como regra geral, há uma predileção pelo mercado interno, buscando-se o mercado externo quando não há pessoas capazes de atender as necessidades da organização. Essa posição tende a ser revisitada na medida em que o mercado de trabalho se torne cada vez mais turbulento e complexo e em que haja maior conhecimento sobre as possibilidades oferecidas por esse mercado.

O planejamento do quadro é essencial para a gestão do movimento de pessoas. O planejamento auxilia na determinação de lacunas e excessos no presente e no futuro, permitindo que a organização tome decisões em relação às pessoas e que as pessoas possam se orientar no seu desenvolvimento e carreira. Vamos analisar de perto as várias formas de movimento das pessoas nas organizações e no mercado.

As oportunidades e ameaças existentes no mercado de trabalho, tanto para a organização quanto para as pessoas, influenciam as decisões sobre a movimentação. A compreensão da dinâmica do mercado de trabalho é fundamental para analisarmos o movimento das pessoas na organização.

Projeção do Quadro

A projeção das necessidades de pessoas deve levar em conta tanto os aspectos quantitativos como qualitativos. Um primeiro passo, segundo Lucena (1990), deveria ser a análise dos impactos das decisões estratégicas da organização e/ou negócio sobre a gestão de pessoas. A autora cita como exemplos: diversificação do negócio, novos produtos e serviços, novas aplicações tecnológicas, descentralização/centralização/regionalização, novos mercados etc. Acompanhamos dois movimentos do Grupo Abril e seu impacto no dimensionamento do quadro. O primeiro ocorreu em meados da década de 1990 com a centralização das operações editoriais em uma única instalação, e o segundo, no início dos anos 2000, com a criação de serviços compartilhados. Esse caso é interessante pela dificuldade apresentada para dimensionar realidades de trabalho tão diversas. Para auxiliar no dimensionamento, foram utilizadas como referência as trajetórias de carreira que haviam sido definidas na primeira metade dos anos 1990; desse modo, foi possível quantificar a necessidade de pessoas em cada trajetória e em cada degrau de complexidade, gerando uma projeção das necessidades muito próxima da realidade e permitindo análises de custo-benefício para subsidiar as decisões da organização.

Outro aspecto lembrado por Lucena (1990) é a necessidade de um levantamento dos desequilíbrios já existentes no quadro de pessoas, com faltas ou excessos. Esse levantamento deve ser realizado envolvendo o conjunto dos gestores. Pode ser um bom momento para construir um pacto para o monitoramento do quadro de pessoas. Observamos como esse tipo de trabalho foi importante na conjuntura difícil vivida pelo Brasil nos anos de 2015 e 2016, quando muitas organizações necessitaram reduzir seus quadros. As organizações com trabalhos de planejamento consolidados tiveram um impacto menor de redução de quadro e, pelo fato de terem realizado trabalho prévio, os processos de desligamento foram planejados e menos traumáticos. No ano de 2016, as empresas de destaque entre as melhores para se trabalhar haviam realizado demissões. Essas demissões respeitaram as pessoas de forma a gerar o menor impacto possível. Tal preocupação da organização foi percebida pelas pessoas, resultando em uma avaliação positiva por parte delas gerando um nível elevado de satisfação com as políticas e práticas.

Autores como Albuquerque (1986 e 1987), Rothwell e Kazanas (1988), Lucena (1990), Armstrong (1994), Bratton e Gold (1999) lembram da necessidade de analisar tendências do ambiente que podem influenciar na gestão de pessoas, tais como: políticas econômicas, regulação trabalhista, movimentos sindicais, demografia etc. Conforme mencionado no Capítulo 3, o monitoramento do mercado de trabalho pode auxiliar nesse aspecto do planejamento do quadro.

Finalmente, mais um aspecto é avaliar a capacidade de desenvolvimento de pessoas e fazer uma análise importante para pensar em ações decorrentes do planejamento. Nossa experiência aponta que, sempre que uma organização necessitar crescer mais de 30% do seu efetivo, terá necessariamente de buscar pessoas preparadas no mercado de trabalho. Naturalmente, não é um número mágico e variará de acordo com as características da organização, mas serve como um sinal de alerta para as decisões sobre o planejamento de quadro.

Desenvolver internamente as pessoas necessárias para a organização é, geralmente, mais econômico do que a busca dessas pessoas prontas no mercado de trabalho. Para tanto, o planejamento de quadro é fundamental. Por que é mais econômico? Quando desenvolvemos internamente, as pessoas assumem as novas posições no piso salarial, enquanto, ao trazermos as pessoas do mercado, o faremos, provavelmente, no valor de mercado, ou seja, no ponto médio da faixa salarial. Além desse aspecto mais tangível, temos outros não tão tangíveis como:

> Analisar a capacidade de desenvolvimento de pessoas e fazer uma análise importante para pensar em ações decorrentes do planejamento.

confiabilidade da pessoa que já está alinhada com a cultura da organização, controle sobre o aprendizado e sobre a capacidade da pessoa para enfrentar os desafios da posição, período de carência menor, já que a pessoa está ambientada com a realidade e desafios organizacionais.

Indicadores Importantes para Planejamento e Acompanhamento do Quadro

Para o aprimoramento do planejamento de pessoas, é fundamental acompanharmos os níveis de acerto e erro. O monitoramento entre o planejado e o efetivado ao longo do tempo é muito importante, a recomendação é de que esse acompanhamento seja realizado mensalmente e que, a cada seis meses, seja realizada uma revisão do planejamento.

O monitoramento não deve se restringir a um confronto entre o planejado e o realizado, mas também sobre as premissas utilizadas para a realização do planejamento. Essas premissas podem ser agrupadas nas seguintes categorias:

- **Direcionamento estratégico** – é necessário avaliar o quanto o que havia sido planejado para a organização e/ou negócio foi realizado. Em tendo sido realizado, é necessário avaliar se os impactos previstos sobre a gestão de pessoas aconteceram ou não e o seu porquê.
- **Variáveis externas** – no planejamento, foram consideradas mudanças no contexto externo que poderiam impactar no dimensionamento do quadro. É importante avaliar se essas mudanças ocorreram ou não e quais foram as consequências sobre o quadro de pessoas. Em uma organização do setor de eletrônica profissional, avaliamos, no final dos anos 1990, que, com a entrada de concorrentes no mercado brasileiro, haveria uma disputa mais acirrada pelos profissionais técnicos de nível superior e que, por sua condição, a empresa analisada seria uma das fornecedoras naturais. Como havia sido previsto, esse movimento ocorreu, porém com muito mais intensidade. Com base nessas previsões, a organização havia se preparado e sofreu menos que as outras com a concorrência pelos profissionais.
- **Gerenciamento do quadro** – outra premissa importante é o quanto a organização foi capaz de gerenciar o seu quadro, cobrindo as faltas e eliminando os excessos. A forma como a organização gerencia o seu quadro tem um impacto direto sobre a efetividade do planejamento.

O ideal é que tanto a realização do planejamento quanto o seu monitoramento sejam ações colegiadas, ou seja, não se realizem somente pelos profissionais que atuam na área de gestão de pessoas, mas também por um grupo que represente o conjunto de gestores da organização e/ou negócio.

As decisões colegiadas são importantes porque atuam como um processo pedagógico, onde há um aprendizado coletivo sobre a gestão do quadro.

FONTES DE RECURSOS

Fontes de Recursos como um Diferencial Competitivo

As fontes de captação são locais ou entidades que congregam e/ou formam as pessoas necessárias para a organização e/ou negócio. O mapeamento dessas fontes é importante para analisarmos a capacidade do mercado em suprir as necessidades presentes e futuras da organização. Uma escola, por exemplo, forma anualmente uma determinada quantidade de pessoas para o mercado; se esse mercado vier a demandar uma quantidade maior, haverá escassez de pessoas preparadas e a reversão dessa situação não se faz com velocidade. A gestão de nossas fontes de captação pode se tornar estratégica para a organização e/ou ne-

> O monitoramento do que foi planejado não deve se restringir a um confronto entre o planejado e realizado, mas também sobre as premissas utilizadas para sua realização.

gócio. Normalmente, as organizações descobrem isso quando o problema já está instalado.

As fontes de captação são importantes porque podem atuar em estreito contato com as necessidades das organizações, adequando seus programas educacionais, processos seletivos, processos de avaliação, escolha do corpo docente, definição de linhas de pesquisa e definição de métodos educacionais.

Um caso que pode traduzir a importância de se identificar as fontes de recursos foi o de uma das organizações de telefonia móvel que se instalaram no país. Nessa época, um recurso escasso era o profissional especializado em programação de centrais telefônicas e equipamentos de transmissão. A maior parte desses profissionais preferiu ficar nas empresas de telefonia fixa, já que a móvel era uma grande incógnita. A organização analisada descobriu antes das demais uma importante fonte de recursos técnicos que eram os bancos. Os bancos, no final dos anos 1980 e início dos anos 1990, investiram pesadamente em equipamentos de telefonia para suprir as deficiências do sistema público e formaram profissionais nessa área. Como a organização analisada foi a primeira a explorar essa fonte, conseguiu atrair os melhores quadros.

A organização pode também desenvolver fontes de captação, estimulando ou subsidiando a criação de centros educacionais na comunidade ou a criação de cursos específicos nas instituições, já existentes na comunidade, oferecendo condições para o desenvolvimento do corpo docente das instituições para a geração e reprodução de conhecimento, patrocinando trabalhos ou teses de alunos etc.

O desenvolvimento de fontes mistura-se com trabalhos junto à comunidade e normalmente oferece para a organização uma imagem muito positiva. Infelizmente, esse posicionamento é ainda raro; a maioria das organizações age de forma imediatista.

> O desenvolvimento de fontes mistura-se com trabalhos junto à comunidade e, normalmente, oferece para a organização uma imagem muito positiva.

Desenvolvimento de Fontes

O desenvolvimento de fontes é importante em momentos de escassez, onde há uma grande disputa por mão de obra qualificada ou por profissionais especializados. O mapeamento das necessidades da organização a médio e longo prazo podem justificar investimentos no desenvolvimento de fontes. O desenvolvimento de fontes pode ser uma iniciativa isolada de uma organização ou pode ser um movimento de associação entre diversas organizações com interesses comuns.

Em 1976, foi criado o CPqD (Centro de Pesquisas e Desenvolvimento da Telebrás), vinculado à Diretoria de Tecnologia do Sistema Telebrás. Em 1998, com a privatização do Sistema Telebrás, tornou-se uma fundação de direito privado. Desde a sua criação o CPqD desenvolveu uma parceria íntima com a Unicamp, oferecendo suporte humano e material para o desenvolvimento de conhecimento tecnológico. Essa parceria resultou no desejo dos alunos de graduação e de pós-graduação em trabalhar no CPqD e na capacidade da organização em atrair e reter os melhores talentos.

Tal simbiose entre organizações e universidades não é comum no Brasil e, para fazê-la, é necessário enfrentar resistências e desconfianças de ambas as partes. Observamos, com entusiasmo, uma disposição de nossa sociedade em reverter essa situação.

Em um mercado cada vez mais competitivo pelos talentos, uma ação estruturada da organização na identificação e/ou desenvolvimento de fontes torna-se essencial. Em nossa vivência dentro da universidade, observamos que nossos alunos se encantam cada vez menos com a palestra de um dirigente para atraí-los, ou de feiras onde as organizações expõem seus atrativos. Verificamos maior efetividade de organizações que desenvolvem uma relação com os nossos alunos ao longo do curso, através de uma presença contínua, oferecendo casos para análise, participando das aulas, mantendo contato com as associações de alunos (grêmios, atléticas, empresas juniores, intercâmbio internacional etc.). Esse tipo de aproximação não é simples e exige tempo de pessoas da organização para cultivar e manter a relação.

> O desenvolvimento de fontes pode ser um trabalho conjunto envolvendo organizações, associações, governo e escolas.

O desenvolvimento de fontes pode ser um trabalho conjunto envolvendo organizações, associações, governo e escolas. Em algumas cidades, formaram-se parques tecnológicos como inciativas conjuntas entre governo, empresas e escolas. No Estado de São Paulo, em 2010, iniciou-se o credenciamento de parques tecnológicos, onde o primeiro a ser credenciado foi o da Cidade de São José dos Campos. Esse parque, em 2016, indicava mais de 300 empresas vinculadas.

Parcerias com Instituições na Sociedade para Construir Fontes

A associação para o desenvolvimento de fontes é sempre a melhor alternativa, entretanto apresenta riscos na disputa pelos recursos. Por essa razão, deve ser algo cultivado e amadurecido ao longo do tempo. Vale a pena insistir, o desenvolvimento de fontes não é algo que se realiza rapidamente, por essa razão deve ser uma preocupação estratégica e com uma visão de longo prazo.

O desenvolvimento de fontes é um processo de aprendizado organizacional, deve ser efetuado com perseverança e com a crença de uma relação que se sustenta ao longo do tempo, em que a organização e seus parceiros terão ganhos tangíveis e não tangíveis.

A construção de parcerias para desenvolver fontes de recursos deve observar alguns cuidados, entre eles destacamos:

- **Reputação** – na construção de parcerias, haverá um reforço positivo de imagens se as organizações envolvidas tiverem, anteriormente, uma boa reputação. Por essa razão, é preferível efetuar parcerias com entidades ou organizações e não com pessoas. As organizações são mais confiáveis em manter uma boa reputação do que as pessoas.
- **Agregação mútua de valor** – as parcerias se sustentarão se houver ao longo do tempo ganhos de parte a parte. Por essa razão, a parceria deve ser realizada após uma análise minuciosa dos ganhos ao longo do tempo. É importante evitar a construção de parcerias motivadas somente pelas emoções ou por visões de curto prazo.
- **Desenvolvimento de pessoas** – um resultado necessário da parceria é um ganho substantivo para as pessoas que estão sendo formadas. Caso a parceria não resulte em algum incremento na formação, capacitação e/ou desenvolvimento profissional e pessoal dos envolvidos, provavelmente terá dificuldades para se sustentar, porque perde seu propósito principal.

A parceria necessita ser regada e adubada continuamente, caso contrário sofre sérios riscos de fenecer.

Monitoramento das Fontes de Recursos

Uma vez identificada ou desenvolvida uma fonte de recursos, tornam-se necessários um monitoramento para verificar sua adequação às necessidades da organização e o surgimento de novos concorrentes pela mesma fonte.

O monitoramento pode ser realizado através de diversos pontos de observação. Vamos analisar esses pontos:

- **Fluxo de pessoas** – um ponto é a expectativa da organização em relação ao fluxo de pessoas, tanto em termos de quantidade quanto de qualidade, oriundas de determinada fonte e da realidade. Para tanto, a organização necessita ter um planejamento e a construção de uma expectativa em conjunto com a fonte geradora de recursos. A análise entre o esperado e o realizado oferece condições para ações gerenciais mais efetivas.
- **Contatos pessoais** – o contato com as contrapartes ou representantes das fontes de recursos realizado de forma sistemática é outro ponto de observação e controle. É importante que o contato tenha um roteiro de questões ou de aspectos a serem analisados e que seja realizado com frequência.
- **Satisfação das pessoas contratadas ou que atuam como aprendizes ou estagiários** – é importante verificar através de formulários e/ou entrevistas o nível de satisfação das

> Em alguns casos, existem processos de gestão compartilhada das fontes, principalmente quando a fonte é criada e/ou gerida pela organização ou por entidades filantrópicas ligadas à organização.

pessoas oriundas da fonte e que estão atuando na organização. Esse aspecto é fundamental por dois motivos: o primeiro é que elas são formadoras de opinião para os que ainda não trabalham na organização, e uma boa imagem aumenta o poder de atração da organização; o segundo é a investigação da expectativa gerada e a realidade encontrada pela pessoa. Esse segundo aspecto ajuda no aprimoramento do relacionamento com as fontes de recursos.

- **Adequação das pessoas contratadas ou que atuam como aprendizes ou estagiários com as necessidades da organização** – essa avaliação deve ser realizada com as chefias das pessoas oriundas da fonte e que estão atuando na organização. Nesse caso, o objetivo é verificar se a qualidade das pessoas em termos técnicos e comportamentais se mantém adequada às necessidades da organização.

Esses pontos de observação permitem ações gerenciais imediatas para a manutenção e/ou aprimoramento das relações com as fontes de recursos.

Em alguns casos, existem processos de gestão compartilhada das fontes, principalmente quando a fonte é criada e/ou gerida pela organização ou por entidades filantrópicas ligadas à organização. Nesses casos, o monitoramento torna-se mais importante para que não se desenvolva uma relação de indulgência com a fonte, gerando no tempo uma relação de baixa agregação de valor para ambas as partes.

Resumo e Implicações para o Aprendizado sobre Gestão de Pessoas

O planejamento da necessidade de pessoas foi o tema que abriu este capítulo; o objetivo foi destacar a intimidade existente entre as opções de pessoas realizadas pela organização e sua cultura, intento estratégico e forma de gerir pessoas. Mais adiante, analisamos a importância da gestão das fontes de recursos para assegurar a qualidade das pessoas admitidas pela organização.

As principais implicações para o aprendizado sobre a gestão de pessoas podem ser resumidas em:

- Planejamento estratégico de pessoas e sua ligação com a estratégia organizacional e de mercado.
- Formas de monitorar o dimensionamento do quadro em termos quantitativo e qualitativo e seu reflexo na efetividade organizacional.
- Gestão das fontes de recursos para assegurar a realização dos intentos estratégicos da organização.

QUESTÕES

Questões para fixação

1. Como podemos entender a gestão estratégica de pessoas e a sua relação com a gestão estratégica do negócio?
2. Qual a importância de se efetuar um planejamento do quadro e como pode ser efetuado?
3. Quando deve ser utilizado o mercado interno e quando deve ser utilizado o mercado externo?

Questões para desenvolvimento

1. Qual é o grau de influência mútua entre a estratégia do negócio e a estratégia na gestão de pessoas?
2. Como a organização pode trabalhar com o mercado interno e com o mercado externo, conciliando as vantagens que ambos podem oferecer?
3. Como desenvolver fontes alternativas de captação?

ESTUDO DE CASO E EXERCÍCIOS

CASO

Os bancos Topa Tudo e Vamos Ganhar Juntos atuam nos segmentos de mercado: varejo selecionado e atacado. O Banco Topa Tudo tem por princípio auferir o máximo em qualquer negociação com seu cliente; sendo assim, o desempenho de seus gerentes é mensurado a partir da rentabilidade que os clientes proporcionam ao banco. Essa postura tem proporcionado uma boa rentabilidade dos produtos, mas a rotatividade dos clientes. O Banco Vamos Ganhar Juntos tem por princípio a justiça e equidade nas negociações com os clientes. Seus gerentes são avaliados pelo volume de negócios e pelo nível de satisfação dos clientes com os serviços prestados pelo banco. Muitos dos produtos apresentam rentabilidade abaixo da média dos demais bancos, porém a rotatividade dos clientes é a menor do mercado e seus clientes tendem a concentrar seus negócios no banco.

O Banco Topa Tudo tem como estratégia na gestão de pessoas atrair gerentes formados no mercado e que possuam um bom acervo de clientes; para tanto, o banco oferece salários extremamente competitivos. Quando os gerentes perdem o seu acervo ou não conseguem obter a rentabilidade necessária para o banco, são demitidos. O Banco Vamos Ganhar Juntos tem investido no processo de recrutamento e seleção procurando pessoas com potencial e características pessoais alinhadas a sua filosofia. Há grande investimento em treinamento e aperfeiçoamento profissional. O corpo gerencial é formado no interior do banco.

O propósito deste caso é estimular uma discussão sobre a relação entre a estratégia do negócio e a estratégia na gestão de pessoas. Os bancos Topa Tudo e Vamos Ganhar Juntos são semelhantes quanto ao tamanho e segmento de mercado, mas diferentes quanto à cultura e à forma de atuação. As questões sobre o caso são:

1. Quais as estratégias na gestão de pessoas dos dois bancos?
2. Quais são os pontos fortes e os pontos fracos da estratégia na gestão de pessoas do banco Topa Tudo?
3. Quais são os pontos fortes e os pontos fracos da estratégia na gestão de pessoas do banco Vamos Ganhar Juntos?

Para efeito deste exercício, vamos entender pontos fortes como sendo os aspectos da estratégia na gestão de pessoas que alavanca a estratégia de negócios do banco, e pontos fracos os aspectos que podem oferecer risco imediato ou futuro para a estratégia de negócios do banco. Vamos verificar que ambos os bancos possuem pontos fortes e fracos em sua estratégia na gestão de pessoas, assim como qualquer empresa. O aspecto importante é observar como podemos utilizar, de forma mais intensa, os pontos fortes da estratégia e minimizar ou eliminar os pontos fracos.

REFERÊNCIAS

ALBUQUERQUE, L. G.; LEME, R. A.; ZACCARELLI, S. B. O recrutamento interno, plano de carreira e processo sucessório. *Apostila do Departamento de Administração da FEA-USP*. São Paulo, 1986;

ALBUQUERQUE, L. G. *O papel estratégico de recursos humanos*. 1987. São Paulo: Tese (Livre-Docência) – Faculdade de Economia e Administração, Universidade de São Paulo, São Paulo.

ALBUQUERQUE, L. G.; LEITE, N. P. *Gestão de pessoas:* perspectivas estratégicas. São Paulo: Atlas, 2009.

ARMSTRONG, M.; LONG, P. *The reality of strategic HRM*. Londres: IPD House, 1994.

BRATTON, J.; GOLD, J. *Human resource management*: theory and practice. Londres: Macmillan Business, 1999.

CHIAVENATO, I. *Gestão de pessoas*. Rio de Janeiro: Campus 1999.

DIEESE. *Rotatividade e políticas públicas para o mercado de trabalho*. São Paulo: Dieese. 2014.

FLEURY, A.; FLEURY. *Estratégias empresariais e formação de competências*. São Paulo: Atlas, 1999.

FLEURY, M. T. L.; FISCHER, R. M. *Cultura e poder nas organizações*. São Paulo: Atlas, 1989.

LUCENA, M. D. S. *Planejamento de recursos humanos*. São Paulo: Atlas, 1990.

MARINHO, B. L.; VASCONCELLOS, E. P. G. Dimensionamento de recursos humanos: desenvolvimento de um modelo conceitual e sua aplicação. *Revista de Gestão USP*, São Paulo, v. 14, nº 2, p. 61-72, abr./jun. 2007.

MILES, R. E.; SNOW, C. C. *Organizational structure, strategy and process*. New York: McGraw-Hill, 1978.

PRAHALAD, C. K.; HAMEL, G. The core competence of the corporation. *Harvard Business Review*, Boston, v. 68, nº 3, p. 79-91, May/June 1990.

ROCHA, A. M. da Cruz; MORAIS, M. R. *A construção de uma metodologia para o planejamento da força de trabalho (PFT) no âmbito da administração pública do Estado de Minas Gerais*. II CONGRESSO CONSAD DE GESTÃO PÚBLICA. Brasília, 2009.

ROTHWELL, W.; KAZANAS, H. C. *Strategic human resources planning and management*. New Jersey: Prentice Hall, 1988.

SONNENFELD, Jeffrey A. Career system profiles and strategic staffing. In: HALL, D. T. et al. *Handbook of career theory*. New York: Cambridge University Press, 1989. p. 202-224.

WOOD, S. Administração estratégica e administração de recursos humanos. *Revista de Administração*, São Paulo: USP, v. 27, nº 4, p. 30-38, out./dez. 1992.

CAPÍTULO 5

Captação, Socialização e Movimentação de Pessoas

O QUE SERÁ VISTO NESTE CAPÍTULO

Processos de captação

- Definição do perfil da pessoa a ser captada.
- Forma de atração de pessoas.
- Processo de escolha.
- Papéis no processo de escolha.
- Processos discriminatórios na escolha.
- Avaliação da efetividade do processo seletivo.

Socialização das pessoas

- Integração das pessoas pela organização.
- Importância de suporte à pessoa quando ingressa na organização.
- Importância do suporte quando a pessoa se movimenta na organização.

Movimentação das pessoas

- Processos de transferência.
- Expatriações.
- Recolocação.

QUE REFLEXÕES SERÃO ESTIMULADAS

- Qual é a relação entre as expectativas de contribuições presentes e futuras das pessoas e o processo de captação?
- Quais são as alternativas para o processo de captação de pessoas?
- Como pode ser realizado o processo de socialização das pessoas na organização?
- Quais são os pontos de atenção na movimentação das pessoas?

CONEXÕES COM O NOSSO COTIDIANO

Processo de captação

- Preparação para uma entrevista ou um processo seletivo.
- Comportamentos esperados das pessoas no processo seletivo.
- Expectativas da organização em relação às pessoas que está escolhendo.

Socialização das pessoas

- Como posso ajudar as pessoas que estão iniciando na organização.
- Como devo me comportar nos primeiros contatos com a organização.

Movimentação

- Cuidados necessários em processos de movimentação dentro da organização, tais como: transferências, expatriações, promoções etc.

CONTEÚDOS ADICIONAIS

- Reflexões sobre o tema do capítulo através de casos.
- Saiba mais.
- Estudos de caso complementares.
- Questões para guiar a reflexão sobre o conteúdo do capítulo.
- Referências bibliográficas.

ESTUDO DE CASO

PAPER ROSE

A Paper Rose é uma das mais importantes organizações dentro do seu setor de papel e celulose. Sua atuação está sediada no Brasil, onde fica o principal centro de tecnologia de produto e processo. O Brasil está recebendo investimentos pesados de outras empresas que estarão atuando a pleno vapor nos próximos dois anos. A Paper Rose será a fonte natural de abastecimento de mão de obra especializada, tanto no cultivo, manejo e pesquisa agronômica de árvores quanto na produção de papel e celulose.

Questão para reflexão:

Que recomendações você faria para que organização possa se preparar para ampliar a oferta do mercado e proteger seus profissionais?

CAPTAÇÃO DE PESSOAS

O caso apresentado é uma situação comum em processos de instalação de centros industriais em cidades onde há incentivos para ampliação do parque industrial e de organizações de serviços. Nestes casos, as organizações irão disputar as pessoas que habitam a região. As organizações já instaladas necessitam trabalhar em duas frentes. Em uma delas amplia-se a oferta de pessoal através da atração de pessoas de outras regiões ou da capacitação dos habitantes locais. Na outra frente é garantida a retenção das pessoas essenciais para a organização.

O processo de captação torna-se crítico para essas organizações. Nesses casos, é mais fácil de perceber a importância desse processo para assegurar a qualidade das pessoas que farão parte da organização.

Definição do Perfil da Pessoa a Ser Captada

A captação de pessoas pode ser compreendida como toda e qualquer atividade da organização para encontrar e estabelecer uma relação de trabalho com pessoas capazes de atender suas necessidades presentes e futuras. A maior parte dos autores trabalha esse tipo de movimento de pessoas como recrutamento e seleção. Ao analisarmos a literatura recente, verificamos que a compreensão da captação de pessoas como recrutamento e seleção restringe a compreensão do processo pelos seguintes motivos:

- Encara o processo no sentido da organização para as pessoas e quase nunca considera o sentido das pessoas para a empresa.
- Olha o mercado de trabalho como um provedor de recursos e quase nunca como um espaço de trocas, o qual deve ser compreendido e cultivado dentro de uma visão estratégica.
- Privilegia a relação com o mercado externo, relegando para segundo plano o mercado interno.
- Concentra a atenção na satisfação de necessidades presentes da empresa e/ou negócio e quase nunca considera as necessidades futuras.

A captação de pessoas pressupõe uma consciência da organização em relação às suas necessidades. Somente dessa maneira será possível saber quem procurar, onde procurar e que tipo de relação será estabelecido entre a pessoa e a organização. A necessidade da organização deve ser traduzida nos aspectos descritos a seguir para que haja um processo de procura e seleção alinhado com as necessidades presentes e futuras:

> A captação de pessoas pressupõe uma consciência da organização em relação às suas necessidades.

- **Perfil profissional** – estabelecendo qual será o espaço de trabalho da pessoa a ser captada e quais as necessidades de conhecimentos, habilidades e experiência requeridas da pessoa.

- **Perfil comportamental** – desenhado a partir do contexto político, social e cultural no qual a pessoa irá atuar.
- **Entregas desejadas** – quais são as entregas esperadas da pessoa no presente e no futuro, de modo que ela possa ser analisada quanto a sua condição de entregar o que é esperado.
- **Condições de trabalho** – em que ambiente a pessoa irá atuar e quais são os recursos a sua disposição para realizar o trabalho.
- **Condições de desenvolvimento** – quais são os investimentos previstos para a capacitação da pessoa a ser captada.
- **Condições contratuais** – quais são os vínculos contratuais possíveis para que a pessoa possa realizar seu trabalho.

Nem sempre é possível determinar todos esses aspectos; em função das circunstâncias, alguns são definidos durante o processo de captação. O processo será conduzido com maior objetividade na medida em que esses aspectos sejam definidos previamente. Nesse momento, fica evidente a importância de uma base conceitual. O primeiro aspecto a ser analisado é o conjunto de entregas esperado da pessoa a ser captada. Esse conjunto de entregas pode caracterizar-se pelas competências a serem entregues, pela definição do nível de complexidade dessas entregas e pelo delineamento do espaço ocupacional. O conjunto de entregas conduz ao segundo aspecto a ser trabalhado: o estabelecimento do perfil da pessoa a ser captada, tanto em termos de requisitos técnicos necessários – formação, experiência, habilidades e conhecimentos – quanto em termos da trajetória de realizações dessa pessoa, para que ela possa demonstrar a maturidade ou o nível de abstração correspondente às necessidades impostas pela posição. A partir daí, trabalhamos o terceiro aspecto: a fonte e a forma de captação. O perfil nos conduz a verificar se nossa fonte será o mercado de trabalho externo ou seu quadro interno. Para cada fonte da captação há formas específicas de abordagem. Não as detalharemos aqui por não ser o objetivo deste trabalho.

O perfil adequado da pessoa a ser captada é um aspecto fundamental da estratégia de gestão de pessoas, uma vez que o indivíduo que está sendo admitido na empresa será parte da organização por tempo indeterminado. Esse tempo está ligado a uma relação de agregação mútua de valor. Qual é o valor a ser agregado pela pessoa ao longo de sua permanência na organização? A resposta a essa questão pressupõe a consciência do que se espera da pessoa no tempo. A ideia de que ela vai apenas ocupar determinado cargo restringe a visão do movimento da pessoa durante seu tempo na organização. Se, ao contrário, estabelecermos que, ao entrar na organização, a pessoa ocupará determinado espaço, que será ampliado e modificado no tempo, de acordo com determinada lógica, teremos a visão dinâmica desse movimento. Dentre as diferentes possibilidades para a abordagem da captação, vamos verificar mais de perto essas duas perspectivas no Quadro 5.1.

A empresa moderna está naturalmente inclinada a estabelecer uma prática mais vinculada aos aspectos observados na abordagem por competência, assim como as pessoas reagem de forma mais positiva a uma abordagem que leve em consideração a sua carreira. Apesar disso, o sistema formal das empresas ainda é construído sob a abordagem tradicional, centrada em cargo. Aspectos como esses conduzem a uma inconsistência entre a realidade organizacional e o sistema formal. A realidade organizacional é mais bem traduzida pela abordagem por competência.

A ideia de trajetória é outro aspecto importante para se estabelecer uma gestão estratégica na captação. No caso de empresas como McDonald's ou Habib's, por exemplo, a tendência é uma trajetória de curta permanência na empresa, e isso define o perfil a ser captado: a pessoa que consegue estabelecer boa agregação de valor durante a sua trajetória. Esses exemplos são semelhantes aos dos anfitriões da Disney World, dos comissários de bordo de empresas aéreas dos atendentes de *call centers* ou de redes de *fast-food* etc. O McDonald's ou o Habib's precisam de pessoas altamente comprometidas com seu trabalho; ao mesmo tempo, não oferecem um horizonte profissional extenso. O comprometimento é obtido através da agregação de valor

QUADRO 5.1

Diferentes abordagens para a captação de pessoas

ASPECTOS ANALISADOS	ABORDAGEM TRADICIONAL	ABORDAGEM POR COMPETÊNCIA
Horizonte profissional	Cargo a ser ocupado	Carreira da pessoa na empresa
Perfil	Para um cargo específico	Para atender demandas presentes e futuras
Processo de escolha	Observa a adequação para o cargo	Observa a adequação para uma trajetória específica
Ferramentas de escolha	Testes de conhecimentos, habilidades e atitudes necessárias para o cargo	Análise da trajetória profissional para avaliar a maturidade no trabalho e o ritmo de desenvolvimento
Contrato psicológico	Contrato construído visando a determinada posição na empresa	Contrato construído visando a uma carreira ou trajetória profissional na empresa
Compromisso da organização	Manter o cargo para o qual a pessoa está sendo captada	Desenvolver a pessoa para determinada trajetória dentro da empresa
Internalização	Adequação ao cargo	Adequação a uma trajetória

> Vamos tratar a captação como um processo que vai desde a definição e caracterização de uma necessidade da organização até o estabelecimento da relação de trabalho.

para a pessoa. Ela entra na empresa com um valor de mercado "x" e um a dois anos depois tem condições de concorrer no mercado de trabalho em posições com valor de "x + y", em que "y" é o diferencial agregado durante o seu período de permanência na organização.

Nos exemplos mencionados, o perfil para captação são pessoas jovens, com bom potencial de desenvolvimento e aprendizagem e ambiciosas em relação ao futuro profissional. A clareza da trajetória traz maior objetividade à captação e melhores condições de conciliar as expectativas da empresa e das pessoas. Outro exemplo é a carreira de profissionais de tecnologia de informação em bancos ou indústrias de bens de consumo. Nessas empresas, o espectro de complexidade na trajetória de geração de tecnologia é limitado; espera-se que o profissional, em menos de cinco anos, passe a ser um gestor de tecnologia e não mais um gerador de tecnologia. Apesar dessa expectativa, não há preocupação em captar pessoas com inclinação para a gestão de tecnologia ao longo de sua trajetória. São inúmeros os exemplos como esse, em que se busca um perfil para atender às demandas de determinado cargo e não de uma trajetória.

O foco na trajetória é o aspecto mais marcante da diferença entre a abordagem tradicional e a abordagem por competência na movimentação de pessoas. Para reforçar o argumento, vamos analisar outro aspecto crítico nessa movimentação: é o desligamento, cada vez mais relacionado à responsabilidade de a empresa garantir à pessoa desligada a recolocação no mercado de trabalho. A recolocação é o movimento mais característico da modernidade da gestão de pessoas. Maior mobilidade no mercado, longevidade profissional e encurtamento das carreiras aumentam a preocupação das pessoas com a recolocação no mercado. A pressuposição é que nos próximos anos a recolocação seja tão natural nas empresas quanto a captação. A hipótese é reforçada pela necessidade de a empresa moderna desenvolver continuamente as pessoas e, em muitos casos, não ter capacidade para absorver todas. Cabe-lhe, pois, patrocinar a dispensa das pessoas por ela desenvolvidas.

A maioria dos autores separa a captação em recrutamento e seleção. Pressupõem-se, dessa forma, duas ações separadas quando na verdade observamos em muitos casos uma única ação. Por exemplo: ao mobilizarmos uma determinada fonte de captação, ou quando temos indicações de pessoas alinhadas com o perfil estabelecido, já estamos circunscrevendo o universo de pessoas que serão analisadas. Vamos tratar a captação como um processo que vai desde a definição e caracterização de uma necessidade da organização até o estabelecimento da relação de trabalho. Não restringiremos o processo de captação às situações onde são estabelecidos vínculos empregatícios. Atualmente, a empresa dispõe de várias alternativas de contratação e é provável que essas alternativas venham a se ampliar nos próximos anos. Com todos os cuidados legais necessários, as organizações podem trabalhar com as seguintes alternativas:

- **Contrato de trabalho por tempo indeterminado** – hoje a forma mais usual.
- **Contrato de trabalho por tempo determinado** – só poderá ocorrer se estiver enquadrado em umas hipóteses de que trata o art. 443 da CLT e não deve durar mais que dois anos. Esse tipo de contrato também se estabelece em acordo com os sindicatos e não pode durar mais que dois anos (Lei nº 9.601/98 regulada pelo Decreto nº 2.490/98).
- **Contrato de prestação de serviço temporário** – normalmente, através de empresas especializadas na oferta desse tipo de mão de obra e por período não superior a três meses.
- **Contratação de pessoas jurídicas para prestação de serviços** – normalmente, para trabalhos bem definidos e por um período de tempo previamente estabelecido.
- **Contratação de profissionais autônomos para prestação de serviços** – normalmente, também, para trabalhos bem definidos e por período de tempo previamente estabelecido.

Formas de Atração de Pessoas

Existem várias formas de a organização fazer contato com o mercado de trabalho. As formas mais comuns são:

- **Indicações** – nossas pesquisas revelam que essa é a forma mais utilizada pelas organizações para fazer contato com pessoas no mercado de trabalho. Em pesquisa realizada na Grande São Paulo, em 1994, constatou-se que 70% das posições de nível superior eram preenchidas por pessoas indicadas. Nos anos de 1998 e 1999, constatou-se que mais de 80% das pessoas encaminhadas para os serviços de recolocação foram reaproveitadas através de suas redes de relacionamento. Em outros países, a situação não é diferente. Em pesquisa realizada pela DBM (Dreak Beam Morin), da Austrália, quase 75% das posições de nível superior foram preenchidas por indicação. Em trabalhos com clínicas temáticas, verificamos que para posições que não requerem nível superior esse índice é maior. Algumas organizações criam programas para incentivar seus empregados a indicarem pessoas conhecidas para as posições em aberto. Isso porque essa forma de fazer contato com o mercado cria em si um critério de seleção, é mais econômico e muito mais rápido.
- **Internet** – a internet é um valioso veículo para anunciar posições e para interagir com possíveis candidatos. Esse veículo é explorado atualmente como forma de acesso ao mercado de trabalho, mas tem um grande potencial pela velocidade e pelo baixo custo. Através da internet é possível estruturar e atualizar banco de dados, realizar pesquisas sobre o mercado de trabalho e interagir com candidatos potenciais.
- **Anúncios** – os anúncios podem ir desde uma tabuleta na frente da organização, listando as posições em aberto, até publicações em jornais ou revistas de circulação nacional ou em *sites* especializados ou da própria organização. Os anúncios devem ser efetuados em veículos cujo público-alvo seja o desejado para a captação; muitas organizações não estão atentas para esse aspecto e desperdiçam recursos no processo de captação. Outro ponto de atenção é a utilização por outras organizações do material coletado a partir do anúncio. Por exemplo: normalmente os anúncios pedem para as pessoas encaminharem seus históricos profissionais e a partir daí inicia-se um processo de escolha. Após a utilização desses históricos por uma organização, eles são encaminhados a outra para que a mesma proceda a sua escolha e assim por diante.
- **Agentes especializados em captação** – esses agentes podem estar ligados ao governo ou a programas governamentais relacionados a questões de emprego, ou podem estar

> Existem várias formas de a organização fazer contato com o mercado de trabalho. As formas mais comuns são: indicações, internet, anúncios, agentes especializados e bancos de dados.

vinculados a organizações da sociedade civil sem fins lucrativos que têm como objetivo ajudar pessoas a se colocarem no mercado de trabalho. Podem, ainda, ser profissionais ou empresas contratadas para captar no mercado de trabalho pessoas para seus clientes. Essa é uma forma bastante utilizada pelas organizações.

- **Banco de dados** – essa é outra forma de captação importante. Em nossas pesquisas, encontramos bancos de dados formados pelas indicações não aproveitadas, por procuras espontâneas e pelos históricos profissionais oriundos de anúncios. O uso dos bancos de dados formados dessa maneira é, geralmente, de pouca valia porque eles não são atualizados e as pessoas, quando chamadas, já estão empregadas. Uma forma mais eficaz de constituir um banco de dados é através do mapeamento de pessoas estratégicas para a organização. As fontes de captação são as principais fornecedoras de dados ou as pessoas que trabalham na organização. Para que o banco de dados seja efetivo, deve ser constantemente atualizado. Um banco de dados bem construído tem vida própria e vai sendo aperfeiçoado com o tempo. Pode se tornar um recurso valioso tanto para captação quanto para difusão da imagem da organização no mercado de trabalho, pesquisa salarial, avaliação dos movimentos do mercado de trabalho e estudos de tendências.

> A eleição da forma mais indicada para atrair pessoas está muito alinhada ao perfil que desejamos.

Além dessas formas, existem programas específicos de acesso ao mercado como, por exemplo: acesso direto junto às fontes de captação, programas de estágios ou de *trainees*, projetos científicos junto a entidades educacionais ou a associações profissionais, suporte ou realização de congressos profissionais etc.

Há uma relação muito íntima entre a qualidade do processo de atração e a qualidade da escolha. Como vimos no Capítulo 4, ao definirmos fontes de recursos estaremos ao mesmo tempo atraindo e escolhendo pessoas ou pelo menos teremos pessoas mais próximas ao perfil que desejamos. A qualidade do processo de atração de pessoas auxilia no processo de escolha. Para realizarmos um bom processo de atração, necessitamos conhecer o mercado de trabalho. Um banco internacional, no início dos anos 2000, queria atrair jovens talentos para implementar uma estratégia agressiva em suas operações de atacado. Para tanto, analisou o que atraía os jovens com o perfil desejado e o que o banco já possuía que pudesse interessar a esses jovens. Com base nessa informação, fez um convite através de jornais, dentro dos cadernos de economia, e através de correspondência aos formandos das principais escolas de São Paulo. A resposta foi além das expectativas, atraindo uma população muito alinhada com o perfil desejado pelo banco.

A eleição da forma mais indicada para atrair pessoas está muito alinhada ao perfil que desejamos. Caso a organização tenha como estratégia a formação de pessoas, sua ênfase estará em trazer pessoas mais jovens e em início de carreira; nesse caso, suas fontes e forma de interagir com o mercado devem estar alinhadas com esse público. Ao contrário, quando a estratégia é importar a competência do mercado ao invés de formá-la internamente, as principais fontes são informantes que conhecem o mercado e os profissionais que nele circulam ou são dedicados à captação de profissionais especializados.

Cabe destacar o surgimento de aplicativos voltados para o processo de atração e escolha de pessoas. Temos acompanhado a criação de aplicativos para auxiliar em processos de captação desenvolvidos por nossos alunos e ex-alunos. Um deles auxilia a organização em processos de escolha para programas de *trainees*, fazendo uma associação entre o perfil da organização e as características dos candidatos. Outro ajuda as pessoas a verificar a compatibilidade de seus valores com os da organização e auxilia a organização a verificar pessoas compatíveis com os seus valores. Para as pessoas, o aplicativo oferece uma série de informações para seu autoconhecimento e indica organizações mais compatíveis com seus valores e capacidades. Para as organizações, oferece um arquivo de pessoas compatíveis e currículos resumidos, permitindo aos gestores interagirem diretamente com as pessoas, marcando reuniões presenciais ou virtuais. Estamos no começo de um processo onde a aproximação entre pessoas e organizações será cada vez mais facilitada, aumentando a responsabilidade de ambas as partes na definição mais precisa do que necessitam e esperam umas das outras.

> Uma forma para garantir a coerência do processo é a incorporação da competência como parâmetro de análise dos candidatos a uma posição na organização.

Processo de Escolha

Na prática das organizações, observamos que o processo de escolha está associado ao seu risco para a organização e/ou negócio. Quanto maior o risco, mais criterioso é o processo. A rigor, o processo de escolha deveria ser o mais criterioso possível, já que estamos abrindo as portas de nossa casa para um novo integrante. Um caso interessante para relatar é do Google. Seus fundadores, Larry Page e Sergey Brin, têm como valor o cuidado com as pessoas que ingressam na organização. Acreditam que um aspecto crítico para o sucesso da organização é o perfil de seus colaboradores, por essa razão se envolvem em todas as contratações. Faz parte dessa crença a ideia de que, se delegarem a contratação, correm o risco de ver um nivelamento para baixo, pelo receio das chefias em contratar alguém melhor que elas. Eles acreditam na contratação de alguém para a organização e não para o chefe.

De qualquer modo, o processo de escolha é muito importante para maior efetividade da pessoa em sua relação com a organização. Normalmente, nesse processo iniciamos por atividades de menor custo e nos dirigimos para atividades de maior custo – por exemplo, começamos por análise de currículos ou por provas de proficiência como peneiras iniciais para chegarmos a processos mais custosos, como entrevistas. Não importa quais sejam as atividades escolhidas, é fundamental que sejam coerentes e consistentes entre si, ou seja, não posso usar um critério de escolha através de análise de currículo ou provas que são incompatíveis com o perfil definido e com os critérios que vou utilizar nas entrevistas. A incoerência de critérios pode fazer com sejam perdidas pessoas interessantes nas atividades iniciais de escolha.

Uma forma para garantir a coerência do processo é a incorporação da competência como parâmetro de análise dos candidatos a uma posição na organização. As competências permitem definir com mais precisão quais são as entregas esperadas das pessoas e em que nível de complexidade essas entregas devem ser efetuadas.

No início dos anos 2000, a Albras, uma organização que produz lingotes de alumínio e está localizada em Barcarena, no Estado do Pará, implantou um processo de seleção de pessoas por competências. Os candidatos, ao se apresentarem, necessitavam preencher um questionário que permitia uma seleção prévia. Através do questionário era possível verificar a capacidade do candidato em atender às competências exigidas pela posição. Posteriormente, os candidatos que passavam pelo primeiro critério de análise eram entrevistados pelo gestor responsável e por um profissional da área de gestão de pessoas. Ambos tinham um roteiro comum de perguntas e de análise das respostas. Depois desse processo, as pessoas escolhidas eram entrevistadas pelos superiores hierárquicos do gestor responsável e do profissional da área de gestão de pessoas com o mesmo roteiro de perguntas e análise. No caso da Albras, esse processo se mostrou efetivo e os indicadores de adequação das pessoas às necessidades da organização e do nível de adesão das pessoas aos valores da organização tiveram um grande incremento. No Anexo I, apresentamos exemplos de competências, perguntas associadas às competências e roteiros de análise.

As atividades para triar as pessoas mais comuns são as seguintes:

- **Atividades iniciais de triagem** – essas atividades apresentam menor custo e podem ser utilizadas quando há uma massa de candidatos muito grande. Quando trabalhamos com profissionais especializados, podemos combinar análise de currículo com provas de conhecimento. Quando trabalhamos com jovens em início de carreira, podemos combinar análise de currículo, desempenho escolar e testes comportamentais. Quando trabalhamos com mão de obra qualificada, podemos combinar análise de trajetória profissional com testes práticos e/ou de conhecimentos, somente para exemplificar algumas situações. O importante é que a análise seja efetuada nas mesmas bases das próximas fases do processo.

- **Atividades intermediárias de triagem** – as atividades realizadas em triagens intermediárias são utilizadas quando resta uma quantidade grande de pessoas por vaga, algo entre 10 e 30 candidatos. Os objetivos das atividades intermediárias privilegiam, geralmente, os aspectos comportamentais dos candidatos, por essa razão as atividades mais comuns são dinâmicas de grupo. Nesses casos, o grupo tem temas para discutir ou são executadas atividades em comum. Durante a dinâmica, os candidatos são observados em seu relacionamento, conduta, expressão corporal, tom de voz etc. Reforçando, essas análises devem estar coerentes com as das demais atividades.
- **Atividades finais de triagem** – normalmente, nesta fase são utilizadas entrevistas com os candidatos. Estes podem ser entrevistados por uma pessoa de cada vez ou por um grupo de pessoas. É a fase mais custosa, porque implica o uso do tempo dos entrevistadores, mas é também a mais rica por ser possível um aprofundamento no conhecimento mútuo. Nessa fase são negociadas de forma mais efetiva as bases da relação entre a pessoa e a organização.

É importante salientar que nesse processo há uma escolha mútua. A pessoa está escolhendo a organização e a sua chefia.

Papéis no Processo de Escolha

De uma forma mais ampla, temos de um lado a pessoa escolhendo a organização e de outro a organização escolhendo a pessoa. A recomendação é que nesse processo ambas as partes sejam as mais honestas possíveis, para que possa ser construída uma relação de confiança e um contrato psicológico sólido.

O fato de a pessoa não ser a escolhida pela organização ou o fato de a organização não ser escolhida pela pessoa não significam que a pessoa seja incompetente ou que a organização seja uma opção de emprego ruim. O mais provável é que não haja uma compatibilidade entre ambas. Desse modo, cada processo seletivo pelo qual a pessoa passa é um grande aprendizado para seu autoconhecimento.

Por parte da organização, a compreensão do que motiva as pessoas a participarem do processo seletivo pode ser muito reveladora. Existem participantes que não têm qualquer ligação emocional com a organização e estão em processo mecânico. Normalmente, essas pessoas não têm qualquer informação sobre a organização e não fazem nenhum esforço para refletir sobre sua futura relação com a mesma. Outras, ao contrário, conhecem a organização e faz parte de seu sonho trabalhar ali. Perceber essas diferenças é um papel importante do processo de escolha e dos que são responsáveis por sua condução.

Do lado da organização, teremos profissionais da área de gestão de pessoas responsáveis pela estruturação do processo e pela condução de algumas de suas fases. Cabe aos gestores responsáveis pelos futuros colaboradores a escolha definitiva. Nessa divisão de papéis, há risco de o gestor contratar uma pessoa para trabalhar consigo e não para trabalhar para a organização. Esse risco é minimizado quando a decisão é compartilhada por vários gestores e pelo chefe do gestor responsável pelo futuro colaborador.

Processos Discriminatórios na Escolha

Em todo o processo de escolha de pessoas estamos efetuando uma discriminação. A questão importante é analisar quais são os critérios de discriminação. Existem critérios não legítimos socialmente e critérios ilegais. Em nossa sociedade existe uma natural dificuldade para trabalhar com a diversidade, por isso algumas organizações têm desenvolvido trabalhos intensos e profundos para lutar contra essa dificuldade.

O processo de discriminação começa na escolha de pessoas para trabalhar. É fundamental uma vigilância para que isso não ocorra. Por essa razão, processos que envolvem mais pessoas na decisão de escolha minimizam a possibilidade de discriminação. Além disso, a organização deve explicitar sua posição em relação à diversidade para que isso esteja refletido no processo de escolha.

Embora as organizações busquem a diversidade em relação a gênero, raça, opção sexual, vemos outros processos discriminatórios surgindo em nossa sociedade que são mais difíceis de trabalhar, como, por exemplo: faixa etária, peso, condições de saúde etc.

A discriminação nos processos de escolha é algo que deve ser continuamente discutido pela organização para que as pessoas aumentem a sua sensibilidade em relação a essa questão. A pergunta que deve ser sempre feita é: Estamos discriminando as pessoas de forma preconceituosa e não com o propósito de trazer para dentro de casa bons profissionais e boas pessoas?

■ A discriminação nos processos de escolha é algo que deve ser continuamente discutido pela organização, para que as pessoas aumentem a sua sensibilidade em relação a essa questão.

Avaliação da Efetividade do Processo de Escolha

O processo de escolha deve ser efetivo e o melhor indicador é a permanência da pessoa escolhida na organização. Outro indicador é a efetividade da pessoa no exercício de suas atribuições e responsabilidades. Necessitamos discutir, entretanto, como mensurar esses aspectos e com que frequência.

Uma organização participante da premiação das melhores para se trabalhar nos impressionou com uma prática simples e com resultados excelentes. Nessa organização, o profissional de gestão de pessoas que coordenou o processo de escolha de um colaborador torna-se responsável por conversar com o mesmo, uma vez a cada mês durante os primeiros seis meses, e com sua chefia imediata. Com base na conversa, o gestor de pessoas gera um relatório e observa pontos de aprimoramento no processo de captação. Caso o colaborador saia da organização em menos de um ano, esse profissional será responsável pela entrevista de saída para analisar possíveis equívocos no processo.

As organizações podem efetuar o acompanhamento através de questionários ou de entrevistas. Algumas organizações têm processos formais de avaliação efetuada pelo gestor nos primeiros meses de trabalho. Esse pode ser também um bom instrumento de avaliação.

Uma alternativa que analisamos nos anos de 2015 e 2016 foram aplicativos onde as pessoas podem se manifestar, de forma espontânea e anônima, sobre a sua relação com a organização nos primeiros meses de atividade. Esse é um processo interessante para organizações que efetuam grande quantidade de contratações, como bancos, empresas de serviços, varejo etc.

SAIBA MAIS

BASEADO EM REPORTAGEM DIVULGADA NO *SITE*:
<http://exame.abril.com.br/carreira/trainee-repaginado/>
Publicada na revista *Exame* (Editora Abril) em 29.11.2013

A reportagem trata de processos seletivos usando tecnologia de relacionamento. Um dos casos trabalhados na reportagem é da Natura, que vem usando etapas *on-line* para selecionar *trainees*. Esses processos ficaram mais longos – por exemplo, a duração da etapa *on-line* passou de uma para oito semanas.

Antes, nessa fase o candidato apenas preenchia uma ficha com as informações de seu currículo e fazia algumas provas. Atualmente, ao longo de dois meses, ele é convidado a desenvolver uma série de atividades no meio virtual, como contar sua história em ciclos de sete anos; opinar sobre questões apresentadas em vídeos postados pela companhia e responder a questionários pelos quais a empresa analisa sua personalidade, estilo e forma de pensar.

Uma novidade, segundo a organização, é a apresentação de *cases* ainda na etapa *on-line*. Os candidatos são divididos em grupos e, depois de trabalhar individualmente no *case* proposto, apresentam seus resultados. O objetivo é avaliar como as pessoas tomam decisões e isso permite conhecer melhor os candidatos antes das etapas presenciais. Com esse processo a organização afirma que reduziu custos e ganhou efetividade, porque os candidatos que passam por essa etapa inicial têm identidade com a organização.

> Outro aspecto ressaltado pela reportagem é que a idade limite para que as pessoas se candidatem aos programas de *trainees* vem aumentando. Segundo o depoimento de uma das organizações entrevistadas, há a percepção de que candidatos um pouco mais velhos costumam ter planejamento de carreira mais bem definido, reduzindo a evasão ao longo dos programas e aumentando o nível de retenção após o programa.
>
> A reportagem aponta que os programas, segundo os entrevistados, ficaram mais flexíveis quanto à área de formação dos candidatos, antes restrita a carreiras tradicionais, como administração, economia e engenharia. As organizações entrevistadas aceitam pessoas com graduação em qualquer curso. Nelas, prevalece a opinião de que turmas de *trainees* mais heterogêneas favorecem a diversidade de opiniões e a proposição de novas soluções.

SOCIALIZAÇÃO DAS PESSOAS

Integração das Pessoas pela Organização

Outra forma de movimentação é a internalização das pessoas na organização. Esse processo é iniciado a partir da imagem da organização no mercado de trabalho ou a partir do primeiro contato com a pessoa. A partir do primeiro contato, em todas as ações decorrentes até o momento em que a pessoa ingressa na organização, vão sendo construídas expectativas mútuas entre a pessoa e a organização, o que é chamado de contrato psicológico, sobre o qual falamos na primeira parte deste livro. A forma como a pessoa é acolhida pela organização terá grande influência na relação a ser estabelecida entre a mesma e o seu trabalho. Infelizmente, verificamos que há um grande descaso com a acolhida da pessoa. Na maior parte das organizações que pesquisamos, não encontramos nenhuma ação de acolhimento. Eventualmente, há um momento em que a organização é apresentada para o novo colaborador, mas na sequência a pessoa é encaminhada para o seu posto de trabalho sem nenhuma orientação. Verificamos em organizações públicas e privadas o efeito positivo no clima organizacional das ações de acolhimento. Esse movimento é caracterizado como um processo de socialização da pessoa em seu ambiente de trabalho (VAN MAANEN, 1989:45), no qual ela entra em contato com os padrões culturais e políticos da organização.

As práticas mais comuns encontradas nas empresas são:

- **Integração** – são ações que procuram aclimatar a pessoa em seu ambiente de trabalho, informar sobre a organização e seu negócio, estabelecer ligação com pessoas importantes para o trabalho, oferecer orientação sobre normas e procedimentos etc.
- **Orientador** – é designado para orientar a pessoa nos contatos iniciais com a organização e servir de elo entre as expectativas da organização e da pessoa.
- **Divulgação da organização** – são ações que visam criar uma imagem positiva da organização em seu mercado de trabalho.
- **Negociação de expectativas** – são ações desenvolvidas durante os contatos preliminares com a organização onde são avaliadas as expectativas entre a pessoa e a organização, tais como: condições de trabalho, possibilidades de desenvolvimento e carreira, formas de recompensa, ambiente e clima de trabalho etc.

A relação entre a organização e a pessoa deve ser uma preocupação constante de ambas as partes. Normalmente, ela é trabalhada no início e depois esquecida. Poucas são as organizações que têm uma preocupação constante com esse aspecto. Não bastam boas ações de recepção da pessoa pela empresa se essas ações não tiverem continuidade ou se as ações subsequentes não forem coerentes com as ações de internalização.

O processo de recepção da pessoa pela organização deve preocupar-se com os seguintes aspectos:

- Dar continuidade ao contrato estabelecido entre a organização e a pessoa durante o processo de captação.
- Oferecer informações sobre a organização, sobre as pessoas que nela trabalham, sobre seu mercado e clientes.
- Criar vínculos com outras pessoas na organização que possam servir de referência para a pessoa que está entrando na empresa.
- Estabelecer um processo de acompanhamento da pessoa na organização e do seu nível de satisfação.
- Criar canais de comunicação para que a pessoa possa manifestar-se sobre a adequação de sua relação com a organização.
- Coerência do conjunto das políticas e práticas de gestão de pessoas com o processo de internalização.

A questão da internalização das pessoas foi trabalhada por Van Maanen (1989:45) como processo de socialização das pessoas na organização; o autor aborda as estratégias utilizadas e as principais consequências das mesmas para as pessoas e para a organização.

O processo de internalização não deve ser utilizado para reprimir ou padronizar comportamento das pessoas e das suas relações com a organização. Caso a empresa utilize o processo de internalização para iniciar um processo de adestramento comportamental, estará matando as possibilidades de contribuições criativas das pessoas e perdendo toda a riqueza da diversidade oferecida pelas diferenças individuais.

> As pessoas, quando ingressam em um ambiente desconhecido, sentem natural insegurança e tendem a ter dificuldades para ler as demandas do contexto sobre elas.

Importância de Suporte à Pessoa Quando Ingressa na Organização

As pessoas, quando ingressam em um ambiente desconhecido, sentem natural insegurança e tendem a ter dificuldades para ler as demandas do contexto sobre elas. Isso gera na pessoa desconforto e demanda para a organização um período de tempo maior até que a pessoa esteja atuando plenamente em seu trabalho.

Formas estruturadas de socialização auxiliam no processo de integração da pessoa e na construção de uma imagem positiva da organização. Um relato que chamou a atenção de um dos autores deste livro foi o de uma senhora que, quando iniciou seu trabalho na organização, não tinha espaço e ficou durante o primeiro mês sentada em uma cadeira segurando a sua bolsa, sem nada para fazer. Atualmente, essa senhora tem uma relação muito boa com a organização em que trabalha, mas se ressente do fato de haver ainda um descaso com as pessoas que iniciam seu trabalho ali.

As atividades estruturadas de socialização são muito simples e, normalmente, não necessitam de investimentos. Trata-se de criar um ritual a ser seguido pelas pessoas que iniciam seu trabalho, de designar pessoas para ajudar na socialização, de estruturar encontros entre pessoas, além de outras iniciativas.

Temos recomendado para as organizações, como parte do ritual de socialização, uma avaliação estruturada realizada pelo gestor da pessoa a cada mês nos três primeiros meses e outra no final do primeiro semestre. Desse modo, há um acompanhamento formal, por parte do gestor, do nível de integração e adequação da pessoa ao seu trabalho.

Importância do Suporte Quando a Pessoa se Movimenta na Organização

Quando a pessoa é transferida de área ou de localidade dentro da mesma organização, vive um processo de ruptura em sua socialização. Necessita ser integrada a um novo ambiente e contexto, embora na mesma organização.

Poucas organizações têm preocupação em oferecer suporte às pessoas nos processos de movimentação. As chefias estão sempre muito ocupadas para dedicar tempo a ajudar as pessoas

> Quando a pessoa é transferida de área ou de localidade dentro da mesma organização, vive um processo de ruptura em sua socialização. Necessita ser integrada a um novo ambiente e contexto, embora na mesma organização.

recém-chegadas e estas ficam entregues a sua própria sorte. Dependendo da personalidade da pessoa e de sua facilidade em se comunicar, ela pode encontrar mais ou menos dificuldade em se socializar. Por essa razão, recomendamos fortemente que nesses casos seja designada uma pessoa para servir de suporte ao recém-chegado.

Nessa situação temos recomendado, também, uma avaliação estruturada realizada pelo gestor da pessoa a cada mês nos três primeiros meses e outra no final do primeiro semestre. Desse modo, há um acompanhamento formal, por parte do gestor, do nível de integração e adequação da pessoa ao seu trabalho.

MOVIMENTAÇÃO DAS PESSOAS

Processos de Transferência

A transferência é uma forma muito comum de movimentação das pessoas na organização. Normalmente, são movimentos dentro da própria organização onde a pessoa muda de área de atuação, muda de carreira ou geograficamente. As transferências são normalmente realizadas observando os interesses das pessoas envolvidas e da organização.

As transferências podem ser motivadas pela ampliação do quadro de pessoas em função da expansão das atividades da organização. Nesse caso, as pessoas podem ser transferidas para posições de maior complexidade, onde passam a assumir atribuições e responsabilidades que agregam mais valor para a organização, e mais valorizadas em termos salariais. As posições deixadas por essas pessoas são também preenchidas por outras que atuavam em níveis menores de complexidade, passam a ampliar o seu espaço ocupacional na organização e assim sucessivamente. Geralmente, uma ampliação do quadro da organização ocasiona várias oportunidades de crescimento para as pessoas. Essas transferências são associadas a promoções na carreira e no salário.

As pessoas podem ascender em suas carreiras como resultado de uma reestruturação organizacional, aposentadorias, demissões ou falta de pessoal por problemas de saúde, afastamento ou morte. Nesses casos, como no do parágrafo anterior, aquelas pessoas mais bem preparadas assumem naturalmente posições de maior complexidade e criam possibilidades para outros movimentos.

Outras situações envolvem mudanças geográficas em função de novas instalações, abertura de filiais ou escritórios e solicitação das pessoas. Nesses casos, a mudança pode ou não estar associada a uma ampliação de complexidade de atribuições e responsabilidades.

> Em termos ideais, as transferências devem atender necessidades e prioridades da organização e das pessoas.

Em termos ideais, as transferências devem atender necessidades e prioridades da organização e das pessoas. Atualmente, com operações em dimensões nacionais e mundiais, a mobilidade das pessoas torna-se uma questão vital para permitir flexibilidade e agilidade organizacional. Em contrapartida, a vida das pessoas tornou-se mais complexa. Normalmente, por exemplo, um casal tem prioridades profissionais e pessoais diferentes e que devem ser compatibilizadas. A educação dos filhos vem ganhando cada vez maior importância, as ligações com a comunidade entram mais na vida das pessoas, a rede de relacionamentos torna-se um patrimônio importante etc.

> No processo de expatriação, é importante a pessoa estar disposta a conciliar os conflitos gerados pelas diferenças culturais existentes.

Como decorrência, temos situações cada vez mais complexas a serem equacionadas. As soluções unilaterais da organização são cada vez menos aceitas e correm o risco de abalar o comprometimento das pessoas com a organização.

Expatriações

Um movimento que vem crescendo nas organizações é o de expatriação. A presença das organizações brasileiras em vários países torna necessário pensar a expatriação de forma mais estruturada. Além das características apresentadas na transferência, na expatriação as pessoas estão sendo movimentadas para outros países acompanhadas geralmente de suas famílias. Esse movimento é bem mais complexo do que a simples transferência por implicar os seguintes aspectos:

- Mudança para um local com língua e costumes diferentes, que demanda não só um processo de adaptação, mas predisposição da pessoa e de sua família para adaptação. A organização e a pessoa devem avaliar com muito cuidado quais são as condições concretas de adaptação da pessoa e de sua família na nova localidade. Muitas organizações estimulam a pessoa e sua família a visitarem o local e avaliarem vários aspectos previamente estabelecidos antes de tomarem uma decisão. Para muitas pessoas, a não adaptação da família à nova localidade torna inviável sua permanência, nesse caso a organização perde um grande investimento na expatriação.
- Alteração de rotinas e construção de uma nova rede de relacionamentos, tanto para quem está sendo movimentado quanto para sua família.
- Criação de infraestrutura para a pessoa e sua família.
- Necessidade de um acompanhamento constante da pessoa e de sua família em termos de adaptação à nova vida.

A expatriação é um processo de movimentação muito dispendioso e deve ser encarado como um projeto pela organização, no qual as futuras relações do expatriado com a nova localidade são previamente trabalhadas tanto pela organização quanto pela pessoa e por sua família. Esse projeto deve gerar as bases para um contrato psicológico entre a organização e a pessoa levando em conta os seguintes elementos:

- Remuneração e facilidades para viver na nova localidade.
- Suporte para a família em termos de estudos e trabalho.
- Infraestrutura para desenvolver o trabalho.
- Processo de mudança e adaptação.

As organizações, ao efetuarem o processo de expatriação, raramente conseguem antever o retorno da pessoa ao país. Esse tipo de acerto é difícil de ser efetuado, porque não é possível antever o que acontecerá com a organização e/ou com a pessoa. Normalmente, quando a pessoa deseja regressar ao país de origem, avalia-se a condição de recebê-la de volta ou contrata-se um serviço de recolocação.

Atualmente, as organizações estão bem aparelhadas para discutir o processo de expatriação. Vários estudiosos têm discutido os fatores que facilitam ou dificultam o processo de adaptação do expatriado em uma nova localidade. Estudos como de Hampden-Turner e Trompenaars (1993) demonstram a importância de se estudarem as diferenças culturais e suas influências nos negócios internacionais. Segundo Irene Miura (2001), a partir de estudos em sete países os autores procuraram construir as seguintes dimensões culturais:

- Universalismo (EUA, Alemanha e Suécia) × Particularismo (França e Japão).
- Individualismo (EUA, Inglaterra, Holanda e Suécia) × Comunitarismo (França, Alemanha e Japão).
- Internamente Orientado (EUA, Inglaterra e Alemanha) × Externamente Orientado (Suécia, Holanda, França e Japão).
- Tempo Sequencial (EUA, Suécia, Holanda, Inglaterra e Alemanha) × Tempo Sincronizado (França e Japão).
- *Status* Alcançado (EUA, Inglaterra, Suécia, Alemanha, Holanda e Japão) × *Status* Atribuído (França).

Miura (2001:128) procura mostrar em seu trabalho a importância da disposição da pessoa a conciliar os conflitos gerados pelas diferenças culturais existentes nos processos de expatriação.

SAIBA MAIS

PESQUISA SOBRE MOBILIDADE INTERNACIONAL

Desde 2011, a Global Line (2016) realiza pesquisas com organizações internacionais sobre mobilidade internacional. Em 2016 houve a participação de 210 organizações internacionais com atuação no Brasil; 55% delas possuem mais de 10.000 empregados e 79% têm sede fora do Brasil.

Os resultados confirmaram os dos anos anteriores, com uma grande valorização das carreiras internacionais. Em organizações com sede fora do Brasil, 53% das posições na alta gestão são ocupadas por profissionais com carreira internacional, contra 20% das organizações com sede no Brasil.

Outra confirmação foram as questões familiares e pessoais como principal motivo para o insucesso nos processos de expatriação.

Houve um decréscimo do movimento de expatriação no Brasil em relação aos anos anteriores, explicado provavelmente pela crise vivida em 2016. Entretanto, todos os entrevistados mantêm sua visão sobre a importância do processo.

Recolocação

A recolocação é um movimento mais característico da modernidade da gestão de pessoas. Com a maior mobilidade das pessoas no mercado, a maior longevidade profissional e o encurtamento das carreiras, as pessoas ficam cada vez mais preocupadas com a recolocação no mercado. Podemos pressupor que nos próximos anos o processo de recolocação será tão natural nas organizações quanto o de captação. Esse quadro é reforçado pela necessidade das organizações em desenvolver continuamente as pessoas, em muitos casos, sem capacidade para absorver todos que desenvolvem. O estímulo para as pessoas se movimentarem para o mercado estará cada vez mais presente nas práticas de gestão de pessoas.

Os processos de recolocação podem ser pontuais, ou seja, são iniciados quando uma pessoa necessita ser recolocada ou podem ser planejados – por exemplo, em organizações com alta rotatividade em função da natureza de suas atividades, tais como *call centers*, *fast-food*, empresas aéreas etc. As iniciativas pontuais podem ser efetuadas por equipe interna ou através da contratação de serviços especializados. Normalmente, quando as posições ocupadas pelas pessoas são de natureza operacional ou técnica de nível médio, é mais fácil e econômico a recolocação ser responsabilidade da equipe interna. Quanto mais complexa a posição, mais sofisticada se torna a recolocação e nesse caso é mais simples e econômico contratar serviços especializados.

As recolocações planejadas são mais raras no mercado, mas vêm se tornando um importante instrumento de gestão estratégica de pessoas. Esse tipo de recolocação pode acontecer em duas situações:

- Demissões em massa, quando a organização encerra suas atividades no país, transfere-se de localidade ou tem uma grande redução em suas atividades. Nesse caso, é comum a organização estruturar um projeto especial para recolocação, contando com a ajuda de profissionais especializados em recolocação e com o suporte de profissionais de comunicação.

- Empresas com grande rotatividade de pessoas, onde é importante a preocupação em trazer pessoas do mercado, agregar valor para essas pessoas e depois devolvê-las para o mercado em situação de competirem em patamar superior ao que tinham quando entraram na organização. Nesses casos, é importante estudar para onde essas pessoas podem estar rumando profissionalmente e prepará-las para tanto. Por exemplo, em empresas de *call center*, os trabalhadores podem ser treinados visando sua recolocação e com isso garante-se para as pessoas em seu trabalho uma preparação para atuação futura em outras organizações. Esse tipo de atitude das organizações tem gerado res-

> A recolocação é um movimento mais característico da modernidade da gestão de pessoas.

postas muito positivas dos trabalhadores em termos de motivação para o trabalho e ganhos no relacionamento com clientes.

A recolocação vai se tornando cada vez mais importante no conjunto dos movimentos das pessoas. As organizações e profissionais de gestão de pessoas devem estar mais atentos para pensar a movimentação das pessoas de uma forma ampla, inclusive para fora da organização.

Resumo e Implicações para o Aprendizado sobre Gestão de Pessoas

Neste capítulo, vimos o processo de captação de pessoas, tanto na forma de atração quanto na de escolha. Vimos também a importância de acolher as pessoas que chegam em nossas organizações e como esse recurso interfere no processo de retenção. Finalmente, discutimos a movimentação das pessoas na organização desde sua entrada até sua saída, passando pelas transferências, expatriações e recolocação no mercado de trabalho.

As principais implicações para o aprendizado sobre a gestão de pessoas podem ser resumidas em:
- Os processos mais modernos de captação de pessoas e as tendências apontadas pela tecnologia.
- Diferentes formas de socializar as pessoas que chegam à organização, quer vindas de fora, quer vindas de outras áreas.
- A movimentação dos indivíduos como elemento importante da gestão estratégica de pessoas.

QUESTÕES

Questões para fixação

1. Quais devem ser as preocupações da organização com o processo de captação de pessoas?
2. Como podemos classificar a movimentação das pessoas na organização e/ou no negócio?
3. Quais as preocupações da organização nos processos de internalização, transferência, expatriação e recolocação?

Questões para desenvolvimento

1. Qual a importância do processo de internalização para a construção da relação entre a pessoa e a organização?
2. Quais são os cuidados a serem observados pela organização e pela pessoa nos processos de expatriação?
3. Por que a recolocação se torna cada vez mais importante para a organização e para as pessoas?

ESTUDO DE CASO E EXERCÍCIOS

A empresa Vida S.A. atua no setor eletroeletrônico há 20 anos, com grande tradição em desenvolvimento, industrialização e comercialização de equipamentos na área de saúde. Durante os últimos 10 anos, a organização aproveitou as oportunidades do mercado para expandir sua linha de produtos e consolidar-se no mercado brasileiro. Para essa consolidação estabeleceu as seguintes linhas de ação:

- Associação com organizações internacionais de forte reputação e tradição.
- Aplicação sistemática de 15% de seu faturamento em pesquisa e desenvolvimento.
- Implementação de programas de produtividade e qualidade.
- Implementação de programas de atendimento e garantia da satisfação dos usuários de seus equipamentos.
- Revisão de toda estrutura de serviços de manutenção e atendimento técnico aos clientes.

- Programa para atração, retenção e desenvolvimento de talentos para a empresa.

Essas linhas de ação permitiram que a organização experimentasse um crescimento de 700% nos últimos 10 anos, a consolidação no mercado nacional e a entrada no mercado mundial. No penúltimo ano, entretanto, a organização teve uma grande queda na demanda do mercado nacional e procurou compensar com maior atenção ao mercado internacional. Durante esse período, o faturamento manteve-se estabilizado. No último ano, a organização enfrentou problemas no mercado internacional que ocasionaram uma queda de 30% em seu faturamento. Em função disso, a organização efetuou drásticos cortes em seu pessoal e nos investimentos em pesquisa e desenvolvimento, e eliminou os programas de capacitação e desenvolvimento de pessoas.

No primeiro semestre deste ano, o mercado nacional voltou a se aquecer e a organização recebeu uma grande encomenda dos EUA. Para dar conta dessa demanda, necessitou ampliar o seu quadro em 30% e para cumprir os compromissos tomou as seguintes providências:

- Ampliou a jornada de trabalho, pagando horas extras.
- Iniciou procura de quadro complementar.
- Abriu contratação de prestadores de serviços.

A organização enfrentou, entretanto, os seguintes problemas:

- Mesmo ampliando a jornada de trabalho, não consegue dar conta da demanda, além de a produtividade geral diminuir em função da fadiga.
- O clima interno não é estimulante, uma vez que a organização parou com o programa de capacitação e desenvolvimento, efetuou cortes de pessoal e tem problemas de comunicação com seus empregados.
- O mercado é muito especializado e a organização está tendo dificuldades para encontrar pessoas capacitadas e em condições de dar respostas imediatas para as suas necessidades.
- Como o mercado experimentou um período recessivo, não há prestadores de serviços disponíveis – os existentes estão todos absorvidos.

As questões em relação ao caso são as seguintes:

1. Como a organização pode solucionar os seus problemas imediatos de forma a não comprometer seu médio e longo prazo?
2. Analise os erros cometidos pela organização e que fizeram com que chegasse à situação descrita.

REFERÊNCIAS

GLOBAL LINE. *Mobility Brasil*. Relatório interno. São Paulo: Global Line, 2016.

HAMPDEN-TURNER, C.; TROMPENAARS, F. *The seven cultures of capitalism*: values systems in the United States, Britain, Japan, Germany, France, Sweden and the Netherlands. New York: Doubleday, 1993.

MIURA, Irene K. A influência dos valores culturais sobre o comportamento de executivos em designações internacionais. 2001. Tese (Doutorado) – FEA-USP, São Paulo.

VAN MAANEN, J. Processando as pessoas: estratégias de socialização organizacional. In: FLEURY, M. T. L.; FISCHER, R. M. *Cultura e poder nas organizações*. São Paulo: Atlas, 1989.

PARTE III

Desenvolvendo Pessoas

Objetivos da PARTE III

- Ajudar o leitor a refletir sobre sua carreira e seu desenvolvimento pessoal e profissional.
- Oferecer conceitos e instrumentos para analisar o movimento da pessoa na organização desde a sua entrada até a sua saída.
- Compreender a importância estratégica da movimentação na gestão de pessoas e na gestão da organização.
- Permitir ao leitor uma visão crítica de sua relação com seu trabalho e com a organização.

Resultados Esperados com a Leitura da PARTE III

- Reflexão do leitor sobre seu processo de movimentação na organização e no mercado de trabalho.
- Compreensão das várias etapas e processos envolvidos na movimentação da pessoa dentro das organizações.
- Discussão sobre a gestão estratégica de pessoas e seu impacto no dimensionamento de quadro.

Nesta parte do livro, iremos trabalhar os processos cujo objetivo é o de estimular e criar condições para o desenvolvimento das pessoas e da organização. A questão do desenvolvimento das pessoas na organização contemporânea é fundamental para a manutenção e/ou ampliação do seu diferencial competitivo. Por que é fundamental? Porque as organizações estão cada vez mais pressionadas, tanto pelo ambiente externo quanto pelas pessoas com as quais mantêm relações de trabalho, para investir no desenvolvimento humano. As organizações estão percebendo a necessidade de estimular e apoiar o contínuo desenvolvimento das pessoas como forma de manter suas vantagens competitivas. Ao mesmo tempo, as pessoas buscam seu contínuo desenvolvimento para obter segurança quanto a sua inserção no mercado de trabalho.

O grande desafio está em orientar esse desenvolvimento em um ambiente tão volátil como o que vivemos e provavelmente viveremos amanhã. Para enfrentar esse desafio, temos que encontrar referenciais estáveis para balizar o desenvolvimento das pessoas e da organização.

Podemos antever que, independentemente dos possíveis cenários futuros, as organizações e a sociedade como um todo caminham para maior complexidade tecnológica e das relações. As pessoas necessitam ser preparadas para contextos cada vez mais exigentes e complexos. Ao mesmo tempo, o desenvolvimento humano está cada vez mais associado à complexidade. Podemos definir o desenvolvimento da pessoa como "**capacidade para assumir atribuições e responsabilidades em níveis crescentes de complexidade**".

Conforme foi observado na primeira parte deste livro, essa definição de desenvolvimento permite os seguintes desdobramentos:

- Mensuração do desenvolvimento: ao mensurarmos os níveis de complexidade, podemos medir o nível de desenvolvimento de uma pessoa.
- Perenidade e comparabilidade dos padrões: como o objeto da mensuração não é o trabalho da pessoa e sim a complexidade do seu trabalho, temos um padrão estável no tempo. Além disso, temos condições de comparação entre diferentes tipos de trabalho e de trabalhos em diferentes contextos.
- Desenvolvimento como patrimônio da pessoa: sabemos hoje que, quando a pessoa aprende a atuar em determinado nível de complexidade, ela não regride para níveis menores. Ao contrário, quando tem que trabalhar em níveis de menor complexidade, a pessoa se sente frustrada e não desafiada (STAMP; STAMP, 1993). O desenvolvimento é um patrimônio que a pessoa levará consigo para onde for.

O conceito do desenvolvimento atrelado à complexidade não é suficiente para podermos construir instrumentos para sua gestão. Falta um componente para dar direção e foco ao desenvolvimento. Os conceitos de competência e carreira vêm sendo utilizados para esse fim.

O conceito de competência foi trabalhado na primeira parte deste livro. Podemos dizer que uma pessoa é competente quando ela, através de suas capacidades, consegue entregar e agregar valor para a organização, para si própria e para o meio onde vive. Portanto, ao definirmos o que a pessoa deve entregar para a organização, estamos dando foco ao desenvolvimento. Ao estabelecermos diferentes níveis de complexidade dessa entrega, estamos construindo uma escala para mensurar e orientar o desenvolvimento.

Dentro das organizações, temos necessidade de diferentes conjuntos de entrega em função de áreas ocupacionais, tipos de carreira, negócios etc. Vamos nos valer do conceito de carreira para definir quais devem ser as entregas necessárias para a organização e quais são os horizontes profissionais oferecidos.

A carreira não deve ser entendida como um caminho rígido a ser seguindo pela pessoa e sim como uma sequência de posições e de trabalhos realizados por ela. Essa sequência, articulada de forma a conciliar o desenvolvimento das pessoas com o desenvolvimento da empresa, é o que chamaremos de carreira.

Para compreendermos como a organização pode estimular, apoiar e oferecer condições concretas para o desenvolvimento da pessoa, vamos abordar inicialmente, no Capítulo 6, o papel da pessoa como protagonista de seu desenvolvimento e de sua carreira.

Posteriormente, no Capítulo 7, vamos trabalhar o papel da organização privilegiando seu olhar para a estruturação e gestão de um sistema de carreira.

No Capítulo 8, discutiremos com maior profundidade o processo de desenvolvimento das pessoas e sua relação com o desenvolvimento organizacional.

Finalmente, no Capítulo 9, vamos trabalhar a conciliação de expectativas entre a organização e as pessoas.

CAPÍTULO 6

O Protagonismo das Pessoas em Relação ao seu Desenvolvimento e à sua Carreira

O QUE SERÁ VISTO NESTE CAPÍTULO

Importância do protagonismo da pessoa em relação à sua carreira

- O que é o protagonismo da pessoa.
- Como pensar a carreira.
- Cuidados ao pensar na carreira.

Construção de um projeto de carreira

- Elaboração de objetivos.
- O autoconhecimento.
- Valores.
- Habilidades naturais.
- Processos de escolha e etapas da carreira.

Armadilhas profissionais

- Caminho sem saída.
- Infelicidade profissional.
- Caminho errado.
- Desgaste de imagem.

Estratégias de carreira

- Crescimento na carreira.
- Mudança de carreira na mesma organização.
- Mudança de organização na mesma carreira.
- Mudança de organização e de carreira ao mesmo tempo.
- Carreiras complementares.

Negociação da carreira com a organização

- Papéis no processo de negociação.
- Cuidados necessários no processo de negociação com a organização.
- Espaços a serem criados pela organização para a negociação de carreira.

QUE REFLEXÕES SERÃO ESTIMULADAS

- Com que intensidade a gestão de pessoas influencia o desenvolvimento organizacional?
- Como ocorreu o processo evolutivo da gestão de pessoas?
- Para onde caminhamos na gestão de pessoas?
- Por que é importante compreender a gestão de pessoas?

CONEXÕES COM O NOSSO COTIDIANO

Gestão do meu desenvolvimento pessoal e da minha carreira

- Como posso utilizar a compreensão de como as pessoas se desenvolvem a meu favor.
- Como posso identificar oportunidades de desenvolvimento profissional.
- Como as pessoas podem me ajudar em meu desenvolvimento.

Compreender a minha relação com a organização e as minhas possibilidades futuras

- Por que sou importante para a organização.
- Como posso contribuir mais com meu trabalho.
- Como posso utilizar melhor minhas qualidades.

ESTUDO DE CASO

DILEMA DE CARREIRA

Sandro é formado em Engenharia de Computação pela UNICAMP. Durante a faculdade, iniciou seu estágio na área de Tecnologia de uma grande consultoria multinacional baseada em São Paulo, sendo efetivado como analista júnior após a conclusão de seu curso. Teve uma carreira brilhante e meteórica, sendo que em quatro anos já era gerente e liderava pessoas mais velhas do que ele. Seus projetos sempre estavam no prazo e com custo adequado, e quase não existiam reclamações de qualidade sobre as suas entregas. Sandro era também um ótimo líder, que sabia delegar as atividades e obter o melhor de seus subordinados. Seus colegas o viam como um profundo conhecedor de projetos de tecnologia e ele sempre era elogiado pelos seus superiores. Porém, Sandro sabia que, para sua próxima promoção ocorrer, ele teria que desenvolver suas habilidades de venda, pois os gerentes experientes também eram responsáveis por vender seus projetos e eram cobrados por atingir as metas de vendas da organização. Além disso, Sandro começou a atuar em um projeto no México com um cliente muito estratégico para a empresa. Tinha que viajar a cada quinze dias e isso começou a gerar problemas pessoais, já que ele era casado e tinha dois filhos pequenos. Mas, se Sandro fosse bem nesse projeto, haveria grande possibilidade de promoção e ele teria um aumento de 50% em seu salário, além de poder utilizar um carro de luxo da empresa. Neste momento, Sandro recebeu proposta de uma empresa de telefonia de Curitiba para assumir uma posição de gerente experiente na área de Tecnologia. O salário era um pouco melhor do que o seu, mas ele teria a vantagem de não ter mais que viajar e nem de ter que vender projetos.

Analisando a situação de Sandro:

1. Quais seriam as vantagens e desvantagens da troca de emprego?
2. Quais são os papéis da própria pessoa e da organização na gestão da carreira?

IMPORTÂNCIA DO PROTAGONISMO DA PESSOA EM RELAÇÃO À SUA CARREIRA

O caso de Sandro ilustra situações comuns vividas pelas pessoas quando estão diante de encruzilhadas de carreira, ou seja, estão diante de várias opções que oferecem diferentes tipos de atrativo e exigem diferentes tipos de sacrifício. Sempre que estamos diante de uma escolha, ao efetuarmos a opção por uma das alternativas, o problema é renunciarmos às demais.

O Que é o Protagonismo da Pessoa

A discussão estruturada sobre carreira, tanto no ambiente acadêmico quanto no profissional, passa a ter expressão somente a partir dos anos 1970 nos Estados Unidos (HALL, 1986). A ênfase da literatura americana sobre carreira incidiu, ao longo de sua história, sobre o papel das pessoas na gestão de suas carreiras e na sua relação com o trabalho e organizações.

No Brasil, nossas pesquisas privilegiaram a carreira na perspectiva da organização e somente nos anos 1990 há um interesse incipiente da academia pela perspectiva da pessoa. Somente nos anos 2000 é que iniciamos uma produção mais intensa sobre a gestão da carreira, com uma produção equilibrada analisando o tema na perspectiva da pessoa e da organização.

Nosso interesse pela perspectiva da pessoa nos anos 1990 deveu-se a dois aspectos. O primeiro era a perspectiva de uma década de grandes transformações e incertezas pressionando as pessoas a saírem de suas posições de conforto para repensarem sua inserção no mercado de trabalho. O segundo era o desenvolvimento de serviços especializados em orientação de carreira, praticamente inexistentes até o final da década de 1980.

Em nossas primeiras pesquisas, ficamos impactados pelo fato de os brasileiros não possuírem um projeto de carreira: 98% dos pesquisados jamais haviam refletido de forma estruturada sobre sua carreira. Ao longo do tempo, com o aprofundamento das pesquisas percebemos que se tratava de uma característica de nossa cultura. O brasileiro não é estimulado a realizar esse tipo de reflexão em casa, na escola e no trabalho.

Verificamos que o brasileiro tem dificuldade de sonhar em termos profissionais, sempre que tenta fazê-lo projeta o futuro e a si próprio como igual ao presente. Por essa razão, quando trabalhamos o tema temos que pensá-lo considerando nossa realidade, não podemos simplesmente importar estudos e reflexões realizados em outras culturas e realidades.

Ao longo dos anos 1990, insistimos em que era importante o planejamento da carreira e trouxemos para a realidade brasileira as abordagens e metodologias desenvolvidas para a realidade americana. Ao mesmo tempo, fomos percebendo a resistência do brasileiro em absorver esse comportamento e esses métodos em seu dia a dia. Duas evidências nos fizeram rever nossas posições:

- Acompanhamos pessoas que haviam passado por momentos de crise em suas carreiras e procuraram serviços de aconselhamento ou passaram por serviços de recolocação. Ao longo desses trabalhos, foram estimulados a refletir sobre suas carreiras e a importância de uma reflexão continuada e sistêmica. Ao pesquisarmos essas pessoas após superado o momento da crise, verificamos que a maioria havia abandonado a ideia de uma reflexão sistemática e não tinha um projeto profissional estruturado.
- Uma empresa internacional de capital americano implantou no Brasil uma estrutura mundial de planejamento de carreira em 1987 e em 1993 aprimorou o processo. Os empregados recebiam uma semana de treinamento para planejar suas carreiras e havia pelo menos uma reunião anual para discussão entre o empregado e seu líder sobre o tema. Havia pressão sobre a liderança para a realização dessa reunião, porque estava vinculada à remuneração variável. Ao longo dos anos 1990, cerca de 80% das pessoas realizavam seus planos de carreira e discutiam com suas lideranças. A partir de 1997, a empresa deixou de fazer pressão sobre o processo. Nesse ano o percentual despencou para 60% e no ano seguinte para 40%. Ou seja, embora houvesse um processo estruturado e valorizado pela cultura da organização, assim que se retirou a pressão sobre essa prática ela foi sendo gradualmente abandonada. O mesmo não ocorreu na realidade americana.

A partir dos anos 2000, mudamos nossa postura e passamos a estimular as pessoas a assumirem as rédeas da gestão de suas carreiras, buscando uma forma de criar esse estímulo considerando as características de nossa cultura.

Neste capítulo, vamos trazer os resultados desse trabalho e discutir sua importância e a maneira pela qual as pessoas podem assumir o protagonismo na gestão de seu desenvolvimento e de suas carreiras. Além disso, vamos repassar a evolução da teoria sobre carreira no Brasil e no mundo, procurando propor parâmetros para analisarmos criticamente essa produção e seu ajuste à realidade brasileira.

Importância do protagonismo em relação à carreira

As pessoas com maior consciência sobre as possibilidades para seu desenvolvimento profissional tendem a ter uma visão de oportunidades de desenvolvimento para a organização e para as pessoas ao seu redor. Assim, essas pessoas passam a ser naturalmente mais contributivas para o contexto onde se situam e mais valorizadas.

As organizações, gradativamente, vão se dando conta da importância desse comportamento entre seus colaboradores, criando estímulos, condições concretas e critérios de valorização para as pessoas assumirem o protagonismo de seu desenvolvimento e de suas carreiras.

O que é ter protagonismo em relação ao desenvolvimento e à carreira? É assumir a iniciativa de pensar o desenvolvimento a partir de nós mesmos, ou seja, um movimento de dentro para fora, respeitando o que somos e aquilo em que acreditamos. Dessa forma, conseguimos distinguir o que é uma oportunidade de crescimento pessoal e profissional de uma armadilha que se apresenta como algo muito atraente, mas que não está alinhado com o que queremos.

O protagonismo está associado a ideia de termos um projeto profissional consciente; significa sabermos onde e como queremos chegar e agir de forma consistente e coerente com o nosso propósito. As pessoas que têm um projeto levam vantagens em relação àquelas que não têm, porque focam os seus investimentos, gerenciam o seu desenvolvimento, olham o

> O brasileiro não é estimulado a realizar reflexões sobre sua carreira em casa, na escola e no trabalho.

> O protagonismo está associado à ideia de termos um projeto profissional consciente; significa sabermos onde e como queremos chegar e agir de forma consistente e coerente com o nosso propósito.

mercado e a organização com os seus olhos e não com os olhos dos outros e possuem uma visão mais ampla das oportunidades.

Na década de 1990, convidamos pessoas em posição gerencial e em posições técnicas de alto nível para discutir suas carreiras. Constatamos que a maioria não tinha um projeto profissional e, quando pedíamos para que projetassem suas carreiras no futuro, essas pessoas utilizavam referenciais dados por sua realidade. Os gerentes normalmente utilizavam o organograma como referência e os profissionais técnicos, as estruturas de cargos e salários. Usavam como referência padrões que refletiam o passado e não o futuro. Observamos em outras pesquisas que as pessoas olhavam para o mercado de trabalho utilizando como referências padrões que explicavam o passado do mercado e não o seu futuro. Nossa constatação final foi de que os nossos pesquisados, em sua maioria, quando pensavam em seu desenvolvimento ou em sua carreira, olhavam pelo retrovisor.

De outro lado, quando verificamos pessoas protagonistas em relação ao seu desenvolvimento, quer por estímulos provenientes da organização onde trabalham, quer por sua iniciativa, verificamos que olham também para o futuro e o fazem de modo natural. Quando olham para o futuro, percebem oportunidades que estão presentes em sua realidade e que podem fazer escolhas, podem trabalhar para que essas oportunidades se tornem realidade.

Acreditamos que há uma pressão crescente para que as pessoas assumam esse protagonismo como forma de criar um diferencial no mercado de trabalho, mas também para que sejam mais consistentes e coerentes consigo mesmas. Essa crença é suportada pela percepção de transformações que vêm ocorrendo no mercado de trabalho, tais como:

- Aumento na diversificação das oportunidades profissionais ocasionada pelos movimentos de maior complexidade organizacional e tecnológica das organizações, revisão das estruturas organizacionais e diversificação do mercado de produtos e serviços, exigindo das pessoas posicionamento cada vez mais consciente quanto a sua trajetória profissional.
- Disseminação cada vez maior da ideia de que as pessoas são capazes de influenciar suas próprias carreiras tanto no setor privado quanto no público.
- Valorização social do contínuo crescimento, da mobilidade, da flexibilidade e da notoriedade. Este tipo de valorização pressiona as pessoas a competirem consigo próprias, a estarem sempre revendo suas expectativas e necessidades.

A construção de um projeto profissional é fácil e está ao alcance de todos, basta olharmos para nós mesmos com honestidade e nos respeitarmos. A partir daí, conseguimos enxergar com mais clareza as oportunidades ou as possibilidades de criarmos oportunidades.

Como Pensar a Carreira

> A carreira deve ser pensada, portanto, como uma estrada que está sempre sendo construída pela pessoa e pela organização. Desse modo, ao olharmos à frente veremos sempre o caos a ser ordenado e quando olharmos para trás enxergaremos a estrada que já construímos.

A maior parte das pessoas que consultamos sobre o que significava para elas ter um plano de carreira ou um projeto profissional tinham em mente a ideia de clareza quanto às possibilidades de desenvolvimento profissional ou de um horizonte profissional definido. Associa-se, portanto, à ideia de plano de carreira a metáfora de uma estrada plana, asfaltada e bem conservada, que ao ser trilhada pela pessoa a conduzirá ao sucesso, à riqueza e à satisfação profissional. Quando as pessoas olham para a realidade das organizações, verificam a carreira como uma sucessão de acontecimentos inesperados de parte a parte. As pessoas, quando olham à frente, veem um caminho tortuoso, onde são apresentadas várias alternativas e, ao mesmo tempo, um grande número de incertezas. A carreira deve ser pensada, portanto, como uma estrada que está sempre sendo construída pela pessoa e pela organização. Desse modo, ao olharmos à frente vamos sempre ver o caos a ser ordenado e quando olharmos para trás enxergaremos a estrada que já construímos.

A pessoa é escultora de sua carreira quando a constrói de forma consciente. A carreira não é uma construção fácil, nós nunca temos certeza absoluta do que encontraremos pela frente, a cada passo abre-se um mundo novo e a todo instante nos deparamos com o inesperado.

Muitas vezes, nos sentimos tentados a optar pelo caminho mais fácil, normalmente já trilhado por outras pessoas, ou aquele determinado pela empresa. Quando escolhemos o caminho já trilhado por outras pessoas, podemos ter vantagens pelo fato de que parte do caminho já está aplainado, mas, se não agregarmos o nosso esforço na construção do caminho e se nos acomodarmos ao já traçado, estaremos mais sujeitos às armadilhas profissionais já mencionadas. Quando escolhemos o caminho definido pela organização e nos acomodamos, vamos abrindo mão de nós mesmos e passamos de escultores para esculturas.

Esses aspectos deverão criar uma demanda crescente para responder questões tais como: De que modo posso assumir o protagonismo de minha carreira e que processos e ferramentas podem ser utilizados? Quais são os diferentes estágios da vida profissional e quais são suas demandas? Que possibilidades de carreira existem para os diferentes estilos e formas de ser das pessoas?

A forma de pensar e construir uma carreira é um processo muito pessoal. Podemos, entretanto, oferecer algumas bases para construção e implantação de um projeto de carreira consciente. Essas bases advêm de uma consolidação teórica sobre carreira e análise de muitas biografias profissionais.

> Há uma tendência de as pessoas projetarem o passado e o presente para o futuro.

Cuidados ao Pensar na Carreira

Para a construção de um projeto, boa parte da literatura recomenda a fixação de um objetivo de carreira. Ao começar a reflexão sobre a carreira por esse ponto, somos induzidos a vários equívocos. Há uma tendência de as pessoas projetarem o passado e o presente para o futuro, normalmente elas projetam-se de forma subestimada e procuram estabelecer um alvo no futuro. Vamos analisar cada um desses aspectos.

Futuro pensado em bases movediças

Primeiramente, ao projetarem suas carreiras para o futuro, as pessoas vinculam esse futuro a pessoas, organizações ou contextos, assentam suas projeções em bases movediças. No futuro, com certeza, nossas relações com as pessoas e com a organização serão diferentes e o contexto estará completamente alterado. Para termos uma base estável, devemos projetar nosso futuro sobre algo perene, que não mude ou mude muito pouco. A base estável somos nós mesmos, em essência nós mudamos muito pouco.

A recomendação é que pensemos qual é o nosso grande compromisso com nós mesmos em relação ao que queremos com nossa vida profissional. Dessa forma, se o meu grande compromisso é estar mais feliz profissionalmente no futuro, não sei o que estarei fazendo daqui a cinco anos, mas sei que estarei fazendo algo que me trará mais satisfação. Pensando dessa forma, vamos paulatinamente construindo nossos objetivos de carreira, definindo o que queremos e o que não queremos.

Observamos, ao trabalhar com as pessoas em suas biografias profissionais e no motivo de suas escolhas, que elas tinham um compromisso consigo próprias em relação às suas carreiras. Na maior parte das vezes, esse compromisso não era consciente, mas sempre esteve presente nas escolhas e opções profissionais. Por essa razão, é muito importante tal reflexão e essa descoberta sobre nós mesmos. Não é algo simples, exige certo esforço mas, ao olharmos para nossa história profissional analisando o que nos motivou a efetuar nossas escolhas, teremos uma boa pista sobre o nosso compromisso. Um livro escrito por Maria Tereza Gomes (2016) trabalha esse aspecto com muita propriedade, fazendo analogia de nossas escolhas com a trajetória do herói (CAMPBELL, 1949) e relatando trajetórias profissionais onde "você é o herói do próprio destino".

Dificuldade de sonhar a carreira

O segundo aspecto está ligado a uma dificuldade dos brasileiros de sonhar em relação a sua carreira. É comum sonharmos em relação a outras dimensões de nossa vida, mas é difícil sonhar em termos profissionais. Observamos em nossas pesquisas que as pessoas, quando se projetam no futuro, não ousam, pensam de forma acanhada seu futuro profissional. Nossa hipótese é que o brasileiro tem dificuldade de sonhar sua carreira porque raramente a planeja, raramente exercita projetar-se profissionalmente no futuro.

Em nossos trabalhos junto a consultores de carreira e a profissionais de recolocação, verificamos que as pessoas, ao se projetarem no futuro, visualizam-se realizando atividades profissionais que já vinham realizando anteriormente, no mesmo tipo de organização e em posições semelhantes. Além disso, não conseguem pensar em novos tipos de relação com o mercado de trabalho, nas quais poderiam assumir vínculos empregatícios diferentes ou utilizar seu conhecimento de forma diferente.

José Augusto Minarelli, um dos profissionais de recolocação e carreira consultados, relatou-nos um caso muito interessante e que posteriormente ele publicou em seu livro (1995). Havia recebido o vice-presidente de uma grande multinacional demitido por problemas de química pessoal com o novo presidente. Era um profissional que havia feito toda a sua carreira em uma empresa do setor tabagista e com um bom histórico profissional. Essa pessoa estava com grande dificuldade para se recolocar no mercado porque não acreditava que tivesse condições de trabalhar em outro tipo de organização que não estivesse ligada ao setor onde atuava. Para ajudar essa pessoa a olhar para si mesma, Minarelli propôs a ela o desafio de fazer um cigarro de chocolate. Ao imaginar a produção de um cigarro de chocolate, ela se deu conta de que poderia utilizar seus conhecimentos em outros setores; após três semanas, já tinha várias possibilidades de recolocação profissional. Ou seja, no depoimento desses profissionais as pessoas são os seus principais algozes quando pensam em se articular no mercado de trabalho, por terem uma visão limitada de suas possibilidades.

> As pessoas são os seus principais algozes quando pensam em se articular no mercado de trabalho, por terem uma visão limitada de suas possibilidades.

Criação de autorrestrições

O terceiro aspecto é o mais perigoso. Para ilustrar, vamos fazer a simplificação de um plano de carreira onde a pessoa pensa em ocupar o cargo X na empresa Y daqui a cinco anos. Nesse caso, a pessoa está projetando o presente para o futuro, onde não há segurança de que a empresa Y exista e, muito menos, o cargo X, mas o mais perigoso é uma pessoa que, em tese, pode o que quiser contentar-se com o cargo X na empresa Y. A pessoa, neste caso, coloca-se em uma camisa de força que restringe e limita.

Essa questão foi despertada em uma experiência com um diretor de grande multinacional que cursava um MBA executivo onde discutia carreira com os alunos. Esse diretor nos procurou depois da aula e apresentou seu plano de carreira. Tinha como alvo a posição de vice-presidente global da área de mercados. Estávamos no início dos anos 1990, quando havia uma intensidade muito grande de fusões e aquisições, e perguntamos a ele se havia pensado na hipótese de aquela posição deixar de existir nos próximos anos em função de alguma movimentação da organização – uma fusão ou aquisição. Assistimos àquela pessoa ficar cada vez mais pálida e sentir um grande mal-estar, fiquei muito preocupado e acreditando ter feito algo errado. O que ocorreu é que tal pessoa não havia pensado em outras alternativas e naquele momento se havia dado conta disso. Passado o primeiro impacto, começamos a discutir as várias possibilidades que havia dentro e fora da organização para pensar seu futuro profissional.

Posteriormente, colocamos essa questão em nossa agenda de pesquisa e pudemos constatar com os profissionais de aconselhamento e recolocação que era uma situação muito comum vivida por eles. Pessoas que, ao pensarem seu futuro, se subestimam e colocam-se em posições que as restringem e inibem seu desenvolvimento.

O projeto profissional deve ser um norte que nos orienta, jamais algo que possa nos restringir ou criar barreiras.

Naturalmente, esses três aspectos complementam-se. Sua separação é didática para percebermos que estabelecer objetivos de carreira não é algo simples. Exige muita reflexão, autoconhecimento e conhecimento das possibilidades oferecidas pela organização onde trabalhamos e pelo mercado de trabalho.

O estabelecimento de objetivos e o autoconhecimento são muito importantes para refletirmos sobre nossas carreiras.

CONSTRUÇÃO DE UM PROJETO DE CARREIRA

Elaboração de Objetivos

Para refletirmos sobre os nossos objetivos profissionais e pessoais, é interessante partirmos do concreto para o abstrato, sendo assim devemos começar pensando quais são os nossos objetivos para o próximo um ano. Para efetuarmos essa reflexão, teremos que mobilizar nossos conhecimentos sobre nós mesmos, sobre a organização onde trabalhamos e sobre o mercado. Em seguida, vamos projetar tudo o que sabemos para daqui a um ano. A organização onde trabalho estará crescendo? Como estará o mercado? Minha área de atuação estará em ascensão ou estará declinando?, e assim por diante.

Ao estabelecermos uma compreensão de nossa carreira no curto prazo, estaremos em condições de refletir sobre o longo prazo. Normalmente, esse longo prazo é fixado em cinco anos. É um período longo o suficiente para nos descolarmos do presente e, ao mesmo tempo, conseguirmos ligar o futuro a ele. Como penso em minha carreira nos próximos cinco anos, vale a pena me aprofundar em minha área de conhecimento ou atuação? Devo permanecer em minha organização ou devo mudar? Vale a pena pensar em uma carreira internacional? Enfim, vai surgindo, naturalmente, uma série de questões a serem respondidas e ao respondê-las estaremos construindo nosso projeto de carreira de longo prazo.

O passo subsequente é verificar a coerência entre o nosso projeto de curto prazo e o de longo prazo. É fundamental que o curto prazo alimente o longo prazo. Caso haja incoerências, é necessário revisar os projetos de curto e longo prazos.

Feita essa revisão, temos o primeiro esboço dos nossos objetivos em relação a nossa carreira. Nesse momento, é importante um investimento em nosso autoconhecimento para verificarmos se estamos definindo objetivos realmente alinhados com o que somos e com o que queremos. Em parte da literatura, coloca-se como primeiro passo o autoconhecimento, mas a experiência em aconselhamento de carreira mostra que, se a pessoa investe em se autoconhecer sem uma reflexão anterior sobre seus objetivos, essa informação fica solta, ao passo que, após uma reflexão sobre a carreira, o autoconhecimento é articulado dentro de uma reflexão estruturada.

Autoconhecimento

O autoconhecimento está assentado em três pilares: tipo psicológico, valores e habilidades naturais. Esses pilares trabalham aspectos estruturais da pessoa. Para auxiliar as pessoas em seu autoconhecimento, existem vários instrumentos de diagnóstico, alguns de domínio público e outros comercializados pelos autores. Vamos, em seguida, trabalhar esses instrumentos de diagnóstico e indicar algumas fontes de consulta. Nossa preocupação aqui é dar uma base conceitual para o autoconhecimento; a indicação de instrumentos e fontes de consulta é algo complementar, mesmo porque são informações datadas.

Tipos psicológicos

As informações sobre nossa personalidade nos permitem perceber como e por que agimos. Embora cada pessoa seja única, existem condições para estabelecermos categorias de comportamento que oferecem às pessoas informações importantes sobre sua forma de ser. Ao longo do século XX formaram-se várias linhas de pensamento para analisar essas categorias. No Brasil, há uma utilização mais intensa dos tipos psicológicos desenvolvidos pelos trabalhos de Myers e Briggs (apud CASADO, 1998) com base nos trabalhos de Jung em 1921 (JUNG, 1971). O fundamento é que as pessoas acham certas maneiras de pensar e agir mais fáceis que as outras. Tanto Myers e Briggs (CASADO, 1998) quanto Jung (1921) acreditam que nascemos com zonas de preferências comportamentais e sempre que agimos fora dessas zonas nos colocamos em situações desconfortáveis. Um exemplo simples para percebermos esse fato é o de cruzar os braços, posteriormente descruzar e voltar a cruzar de forma contrária. Se você fizer esse exercício, vai notar o quão desconfortável é cruzar os braços de forma contrária – o que normalmente ocorre é que rapidamente as pessoas voltam a cruzar da forma inicial, muitas vezes sem perceber. O mesmo ocorre com a nossa forma de pensar e agir: temos maneiras mais fáceis para nós e é um exercício tenso quando tentamos mudá-las, corremos o risco de, ao nos descuidarmos, voltarmos a agir do modo anterior. Segundo os autores citados, nós nascemos e morremos com as mesmas preferências.

> O autoconhecimento está assentado em três pilares: tipo psicológico, valores e habilidades naturais.

Myers e Briggs (apud CASADO, 1998) propõem a existência de quatro pares opostos de maneiras de pensar e agir. Essas maneiras são normalmente sinalizadas por letras maiúsculas que indicam cada uma das quatro preferências estudadas. As preferências, de acordo com Casado (1998), são agrupadas nas seguintes categorias:

- **Relação sujeito e objeto** – são contrapostos comportamentos em relação a como as pessoas privilegiam sua atitude: para os outros, são os extrovertidos e, para si, são os introvertidos. **Extrovertidos** (**E** de *Extroversion*): obtêm sua energia através da ação; gostam de realizar várias atividades; agem primeiro e depois pensam. Quando inativos, sua energia diminui. Em geral, são sociáveis. **Introvertidos** (**I** de *Introversion*): obtêm sua energia quando estão envolvidos com ideias; preferem refletir antes de agir e, novamente, refletir. Precisam de tempo para pensar e recuperar sua energia. Em geral, são pouco sociáveis.

- **Funções psíquicas** – *Função Perceptiva – Captar* – Descrevem como a informação é entendida e interpretada. Algumas pessoas preferem fazê-lo a partir dos seus sentidos: visão, audição, olfato, paladar e tato, são os sensoriais, e outras pessoas preferem fazê-lo a partir de como se sentem em relação às informações recebidas, são as intuitivas. **Sensoriais** (**S** de *Sensing*): confiam mais em coisas palpáveis, concretas, informações sensoriais. Gostam de detalhes e fatos. Para eles, o significado está nos dados. Precisam de muitas informações. **Intuitivos** (**N** de *Intuition*): preferem informações abstratas e teóricas, que podem ser associadas com outras informações. Gostam de interpretar os dados com base em conhecimento prévio. Trabalham bem com informações incompletas e dedutíveis.

- **Funções psíquicas** – *Função de Julgamento – Decidir* – descrevem como as decisões são realizadas. Temos pessoas que tomam suas decisões utilizando predominantemente a razão e a lógica, são os racionalistas, e outras pessoas tomam suas decisões utilizando predominantemente seus sentimentos, são os sentimentais. **Racionalistas** (**T** de *Thinking*): decidem com base na lógica e procuram argumentos racionais. **Sentimentais** (**F** de *Feeling*): decidem com base em seus sentimentos.

- **Posturas frente ao mundo** – Myers e Briggs perceberam que as pessoas podem ter preferência pela função de julgamento ou pela função de percepção. A isso chamaram o embaixador para o mundo externo. Grosseiramente, um julgador tentará controlar o mundo, enquanto um perceptivo tentará se adaptar a ele. **Julgadores** (**J** de *Judging*): Trabalham melhor se planejam e seguem o plano, preferem coisas estabelecidas e acabadas, suas decisões são muito rápidas e sentem-se melhores quando as decisões são tomadas. **Perceptivos** (**P** de *Perceving*): não se incomodam em deixar coisas em aberto para mudança de última hora, adaptam-se a situações de mudança, tomam decisões só com muita informação e usam listas (lembretes) de coisas que algum dia farão.

> O conhecimento das pessoas sobre suas preferências profissionais habilita-as a fazer opções mais conscientes.

Essas preferências podem ser combinadas em 16 diferentes formas e ajudam as pessoas a perceberem por que se sentem mais confortáveis com determinadas situações ou tipos de trabalho. Por exemplo, é muito difícil para uma pessoa extrovertida desenvolver um trabalho que exija seu confinamento e que não tenha relacionamento com outras pessoas.

Valores

Outro aspecto fundamental para a compreensão de nós mesmos é a análise da influência dos nossos valores no estímulo ou inibição de opções por carreira. Essas influências não agem somente na escolha de carreiras, mas também afetam decisões de movimentação entre empresas ou dentro de empresas, o peso dado aos vários aspectos de nossas vidas, a coloração que damos ao futuro, à construção de expectativas, aos projetos de vida.

Quando as pessoas iniciam a sua vida profissional, há um período de descoberta mútua entre elas e as organizações ou suas atividades profissionais. A partir de sucessivas provas e novos desafios, cada um aprende mais sobre o outro e as pessoas passam a experimentar oportunidades para conhecerem melhor a si próprias e para clarificar suas preferências acerca de sua ocupação.

O conhecimento das pessoas sobre suas preferências profissionais habilita-as a fazer opções mais conscientes. É nesse momento que começam a direcionar, com maior clareza, sua trajetória de carreira. A clareza quanto a valores não influencia somente o lado profissional das pessoas, mas também todos os demais aspectos de sua vida.

Edgar Schein (1978) estudou essas preferências acompanhando a carreira de 44 alunos da Sloan School of Management do MIT no período de 1961 a 1973 (15 alunos formados em 1961, 15 formados em 1962 e 14 alunos formados em 1963). Observou que esses alunos, nos primeiros anos, procuravam empregos que lhes poderiam oferecer desafios, maiores salários e maiores responsabilidades. Após alguns anos de experiência, entretanto, eles passavam a buscar tipos específicos de trabalho ou responsabilidades, emergindo em seu depoimento razões e padrões de escolha que o autor agrupou em cinco categorias. Tais categorias foram ampliadas para oito a partir de uma série de pesquisas realizadas pelo autor (SCHEIN, 1990) durante as décadas de 1970 e 80, junto a outros grupos de alunos e a profissionais de diversas áreas de especialização.

Há uma tendência de escolhermos nossas atividades dentro da nossa região de preferências profissionais; sempre que saímos dessa região, entramos em trabalhos que nos causam grande sofrimento profissional. Segundo Schein (1978; 1990), nossas regiões de preferência estão associadas aos nossos padrões motivacionais, aos nossos valores e às nossas habilidades naturais. Schein (1978) chamou essas regiões de preferência profissional de âncoras de carreira. A âncoras são elementos da realidade de uma pessoa que determinam preferências e que resultam em padrões de escolha durante sua trajetória profissional.

> Há uma tendência de escolhermos nossas atividades dentro da nossa região de preferências profissionais; sempre que saímos dessa região, entramos em trabalhos que nos causam grande sofrimento profissional.

As âncoras de carreira apresentam as seguintes características principais (SCHEIN, 1990):

- **Competência técnica/funcional** – nesta âncora, o senso de identidade é obtido por não se abrir mão das oportunidades de aplicar habilidades técnicas. A pessoa sente-se totalmente realizada quando o trabalho permite enfrentar fortes desafios em áreas técnicas. Pessoas dessa âncora não se interessam por gerenciamento e evitariam gerenciamento geral caso isso implicasse desistência de sua área de especialidade.

- **Competência gerência geral** – relaciona-se com a perspectiva de responsabilidade absoluta por resultados e identificação do próprio trabalho com o sucesso da organização. Esta âncora também abarca a perspectiva de construir oportunidades que permitam integrar esforços de outras pessoas em suas próprias funções, procurando a situação em que a posição em uma área técnica se transforma em constante experiência de aprendizado; o cargo gerencial técnico, em si mesmo, sem responsabilidade por resultados, não desperta interesse em pessoas desta âncora.

- **Autonomia/independência** – nesta âncora, não há renúncia a qualquer oportunidade de definir seu próprio trabalho, e mesmo em organizações formais a pessoa procura funções que permitam flexibilidade. Não são toleradas regras e restrições organizacionais e, para manterem autonomia, até mesmo promoções são recusadas por pessoas desta âncora.

- **Segurança/estabilidade** – a principal preocupação nesta âncora é alcançar a sensação de ser bem-sucedido para ficar tranquilo. Pessoas desta âncora preocupam-se menos com o conteúdo do trabalho e com o posto que se possa alcançar e mais com a promessa de garantia de emprego. Constrói-se toda a autoimagem em torno do gerenciamento da segurança e da estabilidade.

- **Criatividade empreendedora** – esta âncora está focada na busca pela criação da própria organização, desenvolvida a partir de elementos de capacidade própria e disposição a assumir riscos. O alvo é sempre a procura por oportunidades futuras, trilhando caminho próprio assim que a pessoa identificar condições para tal. O êxito financeiro é encarado como prova de capacidade.
- **Serviço/dedicação a uma causa** – nesta âncora, não há renúncia, em qualquer hipótese, a oportunidades de trabalho em que se realize algo útil, como ajudar as pessoas, melhorar harmonia entre elas ou solucionar problemas ambientais. Pessoas desta âncora procuram tais ocupações mesmo que haja a necessidade de mudar de organização, e promoções não são aceitas se resultarem em desvio desse tipo de trabalho.
- **Puro desafio** – não abrir mão de oportunidades de trabalho na solução de problemas aparentemente insolúveis, vencendo oponentes duros ou obstáculos difíceis, é a característica desta âncora. Alguns encontram essa oportunidade em trabalhos intelectuais muito complexos ou em competições interpessoais. Novidade, variedade e dificuldade das tarefas tornam-se um fim em si mesmo para pessoas desta âncora.
- **Estilo de vida** – nesta âncora, não se abre mão de situação que permita equilibrar e integrar necessidades pessoais, familiares e as exigências de carreira. São construídos sistemas que integrem todos os segmentos da vida e a pessoa assume o desejo de que a carreira lhe dê suficiente flexibilidade para alcançar essa integração. A identidade está vinculada ao modo de viver, em diferentes expectativas.

> O que é oportunidade profissional para uma pessoa não o é para outra.

O trabalho de Schein nos permite identificar nossa preferência profissional. Geralmente, deixamo-nos levar por estereótipos de sucesso que não têm nada que ver conosco e raramente olhamos para nós mesmos. As categorias criadas por Schein não visam criar rótulos, mas demonstrar que as pessoas têm diferentes preferências e isso é humano e natural. As âncoras podem ser combinadas de infinitas formas quando consideramos que as pessoas podem ter as âncoras em diferentes níveis de intensidade. Por essa razão, quando olhamos para a nossa carreira, temos que olhar com os nossos olhos, porque o olhar de outra pessoa será diferente do nosso.

Como decorrência, o que é oportunidade profissional para uma pessoa não o é para outra. Isso explica muitos conflitos na relação entre chefe e subordinado e entre pais e filhos, porque acreditam que uma oportunidade é algo objetivo e concreto e não resultado da forma como as pessoas a valorizam.

Vale registrar a importância da reflexão acerca das âncoras de carreira para alertar que os processos de gestão de carreira devem observar diferentes preferências se tiverem que ser efetivos no aperfeiçoamento das relações entre pessoas e organização. Para as pessoas, essa reflexão auxilia a identificação de diferentes preferências de carreira e de pontos fortes e fracos para efeito de alavancagem de suas carreiras.

Iniciamos o uso das âncoras de carreira no Brasil em 1993 e nosso primeiro objetivo era verificar se eram válidas para a nossa realidade. Superada essa etapa, procuramos validar no Brasil as constatações efetuadas por Schein (1990) para a realidade americana. Constatamos que: não há combinação impossível entre as âncoras, todas podem combinar com todas; as âncoras não mudam ao longo da vida, verificamos que pessoas mudaram de trajetória de carreira e não mudaram de âncora; não há uma relação de efetividade entre âncora e atuação profissional, como, por exemplo, uma pessoa com a âncora competência gerência geral não será um bom gerente se não tiver habilidades gerenciais; por essa razão as âncoras não são um bom instrumento para seleção.

Habilidades Naturais

Para mapeamento de nossas habilidades naturais, a técnica mais utilizada no Brasil é a de levantarmos nossas realizações pessoais e profissionais. A recomendação é de listarmos as 25 realizações pessoais e/ou profissionais mais significativas para nós.

CAPÍTULO 6 | O Protagonismo das Pessoas em Relação ao seu Desenvolvimento e à sua Carreira

Normalmente, nos lembramos de 8 a 12 e depois temos que nos esforçar para lembrar de outras realizações. Esta parte específica do exercício já é muito interessante porque nos faz recordar de eventos importantes e que estavam adormecidos em nossa memória.

Na sequência, escolhemos as 8 a 10 mais significativas, quer pelo impacto que geraram, quer pelo nível de satisfação que nos proporcionaram. Para cada uma das escolhidas devemos verificar as habilidades que utilizamos. Vamos observar que as habilidades utilizadas são coincidentes, revelando nossas habilidades naturais.

Por que é mais fácil observar nossas habilidades naturais desse modo? Porque em situações de grande pressão e estresse utilizamos, de forma não consciente, nossas habilidades naturais, por isso, ao olharmos para essas situações, fica mais fácil percebê-las.

Outra informação interessante é obtida quando ordenamos cronologicamente as realizações mais significativas. Vamos observar que as mais recentes são mais complexas que as mais antigas. Nessa análise, é importante observar o que estava acontecendo conosco quando experimentamos essas situações de realização. Normalmente, descobrimos um padrão, verificamos situações em que somos mais estimulados do que em outras.

Em nossas análises das biografias, percebemos que os padrões são diferentes para as diferentes pessoas. Por exemplo, temos pessoas que se desenvolviam sempre que estavam em equipes que as estimulavam, outras quando realizaram investimentos educacionais e outras quando estavam debaixo de grande pressão.

> O espaço real de arbítrio da pessoa dentro das organizações e do mercado de trabalho e o conjunto de influências recebidas por ela de sua socialização, momento de vida e momento profissional.

Processos de Escolha e Etapas da Carreira

O espaço real de arbítrio da pessoa dentro das organizações e do mercado de trabalho e o conjunto de influências recebidas por ela de sua socialização, momento de vida e momento profissional têm sido profundamente estudados e discutidos ao longo dos últimos cinquenta anos. Embora tenhamos importantes trabalhos sobre o tema desde o início do século XX, é na década de 1970 que surgem os primeiros trabalhos buscando sistematizar e discutir os resultados produzidos até então (HALL, 1976; VAN MAANEN, 1977; SCHEIN, 1978). Cabe destacar desses trabalhos as reflexões sobre escolha da carreira e sobre qual é a dinâmica desse processo ao longo da vida da pessoa. As teorias da escolha de carreira podem ser agrupadas em duas categorias mais gerais (HALL, 1976; VAN MAANEN, 1977):

- **Compatibilidade** – afirma que determinadas pessoas escolhem determinadas ocupações com base em medidas de compatibilidade entre a pessoa e a ocupação escolhida.
- **Processo de escolha** – afirma que a pessoa, ao longo de sua trajetória de vida, vai gradualmente chegando à escolha de sua ocupação.

Dentro da categoria da compatibilidade, acredita-se que as pessoas estejam naturalmente preocupadas em escolher uma carreira que atenda a suas necessidades e interesses e que as expresse, uma vez que grande parte de suas vidas gira em torno do trabalho. A compatibilidade entre uma pessoa e uma carreira pode ser explicada por quatro características pessoais: interesse, identidade, personalidade (valores, necessidades, orientação pessoal etc.) e experiência social (HALL, 1976). Estas teorias são fortemente suportadas, para a sua elaboração e divulgação, por referenciais psicanalíticos e biológicos (VAN MAANEN, 1977).

A categoria da compatibilidade dá maior ênfase a explicações sobre o que influencia a escolha da carreira, oferecendo uma visão estática da escolha e menor ênfase à maneira como se processa a escolha e ao seu motivo. Os autores que enfocam mais o processo da escolha procuram dar respostas para essas perguntas. De acordo com Ginzberg et al. (1951), o processo de escolha de uma carreira tem lugar em três estágios na vida de uma pessoa:

- **Estágio da fantasia** – cobrindo o período da infância, até os 11 anos.
- **Estágio das escolhas tentativas** – geralmente cobrindo o período de 11 a 16 anos.

É baseado primeiramente em interesses, posteriormente em capacidades e valores.

- **Estágio das escolhas realistas** – ocorrendo a partir dos 17 anos e geralmente cobrindo três períodos: exploratório, quando é examinada uma série de opções de carreira; cristalização, quando as opções começam a ser mais bem focadas; e especificação, quando a pessoa escolhe uma carreira em particular.

Durante a idade adulta, as pessoas podem viver vários ciclos de exploração/cristalização/especificação, de modo a encontrar a carreira mais adequada aos seus interesses, necessidades e habilidades. Esse processo pode se arrastar depois de completados os 30 anos de idade, para aquelas pessoas que continuem investindo em seu processo educacional. Uma escolha mais definitiva da carreira ocorre por volta dos 40, na chamada crise da "meia-idade" (HALL, 1976; SUPER, 1972).

Em nossas pesquisas no Brasil, verificamos que os ciclos de carreira estão ficando cada vez mais curtos em termos de tempo entre seu início e seu final. Isso ocorre porque as pessoas estão percorrendo as carreiras com maior velocidade. De um lado, temos a realidade organizacional se tornando mais complexa e exigente e, de outro, temos as pessoas ingressando no mercado mais bem preparadas e investindo continuamente em seu aprimoramento.

> Os ciclos de carreira estão ficando cada vez mais curtos.

Vamos agora nos deter com mais profundidade no estudo do processo de escolha de uma carreira por determinada pessoa. Esses trabalhos evoluíram da abordagem oferecida por Super (1957) e Schein (1978) acerca de estágios de vida e sua influência sobre processos de escolha até os trabalhos desenvolvidos nos últimos quinze anos fora do Brasil, oferecidos por Hall (2002), Peiperl e Arthur (2002), Higgins (2005), Mainiero e Sullivan (2006), Inkson (2007), Gunz e Peiperl (2007) e Briscoe e Hall (2013), e no Brasil, oferecidos por Martins (2001), Veloso (2005 e 2012), Costa e Balassiano (2006), Dutra (2010) e Dutra e Veloso (2013), sobre a dinâmica das carreiras das pessoas e seus processos de escolha.

Das contribuições mais recentes, cabe destacar a evolução da carreira proteana, na qual a pessoa procura adaptar-se às exigências da organização e do mercado sem abrir mão de sua essência. Esse conceito foi apresentado por Hall (1976 e 2002) fazendo uma analogia da carreira com o deus Proteu, que tem o poder de visualizar o futuro e mudar de forma para lidar com as adversidades. Os trabalhos de Hall foram inspiradores para trabalhos desenvolvidos por Mainiero e Sullivan (2006), que tratam a questão do gênero na carreira, e por Veloso (2012), que trabalha processos de transição de carreira no Brasil. Outro destaque cabe aos trabalhos desenvolvidos por Arthur e Rousseau (1996) sobre carreiras sem fronteiras, cuja grande contribuição é a constatação de uma realidade em que as pessoas não podem mais pensar sua carreira restrita à organização na qual atuam e devem romper fronteiras.

Essa abordagem ganhou novos contornos com trabalhos de Arthur, Inkson e Pringle (1999) e Peiperl e Arthur (2002), que discutem o papel da pessoa em criar uma carreira consciente e inteligente; de Gunz e Peiperl (2007), que coordenam a construção de um *handbook* sobre gestão de carreiras, apontando para novas formas de organização do trabalho e sua influência sobre a gestão da carreira pela pessoa; de Veloso (2012), utilizando o conceito de carreira sem fronteiras para estudar fenômenos brasileiros de transição de carreira; e de Briscoe e Hall (2013), que procuram analisar as possibilidades de postura das pessoas diante de suas carreiras através de um estudo combinando os conceitos de carreira sem fronteiras e carreira proteana.

> A carreira proteana é um conceito que expressa o movimento da pessoa em sua adaptação às exigências da organização e do mercado sem abrir mão de sua essência.

Briscoe e Hall (2013) partem das seguintes caracterizações da carreira sem fronteiras em termos de mobilidade física, onde as pessoas mudam de carreira, ou mobilidade psicológica, onde as pessoas, embora em uma organização ou tipo de trabalho, observam o conjunto de possibilidades que o mercado oferece e estão dispostas a se expor. Na carreira proteana a pessoa pode ser:

> "Orientada por valores, no sentido de que os valores intrínsecos da pessoa provêm a orientação e a medida do sucesso para a carreira do indivíduo; e autodirecionada quanto à gerência pessoal da carreira, tendo a habilidade de ser adaptativa em termos de desempenho e demandas de aprendizado" (BRISCOE; HALL, 2013:168).

A partir dessas categorias, realizaram estudo observando várias pessoas e criaram categorias de posicionamento das pessoas em relação a suas carreiras, ou seja, o quanto elas incorporavam os conceitos de carreira sem fronteiras e proteana em suas decisões sobre carreira. Com base na pesquisa, construíram o Quadro 6.1 apresentado a seguir. Nele, verificamos oito categorias de posicionamento das pessoas em relação a suas carreiras que podem nos ajudar a pensar o nosso próprio posicionamento.

QUADRO 6.1

Combinações proteanas e sem fronteiras: perfis de carreira e desafios para o desenvolvimento

PROTEANA: GERENCIAMENTO AUTODIRECIONADO DE CARREIRA	PROTEANA: ORIENTADA POR VALORES	SEM FRONTEIRAS: MOBILIDADE PSICOLÓGICA	SEM FRONTEIRAS: MOBILIDADE FÍSICA	CATEGORIA HÍBRIDA/ ARQUÉTIPOS	DESAFIOS PESSOAIS PARA MANTER O *STATUS QUO*	DESAFIOS DE DESENVOLVIMENTO DE CARREIRA PARA GRUPOS DE APOIO E SUJEITOS DE CARREIRA
Baixo	Baixo	Baixo	Baixo	"Encurralado" ou "desnorteado"	Reagir rapidamente a oportunidades, sobreviver	Esclarecer prioridades, obter habilidades de gerenciamento de carreira, expansão de perspectivas
Baixo	Alto	Baixo	Baixo	"Fortificado"	Encontrar oportunidades estáveis em organizações previsíveis que tenham valores compatíveis	Ampliar horizontes tendo a mente aberta e autodirecionamento. Do contrário, a pessoa e o empregador sofrerão, a menos que essa pessoa seja a escolha perfeita para uma situação/organização estável
Baixo	Baixo	Baixo	Alto	"Andarilho"	Sempre encontrar novas caronas para "pegar"	Ajuda a desenvolver autodirecionamento, estabelecer o que está de acordo ao conseguir algo
Baixo	Alto	Alto	Baixo	"Idealista"	Encontrar organizações cujos valores e curiosidade sejam compatíveis, mas que não exijam mobilidade	Encontrar desafios saindo da zona de conforto e ajudar a formar habilidades de adaptação, em termos de posicionamento e de trabalho além das fronteiras.
Alto	Baixo	Alto	Baixo	"Homem/ mulher organizacional"	Encontrar organizações estáveis nas quais possa ser demonstrado desempenho com um mínimo de competência	Não ser seduzido pela habilidade de desempenho. Aumentar autoconsciência para transformar alto desempenho em liderança
Alto	Alto	Alto	Baixo	"Cidadão sólido"	A compatibilidade entre pessoa e organização é o máximo. A mobilidade é uma ameaça	Manter a diversidade de talentos, mas alavancar contribuições dos cidadãos sólidos
Alto	Baixo	Alto	Alto	"Armas/mãos de aluguel"	Identificar e reagir às melhores oportunidades de prestar serviços além das fronteiras	Converter pessoa talentosa e reativa em líder eficaz, com consciência de si mesma e senso de prioridades
Alto	Alto	Alto	Alto	"Arquiteto de carreira proteana"	Capacidade de alavancagem obtendo efeitos significativos	Determinar estágios para brilhar, aprender, comprometer-se. Controlar o temperamento, se necessário

Fonte: Briscoe e Hall (2013:172).

Schein (1978) encara a questão da carreira como um processo de desenvolvimento da pessoa como ser integral. Argumenta que, para podermos refletir sobre a carreira das pessoas, é preciso entender suas necessidades e características, as quais são fruto da interação da pessoa com todos os espaços de sua vida. Nesse sentido, Schein acredita que as pessoas devem ser pensadas como parte de um mundo onde enfrentam múltiplas pressões e problemas. Na sociedade ocidental, tais pressões e problemas podem ser agrupados em três categorias:

- As pressões e problemas decorrentes do processo biológico e social associado ao nosso envelhecimento. Podemos de forma geral associar à idade determinantes de natureza biológica, tais como alterações em nosso corpo, alterações em nossa capacidade física e mental etc., e de natureza social e cultural. Essa associação nos permite configurar um ciclo biossocial que irá influenciar o comportamento e as preferências das pessoas.

- Outro conjunto de pressões e problemas são decorrentes das relações estabelecidas entre a pessoa e sua família. Embora possamos associar esta categoria à biossocial, ela apresenta características peculiares. As pressões aqui estão associadas à natureza da relação com a família e os diferentes compromissos que assumimos, tais como: casado, solteiro, viúvo, separado ou divorciado; com filhos pequenos ou não; com filhos adolescentes ou não; dando suporte financeiro e emocional para pais idosos ou não etc. Aqui também é possível definirmos um conjunto de pressões e problemas típicos das várias fases das relações que as pessoas estabelecem com suas famílias configurando um ciclo familiar ou de procriação.

- A terceira categoria está associada ao trabalho ou à construção de carreira. As pessoas têm um domínio parcial sobre as pressões e problemas decorrentes desta categoria, uma vez que emanam de necessidades definidas pela sociedade, de suas instituições econômicas, suas tradições, políticas educacionais etc. De outro lado, a relação que as pessoas estabelecem com o trabalho ou com a carreira não sofre o determinismo das outras duas categorias: uma pessoa pode truncar, mudar, alavancar sua carreira. As relações que a pessoa estabelece com a sua ocupação ou com organizações formam também um ciclo, a cujas etapas ou estágios podem ser associadas determinadas características.

Esses três ciclos são apresentados na Figura 6.1. Há momentos em nossa vida que, em função de idade, relação profissional e situação familiar, recebemos um grande conjunto de pressões. Esses momentos tendem a ser de grande influência nas decisões sobre projetos de vida pessoal e profissional.

Tais fases e ciclos vêm sofrendo algumas alterações nos últimos anos. Essas alterações são motivadas basicamente pelo aumento da longevidade das pessoas.

Verificamos aumento da expectativa de vida das pessoas graças aos avanços da medicina. As projeções para o futuro são de aumento da longevidade com qualidade de vida e são apoiadas nas seguintes tendências:

- Contínuo avanço da medicina e disposição da humanidade para investir cada vez mais em pesquisas ligadas à saúde e à forma de disseminar rapidamente as conquistas nesse campo.

- Aumento da preocupação da humanidade com o meio ambiente e busca de maior qualidade de vida.

- Maior consciência de si próprias por parte das pessoas, buscando manter sua integridade física, psíquica e social.

Schein procura demonstrar que há uma relação muito íntima entre nossas vidas profissional e pessoal. Vamos nos aprofundar no ciclo profissional apontado pelo autor e efetuar uma correspondência com o que observamos em nossa realidade.

> Para podermos refletir sobre a carreira das pessoas, é preciso entender suas necessidades e características, as quais são fruto da interação da pessoa com todos os espaços de sua vida.

CAPÍTULO 6 | O Protagonismo das Pessoas em Relação ao seu Desenvolvimento e à sua Carreira

FIGURA 6.1

Ciclos de influência sobre as pessoas.

Fonte: SCHEIN (1978:24).

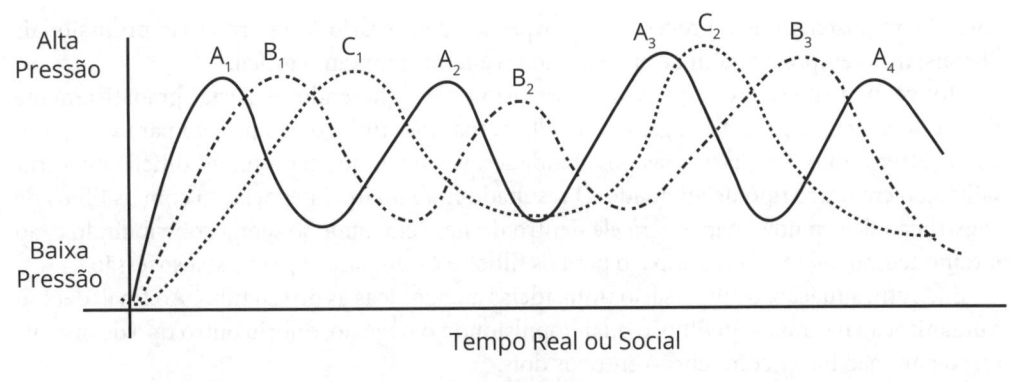

A ——— Ciclo Biossocial
- A_1 Adolescência
- A_2 Crise dos 30
- A_3 Crise da Meia-Idade
- A_4 Crise da Velhice

B ------- Ciclo Profissional ou de Carreira
- B_1 Entrada na Carreira
- B_2 Consolidação na Carreira
- B_3 Retirada da Carreira

C ······· Ciclo Familiar ou de Procriação
- C_1 Casamento e Nascimento dos Filhos
- C_2 Adolescência dos Filhos e Saída de Casa

Um dos grandes méritos da pesquisa realizada por Schein com seus estudantes na década de 1960 foi perceber quando os mesmos consolidaram uma identidade profissional. Nessa pesquisa, os estudantes demoraram entre três e cinco anos para consolidar uma identidade. Em trabalhos desenvolvidos com nossos estudantes do curso de Administração, observamos que demoraram em média três anos para consolidar uma identidade profissional.

Por essa razão, observamos nos primeiros anos uma angústia de nossos recém-formados que chamamos de "síndrome do recém-formado". Nessa fase, as pessoas não têm clareza do que estão vivendo e um pequeno problema é encarado como inaptidão para a profissão. Em nossos serviços de suporte aos alunos de graduação, recebemos pessoas desencantadas com a profissão que estão concluindo o curso. Quando vamos investigar a situação com maior profundidade, verificamos que se trata de questões muito simples de serem equacionadas e as pessoas mudam radicalmente suas posições e passam a se sentir mais aliviadas.

Para exemplificar essa situação, vamos relatar o caso de um amigo que aos 12 anos decidiu que seria médico. Cursou Medicina e se especializou em otorrinolaringologia. Quando começou a clinicar, percebeu que não gostava de gente e sofreu um grande choque, porque alguém que não gosta de gente não pode ser médico. Ficou um ano sem saber o que fazer até o momento em que descobriu que adorava medicina, mas não gostava da relação médico-paciente. Resolveu então realizar residência em patologia e hoje é uma pessoa realizada profissionalmente.

A entrada na carreira é um momento muito delicado para a maior parte das pessoas e por isso necessita de muita atenção. Verificamos que as organizações que têm mais sucesso em retenção e satisfação de jovens são aquelas que propiciam situações de diálogo mais frequente.

Outro momento crítico é o que chamamos de crise da meia-carreira. Como vimos no Capítulo 2, ocorre por volta dos 40 anos para a geração que entrou no mercado de trabalho nos anos 1990 e primeira década dos anos 2000. Acreditamos que essa crise virá mais cedo para a geração que entra no mercado de trabalho a partir do final da primeira década do século XXI. Essa geração provavelmente estará fechando um primeiro ciclo de carreira entre os 35 e os 38 anos de idade.

Nesse momento a pessoa vive a necessidade de repensar sua carreira, podendo haver uma transição profissional ou não. De qualquer modo, é um momento de angústia que afeta não somente a dimensão profissional.

O momento mais estressante do ciclo profissional é a aposentadoria, porque nesse caso a pessoa terá que viver forçosamente uma transição profissional. Verificamos através da análise de biografias que não existe um momento confortável para efetuar essa transição. Muitas pessoas

> Em sua pesquisa, Schein percebeu que os estudantes demoraram entre três e cinco anos para consolidar uma identidade.

> O momento mais estressante do ciclo profissional é a aposentadoria, porque nesse caso a pessoa terá que viver forçosamente uma transição profissional.

conseguem postergar esse processo ou porque são empresários ou porque são profissionais liberais, mas sempre que têm de enfrentá-lo vivem um momento difícil.

Houve uma situação em que um empresário estava querendo se afastar gradativamente de sua organização para dar lugar a seus filhos, mas não tinha outro projeto para si próprio e iria sofrer muito. Ao discutir as possibilidades, verificou que seria muito difícil encontrar satisfação em outro tipo de atividade. O resultado final foi uma negociação com os filhos de construção de um novo papel para ele dentro do negócio, onde se sentia contribuindo e, ao mesmo tempo, oferecia mais espaço para os filhos e os preparava para a sua sucessão.

Em outra situação, o empresário tinha ideias antagônicas às de seu filho. Ao final, deixou a organização nas mãos do filho, o qual impulsionou o negócio, e abriu outro tipo de organização para não haver competição entre os dois.

Vemos a necessidade de a pessoa, no processo de aposentadoria, construir uma nova identidade profissional, sem o que correrá grande risco de entrar em um processo de depressão. Uma situação ilustrativa é a de um colega da universidade que atuava em tempo parcial e possuía uma empresa bem-sucedida. Uma organização internacional propôs a compra de seu negócio, mas esse colega não levou a proposta muito a sério e, para sua surpresa, o negócio foi concluído com muita rapidez. Ao final, como ele estava com um bom dinheiro e desempregado, resolveu então curtir a vida, foi viajar com a esposa durante dois meses e ao retornar decidiu reformar o banheiro da casa. Colocou toda sua ansiedade na reforma do banheiro, que quase custou a separação do casal. Foi nesse momento que se deu conta do que estava fazendo com sua vida e decidiu construir um novo projeto profissional.

ARMADILHAS PROFISSIONAIS

A falta da gestão de nossas carreiras aumenta o risco de cairmos em situações de perigo ou estresse profissional, o que chamamos genericamente de armadilhas profissionais. Observamos que as pessoas mais jovens estão mais sujeitas a esse risco do que as pessoas mais maduras, talvez por terem maior consciência sobre si próprias.

Ao longo desses 25 anos, fomos estudando essas situações e o que as motivou. Chegamos à conclusão de que, na maior parte das situações, as pessoas que caíram em armadilhas profissionais o fizeram porque não olharam para si mesmas e sim para as iscas que estavam nessas armadilhas.

Em muitas situações, observamos que as armadilhas são criadas pelas próprias pessoas, pelas organizações ou por outras pessoas sem consciência do que estão fazendo. Por essa razão vamos, neste capítulo, destacar essas armadilhas, descrevendo-as e discutindo formas de evitá-las ou, quando for impossível, mitigar seus efeitos danosos.

As pessoas percebem as oportunidades profissionais e de carreira de fora para dentro. Em outras palavras, elas normalmente olham para o mercado ou para a organização em busca de oportunidades sem considerar a si próprias, seus pontos fortes, suas preferências, seus desejos e seus sonhos. Ao fazê-lo, as pessoas correm o risco de criar situações que podem causar um grande desconforto profissional ou colocar em risco a carreira ou, até, a reputação profissional.

Essas situações que chamamos de armadilhas profissionais podem ocorrer nas posições que ocupamos ou quando efetuamos movimentos profissionais dentro e fora da organização onde trabalhamos. Em função da natureza dessas armadilhas profissionais, criamos quatro categorias: caminhos sem saída, infelicidade profissional, caminho errado e desgaste de imagem.

A seguir, vamos trabalhar cada uma dessas armadilhas.

Caminhos sem Saída

Essa armadilha pode ser caracterizada pelas seguintes situações:

> A falta da gestão de nossas carreiras aumenta o risco de cairmos em situações de perigo ou estresse profissional, o que chamamos genericamente de armadilhas profissionais.

- A carreira em que a pessoa se encontra não tem mais perspectivas de desenvolvimento na organização e no mercado. Um exemplo dessa situação é o de estatísticos em empresas de pesquisa que chegam a um ponto de suas carreiras onde não há mais degraus de complexidade na organização ou no mercado.
- Os trabalhos que a pessoa desenvolve ou seu conhecimento técnico estão sendo substituídos por outra tecnologia ou por outro tipo de negócio. Nesse caso, temos vários exemplos de setores industriais ou de tecnologias substituídas, como reprodução de documentos, setor fotográfico e, atualmente, mídia impressa.
- A carreira escolhida pela pessoa deixa de ter importância e perspectiva por problemas de reorientação cultural ou política, como ocorreu com a energia nuclear.
- A pessoa não tem mais perspectivas profissionais em termos geográficos, porque em sua comunidade ou país houve um processo de desindustrialização ou mudança dos anos 1990.
- Limitação das possibilidades de oportunidades profissionais por causa da idade da pessoa, situação agravada na realidade brasileira, que possui uma população jovem entrando e atuando no mercado de trabalho.

Nesses casos, a alternativa implica uma mudança de trajetória profissional, envolvendo o estresse da mudança de identidade profissional.

Normalmente, as pessoas percebem essa situação em conjunto com as demais que estão sendo afetadas e há um movimento maciço em busca de alternativas. Em momentos de crise de mercado, essas situações ficam mais evidentes e atividades profissionais que estão em fase de desaparecimento têm seu processo acelerado.

Nos casos que analisamos, as pessoas demoram a se dar conta do que está ocorrendo. Inicialmente, procuram se recolocar em atividades de mesma natureza e não conseguem. Percebem, depois de algum tempo, que já não mais existe mercado para seus conhecimentos e experiência. Esse é um momento perigoso porque não é incomum a pessoa viver um processo de depressão e ver agravar a sua situação financeira, psicológica e física, além do relacionamento com a família e amigos.

A saída é a busca de outra carreira e esse processo é demorado. Primeiramente, é necessário verificar o conjunto de possibilidades concretas de trabalho e, em seguida, avaliar aquelas que podem gerar algum grau de satisfação pessoal. Quanto mais alto é o nível do profissional quer em termos salariais, quer em termos do nível de complexidade, mais difícil é o processo de busca de alternativas de carreira.

Por essa razão, a ideia de termos sempre um plano B ou uma carreira alternativa possível é interessante nesses momentos. Nesse caso, conseguimos uma articulação para a outra carreira com maior velocidade. Para exemplificar, analisamos o caso de um gerente de uma grande planta industrial em São Paulo que, ao fazer 48 anos, tornou-se muito preocupado com seu futuro profissional. Percebeu que tinha grande atração pela fisioterapia e resolveu realizar o curso no período noturno em uma faculdade próxima da planta onde atuava. Quando terminou o curso, já tinha todo um plano de negócios para montar sua clínica.

Outro caso interessante é o de um empresário em um negócio que estava com seus dias contados. Ele vinha de uma experiência como diretor financeiro em várias empresas de grande porte e, aos 50 anos de idade, resolveu fazer o curso de Direito, entrou na USP e, aos 55 anos, tornou-se advogado especializado em direito tributário com grande sucesso.

> Nos casos de caminhos sem saída, a alternativa implica uma mudança de trajetória profissional, envolvendo o estresse da mudança de identidade profissional.

Infelicidade Profissional

Esta é a armadilha mais cruel, porque destrói a pessoa em todas as dimensões de sua vida. Normalmente é caracterizada por uma atividade profissional, organização ou grupo de pessoas que o profissional odeia e que o torna infeliz, mas ele permanece por causa do salário, dos benefícios, do *status* e/ou da segurança. Essa infelicidade gera na pessoa uma amargura que se irradia para todas as suas relações sem que a pessoa perceba.

Com o tempo, o terreno debaixo de seus pés vai erodindo e, de repente, uma série de desgraças ocorrem ao mesmo tempo: a pessoa perde o emprego, se separa do cônjuge, bate o carro, o carro não tem seguro etc.

A maior parte das pessoas que entrevistamos havia conseguido sair dessa situação e, em consequência disso, tinha uma visão crítica do que viveu.

Essa é uma armadilha perigosa porque muitas pessoas só a percebem quando conseguem sair. O relato das pessoas foi de muita surpresa e alegria quando conseguiram deixar a situação que viviam e perceberam todos os mecanismos desenvolvidos para se autoenganarem.

Alguns dos nossos entrevistados só conseguiram superar esse desafio com ajuda de terapia, gerando a força e a coragem necessárias para quebrar a inércia e a relação patológica desenvolvida entre a pessoa e seu trabalho.

> A infelicidade profissional é a armadilha mais cruel, porque destrói a pessoa em todas as dimensões de sua vida.

Caminho Errado

Essa armadilha é caracterizada pelas seguintes situações:

- O trabalho que a pessoa desenvolve mobiliza muito dos seus pontos fracos e pouco dos seus pontos fortes. Desse modo, a pessoa necessita fazer um esforço hercúleo para ser medíocre. Quando fazemos atividades que mobilizam nossos pontos fortes, somos excelentes com muita facilidade.
- A organização ou o grupo de pessoas com as quais nos relacionamos têm valores que não compartilhamos. Essa situação gera um grande desconforto e dificilmente a pessoa suporta permanecer nesse local de trabalho.
- A partir de uma transição de carreira na organização, a pessoa passa a desenvolver uma atividade com a qual não tem identidade. O exemplo mais comum encontrado em nossas entrevistas foi o de bons profissionais técnicos que assumiram posições gerenciais e não conseguiram desenvolver uma identidade com a nova carreira.
- Ausência de repertório sobre si mesmo fazendo com que efetue escolhas profissionais às cegas ou influenciado por amigos ou imagem da posição. O exemplo mais marcante nesse caso foi o de um de nossos alunos, que ingressou como *trainee* na área de marketing em uma grande multinacional de bens de consumo depois de um processo seletivo extenuante e muito disputado. Ao terminar o programa e iniciar na área de marketing, ele viveu o primeiro fracasso em sua vida: enquanto seus colegas tinham um desenvolvimento rápido na carreira, ele se sentia infeliz. Ao conversarmos, ficou claro que ele estava no lugar errado e propusemos que fosse atuar na área financeira. Lá, teve uma carreira brilhante.

Nesses casos, a solução é a mudança de carreira, dentro ou fora de empresa. Nem sempre esse é um processo simples, mas na medida em que a pessoa tem clareza do que quer, é mais fácil reverter a situação.

Nos casos em que técnicos foram para posições gerenciais e não se identificaram, a maioria teve que deixar a organização e se recolocar em outra. Nem sempre esse movimento é fácil, particularmente em momentos de crise.

As pessoas que entram em organizações ou passam a conviver com grupos cujos valores elas não compartilham normalmente têm que, também, deixar a organização. Por essa razão, esse é um aspecto importante a ser observado quando estamos participando de processos seletivos.

A correção de rumo em caminhos errados pode ser difícil e representar um retrocesso no processo de desenvolvimento profissional. Um caso que ilustra essa situação é o de um jovem engenheiro em uma empresa que produz equipamentos para telecomunicações. Esse engenheiro já trabalhava havia seis anos na área de desenvolvimento de produtos e recebeu um convite para ser suporte técnico do pessoal de vendas. Nesse momento ele viveu uma transição de carreira: saiu de um ambiente informal e passou para um ambiente formal. Sua indumentária foi transformada e a forma como se referia aos produtos da empresa era bem diferente no novo ambiente. Dois anos depois, descobriu que não tinha nenhuma identidade com a atividade comercial e quis retornar para a área de desenvolvimento. Na empresa não havia essa possibilidade e, quando ele se apresentou ao mercado, compreendeu, com surpresa, que o mercado o percebia como alguém da área comercial. Esse jovem engenheiro ficou sem rumo durante dois anos atuando de forma marginal no mercado. Por sorte, com a privatização do setor em meados da década de 1990, conseguiu retornar para a área técnica.

Desgaste de Imagem

A ocorrência desse tipo de armadilha em nossas pesquisas foi rara, mas resolvemos considerá-la como uma categoria distinta em função do nível de impacto causado na carreira das pessoas que viveram essa situação.

A situação típica nesse caso é da pessoa que vai trabalhar em uma organização com problemas de imagem em termos éticos, morais e de relacionamento. Ela normalmente aceita o convite porque há promessas de que a situação será resolvida ou porque será contratada como a salvadora da pátria, ou seja, ela será a responsável por resolver todos os problemas.

O que verificamos é que a situação não muda e a pessoa é impregnada com a lama da organização, comprometendo a sua credibilidade e respeitabilidade profissional.

Um caso que nos chamou a atenção foi de um profissional contratado para ser o presidente de uma empresa com grandes problemas financeiros e de imagem. A pessoa queria muito viver a experiência de comandar uma organização, a remuneração oferecida era tentadora e o acionista que o contratou era uma pessoa sedutora. As promessas efetuadas durante a contratação não foram cumpridas e o profissional se sentiu de mão atadas para implementar as mudanças necessárias para transformar a situação. O resultado foi mais de cinco anos fora de organizações. Por conta de sua passagem por aquela experiência, ele necessitou atuar como consultor e na coordenação de pequenos projetos até se recolocar no mercado novamente.

> Boa parte das pessoas não olhou para si mesma, somente para os aspectos positivos oferecidos pela posição ou pela organização.

Esses casos são muito perigosos e exigem uma atenção redobrada. Muitos profissionais não buscam informações mais detalhadas da empresa onde irão atuar e podem estar fazendo escolhas de alto risco para as suas carreiras.

Em todos os depoimentos das pessoas que caíram em armadilhas havia um ponto em comum: as pessoas tinham as informações necessárias para não cair nas armadilhas, mas não quiseram considerá-las em suas decisões.

Boa parte das pessoas não olhou para si mesma, somente para os aspectos positivos oferecidos pela posição ou pela organização. Analisando as iscas dessas armadilhas, procuramos agrupá-las nas seguintes categorias, as quais estão relacionadas das mais frequentes para as menos frequentes:

- Recompensas financeiras.
- *Status* social.
- Imagem da posição/área/empresa.
- Pressão de amigos/familiares.
- Facilidade para alavancar projetos pessoais/familiares.
- Atendimento de projetos profissionais/pessoais de curto prazo.

As pessoas estão normalmente diante de muitas possibilidades profissionais, algumas são oportunidades e outras são armadilhas. As boas armadilhas vêm revestidas de oportunidades. A forma de distinguirmos as armadilhas das oportunidades é olhando para dentro de nós e respondendo, de forma honesta, se aquela possibilidade nos interessa verdadeiramente, se tem uma ligação conosco.

> **SAIBA MAIS**
>
> Para refletir sobre a sua carreira, uma boa dica dada por especialistas é escrever a sua história de vida desde o nascimento até os dias de hoje, refletindo sobre seus familiares e pessoas importantes em sua vida, e enumerar as principais escolhas realizadas ao longo de sua história pessoal e profissional. Apresentamos a seguir algumas perguntas que podem nortear a sua reflexão:
>
> - Qual é a profissão de seus avós, pais, irmãos e parentes e/ou amigos próximos que de alguma forma tiveram grande influência em sua vida?
> - Como foi a sua trajetória escolar? Quais as disciplinas que você mais gostava e por quê?
> - Quais os *hobbies* que você teve ao longo da vida? De qual mais gostava e por quê?
> - Como se deu a escolha pela graduação? Por que você escolheu esse curso?
> - Quando você ingressou no mercado profissional? Como escolheu a sua primeira experiência profissional? Você conseguiu utilizar as suas habilidades naturais?
> - O que mais gostou ou menos gostou em cada uma de suas experiências profissionais?
> - Como você realiza as suas escolhas e quem influencia?
>
> A reflexão sobre essas questões pode auxiliar na compreensão do nosso processo de carreira.

ESTRATÉGIAS DE CARREIRA

As pessoas têm estratégias conscientes ou não. Identificamos quatro tipos de estratégias que as pessoas utilizam em suas carreiras: crescimento na carreira, mudança de carreira na mesma organização, mudança de organização na mesma carreira e mudança de organização e de carreira ao mesmo tempo.

Crescimento na Carreira

Essa é a estratégia mais intuitiva – buscarmos atribuições e responsabilidades de maior complexidade na mesma trajetória de carreira. Por exemplo, atuo como analista júnior em uma determinada atividade e busco o meu reconhecimento como pleno. Se sou pleno, busco o reconhecimento como sênior e assim por diante.

Nessa estratégia, a pessoa busca conhecer as condições exigidas pela organização para a realização do passo seguinte na trajetória e trabalha para cumprir essas exigências. As exigências podem ser formais ou não. Quando a organização não explicita as exigências, as pessoas observam quem foi promovido para a posição subsequente, em quanto tempo e quais foram as condições que propiciaram a promoção.

Mudança de Carreira na Mesma Organização

Dificilmente o mercado aceita uma pessoa que está mudando de carreira e de empresa ao mesmo tempo. Por essa razão, a melhor estratégia para mudança de carreira é a pessoa permanecer na empresa onde atua.

Como vimos, a mudança de carreira implica um grande estresse pela mudança na identidade profissional. Quando efetuamos essa mudança na mesma organização, estamos realizando o processo em uma cultura que conhecemos e em um ambiente em que já transitamos. Além desse fato, as pessoas nos conhecem e respeitam, criando um ambiente favorável para a mudança.

De qualquer modo, é sempre um movimento de risco já que, na maior parte das vezes, é um caminho sem volta.

> Identificamos quatro tipos de estratégias que as pessoas utilizam em suas carreiras: crescimento na carreira, mudança de carreira na mesma organização, mudança de organização na mesma carreira e mudança de organização e de carreira ao mesmo tempo.

Mudança de Organização na Mesma Carreira

Essa opção é feita quando a pessoa percebe que não tem espaço para crescimento na organização, mas existe esse espaço no mercado de trabalho. Essa estratégia é utilizada, também, quando existe algum tipo de animosidade ou a percepção de que a chefia irá bloquear o caminho da pessoa.

Observamos o uso dessa estratégia por pessoas quando percebiam sinais de que a organização estava vivendo ou viveria dificuldades para seu desenvolvimento ou sobrevivência ou quando o setor como um todo estava em declínio.

Algumas pessoas optaram por essa estratégia para efetuar mudanças geográficas por razões pessoais, familiares ou para migrar para centros onde existiam mais oportunidades para o desenvolvimento profissional.

Mudança de Organização e de Carreira ao Mesmo Tempo

Essa é a estratégia de maior risco. Tal estratégia cria uma total desestruturação da carreira da pessoa, mas existem momentos em que é a melhor opção.

Nossa primeira transição de carreira ocorreu dentro dessa estratégia. Percebemos que dentro de organizações as possibilidades de desenvolvimento eram muito limitadas, porque nos agradavam mais as atividades de estudos e suporte. Para nós, a melhor opção era combinar uma carreira de consultor com uma carreira acadêmica. Preparei-me durante cinco anos em termos psicológicos e financeiros e achei que seria um processo fácil, já que faria na consultoria o que realizava na organização.

Meu equívoco foi total. Rapidamente percebi que a pressão de cliente é diferente da pressão recebida dentro da organização, que não sabia vender meu trabalho, que não sabia empacotar meus produtos para os clientes e muitas outras coisas. Senti-me um incompetente e minha autoestima foi tremendamente ameaçada. Tinha caído de um pedestal, em minha atuação anterior era respeitado e possuía espaço bem definido na organização e fora dela. De um momento para o outro, não sabia bem qual era o meu espaço.

Esse tipo de estratégia exige muito da pessoa e, se ela não tiver as outras dimensões de sua vida bem ajustadas, pode se perder. Em meu caso, obtive um grande apoio de minha família e de meus sócios na consultoria, bem como de meus colegas na universidade.

Ao longo da década de 1990, observamos outras estratégias de carreira. Estratégias combinando duas ou mais das alternativas descritas anteriormente. A que ocorreu com mais frequência entre as pessoas pesquisadas foi a criação de carreiras complementares.

> A carreira complementar é um conjunto de atribuições e responsabilidades de natureza diferente que a pessoa assume, ou seja, sem abandonar sua carreira a pessoa assume outra carreira e, por decorrência, outra identidade profissional.

Carreiras Complementares

Nossa primeira observação de carreira complementar ocorreu em empresas públicas. Observamos pessoas que adoravam seus trabalhos, sentiam-se seguras em seus empregos e não tinham intenção de abandoná-los, embora não percebessem qualquer possibilidade de ascensão profissional ou de novos desafios. Essas pessoas conseguiram nas carreiras complementares a possibilidade de se desenvolverem e encontrarem desafios profissionais atraentes.

O que é então uma carreira complementar? É um conjunto de atribuições e responsabilidades de natureza diferente que a pessoa assume, ou seja, sem abandonar sua carreira a pessoa assume outra carreira e, por decorrência, outra identidade profissional.

A carreira complementar não ameaça a carreira principal; ela irá receber uma atenção e um tempo secundários da pessoa. As carreiras complementares mais usuais no Brasil são: montar um negócio que não tenha conflito de interesses com a carreira principal, atividades de docência e atividades em organizações filantrópicas.

Verificamos que as carreiras complementares eram comuns também em empresas multinacionais de grande porte e empresas que tinham operações em cidades ou regiões onde estavam entre poucas opções de emprego. Algumas pessoas tinham mais de uma carreira complementar.

Estudando esses casos com maior profundidade, verificamos que havia uma forte sinergia entre a carreira principal e a complementar, uma ajudando no desenvolvimento da outra, com ganhos interessantes para as pessoas envolvidas e para as organizações.

Nos anos 2000, acompanhamos alguns casos de empresas que estimulavam e apoiavam as pessoas que tinham interesse em carreiras complementares, principalmente aquelas voltadas para ações filantrópicas e educacionais. Dois casos merecem destaque. Um caso é de uma organização instalada no interior do Estado do Pará, onde era a principal opção de emprego para a mão de obra qualificada. Os profissionais dessa empresa chegavam rapidamente ao limite de suas carreiras e não tinham outras opções na região. Ao mesmo tempo, a empresa estava instalada em uma região pobre e com grandes carências. Um dos trabalhos premiados dos engenheiros dessa empresa foi realizado junto às olarias locais, onde era comum ocorrerem acidentes de trabalho nos quais as pessoas perdiam seus dedos. O trabalho foi a introdução de um processo que permitia total segurança para os trabalhadores e era mais produtivo que aquele utilizado até então. O resultado foi surpreendente, com a redução para zero desse tipo de acidente.

Outro caso é da Usina de Itaipu, maior empregadora da região de Foz do Iguaçu e onde o pessoal técnico chega depois de 10 a 12 anos ao limite de suas carreiras. As pessoas não têm interesse em deixar a organização. Como forma de criar estímulos adicionais, a Usina abriga em suas instalações duas universidades e várias ações filantrópicas e científicas com as comunidades locais. Estimula seus empregados a ações voluntárias nas áreas de desenvolvimento científico, filantrópico e educacional.

Outra constatação é que a carreira complementar é uma boa estratégia para mudança de carreira, na qual a carreira complementar gradativamente vai se tornando principal e a principal passa a complementar. Em nossa segunda mudança de carreira, utilizamos essa estratégia. Minha carreira principal era de consultor e a complementar, de docente. Hoje, a principal é de docente e a complementar é de consultor. Essa mudança dói como qualquer outra, a vantagem é que é possível dosar a dor, diminuindo a velocidade da mudança.

Verificamos, também, situações onde as pessoas assumem carreiras complementares de forma temporária. Esse processo ocorre como decorrência das responsabilidades da pessoa, como forma de desenvolver algum trabalho importante para a pessoa ou como forma de desenvolver alguma habilidade ou competência. Para darmos um exemplo, o caso de um médico que assume a gerência de determinada área em um hospital, onde manterá como carreira principal a medicina e terá por algum tempo a carreira complementar de gerente.

NEGOCIAÇÃO DA CARREIRA COM A ORGANIZAÇÃO

Papéis no Processo de Negociação

A construção do projeto profissional é responsabilidade da pessoa. Uma vez construído, o processo seguinte é a negociação do mesmo com a organização.

A organização pode ajudar a pessoa no estabelecimento de seu projeto profissional. Podem ser utilizadas várias técnicas, as mais comuns são:

- Manuais de autopreenchimento, como, por exemplo, os apresentados por Savioli (1991), por London e Stumpf (1982) e por Martins (2001).
- *Workshops* para planejamento de carreira, em que os participantes trabalham sua avaliação individualmente e em grupos e discutem suas preferências e objetivos de carreira. Esses trabalhos podem gerar ainda insumos para continuidade de trabalho individual (*homework*) a serem confrontados com opiniões de familiares, amigos e, eventualmente, colegas na organização (GUTTERIDGE, 1986).
- Suporte de consultores especializados que utilizam um *mix* de técnicas envolvendo preenchimento de manuais de autoavaliação e entrevistas de aconselhamento. Geralmente, esse tipo de serviço está associado a uma demanda de organizações em relação a seus empregados, quer visando a trabalhos de desenvolvimento, quer a trabalhos de

recolocação (*outplacement*). Esse suporte pode ser dado por conselheiros da própria organização ou por contratados.

A construção do projeto profissional é responsabilidade da pessoa. Uma vez construído, o processo seguinte é a negociação do mesmo com a organização. Recomendamos que alguns aspectos sejam considerados nesse processo:

- Definir o posicionamento da organização no nosso projeto de carreira: a organização pode estar ou não em nosso projeto. Caso não esteja, é importante avaliar quais são as alternativas fora da organização: mudar de organização, montar um negócio, transformação em prestador de serviço, vida acadêmica etc. Caso a organização esteja em nosso projeto, é porque podemos vislumbrar oportunidades.
- Avaliação de oportunidades: a organização normalmente não faz divulgação formal das oportunidades, geralmente nem há consciência de todas as oportunidades, portanto necessitamos efetuar uma constante avaliação da situação. As melhores fontes de informação estão em nossa rede de relacionamento.
- Avaliação dos requisitos exigidos: devemos ter clareza quanto aos requisitos exigidos pela organização para as posições em que temos interesse e avaliarmos se atendemos ou não.
- Negociação com a organização: para negociarmos com a organização nossa carreira, é importante que estejamos seguros. A segurança em relação à carreira significa que estamos efetuando escolhas, que sabemos o que queremos e o que não queremos. Na medida em que definimos nossas prioridades, naturalmente passamos a investir nossa energia nesse caminho e a ocupar espaços, sinalizando com mais clareza para onde vamos.

> Normalmente, as organizações recebem bem a explicitação de interesses e a manifestação de expectativas.

Cuidados Necessários no Processo de Negociação com a Organização

Para negociarmos a nossa carreira com a organização, necessitamos compreender a cultura. Existem culturas onde a explicitação do que queremos é malvista pela organização. Nesses casos, devemos demonstrar nossas intenções através de atitudes, tais como: busca de desafios nas áreas e/ou atividades que nos interessam, realização de cursos, participação em eventos relacionados ao nosso interesse etc.

Normalmente, as organizações recebem bem a explicitação de interesses e a manifestação de expectativas. Nesses casos, haverá tendência para um alinhamento de interesses entre a pessoa e a organização.

Uma possibilidade a ser considerada no processo de negociação é que, apesar do esforço das chefias e da organização, não tenhamos respostas positivas para as nossas expectativas. Nesse caso, é importante que a pessoa estabeleça para si mesma metas e objetivos e, caso a organização não ofereça respostas, avalie a permanência no caminho planejado dentro ou fora da organização.

Um aspecto a ser cuidado em nosso processo de negociação com a organização é a nossa ansiedade. Em muitas situações, nossa ansiedade turva a capacidade de análise ou induz a comportamentos pouco apropriados com arrogância e prepotência. Uma forma de trabalhar nossa ansiedade é termos interlocutores dentro e fora da organização para discutirmos nossas angústias em relação à carreira.

Espaços a Serem Criados pela Organização para a Negociação de Carreira

Do lado da organização, é importante a oferta de estímulos, para que a pessoa pense e discuta a sua carreira, e de preparo das lideranças, de modo a abrir espaço em suas agendas para ajudar as pessoas de sua equipe na reflexão sobre as suas carreiras.

Esse preparo é importante, caso contrário as pessoas terão receio de discutir a sua carreira com a organização. Na década de 1990, uma grande multinacional francesa implantou no Brasil um sistema pelo qual as pessoas explicitavam as suas intenções de carreira em um formulário, enviavam para a sua chefia imediata e, posteriormente, havia uma reunião sobre as expectativas das pessoas e as possibilidades oferecidas pela organização. Pelo despreparo das lideranças e pelo receio das pessoas em se expor, o processo se transformou em um ritual burocrático onde as pessoas escreviam o que achavam que suas chefias queriam ler.

Embora a negociação de carreira esteja sempre presente nas organizações, estruturar esse processo não é algo simples. Independentemente de a organização oferecer um processo estruturado ou não, as pessoas devem ter em mente seu papel de protagonista de seu desenvolvimento e carreira.

Resumo e Implicações para o Aprendizado sobre Gestão de Pessoas

Neste capítulo, vimos a pessoa como protagonista de sua carreira e de seu desenvolvimento, bem como o suporte que pode receber da organização para refletir sobre sua carreira e para negociar com a mesma uma conciliação de expectativas.

As principais implicações para o aprendizado sobre a gestão de pessoas podem ser, em resumo:

- A importância para as pessoas e para a organização do protagonismo das pessoas em relação à sua carreira.
- O papel da organização no suporte à reflexão por parte das pessoas sobre seu futuro profissional e oportunidades de desenvolvimento oferecidas.
- Processo de conciliação de expectativas entre a organização e as pessoas.

QUESTÕES

Questões para fixação

1. O que os autores dizem sobre o planejamento de carreira dos brasileiros em relação aos estrangeiros?
2. O que se deve fazer para ser protagonista da própria carreira?
3. Quais são os principais cuidados que precisamos ter ao pensarmos na carreira?
4. Qual deve ser a conexão entre os nossos objetivos de longo prazo e os de curto prazo quando se pensa em carreira?
5. Quais são os três pilares do autoconhecimento?
6. Por que utilizamos as nossas realizações para descobrir nossas habilidades naturais?
7. Quais são os três estágios na vida de uma pessoa para a escolha de carreira segundo Ginzberg et al. (1951)?
8. Quais são as causas geradoras de pressão e problemas descritas por Schein? Descreva-as.
9. O que podemos elencar quando falamos neste capítulo em caminho sem saída, caminho errado, infelicidade profissional e desgaste de imagem?
10. O que é carreira complementar? Discorra sobre o assunto.
11. Que aspectos devem ser considerados no processo de negociação do projeto profissional com a empresa?
12. Quais são os principais cuidados no processo de negociação com a organização?

Questões para desenvolvimento

1. Qual é a importância de um sistema de administração de carreiras para a organização e para as pessoas?

2. Por que é importante para as pessoas administrar as suas próprias carreiras?
3. De que forma o autoconhecimento pode influenciar nas escolhas de carreira?

ESTUDO DE CASO E EXERCÍCIOS

Laura tem 30 anos, é paulistana, mora em São Paulo, antes da faculdade morou um ano na Espanha na casa dos avós paternos, para se aperfeiçoar no idioma. Nessa ocasião, auxiliava os avós na gestão do negócio da família, por gerações uma renomada e tradicional butique de pães. Lá, conheceu o seu atual marido, um engenheiro apaixonado por pães, que durante um mês esteve na butique realizando um curso de panificação.

Quando retornou ao Brasil, Laura fez faculdade de Administração de Empresas. No segundo ano de faculdade, realizou um intercâmbio em Londres, onde pôde aperfeiçoar o inglês. Está recém-casada, seu marido Jairo tem 38 anos é um engenheiro planejador, expansivo, comunicativo e criativo, que sempre sonhou em ser empreendedor. No início deste ano, saiu da empresa na qual trabalhava e investiu todo o seu dinheiro abrindo uma butique de pães no Brasil, nos moldes da empresa dos avós de Laura, no entanto alinhada com as novas tendências do mercado em termos de tecnologia, tanto para a fabricação de pães quanto para a comunicação com seus clientes. Ela, que sempre acreditou que para crescer é necessário correr riscos e apostar na intuição, apoia o projeto do marido, e assumiu um duplo papel: consultora do negócio, já que atuou um ano no negócio dos avós na Espanha, e assumindo as finanças da casa nos próximos dois anos, tempo estimado para que o negócio do marido comece a dar lucro.

A empresa em que Laura trabalha desde o início de sua carreira, a XYZ, é brasileira, atua no setor químico, possui cinco plantas no território brasileiro e está expandindo os seus negócios internacionalmente, adquirindo empresas na América Latina e nos EUA. Laura ingressou na empresa no programa de estágios em 2007, ocasião em que cursava o terceiro ano da faculdade de Administração, na área de recursos humanos ou na gerência administrativa, na qual auxiliava a realização e conferência da folha de pagamento e acompanhava o gestor nas reuniões de sindicato, realizando os registros das negociações.

Assim que se formou, em 2008, aproveitou o programa de incentivo aos estudos oferecido pela empresa e cursou pós-graduação em RH, área na qual pretendia construir a sua carreira. Nessa época, concorreu a uma vaga como consultora interna para a área industrial e passou. Um ano depois, realizou os cursos e obteve as certificações para *green belt* e *black belt*, e *lean* seis sigma.

A profissional que já era reconhecida por sua empatia, excelente comunicação, justiça, criatividade, pragmatismo e planejamento, passou a atuar também como líder de projetos em 2010. Essa oportunidade lhe possibilitou transitar por diversas áreas, plantas e níveis de complexidade, conhecendo praticamente todos na organização e ganhando visibilidade entre a alta liderança organizacional.

O grande objetivo de carreira de Laura é chegar à diretoria da área de recursos humanos em uma grande empresa multinacional. Em 2012, candidatou-se para uma vaga na gerência de remuneração que estava sendo estruturada na matriz. Embora não seja a sua área de interesse, viu como uma oportunidade de conhecer o funcionamento da área, aspecto importante pensando em seu objetivo de longo prazo que era a diretoria de RH. Passou e foi o braço direito do gestor no desenho e na implantação de todo o modelo de recompensa e remuneração elaborado conjuntamente com uma consultoria de renome na área. Além disso, teve a oportunidade de participar de todas as reuniões realizadas entre seu chefe e o diretor da área de RH e até da reunião de validação do modelo com o presidente e diretores da empresa.

Assim que terminou o projeto, em 2013, conversou com o seu gerente solicitando-lhe que verificasse a possibilidade de migração para a área de desenvolvimento organizacional, pois ela achava importante para a sua carreira vivenciar o funcionamento dessa área. Um ano depois conseguiu realizar essa migração, assumindo os projetos de desenvolvimento de lideranças, tendo a oportunidade de interagir com maior frequência com a alta direção da empresa e estar mais em contato com a estratégia organizacional. No final de 2015, passou também a compor o grupo responsável por pensar na estrutura organizacional e na integração dos processos de gestão de pessoas.

Atualmente, Laura encontra-se em um grande dilema de carreira, pois está com quatro possibilidades profissionais, sendo duas dentro da organização e duas fora.

Dentro da organização, ela recebeu duas propostas: uma primeira para assumir como especialista o projeto de construção da universidade corporativa da organização, que lhe permitiria atuar diretamente com o diretor da área de RH, seus pares e o presidente da organização. Esse projeto irá requerer que ela passe seis meses viajando por todos os países em que a empresa está sediada, estudando as necessidades locais para a construção do projeto, e que nos seis meses seguintes fique parte do tempo no Brasil e parte fora validando o projeto junto aos dirigentes das unidades internacionais. Essa é uma grande oportunidade de ampliar a sua visão sistêmica da organização; entender como pensam os dirigentes das diversas unidades desenvolvendo uma percepção global e intercultural; conhecer com maior profundidade a estratégia organizacional em médio e longo prazo para pensar no desenvolvimento das pessoas com base no futuro da organização; interagir com o conselho administrativo da organização.

Uma segunda proposta é a de migrar para a área administrativa, acompanhando o gestor nas negociações com o sindicato para em até dois anos assumir a gerência da área, seu grande sonho atualmente, pois já fez 30 anos e sempre teve como meta assumir uma gerência até atingir essa idade.

Fora da organização, recebeu outras duas propostas: a primeira, para assumir uma gerência de desenvolvimento organizacional em uma empresa nacional de porte médio sediada em São Paulo e a segunda, para assumir a coordenação de um projeto de desenvolvimento e implantação de remuneração em uma empresa multinacional em todas as unidades da América Latina. Esta segunda opção irá demandar viagens constantes pelos países nos quais a organização tem operações.

Nas duas primeiras opções, tanto fora quanto dentro da organização, o salário e os benefícios de Laura permaneceriam os mesmos. Nas demais opções, tanto dentro quanto fora da empresa, Laura teria um aumento de 50% em seu salário atual.

Informações sobre o perfil de Laura:

Âncoras de carreira: Puro Desafio; Autonomia e Independência; e Gerência Geral.

Habilidades Naturais: liderança, comunicação; planejamento; criatividade; leitura de contexto, articulação de relacionamento; empatia; engajamento; geração de resultados; trabalho em equipe; articulação política; e mobilização de pessoas.

Tipos Psicológicos: Extrovertida; Intuitiva; Racionalista; Julgadora (moderada, pois é razoavelmente flexível).

Avalie quais são os prós e contras das propostas recebidas por Laura e complete o seguinte quadro:

	PROJETO	SALÁRIO E BENEFÍCIOS	VANTAGENS	DESVANTAGENS
1	Projeto de educação corporativa	Igual		
2	Gerência administrativa	50% maior		
3	Gerência de RH, empresa de médio porte	Igual		
4	Projeto de remuneração	50% maior		

Agora avalie as opções de Laura:

1. Qual proposta possibilita a Laura atingir mais facilmente seu objetivo de carreira? Por quê?

2. Se você fosse Laura, que escolha faria? Por quê?

REFERÊNCIAS

ARTHUR, M. B.; INKSON, K.; PRINGLE, J. K. *The new careers*: individual action and economic change. London: Sage, 1999.

BRISCOE, J. P.; HALL, D. T. A interação das carreiras sem fronteiras e proteana: combinações e implicações. In: DUTRA, J. S.; VELOSO, E. F. R. *Desafios da gestão de carreiras*. São Paulo: Atlas, 2013.

CAMPBELL, Joseph. *O herói de mil faces*. São Paulo: Cultrix, 1949.

CASADO, Tânia. *Tipos psicológicos*: uma proposta de instrumento para diagnóstico do potencial humano nas organizações. 1998. Tese (Doutorado) – Faculdade de Economia, Administração e Ciências Contábeis (FEA) da Universidade de São Paulo (USP), São Paulo.

COSTA, I. S. A.; BALASSIANO, M. (Org.). *Gestão de carreiras*: dilemas e perspectivas. São Paulo: Atlas, 2006.

DUTRA, J. S. *Gestão de carreiras na empresa contemporânea*. São Paulo: Atlas, 2010.

_____; VELOSO, E. F. R. *Desafios da gestão de carreiras*. São Paulo: Atlas, 2013.

GINZBERG, E.; GINSBURG, S. W.; AXELRAD, S.; HERMA, J. L. *Occupational choice*: an approach to a general theory. New York: Columbia University Press, 1951.

GOMES, Maria T. *O chamado*: você é o herói do próprio destino. São Paulo: Atlas, 2016.

GUTTERIDGE, Thomas G. Organizational career development systems: the state of the practice. In: HALL, Douglas T. *Career development in organizations*. San Francisco: Jossey-Bass, 1986.

GUNZ, H.; PEIPERL, M. (Ed.) *Handbook of career studies*. Thousand Oaks: Sage, 2007.

HALL, Douglas T. *Career in organizations*. California: Goodyear, 1976.

_____. *Career development in organizations*. San Francisco: Jossey-Bass, 1986.

_____. *Careers in and out of organizations*. London: Sage, 2002.

HIGGINS, M. C. *Career imprints*. São Francisco: Jossey-Bass, 2005.

INKSON, K. *Understanding careers*: metaphors of working lives. Thousand Oaks: Sage, 2007.

JUNG, C. G. *Psychological types*. Princeton: Princeton University Press, 1971. (The Collected Works of. C. G. Jung, v. 6, ed. W. McGuire, Bollinger Series XX.)

LONDON, M.; STUMPF, S. *Managing careers*. Massachusetts: Addison-Wesley, 1982.

MAINIERO, L. A.; SULLIVAN, S. E. *The opt-out revolt*: why people are leaving companies to create kaleidoscope careers. Mountain View: Davies-Black, 2006.

MARTINS, H. T. *Gestão de carreiras na era do conhecimento*: uma abordagem conceitual e resultados de pesquisa. Rio de Janeiro: Qualitymark, 2001.

MINARELLI, José A. *Empregabilidade*: como entrar, permanecer e progredir no mercado de trabalho. São Paulo: Gente, 1995.

PEIPERL, M. A.; ARTHUR, M. B. *Career creativity*: explorations in the remarking of work. Oxford: Oxford University Press, 2002.

SAVIOLI, Nelson. *Carreira*: manual do proprietário. São Paulo: Qualitymark, 1991.

SCHEIN, Edgar H. *Career anchors*: discovering your real values. California: University Associates, 1990.

_____. *Career dynamic*: matching individual and organizational needs. Massachusetts: Addison-Wesley, 1978.

STAMP, G.; STAMP, C., *Wellbeing at work*: aligning purposes, people, strategies and structures. West Yorkshire, 1993.

SUPER, Donald E. *The psychology of careers*: an introduction to vocational development. New York: Harper, 1957.

_____; BOHN JUNIOR, Martin J. *Psicologia ocupacional*. São Paulo: Atlas, 1972.

VAN MAANEN, John. *Organizational careers*: some new perspectives. New York: Wiley, 1977.

VELOSO, E. F. R. *Carreira sem fronteiras e transição profissional no Brasil*. São Paulo: Atlas, 2012.

_____; TREVISAN, L. *Produtividade e ambiente de trabalho*: gestão de pessoas e carreira. São Paulo: Senac, 2005.

CAPÍTULO 7

Gestão de Carreiras pela Organização

O QUE SERÁ VISTO NESTE CAPÍTULO

Sistema de gestão de carreiras
- Princípios.
- Estrutura de carreiras.
- Instrumentos de gestão.

Relação entre gestão de carreiras e estratégia de gestão de pessoas
- Pontos de alinhamento.
- Categorias de estratégias na gestão de pessoas e a gestão de carreiras.
- Interação da gestão de carreiras com a gestão de pessoas.

Papel da organização na gestão de carreiras
- Definição da estratégia de carreira.
- Características do sistema de gestão de carreiras.

Avaliação da gestão de carreiras
- Critérios para avaliação.
- Medidas para aprimoramento.

QUE REFLEXÕES SERÃO ESTIMULADAS

- Como são constituídos os sistemas de gestão de carreiras?
- Qual a relação entre a gestão de carreiras e a gestão estratégica de gestão de pessoas?
- Que parâmetros podem ser utilizados para avaliar a efetividade de um sistema de gestão de carreiras?

CONEXÕES COM O NOSSO COTIDIANO

Relação entre gestão de carreiras e estratégia de gestão de pessoas
- Como posso perceber as práticas e políticas de gestão de pessoas na organização onde atuo com base no sistema de gestão de carreiras.
- Como as movimentações e promoções ocorrem na organização onde atuo.

Avaliação da gestão de carreiras
- Como percebo a efetividade do sistema de gestão de carreiras na organização onde atuo.
- Como posso sugerir melhorias no sistema de carreiras em minha organização.

CONTEÚDOS ADICIONAIS

- Reflexões sobre o tema do capítulo através de casos.
- Saiba mais.
- Estudos de caso complementares.
- Questões para guiar a reflexão sobre o conteúdo do capítulo.
- Referências bibliográficas.

ESTUDO DE CASO

PROGRESSÃO NA CARREIRA

Renata teve um desenvolvimento fluido em sua carreira organizacional, entrou na empresa no programa de **trainees**, foi contratada como engenheira júnior na área de produção e foi assumindo aos poucos níveis de complexidade maiores. Isso ocorreu porque ela sempre investiu muito em seu processo de desenvolvimento, pois a empresa onde ela trabalha possui um processo bastante estruturado de carreira e desenvolvimento; a cada seis meses, ela recebe **feedbacks** do chefe direto e conversa abertamente sobre as possibilidades de carreira. Atualmente, Renata está vivenciando um período bastante complicado, pois há dois meses assumiu a gerência da área de produção. Era algo que estava previsto em seu plano de carreira e desenvolvimento havia algum tempo; ela já vinha sendo preparada para esse desafio; no entanto, está vivenciando na prática todas as dificuldades já previstas, como a de delegar as atividades pelas quais sempre foi reconhecida como especialista, articular-se e "brigar" por recursos com as outras áreas, adaptar-se à nova rotina de trabalho bastante diferente da experienciada por ela até então.

Como é trabalhada a gestão de carreira? O que deve ser considerado?

Como podemos nomear as mudanças ocorridas na carreira de Renata?

O caso de Renata ilustra situações comuns vividas pelas pessoas quando refletem sobre seu plano de carreira e desenvolvimento. É preciso, para isso, conhecer as possibilidades de carreira oferecidas na organização e no mercado. A seguir, discutiremos os aspectos que devem ser considerados na gestão da carreira e as dificuldades da transição de carreira, processo vivido por Renata ao assumir a carreira gerencial.

SISTEMAS DE GESTÃO DE CARREIRAS

Como vimos no papel das pessoas, ao olharmos para frente, vamos sempre ver o caos a ser ordenado e, quando olharmos para trás, enxergaremos a estrada que já construímos. Uma organização que administre de forma compartilhada as carreiras terá diante de si várias estradas sendo construídas. Para uma organização que trabalha com centenas, milhares ou dezenas de milhares de profissionais, seria impossível conciliar as diferentes expectativas de carreira das pessoas com as necessidades organizacionais, caso não sejam disponibilizadas diretrizes, estruturas de carreira, instrumentos de gestão etc., o que chamamos de Sistema de Gestão de Carreiras. Esse Sistema não deve ser entendido como uma moldura na qual as pessoas devem obrigatoriamente se encaixar, mas sim como a estruturação de opções, como forma de organizar possibilidades, como suporte para que as pessoas possam planejar suas carreiras dentro da organização.

Os autores que têm estudado o tema apresentam diferentes posições quanto à caracterização do Sistema de Gestão de Carreiras, quais sejam:

- Gutteridge (1986) caracteriza como sendo um conjunto de instrumentos e técnicas que visam permitir a contínua negociação entre a pessoa e a organização.
- Walker (1980) pensa o Sistema como um conjunto de procedimentos que permitem à organização identificar as pessoas mais adequadas às suas necessidades e que permitem a elas planejar suas carreiras e implantá-las.
- London e Stumpf (1982) procuram caracterizar o Sistema na mesma linha adotada por Gutteridge, enfatizando, porém, as questões de planejamento e acompanhamento das necessidades da organização;
- Leibowitz et al. (1986) caracterizam o Sistema como sendo constituído de diretrizes e instrumentos de gestão de carreira – integrados aos demais instrumentos de gestão de pessoas, estrutura de carreira e um conjunto de políticas e procedimentos que visam conciliar as expectativas das pessoas e da organização.

> Ao olharmos para a frente, vamos sempre ver o caos a ser ordenado e, quando olharmos para trás, enxergaremos a estrada que já construímos.

Com base na contribuição desses autores, podemos dividir o Sistema de Gestão de Carreiras em Princípios, Estrutura e Instrumentos de Gestão. O objetivo de criar essa divisão é estudar e compreender a dinâmica do Sistema.

Princípios

O Sistema deve estar assentado sobre princípios que representam os compromissos ajustados entre a organização e as pessoas. Embora esses princípios possam ser revistos ao longo do tempo, para se ajustarem a novas necessidades, é pressuposto que sua alteração seja lenta, uma vez que dificilmente ocorrerá uma situação em que todos os princípios sejam integralmente revistos a um só tempo. Os princípios têm a propriedade de garantir a consistência do Sistema no tempo, são eles que servirão de base para toda e qualquer revisão das partes do Sistema.

Estrutura de Carreiras

A estrutura de carreira é composta pelas trajetórias de carreira. Ao ser estabelecida, é importante definir as políticas e práticas previstas para a movimentação das pessoas dentro de cada uma das trajetórias e, principalmente, entre elas.

A mudança de trajetória, por implicar uma mudança de identidade profissional, deve ser efetuada com cuidado. É importante reforçar que mudanças de trajetória de carreira exigem consciência dos riscos para a pessoa e para a organização.

Quando as trajetórias não gerenciais têm um espectro de complexidade mais amplo, existe um paralelismo com as carreiras gerenciais, popularmente chamado de carreira em "Y". Nessa parte do livro, vamos dedicar um capítulo para discutir esse tipo de carreira, cuja frequência nas empresas brasileiras cresceu significativamente a partir dos anos 2000.

> A mudança de trajetória, por implicar uma mudança de identidade profissional, deve ser efetuada com cuidado.

Instrumentos de Gestão

Os instrumentos de gestão suportam a relação contínua entre as pessoas e a organização. São esses instrumentos que garantem o nível de informação das pessoas em relação à organização e vice-versa, que estimulam e oferecem suporte necessário a que a pessoa assuma o protagonismo de sua carreira e de seu desenvolvimento, que permitem à organização decidir sobre oportunidades de carreira e sobre a escolha de pessoas, que garantem os espaços necessários para que as pessoas e a organização negociem suas expectativas e que suportam a revisão contínua do Sistema como um todo.

Os instrumentos destinados à gestão de carreiras podem ser caracterizados e categorizados como um conjunto de políticas e práticas que oferecem suporte a:

- **Decisões individuais sobre carreira, de forma vinculada ou não à organização** – nesta categoria, são incluídos instrumentos de autoavaliação, processos de aconselhamento profissional, informações estruturadas sobre oportunidades profissionais internas e externas, processos estruturados de **feedback** etc.
- **Gerenciamento de carreira pela organização** – são incluídos nesta categoria: previsão de demanda por recursos humanos, programas de desenvolvimento, processo sucessório, programas de captação interna e processos de acompanhamento do desempenho e crescimento profissional etc.
- **Comunicação entre as pessoas e a empresa** – nesta categoria, temos: programas de preparação e aperfeiçoamento dos gestores como conselheiros e orientadores, processos de negociação de objetivos de carreira e desenvolvimento etc.

> Os instrumentos de gestão de carreira necessitam portar características que auxiliem o Sistema a se tornar estratégico e integrador.

Os instrumentos de gestão descritos necessitam portar características que auxiliem o Sistema de Gestão de Carreiras a se tornar estratégico e integrador. Essas características são:

- **Transparência** – as pessoas devem ter acesso a todas as informações que lhes digam respeito, assim como a organização deve ser constantemente informada acerca das expectativas das pessoas.
- **Honestidade de intenções** – o relacionamento transparente só se torna viável se cada parte desenvolver absoluta confiança nas intenções da outra. Essa confiança é construída a partir da honestidade com que as partes se conduzem no processo.
- **Sentimento de segurança** – somente se as partes se sentirem seguras na relação é que poderão ser transparentes e absolutamente honestas. Sempre que se sentirem inseguras ou ameaçadas tentarão se proteger e assumirão uma postura defensiva.
- **Clareza das regras** – para que as partes se sintam seguras, é fundamental que as regras básicas das relações estejam acordadas entre ambas.

Neste capítulo do livro, vamos trabalhar a construção de um Sistema de Gestão de Carreiras pelas organizações.

RELAÇÃO ENTRE GESTÃO DE CARREIRAS E ESTRATÉGIA DE GESTÃO DE PESSOAS

Pontos de Alinhamento

Um Sistema de Gestão de Carreira visa orientar as pessoas em relação ao seu desenvolvimento na organização e perceber as condições reais para o seu crescimento profissional. A maior parte das organizações pesquisadas afirma que tem como diretriz o aproveitamento interno e somente recorre ao mercado de trabalho quando não tem uma opção interna, embora não apresente para seus colaboradores um plano de carreira.

Em nossas pesquisas, observamos que a maioria das organizações não tem informações sobre quanto tempo em média uma pessoa fica em determinada posição, sobre o índice de aproveitamento interno, sobre a rotatividade em termos qualitativos, sobre o nível de satisfação das pessoas com suas atribuições e responsabilidades. Ao mesmo tempo, a maior parte dessas empresas tem políticas de incentivo ao desenvolvimento e capacitação de seus colaboradores.

Tais incoerências são explicadas pelo receio das organizações em assumir compromissos com as pessoas em termos de carreira e, por consequência, nível remuneratório. Esse receio é compreensível, mas torna-se uma muleta para não haver um investimento na estruturação da carreira por parte da organização. Desse modo, o discurso predominante é de que a carreira é responsabilidade da pessoa e cabe a ela buscar e se preparar para as oportunidades profissionais.

A maior dificuldade em estruturar a carreira está no fato de as organizações enxergarem as pessoas através dos cargos ou estrutura organizacional. Tive a oportunidade de acompanhar o fracasso de algumas organizações que desenharam seus sistemas de gestão de carreiras usando como base seus cargos e definindo uma rede de possibilidades e movimentos internos, horizontais e verticais, para cada posição. Os cargos e a estrutura organizacional são voláteis e a atualização dessas redes de possibilidades exige um nível alto de atualização, tornando-as inviáveis.

> A maior dificuldade em estruturar a carreira está no fato de as organizações enxergarem as pessoas através dos cargos ou estrutura organizacional.

A volatilidade dos parâmetros utilizados para pensar a carreira é que inviabiliza sua construção e o estabelecimento de indicadores para controlar a movimentação das pessoas nas diferentes carreiras existentes na organização.

Como vimos na primeira parte deste livro, as trajetórias de carreira e os degraus de complexidade são elementos estáveis e podem servir de base para a construção de um Sistema de Gestão de Carreiras.

Com parâmetros estáveis ao longo do tempo, podemos estabelecer um posicionamento estratégico em relação aos seguintes aspectos:

- **Espectro de complexidade** – a trajetória de carreira nos dá uma dimensão do espectro de complexidade e uma ideia da velocidade média com que uma pessoa pode percorrê-lo. Desse modo, podemos definir o fluxo das pessoas nessa trajetória de carreira. Por exemplo: em uma trajetória de profissionais na base operacional de uma indústria, onde existem cinco degraus de complexidade, as pessoas irão percorrê-los em média em 12 anos. Após esses 12 anos, o que fazemos com as pessoas? Existem outras trajetórias que elas podem percorrer ao terminar seu ciclo? Ficaremos com as pessoas presas no topo da trajetória, pressionando a massa salarial e inibindo a ascensão das demais, ou demitimos essas pessoas? Ao levantarmos tais questões, nenhuma solução é fácil.
- **Velocidade de crescimento** – quando temos trajetórias e investimos na formação das pessoas e na aceleração de seu desenvolvimento, necessitamos verificar qual a condição concreta de aproveitamento dessas pessoas, caso contrário levantamos expectativas que a organização não tem condições de satisfazer. A velocidade mais acelerada vale a pena quando temos uma previsão de crescimento rápido das necessidades da organização e é importante criar um suprimento interno. Desse modo, conseguimos atrair pessoas com um salário médio abaixo do mercado, criar motivação nas pessoas pela ascensão mais rápida que a média do mercado e o abastecimento das necessidades organizacionais com pessoas capazes e identificadas com a cultura.
- **Dimensionamento do quadro** – podemos definir o número ideal de pessoas em cada nível de complexidade da carreira. Esse dimensionamento pode ser realizado a partir de um levantamento histórico, das necessidades futuras da organização e da velocidade média de ascensão. Normalmente, a dimensão ideal de uma trajetória é parecida com um pote, onde necessito de poucas pessoas muito juniores e poucas pessoas muito seniores. Minha maior necessidade está geralmente na média complexidade. Assim, posso ter uma dimensão ótima do quadro e confrontá-lo com a realidade.

Com esses parâmetros, podemos definir estratégias. As estratégias não são as mesmas para cada trajetória de carreira. Podemos ter diferentes estratégias para cada trajetória e, também, diferentes estratégias em função do momento vivido pela organização e/ou pelo mercado de trabalho.

Para exemplificar, podemos contrapor organizações cujo negócio exige alta rotatividade de pessoas como, por exemplo, **fast-food**, **call center** ou **playcenter**. Nesses casos, a base operacional tem uma rotatividade alta, normalmente um tempo médio de 18 meses, e os níveis técnicos e gerencial, com rotatividade baixa, normalmente dez anos. De outro lado, temos organizações que necessitam de baixa rotatividade, como, por exemplo, os setores elétrico e petroquímico, onde a formação dos quadros técnicos exige um longo tempo. Com base nessa análise, podemos verificar o fluxo na carreira e critérios para desenvolvimento, velocidade e alternativas de movimentação para outras carreiras.

A partir dessa análise, podemos verificar problemas que estão sendo construídos e não percebemos. Um exemplo interessante surgiu no início dos anos 2000. Pesquisando empresas do setor petroquímico e do elétrico, foi possível notar que as posições de alto nível das carreiras técnicas estavam totalmente preenchidas, obstruindo as possibilidades de progressão na carreira dos níveis inferiores. Os jovens engenheiros, ao entrar nessas empresas, percebiam um horizonte muito curto para seu desenvolvimento e saíam das empresas ou do setor. Com o tempo, o nível intermediário da carreira, onde havia a maior demanda por profissionais, foi se esvaziando e gerando alguns efeitos perversos. Partindo de um dimensionamento ideal na forma de um pote, conforme mostram os desenhos na Figura 7.1, as posições superiores foram ocupadas pelo pessoal mais sênior, obstruindo a ascensão dos mais jovens que preferiram deixar a organização; desse modo, a rotatividade ficou mais intensa na base da carreira.

Ao longo do tempo, essa situação foi modificando a configuração do quadro onde havia uma grande quantidade de profissionais altamente especializados e de juniores e pouca quantidade de profissionais para atuar na média complexidade. A estrutura que deveria ser parecida com um pote tornou-se parecida com uma ampulheta, gerando alguns efeitos perversos:

> Podemos ter diferentes estratégias para cada trajetória e, também, diferentes estratégias em função do momento vivido pela organização e/ou pelo mercado de trabalho.

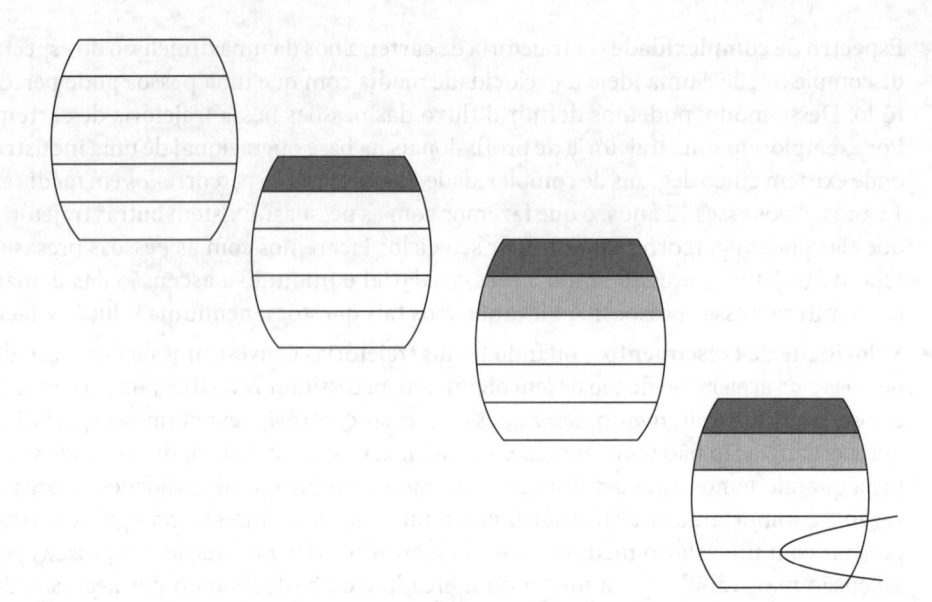

FIGURA 7.1

Dimensionamento e fluxo na trajetória de carreira.

As decisões que tomamos hoje em relação às pessoas terão reflexos importantes no futuro.

- Jovens engenheiros sendo demandados para assumir precocemente responsabilidades de maior nível de complexidade, porém sem perspectivas de crescimento no longo prazo, ocasionando a rotatividade desses profissionais no nível júnior e pleno. Essa rotatividade era ocasionada por não haver perspectivas concretas de crescimento na carreira em um espaço de tempo compatível com outras carreiras existentes no mercado.
- Como a demanda da empresa se concentra em níveis de complexidade equivalentes ao nível intermediário da carreira e como havia poucas pessoas para fazer frente a essa demanda, os engenheiros mais experientes tiveram que acumular responsabilidades de menor complexidade, frustrando-os por terem sua capacidade subutilizada.
- Mesmo assim, havia necessidade de suprir essa demanda e as alternativas foram: buscar pessoal sênior no mercado, pagando salário de mercado, mas com baixa capacidade de retenção, já que esse pessoal não via possibilidade de crescimento no longo prazo, e buscar gente já aposentada, agravando o quadro de progressão dentro da carreira para pessoas mais jovens.
- Pressão sobre a massa salarial pela retenção por muito tempo das pessoas muito seniores e pela necessidade de trazer do mercado pessoas com maior experiência.
- Dificuldade de repor o pessoal no topo da carreira por não haver pessoas preparadas no nível intermediário.
- Dificuldade para gestão do conhecimento. À medida que o pessoal se aposenta, leva consigo capacidade técnica e gerencial da empresa, por não haver para quem passar o conhecimento, já que existe a falta de pessoas para fazer a ligação entre os profissionais muito seniores e o pessoal que está no início da carreira.

A solução encontrada por essas organizações foi a de definir um grupo de especialistas para atuar na Universidade Corporativa como responsáveis pelo conteúdo e instrução em cursos de preparação de jovens profissionais. Com essa medida, a organização conseguiu transferir conhecimento, acelerou a carreira dos jovens e pode gradativamente aposentar o pessoal mais especializado. Ao longo de dois anos, a massa salarial foi sendo reduzida e a estrutura da carreira voltando ao normal. O problema, entretanto, não foi resolvido, já no final da primeira década dos anos 2000 foi possível verificar que o processo estava ocorrendo novamente. Os jovens trabalhadores no início da década já estavam chegando ao final da carreira, e provavelmente ao longo da segunda década o mesmo problema retornará a essas empresas, com um agravante: agora o pessoal mais sênior tem idade ao redor de 40 anos, e não existe a alternativa da aposentadoria.

Pontos de Atenção na Carreira e Estratégia de Gestão de Pessoas

A movimentação das pessoas na carreira pode ser um indicativo de acertos ou desvios na estratégia de gestão de pessoas. As decisões que tomamos hoje em relação às pessoas terão reflexos importantes no futuro. É possível predizer que, ao contratarmos determinado número de pessoas, desenvolvê-las e administrarmos adequadamente sua relação com a organização, teremos determinado contingente no futuro. Esse número de pessoas é o que necessitaremos no futuro? Como será a tecnologia que utilizaremos? O perfil das pessoas que estou contratando agora é adequado ao que vou necessitar amanhã?

Constatamos em nossas pesquisas que as contratações de pessoas têm o objetivo de atender uma demanda presente sem a preocupação com o futuro das mesmas na organização. Uma análise do fluxo nas trajetórias de carreira pode revelar futuros excessos, congestionamento nas carreiras, desbalanceamento do quadro etc. Com base nessa análise, podemos prever problemas antes que se instalem.

Em nossos trabalhos de consultoria e em nossas pesquisas, constatamos alguns pontos que são recorrentes e merecem atenção constante. A seguir, são apresentados os que julgamos mais relevantes:

- **Movimentação real das pessoas** – em algumas organizações, medimos, através de dados históricos, o movimento real das pessoas nas trajetórias de carreira e os resultados surpreenderam os gestores e a equipe de gestão de pessoas. Nessas organizações, os gestores acreditavam que alguns movimentos na carreira ocorriam naturalmente e isso gerava algumas crenças irreais sobre tais movimentos. O problema é que todas as decisões eram tomadas a partir dessas crenças. Ao se realizarem os levantamentos e a análise dos dados, foi constatado que uma série de situações geradoras de problemas vividos pela organização e geradoras de futuros problemas era originada dessas crenças. Vamos citar alguns exemplos: em uma organização, havia a crença de que as pessoas permaneciam pouco tempo nas posições iniciais da carreira. Verificou-se o contrário, e esse tempo médio de permanência das pessoas no início da carreira muito acima de suas expectativas gerava desmotivação e problemas no clima; em outra organização, acreditava-se que existia pessoal preparado para suceder o pessoal crítico na operação industrial. Constatou-se que, para a maioria das posições, inexistiam pessoas preparadas para a sucessão, gerando um potencial risco. Finalmente, em outra organização executava-se um treinamento padrão de liderança para os supervisores e achava-se que os mesmos estavam preparados, mas a falta de acompanhamento fez com que seu despreparo não fosse percebido antes da implantação de processos operacionais mais exigentes.
- **Buracos na carreira** – verificamos, em muitas situações, buracos de complexidade na carreira, como se fosse uma escada onde faltam dois ou três degraus em determinado trecho, tornando impossível escalá-la. Quando isso ocorre, a pessoa que está no degrau acima ocupa o espaço vazio e, por isso, é difícil perceber. O sintoma de que há um buraco na carreira é a necessidade que temos da pessoa na posição acima, e nunca existe alguém preparado. Muitas pessoas relatam que tiveram que sair da organização para depois retornar em um posto superior, e essa é outra forma de perceber um buraco na carreira. Um dos casos mais emblemáticos nesse sentido foi a análise de um escritório de advogados onde os sócios e associados ocupavam o espaço existente entre eles e os advogados seniores. Os advogados seniores julgavam-se preparados para a posição de sócio, porque os sócios estavam fazendo coisas muito próximas ao que faziam; ao mesmo tempo, os sócios viam os advogados seniores como imaturos para assumir a sociedade. O problema do escritório é que os sócios não sabiam ser sócios e gostavam muito de manter a mão na massa. Quando aprenderam a ser sócios e deram espaço para os advogados crescerem, o escritório durante cinco anos aumentou seu faturamento em dólares em uma média de 100% ao ano.

> Uma análise do fluxo nas trajetórias de carreira pode revelar futuros excessos, congestionamento nas carreiras, desbalanceamento do quadro etc.

- **Bloqueadores de desenvolvimento** – na análise de movimentação de pessoas, observando a média por área e gestores, foi possível detectar os que eram bem avaliados por seus resultados, mas que não desenvolviam os membros de sua equipe. Quando comparamos os resultados de desenvolvimento, clima organizacional, saúde e rotatividade, encontramos alto nível de relação entre esses dados. Em um dos casos analisados, deparamos uma situação desse tipo, concentrada em uma diretoria importante para a organização. O diretor e os seus gerentes eram bloqueadores do desenvolvimento de suas equipes. Quando levamos os dados para a presidência e o conselho, houve grande surpresa. A empresa estava em processo de expansão e necessitava de pessoas em desenvolvimento; entretanto, os gestores eram avaliados e valorizados por atingir suas metas. Nesse caso, o diretor e gerentes em questão eram bem avaliados e valorizados pela organização. A partir dessa constatação, a organização mudou seus critérios de avaliação e valorização dos gestores.

- **Papel dos gestores na conciliação de expectativas** – a maior parte dos gestores está despreparada para discutir com sua equipe as questões de carreira e a razão preponderante é a ausência de parâmetros. A principal moeda de troca entre os gestores e sua equipe é o desenvolvimento, não estão na esfera de decisão do gestor questões relativas a salário e promoção, já que esse é um recurso escasso na organização e as decisões ou são colegiadas ou são realizadas pela alta administração. A discussão sobre desenvolvimento deve estar atrelada à ideia de lidar com maior complexidade e não simplesmente de suprir lacunas necessárias para que a pessoa faça mais do mesmo. Observamos em nossas pesquisas sobre liderança no Brasil que a maior parte dos líderes se apoia em uma ou duas pessoas de sua equipe, marginalizando as demais do processo de desenvolvimento.

PAPEL DA ORGANIZAÇÃO NA GESTÃO DE CARREIRAS

> Os principais agentes do Sistema de Gestão de Carreiras são as pessoas, a quem cabe gerir sua carreira, e a empresa, a quem cabe estimular e apoiar as pessoas em seu protagonismo.

Os principais agentes do Sistema de Gestão de Carreiras, como já vimos, são as pessoas, a quem cabe gerir sua carreira, e a empresa, a quem cabe estimular e apoiar as pessoas em seu protagonismo. Para gerir sua carreira, a pessoa necessita conhecer-se, ter consciência de seu projeto profissional e ter conhecimento das oportunidades oferecidas pela empresa e pelo mercado de trabalho. O papel da empresa é bem mais amplo e, para estudá-lo, vamos dividi-lo em três categorias, a partir da natureza de decisões tomadas sobre Carreiras:

Definições sobre o Sistema de Gestão de Carreira

Definição estratégica

Nesta categoria, são agrupadas as decisões ligadas à compatibilização do Sistema de Gestão de Carreiras, aos princípios que balizam a gestão de recursos humanos e às estratégias organizacionais e negociais. Podem ser incluídas nesta categoria decisões:

- Conciliação entre desenvolvimento da organização e das pessoas.
- Definição de trajetórias de carreira e especializações importantes para a manutenção ou incorporação de vantagens competitivas.
- Grau de liberdade dado às pessoas para efetuarem opções de carreira e grau de compartilhamento das decisões sobre trajetórias profissionais.
- Nível do suporte dado ao planejamento individual de carreira.

Definição do sistema de gestão de carreiras

Incluem-se nessa categoria decisões ligadas à configuração técnica do Sistema. Essas decisões formam a base de funcionamento do Sistema; devem, portanto, estar alinhadas à definição estratégica. São decisões que podem ser incluídas nesta categoria:

- Formatação e características das estruturas de carreira.
- Níveis (degraus) dentro de cada estrutura de carreira e requisitos de acesso a cada nível.
- Escolha dos instrumentos de gestão a serem incorporados no Sistema.

Definição da metodologia de modelagem, implementação e atualização de sistema

A efetividade de um Sistema de Gestão de Carreiras só será obtida se forem levados em conta os padrões culturais da empresa, seu momento histórico e suas necessidades concretas. Assim, o processo utilizado para a concepção do Sistema é decisivo para seu sucesso e adequação, como veremos no capítulo a seguir. São decisões dessa categoria:

- Pessoas abrangidas pelo Sistema e grau de envolvimento na sua modelagem, implementação e atualização.
- Nível de consenso quanto ao atendimento das necessidades e expectativas da empresa e das pessoas pelo Sistema.
- Grau de compatibilização do Sistema com os demais instrumentos de gestão de recursos humanos.
- **Timing** para implementação do Sistema.

Aplicação do Sistema de Administração de Carreira

Podemos identificar que as pessoas têm forte tendência no aprofundamento de seus conhecimentos e habilidades em determinada área do conhecimento ou de atuação nas organizações. Ao olharmos para o futuro, creio que essa tendência será mantida. Com a volatilidade cada vez maior das informações e do conhecimento, as pessoas necessitarão dar foco no seu aprendizado, nas suas redes de relacionamento, em sua área de especialização. Será cada vez mais difícil e arriscado não ter uma área de referência profissional. As pessoas chamadas de generalistas (que sabem um pouco de tudo e ao mesmo tempo nada de nada) não terão identidade profissional. O mercado atualmente dá preferência para as que são ao mesmo tempo especialistas, que conhecem com profundidade sua área de atuação, e generalistas, que conhecem o contexto no qual atuam e conseguem aplicar seus conhecimentos. As pessoas tendem a concentrar em uma área seus investimentos em desenvolvimento porque, ao fazê-lo, sentem-se felizes em utilizar seus pontos fortes e gratificadas com os resultados obtidos.

> Com a volatilidade cada vez maior das informações e do conhecimento, as pessoas necessitarão dar foco no seu aprendizado, nas suas redes de relacionamento, em sua área de especialização.

Na busca de padrões para as carreiras das pessoas nas empresas e no mercado de trabalho, foi possível constatar que as pessoas tendem a permanecer em atividades profissionais de mesma natureza. Essas atividades de mesma natureza traduzem o que chamamos de trajetórias de carreira. As trajetórias de carreira caracterizam-se por atribuições e responsabilidades de mesma natureza. Para ilustrar, vamos tomar como exemplo uma pessoa que cursou administração de empresas e entra na organização pela área financeira, depois vai para sistemas e depois para gestão de pessoas. Ela esteve sempre na mesma trajetória de carreira porque o seu cliente foi sempre o público interno da empresa e essa pessoa esteve sempre mobilizando conhecimentos e habilidades de mesma natureza, embora em áreas funcionais diferentes. A natureza das atribuições e responsabilidades pode ser definida a partir do público-alvo do trabalho das pessoas e da natureza dos conhecimentos e habilidades mobilizados. Constatamos que as trajetórias de carreira não estão necessariamente atreladas a profissões ou áreas funcionais e sim a atribuições e responsabilidades de mesma natureza.

Quando a pessoa permanece na mesma trajetória, tem o desenvolvimento mais rápido, porque está mobilizando conhecimentos e habilidades de mesma natureza em situações de crescente complexidade. Quando muda de trajetória, ou seja, passa a lidar com atribuições e responsabilidades de diferente natureza, tem a condição de mudar no mesmo nível de complexidade, mas, ao fazê-lo, antes de lidar com níveis de maior complexidade, terá que consolidar um conjunto de conhecimentos e habilidades de diferente natureza, agregar uma nova rede de relacionamentos e criar legitimidade nessa nova rede. As biografias que analisamos são, em sua maior parte, constituídas por gerentes de nível tático. Esses gerentes, quando mudaram de trajetória, estavam plenos nas novas posições em um período de dois a três meses, porém voltaram a se desenvolver na nova trajetória após dois anos na média. Outro aspecto importante na mudança de trajetória é que ocorre uma alteração na identidade profissional; por isso, mudar de trajetória é bem diferente de mudar de função: uma mudança de função é como trocarmos de roupa; uma mudança de trajetória é como traçarmos nossa pele, é muito dolorido e difícil. A mudança de trajetórias implica a vivência de um processo de transição (IBARRA, 2003), são movimentos mais raros nas biografias profissionais.

Embora raras, temos observado, na década de 2000, um crescimento importante das mudanças de trajetórias. Essas mudanças estão ocorrendo em dois momentos: quando vivemos o que chamamos de crise da meia-carreira (MORISON; ERICKSON; DYCHTWALD, 2006; QUISHIDA, 2007) e quando estamos no processo de aposentadoria. A crise da meia-carreira está acontecendo no Brasil para as pessoas com idade em torno de 40 anos. Os que optaram por uma trajetória técnica estão chegando ao final de sua trajetória após 15 a 18 anos de sua formatura e são defrontados com a necessidade de transição de carreira ou permanência onde se encontram até sua aposentadoria; os que optaram por uma trajetória gerencial estão chegando ao nível tático entre 30 a 40 anos, alguns antes, outros depois, mas a maior parte nessa faixa de idade, e alcançam o nível estratégico entre 35 e 45 anos, alguns antes, mas raramente depois dos 45 anos de idade. Portanto, as pessoas, aos 40 anos, começam a ficar preocupadas com sua progressão e são defrontadas com a necessidade de refletir sobre suas carreiras.

No Brasil, a aposentaria ocorre de forma particular por causa de nossa realidade demográfica. Tivemos uma explosão de nascimentos nas décadas de 1970 e 1980, e essa geração pressiona para fora do mercado as gerações anteriores. Há uma aposentadoria pelo mercado precoce, as pessoas estão sendo aposentadas com muita vitalidade e provavelmente permanecerão no mercado de trabalho, necessitando, porém, efetuar uma transição de carreira.

A trajetória de carreira tem três momentos bem definidos no que tange à gestão do desenvolvimento:

- **O início** – a entrada na carreira é bem clara para a organização e para as pessoas. Quase sempre é possível estabelecer com precisão quais são os requisitos e as condições de acesso à carreira.

- **O crescimento** – as organizações em geral conseguem monitorar bem o início do processo de crescimento das pessoas na carreira, após o que deixam as pessoas completamente abandonadas. As organizações mais bem estruturadas conseguem estabelecer todo o percurso de crescimento em determinada carreira. Em nossas pesquisas, temos encontrado essa estruturação em carreiras operacionais e técnicas, mas raramente em carreiras administrativas e gerenciais.

- **O final** – raramente as organizações e as pessoas têm clareza sobre o final da carreira. Temos encontrado em várias organizações pessoas que já estão no teto de suas carreiras há muitos anos, sem perspectivas de desenvolvimento, e bloqueando o acesso de pessoas que vêm crescendo. O fundamental, na transparência sobre o final da carreira, é a possibilidade de a pessoa preparar-se para outra carreira com o suporte da organização. Essa outra carreira pode ser dentro ou fora da organização. Por exemplo: analisando carreiras de profissionais técnicos sem vocação gerencial, observamos que, durante seu processo de crescimento, podem ser preparados para diferentes carreiras, tais como: acadêmica, expatriação, montagem do próprio negócio, profissional liberal etc.

Como vimos na primeira parte do livro, as carreiras podem ter vários desenhos e naturezas diferentes. Em função das entregas exigidas pelas organizações e pelo mercado, há carreiras de três categorias. Vamos relembrar essas categorias:

> Um aspecto importante na mudança de trajetória é que ocorre uma alteração na identidade profissional; por isso, mudar de trajetória é bem diferente de mudar de função.

- **Operacionais** – são carreiras ligadas às atividades-fim da organização; exigem o uso do corpo ou alto grau de estruturação. Geralmente, se encerram em si mesmas, sendo importante que a organização defina critérios de mobilidade para outras carreiras ou para o mercado. Dos casos analisados, um dos mais interessantes é o dos **call centers**, com uma população de grande mobilidade e baixo nível de aproveitamento interno (menos de 10%). Nos casos bem-sucedidos, as organizações recrutam pessoas sem experiência, desenvolvem-nas e as devolvem para o mercado de trabalho com mais valor e maior nível de articulação.
- **Profissionais** – são carreiras ligadas a atividades específicas; geralmente, exigem pessoas com formação técnica ou de terceiro grau (superior). Não são definidas pela estrutura organizacional da organização e sim pelos processos fundamentais, como: administração, envolvendo atividades administrativas, sistemas de informação, finanças, contabilidade, recursos humanos, jurídico etc.; tecnologia, envolvendo engenharia de produtos, processos, qualidade, produção, materiais, logística etc.; comercialização, envolvendo vendas, marketing, gestão de consumidores etc.
- **Gerenciais** – são carreiras ligadas às atividades de gestão da organização. Normalmente, as pessoas são oriundas das carreiras operacionais ou profissionais, que ao longo do seu processo de crescimento demonstraram vocação e apetência para a carreira gerencial. Algumas empresas recrutam pessoas recém-formadas e sem experiência profissional e as preparam para a carreira gerencial; são os chamados programas de **trainees**.

A migração entre carreiras de naturezas diferentes apresenta muitas dificuldades para a organização e para as pessoas. A mobilidade entre carreiras de mesma natureza se dá naturalmente. Em função disso, é importante estabelecer com precisão os critérios de mobilidade entre carreiras de naturezas diferentes. Exemplo clássico nas empresas é a migração do melhor profissional técnico para a carreira gerencial, e não a pessoa com vocação para ela; isso porque a carreira gerencial é vista como prêmio, o reconhecimento da contribuição da pessoa para a organização, e não como nova carreira ou carreira de natureza diferente. No exemplo citado, a empresa perde um excelente profissional técnico e ganha um gerente insatisfeito com sua carreira e, na maior parte das vezes, despreparado para ela.

Cada carreira dentro da empresa pode ser caracterizada como um eixo, ou seja, um conjunto de referências que servirá de baliza para que o desenvolvimento de cada pessoa concilie suas expectativas individuais com as necessidades da organização e/ou da comunidade. Podemos identificar nas organizações diferentes eixos de carreira. Esses eixos estão atrelados aos processos fundamentais da empresa. Vamos caracterizar como processo fundamental aquele que sempre existirá na empresa, não importa qual seja o desenho organizacional, como, por exemplo, administração, gerencial, tecnológico etc.

Para cada um dos eixos da empresa devo definir quais são as principais competências. Teremos para cada eixo um conjunto próprio de competências. Algumas podem ser comuns a mais de um eixo, mas a ideia é analisarmos quais são as principais entregas em cada eixo, conforme mostra a Figura 7.2.

Recomendamos que para cada eixo seja definido um número mínimo de sete competências. Esse número permite minimizar o viés da subjetividade na avaliação das pessoas. Nossas pesquisas mostram que um número maior de competências não afeta os resultados de avaliação. Recomendamos ainda que o número de competências por eixo não ultrapasse 12, pois a partir desse número o processo de avaliação se torna trabalhoso e desinteressante para gestores e pessoas. Também acima de 12 começa a crescer a possibilidade de sobreposição entre as competências.

A caracterização das entregas esperadas ao longo dos níveis da carreira deve ser observável para que possam ser acompanhadas. É comum encontrar descrições extremamente genéricas e vagas ou descrições efetuadas a partir de comportamentos desejáveis cuja observação é difícil e dá margem a interpretações ambíguas. As descrições devem retratar as entregas esperadas

> Cada carreira dentro da empresa pode ser caracterizada como um eixo, ou seja, um conjunto de referências que servirá de baliza para que o desenvolvimento de cada pessoa concilie suas expectativas individuais com as necessidades da organização.

COMUNS A TODAS AS TRAJETÓRIAS

- Comunicação Eficaz
- Atuação em Equipe
- Facilidade de Adaptação
- Capacitação

GERENCIAL

PROFISSIONAIS

- Orientação à Qualidade
- Interação com Sistemas

OPERACIONAL

- Multifuncionalidade

ESPECÍFICAS

Gerencial
- Orientação ao Negócio e à Estratégia
- Planejamento
- Gestão de Recursos

Administrativo
- Gestão de Recursos e Prazos

Técnico
- Gestão de Recursos e Prazos

Operacional

FIGURA 7.2
Competências por trajetória de carreira – organização privada.

das pessoas, de forma a serem observadas tanto pela própria pessoa quanto pelas pessoas responsáveis por acompanhá-las e oferecer orientação. Cabe notar que a interpretação de qualquer descrição será subjetiva. Essa subjetividade poderá ser minimizada quando:

- As expectativas da organização em relação à pessoa forem expressas de forma clara.
- Forem construídas coletivamente, expressando o vocabulário e a cultura da comunidade.
- As descrições das várias entregas estiverem alinhadas entre si, ou seja, estamos olhando a mesma pessoa através de diferentes competências ou por diferentes perspectivas. Esse alinhamento ocorrerá, como veremos adiante, com a graduação das competências em termos de complexidade.

As competências devem ser graduadas em função do nível de complexidade da entrega. Essa graduação permite um melhor acompanhamento da evolução da pessoa em relação a sua entrega para a organização e/ou negócio. Como o desenvolvimento da pessoa é observado a partir do nível de complexidade de suas atribuições e responsabilidades, na medida em que graduamos as competências em relação à complexidade da entrega esperada, temos uma escala mais adequada para acompanhamento de sua evolução.

TRANSIÇÃO DE CARREIRA

A partir do início dos anos 2000, assistimos, no Brasil, a um crescimento expressivo do que chamamos de transição de carreira. A transição de carreira ocorre quando a pessoa efetua um movimento em sua carreira que implica assumir uma nova identidade profissional. A transição na carreira é diferente da mudança de função ou de assumir um novo desafio profissional; como analogia, poderíamos dizer que mudar de função é mudar de roupa e a transição de carreira é arrancar a pele e viver em carne viva até uma nova pele recobrir nossas feridas. Ao mesmo tempo em que a transição de carreira é um processo dolorido, é algo que nos oferece uma grande realização pessoal e profissional, por isso o sentimento em relação à transição de carreira é ambíguo.

A incidência das transições de carreira na vida das pessoas foi insidiosamente aumentando, e tem surpreendido a maior parte das pessoas que a vivenciam. Por ser um processo que toca as pessoas profundamente e gera sentimentos ambíguos, não é comentado abertamente, o compartilhamento das emoções ocorre de forma reservada e algumas pessoas não compreendem toda a extensão do que viveram ou vivem. Estudar esse fenômeno é fundamental para ajudar as pessoas e as organizações a transpor com serenidade e dignidade as dificuldades do processo e tirar partido dele para o seu crescimento pessoal e profissional.

Formar uma pessoa que está em uma atividade técnica ou funcional para uma posição gerencial é prepará-la para uma transição de carreira. Como vimos no Capítulo 1, a posição gerencial é caracterizada pelo fato de o seu ocupante ter que gerenciar recursos escassos. O que caracteriza a posição gerencial não é o fato de o ocupante liderar um grupo de pessoas, mas o fato de estar na arena política da organização.

De qualquer modo, a transição de carreira na organização ou no mercado são incidentes críticos na biografia profissional das pessoas. Há uma grande probabilidade de a pessoa, ao se desenvolver na organização, assumir atribuições e responsabilidades mais complexas de mesma natureza, ou seja, na mesma carreira.

Alguns teóricos, ao tentar quantificar a intensidade da tensão em um processo de transição de carreira, associaram a uma separação conjugal. Por isso, é importante analisar esse processo. Para estudá-lo, vamos trabalhar os seguintes aspectos:

> O que caracteriza a posição gerencial não é o fato de o ocupante liderar um grupo de pessoas, mas o fato de estar na arena política da organização.

As Etapas Típicas de um Processo de Transição de Carreira

A transição na carreira implica mudança de identidade profissional, o que gera grande estresse, por isso vem sendo estudada. Podemos identificar quatro etapas típicas na transição de carreira. Essas etapas podem estar sobrepostas quando uma pessoa sai da carreira técnica ou funcional e assume uma posição gerencial.

Etapa racional

A primeira etapa é chamada de racional, porque é o resultado de algo que a pessoa procura. Nessa etapa, a pessoa tem clareza de que enfrentará um grande desafio de adaptação, mas os resultados compensam.

Mesmo quando a situação é imposta, a pessoa se empenhará em adaptar-se se perceber um ganho nesse processo. Normalmente, a permanência na posição atual representa limitações ou possibilidades muito reduzidas de crescimento ou desenvolvimento profissional.

A pessoa procura uma mudança de carreira quando percebe que não há perspectivas de crescimento, quando percebe que não tem mais espaço para ampliar a complexidade de suas atribuições e responsabilidades.

Embora a pessoa efetue uma análise de custo-benefício da transição de carreira, vive uma ambiguidade, que é abandonar uma situação confortável para enfrentar o desconhecido.

> Podemos identificar quatro etapas típicas na transição de carreira. Essas etapas podem estar sobrepostas quando uma pessoa sai da carreira técnica ou funcional e assume uma posição gerencial.

Etapa emocional

A segunda etapa ocorre quando a pessoa percebe a necessidade de renunciar à sua identidade para poder assumir uma nova. Nesse momento, há um sentimento profundo de perda. Por exemplo, um médico que clinicou durante 15 anos e de repente percebe a necessidade de efetuar uma opção de carreira, porque gasta 80% do seu tempo administrando sua clínica e 20% exercendo medicina.

Normalmente as pessoas não se dão conta de que essa etapa faz parte do processo. As pessoas querem ficar com um pé em cada carreira. Assistimos muito a gerentes que não querem abandonar sua identidade técnica e ficam em situação ambígua, de um lado não abraçam totalmente a carreira gerencial, e de outro não largam totalmente a carreira técnica.

Essa situação de ambiguidade gera grande desgaste emocional e impede que a pessoa deslanche em sua nova carreira. Nesse momento, as pessoas que estão assumindo posições gerenciais necessitam de muito apoio.

Etapa do limbo

Há um momento em que a pessoa renunciou à sua antiga identidade, mas não consolidou ainda a nova. É quando a pessoa fica sem chão e sente um profundo desconforto. Chamamos essa etapa de limbo porque a pessoa se encontra sem identidade.

Um tempo prolongado nessa etapa gera depressão. Isso explica por que pessoas que se aposentam vivem processos depressivos. Na maior parte dos casos, é porque perderam sua identidade e não desenvolveram uma nova. Por essa razão, é importante acompanhar quem assume uma posição gerencial para assegurar que esse processo de transição esteja ocorrendo dentro do esperado.

Etapa da consolidação da nova carreira

À medida que a pessoa incorpora a nova carreira, depara-se com outro desafio. Muitos dos comportamentos que eram naturais na carreira anterior não são na nova carreira. A pessoa tem a necessidade de se reinventar.

Nesta etapa, é comum sentir-se incompetente, porque vê seus pares atuando com naturalidade, enquanto para ela é tudo muito difícil. Nesta etapa, a pessoa baixa sua autoestima.

Algumas empresas introduziram nesta etapa processos de **mentoring**, em que os mentores são gestores seniores.

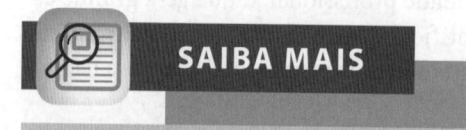

> **SAIBA MAIS**
>
> Qual é a diferença entre mudança e transição?
> Segundo William Bridges (1991), mudança é um evento circunstancial e externo a nós que ocorre relativamente rápido, em que o velho acaba e algo novo se inicia, cujas palavras-chaves são: **evento**, **circunstância** e **foco em resultado**. Já transição é uma reorientação psicológica gradual e lenta que ocorre dentro de nós ao tentarmos nos adaptar a uma mudança, em que o término se dá lentamente passando por uma zona neutra em que a identidade antiga fica para trás sem perspectivas do que será a nova identidade que vai sendo construída lentamente, as palavras-chaves são: **experiência pessoal**, **vivência psicológica** e **baseada em processo**.

Transição da Carreira Técnica ou Funcional para a Gerencial

A preparação da pessoa para transitar da carreira técnica ou funcional para a gerencial reduz o impacto sofrido pela mesma no processo.

A preparação mais importante é apresentar a arena política para a pessoa, através de projetos técnicos que tenham componentes políticos ou através da delegação da gestão de determinados processos.

O problema mais grave na transição é a pessoa perceber as dificuldades da arena política e, de forma não consciente, não assumir a identidade gerencial. Nesse caso, a pessoa fica com o título de gerente, mas continua pensando e agindo como um profissional técnico.

> A preparação da pessoa para transitar da carreira técnica ou funcional para a gerencial reduz o impacto sofrido pela mesma no processo.

Observamos em nossa pesquisa que muitas organizações têm uma cultura que estimula essa situação ao cobrarem de seus gestores seus conhecimentos e habilidades técnicas. Desse modo, estimulam o comportamento técnico e não o de gestor. A organização deve estar atenta para essa situação e acompanhar o processo de adaptação da pessoa a sua nova posição.

No processo de adaptação da pessoa a uma posição gerencial, é necessário o suporte de seu superior imediato. Por tal razão, recomenda-se um contato mais frequente entre a pessoa recém-empossada em uma posição gerencial e seu superior nos meses iniciais da transição.

Os processos de consolidação na carreira gerencial demoram em média dois anos. Analisamos mais de 6.000 biografias de pessoas em posição de gerência tática e verificamos que esse é o tempo médio. Os seis primeiros meses, entretanto, são os mais críticos. Processos de orientação através de gestores mais experientes (**mentoring**) podem abreviar esse período. Os resultados obtidos com essas experiências foram de redução do período de carência, os gestores geraram os resultados esperados em um tempo menor e houve aumento do nível de gestores adequados na posição.

Retorno para a Carreira Técnica ou Funcional

Ao longo dos últimos 20 anos, acompanhamos alguns casos de gestores que retornaram para a carreira técnica, principalmente em empresas de tecnologia.

Esse processo é uma nova transição de carreira com todos os ônus e bônus. Na maior parte dos casos, foram profissionais que não conseguiram se desenvolver como gestores e o retorno para a carreira técnica se deveu ao fato de serem profissionais técnicos importantes para a organização. Essa situação não é normal, é comum os gestores que não se desenvolvem serem demitidos nas empresas privadas ou retornarem à condição de técnicos nas empresas públicas.

Nos casos estudados, verificamos que, além da dor de uma transição de carreira, havia uma dor adicional que era o sentimento de fracasso, o sentimento de não ter conseguido atender as expectativas da organização. Na percepção da pessoa e de seus colegas, houve uma demoção. Por essa razão, movimentos desse tipo devem ser efetuados com muito cuidado e um acompanhamento muito próximo deve ser feito. Nesses casos, recomenda-se o suporte de profissionais especializados.

Mesmo em situações em que a pessoa escolhe esse tipo de mudança, o processo é de muito desgaste emocional. Para ilustrar, temos o caso de um alto executivo de uma empresa de tecnologia. Essa pessoa estava a três anos de sua aposentadoria e queria retornar para a carreira técnica porque tinha a perspectiva de atuar, em sua pós-carreira, como consultor técnico. Acreditava que iria se adaptar com facilidade porque gostava da atividade técnica e encarava a atividade gerencial como burocrática. Teve grande dificuldade de se adaptar porque a atividade gerencial é muito glamorosa. Nos primeiros meses, sentiu falta de estar no centro de tomada de decisões, de estar sempre bem informado sobre os destinos da organização. Inicialmente, sentiu-se isolado pelos amigos, colocado no ostracismo, embora fosse isso que quisesse.

Esse caso ilustra o processo que, vivido nas transições de carreira, muitas vezes torna a situação resolvida em nossa cabeça, mas não no nosso emocional.

> Para a maioria das pessoas e das organizações, o tema transição de carreira é desconhecido.

Gestão da Transição de Carreira

Para a maioria das pessoas e das organizações, o tema transição de carreira é desconhecido. Para a maioria das pessoas, assumir uma posição gerencial é uma continuidade natural da carreira. Entretanto, ao conhecermos melhor as fases e consequências de um processo de transição de carreira, podemos nos antecipar e eliminar ou minimizar seus efeitos perversos para as pessoas e para a organização.

As pessoas nunca estarão totalmente preparadas para um movimento em suas carreiras que impliquem uma mudança de identidade. O aprendizado ocorre ao longo do processo. Com a consciência do processo é possível para as pessoas manejar melhor suas incertezas e ansiedades e, para a organização, criar o suporte necessário.

Ao analisarmos as diferentes fases do processo de transição de carreira, verificamos algumas experiências bem-sucedidas na mitigação dos efeitos negativos desse processo. Para apresentarmos essas experiências, vamos analisar as seguintes situações:

As pessoas pensadas para o processo sucessório não possuem nenhuma vivência na posição para a qual foram indicadas

Nesse caso, podemos ter duas situações:

- Uma pessoa que vivenciou até então somente posições técnicas e/ou funcionais e está sendo cogitada para uma posição gerencial.
- Uma pessoa que vivenciou posições gerenciais de nível tático e está sendo pensada para posições de nível estratégico.

Nas duas situações, é importante que a pessoa viva situações profissionais mais próximas das que irá enfrentar. No primeiro caso, seria interessante que ela incorporasse atribuições e responsabilidades que a aproximasse da arena política. Como resultado, haveria por parte da pessoa e de seu gestor uma percepção mais clara de pontos a serem trabalhados e desenvolvidos em sua preparação.

No segundo caso, a pessoa deveria viver experiências que pudessem aproximá-la do nível de pressão existente no nível estratégico. Acompanhamos duas experiências interessantes em empresas brasileiras onde gerentes do nível tático são protagonistas no desenvolvimento de projetos estratégicos para a organização. Nesse papel, interagem com os presidentes das organizações e com o conselho de administração, percebendo o nível de pressão e o padrão de exigência na arena política do nível estratégico. Ao mesmo tempo, a organização percebe as melhores ações de desenvolvimento para preparar essas pessoas.

As pessoas já estão em posição gerencial e estão sendo pensadas para posições que representam uma transição de carreira

Em algumas situações, temos gerentes que atuam em atividades-fim da organização e são cogitadas para atuar em atividades-meio. Essa mudança implica uma transição de carreira delicada. Normalmente, essa mudança é percebida como uma demoção. Se assumirmos que as atividades-fim são mais glamorosas e oferecem mais oportunidades de ascensão que as atividades-meio, um movimento desse tipo deve ser previamente negociado com a pessoa, avaliando-se todas as suas implicações.

> É comum a pessoa manter algumas atribuições e responsabilidades de sua posição anterior porque não conseguiu e/ou não quis delegar.

Por exemplo, acompanhamos o caso de um diretor industrial em uma grande montadora de veículos. Inicialmente, era gerente de operações, depois assumiu a posição de gerente de manutenção e efetuou uma grande revolução nos processos de manutenção graças aos conhecimentos que tinha das operações. Face ao seu sucesso, a organização o convidou para gerenciar a área de RH, porque a mesma tinha pouca credibilidade na organização e dificuldades para se articular politicamente. Seu papel era transferir seu conhecimento do negócio para a área e abrir-lhe as portas na organização. Foi muito bem-sucedido, mas em nenhum momento fez uma transição de carreira. Suas referências, amigos, literatura predileta eram relacionados à atividade-fim da organização. Depois de dois anos na posição de gerente de RH, retornou à produção como gerente de processos e, posteriormente, assumiu a posição de diretor industrial.

Esse relato é um exemplo de que é possível haver mudanças de carreira que não implicam mudança de trajetória ou de identidade profissional, mas isso necessita estar explicitado na negociação com a pessoa. A falta de consciência desse processo ou falta de negociação pode gerar sérios problemas de adaptação das pessoas e um impacto negativo nos resultados organizacionais.

Os movimentos de atividades-meio para atividades-fim são mais raros nas organizações, porque em sua maioria essa mudança implica conhecimentos técnicos, normalmente não dominados por alguém que atua em atividades-meio. Quando esse tipo de movimento é possível, as pessoas o encaram como oportunidades de ascensão mais rápida e de maior visibilidade.

As pessoas estão iniciando sua experiência e uma nova posição

O início da pessoa em uma nova posição oferece desafios interessantes e estimulantes. Normalmente, as pessoas apreciam essas situações. Há necessidade, entretanto, de cuidados. É comum a pessoa manter algumas atribuições e responsabilidades de sua posição anterior porque não conseguiu e/ou não quis delegar. Isso pode ser um problema se ela utiliza tais atribuições como um refúgio e uma forma de não se envolver plenamente em sua nova identidade.

Acompanhamos o caso interessante de um gerente de operações em uma grande siderúrgica que, ao assumir a posição de diretor industrial, teve muitas dificuldades de incorporar seu novo papel. Um aspecto visível era o fato de continuar utilizando a mesma indumentária da usina nos escritórios da diretoria, e os aspectos não visíveis eram suas prioridades e agenda como diretor industrial não condizente com as expectativas do presidente.

O processo para que a pessoa assuma uma nova posição deve ser negociado, exigindo-se dela que renuncie de forma definitiva ao seu papel anterior. Caso isso não seja possível, deve haver uma negociação sobre o foco principal de suas atividades. Nesse caso, o gestor dessa pessoa tem papel fundamental. Recomenda-se que ela seja avaliada com maior frequência nessa fase inicial, em termos ideais, pelo menos uma vez a cada mês nos três primeiros meses.

As pessoas estão em fase de consolidação de sua posição

Quando as pessoas incorporam sua nova identidade, começam um processo de desenvolvimento efetivo e podem ser muito contributivas com novas ideias, inovação em processos, com novos olhares para a realidade ou contexto em que vivem etc. Esse é o aspecto positivo; entretanto, vivem também o desconforto da adaptação, sentindo-se como estrangeiros.

Ao assumir minha primeira função gerencial, vivi o desconforto de me ver distante de coisas que gostava de fazer. Era comum sair da organização com a sensação de que não havia feito nada de útil ou relevante, havia passado o dia em reuniões, discutindo possibilidades, efetuando ajustes em normas e procedimentos etc. Quando, entretanto, realizava um projeto ou alterava um processo, sentia-me realizado, naquele dia tinha ganhado meu dinheiro honestamente e era exatamente o que não devia fazer. Compreender o nosso novo papel na organização, a lógica de nossa nova posição, sua importância relativa, seu lugar na arena política são questões importantes e que podem ser mais bem esclarecidas através da orientação de pessoas mais experientes.

Acompanhamos o caso de um gerente financeiro, recentemente promovido e que tinha muitas dificuldades de se impor nas reuniões porque tinha um raciocínio muito técnico e assumia um posicionamento inflexível. Ao perceber sua dificuldade, pediu ao diretor de recursos humanos, com quem tinha uma relação de amizade, para que nas reuniões em que estivessem juntos avaliasse seu desempenho. E assim fizeram. Logo após as reuniões, conversavam durante cinco a dez minutos sobre os resultados e gradativamente o gerente financeiro foi percebendo seus erros e equívocos. A mudança não foi instantânea, mas em um período curto de tempo passou a conquistar seu espaço e o respeito dos demais.

Esse caso em que a pessoa percebe a necessidade de ajuda e vai buscá-la não é comum. Muitas vezes, o desconforto é um fator de desmobilização e a pessoa busca apoio em uma postura mais técnica e inflexível.

AVALIAÇÃO DA GESTÃO DE CARREIRAS

Critérios para Avaliação

O indicador de sucesso da gestão de carreiras está no nível de absorção e utilização de suas políticas e práticas pelas pessoas e pelos gestores e seu impacto na **performance** da organização. Para avaliar essas variáveis, temos estudos de Portwood e Grandrose (1986), Higgins e Dillon (2007) e Vardi e Kim (2007).

> O indicador de sucesso da gestão de carreiras está no nível de absorção e utilização de suas políticas e práticas pelas pessoas e pelos gestores e seu impacto na **performance** da organização.

Portwood e Grandrose (1986) analisaram dez tipos de instrumentos de gestão de carreiras, separados em instrumentos que permitem um processo de autoconhecimento e instrumentos que disponibilizam informações acerca da organização. Esses instrumentos foram pesquisados quanto a sua disponibilidade na organização, grau de utilização e principais objetivos. Para pesquisar o sucesso dos instrumentos, foram utilizados os seguintes critérios: especificidade dos objetivos e planos de carreira, consciência por parte das pessoas das opções de carreira oferecidas pela empresa, conciliação de expectativas entre a empresa e as pessoas e satisfação com a organização. Os pesquisados apontaram como instrumentos que oferecem o melhor apoio nesses aspectos: informações sobre desenvolvimento de carreira, programas de mentores e orientadores e suporte ao desenvolvimento.

Há uma grande variedade na disponibilidade de instrumentos e seu uso nas organizações segundo os autores. Aqueles instrumentos de menor custo, tais como informações sobre estrutura de carreira e sobre vagas internas, são mais facilmente encontrados nas organizações. Aqueles que implicam maior tempo de maturação, envolvimento e alocação de recursos, como centros de avaliação, **workshops** para planejamento de carreira, aconselhamento etc., são pouco usuais nas organizações. Nossos estudos sobre as práticas de gestão de pessoas nas organizações brasileiras através da pesquisa Melhores para Trabalhar, realizada desde 2006 junto à revista *Você S/A* e Cranet, envolvendo 36 países sobre políticas e práticas de gestão de pessoas, realizada em 2014, constatam que poucas organizações têm planos de carreira estruturados, e as que possuem trabalham com aspectos que envolvem um baixo nível de investimento.

Esses estudos mostram que são geradores de satisfação e motivação nas pessoas instrumentos ligados ao aconselhamento e orientação de carreira, o maior conhecimento dos planos da organização e os estímulos à conciliação de expectativas entre a organização e as pessoas.

Medidas para Aprimoramento

O aprimoramento do sistema de gestão de carreiras por parte da organização não é a ação isolada de uma área ou de um conjunto de profissionais. Trata-se de um processo que resulta de um pacto construído coletivamente. Desse modo, o aprimoramento do sistema é um trabalho coletivo e exige contato sistemático entre os gestores e entre os colaboradores. Nesses contatos, podem ser observados pontos de melhoria nos sistemas de apoio, na orientação aos gestores ou no estímulo e preparação das pessoas para refletir sobre suas carreiras.

No cotidiano da organização, é possível perceber pequenos problemas no sistema, através da manifestação de colaboradores e de gestores ou através de falhas nos sistemas de informação decorrentes. Essas ocorrências cotidianas mostram pontos de melhoria e podem subsidiar discussões mais profundas sobre o sistema.

Resumo e Implicações para o Aprendizado sobre Gestão de Pessoas

O propósito deste capítulo foi discutir a gestão de carreiras realizada pela organização. Para tanto, inicialmente foram apresentadas as partes constituintes de um sistema de gestão de carreiras; posteriormente, a ligação entre o mesmo e a gestão estratégica de pessoas. Finalmente, apresentamos critérios e práticas para avaliar a efetividade de um sistema de gestão de carreiras.

As principais implicações para o aprendizado sobre a gestão de pessoas podem ser resumidas em:

- Constituição de um sistema de gestão de carreiras e seu impacto na gestão estratégica de pessoas.
- Impacto de um sistema de gestão de carreiras no aprimoramento da gestão de pessoas.
- Critérios para avaliar a efetividade de um sistema de gestão de carreiras.

QUESTÕES

Questões para fixação

1. Como deve ser entendido o Sistema de Gestão de Carreiras?
2. Quais são os parâmetros que podemos estabelecer para um posicionamento estratégico que apoie as trajetórias de carreira?
3. Que problemas podem ser acarretados por um dimensionamento inadequado do fluxo na trajetória de carreira?
4. Quais são as categorias das definições estratégicas ligadas à compatibilização do Sistema de Gestão de Carreiras?
5. Quais são os três momentos das trajetórias de carreira?
6. Qual é o número mínimo e máximo recomendado de competências e como se pode diminuir a subjetividade na avaliação de competências?
7. Quais são as etapas da transição de carreira? Descreva-as.

Questões para desenvolvimento

1. Qual a importância do conceito de complexidade na construção de um sistema de gestão do desenvolvimento nas empresas?
2. Qual é a importância em conciliar o projeto de carreira do indivíduo com as necessidades organizacionais?

ESTUDO DE CASO E EXERCÍCIO

METAL DELTA

A Metal Delta é uma empresa do setor de siderurgia de médio porte fundada em 1970 pela família Delta e é uma organização bastante tradicional. Seus funcionários, ainda hoje, entram na organização como estagiários e desenvolvem por lá toda a sua carreira, seu organograma permanece praticamente o mesmo desde sua fundação, tendo sofrido apenas pequenos ajustes. Desde o início dos anos 2000, o **turnover** da empresa vem crescendo entre os jovens contratados, pois os mesmos são impacientes e querem promoções rápidas, mas a empresa não trabalha dessa forma. As pessoas lá crescem por tempo de serviço e por requisitos técnicos, ou seja, para ser gerente precisa ter graduação, para ser gerente II precisa ter mestrado, para ser gerente III precisa ter doutorado e para ser diretor precisa ter pós-doutorado; presidência e vice-presidência são ocupadas pelos membros da família, que também são especialistas; a empresa não apresenta a carreira em Y.

Assim, a organização decidiu, em 2005, não contratar mais estagiários e jovens aprendizes, mas sim trazer pessoas mais velhas do mercado para as posições que iam ficando vacantes. Essa foi uma solução que pareceu bastante acertada, pois a empresa passou a contratar técnicos especialistas, já com alguma experiência e com um perfil que busca segurança, estabilidade e desenvolvimento técnico contínuo. Para acentuar o desenvolvimento técnico de seus profissionais e sua permanência na organização, a empresa passou a oferecer bolsas de graduação, mestrado, doutorado e pós-doutorado atreladas à permanência das pessoas, o que deu bastante certo, pois a corporação melhorou muito a qualidade dos seus produtos, ganhando prêmios internacionais.

No entanto, nos últimos anos as empresas clientes têm dado **feedbacks** negativos com relação a comunicação e relacionamento, apontando a inflexibilidade e a diferença de linguagem entre a equipe da Metal Delta, composta por pessoas mais velhas (a média de idade dos gerentes é de 40 a 65 anos e da equipe de operações, entre 33 e 55 anos; o perfil das pessoas é conservador, pouco flexível e busca a melhor solução técnica em máxima qualidade), e pessoas da equipe de clientes (equipe jovem, média de idade dos gerentes, 30 a 40 anos, e da equipe de operações, 20 a 30 anos; o perfil das pessoas é dinâmico, flexível e busca a melhor solução para a organização como um todo no menor tempo possível, com a qualidade necessária, utilizando a premissa de que o bom muitas vezes é melhor do que o ótimo). Para ajudar a solucionar o problema, a empresa contratou uma consultoria que detectou os seguintes problemas:

- Utilização de um sistema de gestão de pessoas e carreira antiquado.

- Falta de pessoas jovens que tragam uma linguagem mais atual.
- Pessoas com um perfil muito parecido que valorizam a melhor solução técnica, inclusive na gestão da organização, o que dificulta a flexibilidade e a entrega nos prazos estabelecidos.

Assim, a direção da organização decidiu, junto com a consultoria, que o primeiro passo é trabalhar um novo sistema de gestão de carreira para poder atrair um novo perfil de pessoas para as posições gerenciais e para a reabertura de contratação de estagiários.

Construa em grupo um primeiro esboço do sistema de gestão de carreiras da Metal Delta, listando o que deve ser considerado.

ORGANOGRAMA DA EMPRESA DELTA

- Presidente
  - Vice-presidente
    - Departamento pessoal
    - Departamento contábil
    - Diretor de Produção
      - Gerente de Produção III
      - Gerente de Produção II
      - Gerente de Produção I
      - Especialista de Produção III
      - Especialista de Produção II
      - Especialista de Produção I
      - Operador de Produção III
      - Operador de Produção II
      - Operador de Produção I
    - Diretor de Manutenção
      - Gerente de Manutenção III
      - Gerente de Manutenção II
      - Gerente de Manutenção I
      - Especialista de Manutenção III
      - Especialista de Manutenção II
      - Especialista de Manutenção I
      - Operador de Manutenção III
      - Operador de Manutenção II
      - Operador de Manutenção I

REFERÊNCIAS

BRIDGES, W. *Managing transitions*: making the most of change. Boston: Addison Wesley, 1991.

GUTTERIDGE, Thomas G. Organizational career development systems: the state of the practice. In: HALL, Douglas T. *Career development in organizations*. San Francisco: Jossey-Bass, 1986.

HIGGINS, M. C.; DILLON, J. R. Career patterns and organizational performance. In: GUNS, H.; PEIPERL, M. *Handbook of career studies*. Thousand Oaks: Sage, 2007.

IBARRA, H. *Working identity*: unconventional for reinventing your career. Boston, Massachusetts: Harvard School, 2003.

LEIBOWITZ, Zandy B.; FARREN, Caela; KAYE, Beverly L. *Designing career development Systems*. San Francisco: Jossey-Bass, 1986.

LONDON, M.; STUMPH, S. *Managing careers*. Massachusetts: Addison-Wesley, 1982.

MORISON, R.; ERICKSON, T.; DYCHTWALD, K. A crise da meia-carreira. *Harvard Business Review*, São Paulo, mar. 2006.

PORTWOOD, James D.; GRANDROSE, Cherlyn S. *Organizacional career management programs*: what's available? What's effective? *Human Resource Planning*, v. 9(3), p. 107-119, jul./set. 1986.

QUISHIDA, Alessandra. *Adaptação à transição de carreira na meia-idade*: um estudo exploratório sob o enfoque do lócus de controle. 2007. Dissertação (Mestrado) – Faculdade de Economia e Administração, Universidade de São Paulo, São Paulo.

VARDI, Y.; KIM, S. H. Considering the darker side of careers: toward a more balance perspective. In: GUNS, H.; PEIPERL, M. *Handbook of career studies*. Thousand Oaks: Sage, 2007.

WALKER, James W. *Human resource planning*. New York: McGraw-Hill, 1980.

CAPÍTULO 8

Treinamento e Capacitação de Pessoas

O QUE SERÁ VISTO NESTE CAPÍTULO

Gestão do desenvolvimento das pessoas
- Construção da gestão do desenvolvimento.
- Estruturação das ações de desenvolvimento.

Processo de aprendizagem
- Consciência da necessidade de desenvolvimento.
- Processos formais de aprendizagem.
- Experimentação.
- Reflexão sobre a aprendizagem.

Ações de desenvolvimento para lidar com maior complexidade
- Exposição a desafios.
- Ampliação da visão.
- Rede de relacionamento.
- Orientação.

Avaliação das ações de desenvolvimento
- Formas de mensurar a efetividade das ações de desenvolvimento.
- Aprimoramento do processo.
- Fontes de dados e informações.

QUE REFLEXÕES SERÃO ESTIMULADAS

- Como é possível estruturar ações de desenvolvimento?
- Quais são as etapas do processo de aprendizagem das pessoas?
- Como podem ser estabelecidas ações para preparar as pessoas para lidar com maior complexidade?
- Como podemos avaliar a efetividade das ações de desenvolvimento?

CONEXÕES COM O NOSSO COTIDIANO

Gestão do desenvolvimento das pessoas
- Como posso construir um plano para o meu desenvolvimento.
- Como organizo as ações de desenvolvimento profissional.

Processo de aprendizagem
- Como posso balancear meu aprendizado através de cursos e da experiência.
- Como posso refletir sobre o meu aprendizado.
- Ações de desenvolvimento para lidar com maior complexidade.
- Como me preparo para lidar com situações mais complexas e exigentes.

CONTEÚDOS ADICIONAIS

- Reflexões sobre o tema do capítulo através de casos.
- Saiba mais.
- Estudos de caso complementares.
- Questões para guiar a reflexão sobre o conteúdo do capítulo.
- Referências bibliográficas.

ESTUDO DE CASO
PLANO INDIVIDUAL DE DESENVOLVIMENTO

Felipe foi contratado recentemente pela Central Minérios S.A. como gerente de produção de mina. Na empresa em que trabalhava anteriormente, não havia um programa de desenvolvimento bem estruturado como existe na empresa atual. Com quatro meses de empresa, ele se deparou com a incumbência de auxiliar cada um dos seus sete gerentes técnicos no desenho de seu plano individual de desenvolvimento. No entanto, não sabe nem por onde começar e por isso pediu auxílio ao profissional de gestão de pessoas que assessora sua unidade, para quem formulou as seguintes perguntas:

1. Qual é o meu papel como gestor no desenho do plano de desenvolvimento individual da minha equipe?
2. Que tipos de ações de desenvolvimento devo contemplar?

O caso de Felipe ilustra situações comuns vividas pelos gestores quando precisam auxiliar sua equipe no desenho de seu plano individual de desenvolvimento. Para isso, é necessário ter diretrizes claras de desenvolvimento das pessoas, definir bem qual é o papel da pessoa e do gestor nesse processo e quais são as ações de desenvolvimento mais adequadas. Este capítulo tratará desses aspectos.

GESTÃO DO DESENVOLVIMENTO DAS PESSOAS

As organizações modernas estão cada vez mais preocupadas em direcionar os investimentos no desenvolvimento humano de modo que os mesmos agreguem valor para si e para as pessoas. Nos últimos anos, observamos o uso mais intenso do conceito de competência para dar mais foco às ações de desenvolvimento.

O conceito de competência é apresentado e discutido na primeira parte deste livro e, conforme já vimos, a competência pode ser atribuída a diferentes atores. De um lado, temos a organização com um conjunto de competências que lhe são próprias, advindas de sua gênese e formação ao longo do tempo; podemos defini-las como sendo características de seu patrimônio de conhecimentos que lhe conferem vantagens competitivas no contexto onde se insere. De outro lado, temos as pessoas que possuem um conjunto de competências que podem ou não estar sendo aproveitadas pela organização. Podemos defini-las como a capacidade da pessoa de agregar valor ao patrimônio de conhecimentos da organização. Vamos entender a agregação de valor como uma contribuição efetiva ao patrimônio de conhecimentos que permite à organização manter suas vantagens competitivas no tempo.

Ao colocarmos organização e pessoas lado a lado, podemos verificar um processo contínuo de troca de competências. A organização transfere seu patrimônio de conhecimentos para as pessoas, enriquecendo-as e preparando-as para enfrentar novas situações profissionais e pessoais, quer na organização ou fora dela. As pessoas, ao desenvolverem sua capacidade individual, transferem para a organização seu aprendizado, capacitando a organização para enfrentar novos desafios. Esse processo, que é natural em qualquer comunidade, pode ser gerenciado e potencializado com efeitos benéficos para a organização e para as pessoas. O modo como fazê-lo será abordado a seguir.

> Ao colocarmos organização e pessoas lado a lado, podemos verificar um processo contínuo de troca de competências.

Ao trabalharmos com as competências organizacionais, cabe a analogia efetuada por Prahalad e Hamel (1990) comparando as competências às raízes de uma árvore, as quais oferecem à organização alimento, sustentação e estabilidade. Essas competências impulsionam as organizações e seu uso constante estimula o fortalecimento das mesmas na medida em que se aprendem novas formas para o seu emprego ou uso mais adequado (FLEURY; FLEURY, 1995).

O processo de aprendizado organizacional está vinculado ao desenvolvimento das pessoas que fazem parte da organização. A questão a ser discutida é: como esse desenvolvimento nas pessoas pode ser caracterizado? Muitos autores procuraram discutir essa questão tentando entender a capacidade das pessoas em agregar valor para a organização como competência.

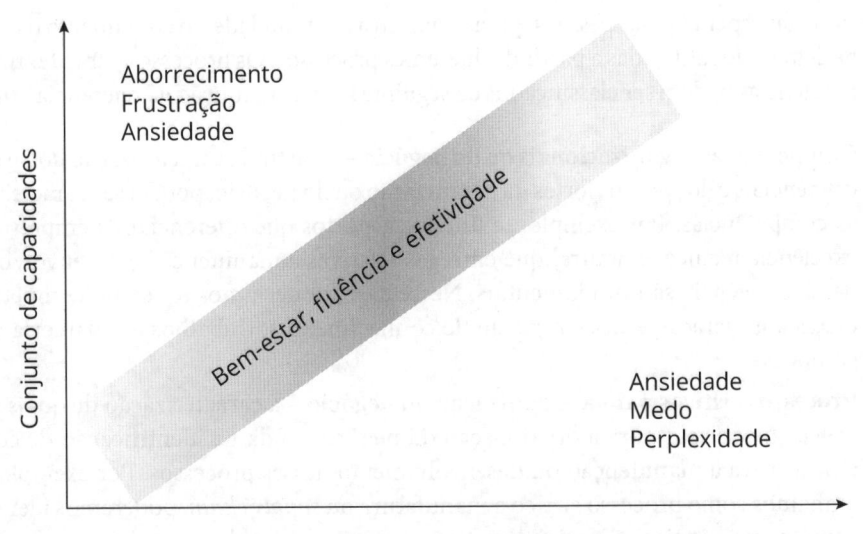

FIGURA 8.1

Relação entre capacitação e complexidade do trabalho.

Fonte: Figura adaptada pelos autores a partir do trabalho desenvolvido por Stamp (1989).

Quando ocorre uma boa relação entre o amadurecimento profissional e a ascensão a níveis mais complexos, há a tendência de um sentimento de bem-estar, fluência e efetividade na tomada de decisão, ao passo que um desbalanceamento desses fatores pode provocar de um lado sentimentos de ansiedade, medo e perplexidade e, de outro, sensação de aborrecimento, frustração e ansiedade. A Figura 8.1 procura ilustrar esse fenômeno.

Verificamos uma grande diversidade de conceitos sobre competências que podem ser complementares. Podemos estruturar esses vários conceitos na Figura 8.1, onde temos de um lado as competências entendidas como o conjunto de conhecimentos, habilidades e atitudes necessárias para a pessoa exercer seu trabalho e, de outro lado, as competências entendidas como a entrega da pessoa para a organização.

As pessoas atuam como agentes de transformação de conhecimentos, habilidades e atitudes em competência entregue para a organização. A competência entregue pode ser caracterizada como agregação de valor ao patrimônio de conhecimentos da organização. Cabe destacar o entendimento de agregação de valor como algo que a pessoa entrega para a organização de forma efetiva, ou seja, que fica mesmo quando a pessoa sai da organização. Assim sendo, a agregação de valor não é atingir uma meta de faturamento ou de produção, mas a melhoria em um processo ou a introdução de uma nova tecnologia.

O desenvolvimento profissional pode ser entendido como o aumento da capacidade da pessoa em agregar valor para a organização. A maior capacidade das pessoas em agregar valor está ligada à destreza em lidar com atribuições e responsabilidades mais complexas. O grau de complexidade das atribuições – conjunto das funções e atividades executadas pela pessoa – e das responsabilidades – conjunto das decisões exigidas da pessoa pela organização – caracteriza o nível de desenvolvimento pessoal. Por esse motivo, os sistemas de gestão de competências modernos procuram caracterizar diferentes níveis de complexidade da entrega para acompanhar o processo evolutivo das pessoas.

As pessoas entregam o que a organização espera ou necessita de diferentes formas porque são diferentes na forma como articulam seus conhecimentos, habilidades e atitudes com o contexto ambiental. Portanto, ao definirmos o que esperamos que as pessoas entreguem para a organização, iremos perceber que as pessoas o farão por diferentes caminhos. Teremos pessoas que entregarão o que a empresa espera dando ênfase às suas habilidades de relacionamento interpessoal e teremos outras que entregarão dando ênfase às suas habilidades técnicas; ambas estarão entregando o esperado, porém de formas diferentes. Essa diversidade é fundamental para a organização, pois através dela a organização vai aprendendo diferentes formas de obter sucesso e competitividade.

> O desenvolvimento profissional pode ser entendido como o aumento da capacidade da pessoa em agregar valor para a organização.

As entregas esperadas das pessoas que asseguram a continuidade e o crescimento da organização podem ser identificadas a partir de diferentes processos. Os processos para identificação das competências podem ser classificados da seguinte forma em função da referência utilizada:

- **Competências organizacionais ou do negócio** – a partir da caracterização dos aspectos diferenciais e dos pontos fortes da organização ou do negócio, podem ser caracterizadas as competências. Por exemplo: se um dos aspectos que diferenciam a empresa é sua excelência técnica, é natural que entregas relativas a manutenção e desenvolvimento dessa excelência são fundamentais. Nesse caso, poderíamos ter como competências essenciais: geração e disseminação de conhecimentos, trabalhos em parceria ou em equipe etc.

- **Processos críticos para a organização ou negócio** – a caracterização de quais são os processos críticos para a organização ou negócio ajuda na identificação de competências para a manutenção ou desenvolvimento desses processos. Por exemplo: caso tenhamos como processo crítico a manufatura ou *supply chain*, poderemos identificar como competências essenciais: análise e solução de problemas, liderança e trabalho em equipe, orientação estratégica etc.

- **Grupos profissionais ou carreiras profissionais** – uma forma comum para identificação das competências é a caracterização dos diferentes grupos profissionais necessários para a organização ou negócio e o processo de crescimento profissional de cada grupo. Por exemplo: poderíamos considerar em uma determinada organização a existência dos seguintes grupos profissionais ou carreiras profissionais: gerencial, tecnológico, comercial e administrativo financeiro. No gerencial, teríamos competências essenciais como orientação estratégica, liderança, gestão de processos de mudança, gestão de recursos.

É usual utilizarmos uma combinação dessas diferentes formas de modo a termos maior precisão quanto à caracterização das competências. Na caracterização dessas competências são necessários alguns cuidados, quais sejam:

- As competências devem ser observáveis para que possam ser acompanhadas. É comum encontrar descrições extremamente genéricas e vagas das competências desejadas ou descrições efetuadas a partir de comportamentos desejáveis, cuja observação é difícil e dá margem a interpretações ambíguas. As descrições devem retratar as entregas esperadas das pessoas de forma a serem observadas tanto pela própria pessoa como pelas pessoas responsáveis por acompanhar e dar *feedback*. Cabe notar que qualquer descrição terá um caráter subjetivo, porém essa subjetividade poderá ser minimizada a partir da clareza com que se define a expectativa da organização ou negócio em relação à pessoa.

- A quantidade de competências definidas para o acompanhamento não deve ser grande, pois isso dificultará o acompanhamento, além de representar uma falta de estímulo aos responsáveis pelo *feedback*. A quantidade recomendada fica entre 7 e 12 competências para caracterizar as expectativas da organização ou negócio.

- As competências devem ser graduadas em termos da complexidade da entrega. Essa graduação permite melhor acompanhamento da evolução da pessoa em relação a sua entrega para a organização ou negócio. Como o desenvolvimento da pessoa é observado a partir do nível da complexidade de suas atribuições e responsabilidades, na medida em que graduamos as competências em relação à complexidade da entrega esperada, temos uma escala mais adequada para acompanharmos a evolução da pessoa.

Este último aspecto merece maior atenção. Os sistemas de desenvolvimento com base em competências mais recentes são elaborados buscando estabelecer uma escala nas competências. A escala geralmente utilizada é a complexidade da entrega. Em pesquisa recente efetuada no

> Podemos afirmar, portanto, que ao acompanharmos as pessoas a partir da entrega em diferentes níveis de complexidade, estaremos acompanhando sua evolução em termos profissionais.

Brasil através do PROGEP (Programa de Estudos em Gestão de Pessoas) da FIA (Fundação Instituto de Administração), constatamos uma alta correlação entre o nível de complexidade das entregas, o posicionamento do profissional na empresa e os níveis salariais. Podemos afirmar, portanto, que ao acompanharmos as pessoas a partir da entrega em diferentes níveis de complexidade, estaremos acompanhando sua evolução em termos profissionais.

Vimos até aqui que podemos definir o desenvolvimento como incorporação pela pessoa de atribuições e responsabilidades de maior complexidade, porque dessa forma a pessoa agrega mais valor para o contexto onde se encontra. A questão fundamental, entretanto, é: como a pessoa se desenvolve? O que permite a ela lidar com maior complexidade? A partir das pesquisas realizadas por Jaques (1978; 1990) e Stamp (1989), verificamos que, à medida que a pessoa compreende mais profundamente e com maior amplitude as demandas do contexto sobre ela, melhor será sua condição de lidar com maior complexidade. Jaques (1978; 1990) e Stamp (1989) chamam essa compreensão sobre o contexto de nível de abstração. Abstração e complexidade caminham juntas, sendo influenciadas mutuamente. Caso uma pessoa seja desafiada a enfrentar uma situação mais exigente e mais complexa, só conseguirá seu intento se passar a compreender o contexto com maior profundidade. Ao fazê-lo habilita-se a lidar com maior complexidade. Portanto, se uma pessoa lida com um determinado nível de complexidade, ela tem um nível de abstração correspondente.

Como a pessoa desenvolve seu nível de abstração? Basicamente, através da experiência e da formação. Na medida em que a pessoa investe em sua formação, ela acelera seu desenvolvimento através da experiência, ou seja, consegue potencializar seu aprendizado através da experiência quando investe em sua formação. Por isso, a experiência e a formação estão intimamente ligadas ao desenvolvimento pessoal. Imagine uma pessoa que faz a mesma coisa e do mesmo jeito durante toda a sua vida; ela terá poucos estímulos para lidar com maior complexidade e para se desenvolver. Ao contrário, caso uma pessoa seja continuamente desafiada no limite de sua capacidade, terá um desenvolvimento contínuo e consistente.

Outro aspecto fundamental para compreendermos o desenvolvimento da pessoa é que, ao compreendermos melhor o contexto, estaremos compreendendo sua relação nas várias dimensões de sua vida. Desse modo, ao se desenvolver, a pessoa não está se tornando apenas melhor profissional, mas também melhor cidadã, melhor membro de família e melhor pessoa. Quando ela se desenvolve o faz por inteiro, essa é a base para a conciliação de expectativas entre a pessoa e a organização. O desenvolvimento da pessoa é permanente. Na medida em que seu desenvolvimento é sustentado e explicado por seu nível de abstração, a pessoa não retrocede no seu nível de compreensão do contexto e nem em sua capacidade de lidar com determinado nível de complexidade. Isso explica por que, ao analisarmos diversas biografias profissionais e observarmos processos de mudança de trajetória de carreira, verificamos que as pessoas podem mudar de carreira no mesmo nível de complexidade. Ou seja, o desenvolvimento da pessoa passa a se constituir em um patrimônio que a mesma levará para onde for.

Como veremos na quarta parte do livro, sobre valorização, a remuneração fixa é determinada historicamente pelo nível de desenvolvimento da pessoa. Isso porque o nível de desenvolvimento é base mais estável para posicionar a pessoa em um determinado patamar remuneratório.

Construção da Gestão do Desenvolvimento

A gestão do desenvolvimento com base em competências foi elaborada inicialmente considerando o conjunto de conhecimentos, habilidades e atitudes esperado das pessoas, o chamado CHA. Durante os anos 1980, percebeu-se que esse conjunto variava em função da complexidade, por exemplo: o conjunto de expectativas em relação a um gerente operacional é muito diferente do conjunto esperado de um gerente estratégico. Naturalmente, foram sendo criadas gradações nas expectativas em função do nível de complexidade.

Nos anos 1990, houve um grande questionamento sobre a mensuração do desenvolvimento a partir do CHA, ao se constatar que o fato de a pessoa possuir determinados conhecimentos e

> À medida que a pessoa compreende mais profundamente e com maior amplitude as demandas do contexto sobre ela, maior será sua condição de lidar com maior complexidade. A pessoa continuamente desafiada no limite de sua capacidade terá um desenvolvimento contínuo e consistente.

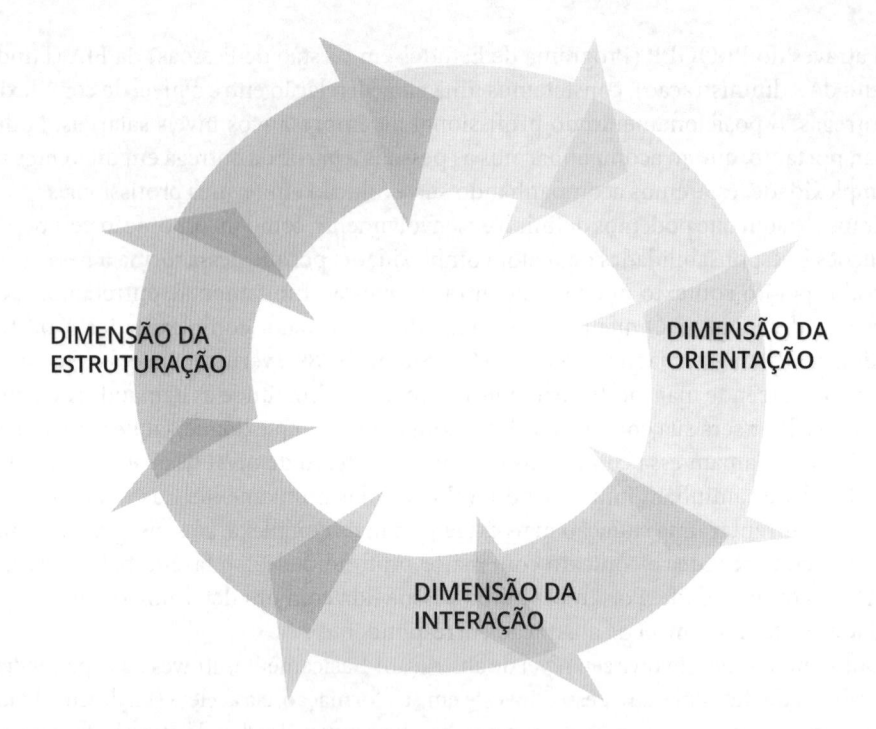

FIGURA 8.2

Dimensões da entrega.

Fonte: Trabalho desenvolvido pela equipe de consultoria.

habilidades não garantia sua entrega e que o melhor ângulo de observação do desenvolvimento de uma pessoa é a sua entrega e agregação de valor para a organização. Observou-se ainda que há diferentes formas de as pessoas entregarem o que a empresa espera delas, isso porque são diferentes e têm diferentes maneiras de articular seus conhecimentos e habilidades em relação às demandas do contexto.

Vamos mostrar a seguir como podemos definir competências para uma organização e como podemos desdobrá-las em diferentes níveis de complexidade. Para podermos balancear entregas em diferentes categorias, procuramos definir três categorias de entregas, conforme mostra a Figura 8.2, que chamamos de dimensões:

- Dimensão da orientação – relaciona-se ao foco da organização e ao ponto onde ela pretende chegar, tendo o papel de orientar as pessoas para a ação.
- Dimensão da interação – são responsabilidades ligadas às formas e às necessidades de relacionamento para que o profissional consiga viabilizar suas ações.
- Dimensão da estruturação – refere-se a como chegar onde se pretende e tem o papel de apoiar a estruturação e realização das ações.

A seguir, no Quadro 8.1, apresentamos alguns exemplos de competências nessas três dimensões e possíveis definições.

QUADRO 8.1

Exemplos de competências nas três dimensões de entrega

DIMENSÃO DA ORIENTAÇÃO	
Orientação para Mudanças/ Inovação	Envolve o foco sobre o processo evolutivo da organização, com identificação das necessidades de transformação, concepção e apresentação de soluções criativas e viáveis, o controle de mudanças diante dos desafios do ambiente de negócios, bem como a prontidão do profissional para adaptar-se às novas exigências.
Orientação para o Mercado/ Cliente	Relaciona-se ao desenvolvimento de uma cultura organizacional orientada para a satisfação dos clientes (internos ou externos), a partir da compreensão de suas necessidades, atendimento e antecipação de suas expectativas.
Orientação para Resultados	Refere-se ao comprometimento com o alcance dos objetivos estabelecidos, com visão do ambiente interno e externo, permitindo identificar oportunidades e gerar vantagens competitivas.
Orientação Estratégica	Envolve definir estratégias e planos de ação, a partir da análise das tendências, das características do negócio, do ambiente interno e externo, dentro de seu escopo de atuação. Inclui também o comprometimento exigido com os valores, missão e visão da organização e com a sua disseminação.
DIMENSÃO DA INTERAÇÃO	
Gestão de Relacionamentos	Envolve a ação no sentido de estabelecer, manter e mobilizar redes de relacionamento e parcerias entre pessoas, na busca de ligações positivas e atitudes de reciprocidade, dentro dos padrões éticos estabelecidos e com agregação de esforços para a obtenção de soluções, recursos e resultados.
Liderança (Gestão de Pessoas)	Envolve obter o alinhamento das pessoas, a integração entre colaboradores e parceiros, bem como o estabelecimento de um clima de confiança e comprometimento, através do reconhecimento das contribuições individuais e coletivas, com clareza no processo de comunicação.
Negociação	Inclui a busca pelo equilíbrio dos resultados de uma negociação, visando benefícios para os envolvidos. Abrange a construção de uma argumentação coerente e abertura para rever posições e entender pontos de vista distintos dos seus.
DIMENSÃO DA ESTRUTURAÇÃO	
Gestão do Capital Intelectual	Envolve a ação contínua no sentido de aquisição, geração, transferência e aplicação do conhecimento na organização, visando a excelência operacional e eficiência organizacional.
Gestão de Processos de Mudança	Está ligada à responsabilidade por identificar, planejar, conduzir e/ou controlar as mudanças necessárias para enfrentar os desafios do negócio.
Tomada de Decisão	Envolve analisar e criticar riscos, definir e implementar rapidamente alternativas e oportunidades, acompanhando e assumindo as responsabilidades pelos impactos dessa decisão.
Visão Sistêmica	Refere-se ao entendimento do vínculo da organização com o ambiente no qual está presente, abrangendo o cultivo das relações e do seu impacto com os *stakeholders* (comunidade, governo e instituições parceiras) orientado pelos objetivos organizacionais.

Fonte: Material preparado pela Growth Consultoria Organizacional.

A seguir, no Quadro 8.2, apresentamos o exemplo de como podemos desdobrar uma competência em níveis de complexidade:

QUADRO 8.2

Exemplos de descrição dos níveis de complexidade a partir de uma competência

1. ORIENTAÇÃO PARA RESULTADOS – REFERE-SE À ATUAÇÃO SEGUNDO OS OBJETIVOS E PLANOS DE AÇÃO DEFINIDOS, ALINHADOS À ESTRATÉGIA DE NEGÓCIOS DA ORGANIZAÇÃO. DEMONSTRA COMPROMETIMENTO, INICIATIVA E PERSISTÊNCIA MESMO DIANTE DE OBSTÁCULOS E DIFICULDADES.

NÍVEL	DESCRIÇÃO DA COMPETÊNCIA
5	<ul><li>É corresponsável pelo estabelecimento de objetivos para a organização como um todo, considerando os resultados esperados para a empresa em curto, médio e longo prazos e a análise dos cenários internos e externos.</li><li>É corresponsável pela formulação de diretrizes para a gestão de resultados e padrões e ferramentas para a organização como um todo.</li><li>Atua na remoção de barreiras e obstáculos entre áreas/unidades/empresas do grupo, sendo corresponsável pela formação de cultura organizacional voltada a execução dos objetivos e obtenção de resultados.</li></ul>
4	<ul><li>Influencia o estabelecimento de objetivos para a organização como um todo e estabelece os objetivos para a(s) área(s) sob sua responsabilidade a partir dos objetivos da empresa como um todo e a análise dos cenários internos e externos.</li><li>Remove barreiras/obstáculos inter/intra-áreas, mobilizando sua equipe e pares na execução dos objetivos organizacionais.</li><li>Influencia a formulação de diretrizes de gestão de resultados e ferramentas de gestão para a organização como um todo, e define indicadores de desempenho para o acompanhamento na(s) área(s) sob sua responsabilidade considerando planos organizacionais relacionados.</li></ul>
3	<ul><li>Assegura a execução dos objetivos estabelecidos, oferecendo condições/recursos para as equipes sob sua responsabilidade, auxiliando na remoção de obstáculos visando ao comprometimento da equipe, mesmo em circunstâncias adversas.</li><li>Estabelece os objetivos e define indicadores de desempenho para o acompanhamento da área sob sua responsabilidade, considerando os resultados esperados para a empresa e a análise dos cenários internos e externos.</li><li>Avalia e estabelece prioridades e reorienta ações, conciliando interesses conflitantes ou em situações emergenciais na área sob sua responsabilidade.</li><li>Identifica, negocia e administra recursos para desenvolvimento de ações/projetos relacionados à sua área, respondendo pela sua eficiente utilização, bem como o cumprimento de prazos, priorizando atividades/projetos de acordo com os objetivos da organização como um todo.</li></ul>
2	<ul><li>Assegura a execução dos objetivos estabelecidos para os processos que coordena, removendo obstáculos e readequando as atividades das equipes que coordena com eficiência e eficácia, garantindo que atuem orientadas pelos interesses da organização.</li><li>Mobiliza e estimula o comprometimento das equipes que coordena em direção das metas e resultados, esclarecendo como estes interferem nos demais processos da área/organização.</li><li>Estabelece indicadores de desempenho para os processos sob sua responsabilidade, monitorando os resultados dos processos, tendo em vista a execução dos objetivos organizacionais relacionados.</li><li>Dimensiona adequadamente e administra recursos para os processos que coordena, respondendo pela sua maximização, bem como o cumprimento de prazos nos processos sob sua responsabilidade, priorizando atividades/projetos de acordo com os objetivos da área como um todo.</li></ul>
1	<ul><li>Assegura a execução dos objetivos estabelecidos para o conjunto de atividades que coordena, mobilizando e estimulando o comprometimento da equipe que coordena em direção das metas e resultados, readequando atividades de acordo com as prioridades estabelecidas.</li><li>Monitora os indicadores de desempenho das atividades do processo sob sua responsabilidade, tendo em vista a execução dos objetivos organizacionais relacionados, observando potenciais impactos, recomendando ações.</li><li>Planeja e controla recursos para o conjunto de atividades que coordena, respondendo pela sua eficiente utilização, bem como o cumprimento de prazos no processo sob sua responsabilidade.</li></ul>

Fonte: Material preparado pela Growth Consultoria Organizacional.

Como já vimos, as pessoas entregam o que a empresa necessita de forma diferente. Assim, uma pessoa pode entregar a competência exigida pela organização de forma bem particular. Como decorrência dessa constatação, não há uma forma padrão para o desenvolvimento de determinada competência; a forma de desenvolvê-la deve respeitar a individualidade de cada pessoa. Desse modo, diante da necessidade de aprimorarmos a condição de entrega de uma determinada pessoa, devemos analisar com ela quais são as ações que podem ajudá-la a entregar a competência requerida.

Sabemos que as pessoas se desenvolvem mobilizando seus pontos fortes. Portanto, ao investir nos pontos fortes de alguém, tenho melhores resultados de desenvolvimento. As pessoas, ao investirem em seus pontos fracos, investem em regiões de desconforto profissional e obtêm resultados com grande sacrifício e, normalmente, resultados medíocres. Tanto para as pessoas quanto para as organizações, é mais produtivo investir nos pontos fortes. Para a organização, o investimento de R$ 100,00 no ponto forte de alguém resultará em R$ 1.000,00 e o investimento em um ponto fraco resultará em R$ 10,00. Do mesmo modo, a pessoa deve preferir investir em seus pontos fortes para desenvolver-se. Os pontos fracos devem ser objeto de atenção quando eles atrapalham os pontos fortes.

Como já vimos anteriormente, quando pensamos o desenvolvimento das pessoas como uma sucessão de níveis de complexidade e não mais como uma sucessão de cargos ou uma escalada nos diferentes níveis decisórios da organização, temos uma verdadeira revolução nos conceitos e na compreensão de como ocorre o processo de evolução profissional das pessoas na organização.

> Não há uma forma padrão para o desenvolvimento de determinada competência; a forma de desenvolvê-la deve respeitar a individualidade de cada pessoa.

Essa revolução se estende também à forma de refletirmos sobre pessoas talentosas, com potencial, diferenciadas etc. A organização contemporânea exige que possamos orientar o desenvolvimento das pessoas, administrar a sucessão sem criar estigmas ou privilegiar pessoas. Sempre que o fizermos, estaremos comprometendo a credibilidade e a legitimidade do sistema de gestão de pessoas, porque criamos pessoas excluídas, desqualificadas, não talentosas ou que não têm potencialidade para a empresa.

Devemos sempre ter em mente que, se a pessoa trabalha na organização, é porque ela é talentosa e tem potencial para se desenvolver. Pensar de forma diferente nos conduzirá a excluirmos pessoas dos processos de desenvolvimento. As mesmas poderão se tornar o elo fraco da corrente e retardar o processo de desenvolvimento da organização ou, ainda, podem ser excluídas em definitivo por não terem lugar no futuro da organização. Ao excluir pessoas de seu futuro, a organização pode estar gerando a exclusão das mesmas do mercado de trabalho e, num processo de causalidade circular, criando futuras exclusões sociais.

Em termos ideais, devemos pensar em todas as pessoas como alvos da atenção da organização em termos de desenvolvimento. No sistema de gestão do desenvolvimento, verificamos que é possível trabalharmos cada pessoa em seu desenvolvimento e que também é possível avaliar aquelas pessoas prontas para maiores desafios.

Na organização contemporânea, as arquiteturas organizacionais e as estruturas decorrentes estarão sendo modificadas com velocidade cada vez maior. É impossível prever quais serão exatamente as necessidades da organização em seu futuro, mas é possível saber com certeza que ela necessitará de pessoas lidando com níveis crescentes de complexidade. Portanto, ao prepararmos pessoas para lidar com níveis crescentes de complexidade, estaremos preparando pessoas para o futuro da empresa e para o futuro do mercado de trabalho.

As pessoas prontas para maiores desafios devem ser aquelas pensadas como futuras sucessoras. Caso a organização tenha mais pessoas prontas para maiores desafios do que o necessário, deve pensar em exportá-las para o mercado, ou seja, deve estimular que essas pessoas saiam e procurem o seu desenvolvimento no mercado, já que a organização não consegue oferecer no curto prazo condição concreta de desenvolvimento profissional. Assim procedendo, a organização sinaliza sua preocupação com o contínuo desenvolvimento das pessoas, mesmo que fora dela. Ao fazê-lo, a organização cria espaço para outras pessoas que estão em processo de desenvolvimento.

> A organização que está continuamente investindo no desenvolvimento das pessoas está também em contínuo processo de desenvolvimento e tem melhores condições de se adaptar às exigências do ambiente onde se localiza.

Ao levantarem essas questões, muitas pessoas perguntam se é aceitável a organização preparar pessoas para o mercado, se é justo entregar pessoas preparadas por ela para seus concorrentes. O argumento utilizado é o de comparar duas organizações de mesmo porte e atuando em um mesmo segmento onde não têm perspectivas de crescimento no curto prazo. Uma não investe no desenvolvimento das pessoas porque não necessita, embora cultive um clima de trabalho muito bom, enquanto a outra investe no desenvolvimento das pessoas, tem um custo adicional em relação à primeira e se arrisca a perder pessoas preparadas para o mercado. No entanto, se houver qualquer turbulência no mercado ou um rápido crescimento da demanda, a segunda estará mais aparelhada para dar respostas. Se as organizações necessitarem reduzir seus quadros, as pessoas da primeira terão menor competitividade profissional no mercado do que as da segunda. A segunda terá melhores condições de mobilizar seu quadro do que a primeira. Em suma, a organização que está continuamente investindo no desenvolvimento das pessoas está também em contínuo processo de desenvolvimento e tem melhores condições de se adaptar às exigências do ambiente onde se localiza.

Estruturação das Ações de Desenvolvimento

Em função de sua natureza, as ações de desenvolvimento podem ser divididas em duas categorias:

- **Ações de desenvolvimento formais** – são as ações estruturadas através de conteúdos programáticos específicos, envolvendo metodologias didáticas, instrutores ou orientadores, materiais bibliográficos e uma agenda de trabalhos ou aulas. Por exemplo: cursos, ciclos de palestras, seminários, programa de cultura compartilhada e orientação.
- **Ações de desenvolvimento não formais** – são as ações estruturadas através de atuações no próprio trabalho ou situações ligadas à atuação do profissional. Podem ser concebidas de diferentes formas, mas sempre envolvem, em sua estruturação, o profissional a ser desenvolvido. Por exemplo: coordenação ou participação em projetos interdepartamentais ou interinstitucionais, trabalhos filantrópicos, visitas, estágios etc.

> Os profissionais que atuam em níveis de maior complexidade tendem a concentrar o seu desenvolvimento em novas formas de articular seu repertório com o contexto onde se situam.

É possível observar que, quanto maior a complexidade das atribuições e responsabilidades, maior deve ser o percentual das ações de desenvolvimento não formais. A explicação está no fato de a complexidade demandar mais o uso diversificado do repertório de conhecimentos e experiências das pessoas e menos o uso de novos repertórios. Os profissionais que atuam em níveis de maior complexidade tendem a concentrar o seu desenvolvimento em novas formas de articular seu repertório com o contexto onde se situam. As ações de desenvolvimento devem recair, portanto, no estímulo ao uso diferenciado do patrimônio de conhecimento que o profissional já possui. Em contrapartida, os profissionais que atuam em níveis de menor complexidade são demandados a ampliar seu repertório de conhecimentos e experiências para poderem se desenvolver. A Figura 8.3 procura sintetizar o fluxo para a construção do plano de ação.

As ações de desenvolvimento devem ser definidas a partir das necessidades de cada pessoa em particular e a partir da premissa de ajudar a pessoa a mobilizar seus pontos fortes para desenvolver-se. Para ilustrar esse processo, queremos relatar uma experiência rica. Em uma organização de serviços, tínhamos um gestor de conta que era muito benquisto por todas as pessoas, inclusive pelos clientes, pelo seu jeito de ser. Sempre de bem com a vida e transmitindo muita alegria, ao mesmo tempo, porém, com dificuldade para entregar o que os clientes necessitavam. Os clientes reportavam sua insatisfação com muito pesar, por gostarem muito do relacionamento com seu gerente de conta. Ao analisarmos o problema, constatamos que esse gestor tinha grande dificuldade de estabelecer empatia com as necessidades de seus clientes, situação que era encoberta por seu jeito de ser. Ao conversarmos com esse gestor, ele também conseguiu visualizar o problema e foi estabelecido, em comum acordo, um conjunto de ações para desenvolver nele essa competência mobilizando seu ponto forte, que é o inter-relacio-

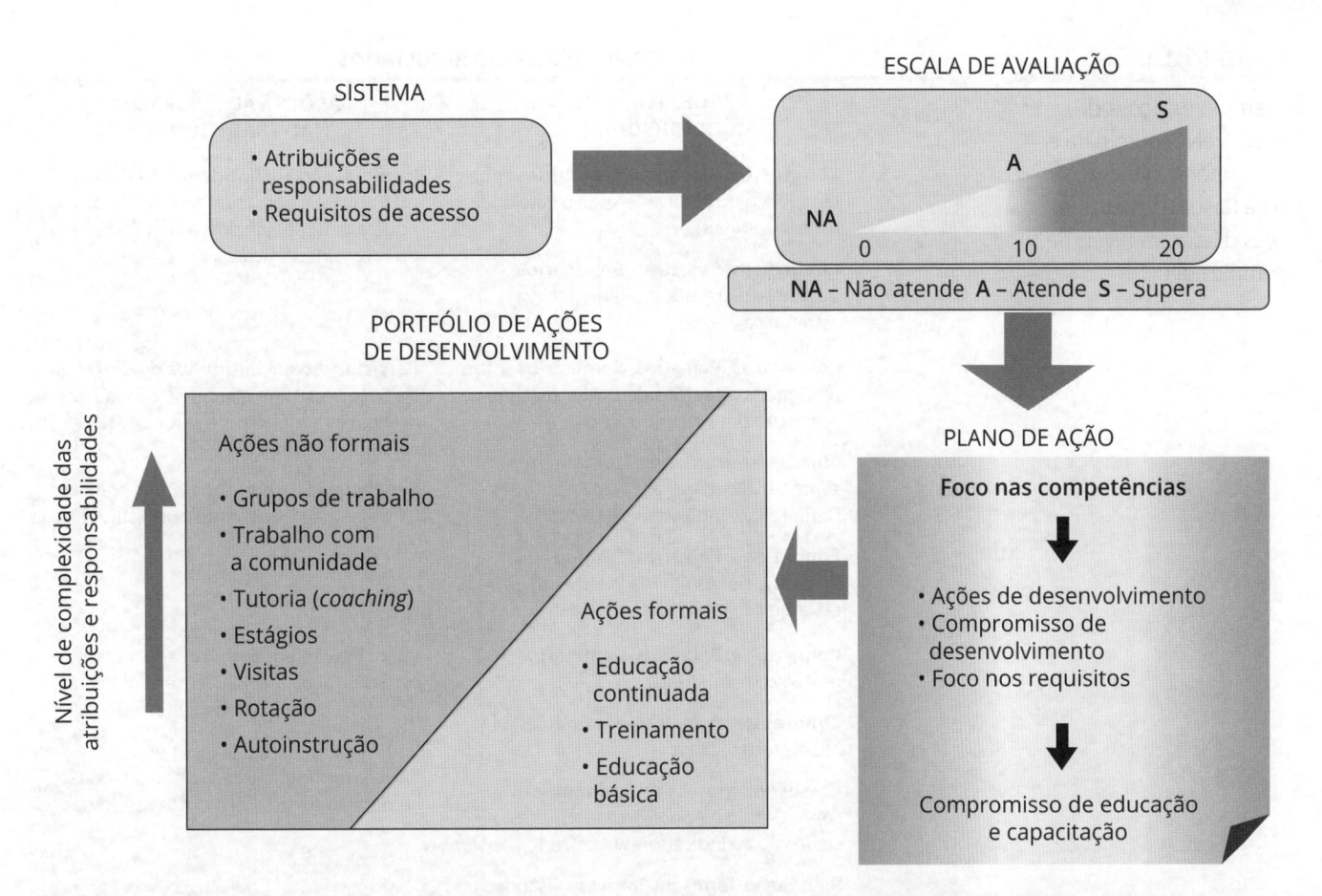

CAPÍTULO 8 | Treinamento e Capacitação de Pessoas

SISTEMA
- Atribuições e responsabilidades
- Requisitos de acesso

ESCALA DE AVALIAÇÃO

NA — 0 — A — 10 — S — 20

NA – Não atende A – Atende S – Supera

PORTFÓLIO DE AÇÕES DE DESENVOLVIMENTO

Nível de complexidade das atribuições e responsabilidades

Ações não formais
- Grupos de trabalho
- Trabalho com a comunidade
- Tutoria (*coaching*)
- Estágios
- Visitas
- Rotação
- Autoinstrução

Ações formais
- Educação continuada
- Treinamento
- Educação básica

PLANO DE AÇÃO

Foco nas competências

- Ações de desenvolvimento
- Compromisso de desenvolvimento
- Foco nos requisitos

Compromisso de educação e capacitação

FIGURA 8.3
Estrutura das ações de desenvolvimento.

namento. Foi recomendado que ele se juntasse a uma organização filantrópica para auxiliar a comunidade carente da cidade onde morava. Ao fazê-lo, esse gestor sentiu-se muito bem e passou a extrair grande satisfação de sua nova atividade. Para executar suas atividades nessa instituição filantrópica, tinha que estabelecer um processo de comunicação com uma comunidade onde a estrutura de valores era completamente diferente da sua. Por isso, necessitou estabelecer um processo de empatia com os valores dessa comunidade. Assim que conseguiu se colocar na situação vivida pela comunidade e compreender a forma de pensar das pessoas da comunidade, conseguiu também estabelecer empatia com as necessidades de seus clientes.

Nesse exemplo, vemos que é possível ajudar as pessoas a se desenvolverem a partir delas próprias e valorizar as pessoas como elas são, preservando sua individualidade e criando maior comprometimento delas com o seu desenvolvimento.

A seguir, no Quadro 8.3, vamos trabalhar um exemplo de estruturação das ações de desenvolvimento a partir de uma competência. No exemplo a seguir, é apresentada uma competência desdobrada em diferentes níveis de complexidade. Para cada nível de complexidade, foram estabelecidas ações de desenvolvimento específicas.

> É possível ajudar as pessoas a se desenvolverem a partir delas próprias e valorizar as pessoas como elas são.

QUADRO 8.3

Exemplo de ações de desenvolvimento para a competência Orientação para Resultados em seus diferentes níveis de complexidade

	ORIENTAÇÃO PARA RESULTADOS	
NÍVEL	**AÇÕES FORMAIS/ TRADICIONAIS**	**AÇÕES NÃO FORMAIS/ NÃO TRADICIONAIS**
5	**Congressos, Palestras, Seminários** sobre tendências do setor siderúrgico (nacionais e internacionais). **Congressos, Palestras, Seminários** de gestão de resultados (perspectiva estratégica).	**Participação em Entidades de Classe ou Setoriais:** para manter-se alinhado às práticas e tendências do setor de TI/SI e do setor siderúrgico.
4	**Congressos, Palestras, Seminários** sobre tendências do setor siderúrgico (nacionais e internacionais). **Cursos/Programas de Treinamento** sobre Gestão e Apuração de Resultados e Definição de Indicadores (avançado). **Congressos, Palestras, Seminários** de gestão de resultados (perspectiva estratégica).	**Participação em Entidades de Classe ou Setoriais:** para manter-se alinhado às práticas e tendências do setor de TI/SI e do setor siderúrgico. *Benchmarking:* busca melhores práticas com vistas ao incremento nos resultados.
3	**Congressos, Palestras, Seminários** de gestão de resultados. **Congressos, Palestras, Seminários** de atualização técnica. **Cursos/Programas de Treinamento** sobre Gestão e Apuração de Resultados e Definição de Indicadores (avançado). **Simulação/Jogos de Empresa** visando ampliar sua visão acerca das variáveis que impactam os resultados.	**Participação em Entidades de Classe ou Setoriais:** para manter-se alinhado às práticas e tendências em sua área e no setor. *Benchmarking:* busca melhores práticas com vistas ao incremento nos resultados.
2	**Congressos, Palestras e Seminários** de atualização em sua área. **Cursos/Programas de Treinamento** sobre Gestão e Apuração de Resultados e Definição de Indicadores (intermediário). **Simulação/Jogos de Empresa** visando ampliar sua visão acerca das variáveis que impactam os resultados.	*Benchmarking:* busca melhores práticas com vistas ao incremento nos resultados. *Mentoring:* alocação de gestor mais experiente (sem ascensão hierárquica) para orientações sobre fatores relacionados ao alcance de resultados.
1	**Congressos, Palestras e Seminários** de atualização em sua área. **Cursos/Programas de Treinamento:** sobre Gestão e Apuração de Resultados e Definição de Indicadores (intermediário). **Simulação/Jogos de Empresa** visando ampliar sua visão acerca das variáveis que impactam os resultados.	*Benchmarking:* busca melhores práticas com vistas ao incremento nos resultados. *Mentoring:* alocação de gestor mais experiente (sem ascensão hierárquica) para orientações sobre fatores relacionados ao alcance de resultados.

Fonte: Material preparado pela Growth Consultoria Organizacional.

PROCESSO DE APRENDIZAGEM

A responsabilidade pela construção e gestão do plano individual de desenvolvimento é da própria pessoa. Cabe ao líder ajudar a pessoa na construção de seu plano, conciliando os interesses dela com os da organização ou negócio e criando as condições objetivas para a concretização do plano.

```
                    COMPETIÇÃO
                         │
                         ▼
┌─────────────────────────┐  ┌─────────────────────────┐
│      SOCIALIZAÇÃO       │  │     EXTERNALIZAÇÃO      │
│     COMPARTILHAMENTO    │  │       CONVERSÃO DE      │
│      DE EXPERIÊNCIAS    │  │       CONHECIMENTO      │
│                         │  │    TÁCITO EM EXPLÍCITO  │
└─────────────────────────┘  └─────────────────────────┘

┌─────────────────────────┐  ┌─────────────────────────┐
│     INTERNALIZAÇÃO      │  │       COMBINAÇÃO        │
│     INCORPORAÇÃO DE     │  │     SISTEMATIZAÇÃO      │
│   CONHECIMENTO EXPLÍCITO│  │       DE CONCEITOS      │
│   NO CONHECIMENTO TÁCITO│  │                         │
└─────────────────────────┘  └─────────────────────────┘
                         ▲
                         │
                    COOPERAÇÃO
```

FIGURA 8.4

Modelo de conversão de conhecimentos.

Fonte: Nonaka e Takeuchi (1997:80).

No sentido de desenvolver as pessoas para assumirem níveis crescentes de complexidade, o plano de desenvolvimento deve contemplar ações de diferentes naturezas. O processo de desenvolvimento das pessoas na organização e em relação ao seu trabalho tem sido trabalhado por diferentes autores. Para balizar a elaboração de planos individuais de desenvolvimento, nos baseamos em trabalhos desenvolvidos por Ruas (2001; 2002), Ruas e Antonello (2003), Ruas, Antonello e Boff (2005) e Antonello (2004; 2005; 2011) sobre aprendizagem organizacional, mais particularmente sobre aprendizagem experimental e conversão de conhecimento. A aprendizagem experimental é baseada no ciclo de aprendizagem desenvolvido por Kolb, Rubin e McIntyre (1990) e a conversão de conhecimentos baseia-se em Nonaka e Takeuchi (1997).

Nonaka e Takeuchi (1997) trabalham com dois tipos de conhecimento: o explícito e o tácito. O conhecimento explícito pode ser transmitido por linguagem formal e pode ser codificado, enquanto o conhecimento tácito é difícil de comunicar e/ou formalizar. Segundo os autores, o conhecimento tácito está enraizado na ação. Propõem um modelo de conversão entre os conhecimentos explícito e tácito que está sistematizado na Figura 8.4.

Esse processo de conversão é caracterizado pelos autores (NONAKA; TAKEUCHI, 1997) pelos seguintes fatores:

- **Socialização** – relação entre o conhecimento tácito e explícito, onde o compartilhamento é realizado através de observação, imitação ou prática.
- **Internalização** – conversão de conhecimento explícito em conhecimento tácito; caracteriza, basicamente, o processo de aprendizado onde a pessoa amplia o seu repertório, ajudando-a a estender ou rever seu próprio conhecimento tácito.
- **Externalização** – conversão de conhecimento tácito em explícito, onde temos o esforço de uma pessoa ou grupo em exteriorizar um conhecimento, experiência ou vivência.
- **Combinação** – relação entre o conhecimento implícito e o explícito; temos aqui um processo de troca de conhecimento através de reuniões, conversas, processos de comunicação, sistemas informatizados, possibilitando a reconfiguração do conhecimento existente.

A partir das reflexões de Nonaka e Takeuchi (1997) e Kolb, Rubin e McIntyre (1990), realizamos pesquisas e trabalhos, pelos quais procuramos elementos para organizar e estruturar processos de desenvolvimento. O aprendizado passa por diferentes etapas, mas no caso da construção de um plano de desenvolvimento podemos ter ações de aprendizagem de diferentes

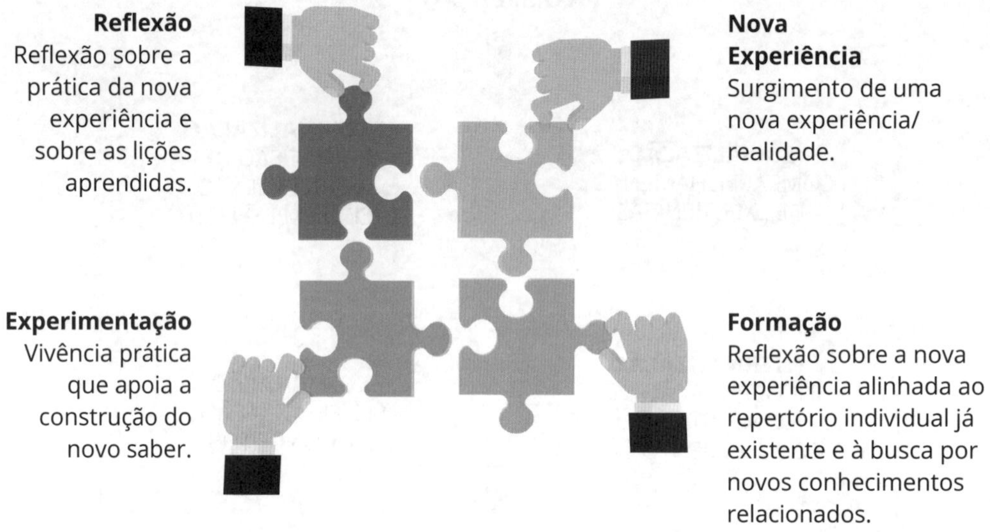

FIGURA 8.5

Ciclo de aprendizagem.

Fonte: Adaptada pelos autores do trabalho desenvolvido por Kolb, Rubin e McIntyre (1990).

Reflexão
Reflexão sobre a prática da nova experiência e sobre as lições aprendidas.

Nova Experiência
Surgimento de uma nova experiência/ realidade.

Experimentação
Vivência prática que apoia a construção do novo saber.

Formação
Reflexão sobre a nova experiência alinhada ao repertório individual já existente e à busca por novos conhecimentos relacionados.

naturezas agindo de forma sinérgica e permitindo que a pessoa alcance seus propósitos de desenvolvimento e de contribuição para a organização ou negócio. Tomando como base o ciclo de aprendizagem de Kolb, Rubin e McIntyre (1990), classificamos essas ações em: consciência da necessidade de se desenvolver, aquisição de conhecimentos e habilidades através de formação, experimentação e reflexão sobre o aprendizado. A Figura 8.5 apresenta uma adaptação do ciclo de conhecimentos para organizar ações de desenvolvimento nas organizações.

Vamos trabalhar essas diferentes categorias e a forma como podemos transformá-las em ações de desenvolvimento.

Consciência da Necessidade de Desenvolvimento

As pessoas estarão engajadas em seu desenvolvimento caso percebam a necessidade do mesmo para suas vidas no presente e no futuro. Caso contrário, não estarão realmente engajadas nas ações de desenvolvimento. Foi possível observar em nossas experiências inúmeros casos de fracasso nas ações de desenvolvimento, porque as pessoas não viam essas ações como importantes para elas. O líder deve ter a sensibilidade de perceber o quanto a pessoa está convencida de que necessita desenvolver determinados aspectos para fazer frente aos desafios ou para realizar seus objetivos. Caso a pessoa não esteja convencida ou o líder tenha dúvidas sobre qual aspecto é mais importante desenvolver na pessoa, devem ser pensadas ações de aprendizagem com o objetivo de criar na pessoa a consciência de um ponto a ser desenvolvido ou com o objetivo de gerar convicção no líder e/ou no liderado sobre qual é o foco da ação de desenvolvimento.

As ações para criar consciência são habitualmente as que permitem à pessoa desenvolver uma distância crítica em relação ao seu trabalho ou a si mesma, como, por exemplo: realizar um *benchmark* em outras áreas da organização ou em outras organizações; integrar ou coordenar um projeto interdepartamental, permitindo à pessoa desenvolver uma visão sistêmica em relação ao seu trabalho; participar de um curso em turmas abertas para conviver com pessoas que realizam trabalho semelhante em outras empresas; atuar em outra atividade ou projeto de diferente natureza; atuar em organizações filantrópicas ou sociais etc.

Essas atividades permitem que a pessoa tenha uma visão externa de si e do seu trabalho. Essa visão externa cria a consciência de aprimoramentos comportamentais, de competências e de práticas. Essas atividades são úteis, também, para que o líder e a pessoa envolvida formem convicção de pontos a serem desenvolvidos.

Outra forma para trabalhar a consciência é buscar pessoas, grupos ou experiências ligadas ao desafio a ser enfrentado pela pessoa, para compartilhar conhecimentos e vivências.

Essa prática é muito útil para antever dificuldades e o caminho a ser percorrido. Ao mesmo tempo em que aprimoramos o planejamento das atividades, percebemos nossas fragilidades e pontos de aprimoramento.

Finalmente, outra forma para trabalhar esses aspectos é iniciar uma ação de desenvolvimento, que em princípio faça sentido para a pessoa e para seu líder, e acompanhar os resultados em intervalos curtos de tempo para avaliar se a escolha foi adequada ou não.

> As ações para criar consciência são habitualmente as que permitem à pessoa desenvolver uma distância crítica em relação ao seu trabalho ou sobre si mesma.

Processos Formais de Aprendizagem

A formação caracteriza-se por uma atividade formal de aprendizagem, na qual a pessoa receberá conhecimentos ou desenvolverá habilidade através de ações previamente estruturadas e testadas. A formação é recomendada quando a pessoa precisa adquirir repertório sobre um tema ou sobre um trabalho que não conheça ou no qual esteja pouco amadurecida. A formação oferecerá para a pessoa que necessita desenvolver conhecimentos: conceitos, experiências já vivenciadas e estruturadas no tema ou trabalho, visão de outras pessoas e de outras organizações sobre o tema e orientação sobre literatura a respeito do tema ou trabalho. No caso da pessoa que necessita adquirir habilidades, a formação oferece: experimentação assistida, interação com pessoas que estejam desenvolvendo a mesma habilidade, visão do emprego e articulação da habilidade ou das habilidades em seu trabalho e percepção dos problemas gerados com o uso inadequado da habilidade ou da falta da habilidade.

A formação oferece certificação ou reconhecimento formal de que a pessoa adquiriu os conhecimentos ou habilidades a que se propunha. Oferece segurança para a pessoa iniciar seu projeto ou trabalho com maior confiança e com espírito crítico em relação ao seu ofício. Portanto, a formação pode acelerar o desenvolvimento, elevando o patamar inicial de conhecimentos e habilidades da pessoa para iniciar um novo trabalho ou enfrentar um desafio.

Em nossas pesquisas, verificamos que as ações de formação correspondem a 15% do aprendizado de pessoas com maturidade acima de cinco anos em suas atividades. Lombardo e Eichinger (1996), com base em suas pesquisas nos EUA, constataram que 70% do desenvolvimento é resultante de desafios profissionais, 20% do inter-relacionamento voltado para o desenvolvimento e 10% da formação. Kolb, Rubin e McIntyre (1990) já afirmavam que a experimentação é a parte fundamental do desenvolvimento das pessoas.

Embora a formação responda por 10% a 15% do aprendizado da pessoa, é sempre fundamental para a criação ou revisão de repertórios, criação ou aprimoramento de conceitos, tecnologias ou instrumentos.

Experimentação

A partir da década de 1990, vai se formando um consenso nos autores sobre aprendizagem sobre a importância da experimentação. Nossa pesquisa comprovou essa importância ao analisarmos a efetividade das ações de desenvolvimento que permitiam às pessoas lidar com situações de maior complexidade. Essa comprovação ocorreu, também, nos trabalhos de campo desenvolvidos por Ruas (2001), Ruas, Antonello e Boff (2005) e Antonello (2004, 2005 e 2011), que analisaram vários cursos de formação gerencial e o processo de aprendizado.

A experimentação é o espaço para que a pessoa coloque em prática seu conhecimento e/ou suas habilidades e converta-os em agregação de valor para o contexto e para si mesma. Na maior parte das organizações, esse aprendizado não é estruturado e perdem-se muitas oportunidades para o desenvolvimento de pessoas. Quando as organizações estruturam processos de aprendizagem vivencial ou não formal, têm resultados muito interessantes.

A recomendação aqui é de estruturar situações de trabalho importantes para a pessoa enfrentar seus desafios e/ou encarar seus projetos de desenvolvimento. O fato, por exemplo, de uma pessoa poder participar da implantação de uma nova tecnologia ou nova ferramenta de trabalho pode ser fundamental para o seu desenvolvimento. O que parece óbvio não é praticado pela maioria das organizações.

> A experimentação é o espaço para que a pessoa coloque em prática seu conhecimento e/ou suas habilidades e converta-os em agregação de valor para o contexto e para si mesma.

É reforçada aqui a importância de um diálogo estruturado de desenvolvimento, onde sejam discutidas oportunidades e situações de desenvolvimento. Algumas organizações procuram estruturar esse processo oferecendo situações de desenvolvimento vivenciais para determinados grupos de profissionais. Seguem alguns exemplos:

- Um grande grupo industrial criou em sua universidade corporativa o que chamou de escola de desafios. Trata-se de projetos estratégicos definidos pelos acionistas e presidentes para onde são convidados gerentes táticos com potencial de desenvolvimento. Esses gerentes são assistidos por um diretor e por consultores externos e devem desenvolver soluções. Essas soluções são apresentadas e discutidas com presidentes e acionistas submetendo os participantes do programa a um padrão mais elevado de exigência e pressão, a um olhar mais amplo para o negócio e à necessidade de desenvolver uma forma de pensar estratégica.

- Uma organização no setor de tecnologia de produto investe pesadamente na formação de seu quadro técnico e tem vários programas para desenvolvimento do mesmo em programas vivenciais. Um desses programas é o de mentoria técnica, no qual técnicos especializados estimulam e oferecem suporte para que técnicos de nível sênior desenvolvam projetos sofisticados. Os resultados desse programa são: transferência de conhecimento crítico para a empresa, aceleração do desenvolvimento do corpo técnico e estímulo para que os técnicos optem pela carreira técnica ao invés da carreira gerencial.

- Uma empresa industrial de montagem de veículos cria todo ano um concurso para os jovens engenheiros que entram na empresa. Nesse concurso, os jovens devem se agrupar e sugerir melhorias nos processos da empresa. Esses grupos são orientados por mentores. Os resultados desse trabalho são: acelerar o desenvolvimento desses jovens, estimular uma visão sistêmica da organização, aumentar o nível de retenção dos jovens e criar um sentimento de propriedade dos resultados obtidos com os projetos.

Esses são exemplos de como a organização pode estruturar processos vivenciais de desenvolvimento.

Reflexão sobre a Aprendizagem

Em muitas situações, o aprendizado que obtivemos em determinada situação de trabalho ou ao enfrentar um desafio pode ser utilizado em situações diferentes, mas não nos damos conta disso. A reflexão sobre o que aprendemos é muito importante para consolidar o aprendizado e verificar sua utilização em situações diferentes, como, por exemplo: venci o desafio de construir uma parceria importante com um cliente, o aprendizado obtido poderia me ajudar ou ajudar outras pessoas a desenvolverem parcerias internas ou externas; assumi a liderança de uma equipe desacreditada e recuperei a autoestima das pessoas, e a equipe tornou-se prestigiada pela organização, o aprendizado poderia ser utilizado em processos de formação de novas lideranças, na melhoria de processos de avaliação ou na minha atuação como mentor.

A reflexão sobre o nosso aprendizado ou sobre o aprendizado de membros da nossa equipe pode ser efetuada quando a pessoa é instada a estruturar o que aprendeu para ensinar outras pessoas. Em áreas de tecnologia ou em programas de residência médica, é muito comum uma pessoa ser convidada a expor seu aprendizado para as demais. Dentre as organizações pesquisadas, acompanhamos três empresas de tecnologia. Nas três existem vários rituais para estimular as pessoas a transmitirem seu conhecimento para os demais; em uma delas, a frequência com que uma pessoa dissemina seus conhecimentos é um item importante da avaliação.

A disseminação de conhecimentos pode acontecer de várias formas, tais como oferecimento de curso ou palestra sobre o que a pessoa aprendeu, processos de orientação, estruturação de um processo, criação de um instrumento ou uma ferramenta etc.

> A reflexão sobre o que aprendemos é muito importante para consolidar o aprendizado e verificar sua utilização em situações diferentes.

AÇÕES DE DESENVOLVIMENTO PARA LIDAR COM MAIOR COMPLEXIDADE

Para lidar com maior complexidade, a pessoa necessita ser exposta a situações mais exigentes. Para tanto, ela necessita ser estimulada e preparada, já que nem sempre lidar com situações mais exigentes causa prazer e satisfação. Quando pais têm que lidar com filhos adolescentes, por exemplo, trata-se de um grande desafio. Nós nunca sabemos se estamos acertando ou errando, muitas vezes até acreditamos que estamos criando um monstro e, após alguns anos, percebemos que acertamos em quase tudo que fizemos. O mesmo processo acontece quando nos deparamos com os desafios que temos de enfrentar. Muitas vezes não nos sentimos preparados e nos assustamos, mas ao enfrentar tais desafios verificamos que tínhamos todas as condições para terminarmos bem-sucedidos.

Para minimizar a sensação de despreparo ou de intimidação frente aos desafios, pode ser útil dialogar sobre os mesmos com nossa liderança ou ouvir pessoas mais experientes. Existem ações muito efetivas para ajudar as pessoas a não se intimidarem com desafios ou situações mais exigentes. Observamos que algumas lideranças praticam isso naturalmente e nem percebem o quanto estão ajudando seus liderados a se prepararem para o futuro. A seguir, listamos algumas dessas ações:

- Objetivos de desenvolvimento com vistas a assumir responsabilidades de maior complexidade.
- A avaliação e as ações de desenvolvimento efetuadas com vistas aos desafios futuros da pessoa.
- Ações de desenvolvimento que permitam ter uma visão mais ampla do negócio e maior exposição na organização e junto a parceiros estratégicos do negócio.
- Ações que possam ampliar a rede de relacionamento da pessoa e sua multiplicação para a equipe e/ou área como um todo.
- Buscar orientação a fim de trabalhar os pontos mais importantes para alcançar os seus objetivos de carreira.
- Ações de desenvolvimento que incluam exposição a situações diferenciadas de trabalho.

A preparação da pessoa que está em uma atividade técnica ou funcional para uma posição gerencial é um aspecto importante a ser observado. A posição gerencial é caracterizada pelo fato de seu ocupante ter que gerenciar recursos escassos. O que caracteriza a posição gerencial não é o fato de o ocupante liderar um grupo de pessoas, mas o fato de estar na arena política da organização. Podemos ter uma pessoa que lidera um grande grupo de pessoas e não esteja na arena política da organização, portanto não é um gerente, e uma pessoa que não tenha liderados e esteja na arena política da organização, portanto é um gerente.

Desse modo, podemos ter um bom gerente, porque trafega muito bem na arena política da organização e consegue viabilizar projetos e decisões complexas, mas um péssimo líder, porque não consegue estabelecer um diálogo com sua equipe. O melhor dos mundos seria ter um bom gerente e, ao mesmo tempo, um bom líder. Como obter isso? Não se trata de algo que ocorra naturalmente, é necessário que a organização estruture um processo de escolha e preparação de pessoas para essas posições.

Na maior parte das empresas pesquisadas, não havia preparo para a pessoa assumir uma posição gerencial. Se não existir esse preparo, a organização e a pessoa assumem grandes riscos – a organização, de perder um bom técnico e ganhar um péssimo gerente, e a pessoa, de ter ganhado um passaporte para a infelicidade profissional. A imagem que podemos criar para descrever esse processo é da pessoa que é atirada na jaula do leão e, se ela for devorada, a organização dirá que ofereceu uma oportunidade e a pessoa não soube aproveitar; e, se ela sobreviver, a organização dirá que acaba de ganhar um novo gerente. Até quando vamos continuar a atirar as pessoas aos leões?

> Podemos ter um bom gerente, porque trafega muito bem na arena política da organização e consegue viabilizar projetos e decisões complexas, mas um péssimo líder.

Por essa razão é tão importante um processo de avaliação estruturado e maduro, onde seja possível perceber o surgimento de novas lideranças e prepará-las adequadamente. O preparo da futura liderança é básico para qualquer estratégia: uma liderança despreparada torna-se uma grande ameaça para a organização ou negócio. Por essa razão, mais de 80% dos processos sucessórios em empresas de capital nacional foram demandados pelos acionistas.

Vamos nos aprofundar em algumas ações de preparo das pessoas para maior complexidade.

Exposição a Desafios

A principal ação de desenvolvimento para estimular as pessoas a assumir mais complexidade é oferecer a elas uma exposição orientada a desafios. Os desafios podem ser situações mais complexas, problemas que envolvam outras áreas de conhecimento, exposição a públicos diferentes ou vivenciar situações inusitadas, como, por exemplo, contatos com a comunidade, com sindicatos de trabalhadores, ações sociais etc.

> Para pessoas que estão sendo pensadas para posições gerenciais, é vital a sua exposição à arena política da organização.

Para pessoas que atuam em áreas técnicas ou funcionais e que estão sendo pensadas para posições gerenciais, torna-se vital sua exposição à arena política da organização. É importante ressaltar que a arena política é invisível, percebem-na aquelas pessoas que nela transitam. Um profissional técnico, por exemplo, sente que realiza o trabalho duro enquanto seu gerente vive o dia em reuniões, recebe uma série de benesses da organização e ganha mais, portanto, o sonho desse profissional é tornar-se um gerente. Caso o sonho se realize, essa pessoa levará um susto ao se deparar com a arena política e pode descobrir que não tem "estômago" para isso.

Como a arena política pode ser apresentada para a pessoa? Oferecendo para a ela um projeto que tenha um componente técnico e, também, um componente político ou oferecendo para a pessoa um conjunto adicional de atribuições e responsabilidades com o componente político.

Essas experiências permitirão que a organização confirme ou não a sua percepção de que vale a pena investir na pessoa para uma posição gerencial. Permitirão, também, que a pessoa perceba se gosta ou não do trânsito na arena política. Para exemplificar, vamos relatar uma situação que caracteriza as dificuldades de nossas empresas para testar as pessoas antes de colocá-las em uma posição gerencial. Foi possível acompanhar o caso de uma empresa de tecnologia onde um engenheiro especialista da área de desenvolvimento de produtos foi indicado para assumir a gerência. A indicação deveu-se a dois aspectos: o engenheiro era uma referência dentro e fora da organização em sua especialidade técnica e era apoiado pelos demais integrantes da área, por tratar-se de pessoa extremamente generosa na disseminação de seu conhecimento e estímulo para que os colegas se desenvolvessem. Tão logo ele assumiu a posição gerencial, a organização percebeu que havia cometido um grande equívoco, pois se tratava de uma pessoa inábil no relacionamento político, assumindo posições muito rígidas e se escudando sempre nos aspectos das situações, gerando isolamento na relação com os demais gerentes. Como consequência, não conseguia obter apoio político para suas posições, começou a ter dificuldades para manter o espaço político da área e dificuldades para obter recursos. A equipe, com o tempo, percebeu que não tinha representação política e que estava perdendo prestígio na organização, passando a questionar a liderança de seu gerente.

A exposição a desafios deve ser realizada com suporte. O mais comum é que esse suporte seja do gestor, mas temos casos de trabalhos de exposição organizados corporativamente, onde são indicadas pessoas para oferecer suporte técnico, político e, se necessário, psicológico.

A exposição da pessoa sem o devido suporte pode queimar sua reputação e imagem. Muitos gestores não percebem, mas ao queimar um membro de sua equipe o gestor também acaba tendo sua imagem afetada.

Ampliação da Visão

Para que a pessoa seja preparada para lidar com maior complexidade, ela deve ampliar a própria visão sobre seu trabalho, sobre a organização e seu negócio. Em muitas organizações, presenciamos a decepção dos profissionais das áreas gerenciais e de gestão de pessoas com a incapacidade de gestores recém-empossados em enxergar a organização de forma sistêmica quando enfrentam desafios de maior complexidade. Ao investigarmos esses casos mais profundamente, verificamos que as pessoas haviam sido estimuladas a uma visão restrita de suas atribuições e responsabilidades e nem tinham consciência de que não possuíam a visão sistêmica necessária para enfrentar desafios que implicavam integrar diferentes processos.

Em nossas pesquisas sobre liderança no Brasil, verificamos que há uma tendência das gerências de nível tático de encararem suas áreas como um feudo, se isolarem, assumirem uma posição de defesa e não desenvolverem parcerias internas ou externas. Por essa razão, estimular a integração, a participação em projetos que envolvam outras áreas ou outras atividades é essencial para estimular a percepção da necessidade de conhecer melhor a realidade do outro.

As duas práticas que observamos com melhor resultado para ampliar a visão foram: participação ou coordenação de projetos envolvendo diferentes áreas ou processos e desafios de maior complexidade orientados por pessoas com uma visão ampla da organização.

> Para que a pessoa seja preparada para lidar com maior complexidade, ela deve ampliar a própria visão sobre seu trabalho, sobre a organização e seu negócio.

Em alguns casos, observamos mudanças significativas na visão de pessoas que: participaram de cursos abertos de formação, como, por exemplo: MBAs, especialização, mestrados etc.; participaram de projetos envolvendo clientes, fornecedores e parceiros estratégicos; vivenciaram situações fora de sua área de atuação durante um longo período.

Verificamos também que as pessoas que desenvolvem atividades estruturadas fora da organização, como, por exemplo, em organizações filantrópicas, associações esportivas, entidades educacionais etc., apresentaram maior disposição em buscar desenvolver uma visão mais ampla da organização.

Rede de Relacionamento

Um item que chamou a atenção por sua simplicidade e eficiência foi o estímulo para que a pessoa ampliasse sua rede de relacionamento. Foi possível observar que pessoas com determinada formação técnica desenvolvem toda sua rede entre outras que possuem a mesma formação e ficam prisioneiras de uma forma de pensar e encarar a realidade organizacional. O estímulo para que essas pessoas ampliassem sua rede de relacionamento, incorporando o contato com fornecedores, clientes, concorrentes etc., permitiu uma visão diferente de seu trabalho, do negócio e de seu futuro. Essas ações podem ser implantadas designando a pessoa para representar a empresa em associações patronais, participar de encontros com clientes ou fornecedores etc.

Nos casos de mentoria e tutoria, onde as pessoas se relacionam com outras mais experientes, observamos também o fenômeno de ampliação da rede de contatos: na medida em que os orientadores estimulam essa prática, oferecem caminhos e disponibilizam parte de suas redes.

Temos recomendado aos gestores observarem com maior atenção a questão das redes de contato, estimulando os membros de sua equipe a ampliarem suas redes.

Orientação

A convivência da pessoa com outras que vivem situações mais exigentes é um grande aprendizado, uma vez que o conhecimento tácito é principalmente transmitido pela convivência.

Esse tipo de ação deve ser estimulado na estruturação do plano individual de desenvolvimento, onde, para determinadas ações de desenvolvimento, são indicadas pessoas dentro e fora da organização para orientar a pessoa.

Esse trabalho de orientação pode ser uma iniciativa do gestor ou da organização. Em dois dos casos observados, a organização tinha como prática patrocinar a discussão de temas importantes com pessoas experientes. As pessoas em desenvolvimento eram convidadas a participar de encontros com altos executivos de empresas clientes, fornecedores e *benchmarks*, além de consultores e acadêmicos que detinham conhecimentos relevantes.

> **SAIBA MAIS**
>
> Existem duas formas interessantes e divertidas de trabalhar o seu desenvolvimento:
> - Assistindo a filmes ou lendo livros que nos ajudem a vivenciar determinadas situações: é possível encontrar na internet lista de filmes e livros indicados para o desenvolvimento de determinadas competências.
> - Realizando trabalhos voluntários: os trabalhos voluntários nos ajudam a desenvolver competências para ampliar a complexidade e em alguns casos aplicar a rede de relacionamentos, quando se participa voluntariamente de algum grupo de discussão ou associação de classe em nossa área de atuação.

AVALIAÇÃO DAS AÇÕES DE DESENVOLVIMENTO

Em várias ocasiões, fomos abordados por pessoas querendo discutir com maior profundidade formas de avaliar a efetividade das ações de desenvolvimento em sua organização. Procuramos essas formas em diversos trabalhos, desde os quatro níveis de avaliação de ações de treinamento e capacitação de Donald Kirkpatrick (1960) e adaptações inspiradas no Balance Scorecard de Kaplan e Norton (1996) até uma adaptação dos trabalhos desenvolvidos por Rothwell (2010) para avaliar o processo sucessório, inspirados em técnicas de controle análogas às de um painel de controle de um automóvel (*dashboard*) onde estão as informações mais relevantes para o motorista – neste caso, o autor procura discutir quais são as informações mais relevantes para controlar a efetividade de um processo sucessório.

A essas abordagens adicionamos a análise de quanto a pessoa, após uma ação estruturada de desenvolvimento, passou a incorporar atribuições e responsabilidades de maior complexidade.

A avaliação da efetividade das ações de desenvolvimento é um aspecto importante quando discutimos os investimentos efetuados pela organização e pela pessoa em seu crescimento. Para exemplificar, vamos pensar em uma pessoa que não está entregando a competência Orientação para Resultados. Vamos supor que essa pessoa, em conjunto com sua chefia, tenha estabelecido uma série de ações de desenvolvimento e que tenha a expectativa de passar a atender a competência em um prazo de seis meses. Após esse período, a pessoa, em conjunto com sua chefia, pode avaliar a efetividade das ações de desenvolvimento. Caso a pessoa tenha atendido total ou parcialmente a competência, podemos dizer que as ações de desenvolvimento foram efetivas. Essa informação passa a integrar o patrimônio de conhecimentos da organização sobre ações que sejam efetivas para desenvolver cada uma das competências humanas.

Caso a pessoa não atenda a competência após os seis meses, podemos concluir que ou ela não foi aplicada o suficiente ou as ações não foram efetivas para torná-la competente em orientação para resultados. Essa informação é, também, importante para o patrimônio de conhecimentos da organização, onde podem ser verificadas as ações que não são efetivas para o desenvolvimento de determinadas competências.

Essas informações ficam mais claras na medida em que temos um grupo de pessoas que apresentam problemas semelhantes e que são orientadas para conjuntos de ações muito próximas. Ao analisarmos os efeitos dessas ações sobre o nível de atendimento das competências, temos condições de medir a efetividade dessas ações. A organização, ao repetir essas análises ao longo do tempo, amplia seus conhecimentos sobre as ações que funcionam para as diferentes competências, para os diferentes agrupamentos ocupacionais, para os diferentes eixos de carreira, para as diferentes subculturas organizacionais etc.

Quando pensamos em avaliação de um processo, vem à tona a questão de como as informações serão obtidas, com que regularidade e com que confiabilidade. Podemos ver todo o processo de avaliação ameaçado porque temos informações que não refletem a realidade ou porque olhamos para o que queremos ver. Por isso, é importante discutirmos, também, os cuidados para obtenção e análise das informações sobre as ações de desenvolvimento.

Formas para Mensurar a Efetividade das Ações de Desenvolvimento

Para mensurarmos a efetividade das ações de desenvolvimento, é fundamental discutirmos primeiramente as expectativas das pessoas, gestores e organização acerca de tais ações, depois discutirmos sua interação com o intento estratégico da organização e seu contínuo aprimoramento.

> Para mensurarmos a efetividade das ações de desenvolvimento, é fundamental discutirmos primeiramente as expectativas das pessoas, gestores e organização acerca de tais ações.

Expectativas das pessoas

No diálogo com as pessoas, é muito importante alinhar as expectativas delas com as da organização, por essa razão dedicamos o próximo capítulo ao tratamento dessa questão. Em entrevistas e pesquisas, verificamos que os aspectos mais reivindicados pelas pessoas são a clareza de critérios e a transparência nos processos de ascensão na carreira e de valorização das pessoas. Esse é um aspecto negligenciado pela maior parte das organizações investigadas. É importante salientar que essa clareza e essa transparência exigem muito trabalho e maturidade da organização e de seus gestores, portanto, não é algo fácil de obter.

Se fôssemos pensar em um indicador para o atendimento da expectativa das pessoas, seria a qualidade das informações e do diálogo da organização com as mesmas. Essa qualidade pode ser materializada pelo conteúdo, pela velocidade e pela forma como a informação chega à pessoa.

Vamos tratar primeiramente do conteúdo. Podemos agrupar o conteúdo nas seguintes categorias:

- Informações sobre a carreira e políticas de movimentação e ascensão.
- Indicação da pessoa para atribuições e responsabilidades de maior complexidade.
- Acompanhamento do processo de desenvolvimento profissional.
- Ocupação de uma posição de maior complexidade.

Informações sobre a carreira e políticas de movimentação e ascensão

Um grande estímulo para que a pessoa assuma o protagonismo de seu desenvolvimento e de sua carreira é o nível de clareza e transparência de critérios para sua movimentação e ascensão na carreira do negócio, da organização ou do grupo econômico. As tentativas das empresas brasileiras nessa direção resultaram em sistemas confusos e que não refletiam a realidade das decisões sobre carreira.

Desse modo, o sistema apresentado foi rapidamente caindo em descrédito e deixando de ser utilizado como referência pelas pessoas para pensar suas carreiras.

O exercício da clareza de critérios e transparência é muito exigente. Primeiramente, deve ser resultado de um pacto entre as lideranças da organização sobre as políticas e práticas e depois objeto de contínuo controle sobre a observância dos critérios estabelecidos e seu aprimoramento. O controle é fundamental para garantir a equidade nas decisões e a possibilidade de debatê-las abertamente.

Na medida em que haja clareza e transparência do processo e uma percepção pelas pessoas de justiça em sua aplicação, elas se sentirão seguras para se apropriarem das regras do jogo. Algumas terão interesse em crescer e se desenvolver, outras não, mas é uma opção que pode ser exercida em diferentes momentos da vida da pessoa. Caso não haja interesse da organização em manter pessoas que não se interessem em se desenvolver em suas carreiras, isso deve ser explicitado para que a pessoa decida permanecer na organização ou não.

> Na medida em que haja clareza e transparência do processo e uma percepção pelas pessoas de justiça em sua aplicação, elas se sentirão seguras para se apropriarem das regras do jogo.

Em pesquisas de clima, temos incorporado questões sobre a percepção das pessoas sobre o diálogo com suas lideranças, nível de conhecimento sobre as possibilidades de crescimento na organização, estímulo e suporte oferecido pelas lideranças e pela organização, justiça na indicação de pessoas nas promoções internas etc.

Indicação da pessoa para atribuições e responsabilidades de maior complexidade

Nossa recomendação é que a indicação de uma pessoa para enfrentar realidades organizacionais mais complexas seja compartilhada com ela. Em nossa pesquisa, essa é uma questão que divide as organizações.

A explicitação da situação faz com que a pessoa se torne cúmplice de seu desenvolvimento e consiga tirar o máximo proveito de todas as experiências e isso ajudará no processo de acompanhamento. Atualmente, temos algumas empresas brasileiras que trabalham uma série de indicadores sobre as pessoas que estão sendo desenvolvidas, para verificar o grau de ajuste e capacidade de retenção dessas pessoas pela organização.

Acompanhamento do processo de desenvolvimento profissional

O acompanhamento do processo se dá em diferentes frentes. Uma frente é a relação do gestor com a pessoa, construindo com esta um projeto de desenvolvimento. Outra frente é um monitoramento institucional, verificando a coerência das decisões sobre as pessoas indicadas e seu nível de desenvolvimento e preparação para posições de maior complexidade.

Os indicadores de acompanhamento são amplos e podem ser classificados da seguinte maneira:

- Indicadores da política e prática de gestão de pessoas: posicionamento da pessoa na faixa salarial; valor da remuneração variável; nível da *performance*; ações de desenvolvimento e resultados das avaliações.
- Indicadores de satisfação da pessoa: expectativas da pessoa comparadas com as ações efetuadas; investimentos da pessoa em seu desenvolvimento e sua capacitação; relacionamento interpessoal com pares, subordinados, superiores, clientes etc.; estado de saúde; nível de prontidão para novos desafios.
- Indicadores do desenvolvimento: dinâmica dos conceitos recebidos pela pessoa em processos de avaliação e nos resultados de seus trabalhos; elevação do nível de prontidão para posições de maior complexidade.

Ocupação de uma posição de maior complexidade

Em 90% das empresas brasileiras pesquisadas, a pessoa, ao ocupar uma posição de maior complexidade, era abandonada. Algumas empresas pesquisadas mantinham entrevistas periódicas com as pessoas na fase de sua preparação para o processo sucessório, porém, quando elas assumiam uma posição passavam a ser acompanhadas unicamente por sua liderança imediata. Ou seja, a pessoa era desenvolvida para uma situação de maior complexidade e, quando assumia, era abandonada.

> Os gestores estarão comprometidos com o processo caso vejam sua importância para a organização e sintam impacto positivo sobre suas equipes.

Um indicador importante nesta fase é a efetividade da pessoa que assumiu uma nova posição. Esse indicador não deve ser quantitativo e sim qualitativo. Qualquer caso de insucesso deve ser analisado profundamente. Esse tipo de equívoco é um grande aprendizado para a organização. Desse modo, nesta etapa o objetivo é não ter nenhum caso de insucesso.

Os casos de insucesso analisados se deveram, na maior parte das vezes, a uma avaliação precipitada por parte da organização, motivada por falta de cuidado em observar as respostas das pessoas escolhidas frente aos desafios recebidos. Nos casos analisados, as pessoas já davam mostras de que não estavam preparadas para situações mais exigentes.

Expectativas dos gestores

Os gestores são os atores que recebem a maior carga de pressão. Estar atento às suas expectativas é fundamental para ter sua adesão e compromisso com as ações de desenvolvimento, assumindo que a experimentação é a principal ação e o engajamento do gestor é fundamental.

Nesse caso, o principal indicador é o vigor dos processos de desenvolvimento, ou seja, sua robustez e força. Caso o vigor esteja decrescendo, é porque não há o engajamento necessário das lideranças organizacionais.

Os gestores estarão comprometidos com o processo caso vejam sua importância para a organização e sintam impacto positivo sobre suas equipes. Algumas das empresas estudadas estavam com um processo de desenvolvimento consolidado por vários anos; seus dirigentes e gestores ascenderam graças a esse processo. Nessas organizações, havia um compromisso forte por parte de todos os gestores, criando uma alimentação cada vez mais positiva.

Os gestores que se sintam ameaçados pelos processos de desenvolvimento tenderão a encontrar argumentos para não se engajarem ou demonstrarão engajamento em seu discurso, mas não em sua prática.

Expectativas da organização

As expectativas da organização estão relacionadas, de um lado, à obtenção de maior segurança e perenidade de sua atuação e, de outro, a estimular e oferecer suporte ao desenvolvimento das pessoas na organização.

Pessoas preparadas para ocupar posições críticas para o presente e o futuro da organização formam a base para assegurar sua perenidade. Esse é um importante indicador: a quantidade de pessoas disponíveis para as posições críticas e a capacidade de retenção dessas pessoas. A questão da retenção é sempre circunstancial, pois depende da dinâmica do mercado de atuação da organização e do mercado de trabalho.

Com relação ao estímulo e ao suporte ao desenvolvimento das pessoas, o melhor indicador é a verificação periódica desse desenvolvimento. Um bom momento para constatar esse progresso é o ritual de avaliação de desempenho.

> Os dados e informações para avaliação do processo estão muito dispersos na organização. É necessário esforço para estruturá-los.

Aprimoramento do Processo de Desenvolvimento

O processo de desenvolvimento tem algumas etapas típicas de evolução. As questões mais presentes são:

- Como podemos obter os mesmos resultados com menor esforço e mobilizando menos recursos ou obter mais resultados com o mesmo esforço?
- Como ampliar o nível de satisfação das pessoas e gestores que participam do processo?
- Como podemos ampliar sua abrangência?
- Como podemos integrar melhor o processo de desenvolvimento a outros processos da organização e criar mais sinergia?

Um caso nos chamou a atenção quando iniciávamos a discussão sobre as diferenças entre programas de T&D e educação corporativa, no início dos anos 1990. Tratava-se do Banco de Boston, que estava vivendo um processo de consolidação de sua Universidade Corporativa. Inicialmente, havia abraçado todos os funcionários com programas presenciais e a distância, em sequência envolveu a família dos funcionários, logo depois a comunidade no entorno das agências, e finalmente, os clientes. O sucesso do programa teve repercussão global e a equipe foi convidada a liderá-lo para o mundo a partir da sede nos EUA.

Naturalmente, os resultados obtidos pelo Banco de Boston no Brasil não foram devidos unicamente à equipe de gestão de pessoas, mas foram também ao esforço de todo o corpo gerencial. Temos acompanhado o movimento de algumas Universidades Corporativas de grandes grupos empresariais que se tornam centros de resultado ao expandirem suas atividades para além das fronteiras da organização.

Fontes de Dados e Informações

Os dados e informações para avaliação do processo estão muito dispersos na organização. É necessário esforço para estruturá-los.

Em algumas organizações, a equipe de gestão de pessoas procurou organizar todas as informações relevantes para periodicamente efetuar uma avaliação estruturada do processo e depois reportá-la à alta administração. Com isso, foram criadas estruturas de análise, um fluxo de relatórios e indicadores de problemas.

Em outras organizações, há reuniões periódicas entre gestores e equipe de gestão de pessoas para avaliar o processo. Indicadores são propostos previamente e se debate sobre eles com base em informações estruturadas.

Entretanto, em nossa amostragem, encontramos somente duas organizações que, além de buscarem dados estruturados sobre o processo, efetuam contatos regulares com as pessoas e gestores objetivando avaliar o processo.

Em todas as organizações pesquisadas, observamos uma evolução a cada ciclo do processo e maior envolvimento de toda a administração no mesmo. Entretanto, em quase 60% constatamos que é um processo que poderia ser mais bem aproveitado. Nessas organizações, não há avaliação estruturada, não há um acompanhamento do desenvolvimento das pessoas e um índice preocupante de perda de pessoas consideradas talentosas ou capazes de atuar em posições de maior complexidade.

Resumo e Implicações para o Aprendizado sobre Gestão de Pessoas

A gestão do desenvolvimento de pessoas foi o principal propósito deste capítulo. Para tanto, foram discutidas a estruturação das ações de desenvolvimento e as etapas do processo de aprendizagem. Em seguida, foram apresentadas ações com o fim de preparar as pessoas para lidar com maior complexidade. Finalmente, foram apresentados critérios para avaliação das ações de desenvolvimento.

As principais implicações para o aprendizado sobre a gestão de pessoas podem ser resumidas em:

- Estruturação e avaliação da efetividade de ações de desenvolvimento.
- Compreensão das etapas do processo de aprendizagem.
- Ações de desenvolvimento das pessoas para lidarem com situações mais complexas e exigentes.

QUESTÕES

Questões para fixação

1. Qual é a relação entre nível de complexidade e nível de abstração?
2. Quais são as três dimensões de entregas? Explique-as.
3. Quando e com que intensidade as organizações devem investir nos pontos fortes e fracos das pessoas?
4. Por que uma organização que investe continuamente no desenvolvimento de seus funcionários está à frente das demais?
5. Quais são o papel da pessoa e o papel do líder na construção do plano individual de desenvolvimento?

Questões para desenvolvimento

1. Quais são as relações entre o desenvolvimento organizacional e o desenvolvimento humano?
2. Por que devemos avaliar a efetividade das ações de desenvolvimento?

ESTUDO DE CASO E EXERCÍCIOS

Ações de Desenvolvimento

Ana Luiza tem 30 anos e responde por uma das gerências operacionais em uma fábrica de insumos para indústria alimentícia. A fábrica pertence a uma grande organização internacional no setor de alimentos.

Após seu processo de autoavaliação e reunião com sua chefia imediata, Ana Luiza e seu chefe chegaram a um consenso: Ana Luiza precisa aprimorar seu relacionamento com os pares da chefia. O principal problema apresentado por ela é uma grande dificuldade de estabelecer empatia com seus clientes internos e com as áreas prestadoras de serviços. O problema não foi fácil de ser diagnosticado tanto pela chefia como por ela própria.

Ana Luiza é uma pessoa aparentemente afável e de fácil relacionamento, principalmente com seus pares e equipe direta, pois, por ser perspicaz e reconhecida por seu invejável conhecimento técnico, sempre convence as pessoas de que a sua solução e o seu "jeito de fazer as coisas" são os mais adequados. No entanto, com os clientes internos prestadores e com os pares da chefia, seus argumentos não funcionam muito bem e muitas vezes ela não consegue fazer as coisas do jeito que quer e entra em embates, principalmente com os pares da chefia que nem sempre buscam a melhor solução técnica, mas sim a melhor solução para a organização.

Para crescer na organização, Ana Luiza precisa trabalhar essa questão. Sendo assim, analise a situação e recomende ações de desenvolvimento para Ana Luiza.

REFERÊNCIAS

ANTONELLO, Cláudia S. *Alternativa de articulação entre programas de formação gerencial e as práticas de trabalho*: uma contribuição no desenvolvimento de competências. 2004. Tese (Doutorado) – Programa de Pós-Graduação da Universidade Federal do Rio Grande do Sul, Porto Alegre.

_____. A metamorfose da aprendizagem organizacional: uma revisão crítica. In: RUAS, R.; ANTONELLO, C. S.; BOFF, L. H. *Aprendizagem organizacional e competências*. Porto Alegre: Bookman, 2005.

_____. Desenvolvimento de projetos e aprendizagem nas organizações. In: ANTONELLO, C. S.; GODOY, A. S. *Aprendizagem organizacional no Brasil*. Porto Alegre: Bookman, 2011.

_____; GODOY, A. S. *Aprendizagem organizacional no Brasil*. Porto Alegre: Bookman, 2011.

FLEURY, A.; FLEURY, M. T. *Aprendizagem e inovação organizacional*. São Paulo: Atlas, 1995.

JAQUES, E. *Levels of abstraction in human action*. London: Heinemann Educational Books, 1978.

_____. In praise of hierarchy. *Harvard Business Review*, Jan./Feb. 1990.

KAPLAN, R. S.; NORTON, D. P. *The balanced scorecard*: translating strategy into action. Boston: Harvard Business School Press, 1996.

KIRKPATRICK, Donald. Techniques for evaluating training programs. *Journal of the American Society for Training and Development*, 14.1, p. 13-18, 1960.

KOLB, D.; RUBIN, I.; MCINTYRE, J. *Psicologia organizacional*. São Paulo: Atlas, 1990.

LOMBARDO, M. M.; EICHINGER, R. W. *The career architect development planner*. Mineapolis: Lominger, 1996.

NONAKA, I.; TAKEUCHI, H. *Criação de conhecimento na empresa*. Rio de Janeiro: Campus, 1997.

PRAHALAD, C. K.; HAMEL, G. The core competence of the corporation. *Harvard Business Review*, p. 79-91, May/June 1990.

ROTHWELL, William. *Effective succession planning*. 4. ed. New York: AMACOM, 2010.

RUAS, Roberto. Desenvolvimento de competências gerenciais e a contribuição da aprendizagem organizacional. In: FLEURY, M. T.; OLIVEIRA JR., M. (Org.) *Gestão estratégica do conhecimento*. São Paulo: Atlas, 2001.

_____. *Gestão das competências gerenciais e a aprendizagem nas organizações*. Documento preliminar preparado como material de apoio aos Cursos de Extensão do Programa de Pós-Graduação e Pesquisas em Administração da UFRGS, 2002.

_____. Gestão por competências: uma contribuição à estratégia das organizações. In: RUAS, R.; ANTONELLO, C. S.; BOFF, L. H. *Aprendizagem organizacional e competências*. Porto Alegre: Bookman, 2005.

_____; ANTONELLO, Cláudia S. Repensando os referenciais analíticos em aprendizagem organizacional: uma alternativa para análise multidimensional. *Revista de Administração Contemporânea*, Curitiba: ANPAD, v. 7, nº 3, 2003.

STAMP, G. The individual, the organisation and the path to the mutual appreciation. *Personnel Management*, July 1989.

CAPÍTULO 9

Conciliação de Expectativas de Desenvolvimento entre Pessoas e Organização

O QUE SERÁ VISTO NESTE CAPÍTULO

Papéis na conciliação de expectativas
- Papel da pessoa.
- Papel do gestor.
- Papel da organização.

Suporte às decisões individuais
- Instrumentos para auxiliar o autoconhecimento.
- Aconselhamento individual.
- Informações sobre as oportunidades internas.

Suporte para a organização na gestão de pessoas
- Previsão de demanda de pessoas.
- Programas de desenvolvimento e gestão da massa salarial.

Facilitadores da comunicação entre as pessoas e a organização
- Preparação dos gestores para atuar como orientadores.
- Processos de avaliação de desempenho.
- Processos de avaliação de potencial.

Informações que um sistema de gestão de carreiras deve apresentar
- Premissas que nortearam a construção do sistema.
- Instrumentos de gestão.
- Navegação geral no sistema por pessoas, gestores e organização.

Processos de orientação
- *Mentoring* e tutoria.
- Aconselhamento.
- *Coaching*.

CONTEÚDOS ADICIONAIS

- Reflexões sobre o tema do capítulo através de casos.
- Saiba mais.
- Estudos de caso complementares.
- Questões para guiar a reflexão sobre o conteúdo do capítulo.
- Referências bibliográficas.

QUE REFLEXÕES SERÃO ESTIMULADAS

- Quais são os papéis da pessoa, do gestor e da organização na conciliação de expectativas?
- Quais são os aspectos que podem facilitar a comunicação entre a organização e as pessoas?
- Que informações são importantes para as pessoas sobre o sistema de gestão de carreiras?
- O que e quais são os processos de orientação?

CONEXÕES COM O NOSSO COTIDIANO

Suporte às decisões individuais e processos de orientação
- Como posso orientar o meu desenvolvimento e a minha carreira.
- Quando devo buscar aconselhamento para orientar o meu desenvolvimento.
- Que tipo de orientação devo buscar.

Informações sobre o sistema de gestão de carreiras
- Como posso conhecer as trajetórias de carreira existentes na organização.
- Como posso me movimentar na minha trajetória de carreira ou para outras trajetórias.

ESTUDO DE CASO

CONCILIAÇÃO DE EXPECTATIVAS

Ricardo foi realizar um curso de MBA e participou de uma aula sobre carreira na qual muito se falou sobre a importância da conciliação das expectativas de desenvolvimento e carreira entre as pessoas e a organização. Isso o deixou incomodado, pois ele trabalha na Franquias & Franquias S.A. e há dez anos é responsável pela expansão de franqueados em uma carteira de clientes. Ele está feliz com o que faz, sempre superou suas metas, possui um bom salário e benefícios e aparentemente a empresa está feliz com o seu trabalho, pois sempre recebe bons *feedbacks* de seu chefe direto. No entanto, nesses dez anos nunca houve uma conversa explícita sobre expectativas de desenvolvimento e carreira, o que o incomodou um pouco.

Quem deverá procurar quem para esse tipo de conversa: a pessoa, o gestor ou ela deve ser uma diretriz organizacional?

O caso de Ricardo ilustra situações comuns vividas pelas pessoas ao pensarem em suas carreiras e desenvolvimento. A seguir, traremos elementos que nos ajudaram a esclarecer nossas dúvidas sobre essa questão de conciliação de expectativas.

PAPÉIS NA CONCILIAÇÃO DE EXPECTATIVAS

Gutteridge, Leibowitz e Shore (1993) desenvolveram uma pesquisa abrangente junto a organizações americanas, europeias e asiáticas. A pesquisa foi realizada em várias fases, inicialmente quantitativa e posteriormente qualitativa. Uma das principais conclusões foi sobre as dificuldades apontadas pelas organizações para realizar a conciliação de expectativas.

Essa dificuldade ocorre porque a liderança é responsável pela maior parte do processo de conciliação de expectativas. Na maior parte das organizações investigadas, a liderança estava despreparada para exercer esse papel. Essa é a realidade encontrada na maior parte das organizações brasileiras. As lideranças têm dificuldade para assumir responsabilidades mais simples como, por exemplo: dialogar com os membros de sua equipe, distribuir desafios para toda a equipe, diferenciar as recompensas para seus subordinados etc. Discutir a carreira com os membros de sua equipe é algo a que poucas lideranças se sentem habilitadas.

Em nossos trabalhos, a grande dificuldade para consolidar os sistemas de gestão de carreiras foi estabelecer a discussão sobre a carreira como algo natural na relação entre as pessoas e sua liderança. Para que essa iniciativa tenha sucesso, necessita encaminhar-se de cima para baixo. Se o gestor de nível tático não recebe qualquer estímulo para discutir sua carreira com sua chefia, como poderá sentir-se estimulado a fazê-lo com sua equipe?

Neste capítulo, vamos discutir os papéis da pessoa, do gestor e da organização na gestão de carreiras, bem como instrumentos e processos que podem ser utilizados para auxiliar na conciliação de expectativas. Vamos abordar também processos de orientação que auxiliam no desenvolvimento da carreira ou na resolução de crises vividas pelas pessoas em relação às suas carreiras.

Para realizarmos essa discussão, é importante verificarmos que a relação entre pessoas, gestores e organização é multifacetada, ou seja, nem todos os aspectos da relação entre pessoa e organização é mediada pela liderança. Temos que refletir sobre a relação direta entre pessoa e organização e, além disso, o posicionamento de cada um consigo mesmo nesse processo.

Desse modo, temos que dissecar essas relações conforme mostra a Figura 9.1.

Papel das Pessoas

A literatura sobre gestão de carreiras, nos últimos 30 anos, colocou muito peso na responsabilidade da pessoa na gestão de sua própria carreira, falando pouco das responsabilidades

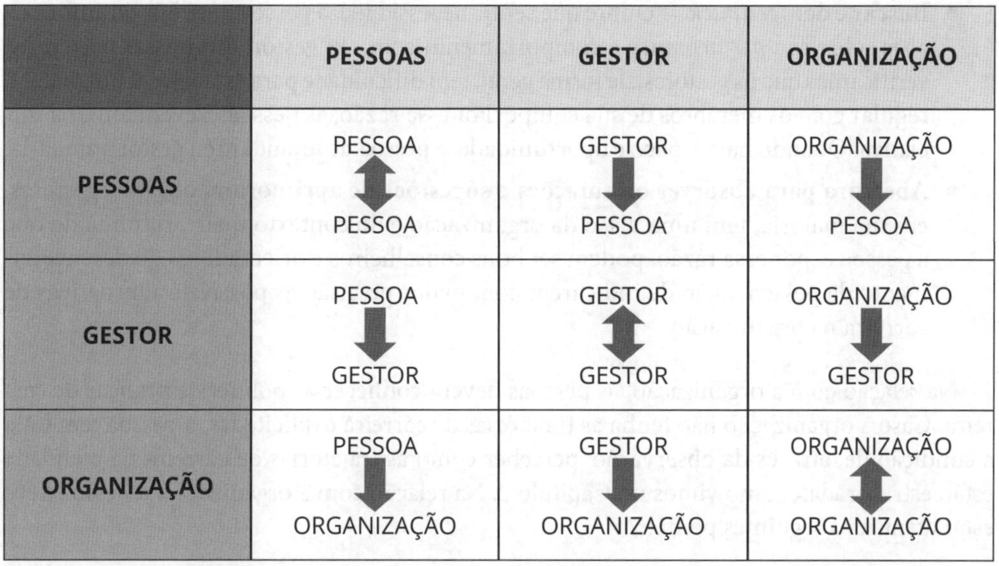

	PESSOAS	GESTOR	ORGANIZAÇÃO
PESSOAS	PESSOA ⇅ PESSOA	GESTOR ⬇ PESSOA	ORGANIZAÇÃO ⬇ PESSOA
GESTOR	PESSOA ⬇ GESTOR	GESTOR ⇅ GESTOR	ORGANIZAÇÃO ⬇ GESTOR
ORGANIZAÇÃO	PESSOA ⬇ ORGANIZAÇÃO	GESTOR ⬇ ORGANIZAÇÃO	ORGANIZAÇÃO ⇅ ORGANIZAÇÃO

FIGURA 9.1

Relações entre pessoas, gestores e organização.

dos gestores e da organização. Embora a pessoa seja a principal responsável por sua carreira, é natural que receba grande influência de sua relação com as demais pessoas, cultura, lideranças, ambiente, políticas e práticas organizacionais.

Por essa razão, é importante falarmos da relação da pessoa com ela própria, com suas lideranças e com a organização. Na relação da pessoa consigo mesma, podemos destacar os seguintes aspectos:

> Embora a pessoa seja a principal responsável por sua carreira, é natural que receba grande influência de sua relação com as demais pessoas, cultura, lideranças, ambiente, políticas e práticas organizacionais.

- **Autoavaliação de interesses, valores e habilidades** – como vimos na segunda parte do livro, o autoconhecimento é um processo contínuo e o fato de a pessoa criar para si um ritual de se autoavaliar periodicamente é fundamental para a reflexão sobre suas decisões e para a construção de um projeto profissional. É importante ressaltar, novamente, que a pessoa deve procurar suporte de outras pessoas para essa reflexão.

- **Mapeamento de oportunidades na empresa e no mercado** – é importante para a pessoa incorporar as ideias da carreira sem fronteiras, ou seja, a organização onde trabalha não pode ser um limitador da reflexão da pessoa em relação à sua carreira. Um exercício importante é analisar periodicamente as opções de desenvolvimento e de atendimento das expectativas dentro e fora da organização.

- **Buscar oportunidades de desenvolvimento dentro e fora da organização** – definir e agir dentro de um plano de ação de carreira, verificando como tirar partido das oportunidades que surgem de forma proativa.

Na relação da pessoa com seu gestor, é importante assumir a iniciativa da discussão sobre carreira sem parecer, entretanto, arrogante ou prepotente nessa abordagem. Muitos gestores não estão preparados para esse tipo de abordagem e podem se sentir incomodados ou ameaçados. Por essa razão, antes de uma conversa desse tipo, a pessoa deve se preparar e procurar demonstrar uma intenção genuína de conciliar as expectativas individuais com as necessidades da organização. Nessa relação, cabe destacar os seguintes aspectos:

- **Comunicar ao gestor suas preferências e expectativas de carreira** – a pessoa deve criar oportunidades para transmitir suas expectativas de carreira ao gestor. Vale ressaltar que essas expectativas são dinâmicas e, se a pessoa conversa sobre o tema de forma episódica com seu gestor, podem levar o mesmo a defender expectativas da pessoa que já não representam mais suas prioridades ou expectativas.

- **Buscar e dar** *feedback* – sempre que sentir necessidade, a pessoa deve buscar informações sobre sua *performance* e comportamento com seu gestor. Em nossas pesquisas, verificamos que os gestores, de forma geral, têm dificuldade para estabelecer um diálogo regular com os membros de sua equipe. Por essa razão, as pessoas devem tomar a iniciativa. Quando haja espaço e oportunidade, a pessoa deve ajudar seu gestor a ajudá-la.
- **Abertura para absorver orientações e sugestões de aprimoramento** – os gestores, em sua maioria, têm uma visão da organização e do contexto mais profunda do que a pessoa e, por essa razão, podem ser bons conselheiros e orientadores do desenvolvimento da pessoa, além de indicarem com maior precisão as possíveis alternativas de carreira na organização.

Na relação com a organização, as pessoas devem conhecer as políticas e práticas de carreira. Caso a organização não tenha as trajetórias de carreira explicitadas, a pessoa tem toda a condição de, através da observação, perceber como as trajetórias de carreira na realidade estão estruturadas, como vimos no Capítulo 2. Na relação com a organização, a pessoa deve estar atenta aos seguintes pontos:

- **Conhecer as políticas e práticas de carreira** – buscar manter-se informada sobre as políticas e práticas da organização; caso as mesmas não estejam explicitadas, a pessoa deve procurar analisar os critérios utilizados nos casos de ascensão profissional e conversar com outras pessoas acerca de suas percepções sobre os usos e costumes da organização no que se refere à carreira.
- **Manter-se informada sobre as oportunidades** – a maior parte das organizações tem preferência pela captação interna de pessoas à externa, por essa razão há políticas ou práticas informais de aproveitamento interno. Conhecer as oportunidades internas presentes e futuras é um aspecto importante para a gestão da carreira por parte da pessoa.
- **Atualizar as informações a seu respeito** – nas organizações mais bem preparadas, há um banco de dados com informações sobre as pessoas que lá trabalham. O objetivo desses bancos é de auxiliar a organização nos processos de recrutamento interno. Normalmente, cabe à pessoa manter seus dados atualizados.

Papel dos Gestores

O gestor tem um papel fundamental como mediador na conciliação de expectativas entre a pessoa e a organização. Garantir que os gestores assimilem seu papel no sistema de gestão de carreiras é o fator mais crítico para garantir a efetividade do mesmo. Por essa razão, no Capítulo 7 demos ênfase à construção coletiva do sistema de gestão. Vamos analisar agora a relação do gestor com os membros de sua equipe:

> O gestor tem um papel fundamental como mediador na conciliação de expectativas entre a pessoa e a organização.

- **Diálogo de desenvolvimento visando preparar as pessoas para o futuro** – nos últimos anos, temos experimentado maior efetividade no *feedback* dos gestores quando, ao invés de olharmos para o passado, olhamos para o futuro. A esse processo poderíamos chamar de *feedfoward*, mas temos preferido chamar de diálogo de desenvolvimento. Nesse processo, a ênfase recai sobre os desafios a serem enfrentados pelas pessoas e suas expectativas de desenvolvimento profissional e pessoal. Esse é um momento especial para discutir com as pessoas suas expectativas de desenvolvimento na carreira profissional.
- **Orientação de seus subordinados** – um papel do gestor que é indelegável é a orientação do desenvolvimento dos membros de sua equipe. Em nossa pesquisa sobre liderança no Brasil, verificamos que o diálogo sobre o desenvolvimento aproxima o gestor dos membros de sua equipe e cria cumplicidade fundamental para a criação de uma equipe de alta *performance*. A sinceridade é o aspecto mais importante nessa relação, onde uma conversa verdadeira, mas afetiva, é fundamental para o sucesso do diálogo.

- **Mapeamento de expectativas e oportunidades** – o gestor tem um conhecimento do contexto organizacional mais profundo do que os membros de sua equipe; por essa razão, tem condições de conciliar as expectativas das pessoas com as oportunidades oferecidas pela organização.
- **Suporte aos subordinados em seu desenvolvimento** – o gestor, por sua maturidade profissional, consegue perceber possibilidades de desenvolvimento profissional que a própria pessoa não percebe. O gestor tem condições, por isso, de oferecer um suporte diferenciado ao seu subordinado que ninguém mais na organização tem condições de oferecer.

No processo de gestão da conciliação de expectativas, o gestor tem compromissos consigo próprio. Esses compromissos são os mais difíceis de perceber quando analisamos os sistemas de gestão de carreiras. Estão associados a uma postura proativa em relação ao seu aprimoramento como conciliador de expectativas entre as pessoas e a organização. Os seguintes aspectos podem ser destacados nessa relação do o gestor consigo próprio:

> O gestor é a correia de transmissão nas relações entre pessoas e organização e possui a sensibilidade necessária para perceber aspectos que podem melhorar essa relação.

- **Preparar-se como gestor de pessoas** – a maior parte dos gestores das organizações brasileiras são pessoas habilitadas como técnicos e como conhecedores de técnicas de gestão, mas têm sérias dificuldades na gestão de pessoas. Um aspecto importante do desenvolvimento dos gestores brasileiros é sua habilidade como gestores de pessoas.
- **Avaliar as melhores práticas dentro e fora da organização** – em contato com seus pares em outras organizações, os gestores podem buscar oportunidades de aprimoramento de suas habilidades em gestão de pessoas;
- **Preparar sucessores** – um aspecto importante para o aprimoramento dos gestores é o desenvolvimento de pessoas para ocupar posições semelhantes à que eles ocupam ou para ocupar sua posição em casos de promoção ou algum tipo de situação inesperada, na qual tenham que deixar de ocupar a posição ou, ainda, em situações planejadas de aposentadoria;
- **Buscar *feedback* sobre sua atuação** – um exercício de humildade, importante para o aprimoramento, é ouvir o que os membros de sua equipe têm a dizer sobre sua conduta como líder e gestor. Normalmente, os membros da equipe não têm condições de opinar sobre a efetividade do gestor em sua posição, porque não têm maturidade para colocar-se na situação do gestor em todas as situações. Podem, porém, oferecer informações e sugestões importantes para o aprimoramento da conduta do gestor em termos comportamentais, tanto no que se refere ao relacionamento com os membros da equipe quanto à representatividade dos mesmos na arena política da organização ou na construção de parcerias internas ou externas.

O gestor é uma peça chave no aprimoramento contínuo do sistema de gestão de carreiras. Ele é a correia de transmissão nas relações entre pessoas e organização e possui a sensibilidade necessária para perceber aspectos que podem melhorar essa relação. Nessa interação com a organização, cabe destacar os seguintes aspectos:

- **Planejamento de seu quadro de pessoas** – o gestor tem a melhor perspectiva para dimensionar e planejar o desenvolvimento de sua equipe de trabalho. Desse modo, pode orientar a organização sobre carências ou sobra de pessoal no presente e no futuro, auxiliando-a na forma ótima de utilizar as pessoas. A massa salarial é sempre um item pesado de despesas para qualquer organização e seu uso ótimo tem grande impacto nos resultados.
- **Indicar potenciais de sua equipe para outras posições dentro da organização** – os membros da equipe do gestor que vivem um processo contínuo de desenvolvimento chegam a um limite dentro da esfera de atuação dele. Nessa situação, o gestor deve

recomendar essas pessoas para assumirem novos desafios dentro da organização. As organizações que têm processos de avaliação e processos sucessórios estruturados capturam essas informações e trabalham-na para aproveitar as pessoas talentosas e com potencial para assumir posições de maior complexidade. As organizações que não têm esses processos estruturados dependem mais da iniciativa dos gestores para identificar e recomendar o aproveitamento de talentos e/ou potenciais.

- **Recomendar aprimoramento no sistema** – como já dissemos, o gestor está em uma posição privilegiada para indicar pontos de aperfeiçoamento do sistema de gestão de carreiras, tanto no que se refere aos instrumentos e processos da organização quanto no suporte às pessoas na gestão de suas carreiras.

Papel da Organização

A organização tem grande responsabilidade pela estimulação das pessoas em assumirem o protagonismo de seu desenvolvimento e de sua carreira. No início dos anos 2000, acompanhamos organizações que eram inibidoras do desenvolvimento das pessoas, mantinham treinamentos visando apenas a atualização das pessoas em seus trabalhos, mas não havia estímulos e reconhecimento para o desenvolvimento das pessoas. Essas organizações, quando necessitavam de alguém, traziam do mercado. Não resistiram à pressão de um ambiente mais competitivo e foram vendidas para outros grupos empresariais.

Nosso estudo teve início nesses momentos de aquisição e fusão de negócios, onde, na maior parte dos casos, a organização que estava assumindo a gestão de pessoas era estimuladora do desenvolvimento. Analisamos quatro casos e, na média, três quartos das pessoas mudaram sua atitude diante de seu desenvolvimento e carreira, saíram de uma posição acomodada para uma atitude de aproveitar a oportunidade que estava sendo oferecida. Nesse trabalho, percebemos o peso do posicionamento da organização na atitude das pessoas em relação ao seu desenvolvimento e à sua carreira.

> Para que a organização tenha efetividade em seu papel de estimular as pessoas, necessita rever seu relacionamento com as mesmas, preparar os gestores e aprimorar instrumentos, processos, práticas e políticas de desenvolvimento profissional e carreira.

Para que a organização tenha efetividade em seu papel de estimular as pessoas, necessita rever seu relacionamento com as mesmas, preparar os gestores e aprimorar instrumentos, processos, práticas e políticas de desenvolvimento profissional e carreira.

Vamos analisar, inicialmente, a relação da organização com as pessoas. Autores que estudaram essa relação (LONDON; STUMPF, 1982; MINOR 1986; GUTTERIDGE 1986; 1993; HALL, 1986; 1996; 2002; ARTHUR; HALL; LAWRENCE, 1989) apontam o relacionamento direto ou indireto com as pessoas como uma estratégia importante para que as mesmas exerçam pressão sobre seus gestores na discussão de suas carreiras. Na década de 1980, algumas organizações iniciaram a experiência de criar centros de carreira (*career centers*) onde as pessoas tinham acesso a bibliografia sobre carreira e profissionais especializados em aconselhamento. Na década de 1990, foram introduzidos *softwares* com os quais as pessoas podiam criar várias alternativas de carreira e analisar os resultados de cada uma delas e, a partir dos anos 2000, os centros de carreira deixaram de ser um espaço físico para tornarem-se em espaço virtual.

Na relação da organização com as pessoas, podemos destacar os seguintes pontos:

- **Disponibilização de instrumentos para reflexão sobre a carreira (*career centers*)** – são instrumentos, processos e pessoas especializados à disposição das pessoas para suportar suas decisões sobre desenvolvimento e carreira, os quais podem estar focados em ajudar a pessoa em um processo de autoconhecimento, em apresentar alternativas de desenvolvimento e carreira ou em auxiliar a pessoa em momentos de crise de identidade profissional ou de carreira.

- **Disponibilizar informações estruturadas sobre o mercado de trabalho** – essa iniciativa é muito vanguardista para a realidade brasileira. Em todas as nossas pesquisas, não encontramos nenhuma experiência desse tipo no Brasil, embora as vejamos implantadas em empresas americanas e europeias. Nos EUA e na Europa, existem editoras especializadas em mapear o mercado de trabalho e comercializar suas publicações em livrarias, para universidades e centros de carreira. Atualmente, nesses países, muitas dessas informações encontram-se disponíveis em *sites* especializados. Desde os primeiros centros de carreira instalados nos anos 1980, havia disponibilidade e acesso a essas publicações. A ideia da carreira sem fronteiras é estimular as pessoas a terem uma visão crítica de sua relação com a organização. Somente desse modo elas podem contribuir para o aprimoramento da mesma.

- **Programas de orientação profissional** – mais adiante neste capítulo, vamos detalhar um pouco mais esses programas, mas cabe destacar os programas de *mentoring* para apoiar jovens em seu desenvolvimento profissional. Ao acompanharmos esses programas em empresas brasileiras, pudemos constatar seu efeito no amadurecimento pessoal e profissional dos abrangidos. Outro programa a destacar é o de tutoria ou, como chamado por algumas organizações, *mentoring* técnico, onde são transmitidos conhecimentos e habilidades técnicas, tanto de forma explícita (conhecimento estruturado) quanto de forma tácita (conhecimento que as pessoas têm de forma não consciente). Finalmente, cabe destacar programas de aconselhamento profissional, para ajudar as pessoas em reflexões sobre suas carreiras ou para trabalhar crises.

- **Disponibilização de informação sobre vagas e oportunidades** – na maior parte das organizações, esse programa é chamado de recrutamento interno. Em nossas pesquisas, esse processo tem se mostrado o mais complexo em nossas organizações, isso porque a maioria dos gestores se julgam donos de gente, ou seja, as pessoas não pertencem à organização e sim aos seus gestores. O processo de recrutamento interno tem que vencer as resistências culturais existentes em nossas organizações. Vencidas essas resistências, torna-se um instrumento muito importante para a autonomia das pessoas ao buscar sua movimentação no interior da organização e aprimoramento na conciliação de expectativas.

- **Informações estruturadas sobre as trajetórias de carreira** – a seguir, vamos explorar um pouco mais as informações sobre as trajetórias que podem ser trabalhadas pela organização. Mas, neste momento, vamos destacar a importância de a pessoa se localizar nas trajetórias de carreira existentes na organização e obter todas as informações necessárias para saber o que necessita para ascender na trajetória ou para mudar de trajetória. Essas informações devem conter: características de cada trajetória; os degraus e exigências para ascensão ou acesso a outra trajetória; as faixas salariais correspondentes a cada um dos degraus, bem como os benefícios associados; facilidades oferecidas pela organização para que a pessoa atenda as exigências para ascensão na carreira; e, finalmente, suporte oferecido pela organização para que as pessoas possam assumir o protagonismo da gestão de suas carreiras.

> A preparação dos gestores para atuarem como orientadores de carreira dos membros de sua equipe não se resume apenas a oferecer um treinamento.

A preparação dos gestores para atuarem como orientadores de carreira dos membros de sua equipe não se resume apenas a oferecer um treinamento. Essa questão é muito mais ampla e envolve desde saber quem a organização está escolhendo para ser um gestor até a inclusão do desenvolvimento das pessoas como um item de valorização do gestor. Na relação com o gestor, vamos destacar os seguintes aspectos:

- **Preparação da liderança** – os gestores devem ser preparados e ter acesso a instrumentos e processos que os auxiliem no diálogo sobre desenvolvimento e carreira com os membros de sua equipe. Essa preparação não pode ser episódica; deve ser um processo contínuo e uma forma encontrada por muitas organizações é a realização de *workshops* anuais com vistas a discutir o sistema de gestão de carreiras.

- **Monitoramento e valorização dos trabalhos das lideranças em orientação de carreira** – a maneira mais efetiva de engajar o gestor no processo de orientação de sua equipe em relação à carreira é valorizá-lo por isso. Esse deve ser um item do processo de avaliação do gestor determinante para que ele tenha acesso a aumentos salariais, promoções e recebimento de remuneração variável.

- **Estímulo à troca de experiências** – a organização deve estimular o processo de aprimoramento dos gestores e do próprio sistema de gestão de carreiras estimulando-os à realização de *benchmarking*, trocas de experiência estruturadas dentro da organização e destaque de gestores que são modelos na gestão de carreiras, colocando-os na condição de disseminadores das melhores práticas (*role modeling*).

Independentemente do seu relacionamento com as pessoas e com os gestores, a organização tem um conjunto de responsabilidades que é institucional, ou seja, é de sua exclusiva responsabilidade. Se a organização não assumir para si determinados papéis, ninguém o fará por ela. Em relação a esses tipos de papel, cabe destacar os seguintes:

> Se a organização não assumir para si determinados papéis, ninguém o fará por ela.

- **Sistema de informação sobre as pessoas** – o processo decisório sobre as pessoas é muito dependente do conjunto de informações que temos sobre elas, principalmente quando a organização passa do efetivo de 300 pessoas ou tem diferentes unidades de operação ou negócio. Parte dessas informações pode ser alimentada pelas próprias pessoas e parte deve ser oriunda de ações da organização, tais como: resultados de avaliação de desenvolvimento, resultados e comportamento, evolução na carreira, posições ocupadas, principais desafios enfrentados etc. Essas informações são essenciais nos processos de tomada de decisões sobre as pessoas, tais como: aumento salarial, promoção, demissão, movimentação, sucessão, ações específicas de retenção etc.

- **Aprimoramento contínuo das políticas e práticas** – o sistema de gestão de carreiras é vivo, necessita de constante adubo e rega, caso contrário fenecerá com o tempo. Para tanto, as contribuições advindas das pessoas, dos gestores e dos profissionais de gestão de pessoas é muito importante e a prática organizacional deve estimular e criar canais para incorporar no sistema as sugestões e propostas de melhoria. Além disso, necessita criar rituais internos para o seu aprimoramento, tais como: *workshops* de discussão, semana ou dia da carreira, revisão sistemática dos sistemas de informações etc.

- **Processos de sucessão privilegiando o pessoal interno** – a coerência em se manter um sistema de gestão de carreiras está na disposição genuína da organização de privilegiar o pessoal interno para suprir sua carência de pessoal. As pessoas da organização terão sempre a preferência na disputa por posições e um indicador de sucesso, nesse caso, é o percentual das posições abertas preenchidas por pessoas internas. Esse indicador mostrará a eficiência do sistema em prover as pessoas necessárias para o desenvolvimento da organização e/ou negócio.

SUPORTE ÀS DECISÕES INDIVIDUAIS

Os processos de gestão, de forma geral, são sustentados por dois pilares fundamentais: as políticas de gestão, que são os princípios e as diretrizes básicas para balizar decisões e comportamentos; e as práticas, que são os diversos tipos de procedimentos, métodos e técnicas utilizados para a implantação de decisões e para nortear as ações no âmbito da organização e na sua relação com o ambiente externo (DUTRA 1989).

As políticas e práticas que caracterizam os instrumentos de gestão de carreiras têm sido classificadas pelos autores em: ligadas ao planejamento individual de carreira; e ligadas ao gerenciamento de carreira (GUTTERIDGE, 1986; MINOR, 1986; LONDON; STUMPF, 1982; PORTWOOD; GRANROSE, 1986). Na seção anterior deste capítulo, procuramos abrir essas políticas e práticas para além do proposto por esses autores com base em nossas pesquisas e na produção posterior. Esses autores, entretanto, trabalham com profundidade as questões ligadas aos instrumentos e processos que podem oferecer às pessoas um suporte à reflexão e às ações sobre suas carreiras, contudo apontam perigos e usos inadequados dos mesmos. Das contribuições desses autores, vamos destacar as seguintes:

Instrumentos para Auxiliar o Autoconhecimento

Os instrumentos de autoconhecimento foram analisados no Capítulo 6 deste livro. Cabem aqui, no entanto, alguns comentários adicionais. Esses instrumentos são encarados pela maioria dos autores como a fase inicial de um processo de desenvolvimento de carreiras, onde as pessoas, assistidas pela empresa, adquirem uma percepção mais clara de suas preferências dentre as oportunidades oferecidas pela empresa. Entre tais autores estão Gutteridge (1986), London e Stumpf (1982), Walker (1980) e Leibowitz, Ferren e Kaye (1986). A experiência dos últimos anos nos mostra que a fase inicial é a pessoa refletir sobre seus propósitos para posteriormente efetuar uma reflexão de autoconhecimento. Essa inversão de ordem orienta a pessoa em sua busca e os resultados fazem mais sentido quando relacionados aos propósitos profissionais. Esses autores oferecem uma extensa relação de instrumentos para planejamento individual de carreira assistidos pela empresa, onde são destacados os seguintes:

> Os instrumentos de autoconhecimento são encarados pela maioria dos autores como a fase inicial de um processo de desenvolvimento de carreiras.

- *Workshops* **para planejamento de carreira** – nessas atividades, as pessoas são auxiliadas a responder a questões como: Quem sou eu? Onde estou agora? Para onde eu quero ir? O que preciso fazer para chegar lá? Existem propostas que procuram associar ao planejamento profissional o de vida; essas propostas tendem a ser mais extensas e invasivas. Leibowitz, Ferren e Kaye (1986) levantam algumas críticas a esse tipo de prática. Enfatizam que, dependendo da técnica usada, há um nível muito alto de exposição das pessoas ao grupo; o tempo é, geralmente, insuficiente para que as pessoas tenham todas as suas necessidades atendidas; nem todas as pessoas prepararam-se adequadamente para o evento; e, finalmente, os participantes não têm acompanhamento posteriormente ao *workshop*.

- **Manuais para planejamento de carreira** – nesses instrumentos, as pessoas têm acesso ao passo a passo para construção de um projeto profissional. Muitas organizações brasileiras produziram manuais com esse propósito e obtiveram bons resultados quando associaram os manuais a outras práticas. Cabe destacar a experiência do Banco do Brasil na segunda metade da década de 1990 e primeira década dos anos 2000, quando havia uma série de instrumentos de orientação e em cada agência bancária havia de uma a três pessoas, dependendo do tamanho da agência, que além de realizarem seus trabalhos estavam preparadas para auxiliar as pessoas no uso dos manuais e realizar discussões sobre carreira. Essa experiência foi incrementada com o amadurecimento dos sistemas de avaliação e processo sucessório, bem como a preparação dos gerentes das agências.

Aconselhamento Individual

Este conjunto de técnicas consiste basicamente em estimulação e estruturação da discussão entre a pessoa e representantes da empresa sobre suas expectativas de desenvolvimento e de carreira e as necessidades e oportunidades oferecidas pela organização.

A forma como isso é encarado pelas organizações pode variar em termos de forma e de pessoas envolvidas. A atividade pode abranger desde uma reunião entre o gerente e seu subordinado, realizada a cada ano, para discutir objetivos de carreira e necessidades de desenvolvimento, até um programa envolvendo conselheiros internos e o gerente para apoiar a preparação e implantação do plano individual de carreira.

Muitas empresas têm empregado consultores internos para dar suporte às pessoas em seu planejamento, tais como Coca-Cola, Disneylândia e Syntex (GUTTERIDGE, 1986), dando um papel acessório ao gestor. Embora muitos gerentes resistam ao papel de conselheiro de carreira, é fundamental que a mediação entre a empresa e a pessoa seja efetuada por sua chefia imediata e mediata, sob pena de ser criada uma série de problemas, tais como: distorções na comunicação entre a pessoa e a empresa, com o surgimento de vários interlocutores autorizados; geração de orientações antagônicas, criando desinformação para a pessoa; aumento do poder da empresa para manipular informações ou para tornar o processo de carreira obscuro; desestímulo para que o gestor assuma o comando dos membros de sua equipe, na medida em que não assume responsabilidade pelo aconselhamento de carreira de seu subordinado e isenta-se também da gestão de seu desenvolvimento, de sua remuneração, de seu desempenho, da avaliação de seu potencial etc.

O uso de conselheiros de carreira deve ser efetuado com cuidado para não se criar um poder paralelo ao do gestor. Por essa razão, a recomendação é que os conselheiros sejam externos e que haja regras bem claras para seu uso pelas pessoas. As experiências que acompanhamos de conselheiros internos foram negativas pelas seguintes razões: falta de credibilidade por parte do pessoal interno por não saber qual era o nível de independência desse conselheiro; dificuldade de interlocução com as pessoas que detinham poder de decisão sobre o sistema de gestão de carreiras; e dificuldade de conciliar as expectativas das pessoas com as da organização.

Tanto Leibowitz, Ferren e Kaye (1986) quanto Kram e Isabella (1985) apontam outra modalidade de orientação individual, que é o mentor. Trata-se de um profissional sênior encarregado de orientar um profissional iniciante na carreira. O sucesso de programas dessa natureza depende muito das pessoas que atuarão como mentoras, sua disponibilidade, seu nível de preparo e sua disposição interior de doar sua experiência e conhecimentos para o orientado. Em nossas experiências na preparação de mentores, a maior dificuldade é mostrar-lhes que ser mentor é diferente de ser gestor. Caso essa diferença não fique clara, o mentor pode invadir o espaço do real gestor da pessoa.

Informações sobre Oportunidades Internas

Este é um instrumento importante para que as pessoas tenham acesso a informações acerca das carreiras existentes na empresa, pré-requisitos necessários para acesso às várias posições, vagas disponíveis na empresa etc. Quanto mais complexa é a empresa, mais difícil se tornam a estruturação e a manutenção de um sistema que permita a constante irrigação de informação para todas as pessoas.

As mudanças no mercado de trabalho e no contexto econômico-social brasileiro vêm tornando a questão da mobilidade crítica para a maior parte das organizações. Essas mudanças podem ser caracterizadas da seguinte forma:

- O mercado de trabalho foi ofertante, ou seja, havia mais oferta de mão de obra do que demanda, de 1978 a 2005. A partir de 2006 a pressão se inverte e o mercado torna-se demandante. Esse fato gerou pressão sobre os salários e maior atenção ao nível de satisfação das pessoas. Vivemos um momento de crise, mas tudo indica que, ao observarmos as possibilidades de desenvolvimento econômico do Brasil, no médio e no longo prazos, temos uma perspectiva positiva. Desse modo, a pressão do mercado de trabalho continuará.

- O ambiente nacional e internacional tem se tornado cada vez mais competitivo e pressionador para redução dos custos operacionais de nossas empresas. Um item de custo operacional sempre relevante, mesmo em empresas de capital intensivo, é a massa salarial. Utilizar de forma adequada a capacidade humana instalada em nossas organizações é um dos grandes desafios para a gestão de pessoas. Nossas organizações têm grande dificuldade para realizar essa tarefa por não saberem gerir a mobilidade interna.

A gestão da mobilidade interna esbarra em dificuldades operacionais e culturais. As principais dificuldades observadas em nossas pesquisas são:

- As lideranças são despreparadas. Na maior parte de nossas organizações, os gestores se sentem donos das pessoas, ou seja, as pessoas não estão a serviço da organização e sim a serviço dos gestores; desse modo, na maior parte das vezes, não estão dispostos a cedê-las.

É fundamental que a mediação entre a empresa e a pessoa seja efetuada por sua chefia imediata e mediata, sob pena de ser criada uma série de problemas.

A gestão da mobilidade interna esbarra em dificuldades operacionais e culturais.

- As organizações não possuem uma base de dados sobre as capacidades e expectativas de desenvolvimento das pessoas e nem de suas necessidades em termos de adequação de trabalho e localidade. Esse quadro se agrava na organização pública, na medida em que a pessoa entra através de um concurso e é alocada prioritariamente em função das necessidades da organização.
- Há uma grande mudança cultural na vida dos casais, principalmente para os que se formaram a partir dos anos 2000. O casal constrói um projeto de carreira conjunta. A mobilidade de um cônjuge implica a negociação com o outro, aspecto que não pode ser desprezado pelas organizações.
- Nas organizações públicas há dificuldade para repor as pessoas cedidas, já que a reposição, muitas vezes, implica novos concursos. Para tanto, são necessários pactos entre os gestores e um processo estruturado de gestão.

No caso da maior parte das organizações pesquisadas, observamos que a mobilidade está sob a responsabilidade de várias áreas e diversos gestores dentro da gestão de pessoas. Essa característica de nossas organizações exige esforço de coordenação, articulação e contínuo diálogo entre as mesmas.

As organizações que têm uma cultura instalada de mobilidade usam os seguintes instrumentos:

- Divulgação das vagas em aberto ou previstas, permitindo às pessoas candidatarem-se e concorrem às mesmas espontaneamente, sem que isso implique problemas de relacionamento com as chefias imediatas e mediatas.
- Cadastro das habilidades e pretensões de carreira das pessoas, permitindo à empresa efetuar um recrutamento interno dirigido. A grande dificuldade desse instrumento é a sua contínua atualização. Verificamos alguns exemplos de sistemas de gestão de pessoas que atualizam automaticamente o sistema de informações.
- Centro de informações sobre as oportunidades. A maior parte das organizações que têm uma cultura de mobilidade disponibiliza em sua rede interna um centro de informações, onde as pessoas interessadas podem ter acesso a detalhes das vagas em aberto e pessoas que podem aprofundar informações ou esclarecer dúvidas.

Das organizações pesquisadas, poucas têm informações sobre as trajetórias de carreira para que a pessoa possa se localizar e perceber seus horizontes profissionais.

SUPORTE PARA A ORGANIZAÇÃO NA GESTÃO DE PESSOAS

A organização tem condições de retirar de um sistema de gestão de carreiras uma série de informações para aprimorar a gestão de pessoas e a gestão do negócio. Vamos apresentar algumas dessas informações e instrumentos de gestão advindos do sistema.

Previsão de Demanda de Pessoas

Walker (1980) Leibowitz, Ferren e Kaye (1986) e London e Stumpf (1982) vinculam a definição da previsão de demanda por pessoas à reflexão sobre os intentos estratégicos da organização. Somente deste modo, segundo esses autores, seria possível estabelecer as necessidades de pessoas em termos qualitativos e quantitativos. As propostas de dimensionamento de quadro na literatura estão muito vinculadas ao estudo de processos e intentos estratégicos. Conforme vimos no Capítulo 6, o dimensionamento qualitativo é possível quando temos uma ideia mais precisa das trajetórias de carreira e dos diferentes níveis de complexidade. Desse modo, podemos dimensionar a quantidade de pessoas em cada um dos degraus de complexidade e em cada uma das trajetórias de carreira. Como as trajetórias não estão vinculadas ao desenho

> As trajetórias de carreira permitem predizer o caminho mais provável de desenvolvimento das pessoas.

organizacional, é possível perceber um melhor balanceamento entre diferentes áreas, já que estão empregando pessoas que realizam trabalhos de mesma natureza.

Programas de Desenvolvimento e Gestão da Massa Salarial

Conforme discutimos, as trajetórias de carreira permitem predizer o caminho mais provável de desenvolvimento das pessoas. Assim sendo, com uma ideia mais clara da demanda de pessoas em cada trajetória é possível estabelecer um programa de desenvolvimento ou mobilidade nas trajetórias.

Vamos ver dois exemplos:

- Sabemos que nos próximos cinco anos vamos introduzir um alto nível de automação em nossas linhas de produção. Como ficará o dimensionamento do quadro diante dessa mudança e como realizar uma adaptação ao longo desse tempo? Neste exemplo, a trajetória de carreira se mantém a mesma; a variação irá ocorrer na quantidade de pessoas em cada degrau de complexidade.
- Em outra situação, a organização investiu de forma desorganizada no desenvolvimento das pessoas e agora verificamos congestionamento em uma das trajetórias de carreira, ou seja, temos pessoas preparadas para atuar em níveis de maior complexidade em número maior do que necessitamos. Neste caso, podemos verificar se existem outras trajetórias com deficiência de pessoas e propor uma mudança de carreira para as pessoas interessadas ou criar incentivos para que as pessoas deixem a organização.

> Para cada real que invisto em desenvolvimento, economizo cinco reais na massa salarial.

Ao longo dos nossos trabalhos, verificamos que existem trajetórias ou situações vividas pelas organizações onde é possível acelerar o desenvolvimento das pessoas na carreira, ou seja, as pessoas ascendem aos degraus de maior complexidade em velocidade maior do que a prevista inicialmente ou maior do que a usual no mercado. Esses exemplos são comuns em organizações de auditoria e consultoria onde as pessoas têm uma carreira mais rápida do que a média do mercado.

Nesse caso, é possível pagar um valor abaixo da média do mercado e ainda assim a organização se tornar atraente. Nesse caso, também, as pessoas, antes de chegarem ao ponto médio da faixa, estão ascendendo para a próxima posição e no ponto inicial da próxima faixa salarial. Nessas organizações, percebemos que a média salarial nas trajetórias estava entre 10% e 15%, menor que o ponto médio da faixa salarial. Quando comparamos com trajetórias onde as pessoas demoram mais tempo para ascender de um degrau para outro, a média estava em torno de 5% acima do ponto médio da faixa salarial.

Fazendo comparações entre organizações e trajetórias de carreira, verificamos que, quando é possível acelerar o desenvolvimento das pessoas, há uma relação de 1 para 5, ou seja, para cada real que investimos em desenvolvimento economizamos cinco reais na massa salarial.

A intenção é demonstrar que, quando temos as trajetórias de carreira definidas, podemos direcionar melhor os investimentos em desenvolvimento e controlar melhor a massa salarial. Podemos ter diferentes estratégias de gestão para as diferentes trajetórias de carreira.

FACILITADORES DA COMUNICAÇÃO ENTRE PESSOAS E ORGANIZAÇÃO

O sistema de gestão de carreiras tem a condição de facilitar a comunicação e a conciliação de expectativas entre pessoas e organização. O fato de a organização definir com maior precisão o que espera das pessoas e os critérios para ascensão nas trajetórias de carreira e para a mobilidade entre as trajetórias oferece os parâmetros para que se estabeleça uma negociação de expectativas entre as pessoas e a organização, bem como a construção de contratos psicológicos.

Para que esse processo de comunicação seja aprimorado, o sistema de gestão de carreiras em seu processo de concepção e implantação e de aprimoramento contínuo deve ter como pano de fundo a incorporação das expectativas mais amplas do conjunto de pessoas que trabalham na organização e as expectativas da organização em relação às pessoas. Para tanto, alguns aspectos devem ser observados. Vamos trabalhar os que julgamos mais importantes.

Preparação dos Gestores para Atuar como Orientadores

A relação entre gestores e suas equipes se altera ao longo da trajetória profissional de ambos (LEIBOWITZ; FERREN; KAYE, 1986). No início de suas carreiras, mais do que em fases mais maduras, as pessoas necessitam muito mais de aconselhamento, *feedback*, treinamento, proteção etc. De outro lado, o gestor em início de carreira necessita de suporte técnico e psicológico de sua equipe. Numa fase mais avançada, as pessoas precisam de maior autonomia, exposição e trabalhos desafiadores, enquanto os gestores necessitam de maior lealdade e amizade. Na fase madura, as pessoas e os gestores necessitam de oportunidade para desenvolver outras pessoas.

> Os gestores precisam de estímulo, preparação e apoio para atuarem como aconselhadores e orientadores de suas equipes.

Os gestores precisam de estímulo, preparação e apoio para atuarem como aconselhadores e orientadores de suas equipes. Essa é uma condição básica para que o gestor não fuja do diálogo com sua equipe, orientando as pessoas não só nos aspectos ligados às suas atividades profissionais mas, também, no que se refere aos seus projetos pessoais.

Processos de Avaliação de Desempenho

Os processos de avaliação são importantes para que as pessoas reflitam acerca de si próprias e sobre sua relação com a organização. Os momentos de avaliação são oportunidades para a comunicação entre os gestores e sua equipe.

A avaliação não pode, entretanto, residir em aspectos mesquinhos e pequenos do cotidiano. Os processos de avaliação mais modernos tendem para um diálogo de desenvolvimento entre o gestor e a pessoa, no qual são trabalhadas as expectativas de cada um em relação ao outro e os projetos de desenvolvimento profissional e pessoal. Nesse diálogo, são trabalhados pontos fortes das pessoas para enfrentar os desafios e para concretizar seus projetos, bem como pontos a serem aprimorados para tanto.

Processos de Avaliação de Potencial

Quando se discute o potencial das pessoas, surge a questão sobre quais devem ser os parâmetros pelos quais as pessoas serão avaliadas. Assim como as discussões sobre carreira, essa também é realizada em colegiados, ou seja, são decisões coletivas. Algumas organizações utilizam testes ou consultorias especializadas em diagnósticos, mas todas utilizam um conjunto de critérios para orientar as decisões sobre pessoas com potencial para assumir atribuições e responsabilidades de maior complexidade (DUTRA, 2014). Esses critérios são complementares aos estabelecidos nas trajetórias de carreira e podem ser utilizados para orientar o desenvolvimento das pessoas para assumirem posições de maior complexidade e, além disso, servem para orientar as pessoas na sua escolha por uma carreira ou outra e os gestores na orientação dos seus subordinados.

A comunicação entre as pessoas e a organização é facilitada quando os instrumentos de gestão de pessoas – principalmente os ligados diretamente ao interesse das pessoas, tais como sistema de gestão de carreiras, processo de avaliação de desempenho e desenvolvimento, políticas de recompensa, e critérios de decisão sobre promoções – apresentam algumas características, que segundo Hall (1986) e Leibowitz, Ferren e Kaye (1986) são as seguintes:

> As pessoas e os gestores, ao interagirem com o sistema de gestão de carreiras, devem encontrar as informações que necessitam.

- **Transparência** – as pessoas devem ter total acesso a todas as informações que lhes digam respeito, assim como a empresa deve ser constantemente informada acerca das expectativas das pessoas.

- **Honestidade de intenções** – o relacionamento transparente só se torna viável se as partes desenvolvem absoluta confiança nas intenções apresentadas. Essa confiança é construída a partir da honestidade com que as partes se conduzem no processo.
- **Sentimento de segurança** – somente se as partes se sentirem seguras na relação é que poderão ser transparentes e absolutamente honestas; sempre que se sentirem inseguras ou ameaçadas, tentarão se proteger.
- **Clareza das regras** – para que as partes se sintam seguras, é fundamental que as regras básicas das relações entre elas estejam acordadas entre ambas.

INFORMAÇÕES QUE UM SISTEMA DE GESTÃO DE PESSOAS DEVE APRESENTAR

As pessoas e os gestores, ao interagirem com o sistema de gestão de carreiras, devem encontrar as informações que necessitam, assim como o sistema deve oferecer uma série de contribuições aos demais sistemas de gestão de pessoas.

A seguir, apresentamos as categorias que um sistema de gestão de carreiras deve apresentar e têm sido utilizadas como guia para ajudar as organizações a montarem as informações necessárias. Apresentamos uma estrutura ideal e que deve ser adaptada à realidade de cada organização. Para cada uma das categorias, apresentamos exemplos de conteúdo.

Premissas que Nortearam a Construção do Sistema

As premissas são guias importantes para a construção e o aprimoramento do sistema de gestão de carreiras. A seguir, apresentamos um exemplo de premissas.

- **Simplicidade** – é acessível a qualquer colaborador, permitindo a visualização de sua trajetória de carreira e de todas as possibilidades para seu desenvolvimento, bem como a visualização de todas as carreiras da organização.
- **Transparência** – os colaboradores têm acesso a todas as informações pertinentes à sua carreira e a todas as políticas de ascensão e de mobilidade.
- **Identidade** – o sistema de gestão de carreiras constrói nos colaboradores uma identidade organizacional, isso porque é o mesmo sistema em todas as unidades e negócios e em todo o mundo. Assim sendo, não importa onde o colaborador esteja, visualizará o mesmo sistema de gestão de carreiras. Todos os colaboradores podem ter oportunidades de carreira em qualquer unidade, área ou localidade.
- **Flexibilidade** – o sistema de gestão de carreiras adapta-se às necessidades de cada unidade, área ou localidade da organização e também às expectativas e necessidades de cada colaborador.

Instrumentos de Gestão

O sistema deve oferecer instrumentos para a pessoa, gestor e organização com o propósito de estimular o diálogo e o alinhamento de expectativas. Vamos verificar um exemplo de como podem ser descritos para cada um dos agentes desse processo:

- **Pessoa** – o sistema deve estimular no colaborador seu protagonismo na gestão do desenvolvimento e da carreira. Para tanto, pode simular e construir sua carreira na organização, pode discutir sua carreira com colegas, gestores ou profissionais de gestão de pessoa. O sistema deve proporcionar, também, a condição para que a pessoa se prepare para os futuros passos em sua carreira. Para que isso seja possível, é necessário que ela tenha credibilidade, ou seja, o colaborador, ao ter acesso às políticas de mobilidade, pode cobrar coerência e consistência do sistema de gestão de carreiras.

> O sistema de informações deve oferecer instrumentos para a pessoa, gestor e organização com o propósito de estimular o diálogo e o alinhamento de expectativas.

- **Gestor** – o sistema deve proporcionar ao gestor bases para diálogos de desenvolvimento e de carreira com sua equipe. Para tanto, o gestor terá instrumentos e parâmetros para estimular e discutir o protagonismo das pessoas na gestão de suas carreiras e ações de desenvolvimento. O sistema deve proporcionar o aprimoramento dos líderes como gestores de pessoas, oferecendo instrumentos e processos que permitam a eles mais segurança para orientar a carreira de seus colaboradores e condições concretas para pensar em seu próprio desenvolvimento. Como resultado, o gestor perceberá com mais facilidade como seu desenvolvimento está atrelado ao desenvolvimento dos membros de sua equipe.
- **Organização** – o sistema deve permitir à organização mais facilidade na integração da gestão de pessoas. Para tanto, deve oferecer suporte para os processos de captação de pessoas e sucessão, para a educação corporativa, para a compreensão da lógica de equidade em remuneração e benefícios, para o planejamento e otimização do quadro em termos quantitativo e qualitativo no presente e no futuro.

Navegação Geral no Sistema por Pessoas, Gestores e Organização

As pessoas e os gestores devem encontrar informações amplas sobre quais são as trajetórias de carreira. Devem ter condições de obter as seguintes informações:

- Descrição das trajetórias.
- Níveis de complexidade.
- Equivalência entre os níveis.
- Horizonte profissional em cada trajetória de carreira.
- Horizonte profissional em cada cargo.
- Mobilidade entre trajetórias e entre cargos.
- Níveis de exigência para cada posição.

Essas informações devem ser acompanhadas das políticas da organização em relação ao sistema, tais como:

- Mobilidade entre níveis de carreira.
- Mobilidade entre trajetórias de carreira não gerencial.
- Mobilidade entre trajetórias de carreira gerencial.
- Mobilidade salarial.
- Remuneração variável.
- Benefícios.

No que se refere à carreira, são importantes informações sobre como se processa a avaliação de desempenho e o diálogo de desenvolvimento entre gestor e membros de sua equipe. Seguem alguns exemplos:

- Política e critérios de avaliação.
- Processo de decisão sobre as pessoas e sua mobilidade na carreira.
- Processos colegiados de avaliação.
- Definição de papéis no diálogo de desenvolvimento.
- Periodicidade dos diálogos.
- Processo de monitoramento das ações de desenvolvimento.
- Definição de papéis em relação à gestão de carreira.

> O sistema de informações deve oferecer todos os dados a respeito das exigências sobre a pessoa em função da posição que ela ocupa na organização.

O sistema deve oferecer todas as informações a respeito das exigências sobre a pessoa em função da posição que ela ocupa na organização. Dois exemplos dessas informações são apresentados a seguir:

- Informações sobre as atribuições e responsabilidades, níveis de exigência mínimos e níveis de exigência desejáveis para a posição; sobre as políticas de mobilidade entre as trajetórias de carreira a partir de sua posição; sobre critérios de avaliação de desempenho previstos, políticas de movimentação na faixa salarial, política de remuneração variável e política de benefícios para a posição.
- Exigências em relação a posições em outras trajetórias de carreira e em relação à posição de nível superior à ocupada pela pessoa na mesma trajetória de carreira.

Navegação da organização

O sistema deve deixar suas contribuições para os demais processos de gestão de pessoas, tais como:

- Processos de recrutamento interno.
- Otimização das verbas de desenvolvimento.
- Balizadores da educação corporativa.
- Análise da política de remuneração.
- Calibragem do processo de avaliação.
- Suporte ao processo sucessório.
- Suporte ao programa de retenção de pessoas críticas.
- Aprimoramento das políticas de mobilidade interna.
- Suporte ao planejamento estratégico de pessoas.

PROCESSOS DE ORIENTAÇÃO PROFISSIONAL

As discussões e reflexões sobre a orientação profissional ganharam muito espaço no Brasil a partir dos anos 2000. Há, porém, uma grande confusão sobre os tipos de orientação e seu uso pelas pessoas e pelas organizações. O objetivo deste tópico é esclarecer as características e usos desses processos. Para maior aprofundamento nesse tema, recomendamos os trabalhos desenvolvidos por Ferreira (2008; 2013) e Ferreira e Dutra (2010).

Nas últimas décadas, mais especificamente a partir dos anos 1980 nos Estados Unidos e dos anos 1990 no Brasil, o enfoque na orientação de carreira passou a ser priorizado na agenda dos executivos, seja em razão das atribuições de sua função na organização, seja por seu interesse pessoal. Nesse período, puderam-se observar a emergência e a concorrência dos processos de orientação. Ferreira (2008; 2013) e Ferreira e Dutra (2010), analisando a literatura e as práticas de nossas organizações, agruparam os processos de orientação em três diferentes práticas:

- *Mentoring* – destinado a jovens ingressantes do mercado de trabalho em fase de construção de sua identidade profissional ou para pessoas que estão assumindo pela primeira vez uma posição de gestão e, portanto, iniciando sua interação com a arena política.
- **Aconselhamento de carreira (*career counseling*)** – oferecido para profissionais preocupados com o desenvolvimento ou transição de suas carreiras.
- *Coaching* **executivo (*executive coaching*)** – Indicado para profissionais mais graduados na expectativa da consolidação de sua carreira.

Vamos aprofundar um pouco mais a caracterização de cada uma dessas diferentes práticas.

SAIBA MAIS

Para atuar como facilitador do desenvolvimento das pessoas, cada vez mais torna-se importante aprender a escutar. Patterson et al. (2012) trazem três diferentes níveis de escuta:

- **Nível 1: Escuta Interna**
Escutar as palavras da outra pessoa, mas dando atenção à maneira como o que o é dito está relacionado a si própria.

- **Nível 2: Escuta Focada**
O foco está no outro e a escuta é centrada no que é dito e na maneira como é dito.

- **Nível 3: Escuta Ativa**
Perceber o que a outra diz e como diz, enquanto a pessoa está atenta ao que sua intuição lhe diz. Nesse momento, é importante tentar não julgar e deixar de lado nossos filtros do juízo de valor, fazendo-se perguntas do tipo:
  - Quais os sentimentos da outra pessoa?
  - O que a outra pessoa quer fazer de fato?
  - Existe um alinhamento entre o que a outra pessoa pensa, sente e quer fazer?

Mentoring e Tutoria

A base do *mentoring* e da tutoria é uma pessoa mais experiente orientando o desenvolvimento de pessoas menos experientes. A diferença está no foco do processo. O foco do *mentoring* é ajudar a pessoa a compreender a si própria e a sua relação com o contexto onde se encontra, com abordagem basicamente comportamental. O foco da tutoria (chamada por algumas organizações de *mentoring* técnico) é transmitir ao orientado conhecimento e habilidades técnicas e/ou metodológicas.

O *mentoring* tem sido mais utilizado no Brasil para jovens recém-saídos de programas de *trainees* e que estão iniciando o enfrentando da realidade organizacional. Observamos que organizações com programas de *trainees* mais recentes, menos de cinco anos, têm muita dificuldade de reter esse grupo de pessoas, isso porque os gestores, em sua maioria, não foram formados em programas de *trainees* e não sabem como lidar com essas pessoas. Outra aplicação dos programas de *mentoring* é para pessoas que acabaram de assumir posições gerenciais com exposição à arena política, as quais necessitam de um interlocutor mais experiente e que não seja seu superior hierárquico.

A tutoria é exercitada com maior tradição nas universidades na relação entre orientador e orientados em programas de mestrado, doutorado e pós-doutorado. Em nossas organizações, é uma experiência recente e mais comum em organizações de base tecnológica, onde pessoas mais experientes que estão deixando a organização, normalmente por aposentadoria, necessitam transmitir seu conhecimento e sua sabedoria para outras pessoas.

No caso da tutoria, o nível do orientado está muito ligado à complexidade do conhecimento a ser transmitido. O orientado deve ter musculatura suficiente para absorver conhecimentos técnicos de alta complexidade, mas principalmente a sabedoria do orientador, normalmente expressa em conhecimentos tácitos (conhecimentos que o orientador não tem consciência de ter) e em sua rede de relacionamentos.

Nem o *mentoring* nem a tutoria são práticas de orientação fáceis de implantar e ambos oferecem muitas armadilhas com efeito retardado sobre as pessoas e a organização. No caso do *mentoring*, podemos apontar os seguintes cuidados a serem tomados:

- **Escolha dos mentores** – os mentores devem ser pessoas mais seniores da organização e, recomenda-se, dois a três níveis acima do chefe da pessoa a ser orientada. As experiências no Brasil utilizando mentores que eram pares do chefe imediato ou mediato do

> A base do *mentoring* e da tutoria é uma pessoa mais experiente orientando o desenvolvimento de pessoas menos experientes.

orientado causaram problemas de relacionamento político, uma vez que o orientador tinha acesso a informações da cozinha de seu par e utilizava essas informações nos embates políticos. O mentor deve ser uma pessoa que personifica os valores da organização, por essa razão é interessante que seja estabelecido um perfil para o mentor e que a adesão seja voluntária.

- **Preparação dos mentores** – o compromisso do mentor é com seu orientado e deve ajudá-lo a se desenvolver a partir de si próprio. Diferentemente do papel do gestor que, embora preocupado com o desenvolvimento dos membros de sua equipe, deve fazê-lo conciliando os interesses da organização e da pessoa. No limite, o compromisso do gestor é com a organização e o do mentor é com a pessoa. Por essa razão, é fundamental a preparação do mentor, para que o mesmo não venha a competir com o gestor real do orientado.
- **Estruturação do programa** – o programa deve ter um começo e um fim, com duração definida, geralmente um ou dois anos. As reuniões de orientação devem ter roteiro sugerido de forma a garantir um resultado mínimo para todos os participantes. Temos casos de programas não estruturados onde os mentores se apropriaram do programa a fim de aliciar jovens para construir uma base de apoio político para seus projetos dentro da organização. Outra desvantagem do programa não estruturado é que os orientados têm oportunidades desiguais dependendo do seu orientador.
- **Escolha mútua entre mentor e orientado** – em nossas experiências, o cuidado com a formação das duplas foi importante para a criação de uma relação comprometida desde o início. Geralmente, oferecemos aos orientados a lista dos mentores e eles devem escolher em ordem de preferência três, desde que os mentores não tenham ascendência hierárquica sobre eles. Posteriormente, as solicitações são analisadas e, normalmente atendemos a primeira ou segunda preferência dos orientados, encaminhadas para os mentores verificarem se aceitam ou não os orientados.
- **Patrocínio do programa de *mentoring*** – o grande risco de o programa não ter sucesso é não ocorrerem as reuniões entre mentor e orientado. Por essa razão, a recomendação é que o patrocínio não seja da área de gestão de pessoas, mas sim do presidente ou de um gestor sênior respeitado pelos demais participantes.

Enquanto o *mentoring* pode ser realizado em algumas reuniões, de seis a oito, a tutoria é mais exigente quanto a intensidade e frequência de encontros entre tutores e orientados. Para a transmissão de um conhecimento muito complexo, estimam-se reuniões semanais de duas a quatro horas durante dois anos. Para conhecimentos mais cotidianos e mais simples, a estimativa é de reuniões semanais de duas a quatro horas durante três meses. De qualquer forma, a organização deve estar preparada para abrir mão de duas pessoas (tutor e orientado) por duas a quatro horas por semana.

A tutoria pressupõe, ao contrário do *mentoring*, uma participação ativa dos gestores do tutor e do orientado. Se os gestores não estiverem comprometidos com o processo, terão dificuldades para liberar tempo dos mesmos para realizar o processo. Por essa razão os programas de tutoria em nossas organizações são tão raros.

Os dois programas têm o condão de acelerar o desenvolvimento dos orientados e sua progressão na carreira. Em nossos estudos observamos, também, um desenvolvimento importante dos mentores e tutores. Os primeiros, porque desenvolvem um olhar diferente para sua equipe e aumentam a sua sensibilidade para questões vitais para o desenvolvimento organizacional. Os segundos, porque desenvolvem uma reflexão estruturada sobre seus conhecimentos e descobrem que sabiam coisas que não sabiam que sabiam.

Aconselhamento

O aconselhamento é a prática estruturada mais antiga. Aparece pela primeira vez em 1909 através dos trabalhos de Parsons (PATTERSON; EISENBERG 1988), preocupado das orga-

> O aconselhamento, diferente do *mentoring* e *coaching*, tem uma ação focada. Seu propósito é trabalhar uma dissonância vivida pela pessoa e fazê-lo no ambiente profissional.

nizações. Embora o *mentoring* já apareça nas obras de Homero no século VIII a.C. (MEUNIER 1961) – Mentor, uma personagem de Homero na *Odisseia*, orienta Telêmaco, filho de Odisseu (Ulisses na mitologia romana) –, somente através da obra de Parsons os processos de orientação são trabalhados de forma estruturada.

O aconselhamento, diferente do *mentoring* e *coaching*, tem uma ação focada. Seu propósito é trabalhar uma dissonância vivida pela pessoa e fazê-lo no ambiente profissional; está geralmente ligado a questões de carreira. Por essa razão, muitos autores o tratam como aconselhamento de carreira. Essa dissonância pode ser provocada porque a pessoa está vivendo um momento de transição de carreira ou porque sente que houve uma ruptura no contrato psicológico estabelecido com a organização onde trabalha ou, ainda, porque foi demitida da organização e não consegue se posicionar adequadamente no mercado de trabalho.

O aconselhamento de carreira somente existe quando a pessoa tem uma carreira, ou seja, ela tem uma identidade profissional. Vimos na Parte II deste livro que as pessoas demoram para construir uma identidade profissional. No caso de pessoas com formação de nível superior, essa demora é de aproximadamente três anos no Brasil. Enquanto as pessoas não têm uma identidade profissional, o aconselhamento é mais dirigido à sua vocação; neste caso, é chamado de aconselhamento vocacional.

O aconselhamento está normalmente associado aos momentos de crise de carreira, alguns dos quais previsíveis, tais como: entrada no mundo profissional, transições de carreira e saída do mercado de trabalho.

Coaching

No mercado brasileiro, há uma grande confusão entre aconselhamento e *coaching*. Para esclarecer, vale a pena discutirmos a origem do *coaching* aplicado à realidade organizacional. Essa forma de orientação profissional é a mais recente e seus formuladores estão vivos e produtivos.

A palavra *coach* tem sua origem, segundo alguns pesquisadores, no húngaro e, segundo outros, no francês, mas nos dois casos trata-se de um veículo puxado por vários cavalos, sendo que mais tarde o nome foi transferido para o condutor desse veículo. Ainda hoje os motoristas dos ônibus ingleses são chamados de *coachs*, reminiscência de quando esses veículos eram puxados por cavalos.

O termo *coach* foi transferido para o esporte a partir da ideia de que o *coach* detinha o conhecimento de como organizar da melhor forma os cavalos para ter o melhor rendimento ou para poupá-los. Gallwey (1997) foi responsável por inspirar a migração do termo para as organizações. Em sua prática como *coach* de tenistas de alta *performance*, percebeu que o grande adversário de seus orientados eram eles próprios, por essa razão não bastava prepará-los em termos técnicos e físicos, mas também em termos emocionais e comportamentais.

A partir dos trabalhos de Gallwey (1997), Withmore (2005) desenvolveu uma abordagem mais voltada para a realidade organizacional, que chamou de *coaching for performance*. É importante resgatar a história, porque o *coaching* é destinado a profissionais maduros e consolidados em suas carreiras e o objetivo é ajudá-los a aprimorar sua *performance*, tal como aplicado a atletas.

As distinções entre aconselhamento e *coaching* são:

- **Objetivo do trabalho** – no aconselhamento, o propósito é ajudar a pessoa a sair de uma crise em função do processo de dissonância que vive, enquanto o propósito no *coaching* é ajudar a pessoa, a partir dela própria, a aprimorar seu trabalho e obter um melhor rendimento de suas ações e decisões.
- **Método utilizado** – no aconselhamento, é ajudar a pessoa a resgatar a si mesma e, a partir daí, construir um projeto profissional. No *coaching*, é ajudar a pessoa a perceber seus pontos fortes e como utilizá-los melhor e identificar pontos de aprimoramento, nos quais o *coach* auxilia seu orientado a desenvolver seus pontos fortes e trabalhar seu aprimoramento.

> O *coaching*, quando demandado pela organização, é um processo tripartite, onde há uma relação entre *coach*, *couchee* e organização.

- **Situação da pessoa a ser orientada** – a pessoa que procura o aconselhamento vive algum tipo de desequilíbrio, enquanto a pessoa que procura o *coaching* é alguém hígido que quer melhorar sua *performance*.

Finalmente, é importante destacar que o *coaching*, quando demandado pela organização, é um processo tripartite, onde há uma relação entre *coach*, *couchee* e organização. Embora a agenda e as discussões entre *coach* e *couchee* sejam confidenciais, devem pautar-se pela agenda proposta pela organização. Em nossos levantamentos, verificamos que raramente as organizações têm consciência disso e não pautam o processo, por isso os resultados muitas vezes frustram a organização e o *couchee*.

Resumo e Implicações para o Aprendizado sobre Gestão de Pessoas

Este capítulo foi dedicado à discussão dos processos para conciliar as expectativas de desenvolvimento entre pessoas e organização. Inicialmente, apresentamos os papéis no processo de conciliação de expectativas, em seguida o suporte da organização às decisões individuais em relação ao desenvolvimento e à carreira. Posteriormente, discutimos a comunicação entre pessoas e organização e as informações oferecidas pelo sistema de gestão de carreiras. Finalmente, apresentamos o conceito e os tipos de processos de orientação.

As principais implicações para o aprendizado sobre a gestão de pessoas podem ser resumidas em:

- Discussão sobre os papéis no processo de conciliação de expectativas entre as pessoas e a organização.
- Suporte às pessoas e à organização oferecido pelo sistema de gestão de carreiras.
- Importância do sistema de comunicação entre pessoas e organização e do suporte oferecido pelas informações do sistema de gestão de carreiras.
- Análise e uso dos processos de orientação do desenvolvimento das pessoas.

QUESTÕES

Questões para fixação

1. No que a pessoa precisa estar atenta ao pensar em sua carreira a partir de sua relação consigo mesma, com seu gestor e com sua organização? Explique.
2. Que problemas podem ser ocasionados quando o gerente resiste ao papel de conselheiro de carreira e não efetiva o seu papel de mediação entre a empresa e a pessoa?
3. Quais são as principais dificuldades operacionais e culturais encontradas em pesquisas?
4. Que características podem facilitar a comunicação entre as pessoas e a organização? Explique-as.
5. Que premissas devem ser consideradas na construção de um sistema de gestão de pessoas?
6. Como podemos agrupar os processos de orientação?
7. Que cuidados devemos ter com a concepção e implantação de um programa de *mentoring*?

Questões para desenvolvimento

1. Qual é a importância do sistema de gestão de carreiras na conciliação de expectativas entre a pessoa e a organização?
2. Como o *mentoring* vem sendo utilizado no Brasil?
3. Qual é a diferença entre *mentoring* e tutoria?
4. Em que aspectos o aconselhamento se difere do *mentoring* e do *coaching*?

ESTUDO DE CASO E EXERCÍCIOS

Aristides tem 45 anos e responde por uma das gerências operacionais em uma fábrica de insumos para indústria alimentícia. A fábrica pertence a uma grande organização internacional no setor de alimentos.

Após seu processo de autoavaliação e reunião com sua chefia imediata, ele e seu chefe chegaram a um consenso: Aristides tem que aprimorar seu relacionamento com pares. O principal problema apresentado por ele é uma grande dificuldade de estabelecer empatia com seus clientes internos e com as áreas prestadoras de serviços. O problema não foi fácil de ser diagnosticado tanto pela chefia como pelo próprio Aristides.

A dificuldade reside no fato de Aristides ser uma pessoa aparentemente afável e de fácil relacionamento. Gosta de estar "enturmado", é um entusiasta do time de futebol da fábrica, adora liderar festividades e é uma pessoa muito popular. De outro lado, não gosta que invadam seus domínios e no íntimo crê que "as coisas devam ser feitas do seu jeito".

Aristides é uma pessoa valiosa para a organização. Iniciou sua carreira na operação há 20 anos como engenheiro de processos e assumiu uma das gerências operacionais há cinco anos. É uma pessoa trabalhadora e conhece profundamente toda a operação da organização.

Superar esse problema é fundamental para o processo de desenvolvimento de Aristides. Analise a situação e recomende ações de desenvolvimento para ele.

REFERÊNCIAS

DUTRA, Joel S. *Avaliação de pessoas na empresa contemporânea*. São Paulo: Atlas, 2014.

_____. Utopia da mudança das relações de poder na gestão de recursos humanos. In: FLEURY, M. T. L.; FISCHER, R. M. *Cultura e poder nas organizações*. São Paulo: Atlas, 1989.

FERREIRA, M. A. A. Práticas de orientação e desenvolvimento de executivos. In: DUTRA, J. S.; VELOSO, E. F. R. *Desafios da gestão de carreiras*. São Paulo: Atlas, 2013.

_____. *Coaching*: um estudo exploratório sobre a percepção dos envolvidos – organização, executivo e coach. 2008. 134 f. Dissertação (Mestrado em Administração de Empresas) – Faculdade de Economia, Administração e Contabilidade, Universidade de São Paulo, São Paulo.

_____; DUTRA, J. S. Orientação profissional. In: _____. *Gestão de carreiras na empresa contemporânea*. São Paulo: Atlas, 2010.

GALLWEY, W. T. *The inner game of tennis*. New York: Random House, 1997.

GUTTERIDGE, Thomas G. Organizational career development systems: the state of the practice. In: HALL, Douglas T. *Career development in organizations*. San Francisco: Jossey-Bass, 1986.

_____; LEIBOWITZ, Z. B.; SHORE, J. E. *Organizational career development*. San Francisco: Jossey-Bass, 1993.

HALL, D. Preface. In: _____. *Career development in organizations*. San Francisco: Jossey-Bass, 1986.

KRAM, K. E.; ISABELLA, L. A. Mentoring alternatives: the role of peer relationships in career development. *Academy of Management Journal*, v. 28, nº 1, p. 110-132, Mar. 1985.

LEIBOWITZ, Zandy B.; FERREN, Caela; KAYE, Beverly L. *Designing career development Systems*. San Francisco: Jossey-Bass, 1986.

LONDON, M.; STUMPF, S. *Managing careers*. Massachusetts: Addison-Wesley, 1982.

MEUNIER, Mauro. *Legenda dourada*. São Paulo: Ibrasa, 1961.

MINOR, FRANK J. Computer applications in career development planning. In: HALL, Douglas T. *Career development in organizations*. San Francisco: Jossey-Bass, 1986.

PATTERSON, L. E. et al. The process of development among counsellor interns: qualitative and quantitative perspectives. *Canadian Journal of Counselling*, vol 37:2, p. 135-150, 2003.

_____; EISENBERG, S. *O processo de aconselhamento*. São Paulo: Martins Fontes, 1988.

PORTWOOD, James D.; GRANROSE, Cherlyn S. Organizational career management programs: what's available? What's effective? *Human Resource Planning*, vl. 9(3), p. 107-119, July/Sept. 1986.

WALKER, James W. *Human resource planning*. New York: McGraw-Hill, 1980.

WHITMORE, J. *Coaching*: el método para mejorar el rendimiento de las personas. Buenos Aires: Piados, 2005.

PARTE IV

Valorizando Pessoas

Objetivos da PARTE IV

- Ajudar o leitor a refletir sobre seu valor na organização e no mercado de trabalho
- Oferecer conceitos e instrumentos para que o leitor possa avaliar seus ganhos em relação a outras ocupações ou outras organizações
- Compreender a composição e a dinâmica da massa salarial nas organizações
- Permitir ao leitor uma compreensão sobre as articulações entre remuneração fixa, variável e benefícios

Resultados Esperados com a Leitura da PARTE IV

- Reflexão do leitor sobre a forma como é valorizado pelo mercado e/ou pela organização
- Planejamento ou análise de ações para maior valorização profissional pela organização e/ou mercado
- Conhecimentos para gestão da massa salarial da organização ou unidade organizacional

Nesta parte do livro, vamos tratar da forma como as pessoas são valorizadas pela empresa. A valorização é concretizada através das recompensas recebidas pelas pessoas como contrapartida de seu trabalho para a organização. Essas recompensas podem ser entendidas como o atendimento das expectativas e necessidades das pessoas, tais como: econômicas, de crescimento pessoal e profissional, segurança, projeção social, reconhecimento, possibilidade de expressar-se através de seu trabalho etc.

A questão fundamental na recompensa é como diferenciar as pessoas, ou seja, como a recompensa deve ser distribuída entre as pessoas que trabalham para a empresa. Quais devem ser os critérios utilizados pela organização para diferenciar, através das recompensas oferecidas, as pessoas com as quais mantém relações de trabalho? Os critérios utilizados têm como referência o mercado de trabalho e padrões internos de equidade. As referências do mercado de trabalho são obtidas através de informações oriundas de pesquisas específicas ou de contatos com o mercado, como, por exemplo: processos de recrutamento e seleção, perda de pessoas para o mercado, contratação de serviços etc. As informações do mercado ajudam a empresa a se posicionar de forma as manter uma relação competitiva, ou seja, aplicar critérios de recompensa que permitam atrair e reter pessoas. Entretanto, o mercado é instável, oscila ao sabor das relações de oferta e demanda, e o posicionamento da empresa a partir unicamente do mercado é insuficiente. Muitas organizações tentam manter critérios de recompensa baseando-se unicamente no mercado, mas, pelo fato de essa situação gerar nas pessoas um grande sentimento de injustiça, é difícil mantê-la ao longo do tempo.

Os padrões internos de equidade tornam-se, portanto, fundamentais para estabelecer critérios de recompensa perenes e que criem para as pessoas um ambiente de segurança e justiça. A utilização de padrões de diferenciação considerados pelas pessoas como justos e a consistência desses padrões com a realidade vivida pela organização e pelas pessoas são fundamentais para sustentar uma relação de compromisso com a empresa e com o trabalho a ser executado. Verificamos que a sensação de injustiça é mais danosa do que a inadequação da recompensa em relação ao mercado. Por isso, as organizações tendem a privilegiar como critério para as recompensas os padrões internos de equidade em detrimento dos padrões externos. Levando em conta esse fato, daremos prioridade ao tratamento dos padrões internos de equidade. Sem descuidar, entretanto, dos padrões externos.

A organização tem várias formas de concretizar a recompensa: desde o reconhecimento formal por uma contribuição da pessoa através de um elogio, de uma carta ou de um prêmio até aumento salarial ou promoção para posições organizacionais com desafios maiores. A questão chave no processo de valorização está nos critérios a serem utilizados. Para tanto, esses critérios devem ser coerentes entre si e consistentes no tempo, caso contrário, corremos o risco de reconhecermos duas pessoas de forma diferente ou em intensidade diferente por contribuições semelhantes. Os padrões de equidade são fundamentais para garantir um tratamento justo da contribuição da pessoa para a organização e também para estimular as pessoas a ampliarem sua contribuição, na medida em que conseguem visualizar padrões de resposta da empresa para as diferentes contribuições. A forma de concretizar as recompensas deve estimular respostas das pessoas para a empresa. No passado, as pessoas eram estimuladas a adotarem uma postura de submissão às determinações da empresa e de muito esforço para atingirem as metas impostas para seu trabalho. Atualmente, a expectativa das empresas em relação às pessoas é de uma postura autônoma e empreendedora, devendo a pessoa ter iniciativa para antecipar e solucionar problemas e estar preparada para o amanhã. Nesse cenário, o desenvolvimento contínuo da pessoa é fundamental para sustentar o desenvolvimento da organização. Portanto, não é por acaso que observamos que as recompensas mais nobres vêm sendo carreadas para estimular e valorizar o desenvolvimento da pessoa:

- O desenvolvimento da pessoa é normalmente recompensado por estar ligado à maior capacidade de agregar valor para a organização, como vimos no capítulo anterior.
- Aumento da remuneração, quer na forma de um salário maior quer na diferenciação de benefícios ou serviços oferecidos pela organização.
- Acesso a programas de capacitação ou a linhas de subsídio à formação profissional ou pessoal.

CAPÍTULO 10

Padrões de Equidade e Justiça no Tratamento das Pessoas

O QUE SERÁ VISTO NESTE CAPÍTULO

Padrões internos de equidade
- Construção de padrões internos de equidade.
- Mensuração da agregação de valor das pessoas.
- Coerência e transparência dos critérios de equidade.

Formas de valorização das pessoas
- Tipos de remuneração × tipos de contribuição.
- Parâmetros para a determinação da remuneração adequada.
- Lógica do mercado em relação à remuneração.

Pesquisa e análise da valorização das pessoas pelo mercado
- Monitoramento da valorização das pessoas pelo mercado.
- Construção e realização de pesquisas.
- Análise das pesquisas sobre o mercado.
- Ações gerenciais decorrentes das pesquisas.

Padrões externos de equidade
- Definição do posicionamento da organização em relação ao mercado.
- Conciliação entre padrões internos e externos de equidade.

QUE REFLEXÕES SERÃO ESTIMULADAS

- Como podemos analisar o mercado em termos de equidade remuneratória e de recompensas?
- Que formas podem ser utilizadas para valorizar a pessoa e seu trabalho?
- Quais são as alternativas para o posicionamento competitivo da organização em termos da remuneração praticada?

CONEXÕES COM O NOSSO COTIDIANO

Gestão da minha valorização profissional
- Como posso analisar a forma pela qual sou valorizado pela organização ou pelo mercado.
- Como posso identificar oportunidades de melhorar minha valorização profissional.

Compreender o processo de valorização pelo mercado de trabalho
- Como o mercado define a remuneração e a recompensa para os profissionais.
- Percepção do posicionamento da minha organização em relação às remunerações praticadas pelo mercado.

CONTEÚDOS ADICIONAIS

- Reflexões sobre o tema do capítulo através de casos.
- Saiba mais.
- Estudos de caso complementares.
- Questões para guiar a reflexão sobre o conteúdo do capítulo.
- Referências bibliográficas.

ESTUDO DE CASO
EQUIDADE INTERNA PERCEBIDA PELOS COLABORADORES

A Sobe e Desce é uma importante indústria do país em projeto, montagem, instalação e conservação de elevadores. É uma organização muito preocupada com a gestão de pessoas e com o nível de satisfação de seus colaboradores, já que uma parte importante está em contato constante com os clientes.

Recentemente, após a pesquisa de clima anual, percebeu a insatisfação de seus colaboradores com a forma como os aumentos salariais são praticados. O pessoal que trabalha na montagem e as equipes de instalação e manutenção de elevadores têm seu aumento salarial atrelado ao tempo de casa.

Esses colaboradores se sentem injustiçados porque não há relação direta entre tempo de casa e dedicação ao trabalho e a geração de resultados para a organização.

Há, ainda, a percepção de que a remuneração não leva em conta o esforço de alguns colaboradores que investiram em seu desenvolvimento. A organização percebeu que necessita agir com velocidade, caso contrário, o nível de insatisfação se tornará insustentável.

Quais são as alternativas para a Sobe e Desce recompensar de forma justa seus colaboradores?

PADRÕES INTERNOS DE EQUIDADE

Construção de Padrões Internos de Equidade

A situação retratada pelo caso é muito comum em nossas organizações. Ao preferirem critérios mais objetivos como o tempo de casa, elas deixam de observar a real contribuição das pessoas. Equacionar a equidade interna, no entanto, não é simples.

A grande dificuldade para estabelecer os padrões internos de equidade está em determinar critérios de diferenciação que sejam a um só tempo:

- Capazes de traduzir a contribuição de cada pessoa para a organização.
- Aceitos por todos como justos e adequados.
- Mensuráveis pela organização e pela própria pessoa.
- Coerentes e consistentes no tempo, ou seja, tenham perenidade mesmo em um ambiente turbulento e instável.
- Simples e transparentes para que todas as pessoas possam compreendê-los e ter acesso a eles.

SAIBA MAIS

Equidade é o substantivo feminino com origem no latim *aequitas*, que significa **igualdade, simetria, retidão, imparcialidade, conformidade**. Segundo o *Novo Dicionário Aurélio*, equidade é a disposição de reconhecer igualmente o direito de cada um.

Esse conceito também revela o uso da imparcialidade para reconhecer o direito de cada um, usando a equivalência para que todos se tornem iguais.

Ao analisarmos a realidade organizacional mais atentamente, vamos verificar a nossa tendência para considerar justos e adequados os critérios de diferenciação que apontem o nível de agregação de valor da pessoa para a organização. Explicando melhor, de forma natural e espontânea, em nossa sociedade, as pessoas que têm maior capacidade de contribuição para nós ou para nossa organização são mais valorizadas. Estamos definindo agregação de valor como essa contribuição ou entrega da pessoa para a organização, para a sociedade ou para ela própria. Imediatamente, surge a seguinte questão: Como determinar o grau de agregação de valor de uma pessoa para a organização ou para a comunidade? Ao longo do século XX, muitos teóricos tentaram responder essa questão. Inicialmente, foi tomado como referência o trabalho executado pela pessoa. No caso das organizações, buscou-se, a partir da administração científica, estabelecer uma relação entre salário e a tarefa executada pela pessoa. Taylor (1982:51) assinala que, quando o trabalhador realiza determinada tarefa, dentro do tempo limite estabelecido, recebe um aumento salarial de 30% a 100% do seu pagamento habitual. Taylor enfatiza (1982:111): "*Estes dois elementos, a tarefa e a gratificação, constituem dois dos mais importantes elementos do funcionamento da administração científica.*"

A ideia de a valorização estar atrelada ao trabalho executado ganhou força a partir da administração científica. Essa prática evolui para o uso do cargo como referencial para determinar a agregação de valor das pessoas. Segundo Hipólito (2001:39), o cargo abrange os conceitos de tarefa e posição. A tarefa existe quando é necessário utilizar o esforço humano, físico ou mental, para uma finalidade específica. A posição é caracterizada pelo acúmulo de tarefas que justificam o emprego de um trabalhador.

O cargo foi durante muitos anos utilizado como principal referência para diferenciar a agregação de valor. Durante o período em que o cargo caracterizou o trabalho realizado pela pessoa na organização, pôde ser utilizado como referencial para diferenciá-lo. Atualmente, entretanto, as tarefas e a posição das pessoas na organização modificam-se constantemente e, por consequência, o cargo torna-se volátil. Muitas empresas vêm buscando alternativas para diferenciar as pessoas. Durante os anos 1980, foram comuns experiências utilizando características das pessoas para diferenciá-las. Algumas experiências utilizaram as habilidades como elemento de diferenciação, partindo do pressuposto de que as pessoas que fossem capacitadas em habilidades necessárias para o seu trabalho teriam diferenciais na agregação de valor. Um dos grandes defensores dessa abordagem foi Lawler III (1990:153), alegando o esgotamento do uso do cargo como referencial para diferenciação e a vantagens do uso das habilidades como elemento de diferenciação flexível e que estimulava o desenvolvimento das pessoas, a participação nos processos decisórios e a autogestão da carreira. Ao longo do tempo, foi possível perceber que isso era verdadeiro somente para um determinado grupo dentro da organização (LAWLER III, 1996; HIPÓLITO 2001). Esse grupo era formado por pessoas que ocupavam posições na organização onde as habilidades geravam uma agregação de valor. Essas posições são aquelas onde as habilidades fazem diferença porque estão atreladas diretamente ao trabalho da pessoa. São caracterizadas, geralmente, pelo uso do corpo e, nelas, a destreza representa ganhos de eficiência. Nas demais posições a habilidade não representa um diferencial, já que a pessoa pode ter a habilidade e não conseguir transformá-la em uma entrega concreta para a organização. Segundo Hipólito (2001:63), a aplicação do uso da habilidade para posição de caráter não operacional reside no fato de *performance* explicar melhor a entrega da pessoa do que a quantidade de habilidades que a pessoa possui.

As organizações passaram a se sentir inseguras com essas práticas. O fato de as pessoas tornarem-se proficientes em determinadas habilidades transformava-as em merecedoras das recompensas devidas. Como nem todas as habilidades geravam necessariamente agregação de valor, essa prática passou a pressionar as organizações, principalmente quando atreladas a aumentos salariais que geravam aumento da folha de pagamentos.

Nos anos 1990, as empresas começaram a buscar outra alternativa para diferenciar a agregação de valor. A alternativa que até aqui tem apresentado os melhores resultados é a correlação da agregação de valor com o nível de complexidade das atribuições e responsabilidades. O conceito de complexidade foi trabalhado nos Capítulos 2 e 4. Vamos agora utilizá-lo na definição da agregação de valor.

> Consideramos justos e adequados os critérios de diferenciação que apontem o nível de agregação de valor da pessoa para a organização.

Mensuração da Agregação de Valor das Pessoas

Podemos associar a agregação de valor das pessoas para a organização ao nível da complexidade de suas atribuições e responsabilidades. Vamos primeiramente recapitular que as atribuições – conjunto das funções e atividades executadas pela pessoa – e as responsabilidades – conjunto das decisões exigidas da pessoa pela organização – caracterizam o espaço que a pessoa ocupa na organização e, quanto maior é a complexidade delas, maior é a agregação de valor da pessoa. Podemos, portanto, medir a agregação de valor através da complexidade. Os níveis de complexidade podem ser medidos, segundo Elliott Jaques (1988:1;1994:15), a partir do intervalo de tempo entre a tomada de decisão e a possibilidade de avaliação dos resultados decorrentes dela. Quanto maior o tempo, mais elevado é o nível de abstração exigido para que a decisão tomada esteja correta e seja efetiva. Segundo Jaques, podem ser identificados sete estratos de complexidade nas organizações, que ele chamou de *work levels* e relacionou à dimensão temporal, conforme as seguintes categorias:

> Podemos associar a agregação de valor das pessoas para a organização ao nível da complexidade de suas atribuições e responsabilidades.

- 0 a 3 meses: trabalhadores do chão de fábrica e trabalhadores qualificados, incluindo os supervisores.
- 3 a 12 meses: primeiro nível gerencial, assim como gerentes que respondem por operações ou processos simples.
- 1 a 2 anos: gerentes de nível médio e táticos que respondem por um conjunto de processos.
- 2 a 5 anos: gerentes seniores que respondem por decisões estratégicas, geralmente posicionados como diretores.
- 5 a 10 anos: nível típico de presidentes de organizações nacionais.
- 10 a 20 anos: profissionais responsáveis por um grupo de empresas ou mesmo organizações de atuação transnacional.
- Mais de 20 anos: esta é uma característica de CEO (*chief executive officer*) de organizações de grande porte atuando em vários países e com operações diversificadas.[1]

David Billis e Ralph Rowbottom (1987) desenvolveram, a partir dos trabalhos de Jaques, um conjunto maior de referenciais para medir os níveis de complexidade. Por acreditarem que a utilização do intervalo de tempo como única medida é de difícil aceitação, além de não levar em consideração características de desenhos organizacionais específicos ou da natureza dos problemas a serem gerenciados, os autores procuraram associar a cada estrato definido por Jaques a complexidade das responsabilidades da posição.

De outro lado, Gilliam e Collin Stamp (1993) procuraram definir os diferentes níveis de complexidade a partir de processo de tomada de decisão, relacionando os níveis à maturidade do profissional. O Quadro 10.1 demonstra o alinhamento das abordagens de ambos.

Temos observado que, nas experiências mais recentes de estruturação de sistemas de gestão de pessoas, o conceito de complexidade tem sido associado ao de competência. A competência nessas experiências está atrelada ao conjunto de expectativas em relação ao produto do trabalho do profissional. A expectativa em relação à entrega dos profissionais apresenta-se distinta para os diferentes estratos de complexidade.

Ao associar os conceitos de complexidade às competências, é possível definir, para cada competência, diferentes níveis de complexidade de entrega. Esses níveis não precisam estar diretamente associados aos estratos sugeridos por Elliott Jaques, mas é fundamental que possuam uma relação consistente com as características da empresa e elementos relevantes do mercado no qual ela está presente. Esta relação permite maior atendimento às especificidades de cada uma das empresas assim como garante maior flexibilidade, gerando estratos alinhados às características e cultura de cada uma das organizações, conforme vimos no Capítulo 2.

> A ideia é enxergarmos a entrega da pessoa e avaliar a complexidade dessa entrega.

---

[1] Vale a pena destacar que, segundo os trabalhos do autor, nem sempre as organizações de grande porte de caráter transnacional vão demandar um CEO atuando nesse nível de complexidade. Dessa forma, dependendo do tipo de negócio e características do ambiente no qual está presente a organização, pode ser necessário um executivo atuando no nível 6 ou no nível 7.

QUADRO 10.1

Comparativo das abordagens de Billis e Rowbottom e de Stamp e Stamp

NÍVEL DE COMPLE-XIDADE	TRABALHO REQUERIDO (BILLIS E ROWBOTTOM)	PROCESSO DE TOMADA DE DECISÃO (STAMP E STAMP)
7	▪ Assegurar viabilidade para as futuras gerações da organização. ▪ Prever campos futuros de necessidade de uma sociedade.	*Prever* ▪ Interpretar e moldar configurações de economias, políticas, nações, regiões, religiões e ideologias para criar futuros desejados.
6	▪ Ajustar as características de uma organização para contextos multiculturais. ▪ Formar opiniões e conceitos sobre o contexto econômico, político, social, tecnológico e religioso.	*Revelar* ▪ Estende a sua curiosidade e análise além das áreas conhecidas de influência real ou potencial, explorando recursos inesperados de oportunidade ou instabilidade.
5	▪ Cobrir um campo geral de necessidades em uma sociedade. ▪ Definir qual é a razão de existência de uma organização complexa.	*Tecer* ▪ Compreender relações entre diferentes sistemas. ▪ Identificar relações e vínculos potenciais entre questões e eventos desconectados.
4	▪ Fornecer um espectro completo de produtos e serviços para a totalidade de um território ou organização. ▪ Introduzir, desenvolver e manter uma unidade de negócios, integrando-a ao ambiente no qual se localiza.	*Modelar* ▪ Utilizar ideias e conceitos, testando possíveis combinações e produzindo inovações. ▪ Construir modelos a partir do que vê em diversas realidades.
3	▪ Fornecer respostas sistemáticas de acordo com a necessidade de situações com início, meio e fim definidos. ▪ Garantir o funcionamento pleno de um sistema.	*Conectar* ▪ Examinar cuidadosamente várias atividades na busca de ideias, tendências ou princípios que criem um todo coerente.
2	▪ Realizar tarefas concretas, cujos objetivos e implicações devem ser julgados de acordo com as especificidades da situação. ▪ Identificar as necessidades de clientes específicos.	*Acumular* ▪ Reunir informações, passo a passo, para revelar aspectos óbvios e implícitos de cada situação, identificando resultados das possíveis respostas.
1	▪ Realizar tarefas separadas e concretas, cujos objetivos e produtos podem ser totalmente especificados.	*Perceber* ▪ Fornecer respostas diretas para tarefas imediatas.

Fonte: Quadro preparado por Rhinow (1998) adaptando trabalhos de Stamp e Stamp (1993) e de Billis e Rowbottom (1987).

Novos padrões de valorização × padrões tradicionais

A utilização da complexidade das atribuições e responsabilidades como padrão de mensuração da agregação de valor não é uma inovação. Esse padrão já era utilizado nos sistemas de diferenciação de cargos. A forma de diferenciar os cargos se dava através da complexidade associada a eles. A partir daí, transferia-se a diferenciação do cargo para a pessoa que o ocupava. Com a volatilidade dos cargos, os padrões utilizados para diferenciá-los passaram para um primeiro plano.

A ideia não é mais compreender a agregação de valor da pessoa através do cargo que ocupa; esse não é mais um parâmetro que reflete a realidade. Como já vimos, a ideia é enxergarmos a entrega da pessoa e avaliar a complexidade dessa entrega. Uma forma de olhar a entrega da pessoa é o uso das competências requeridas pela organização.

Vimos no Capítulo 4 que a forma de medir essas entregas é, a partir daí, tomar decisões sobre a valorização da pessoa. O fato de as organizações já terem experiência em medir a complexidade para os cargos tem permitido uma transição muito tranquila para a mensuração da complexidade das competências.

Muitas pessoas não conseguem enxergar grande diferença entre os novos padrões de valorização e os tradicionais. Aparentemente, as diferenças são sutis, mas isso é só aparência. Na essência, temos transformações profundas. Vejamos essas transformações mais de perto:

- A forma de a pessoa ser visualizada pela organização mudou, assim como mudou a forma de sua valorização. Anteriormente, a pessoa era avaliada pelo que fazia, hoje o é pelo que entrega para a organização.
- A pessoa, quando medida pelo cargo, era vista em função de uma descrição de tarefas e posicionamento na empresa, quando na verdade ela está sempre se desenvolvendo e ocupando diferentes espaços na organização. Ao medirmos pelo nível de complexidade de suas atribuições e responsabilidades, acompanhamos os constantes movimentos que a pessoa efetua em seu processo de desenvolvimento e podemos valorizá-la mais adequadamente.
- A complexidade consegue responder a problemas que são típicos em organizações que buscam adequar-se às exigências de um ambiente mais competitivo, quais sejam: flexibilidade estrutural e agilidade de resposta, trazendo o processo decisório para mais perto da operação; maior envolvimento das pessoas com a organização, conciliando expectativas de crescimento e desenvolvimento da pessoa e da organização; aumento contínuo da capacitação técnica e gerencial, estimulando e oferecendo o suporte necessário à capacitação das pessoas etc.
- Dentre as diferenças, cabe ressaltar a desvinculação possível entre o sistema de diferenciação e valorização e a estrutura organizacional. Desse modo, a organização tem liberdade para alterar a sua estrutura organizacional sem com isso alterar o valor do cargo ou espaço ocupacional da pessoa. De outro lado, a organização não incorre nos riscos de um sistema totalmente centrado na pessoa, uma vez que o valor do espaço ocupacional é determinado por necessidades organizacionais e pela competência da pessoa.

> O nível de transparência nas empresas declina quando se trata de comunicar para o funcionário informações específicas da estrutura remuneratória sobre o próprio profissional.

Coerência e Transparência dos Critérios de Equidade

A transparência na comunicação de sistemas de remuneração tem sido uma preocupação das organizações. Carina Labbate Simões (2015) desenvolveu um trabalho de pesquisa sobre esse tema e que, segundo a autora, tem sido, por muito tempo, um assunto controverso nas empresas, sendo também considerado um dos tabus da nossa sociedade. O estudo analisou como um conjunto de empresas no Brasil lida com a comunicação de suas práticas de remuneração e identificou fatores que influenciaram a decisão dessas empresas quanto à maior ou menor transparência.

A autora (SIMÕES, 2015) constatou, em relação à postura das organizações frente à comunicação do sistema de remuneração, que se mostram mais transparentes na divulgação de informações gerais sobre a estrutura de remuneração e seus critérios de funcionamento e que suprem os seus gestores com informações sobre a remuneração de suas equipes, mas não é comum disponibilizar informações sobre a remuneração de outras equipes. Segundo a autora (SIMÕES, 2015), "o nível de transparência nas empresas declina quando se trata de comunicar para o funcionário informações específicas da estrutura remuneratória sobre o próprio profissional (ex. sua faixa salarial), ou sobre o cargo que representa seu próximo passo de carreira e, principalmente, sobre a remuneração dos demais cargos da empresa".

Destaca a autora (SIMÕES, 2015) que nenhuma das empresas pesquisadas divulga os salários dos funcionários para todo o quadro, limitando-se a informá-los unicamente ao gestor direto da equipe e àqueles que trabalham na própria área de RH. A autora (SIMÕES, 2015) identificou os motivos que levam as empresas a serem mais transparentes na comunicação sobre remuneração: "estímulo a uma cultura organizacional participativa; crença no desenvolvimento do capital humano, manutenção de um clima organizacional positivo no que se refere à percepção de justiça dos critérios adotados para definição dos salários na empresa; a necessidade de alinhar as pessoas aos objetivos de negócio; a intenção de deixar claro que a empresa pratica salários acima do mercado".

A pesquisa realizada por Carina Simões (2015) verificou que o que motiva as organizações na manutenção do sigilo são culturas mais paternalistas, "em que se acredita que as pessoas não têm condições de entender toda a complexidade envolvida no sistema de remuneração; a crença interna de que salários são confidenciais por definição; e, por fim, a necessidade de não divulgar inconsistências que persistem no sistema de remuneração para não fragilizar a imagem da empresa internamente".

Em nossos trabalhos nas organizações, verificamos uma resistência sistemática em divulgar o sistema de remuneração. Os motivos estão muito alinhados com os resultados encontrados pela autora (SIMÕES, 2015). Condições fundamentais para a divulgação dos critérios de remuneração são sua coerência e consistência. Caso contrário, ficarão evidenciadas as injustiças e inconsistências das práticas organizacionais relativas à valorização das pessoas.

FORMAS DE VALORIZAÇÃO DAS PESSOAS

Tipos de Remuneração × Tipos de Contribuição

A forma mais importante de concretizar a valorização da pessoa pela organização é a remuneração. Trata-se da contrapartida econômica e/ou financeira de um trabalho realizado pela pessoa. Muitos autores tratam a remuneração como um fator de recompensa extrínseco, ou seja, que vem de fora da pessoa (MARTOCCHIO, 1998). Embora essa seja uma forma de recompensa vinda de fora, a remuneração tem componentes intrínsecos importantes, como todo processo de valorização. Traduz em muitas situações a importância relativa da pessoa para a organização e seu *status* profissional para o mercado. Ao tratarmos a remuneração como um fator objetivo, perdemos a perspectiva de todo o seu valor simbólico em nossa sociedade.

> A remuneração é a contrapartida econômica e/ou financeira de um trabalho realizado pela pessoa.

A remuneração pode ser dividida nas seguintes categorias em função da forma como se apresenta para a pessoa:

- **Remuneração direta** – é o total de dinheiro que a pessoa recebe em contrapartida ao trabalho realizado. O total de dinheiro pode ser fixo – remuneração fixa, ou seja, é um montante previamente ajustado entre a pessoa e a organização a ser pago regularmente pelo trabalho realizado. A periodicidade da remuneração fixa mais comum hoje é a mensal, mas pode ser semanal ou diária. Também pode ser variável – remuneração variável, ou seja, é um montante a ser pago em função de determinados resultados obtidos do trabalho da pessoa. As pessoas podem ter um ou outro tipo de remuneração direta ou uma combinação de ambos.
- **Remuneração indireta** – é um conjunto de benefícios que a pessoa recebe em contrapartida ao trabalho realizado. Geralmente, a remuneração indireta é complementar à remuneração direta e visa oferecer segurança e conforto aos trabalhadores na sua relação com a organização. Dessa forma, a remuneração indireta tende a ser extensiva a todos os empregados, não sendo objeto de diferenciação interna, e é composta por benefícios. Estes, segundo Chiavenato (1989, v. 4:77), "São facilidades, conveniências, vantagens e serviços que as organizações oferecem aos seus empregados para poupar-lhes esforços e preocupação. Podem ser financiados parcialmente ou totalmente pela organização".

Podemos dizer de forma simplista que a remuneração direta é representada pelo dinheiro que colocamos no nosso bolso e a remuneração indireta é representada pelo dinheiro que não retiramos do nosso bolso.

Podemos, entretanto, dividir a remuneração em função da forma como se apresenta e do seu objeto. Muitos autores preferem classificar a remuneração dessa forma (MARTOCCHIO, 1998; LAWLER III, 1990; WOOD JR.; PICARELLI FILHO,1995), apresentando-a dividida nas seguintes categorias:

- **Remuneração básica** – é a remuneração recebida pelas pessoas em função de seu trabalho. Geralmente, é uma remuneração fixa e pode ser determinada a partir do cargo exercido pela pessoa, a partir das habilidades requeridas e possuídas ou a partir das competências exigidas e entregues pela pessoa. Wood Jr. e Picarelli Filho (1995:40) chamam os dois primeiros tipos de remuneração funcional e remuneração por habilidade respectivamente e o terceiro tipo é chamado de remuneração por competências (HIPÓLITO, 2001:82).
- **Remuneração por senioridade** – é a remuneração recebida por tempo de experiência ou por tempo de dedicação à empresa. Essa forma de remuneração é ainda comum e normalmente se traduz em adicionais percentuais ao salário em função do tempo de dedicação da pessoa à organização. Essa forma de remuneração vem sendo muito criticada porque, em um mundo em constante transformação, não estimula o desenvolvimento da pessoa e, sim, premia unicamente a sua permanência na organização. Observamos um declínio acentuado no mercado do uso dessa forma de remuneração.
- **Remuneração por *performance*** – é a remuneração que procura premiar os resultados apresentados pelas pessoas e pela organização ou negócio. Normalmente, é uma remuneração variável vinculada a metas de resultado individual, por equipe e/ou por negócio/empresa. A forma como essa remuneração é transferida para a pessoa pode ser dinheiro, participação acionária ou prêmios.
- **Remuneração indireta** – é a remuneração apresentada na forma de benefícios, serviços ou facilidades oferecidas pela organização ao colaborador. A remuneração indireta pode ser constituída de benefícios legais – estabelecidos por lei ou acordo sindical, geralmente abrangendo de forma indistinta todos os colaboradores – ou benefícios discricionários – estabelecidos pela organização para cobrir expectativas específicas dos colaboradores ou de grupos de colaboradores, geralmente definidos em função de necessidades impostas pela localidade, pelas características de grupos ocupacionais ou para destacar determinados grupos, normalmente o grupo ligado à gestão da organização ou negócio.

Uma visão mais contemporânea dessa classificação é apresentada por Hipólito (2004), que divide as formas de remuneração e recompensas em três categorias, conforme o Quadro 10.2: remuneração fixa, remuneração variável e outros tipos de recompensa.

A remuneração está ligada ao tipo de contribuição da pessoa para a organização. A forma de diferenciar as pessoas é em função do quanto elas agregam valor para a empresa. A remuneração fixa traduz o *status* da pessoa dentro da empresa e do mercado. Essa remuneração é mais delicada porque não pode ser diminuída no tempo. Em razão da legislação brasileira, a diminuição da remuneração fixa do trabalhador só ocorre em situações excepcionais; nesses casos a organização necessita efetuar acordos especiais com seus trabalhadores. Por isso, as organizações têm um grande cuidado para administrar a remuneração fixa. Temos visto como tendência as organizações analisarem o desenvolvimento das pessoas como base para determinar a remuneração fixa. Partindo do pressuposto de que a pessoa se desenvolve quando lida com atribuições e responsabilidades de maior complexidade e, portanto, agrega mais valor para a empresa, ela deve ser mais bem remunerada. O desenvolvimento nessa concepção é utilizado porque a pessoa, ao se desenvolver, não retrocede e por isso a empresa fica mais segura de usar esse referencial como diferenciação na determinação da remuneração fixa.

> A remuneração, como os demais tipos de valorização, utiliza como parâmetros para sua determinação a equidade interna e a externa.

QUADRO 10.2

Tipos de recompensa

Remuneração fixa	Benefícios	Configuração	
		Padrão	Flexível
	Salário	Foco	
		Cargo	Pessoa
Remuneração variável	Participação acionária		
	Participação em ganhos e lucros		
	Prêmios e comissões		
Outros tipos de recompensa	Autonomia e liberdade para realização		
	Oportunidade de desenvolvimento		

Fonte: Hipólito (2004).

A remuneração variável normalmente é empregada para remunerar uma entrega excepcional e que talvez não se repita da mesma forma novamente. É comum que a remuneração variável esteja atrelada ao cumprimento de metas de resultados, podendo ser a combinação de *performances* individuais, em equipe ou da organização e/ou negócio. Esse tipo de entrega pode ser classificado como resultado do esforço das pessoas. Diferentemente do desenvolvimento, o esforço é função das contingências. Uma pessoa esforçada hoje pode não ser mais amanhã, por isso a remuneração também é definida em função das contingências.

Parâmetros para a Determinação da Remuneração Adequada

A remuneração, como os demais tipos de valorização, utiliza como parâmetros para sua determinação a equidade interna e a externa. No caso da remuneração, entretanto, temos que adicionar outras considerações. A remuneração está ligada à capacidade da pessoa de sobreviver em nossa sociedade. Através da remuneração, a pessoa terá acesso a bens de consumo, moradia, assistência para suas necessidades etc. Caso ela não tenha uma remuneração adequada, não poderá manter um padrão de vida digno. É comum em países como o nosso que as pessoas recebam em contrapartida ao seu trabalho uma remuneração que não corresponde a todo o conjunto de suas necessidades. Assim, as pessoas necessitam efetuar opções entre se alimentar e ter sua casa, alimentar-se e se vestir, alimentar-se e se educar.

Algumas organizações buscam criar um composto de remuneração que permita manter equidade com o mercado e ao mesmo tempo atender o máximo das necessidades de seus empregados. Infelizmente, esse esforço é ainda reduzido em função das carências do nosso povo. Portanto, ao pensarmos em remuneração, não é possível nos limitarmos a uma análise de equidade interna e externa. É imperioso analisarmos o conjunto de necessidades básicas de nossos empregados e encontrar soluções criativas para atendê-las.

■ Quanto maior a capacidade de agregação de valor da pessoa, maior é sua valorização pelo mercado.

Os economistas clássicos já propunham que o salário básico das pessoas fosse o suficiente para sua sobrevivência e para sua capacidade de reprodução. A ideia do salário-mínimo definido social ou legalmente traz em seu bojo essa preocupação. Hoje, entretanto, temos que adicionar outros elementos, tais como:

- **Educação** – aspecto essencial para a formação de nossos empregados, para que eles possam enfrentar o crescimento da complexidade das organizações e do mercado de trabalho, do contrário serão excluídos do mercado mais cedo ou mais tarde e, nesse caso, estarão se tornando excluídos sociais. O investimento contínuo no desenvolvimento das pessoas é um aspecto cada vez mais importante da valorização do trabalhador e da pessoa como cidadã.

- **Dignidade** – aspecto fundamental para que a pessoa desenvolva a autoestima e o espírito crítico em relação à sua realidade dentro da sociedade e da organização. É pouco provável que uma pessoa que não consegue para si própria ou para sua família alimentação, vestimenta ou vida digna possa sustentar no tempo uma relação de comprometimento e cidadania com a organização.

- **Educação para os filhos** – em um mundo cada vez mais exigente, a educação das crianças é fundamental para o desenvolvimento da sociedade como um todo. Esse esforço não pode ser atribuído somente ao Estado. Caso o trabalhador não tenha condições mínimas de sustentar a educação de seus filhos, teremos no longo prazo a reprodução dos nossos problemas sociais, com trabalhadores pouco preparados para a complexidade das organizações e, por consequência, uma grande massa excluída do mercado de trabalho. No tempo, isso trará reflexos na pressão sobre salários, porque a demanda por trabalhadores especializados será maior que a oferta.

Se formos pensar nos vários recortes de nossa realidade social, veremos que existem outros aspectos a considerar na questão da determinação da remuneração. Apesar de vários autores definirem o mercado de trabalho como elemento de referência para a determinação dos salários, a nossa realidade impõe outras referências. Outro aspecto a ser considerado é a inserção da organização em seu ambiente e a cultura organizacional.

Por exemplo, se a organização é a grande empregadora da região onde atua, provavelmente os parâmetros internos de equidade e as necessidades das pessoas da região serão os grandes norteadores da definição salarial.

Lógica do Mercado em Relação à Remuneração

O funcionamento do mercado de trabalho em termos da remuneração obedece a duas lógicas. De um lado, temos demanda e oferta de trabalho: quando temos uma grande oferta de mão de obra e uma baixa demanda por trabalhadores, os salários tendem a declinar – como decorrência, em períodos de baixa atividade econômica os salários são pressionados para baixo – e quando, ao contrário, temos uma baixa oferta de mão de obra e uma alta demanda por trabalhadores, os salários tendem a aumentar – como decorrência, em períodos de grande atividade econômica os salários são pressionados para cima. De outro lado, temos o nível de agregação de valor das pessoas. Quanto maior a capacidade de agregação de valor da pessoa, maior é sua valorização pelo mercado. Se pudéssemos representar graficamente, veríamos no eixo x que, quanto maior a agregação de valor, maior a remuneração no eixo y, conforme Figura 10.1.

A curva apresentada na Figura 10.1 terá sua configuração modificada em função das pressões de oferta e demanda. Quando adicionamos novos conceitos para a gestão de pessoas,

FIGURA 10.1

Relação entre agregação de valor e remuneração.

Remuneração

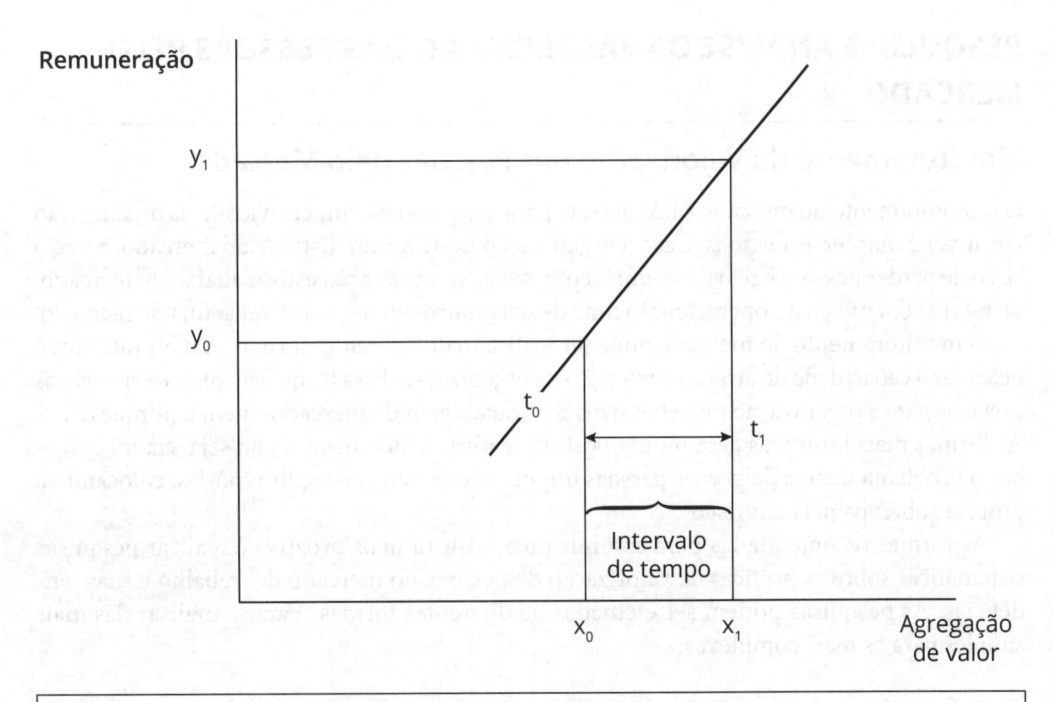

[Figura: gráfico com eixo vertical "Remuneração" mostrando níveis y_0 e y_1, e eixo horizontal "Agregação de valor" mostrando x_0 e x_1, com uma reta ascendente. Entre t_0 e t_1 está indicado o "Intervalo de tempo".]

Maiores intervalos de tempo ($t_1 - t_0$), então < atividade econômica ou desenvolvimento da empresa

Menores intervalos de tempo ($t_1 - t_0$), então > atividade econômica ou desenvolvimento da empresa

FIGURA 10.2

Efeito da aceleração de carreira no valor de mercado.

como o de complexidade e o de agregação de valor, podemos perceber outro movimento do mercado de trabalho na determinação da remuneração. Vamos chamar esse movimento de "aceleração da carreira".

A aceleração da carreira é um movimento pouco explorado pelas organizações na administração salarial, geralmente porque há uma ligação pobre entre carreira e remuneração e baixa consciência sobre o movimento que vamos relatar. Como já vimos no Capítulo 4, o desenvolvimento é definido como aumento da complexidade das atribuições e responsabilidades da pessoa e, portanto, aumento de sua capacidade de agregar valor. Em momento de grande atividade econômica, as pessoas têm mais oportunidades de desenvolvimento, sendo colocadas com maior frequência em situações desafiadoras. Nesses casos, a pessoa, em um intervalo de tempo menor do que o normal, aumenta sua capacidade de agregar valor e, portanto, seu valor de mercado. Ao contrário, em momentos de baixa atividade econômica, as pessoas têm menos oportunidades de desenvolvimento e levam mais tempo para aumentar seus níveis de agregação de valor e, portanto, demoram mais para aumentar seu valor de mercado. Podemos ilustrar esse movimento na Figura 10.2.

O mesmo fenômeno pode ser observado em relação ao nível de desenvolvimento organizacional. Quando temos baixo desenvolvimento da empresa, as oportunidades de desenvolvimento diminuem e a empresa perde sua capacidade de atração e retenção. Nesses casos, ela deve preocupar-se em criar movimentos para conseguir desenvolver seus quadros de forma contínua.

PESQUISA E ANÁLISE DA VALORIZAÇÃO DAS PESSOAS PELO MERCADO

Monitoramento da Valorização das Pessoas pelo Mercado

O monitoramento do mercado é importante para assegurar a competitividade da organização em atrair e manter as pessoas. Caso a organização fique muito distante do mercado, corre o risco de perder pessoas e não conseguir repor, se sua remuneração estiver abaixo do mercado, ou estará com um custo operacional acima de seus concorrentes, se estiver acima do mercado.

O monitoramento do mercado pode ser realizado de diferentes formas. A mais intuitiva é observar a capacidade de atração e retenção da organização. Essa forma não oferece elementos precisos para a organização perceber o nível de defasagem do mercado e nem o porquê disso. As formas mais intuitivas geram uma postura reativa da organização, ou seja, ela irá perceber o problema depois de perder pessoas importantes e não conseguir repô-las, colocando a própria sobrevivência em risco.

As formas recomendadas para assumir uma postura mais proativa é realizar pesquisas sistemáticas sobre as práticas de valorização de pessoas no mercado de trabalho e suas tendências. As pesquisas podem ser efetuadas de diferentes formas. Vamos analisar das mais simples para as mais complexas:

> A forma mais intuitiva para monitoramento do mercado em termos de remuneração é observar a capacidade de atração e retenção da organização.

- **Consulta a um pequeno grupo de empresas** – uma forma mais econômica e simples é a consulta a um pequeno grupo de empresas que atuam no mesmo setor e que concorrem pela mesma mão de obra. Essa consulta deve observar um certo rigor para obter dados confiáveis. Os cuidados a serem tomados na pesquisa serão apresentados a seguir. Nesse caso, as informações possibilitarão uma percepção superficial do mercado, mas são suficientes para verificar se a organização está em situação de risco ou não. Caso esteja em situação de risco, a recomendação é a realização de uma pesquisa mais apurada.

- **Aquisição de pesquisas realizadas por consultoria especializada** – essa é uma alternativa prática e rápida. As consultorias especializadas desenvolvem sistematicamente o monitoramento do mercado e constroem uma grande base de dados. As organizações podem ter acesso customizado à base de dados e obter informações confiáveis sobre seu posicionamento. Empresas mais preocupadas com a confiabilidade das informações trabalham com mais de uma consultoria especializada.

- **Pesquisa realizada para um grupo específico de posições** – a organização pode conduzir sua própria pesquisa, nesse caso atuando sozinha ou através de um consórcio de organizações. Normalmente, a pesquisa é realizada para um grupo de profissionais que são decisivos para a organização. Em algumas situações, o processo não é fácil frente à desconfiança que pode existir entre as organizações. No início dos anos 1990, os escritórios de advocacia estavam vivendo grande expansão de suas atividades e receava-se uma briga entre eles por profissionais que gerasse inflação dos salários. Em reunião realizada pelos sócios dos principais escritórios, realizou-se um pacto para a pesquisa das práticas do mercado, a ser realizada por uma consultoria independente e de alta credibilidade. Desse modo, teve início um processo sistemático de pesquisa nesse setor.

- **Pesquisa para todas as posições** – essa prática é cada vez mais rara no mercado, por ser custosa e demorada. Envolve um grande número de organizações a serem pesquisadas, porque é necessário explorar diferentes mercados. Esse tipo de pesquisa pode ser realizado individualmente, bem como através de um consórcio de empresas. Atualmente, com os avanços tecnológicos, é possível construir um banco de dados alimentado continuamente por um conjunto de empresas e que permite em tempo real obter dados do mercado.

As pesquisas permitem um posicionamento das organizações em relação às suas práticas remuneratórias que lhes confira maior competitividade, sem que isso onere suas operações.

Construção e Realização de Pesquisas

A construção de pesquisas, independentemente de sua sofisticação, exige alguns cuidados. Os principais são:

- **Eleição das organizações que irão participar da pesquisa** – devem ser organizações que empreguem o tipo de mão de obra que queremos pesquisar.
- **Coleta de informações** – deve ter como base uma descrição das atribuições e responsabilidades das posições que queremos investigar. Não se recomenda pesquisar por nomes ou títulos dados às posições. Essas nomenclaturas variam de organização para organização e podemos, ao final, estar comparando informações sem relação entre si.
- **Tipo de informação pesquisada** – as informações sobre remuneração são muito variadas. As essenciais são: remuneração mensal, quantidade de salários por ano, remuneração variável, benefícios e data de correção salarial para ajustá-la ao desgaste sofrido pela inflação (dissídio coletivo).

> Normalmente, não necessitamos pesquisar todas as posições da organização para termos uma ideia da dinâmica do mercado, por essa razão são escolhidas posições que encontramos mais facilmente em outras organizações.

Normalmente, não necessitamos pesquisar todas as posições da organização para termos uma ideia da dinâmica do mercado, por essa razão são escolhidas posições que encontramos mais facilmente em outras organizações.

As organizações escolhidas para compor o que chamamos de matriz da pesquisa devem ser aquelas que empregam mão de obra semelhante à que queremos pesquisar. Por exemplo, quando pesquisamos mão de obra não qualificada ou qualificada, observamos os seguintes estratos no Brasil:

- **Abaixo de dois salários-mínimos** – normalmente, são pessoas com baixa mobilidade, por conta do custo do transporte, e podem atuar em diferentes tipos de trabalho: indústria, agricultura, serviços. Nesses casos, as organizações a serem pesquisadas são as próximas geograficamente de nossas instalações.
- **Acima de dois salários-mínimos e abaixo de dez** – essas pessoas já têm maior mobilidade e normalmente atuam em atividades que exigem qualificação. Tendem a buscar trabalhos de mesma natureza, mesmo que em outras localidades. Nesse caso, a pesquisa envolve organizações do mesmo setor de atividades, mas que atuam na mesma região geográfica.
- **Acima de dez salários-mínimos** – essas pessoas têm grande mobilidade e podem trabalhar em outros estados do país. Nesse caso, as organizações pesquisadas são do mesmo setor e podem estar localizadas em qualquer região do país.

Uma vez definida a matriz de empresas a serem pesquisadas, elas devem ser contatadas a fim de se verificar sua disponibilidade para participar da pesquisa. Historicamente, há uma grande solidariedade entre as organizações para troca de informações sobre remuneração. Uma forma de solidariedade é o envio dos resultados da pesquisa para todas as organizações participantes.

Cuidado importante na pesquisa é a comparação das remunerações praticadas pelo mercado em relação a uma descrição de atribuições e responsabilidades. Esse dado é importante para assegurarmos que a unidade a ser pesquisada não seja o nome de um cargo ou de uma posição, mas um conjunto de atribuições e responsabilidades.

> Atualmente, todas as consultorias especializadas em pesquisa de remuneração apresentam seus dados em três configurações: nível de complexidade, cargo e grupo de cargos.

Desde meados dos anos 1990, pesquisamos o mercado através de padrões de complexidade. Inicialmente, para comprovar que a remuneração no mercado se organiza por degraus de complexidade e, posteriormente, para ajudar as organizações a desenvolverem uma visão mais ampla do mercado. Desse modo, podemos pesquisar através da caracterização da complexidade, mas essa técnica é mais sofisticada e são raras as organizações que a utilizam. Atualmente, todas as consultorias especializadas em pesquisa de remuneração apresentam seus dados em três configurações: nível de complexidade, cargo e grupo de cargos.

Outro cuidado na pesquisa é termos as mesmas bases de comparação. Vamos supor que em determinado ano experimentamos 6% de inflação. O Sindicato dos Metalúrgicos da Cidade de São Paulo tem sua data base no mês de novembro e o da Cidade de São Bernardo, no mês de maio. Vamos supor que estou realizando minha pesquisa em novembro; nesse caso, posso ter uma informação de uma empresa com dissídio coletivo no mês de novembro e que está com seus salários corrigidos e, ao mesmo tempo, ter outra informação de uma empresa com dissídio no mês de maio e que está com seus salários não corrigidos. Nesse caso, posso ter uma diferença de 3% a 4% entre as informações.

Outra situação é a comparação entre uma empresa que paga 13 salários/ano e outra que paga 15. É necessário trazer todas as informações para uma mesma base de comparação para realizar uma análise do mercado.

Análise das Pesquisas sobre o Mercado

Com as informações em mãos, é possível realizar uma análise do mercado. Normalmente, ao realizarmos uma pesquisa, aproveitamos para obter informações sobre políticas de gestão de pessoas ligadas a desenvolvimento e carreira. Essas informações nos auxiliarão em uma leitura mais profunda do mercado.

Informações sobre o que está ocorrendo com o mercado são importantes – por exemplo, empresas que estão em expansão ou retração, migrações geográficas de plantas, fusões e aquisições. No início dos anos 2000, realizamos uma pesquisa de remuneração no setor de alimentos. Era uma época de aquisições e movimentação e agrupamento de operações industriais; quando analisamos o conjunto das informações, tínhamos determinada percepção do mercado, mas quando efetuávamos uma segmentação por localidade nossa percepção se alterava significativamente.

Ao pesquisarmos posições ou cargos situados em diferentes graus de complexidade, podemos perceber comportamentos do mercado diferentes para os diversos níveis. Essa observação nos permite uma visão mais arguta da realidade do mercado.

Com base nas informações do mercado, podemos realizar uma comparação com os parâmetros internos de equidade. Vamos supor, para simplificar, que atribuímos a cada um dos agrupamentos de posições ou cargos uma quantidade de pontos. Desse modo, com as informações de mercado, podemos efetuar uma correlação interna com as faixas de pontos. A Figura 10.3 mostra essa correlação.

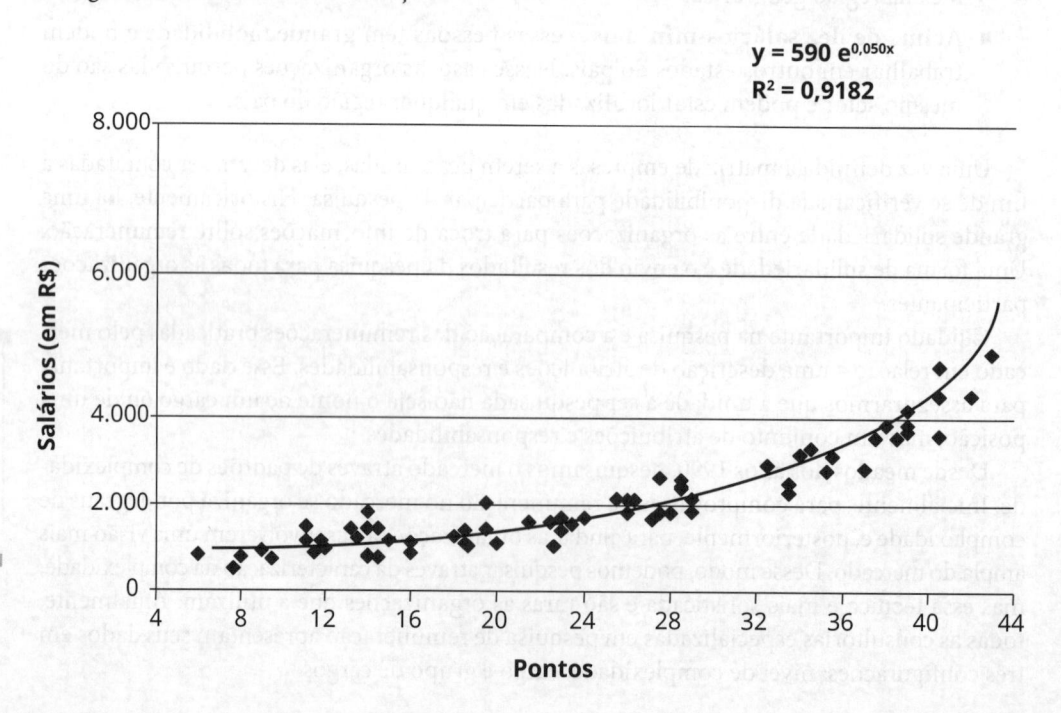

$y = 590\ e^{0,050x}$

$R^2 = 0,9182$

FIGURA 10.3

Relação entre o mercado e a equidade interna.

Fonte: Hipólito (2001:111).

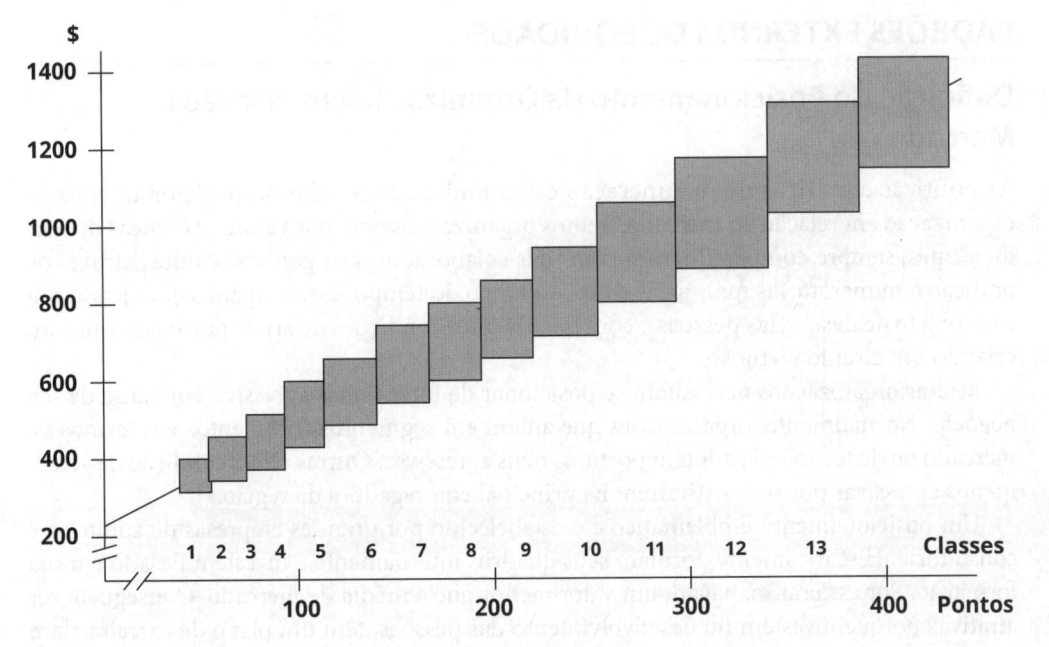

FIGURA 10.4

Faixas salariais.

Fonte: Hipólito (2001:45, adaptado de Zimpeck, 1992).

A partir dessa análise, podemos definir as faixas salariais para cada agrupamento de posições ou cargos. As faixas que indicam o início da carreira ou posições menos complexas têm um espectro menor (na divisão entre o valor que representa o teto da faixa e o valor que representa o piso da faixa, o resultado – 1 é percentual que mostra o espectro), normalmente variando de 20% a 30%. Nesse caso, partimos da ideia que as pessoas permanecerão pouco tempo nessas posições iniciais da carreira. Ao contrário, as faixas salariais que indicam o meio ou fim da carreira têm um espectro maior, normalmente variando de 40% a 60%. Isso porque se pressupõe que as pessoas permanecerão mais tempo nessas posições.

A Figura 10.4 indica um exemplo de construção de faixas salariais.

Ações Gerenciais Decorrentes das Pesquisas

A partir da pesquisa, as organizações podem tomar decisões sobre seu posicionamento frente ao mercado. Por exemplo, quero proteger um grupo de profissionais que são muito importantes para a organização e por essa razão vou posicionar os salários acima da média de mercado. Vamos supor o contrário. Recruto todo ano um grupo de jovens para os quais ofereço um treinamento intenso; isso faz com que minha organização seja muito atrativa para esse grupo de pessoas, neste caso posso me posicionar abaixo da média de mercado.

Não necessitamos ter uma política homogênea em relação ao mercado. A política pode variar em função da criticidade e da maturidade dos agrupamentos com os quais trabalhamos.

As pesquisas podem demonstrar pontos de fragilidade, como, por exemplo, o nível de agressividade dos concorrentes na remuneração da sua equipe de vendas ou o conjunto de benefícios que as organizações concorrentes oferecem. Podem demonstrar, também, aspectos diferenciadores, como, por exemplo, investimentos no desenvolvimento das pessoas, maior velocidade na ascensão, planos de carreira mais bem definidos etc.

Ao analisarmos nossas fragilidades e aspectos diferenciadores, podemos aprimorar a gestão de pessoa e realizar combinações mais eficientes entre as diversas práticas de remuneração e recompensas.

> A partir da pesquisa, as organizações podem tomar decisões sobre seu posicionamento frente ao mercado.

PADRÕES EXTERNOS DE EQUIDADE

Definição do Posicionamento da Organização em Relação ao Mercado

As políticas e práticas de remuneração estão muito conectadas ao posicionamento da organização em relação ao mercado. Temos organizações que, por valores e crenças de seus dirigentes, sempre compartilharam com seus colaboradores os ganhos obtidos, através de práticas remuneratórias mais agressivas. Ao longo do tempo, essas organizações passaram a ser objeto de desejo das pessoas e com isso tiveram condições de atrair pessoas talentosas, criando um círculo virtuoso.

> Muitas organizações necessitam se posicionar de forma mais agressiva por causa de seu negócio.

Muitas organizações necessitam se posicionar de forma mais agressiva por causa de seu negócio. Normalmente, organizações que atuam em segmentos turbulentos em termos de mercado ou de tecnologia adotam posturas mais agressivas. Outras têm a condição de serem menos agressivas por se constituírem na principal empregadora da região.

Um posicionamento emblemático é o estabelecido por grandes empresas de auditoria e consultoria. Historicamente, formam seus quadros internamente e investem pesado em sua formação. Por essa razão, pagam um valor menor que a média de mercado. Conseguem ser atrativas porque investem no desenvolvimento das pessoas, têm um plano de carreira claro e oferecem um ritmo de ascensão profissional maior que o do mercado. Entretanto, a partir de determinado momento essas organizações necessitam proteger seus quadros e passam a pagar acima da média de mercado. Como a maior parte da massa salarial é composta por pessoa em fase de ascensão, no agregado essas organizações operam remunerando abaixo da média de mercado.

A Figura 10.5 ilustra essa estratégia. A curva de remuneração da organização fica abaixo do mercado para profissionais com menos de cinco anos de experiência e acima da curva para profissionais com experiência acima de cinco anos. Desse modo, assume uma postura mais agressiva em relação ao mercado para o grupo mais experiente.

SAIBA MAIS

Podemos sintetizar a equidade interna como:
Estabelecer diferenças salariais consideradas justas pelas pessoas e baseadas no nível de contribuição de cada uma para a organização e para as demais pessoas da organização.

Podemos sintetizar a equidade externa como:
Realização de práticas de remuneração e recompensas compatíveis com o mercado de trabalho, considerando o segmento ou localidade de atuação da organização, para atribuições e responsabilidades de igual complexidade.

Conciliação entre Padrões Internos e Externos de Equidade

Ao longo de nossa experiência, verificamos que as pessoas sentem mais dor com injustiças provocadas no interior das organizações do que com aquelas oriundas da relação com o mercado. Portanto, entre a equidade interna e a externa, devemos privilegiar a equidade interna.

Atuamos em um caso interessante. Fomos convidados a ajudar uma grande gráfica nacional que vivia o seguinte problema: cerca de 80% de seus profissionais gráficos eram especializados em processos de impressão por rotogravura, também chamados de baixo relevo, de alta complexidade, e 20% especializados em impressão *offset*. Naquele momento, havia uma expansão acelerada do setor de embalagens que requeriam prioritariamente profissionais gráficos especializados em *offset*. O valor desses profissionais cresceu rapidamente e, para fazer frente

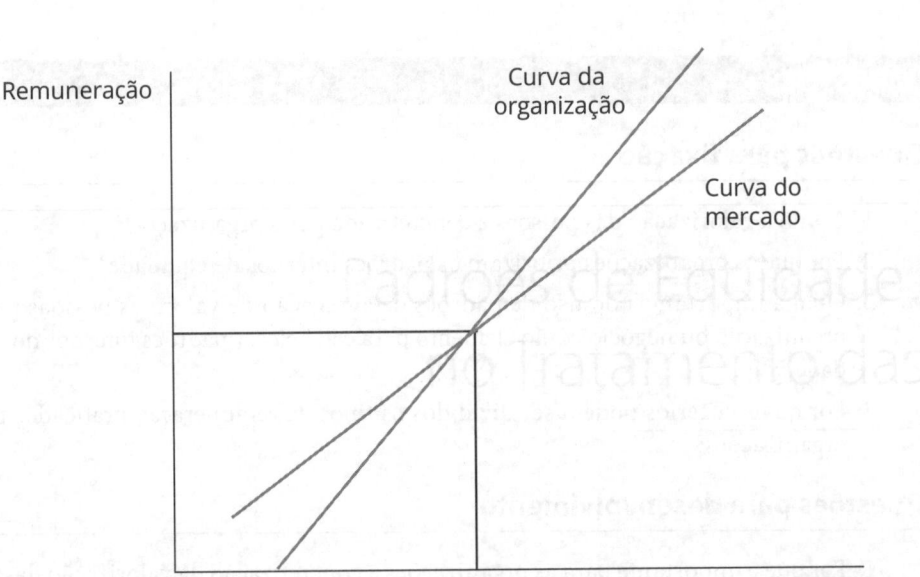

FIGURA 10.5

Posicionamento de mercado de organizações de auditoria e consultoria.

ao mercado, essa organização criou uma inequidade interna, diferenciando o salário entre os profissionais gráficos. Ao final, os especializados em *offset* ganhavam 30% acima dos demais.

Essa situação de inequidade passou a gerar um grande conflito interno e o clima organizacional definhou a níveis alarmantes. A solução foi a equalização dos salários através das seguintes ações:

- Ampliação da carreira dos profissionais gráficos com a criação da posição de profissionais formadores.
- Aumento salarial da estrutura dos gráficos em 10%, equalizando todos os profissionais independentemente de sua especialização.
- Aceleração na formação dos especialistas em *offset* para suprir o mercado sem afetar as operações da organização.

Não é incomum o conflito entre a equidade interna e a externa. Nesse caso, a interna deve ser privilegiada para garantir um senso de justiça e de equilíbrio.

Resumo e Implicações para o Aprendizado sobre Gestão de Pessoas

A ênfase neste capítulo foi dada à relação entre equidades interna e externa da remuneração e recompensas praticadas pela organização. Para tanto, abrimos discutindo com que parâmetros podemos definir a equidade interna. Posteriormente, discutimos formas de valorizar as pessoas, para, em seguida, apresentarmos formas de pesquisar o mercado em termos de práticas remuneratórias. Finalmente, discutimos estratégias para manter a organização em nível competitivo com o mercado em termos de remuneração.

As principais implicações para o aprendizado sobre a gestão de pessoas podem ser resumidas em:

- Dosagem das equidades interna e externa das remunerações e recompensas praticadas pela organização.
- Formas para investigar as práticas do mercado e desenvolver uma estratégia para o posicionamento da organização.
- Discussão sobre as diferentes formas de valorizar os colaboradores por suas contribuições.

QUESTÕES

Questões para fixação

1. Como a valorização das pessoas é concretizada pelas organizações?
2. Por que as organizações priorizam os padrões internos de equidade?
3. Qual a importância do uso de padrões de agregação de valor das pessoas para a organização ou negócio como elemento para estabelecer padrões internos de equidade?
4. Por quais critérios podem ser divididos os tipos de remuneração praticados pelas organizações?

Questões para desenvolvimento

1. Por que é importante para as organizações a concretização da valorização das pessoas?
2. Qual é a correlação existente entre os padrões de complexidade e os padrões de agregação de valor?
3. Quais as diferenças existentes entre os novos padrões de valorização e os tradicionais?
4. Como podemos descrever a lógica utilizada pelo mercado para estabelecer padrões remuneratórios?

ESTUDOS DE CASO E EXERCÍCIOS

Caso 1

A Cheirabem é uma organização que atua no setor petroquímico. Suas operações estão concentradas em dois polos petroquímicos, localizados em Cubatão e Mauá, ambos no estado de São Paulo e próximos entre si, com escritórios na cidade de São Paulo. A organização vive um problema, sempre que necessita realizar transferências de profissionais técnicos entre os dois polos: tem que enfrentar as dificuldades advindas de práticas remuneratórias diferentes. Essa situação já trouxe muitas dificuldades traduzidas em reclamações trabalhistas e nas relações com os sindicatos dos trabalhadores.

Como a organização pode trabalhar esse problema de equidade interna? Questões para o caso:

1. Quais ações podem ser realizadas para corrigir a situação, levando-se em conta que a organização passa por dificuldades financeiras e teria dificuldades para arcar com aumentos na folha de pagamentos?
2. Deve ser utilizada remuneração variável para os empregados? Em que situação deve ser utilizada? Qual deve ser a relação entre remunerações fixa e variável em termos percentuais e por quê?

Caso 2

O Sr. Gastão, Gerente de Remuneração, acaba de transmitir para o seu analista mais experiente o ultimato recebido do Sr. Hermanos, Diretor de Recursos Humanos, para equacionar a situação salarial dos técnicos e engenheiros. A organização é um importante centro de geração de tecnologia na área de telecomunicações e orgulha-se de representar a vanguarda em pesquisa e soluções inovadoras em seu setor. Como a perda de profissionais técnicos representa uma grande ameaça a essa posição, qualquer pedido de demissão é encarado como verdadeiro escândalo.

Nos dois últimos meses, houve a perda de oito importantes técnicos. A primeira providência tomada foi analisar a entrevista de desligamento desses técnicos. Descobriu-se que as razões para os pedidos de demissão de seis entre os oito foi a oferta de maiores salários por empresas que atuam na região.

A dificuldade em repor esses técnicos, porque a organização não oferece salários competitivos, foi um alerta importante sobre a falta de equidade externa das práticas de remuneração.

Questões para o caso:

1. Qual deve ser o plano de ação de curto prazo para contornar o problema?
2. Quais devem ser as ações de longo prazo para sanar as bases geradoras do problema?

REFERÊNCIAS

BILLIS, D.; ROWBOTTOM, R. *Organization design*: the work levels approach. Cambridge: Gower House, 1987.

CHIAVENATO, Idalberto. *Recursos humanos na empresa*. São Paulo: Atlas, 1989.

HIPÓLITO, José A. *Administração salarial*: a remuneração por competência como diferencial competitivo. São Paulo: Atlas, 2001.

_____. *Recompensas em organizações que atuam no terceiro setor*: análise a partir de seus pressupostos orientadores. 2004. Tese (Doutorado) – Departamento de Administração da Faculdade de Economia, Administração e Contabilidade da Universidade de São Paulo, São Paulo.

JAQUES, Elliott. *Requisite organization*. Arlington: Cason Hall, 1988.

_____. *Human capability*. Arlington: Cason Hall, 1994.

LAWLER III, Edward E. *Strategic pay*. San Francisco: Jossey-Bass, 1990.

_____. A poor foundation for the new pay. *Compensation & Benefits Review*, p. 20-26, Nov./Dec. 1996.

MARTOCCHIO, J. J. *Strategic compensation*. New Jersey: Prentice Hall, 1998.

RHINOW, Guilherme. *Dinâmica da aprendizagem voltada para a competitividade*. 1998. Dissertação (Mestrado) – Faculdade de Economia, Administração e Contabilidade da USP, São Paulo.

SIMÕES, Carina L. M. *Transparência na comunicação do sistema de remuneração*: proposta de um instrumento de medida e identificação de fatores determinantes. 2015. Dissertação (Mestrado) – Departamento de Administração da FEA-USP, São Paulo.

STAMP, G.; STAMP, C. *Wellbeing at work*: aligning purposes, people, strategies and structures. West Yorkshire, 1993.

TAYLOR, Frederick W. *Princípios de administração científica*. São Paulo: Atlas, 1982.

WOOD JR., T.; PICARELLI FILHO, V. *Remuneração estratégica*: a nova vantagem competitiva. São Paulo: Atlas, 1995.

ZIMPECK, B. G. *Administração salarial*. São Paulo: Atlas, 1992.

CAPÍTULO 11

Remuneração e Recompensa

O QUE SERÁ VISTO NESTE CAPÍTULO

Remuneração fixa

- Evolução do pensamento sobre remuneração.
- Formas tradicionais para estabelecer a remuneração fixa.
- Remuneração como função da complexidade.

Remuneração variável

- Aplicação e resultados esperados.
- Tipos de remuneração variável.
- Incentivos de curto prazo e de longo prazo.
- Críticas e riscos da remuneração variável.

Benefícios, serviços e facilidades oferecidos pela organização

- Papel e resultados esperados dos benefícios.
- Benefícios flexíveis.

CONTEÚDOS ADICIONAIS

- Reflexões sobre o tema do capítulo através de casos.
- Saiba mais.
- Estudos de caso complementares.
- Questões para guiar a reflexão sobre o conteúdo do capítulo.
- Referências bibliográficas.

QUE REFLEXÕES SERÃO ESTIMULADAS

- Qual é o papel dos diferentes tipos de remuneração?
- Como pode ser usada de forma ótima a composição dos diferentes tipos de remuneração?
- Como pode ser articulada a remuneração com outros aspectos da gestão de pessoas tais como: desenvolvimento, carreira e sucessão?

CONEXÕES COM O NOSSO COTIDIANO

Remuneração fixa

- Relação da remuneração fixa com o *status* profissional no mercado.
- Administração da valorização profissional através da gestão da remuneração fixa.

Remuneração variável

- Relação da remuneração variável com a fixa.
- Relação entre remuneração variável e o nível de risco de a pessoa não receber o salário devido.

Benefícios

- Atendimento de minhas necessidades pessoais e familiares pelos benefícios oferecidos pela organização.

ESTUDO DE CASO

A Alumínio Brilhante é uma organização que produz lingotes de alumínio através da junção da alumina com a bauxita por meio de um processo que usa como base a eletrólise, tendo a energia elétrica como seu principal insumo. O processo é de alto risco pelos perigos oferecidos pela energia elétrica e pelas altas temperaturas.

As pessoas que trabalham no processo produtivo do alumínio fazem as mesmas operações. Sem uma análise mais profunda, é difícil perceber a diferença entre os trabalhos dessas pessoas. Por tal razão, a organização estabeleceu faixas salariais para os cargos de operador I, II, III e IV. A diferença estabelecida entre os cargos era o tempo de experiência. Desse modo, era enquadrada como operador I a pessoa com até cinco anos de experiência; como operador II, de cinco a dez anos de experiência; como operador III, de dez a quinze anos de experiência; e como operador IV, acima de quinze anos de experiência. Naturalmente, essa forma de distinguir as pessoas em termos salariais gerava grande descontentamento e sentimento de injustiça, pois uma pessoa com sete anos de experiência, mais produtiva e dedicada ao trabalho, ganhava menos que uma pessoa com doze anos de experiência, menos produtiva e menos dedicada ao trabalho. Essa situação gerou para a organização reclamações trabalhistas e, nas pesquisas de clima organizacional, era apontada como uma das maiores insatisfações dos trabalhadores.

Ao se realizar uma análise mais apurada da realidade, foi possível perceber que, embora as pessoas fizessem trabalhos semelhantes, tinham níveis de complexidade de trabalho diferentes. Assim, foi possível estabelecer os cargos e as faixas salariais em função da complexidade do trabalho das pessoas e seus níveis de entrega. Ao final, a caracterização dos cargos foi a seguinte:

- Operador I – pessoa que está aprendendo as demandas do processo produtivo e todos os procedimentos e comportamentos de segurança e respeito ao meio ambiente.

- Operador II – pessoa que foi considera excelente em produtividade, qualidade, segurança do trabalho, respeito ao meio ambiente e trabalho em equipe. Espera-se dessa pessoa contribuições para o aprimoramento do processo e preparação de relatórios sobre a produção diária de sua unidade.

- Operador III – pessoa responsável pela preparação dos operadores I e de certificar seu nível de preparo para se tornar operador II. Espera-se dessa pessoa uma ascendência sobre os demais para cobrar atitude de segurança no trabalho e respeito ao meio ambiente.

- Operador IV – pessoa que atua como elo de ligação entre a operação e a engenharia de processos e as áreas administrativas da organização. Espera-se dessa pessoa um suporte na organização do trabalho e na preparação de relatórios gerenciais das operações de sua unidade. Essa pessoa é uma liderança de seu grupo e oferece suporte à gerência na gestão da equipe.

REMUNERAÇÃO FIXA

No caso analisado, verificamos que, embora as pessoas realizem o mesmo trabalho, suas entregas e a complexidade de suas atribuições e responsabilidades dão diferentes. Essa realidade encontramos com frequência em nossas organizações, que optaram por processos produtivos mais lineares ou por grupos semiautônomos, nos quais as pessoas realizam trabalhos similares e a forma de os distinguir é através da complexidade de suas atribuições. Essa será a principal questão trabalhada neste capítulo.

Evolução do Pensamento sobre Remuneração

A remuneração fixa é objeto de grande preocupação da literatura e das organizações por ser o principal elemento de diferenciação das pessoas. É através da remuneração fixa que as pessoas conseguem enxergar sua posição relativa na organização e no mercado de trabalho. Normalmente, esse tipo de remuneração reflete a equidade interna e externa. No Brasil, os demais tipos de remuneração são, na sua maior parte, múltiplos ou submúltiplos da remuneração fixa.

De outro lado, conforme já mencionamos, é muito difícil reduzir a remuneração fixa. Uma vez estabelecida, ela será um parâmetro enquanto a pessoa estiver na organização. Em nossas pesquisas, percebemos uma alta correlação entre a remuneração fixa e as demais remunerações existentes na empresa, ou seja, na medida em que a remuneração fixa é aumentada há um

> É através da remuneração fixa que as pessoas conseguem enxergar sua posição relativa na organização e no mercado de trabalho. Normalmente, esse tipo de remuneração reflete a equidade interna e externa.

aumento correspondente nas demais formas de remuneração. Assim, se a empresa administrar bem a remuneração fixa, terá uma boa administração de sua massa salarial, como veremos mais adiante. Visto que há uma grande correlação entre a remuneração fixa e a massa salarial, as empresas tendem a dedicar grande atenção a esse tipo de remuneração.

Hipólito (2004) realizou um importante trabalho relacionando o processo de evolução do pensamento sobre administração de empresas, com a evolução da gestão de pessoas e o foco dos debates sobre remuneração em cada período. Segundo esse pesquisador, podemos caracterizar os períodos da seguinte forma:

- **De 1890 a 1920** – nesse período, consolida-se o movimento de administração científica, tendo como seu expoente Taylor (1982), que em uma primeira fase de suas discussões está preocupado com o que chamou de problema dos salários. Criticava os sistemas de remuneração praticados na época ao recompensarem o dia de trabalho ou a produção. Em um primeiro momento, propôs o estudo do tempo necessário para a realização das tarefas; num segundo momento, o aprimoramento dos métodos de trabalho e, finalmente, a ideia do incentivo individual ao trabalhador, na adoção de sistemas de pagamento de acordo com o desempenho, onde quanto maior fosse a contribuição da pessoa maior a sua remuneração, conduzindo as pessoas "à sua condição de eficiência máxima".

- **De 1920 a 1950** – apesar dos trabalhos de Elton Mayo, que culminaram com o surgimento da escola de relações humanas, esse período é caracterizado pela cristalização de parâmetros de gestão cada vez rígidos (MOTTA, 2001; MAXIMIANO, 2000), com excesso de formalização, zelo burocrático, departamentalização e excesso de impessoalidade. Nesse período, segundo Hipólito (2004), "a prática de definir a remuneração com base na análise dos indivíduos e de sua produtividade no trabalho foi perdendo espaço para o uso do conceito de cargos como principal elemento de parametrização das decisões de remuneração". As práticas desse período foram muito criticadas por Braverman (1980), Gorz (1980) e Friedmann (1972), discutindo a expropriação do trabalhador de seu conhecimento, estimulando uma visão fragmentada dos processos de trabalho e uma postura de submissão.

- **De 1950 a 1970** – esse é o período de grandes transformações tecnológicas, da internacionalização das organizações e da busca de uma moeda global. Nesse período, as organizações ganham dimensões globais e a prática remuneratória, embora ainda baseada em cargos, incorpora o conceito de complexidade. O conceito de complexidade permite a construção de estruturas globais de remuneração. Nesse período, as organizações passam a valorizar o papel das pessoas para o seu sucesso (FISCHER, 2002). Com isso, aspectos não financeiros ganham força como elementos de recompensa e reconhecimento tais como carreira, *status* etc.;

- **De 1970 a 1980** – as organizações passam a discutir o excesso de formalismo e buscam flexibilizar suas estruturas, principalmente as organizações que atuam em tecnologia de informação. Nesse período, observamos processos de remuneração mais centrados nas pessoas, com abordagens voltadas à maturidade das pessoas e o incremento natural de suas contribuições (LAWLER III, 1981; 1990).

- **De 1980 a 1990** – é um período de grandes transformações e grande pressão sobre as organizações. A globalização se consolida e entram novos players nesse mercado (Japão e Tigres Asiáticos). Assistimos a uma inflexão na gestão de pessoas na medida em que as organizações percebem que sua sobrevivência está atrelada ao seu contínuo desenvolvimento e este, ao desenvolvimento das pessoas. Nesse período, o conceito de meritocracia se consolida como contribuição das pessoas ao desenvolvimento da organização.

- **De 1990 em diante** – com a consolidação da Internet, velocidade de mudanças, novos parâmetros de valorização das organizações, o conceito de recompensa se expande para além dos aspectos financeiros e a importância do papel das pessoas para o desenvolvimento da organização e/ou negócio se consolida.

Formas Tradicionais para Estabelecer a Remuneração Fixa

As formas tradicionais para estabelecer a remuneração fixa das pessoas, na organização e no mercado, estão atreladas às tarefas e à posição ocupada pela pessoa na empresa, o que chamamos de cargo. Para o estabelecimento da remuneração nas bases tradicionais, são necessários os seguintes passos:

- Caracterização e análise dos cargos existentes na organização.
- Definição da forma de diferenciar os cargos na organização.
- Estabelecimento do valor a ser pago para os diferentes cargos, observando a importância relativa dos cargos dentro da organização e em relação ao mercado.

A caracterização e a análise dos cargos devem ser precedidas da definição de objetivos em relação ao trabalho a ser realizado, histórico da organização – de onde ela vem e para onde vai –, com o objetivo de analisar de forma crítica a configuração presente e futura dos cargos da organização, características operacionais e culturais da empresa e como os cargos são configurados em termos de grupos ou famílias.

Para o processo de coleta de informações sobre os cargos podem ser utilizadas várias técnicas, tais como: entrevistas, observações no local de trabalho, questionários, reuniões com diferentes grupos de empregados e análise de documentos. Com base nessas técnicas, é importante levantar e analisar as seguintes informações:

- **Tarefas e responsabilidades que compõem o cargo** – o que é feito ou o que deve ser feito.
- **Forma como as tarefas são executadas** – como é feito ou como deve ser feito.
- **Objetivos das tarefas e da posição ocupada pelo cargo** – para que é feito ou deve ser feito.
- **Frequência de realização das tarefas** – quando é feito ou deve ser feito.

Nas organizações, encontramos normalmente situações que podem ser definidas das seguintes formas:

- **Tarefa** – conjunto de movimentos ordenados que visem à realização de uma ação.
- **Função ou posto de trabalho** – conjunto de tarefas e responsabilidades atribuídas a um colaborador.
- **Cargo** – conjunto de funções semelhantes quanto a sua natureza e requisitos, atribuídas a um ou mais colaboradores.
- **Grupo ocupacional ou família de cargos** – agrupamento de cargos de natureza homogênea, como, por exemplo, cargos executivos ou gerenciais, cargos operacionais, cargos técnicos etc.

> Verificamos que, quando a empresa possui em uma mesma família de cargos uma quantidade inferior a 50, é mais rápida uma metodologia mais simples como abordagens não quantitativas ou comparação de fatores.

Para a diferenciação dos cargos na organização, podem ser empregadas diferentes metodologias. Utilizando a classificação sugerida por Chiavenato (1989, v. 4:38), temos: abordagens não quantitativas, tais como: escalonamento de cargo ou categorias predeterminadas; ou abordagens quantitativas, tais como: comparação de fatores ou avaliação por pontos. Como prática, verificamos que, quando a empresa possui em uma mesma família de cargos uma quantidade inferior a 50, é mais rápida uma metodologia mais simples como abordagens não quantitativas ou comparação de fatores. Nos casos de grande quantidade de cargos, é recomendável a utilização da avaliação por pontos. A avaliação por pontos é a forma mais utilizada pelas empresas por apresentar maior confiabilidade.

De forma sintética, a avaliação dos cargos por pontos pode ser descrita nos seguintes passos:

- **Definição, para uma determinada família de cargos, dos fatores a serem utilizados para avaliação** – esses fatores tendem a ser agrupados em duas categorias: exigências sobre o ocupante do cargo, como formação, experiência, características pessoais etc.; exigências impostas pelo cargo, como responsabilidades, supervisão, contatos internos e externos etc.; e exigências impostas pelo cargo, como responsabilidades, supervisão, contatos internos e externos etc.

- **Estabelecimentos de graus crescentes de complexidade para cada fator** – esses graus devem ser relevantes para a família de cargos a ser analisada, como, por exemplo: em uma família de cargos administrativos, seria interessante graduar a formação em função do grau de escolaridade; já para uma família de cargos gerenciais em que a organização exige como escolaridade mínima curso superior, a mesma forma de graduação utilizada para os cargos administrativos seria inadequada.

- **Estudo da escala de diferenciação dos fatores entre si e dos diversos graus dentro dos fatores** – normalmente, nessa fase é realizado um teste de consistência dos fatores utilizados para diferenciação dos cargos. Para esse teste, é feita a simulação da avaliação de vários cargos por meio dos fatores e estabelece-se uma correlação entre a pontuação recebida pelos cargos e o salário atribuído a eles pela organização ou pelo mercado. Caso os fatores tenham sido bem escolhidos, é provável que se encontre uma boa correlação. Uma forma de melhorar a correlação é dar maior importância relativa para os fatores que apresentam melhor correlação. Normalmente, os fatores ligados às exigências sobre os ocupantes do cargo são os que apresentam melhor correlação. Em médias, esses fatores recebem 70% da ponderação em relação ao conjunto de fatores.

- **Definição da escala de avaliação dos cargos** – ao se obter uma boa correlação entre fatores e a remuneração fixa, temos uma régua final para medir os cargos. Ao avaliarmos todos os cargos de uma mesma família dentro da mesma régua, garantimos a equidade interna entre os cargos. Ao correlacionarmos os pontos com padrões remuneratórios do mercado, garantimos também a equidade externa.

- **Construção dos cargos equivalentes e das faixas salariais** – definida a escala de pontos e efetuada a avaliação dos cargos, é fácil constatar que cargos com pontuação próxima podem ser considerados equivalentes e devem receber salários próximos. Ao definirmos os intervalos de pontos que caracterizam cargos equivalentes e as faixas salariais correspondentes, estará construída a estrutura de cargos e salários para determinada família de cargos.

> Nos casos de grande quantidade de cargos, é recomendável a utilização da avaliação por pontos.

Remuneração como Função da Complexidade

A remuneração baseada nas tarefas executadas pela pessoa ou na sua posição na organização é ainda a mais utilizada. O problema dessa abordagem é que estamos nos apoiando em uma base movediça ao utilizarmos o cargo como referência, já que o cargo não continua igual no tempo, ou seja, as tarefas e responsabilidades das pessoas estão em constante alteração. É necessário um padrão estável no tempo. Esse padrão estável no tempo é a complexidade das entregas esperadas da pessoa. Mesmo que essas entregas mudem no tempo, o que importa é o grau de sua complexidade. Esse grau é estável no tempo e pode ser transformado em uma base de apoio sólida.

Para determinação de uma estrutura salarial com base em complexidade, podemos adotar os seguintes passos:

- Estabelecer os principais eixos de carreira da empresa, conforme vimos no Capítulo 4.
- Definir as competências a serem entregues em cada eixo de carreira.

- Estabelecer os degraus de complexidade de cada competência dentro do mesmo eixo de carreira – para cada eixo de carreira é importante verificarmos quantos graus de complexidade existem e que podem ser claramente identificáveis. Esses graus de complexidade correspondem a níveis de agregação de valor da pessoa para a organização e, portanto, correspondem a diferentes patamares salariais.
- Construção das faixas salariais para cada degrau de complexidade – dentro de cada eixo de carreira, podemos estabelecer uma relação entre os salários da empresa ou do mercado e os graus de complexidade.
- Enquadramento das pessoas nos diferentes graus de complexidade – os degraus de complexidade devem ser equivalentes para cada uma das diferentes competências, ou seja, o primeiro grau de complexidade da competência "a" deve ser equivalente ao primeiro grau de complexidade da competência "b". Por que isso é importante? Porque uma pessoa pode ser enquadrada na faixa salarial utilizando-se apenas uma competência, já que ela retrata toda a escala de complexidade do eixo de carreira. Ao realizarmos o enquadramento da pessoa em todas as competências, estamos repetindo várias vezes o enquadramento, aumentando a confiabilidade desse processo. Em nossas pesquisas, verificamos que, com cinco competências, temos a eliminação do viés de enquadramento. Geralmente, recomendamos que as empresas utilizem sete competências para total confiabilidade.

> É necessário um padrão estável no tempo. Esse padrão estável no tempo é a complexidade das entregas esperadas da pessoa.

Para exemplificar esse processo, vamos utilizar o caso abaixo. Na Figura 11.1, são apresentadas toda a estrutura de carreira da empresa e as faixas salariais correspondentes.

Na Figura 11.2, vamos mostrar o conjunto de competências utilizado para distinguir o eixo gerencial. Para cada competência, foram estabelecidos cinco graus de complexidade. O grau de complexidade estabelecido para o G1 na competência "orientação para resultados" é equivalente ao grau estabelecido para as demais quatro competências para o G1. Se determinado gerente é classificado como G1 na competência "orientação para resultados", provavelmente será classificado como G1 nas demais.

Por que isso ocorre? Porque, como vimos, o grau de complexidade está ligado ao nível de abstração que a pessoa consegue para realizar o seu trabalho. Assim, é muito provável que um gerente operacional em início de carreira consiga entregar a complexidade inicial em todas as competências. Caso o gerente avaliado esteja enquadrado em algumas competências no nível G1 e em outras no G2, é sinal de que ele se encontra em um processo de desenvolvimento rumo ao segundo nível de complexidade da carreira.

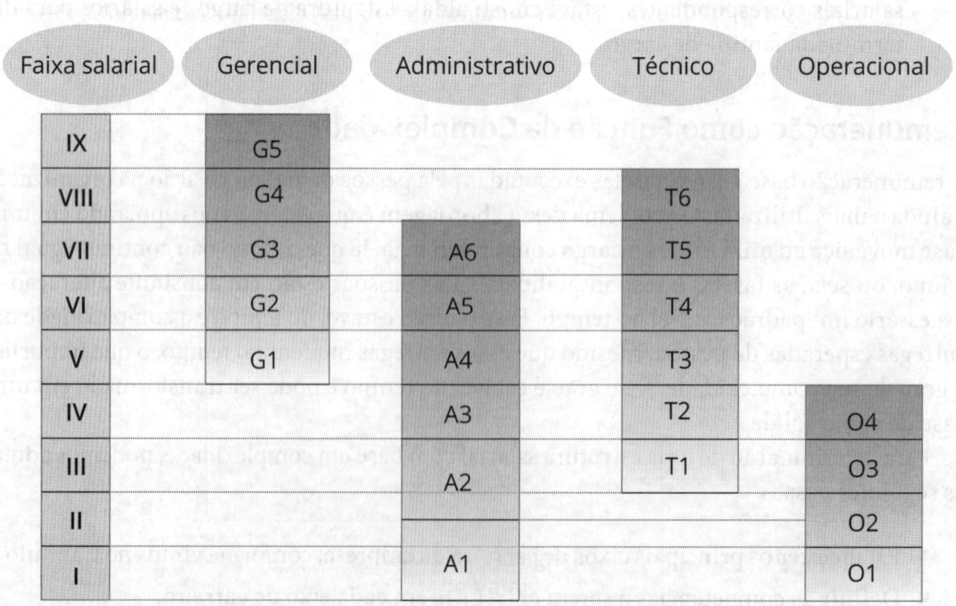

Faixa salarial	Gerencial	Administrativo	Técnico	Operacional
IX	G5			
VIII	G4		T6	
VII	G3	A6	T5	
VI	G2	A5	T4	
V	G1	A4	T3	
IV		A3	T2	O4
III		A2	T1	O3
II				O2
I		A1		O1

FIGURA 11.1

Exemplo de eixos de carreira e faixas salariais correspondentes aos níveis de complexidade.

Nível \ Competências	Liderança	Orientação para resultados	Inovação	Visão sistêmica	Visão estratégica
G5					
G4					
G3					
G2					
G1					

FIGURA 11.2
Exemplo de graus de complexidade das competências de um eixo de carreira.

REMUNERAÇÃO VARIÁVEL

Aplicação e Resultados Esperados

A remuneração variável ou plano de incentivos é parcial ou totalmente definida em função do atendimento de objetivos organizacionais, grupais e/ou individuais previamente determinados. Segundo Martocchio (1998), a existência desse tipo de remuneração está assentada nas seguintes premissas:

- Pessoas ou grupo de pessoas diferem no nível de contribuição para o desenvolvimento e na obtenção de resultados pela organização e/ou negócio não só pelo que fazem, mas também pela forma como fazem.
- De modo geral, a **performance** da organização depende em larga escala da **performance** de seus colaboradores, atuando individualmente ou em grupo.
- Para atrair, reter e motivar a alta **performance** e, ao mesmo tempo, ser justa com todos, a organização necessita recompensar os colaboradores em função de sua **performance** relativa, ou seja, comparada à dos demais.

Segundo Dutra e Hipólito (2012), os "fatores que têm estimulado a adoção de práticas de remuneração variável são os seguintes:

- **Abertura do mercado** – e, com ela, aumento no risco e volatilidade dos negócios em função de um ambiente cada vez mais concorrencial e crescentemente integrado em âmbito global. Neste contexto, a obtenção de resultados passou a ser mais fortemente perseguida e necessária à sobrevivência das organizações.
- **Crescente complexidade do ambiente organizacional** – e necessidade das pessoas de responderem às oportunidade e ameaças que emergem do ambiente de forma cada vez mais intensa e autônoma. Reconhecer resultados diferenciados passa a ser um caminho para a retenção de profissionais e para a redução do que em economia se denomina oportunismo pós-contratual (**moral hazard**).
- **Enfraquecimento do modelo tradicional de gestão de pessoas** – em que a contribuição dos profissionais, sua agregação de valor, era bem traduzida pelo cargo que ocupavam. A necessidade de respostas cada vez mais ágeis fez com que as organizações passassem a buscar mecanismos para identificar e reconhecer o desempenho de seus

> Os fatores que estimulam a adoção de práticas de remuneração variável são: abertura de mercado, crescente complexidade do ambiente organizacional, enfraquecimento do modelo tradicional de gestão de pessoas e melhoria nos processos, sistemas de informação e mecanismos de controle.

profissionais (para além de seu cargo), para estimular a flexibilidade na atuação das pessoas (deve-se perseguir os resultados mesmo que para isso tenhamos que realizar tarefas diferentes daquelas previstas no cargo) e para provocar a ampliação do olhar, de individual para coletivo (atuação em parceria com outros profissionais e áreas na busca de resultados comuns).

- **Melhoria nos processos, sistemas de informação e mecanismos de controle organizacionais** – oriundos, em parte, dos avanços promovidos pelos movimentos da gestão pela qualidade. Esses avanços passaram a propiciar informações objetivas dos resultados obtidos, criando a base para que muitas organizações resolvessem premiar esses resultados e estimular a contínua superação do desempenho".

Os resultados esperados com a implantação de programas de remuneração variável são discutidos por diversos autores. Alinhando as reflexões de alguns, podemos formar o seguinte painel:

- **Foco dos colaboradores no intento estratégico e objetivos organizacionais** – os objetivos que determinam a remuneração variável podem ser definidos em aspectos tangíveis ou não. Martocchio (1998:105) exemplifica o caso da Taco Bell, onde os gestores das lojas recebem um bônus ao atender três propósitos: atingimento dos níveis de rentabilidade da loja, qualidade percebida pelos clientes baseada em avaliações realizadas por uma empresa independente de pesquisa e volume de vendas. Dutra e Hipólito (2012) apontam a importância da explicitação dos resultados a serem perseguidos para um alinhamento do comportamento dos profissionais com os intentos estratégicos da organização.

- **Estímulo à melhoria contínua** – por detrás dos objetivos a serem atingidos está a intenção de trazer a organização como um todo para um novo patamar de **performance**; por essa razão, a obtenção dos resultados através de um esforço extra não os sustenta no tempo. Os objetivos devem ser atingidos através do desenvolvimento das pessoas, internalização de novos conceitos e aprimoramento dos processos.

- **Gestão da massa salarial** – a gestão adequada da remuneração variável a transforma em um processo remuneratório autofinanciado, ou seja, os recursos para o pagamento da remuneração variável advêm de ganhos adicionais obtidos pela organização. Esse é um aspecto que será aprofundado no próximo capítulo.

Tipos de Remuneração Variável

A remuneração variável pode ser classificada de diferentes formas. Normalmente, é utilizado o foco da distribuição. Utilizando essa forma de classificação, a remuneração variável pode ser:

> As formas de remuneração variável devem considerar dois aspectos essenciais: a origem do dinheiro a ser distribuído e a forma de distribuição.

- **Participação nas vendas** – neste caso, a remuneração pode ser apresentada na forma de comissão sobre vendas de um produto ou serviço ou na forma de prêmios obtidos por resultados em campanhas de venda.

- **Participação nos resultados** – neste caso, a remuneração é função do alcance de metas previamente negociadas entre a organização e os colaboradores. Essas metas traduzem um ganho operacional para a organização, quer na forma de maior produtividade, quer na forma de maior flexibilidade no uso da capacidade instalada, quer na maior velocidade de resposta às exigências do mercado etc. Normalmente, neste caso são estabelecidos **a priori** os indicadores de alcance das metas e a forma de mensuração.

- **Participação nos lucros** – neste caso, a remuneração é uma fração do lucro obtido pela organização. Normalmente, o lucro distribuído é uma fração do lucro que excede a remuneração mínima exigida pelos acionistas. Também neste caso, o montante do lucro a ser distribuído é estabelecido previamente entre a organização e os colaboradores.

- **Participação acionária** – aqui, a remuneração é a distribuição de ações da organização em função de resultados obtidos em determinado período. Esse tipo de remuneração visa comprometer as pessoas com resultados de longo prazo, partindo-se do pressuposto de que a organização, ao se desenvolver, terá o valor de suas ações aumentado.

Esses diferentes tipos de remuneração podem ser oferecidos de forma combinada pela organização. Porém, todas as formas de remuneração variável devem considerar dois aspectos essenciais: a origem do dinheiro a ser distribuído e a forma de distribuição. Esses dois aspectos devem ser analisados de forma separada, pois evolvem lógicas e interlocutores diferentes. Esses dois aspectos são trabalhados por muitas organizações de forma conjunta, gerando grande confusão na gestão da remuneração variável.

A origem do dinheiro a ser distribuída deve ser objeto de negociação entre os acionistas e a administração da organização. A lógica, nesse caso, é a de estimular as pessoas o obter um lucro maior do que estariam dispostas se não houvesse a remuneração variável, por isso o dinheiro a ser distribuído é sempre um resultado que possibilite aos acionistas um ganho em relação à sua expectativa inicial. Esse ganho pode ser uma lucratividade maior, um prejuízo menor, a consolidação de uma estratégia, a possibilidade de lucros futuros etc. O valor a ser distribuído deve ser estabelecido **a priori** com os acionistas, ou pelo menos a lógica da determinação do valor deve ser estabelecida.

A forma de definir a distribuição do valor para os trabalhadores deve ser negociada também **a priori**. É comum observar que a distribuição leva em consideração o desempenho da organização ou negócio e das equipes ou áreas. É raro encontrar organizações que tenham capacidade de determinar o desempenho individual para incluí-lo como parâmetro para a distribuição da remuneração variável, com exceção para posições onde o desempenho individual é muito evidente, como, por exemplo: vendedores, operadores no mercado financeiro de atacado etc.

Para a definição de um processo que torne mais efetivos os impactos da remuneração variável, devem ser observados alguns aspectos.

Definição do bolo a ser distribuído

O valor a ser distribuído deve ser previamente definido pela organização, para que os acionistas se sintam seguros de que a distribuição efetuada está assentada em ganhos para a organização de curto e longo prazos. Dessa forma, o total da remuneração variável paga não pode ser superior ao bolo definido pelos acionistas. A equação a seguir expressa essa preocupação.

BOLO A SER DISTRIBUÍDO × SOMATÓRIO DA REMUNERAÇÃO VARIÁVEL

A definição prévia do bolo a ser distribuído permite seu provisionamento contábil e financeiro. Tal aspecto é essencial porque a organização pode não ter caixa na hora de pagar a remuneração variável. Um exemplo que vivemos foi em janeiro de 1999, com a desvalorização do real frente ao dólar. Várias organizações tinham uma visão muito pessimista em relação a 1998 e projetaram resultados abaixo do que realizaram. Isso insuflou o montante da massa de remuneração variável. Muitas organizações não realizaram o provisionamento e, com a crise de liquidez após janeiro de 1999, tiveram grandes dificuldades para pagar a remuneração variável devida.

Formas de distribuição do bolo

A maior parte das organizações considera na distribuição da remuneração variável o alcance dos objetivos organizacionais e individuais e/ou de grupo. Normalmente, essa distribuição é realizada em múltiplos da remuneração fixa, conforme mostra a Figura 11.3. É importante observar na figura que o peso do alcance dos objetivos individuais e/ou em grupo é maior na remuneração variável do pessoal mais operacional. Na medida em que o colaborador está

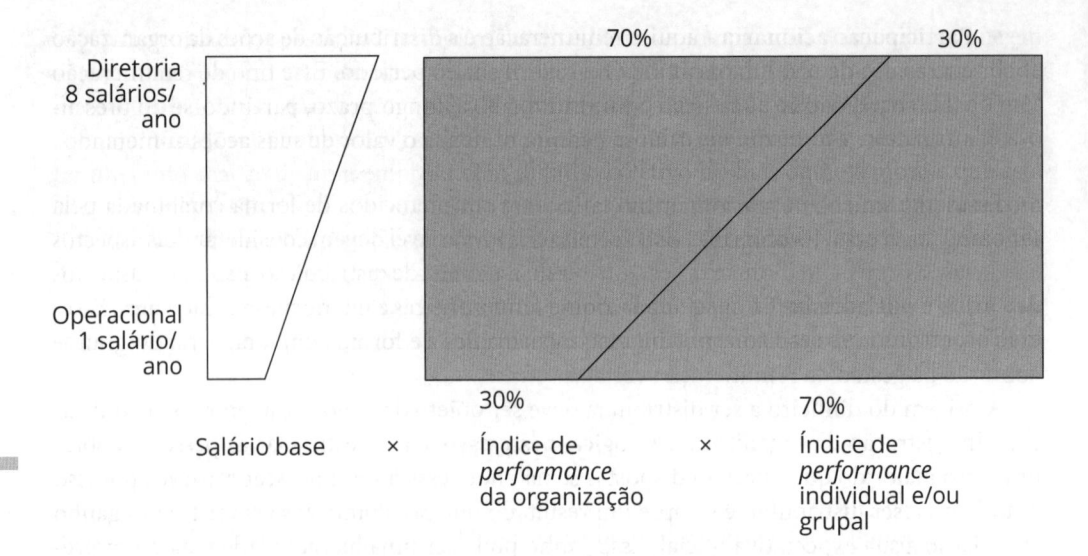

FIGURA 11.3

Distribuição da remuneração variável.

```
Diretoria                    70%              30%
8 salários/
ano

                    Salário  ×  Índice de      ×  Índice de
Operacional         base        performance       performance
1 salário/                      da organização    individual e/ou
ano                                               grupal
                             30%              70%
```

em níveis mais elevados de decisão, o peso do alcance dos objetivos organizacionais sobe. Além disso, há uma tendência do valor-base para a remuneração variável aumentar quanto maior for a complexidade da posição. Em nossos levantamentos, verificamos, no Brasil, o setor industrial para um salário-ano para os colaboradores operacionais e oito salários-ano para os colaboradores em nível de direção.

Pagamento da remuneração variável

Nossa legislação cria muitas restrições ao pagamento de remuneração variável. Existem somente duas possibilidades. Uma está prevista na CLT (Consolidação das Leis do Trabalho) e outra é a PLR (Participação em Lucros e Resultados) regulada pela Lei nº 10.101. A PLR é interessante porque sobre ela não há incidência de tributos trabalhistas e não cria habitualidade. A habitualidade é gerada quando um empregado recebe habitualmente uma remuneração superior à estipulada formalmente pela organização. Por exemplo, o salário formal da pessoa é de 100 por mês e durante algum tempo o empregado recebeu 120 por mês. Há um entendimento pela justiça trabalhista de que a pessoa passou a fazer jus a uma remuneração mensal de 120 porque adquiriu um padrão de vida correspondente a essa remuneração.

A PLR, por não ter tributos e não criar habitualidade, foi amplamente adotada pelas organizações. Ocorre que, em categorias sindicais mais combativas, são colocadas restrições ao pagamento de remuneração variável pelas organizações. Quando a organização não respeita a lei, cria dois passivos: um trabalhista, que, por assumir uma remuneração maior do que a formal, oferece um direito ao trabalhador; e outro fiscal, na medida em que não recolheu os tributos relativos à remuneração.

Em conversa com profissionais especializados no tema, verificamos que muitas organizações são surpreendidas com o montante dos passivos trabalhista e fiscal criados ao longo do tempo.

> Nossa legislação cria muitas restrições ao pagamento de remuneração variável.

Incentivos de Curto Prazo e de Longo Prazo

A maioria dos autores classifica os tipos de remuneração variável em função do período de sua abrangência em curto e longo prazo. Martocchio (1998) e Armstrong (1996) classificam a remuneração variável em função de sua abrangência em: individual, grupal e organizacional.

Neste trabalho, vamos adotar a classificação em função do período em curto e longo prazo, utilizada por Hipólito (2004) e Wood e Picarelli (1995).

Incentivos de curto prazo

- **Participação nos resultados** – é a forma mais comum de remuneração variável pelas facilidades criadas pela lei da PLR.

- **Comissão sobre vendas** – é uma prática prevista pela CLT e comum nas áreas de vendas. Esse tipo de remuneração variável é restrito por lei para o pessoal que atua diretamente em vendas.
- **Incentivos não financeiros** – oferecidos na forma de viagens, prêmios e outras benesses para profissionais que atingem objetivos. Normalmente, é utilizado em campanhas.
- **Participação nos lucros** – o uso dessa prática é pouco comum porque a organização assume transparência de seus registros contábeis e forma de apuração do lucro, já que ele pertence aos empregados.
- **Pagamentos focados** – são pagamentos efetuados em função de feitos extraordinários chamados de **spot award**. Um caso interessante foi a queda de redes de transmissão pertencentes a Furnas. As redes foram derrubadas por fortes rajadas de vento em um lugar inóspito. O tempo era chuvoso e o risco de desabastecimento, muito grande. Um grupo de pessoas voluntárias foi até o local e realizou os reparos num feito heroico. Nesse caso, a empresa surpreendeu esse grupo de heróis com o pagamento de um prêmio pelos feitos.

> A maioria dos autores classifica os tipos de remuneração variável em função do período de sua abrangência em curto e longo prazos.

Incentivos de longo prazo

- **Participação acionária** – poucas organizações adotam essa prática, mas as que praticam informam sua efetividade para um engajamento das pessoas no longo prazo da organização. Uma organização onde mais de 80% dos colaboradores são acionistas é a Promon. Essa organização participa de nossa pesquisa entre as melhores para se trabalhar, e sempre está em evidência. Claro que é um caso muito particular, mas mostra o poder da participação das pessoas nos resultados da organização.
- **Bônus diferido** – essa é uma prática mais comum em nossas organizações. Segundo Dutra e Hipólito (2012), "o bônus diferido funciona como um plano de remuneração variável focado em resultados, só que, no entanto, posterga (difere) o pagamento para um período futuro. Se o pagamento for condicionado à obtenção de resultados futuros, estaremos lidando com o que tipicamente é considerado como bonificação de longo prazo". Acompanhamos o caso de um banco brasileiro que criou durante um período uma moeda interna. Essa moeda ganhava ou perdia valor em função dos resultados do banco. Os gestores recebiam-nas como pagamento de remuneração variável e podiam resgatá-las ou não após três anos. Em função de ganhos acima do mercado, muito gestores mantinham suas moedas como um investimento.

Críticas e Riscos da Remuneração Variável

Embora a remuneração apresente muitas vantagens, apresenta também riscos importantes, que devem ser evitados ou minimizados. O risco mais comum é a criação de um processo de competição predatória, em que há um estímulo ao "cada um por si". Por tal razão, o uso de estímulos grupais de resultados, como, por exemplo, um presidente de uma organização, tem parte de sua remuneração variável pelos resultados do grupo. Interagimos com um grupo de negócios onde mais de 40% da receita vem da sinergia entre os negócios. Nesse caso, há uma parte significativa da remuneração variável que provém da criação de negócios para o grupo de empresas.

Outro perigo da remuneração variável de curto prazo é o foco muito estreito no aqui e agora, estimulando as pessoas a obter resultados a qualquer preço e custo. Nesses casos, as pessoas obtêm excelentes resultados, sacrificando o amanhã.

Na remuneração de longo prazo, existe o risco de as pessoas assumirem posicionamentos que ferem os valores organizacionais para garantirem resultados acima do esperado e, com isso, valorizar suas ações ou bônus diferido, como foi o caso da Enron em 2001.

BENEFÍCIO, SERVIÇOS E FACILIDADES OFERECIDOS PELA ORGANIZAÇÃO

Papel e Resultados Esperados dos Benefícios

Os benefícios representam uma importante complementação da remuneração dos empregados, particularmente em nosso país, onde há uma série de lacunas nos serviços oferecidos pelo estado e uma grande quantidade de pessoas carentes de suporte.

Quando um dos autores deste livro atuava como responsável pela área de gestão de pessoas, viveu uma situação que mostra nossas mazelas. Estava atuando em um programa de melhoria da alimentação na organização e foi formado um grupo de trabalho, onde sistematicamente eram realizadas conversas com a maioria dos empregados. Nesse momento, constatou-se que havia alguns empregados que traziam sua marmita de casa com uma alimentação muito pobre. Essas pessoas não se sentiam bem comendo algo melhor do que suas famílias tinham em suas casas.

Até os anos 1960 eram raras as organizações que ofereciam benefícios para seus trabalhadores. Observávamos essa prática em empresas estatais e em multinacionais com sede em países desenvolvidos. Nos anos 1970, com um crescimento acelerado de nossa economia e uma grande concorrência pela mão de obra, os benefícios foram disseminados. Inicialmente, as principais preocupações eram com aspectos ligados a saúde e seguros de vida. Em seguida, a alimentação da família do colaborador, educação dos filhos e mais recentemente com questões ligadas à aposentadoria complementar.

O desafio na estruturação dos benefícios é atender as necessidades concretas dos trabalhadores; desse modo, eles assumem papel importante na complementação da remuneração e atuam como elementos de atração e retenção da mão de obra.

Uma política de benefícios deve observar os seguintes pontos, segundo Armstrong (1996):

- Tipos de benefícios a serem oferecidos pela organização.
- Níveis de acesso aos benefícios, de forma a atender as expectativas dos diferentes públicos em função do estado civil, faixa etária, tamanho da família etc.
- Escala dos benefícios de forma a haver um controle de custos. É muito comum em empresas brasileiras os colaboradores com maiores salários assumirem uma participação maior nos custos do que aqueles com menores salários.
- Proporção dos benefícios no total da remuneração. Em algumas realidades do nosso país, a pessoa recebe 100 de remuneração fixa, a organização paga 100 de tributos trabalhistas e mais 100 na forma de benefícios.
- Flexibilidade e escolha onde as pessoas têm condições de optar por tipos de benefícios e nível de qualidade. Por exemplo, um casal não tem filhos e possui uma configuração de benefícios; no momento em que passa a ter filhos, talvez passe a necessitar de outra configuração. Outra situação é o marido e a mulher trabalharem e poderem ter benefícios complementares.
- Competitividade com o mercado onde a organização deve estar alinhada com seus concorrentes.
- Considerações fiscais, analisando a legislação presente e tendências para analisar as vantagens da política de benefícios.
- Relacionamento sindical. Nas negociações coletivas, são negociados benefícios para a categoria. A organização deve ter seu posicionamento, principalmente se atua com diferentes sindicatos.

Segundo Chiavenato (1989, v. 4:81), os benefícios podem ser classificados a partir de sua natureza em:

- **Assistenciais** – visam prover o empregado e sua família de segurança e suporte para casos imprevistos. Estão nessa categoria benefícios tais como: assistência médica, assistência financeira, suplemento de aposentadoria etc.
- **Recreativos** – procuram proporcionar para o empregado e sua família lazer, diversão e estímulo para produção cultural. Estão nessa categoria ações tais como: clube, promoções e concursos culturais, colônia de férias etc.
- **Serviços** – proporcionam para o empregado e sua família serviços e facilidades para melhorar sua qualidade de vida, tais como: restaurante, estacionamento, comunicação etc.

Segundo Armstrong (1996:330), os benefícios podem ser classificados em:

- **Segurança pessoal** – serviços de saúde, seguro de vida, complementação em caso de afastamento, aconselhamento de carreira etc.
- **Assistência financeira** – empréstimos, suporte a financiamento habitacional, suporte em casos de transferência de localidade etc.
- **Necessidades pessoais** – descanso maternidade ou paternidade, berçários e creches, aconselhamento para aposentadoria, alimentação, transporte etc.
- **Pensão complementar**.

Segundo Wood e Picarelli (1995:78), em pesquisa realizada foi observado que a totalidade das empresas oferecia assistência médica para seus empregados. Uma boa parte oferecia subsídio para alimentação e seguro de vida.

Os benefícios em nosso país são simplesmente uma forma de remuneração complementar. Os benefícios oferecem suporte para os empregados e permitem a eles a segurança a que de outra forma não teriam acesso.

A composição da remuneração fixa e benefícios deve ser efetuada com cuidado para otimizar os recursos utilizados na satisfação das necessidades dos empregados abrangidos por eles.

Benefícios Flexíveis

Cascio (1992) aponta que as diferentes perspectivas na análise dos benefícios entre organização e profissionais contribuem para tornar sua gestão complexa: enquanto as empresas focam essencialmente os custos do benefício, os profissionais direcionam a análise para o seu valor, dimensões que, nem sempre, estão alinhadas. Por exemplo, a empresa pode estar despendendo recursos para prover algum benefício, como um plano de saúde, que não possui nenhum valor para determinado profissional, seja porque ele prefere manter um convênio particular, seja por poder usufruir do plano de saúde do cônjuge. O autor acrescenta que, para se reduzir esse tipo de situação e potencializar o impacto para as pessoas do valor despendido em benefícios, algumas empresas oferecem planos de benefícios flexíveis, nos quais o profissional escolhe a totalidade ou, normalmente, parte de seu conjunto de benefícios com base em alternativas disponibilizadas pela organização, aumentando o valor percebido e mantendo seu custo total.

Armstrong (1996) indica as seguintes vantagens dos sistemas de benefícios flexíveis:

- Ampla possibilidade de escolha por parte dos colaboradores da cesta de benefícios mais adequada às suas necessidades. Normalmente, essa forma de apresentar os benefícios exerce forte impacto no processo de atração e retenção de pessoas.
- O sistema de benefícios se torna mais objetivo e os gastos da organização são mais bem direcionados.
- As pessoas podem ajustar a cesta de benefícios de forma dinâmica e mais ajustada às suas necessidades em diferentes momentos de vida.

> Algumas organizações oferecem planos de benefícios flexíveis, nos quais o profissional escolhe a totalidade ou, normalmente, parte de seu conjunto de benefícios.

Ao mesmo tempo, o autor (ARMSTRONG, 1996) aponta desvantagens:

- Cada item acrescido deve ser analisado com cuidado em relação ao seu custo para a organização.
- A liberdade de escolha dos trabalhadores exige um sistema de administração mais complexo e custoso.
- O fato de se oferecer às pessoas uma grande variedade de opções não significa que as pessoas não errarão em suas escolhas.

A concepção de um plano de benefícios flexíveis exige alguns cuidados. Nesse processo, devem ser observados os seguintes aspectos:

- A escolha dos benefícios que comporão o plano deve ser resultado de um trabalho de discussão com os empregados, bem como a forma de flexibilizá-los.
- Cada item que irá compor o plano deve ser analisado minuciosamente quanto ao seu custo para a organização e agregação de valor para o colaborador.
- Deve-se realizar um levantamento de outras experiências analisando sucessos e insucessos e, se possível, contar com profissionais especializados nesse tema.
- Deve-se analisar o plano em relação às demais práticas remuneratórias para criar maior sinergia entre elas.
- Deve-se avaliar os aspectos fiscais envolvidos nas opções de benefícios que comporão o plano.

Resumo e Implicações para o Aprendizado sobre Gestão de Pessoas

Este capítulo apresentou as diferentes formas de remuneração. Inicialmente, vimos a remuneração fixa; posteriormente, a remuneração variável e, finalmente, os benefícios. Foram apresentados neste capítulo os principais objetivos e resultados esperados de cada tipo de remuneração.

As principais implicações para o aprendizado sobre a gestão de pessoas podem ser resumidas em:

- Importância da remuneração fixa para parametrizar o **status** profissional das pessoas na organização e no mercado.
- Uso da remuneração variável para flexibilizar a remuneração das pessoas ao serem atreladas aos resultados alcançados pelas mesmas.
- Papel dos benefícios em nossa sociedade, agindo tanto como complemento da remuneração quanto para suprir carências de nossa população.

QUESTÕES

Questões para fixação

1. Como podem ser descritas as formas tradicionais para o estabelecimento da remuneração fixa?
2. Quais são os resultados esperados com a implantação de um programa de remuneração variável?
3. Como pode ser classificada a remuneração variável utilizando-se como critério sua distribuição?
4. Como podemos caracterizar os benefícios em nosso país?
5. O que são benefícios flexíveis?

Questões para desenvolvimento

1. Qual a importância da remuneração fixa para a organização e para as pessoas?
2. Que críticas podem ser efetuadas à remuneração variável e quais são os riscos apresentados por esse tipo de remuneração?
3. Que aspectos devem ser observados na estruturação de um sistema de benefícios?

ESTUDO DE CASO E EXERCÍCIO

Sansão Vilas Boas é o diretor corporativo de gestão de pessoas de uma organização de grande porte e está vivendo um dilema imposto pelo sistema de remuneração implementado pela empresa há alguns anos. O sistema tem as seguintes características:

- O salário fixo é definido pela avaliação de acordo com o conjunto de atribuições e responsabilidades da posição ocupada pela pessoa na empresa. Há uma sistemática de ponderação de fatores relevantes encontrados na posição ocupada e que servem de orientação na definição do salário fixo.
- O salário variável é definido pelo alcance de metas do negócio e da pessoa e também por uma avaliação da pessoa por um conjunto de fatores definidos previamente entre a pessoa e seu orientador ou chefia.

Nesse exato momento, Vilas Boas tem que encaminhar proposições salariais para a sua equipe em termos de remuneração variável. De um lado está João, seu gerente que atende a unidade de negócios x, unidade essa responsável por 55% dos resultados da empresa e que conta com 45% do volume de folha. De outro lado está Antônio, seu gerente que atende a unidade de negócio y, unidade responsável por 10% dos resultados da empresa e que conta com 15% do volume da folha. João está em um patamar salarial superior em função das dimensões de sua unidade de negócios e pelo fato de ele possuir uma experiência maior do que a de Antônio. Em termos de metas, os dois foram muito bem, tanto as metas do negócio quanto as metas pessoais foram atingidas. No que tange aos fatores, ambos foram bem avaliados pelos responsáveis pelas unidades de negócio.

O desconforto de Vilas Boas é que Antônio vem lidando com situações cada vez mais complexas, uma vez que a unidade de negócios para a qual dá suporte está inserida em um ambiente extremamente turbulento e altamente competitivo por talentos. Ao lado disso, Antônio obteve sucesso introduzindo novos conceitos de gestão de pessoas que criaram melhores condições para atrair, reter e comprometer pessoas e tranquilizaram a empresa. Esses conceitos estão sendo repassados para as demais unidades de negócio.

Em função dessas ocorrências, Antônio ganhou muita visibilidade dentro e fora da empresa. Já recebeu convites internos e externos para mudar de posição. Para você, a mudança de Antônio de unidade, nesse momento, seria desastrosa, tanto pela importância estratégica da unidade de negócios em que ele atua, quanto pelo fato das transformações, em termos de gestão de pessoas, não estarem totalmente consolidadas.

Vilas Boas pensou na hipótese de um aumento salarial, porém ao avaliar a posição frente aos fatores de mensuração ele está bem enquadrado. Como a remuneração variável é definida a partir do salário fixo, há pouca margem de manobra.

Vilas Boas necessita criar algum diferencial para Antônio com o objetivo de mantê-lo, pelo menos, mais um ano na posição.

Como podemos ajudar Sansão Vilas Boas a equacionar o problema?

Exercício

Análise de bombons

O objetivo deste exercício é fazermos uma analogia com a avaliação de cargos através do sistema de pontos. Para tanto, vamos analisar bombons a partir de suas características e criar fatores para sua avaliação. (Este exercício pode ser realizado com outros produtos de uso cotidiano, tais como: sabonetes, escovas de dente, canetas etc.)

Este trabalho objetiva colocar você diante de um problema concreto de avaliação.

Estaremos utilizando, para tanto, um produto com o qual você tem contato cotidiano: o bombom.

Para a realização deste trabalho, estaremos dividindo os participantes em subgrupos, onde deverão desenvolver as seguintes atividades:

Observe os bombons que você tem em sua frente.

Explore, em conjunto com o seu subgrupo, as características dos bombons, tais como: embalagem, sabor, **design**, qualidade etc.;

Defina quais são as cinco características que melhor expressam o valor dos bombons para o subgrupo.

Atribua nota de 0 a 10 a cada uma das cinco características escolhidas.

Some as notas atribuídas para cada bombom.

Transcreva os resultados para o Quadro 11.1, anotando as características escolhidas pelo subgrupo, as notas e as somas de cada bombom.

QUADRO 11.1
Resultado da avaliação dos bombons

FATORES AVALIADOS	RESULTADOS DO BOMBOM A	RESULTADOS DO BOMBOM B	RESULTADOS DO BOMBOM C
TOTAL DA SOMA			

REFERÊNCIAS

ARMSTRONG, M. *Employee reward*: people and organizations. London: Chartered Institute of Personnel and Development, 1996.

BRAVERMAN, H. *Trabalho e capital monopolista*: a degradação do trabalho no século XX. Rio de Janeiro: Zahar, 1980.

CASCIO, W. F. *Manging human resources*: productivity, quality of work life, profits. 3. ed. New York: McGraw-Hill, 1992.

CHIAVENATO, Idalberto. *Recursos humanos na empresa*. São Paulo: Atlas, 1989.

DUTRA, J. S.; HIPÓLITO, J. A. *Remuneração e recompensas*. São Paulo: Elsevier, 2012.

FISCHER, André L. Um resgate conceitual e histórico dos modelos de gestão de pessoas. In: FLEURY, M. T. et al. *As pessoas na organização*. São Paulo: Gente, 2002.

FRIEDMANN, G. *O trabalho em migalhas*. São Paulo: Perspectiva, 1972.

GORZ, A. *Crítica da divisão do trabalho*. São Paulo: Martins Fontes, 1980.

HIPÓLITO, J. A. M. *Recompensas em organizações que atuam no terceiro setor*: análise a partir de seus pressupostos orientadores. 2004. Tese (Doutorado) – Departamento de Administração da Faculdade de Economia, Administração e Contabilidade, Universidade de São Paulo, São Paulo. 2004.

LAWLER III, Edward E. *Strategic pay*. San Francisco: Jossey-Bass, 1990.

_____. *Pay and organization development*. Prentice Hall, 1981.

MARTOCCHIO, J. J. *Strategic compensation*. New Jersey; EUA: Prentice Hall, 1998.

MAXIMIANO, A. C. A. *Teoria geral da administração*: da escola científica à competitividade na economia globalizada. 2. ed. São Paulo: Atlas, 2000.

MOTTA, F. C. P. *Teoria das organizações*: evolução e crítica. 2. ed. São Paulo: Pioneira Thomson Learning, 2001.

TAYLOR, FREDERICK W. *Princípios de administração científica*. São Paulo: Atlas, 1982.

WOOD JR., T.; PICARELLI FILHO, V. *Remuneração estratégica*: a nova vantagem competitiva. São Paulo: Atlas, 1995.

CAPÍTULO 12

Gestão da Massa Salarial

O QUE SERÁ VISTO NESTE CAPÍTULO

Composição e impactos da massa salarial
- Composição da massa salarial.
- Características e impactos.
- Dinâmica da massa salarial.

Racionalização e uso estratégico da massa salarial
- Remuneração fixa x remuneração variável.
- Remuneração fixa x desenvolvimento.
- Massa salarial x dimensionamento do quadro.

Recompensas não financeiras
- Tipos de recompensas não financeiras.
- Uso da remuneração não financeira.
- Impacto da remuneração não financeira na massa salarial.

QUE REFLEXÕES SERÃO ESTIMULADAS

- Com que intensidade a gestão de pessoas influencia o desenvolvimento organizacional?
- Como ocorreu o processo evolutivo da gestão de pessoas?
- Para onde caminhamos na gestão de pessoas?
- Por que é importante compreender a forma como as pessoas são geridas pelas organizações?

CONEXÕES COM O NOSSO COTIDIANO

Gestão do meu desenvolvimento pessoal e da minha carreira
- Como posso utilizar a compreensão de como as pessoas se desenvolvem a meu favor.
- Como posso identificar oportunidades de desenvolvimento profissional.
- Como as pessoas podem me ajudar em meu desenvolvimento.

Compreender a minha relação com a organização e as minhas possibilidades futuras
- Por que sou importante para a organização.
- Como posso contribuir mais com meu trabalho.
- Como posso utilizar melhor minhas qualidades.

CONTEÚDOS ADICIONAIS

- Reflexões sobre o tema do capítulo através do caso Digitalmemo.
- Saiba mais.
- Estudos de caso complementares.
- Questões para guiar a reflexão sobre o conteúdo do capítulo.
- Indicação de **links** para aprofundamentos.
- Referências bibliográficas.

ESTUDO DE CASO

CALL CENTER BOM DIA

Bom Dia é um dos principais **call centers** do país. Localiza-se no sul do Estado de Minas Gerais para poder atender o Brasil como um todo. A escolha da localidade foi resultado de estudos apontando que as pessoas que lá habitam têm o menor nível de sotaque e poderiam se comunicar com facilidade com todas as regiões brasileiras. Seu principal custo são os gastos com pessoas, representando 82% das despesas operacionais.

Recentemente, o Bom Dia passou a testar em suas operações um computador cognitivo para realizar atendimentos mais repetitivos e passou a orientar o trabalho dos atendentes para demandas mais sofisticadas. Os resultados até o presente momento são muito bons.

O Bom Dia estava necessitando realizar a contratação de mais duzentos atendentes para suprir o crescimento da demanda. Em vez disso, implantou o novo sistema. Embora com investimento inicial elevado, espera ter um retorno em seis meses, frente à economia que está realizando nos gastos com pessoal.

O caso relatado mostra uma tendência de substituição de massa salarial por recursos tecnológicos, mas quais são os limites desse processo? Em que situações pode ser aplicado?

COMPOSIÇÃO E IMPACTOS DA MASSA SALARIAL

A massa salarial é sempre um item pesado de despesa operacional para as organizações. Compreender sua composição e sua dinâmica é fundamental para uma boa gestão de pessoas. Como no caso analisado, se a organização não tivesse planejado adequadamente, assumiria uma série de despesas e de desgastes. Caso a organização tivesse efetuado contratações para depois demitir as pessoas, teria que assumir todas as despesas inerentes a esse processo, tais como: captação, integração, treinamento, investimento em equipamentos e postos de trabalho, e, em seguida, ao efetuar demissões por causa da tecnologia, todas as despesas rescisórias e todo o desgaste emocional do processo.

Nesta parte do capítulo, vamos entender a composição e os impactos na gestão de pessoas da massa salarial.

Composição da Massa Salarial

A massa salarial é composta pela remuneração direta, paga para as pessoas na forma de dinheiro (fixa ou variável), pela remuneração indireta, recebida pelas pessoas na forma de benefícios, facilidades e/ou serviços, e os encargos sociais, obrigações que a organização tem na forma de tributos ligados à folha de pagamentos.

A massa salarial representa um gasto expressivo em todas as organizações. Em 2005, analisando as maiores e melhores empresas apontadas pela revista *Exame*, verificamos que a massa salarial representa de 17% a 22% das despesas operacionais de indústrias de uso intensivo de tecnologia, podendo representar até 40% em empresas industriais de uso intensivo de mão de obra. No caso de bancos, a massa salarial pode chegar a 60% das despesas operacionais e representar até 90% das despesas operacionais em organizações educacionais e empresas de consultoria ou prestação de serviços profissionais. Além de se apresentar como um item de despesa considerável, a massa salarial é o item que exerce a maior pressão no caixa da organização. É questão de honra para qualquer organização idônea não atrasar o pagamento da remuneração para seus colaboradores.

Características e Impactos da Massa Salarial

A massa salarial é um tipo de despesa muito particular. Caso a organização faça a compra de uma mesa e pague 50% mais do que deveria ter sido pago, ela cometeu um erro que fica circunscrito ao episódio. No caso da massa salarial, é diferente: se a organização aumenta o salário de uma pessoa sem o cuidado necessário, terá que pagar pelo equívoco todo mês. A única forma de reduzir a massa salarial é demitindo pessoas (ou contando com sua saída espontânea, o que leva tempo); portanto, uma gestão inadequada pode colocar a organização em situação muito difícil em relação à comunidade ou à sociedade onde se insere e perante o conjunto de seus colaboradores.

Em função de suas características, a massa salarial só pode ser aumentada se houver uma elevação sustentada da rentabilidade da organização ou do negócio. Desse modo, embora as pessoas possam merecer um aumento salarial ou uma promoção, não terão, necessariamente, seu salário aumentado. O gestor, ao pensar em aumentar o salário de uma pessoa, estará automaticamente assumindo um risco: ou perder a pessoa porque não reconheceu seu valor a tempo ou fragilizar a organização por aumentar a massa salarial de forma indevida.

Dinâmica da Massa Salarial

Observamos, em várias empresas estudadas ao longo dos últimos 20 anos, que o comportamento da massa salarial é muito sensível aos ajustes efetuados no salário fixo. Ou seja, se a empresa expandir os salários fixos em 5%, haverá, em seguida, um aumento de toda a massa salarial em torno de 5%. Isso ocorre porque a maior parte da remuneração variável no país é atrelada ao salário fixo, normalmente estabelecida em número de salários por ano; assim, ao aumentarmos o salário fixo, estamos aumentando o potencial da remuneração variável. Como a remuneração indireta (benefícios) tem sua composição sensível ao padrão de necessidades das pessoas, em geral também está atrelada aos estratos salariais. Os encargos sociais têm relação direta com o salário fixo.

Portanto, podemos considerar o salário fixo como o gatilho da massa salarial. Não é por acaso que a gestão do salário fixo é acompanhada de perto pela alta direção das empresas que, não raro, procura restringir ao máximo sua expansão. Toda ação para racionalizar a massa salarial passa, portanto, pela gestão do salário fixo, como veremos a seguir.

> A massa salarial só pode ser aumentada se houver uma elevação sustentada da rentabilidade da organização ou do negócio.

RACIONALIZAÇÃO E USO ESTRATÉGICO DA MASSA SALARIAL

Apesar da relevância da massa salarial, notamos que as organizações se preocupam com sua gestão em situações de crise e, raramente, apresentam ações continuadas para seu controle. Muitas vezes recebemos a demanda de efetuar a redução da massa salarial e nossa posição tem sido alertar de que essa é uma demanda equivocada: a questão não é reduzi-la, e sim mantê-la racionalizada. A racionalização da massa salarial deve ser uma preocupação constante, sendo necessários instrumentos para monitorá-la e mantê-la em uma condição ótima, ou seja, numa relação equilibrada entre a massa salarial e o nível de contribuição das pessoas no momento atual e futuro da organização.

A racionalização da massa salarial está associada à ideia de evitar pressão para aumento do salário fixo. Para isso:

- Podemos ter ações para aumento da remuneração variável ao invés do aumento do salário fixo, mas há limites e riscos para ações desse tipo.
- Podemos criar condições de aceleração da carreira como forma de evitar pressão sobre o salário fixo, já que a condição concreta de desenvolvimento cria uma compensação em relação ao salário.
- Podemos, ainda, avaliar continuamente qual é o quadro de pessoas ótimo para a empresa, tanto em termos de quantidade quanto em termos da sua qualidade. Podemos, inclusive, avaliar a possibilidade de terceirização de determinadas atividades da empresa.

Nos tópicos a seguir, observaremos cada um desses pontos com mais detalhes.

Remuneração Fixa × Remuneração Variável

O programa de remuneração variável, se bem administrado, pode ser autofinanciado, ou seja, espera-se que a própria introdução do programa gere recursos que sustentem seu fun-

> O programa de remuneração variável, se bem administrado, pode ser autofinanciado.

cionamento. Dessa forma, ao adotar-se remuneração variável ao invés de salário fixo, condicionamos o pagamento à existência de resultados e, dessa forma, tiramos parte da pressão normalmente incidente sobre a massa salarial.

Temos acompanhado que, em alguns setores econômicos, como por exemplo indústrias e prestadoras de serviços com uso intensivo de tecnologia, institutos de pesquisa, escolas etc., os salários fixos podem estar posicionados em estratos inferiores do mercado e o salário total (fixo + variável) pode ser posicionado em patamares equivalentes ou superiores ao mercado. Isso significa um percentual maior da remuneração variável na composição da remuneração anual do colaborador em relação à média do mercado. Para exemplificar, acompanhamos por anos uma organização do setor petroquímico que adotava essa estratégia, posicionando-se no primeiro quartil do mercado na remuneração fixa e tendo como alvo um posicionamento de terceiro quartil na remuneração total (caso os resultados fossem alcançados). Em média, essa organização remunerou seus profissionais de nível operacional durante o período que acompanhamos com algo em torno de cinco a sete salários por ano, enquanto a média do mercado se situava entre dois e três salários.

Desse modo, essa organização tinha seu ponto de equilíbrio financeiro abaixo da média do setor, uma vez que a remuneração fixa é risco da organização e a remuneração variável, se bem estruturada, pode ter esse risco sendo compartilhado. Essa forma de racionalização da massa salarial só é possível em organizações com um salário fixo que permita ao colaborador atender suas demandas básicas, e é mais recomendada para setores ou organizações com baixa rotatividade de sua mão de obra. Os resultados oferecem à organização mais competitividade em seu setor, apresentando melhores margens ou, ao repassar os ganhos para os preços de seus produtos, condições de ampliar a participação no mercado ou, ainda, em momentos de crise, obter melhores condições de sobrevivência.

Remuneração Fixa × Desenvolvimento

Quando analisamos o mercado, verificamos que, desde o final da década de 1990, as pessoas estão dispostas a trocar salário por desenvolvimento,[1] porque percebem claramente que, quando se desenvolvem, seu valor de mercado cresce. Verificamos que as organizações que oferecem oportunidades de crescimento para as pessoas são mais atrativas e as retêm com mais facilidade. Por serem mais atrativas, podem oferecer um salário abaixo de mercado e, ainda assim, melhores condições de ganho para os profissionais.

> Verificamos que as organizações que oferecem oportunidades de crescimento para as pessoas são mais atrativas e as retêm com mais facilidade.

Vamos exemplificar considerando duas organizações: a empresa A paga dentro do mercado e a empresa B paga sistematicamente 10% abaixo do mercado. Vamos analisar duas pessoas: uma que inicia em T_0 na empresa A e outra que inicia em T_0 na empresa B. Ambas possuem o mesmo nível de desenvolvimento ($D_A = D_B$). Três anos depois, a pessoa na empresa A (P_A) teve um desenvolvimento menor do que a pessoa na empresa B (P_B), conforme mostra a Figura 12.1, e teve, por consequência, menor progressão salarial. A Figura mostra que, ao projetarmos no tempo, é mais vantajoso para o profissional receber 10% abaixo do mercado na empresa B do que ficar estagnado ou ter um ritmo de desenvolvimento lento na empresa A, mesmo que esta pague conforme o padrão adotado pelo mercado. Essa forma de racionalização da massa salarial é aplicável com maior efetividade para uma população que tenha mais rotatividade ou cujo ciclo de carreira seja mais rápido. Por exemplo, áreas ou organizações de informática, organizações que atuam no setor de alimentação, entretenimento, **call centers** etc.

Ao compararmos organizações de baixa mobilidade vertical (onde as pessoas ficam estacionadas em determinado nível de complexidade ou de agregação de valor) com organizações de alta mobilidade vertical (onde as pessoas estão em constante movimento para posições de maior complexidade ou de maior agregação de valor), percebemos uma diferença na con-

---

[1] Conforme vimos na Parte III deste livro, devemos considerar que o desenvolvimento da pessoa está atrelado à sua condição de agregar mais valor para o contexto no qual se insere, relacionando-se ao nível de complexidade das atribuições e responsabilidades que assume.

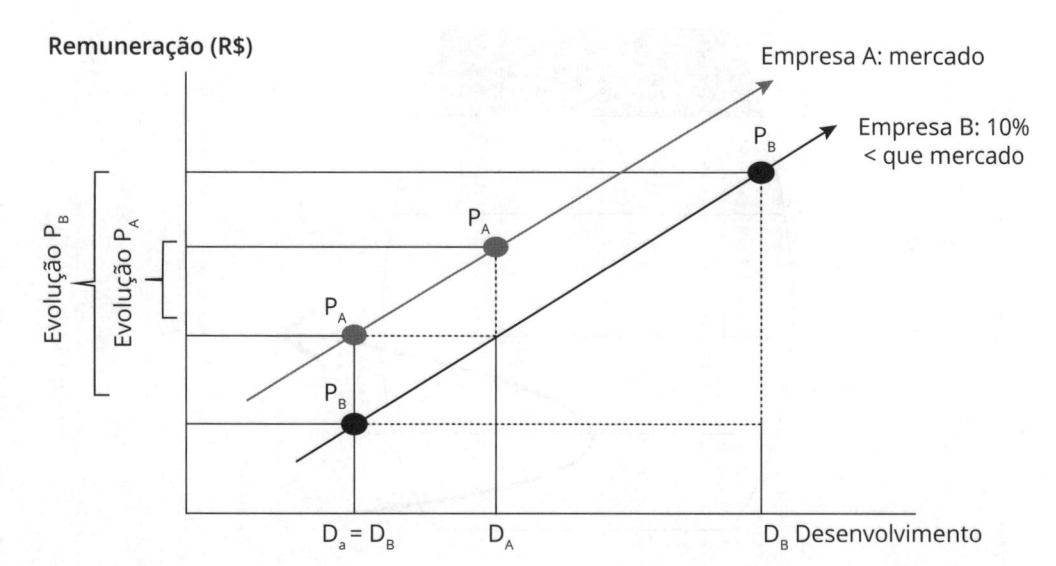

FIGURA 12.1

Exemplo da relação entre velocidade de desenvolvimento e remuneração.

figuração da massa salarial. Nas organizações de baixa mobilidade vertical, os salários fixos tendem a se concentrar ligeiramente acima do ponto médio da faixa salarial (em torno de 5% acima), e, nas organizações de alta mobilidade vertical, os salários fixos tendem a ficar abaixo do ponto médio da faixa salarial (em torno de 10 a 15%, considerando que a amplitude da faixa salarial nas organizações pesquisadas era de 50% a 60%). Assim, podemos imaginar que, em uma folha de 100 milhões de reais por ano, a adoção de uma estratégia de maior mobilidade vertical poderia resultar numa economia de 15 a 20 milhões de reais.

Sabemos que a natureza da organização, a dinâmica da mão de obra do setor em que ela está inserida e suas crenças e valores são aspectos que influenciam a gestão do desenvolvimento e, consequentemente, a intensidade com que é possível racionalizar a massa salarial pela adoção de uma estratégia de desenvolvimento. Além disso, para que essa estratégia possa funcionar, torna-se necessária a existência de critérios que permitam o acompanhamento do crescimento dos profissionais, facilitem a formação das pessoas e possibilitem a formação de sucessores internamente. No entanto, observamos que tais ações podem valer muito a pena: cada real investido em desenvolvimento tende a representar uma relação de até cinco reais de economia na massa salarial.

Massa Salarial × Dimensionamento do Quadro

O dimensionamento do quadro em termos quantitativo e qualitativo é fundamental para a racionalização da massa salarial. Ao analisarmos, no início dos anos 2000, organizações do setor petroquímico e elétrico, constatamos um fenômeno que se mostrou, posteriormente, característico das organizações brasileiras, tanto privadas quanto públicas. A configuração ideal de profissionais em áreas técnicas, operacionais e gerenciais tem o formato de um pote, ou seja, há baixa de necessidade de pessoas com pouca experiência e de pessoas altamente especializadas. A grande necessidade concentra-se na média complexidade. Entretanto, quando analisamos a composição do quadro, verificamos que temos alta concentração de pessoas em posições de alta especialização e de pessoas no início de suas carreiras. Isso ocorre porque as pessoas, ao ascenderem, ficam estacionadas no alto da carreira, impedindo o progresso das pessoas mais jovens. Os mais jovens, por não verem possibilidades, preferem sair da empresa. A rotatividade é mais intensa no início da carreira, conforme mostra a Figura 12.2. Esse processo faz com que, nas posições de média complexidade, onde se tem a maior demanda por pessoas, haja falta de profissionais. Assim, as pessoas mais especializadas acabam por assumir as responsabilidades de média complexidade, realizando um trabalho que requer menor nível de "senioridade". Ao mesmo tempo, as organizações contratam mais pessoas na base que conseguem reter por pouco tempo.

■ O dimensionamento do quadro em termos quantitativo e qualitativo é fundamental para a racionalização da massa salarial.

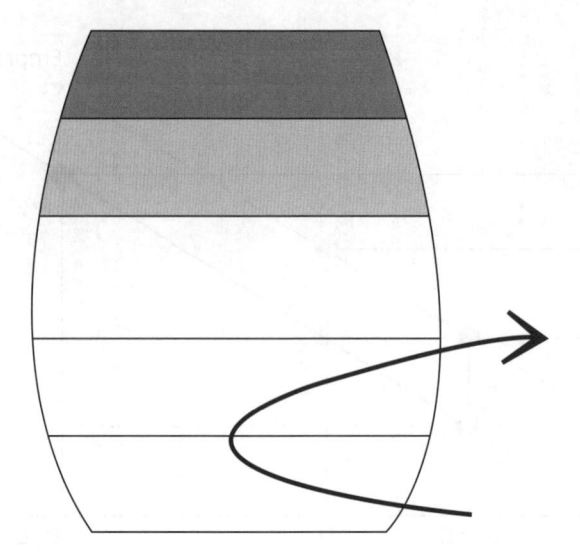

FIGURA 12.2

Fluxo de pessoas observado em empresas brasileiras.

Esse processo faz com que a configuração do quadro de pessoas pareça mais com uma ampulheta do que com um pote, como podemos ver na Figura 12.3. Essa configuração, parecida com uma ampulheta, traz uma série de disfunções:

- A massa salarial é, na média 20%, maior do que necessitaria ser para se obterem os mesmos resultados.
- As pessoas especializadas, quando se retiram por aposentadoria, levam consigo um patrimônio de conhecimentos que não há para quem repassar, já que as correias de transmissão dos conhecimentos das pessoas mais especializadas para os iniciantes na carreira seriam as pessoas atuando na média complexidade, que são em número muito pequeno para executar essa atribuição.
- As pessoas mais jovens não veem perspectiva de crescer, porque as posições de maior complexidade estão ocupadas, e vão embora.

A solução encontrada por algumas organizações foi a de designar algumas pessoas especializadas para formar os jovens em início de carreira. Com isso, obtiveram-se alguns ganhos sobrepostos:

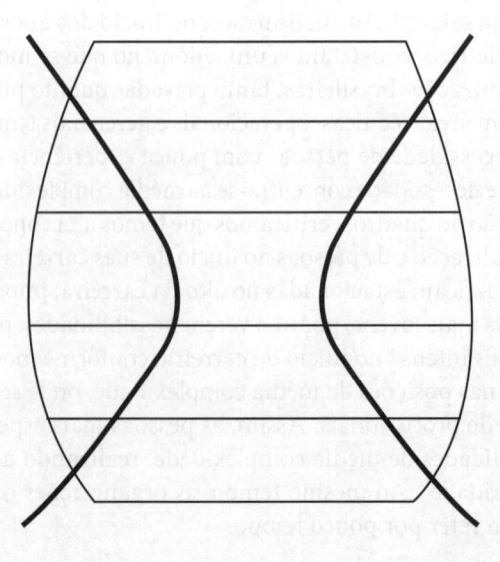

FIGURA 12.3

Relação entre a configuração ideal do quadro e a real.

- Abertura e melhor aproveitamento dos espaços no teto da carreira, fazendo com que seja possível mobilidade vertical.
- Transferência de conhecimentos de pessoas altamente especializadas para os jovens. Importante ressaltar que a designação desses especialistas para atuarem como tutores foi mais efetiva do que simplesmente sua atuação como instrutores. Como instrutores, passam somente o conhecimento explícito ou passível de estruturação, e, como tutores, transmitem seus conhecimentos tácitos, conhecimentos que se manifestam diante de situações concretas e que muitas vezes não são conscientes.
- Permitiram aos jovens um crescimento acelerado, aumentando a capacidade de atração e retenção das organizações que optaram por essa prática.

Essas diferentes formas para racionalização da massa salarial devem ser analisadas em função da caracterização da população a ser abrangida. Descrevermos essas três formas não significa que não possam existir outras. Por exemplo, devem-se, quando da configuração do *mix* remuneratório, considerar os efeitos da tributação sobre cada um dos seus componentes, tanto em termos de custos (participação nos lucros ou resultados, PLR e alguns benefícios tendem a ser menos impactados em termos de tributação) quanto em termos do momento em que incide a tributação (remuneração de longo prazo e planos de previdência pode deslocar, no tempo, a incidência da tributação). É fundamental estarmos atentos às possibilidades de criarmos situações nas quais tanto as pessoas quanto a organização obtenham vantagens. Além disso, como muitas vezes as organizações administram em seus quadros pessoas com características não homogêneas, é possível adotarem diferentes estratégias para diferentes agrupamentos de profissionais.

> Quando pensamos em recompensas valorizadas pelas pessoas, como elemento de troca por seu trabalho, encontramos desenvolvimento, carreira, respeito e satisfação com o trabalho como os principais aspectos.

RECOMPENSAS NÃO FINANCEIRAS

Tipos de Recompensas Não Financeiras

No início dos anos 1990, quando iniciamos pesquisas sobre satisfação das pessoas com suas organizações, notamos que a remuneração sempre estava abaixo do terceiro lugar entre os aspectos mais valorizados pelas pessoas em sua relação com as organizações. Esse dado estava alinhado com a literatura internacional sobre o tema.

Quando pensamos em recompensas valorizadas pelas pessoas, como elemento de troca por seu trabalho, encontramos desenvolvimento, carreira, respeito e satisfação com o trabalho como os principais aspectos. José Hipólito (2004) desenvolveu pesquisa sobre recompensas em organizações que atuam no terceiro setor e constatou que as pessoas tendem a trabalhar em organizações que proveem mais intensamente as recompensas que buscam.

Michael Armstrong (1996), em suas pesquisas sobre remuneração e recompensas, verificou que as recompensas não financeiras estão ligadas à satisfação das necessidades das pessoas por desafios, reconhecimento, responsabilidades, exercício de influência e desenvolvimento profissional e pessoal. Constatou, na linha da pesquisa realizada por Hipólito (2004), que as pessoas aceitam salários abaixo da média do mercado quando encontram outros tipos de recompensas em sua relação com a organização e com seu trabalho.

Autores que trabalham com EVP (**Employee Value Proposition**), como Aloo e Moronge (2014), Frow e Payne (2011) e Heger (2007), apontam sua efetividade para explicitar recompensas não tangíveis oferecidas pela organização. Essas recompensas muitas vezes estão presentes nas organizações, mas não uma consciência em relação às mesmas, nem um trabalho para valorizá-las. Na pesquisa realizada por Hipólito (2004), com entidades do terceiro setor, foi possível verificar que, de forma natural, essas organizações exploram seus propósitos como forma de recompensa e da construção do orgulho em pertencer. Temos analisado e discutido com as organizações públicas seu despreparo para explorar seus propósitos como aspectos não tangíveis de valor para seus funcionários.

> Temos percebido que a "força" que a remuneração extrínseca e intrínseca exerce sobre os profissionais varia tanto em função dos anseios individuais quanto pelo grupo profissional no qual estão inseridos.

Segundo Hipólito (2004), muitos outros tipos de satisfação no trabalho podem ser percebidos como recompensas. Dutra e Hipólito (2012) mencionam que Belcher (1974:386-391), em seu livro, cita 170 recompensas de caráter não financeiro. Dutra e Hipólito (2012) apontam as mais presentes na literatura:

- Oportunidade de encontrar desafios, de continuamente realizar trabalhos melhores (PATTON, 1961) e de enfrentar certa variabilidade que exija mobilização de seus conhecimentos e habilidades (CHANG, 2001).
- Oportunidades de promoção e desenvolvimento (ARMSTRONG, 1996).
- Possibilidade de desenvolver o trabalho com autonomia, ou seja, o grau em que o trabalho proporciona liberdade e independência (CHANG, 2001).
- Um trabalho com significado a partir da compreensão do todo (seu início, meio e fim), dos resultados dele decorrentes e da percepção de sua responsabilidade em relação à obtenção dos resultados (SMITH; PETERSON,1994).
- **Status** proveniente do cargo ou da organização.
- A obtenção de **feedback**, seja ele dado por outros ou decorrente do próprio trabalho (CHANG, 2001; ARMSTRONG, 1996);
- Variáveis do contexto no qual o trabalho se desenvolve (CHANG, 2001).

Uso da Remuneração Não Financeira

Segundo Hipólito (2004) e Dutra e Hipólito (2012), podemos classificar as recompensas oferecidas pela organização a seus profissionais entre aquelas extrínsecas, ou seja, provenientes "de fora" do trabalho, como é o caso das recompensas financeiras, e aquelas intrínsecas, isto é, derivadas da própria satisfação na realização do trabalho. Tem-se percebido que a "força" que cada um desses tipos de recompensa exerce sobre os profissionais varia tanto em função dos anseios individuais quanto do grupo profissional no qual estão inseridos. Um dos trabalhos mais relevantes para comprovar as diferenças de expectativas das pessoas na sua relação com a organização foi produzido por Edgar Schein (1990).

Schein (1990), ao estudar o que influencia as pessoas em suas escolhas profissionais, apresenta a noção de autoconceito, sinalizando para elementos dos quais a pessoa não abriria mão, mesmo diante de escolhas profissionais difíceis. O "autoconceito" se desenvolve na medida em que a carreira evolui, o que inclui uma visão melhor das pessoas sobre seus talentos, dos seus principais motivos e necessidades e dos seus valores. O amadurecimento do autoconceito depende do nível de exposição profissional ao qual o indivíduo está sujeito, podendo levar 10 anos ou mais para se tornar efetivo.

> Membros de diferentes tipos de organização apresentam diferentes valores em relação a pagamento.

Concretamente, Schein (1990) "capturou" o que influencia as pessoas em suas escolhas profissionais (e, portanto, as expectativas das pessoas na sua relação com o trabalho) por meio de um instrumento denominado "âncoras de carreira" (apresentado na Parte III deste livro). Nele, as pessoas são classificadas em oito categorias de acordo com o grau de influência que cada uma exerce sobre as escolhas profissionais. Assim, alguns profissionais podem se perceber valorizando mais o aprimoramento e desempenho técnico, enquanto outros são mais orientados ao desempenho de atribuições gerenciais. Outras "âncoras" sugeridas por Schein (1990) apontam a busca por situações de trabalho em que se possam enfrentar situações de desafio, servir a uma causa, exercer um trabalho criativo, sentir segurança, perceber equilíbrio entre sua vida pessoal e profissional ou possuir certa autonomia na condução de seu trabalho.

A contribuição de Schein (1990) é relevante ao sinalizar com clareza para o fato de as pessoas, individualmente, valorizarem coisas diferentes na sua relação com as organizações. Entender esses anseios – mesmo que a pessoa momentaneamente não esteja por eles orientada em função de circunstâncias externas, como problemas econômicos, situações de doença etc. – torna-se de fundamental importância, caso se queiram atribuir recompensas que obtenham maior probabilidade de sucesso. Assim, conforme a "âncora de carreira", podem-se atribuir composições de recompensa diferentes, trabalhando-se, em especial, com aquelas de natureza não financeira.

Complementarmente à constatação de que as pessoas, individualmente, apresentam anseios e expectativas diferentes, percebe-se, em determinados grupos profissionais, certa comunhão entre essas expectativas. Belcher (1974), por exemplo, menciona que

> "Membros de diferentes tipos de organização apresentam diferentes valores em relação a pagamento. Empregados de organizações industriais consideram pagamento mais importante que empregados do governo que, por sua vez, o consideram mais importante que aqueles empregados que trabalham em hospitais ou em organizações de serviço social" (BELCHER, 1974:62).

Essa proximidade de expectativas de recompensa entre membros de um grupo pode ter duas origens: a primeira, presente também nos trabalhos de Schein (1990), sinaliza para a possibilidade de as pessoas com autoimagem semelhante procurarem por tipos de trabalho ou organizações onde percebam a possibilidade de satisfação de seus anseios (por exemplo, organizações sem fins lucrativos podem atrair pessoas orientadas à âncora de carreira "senso de serviço e dedicação à causa" por serem esses locais onde, aparentemente, se pode dar mais claramente a satisfação de tal necessidade); e a segunda diz respeito ao efeito das próprias práticas e discurso das organizações, as quais podem influenciar na percepção do que é importante e, portanto, do que deve ser perseguido.

Impacto da Remuneração Não Financeira na Massa Salarial

A remuneração não financeira não gera impacto na massa salarial. Além disso, pode ser um fator importante para a gestão da massa salarial, na medida em que a organização pode ampliar seu nível de competitividade no mercado pela oferta de aspectos não tangíveis e não financeiros valorizados pelas pessoas.

Observamos alguns casos em que a organização transformou aspectos não financeiros em valor tangível para os funcionários. Um caso interessante é o de uma organização de administração direta que premia os funcionários que se destacam com dias de folga, com verbas para cursos e com menções honrosas. Nesse caso, a organização não tem flexibilidade para trabalhar a remuneração fixa e a faixa salarial é muito estreita (a diferença entre o piso salarial e o teto é de menos que 30%) e usa remuneração não financeira para reconhecer os funcionários que têm uma atuação diferenciada. Essa organização encontrou uma forma de estabelecer critérios de meritocracia.

Resumo e Implicações para o Aprendizado sobre Gestão de Pessoas

A discussão sobre como é composta a massa salarial e seu impacto na gestão de pessoas foi o tema inicial abordado neste capítulo para, posteriormente, explorarmos o uso racional da massa salarial e a importância da remuneração não financeira.

As principais implicações para o aprendizado sobre a gestão de pessoas podem ser resumidas em:

- Impacto da massa salarial na gestão de pessoas.
- Uso racional da massa salarial, combinando remuneração e desenvolvimento, remuneração fixa e variável e o dimensionamento do quadro e uso ótimo da massa salarial.
- Papel da remuneração não financeira.

QUESTÕES

Questões para fixação

1. Qual é a composição da massa salarial?
2. Como podemos descrever a dinâmica da massa salarial?

3. Como podemos racionalizar a massa salarial da organização?
4. Quais são os principais tipos de remuneração não financeira apontados pela literatura?
5. Qual é o impacto da remuneração não financeira na massa salarial?

Questões para desenvolvimento

1. Qual a importância da racionalização da massa salarial?
2. Qual é a relação entre racionalização da massa salarial e o dimensionamento do quadro de pessoal?
3. Qual é a relação entre remuneração financeira e não financeira?

ESTUDO DE CASO E EXERCÍCIOS

A Esmagacitrus é uma indústria especializada na importação e manutenção de equipamentos para produção de sucos. É responsável pela quase totalidade dos equipamentos utilizados pelas organizações produtoras de suco de laranja no Brasil. No início dos anos 2000, não havia previsão de compra de novos equipamentos pelos cinco anos seguintes, portanto a receita da organização seria proveniente dos serviços de manutenção. O Sr. Caroço, presidente das operações no Brasil, tinha como objetivo ampliar o lucro líquido da organização em 10% nos dois anos seguintes, os serviços de manutenção não tinham espaço para aumento de preços acima da inflação. Dos custos operacionais da organização, 72% eram de folha de pagamento. Ao mesmo tempo, não seria possível reduzir o quadro frente à demanda prevista de manutenção.

A alternativa mais razoável para o Sr. Caroço alcançar seus objetivos era racionalizar a massa salarial. Como podemos ajudá-lo nesse processo?

REFERÊNCIAS

ALOO, Victoria A.; MORONGE, Makori. The effects of employee value proposition on performance of commercial banks in Kenya. *European Journal of Business Management*, Inglaterra, v. 2, issue 1, 2014.

ARMSTRONG, M. *Employee reward*: people and organizations. London: Chartered Institute of Personnel and Development, 1996.

BELCHER, D. W. *Compensation administration*. New Jersey: Prentice Hall, 1974.

CHANG, J. J. *Gestão de pessoas pelo desenvolvimento do comprometimento organizacional*: uma abordagem holística e simultânea dos determinantes envolvidos no processo. 2001. Tese (Doutorado) – Departamento de Administração da Faculdade de Economia, Administração e Contabilidade, Universidade de São Paulo, São Paulo. 2001.

DUTRA, J. S.; HIPÓLITO, J. A. *Remuneração e recompensas*. São Paulo: Elsevier, 2012.

FROW, Pennie; PAYNE, Adrian. A stakeholder perspective of value proposition concept. *European Journal of Marketing*, Inglaterra, v. 45, issue ½, p. 223-240, 2011

HIPÓLITO, J. A. M. *Recompensas em organizações que atuam no terceiro setor*: análise a partir de seus pressupostos orientadores. 2004. Tese (Doutorado) – Departamento de Administração da Faculdade de Economia, Administração e Contabilidade, Universidade de São Paulo, São Paulo. 2004.

HEGER, Brian K. Linking employment value proposition to employee engagement and business outcomes: preliminary findings form linkage research pilot study. *Organizational Development Journal*, EUA, 25, nº 1, p. 21-33, Spring 2007.

PATTON, A. *Men, money, and motivation*: executive compensation as an instrument of leadership. New York: McGraw-Hill, 1961.

SCHEIN, E. H. *Career anchors*: discovering your real values. San Francisco: Jossey-Bass Pfeiffer, 1990.

SMITH, P. B.; PETERSON, M. F. *Liderança, organizações e cultura*. São Paulo: Thomson Pioneira, 1994.

PARTE V

Orientando as Pessoas

Objetivos da PARTE V

- Discutir os processos de avaliação e a orientação que geram para desenvolver as pessoas e para estimular a reflexão sobre sua carreira.
- Oferecer conceitos e instrumentos para suportar o diálogo entre líder e liderados.
- Compreender a relação entre o amadurecimento do processo de avaliação e a evolução da gestão de pessoas.
- Apresentar a avaliação como elemento articulador da gestão de pessoas.

Resultados esperados com a leitura da PARTE V

- Reflexão do leitor sobre como é avaliado e como são tomadas decisões a seu respeito na organização.
- Visão crítica sobre a relação estabelecida entre a pessoa e a sua liderança/organização.
- Compreensão dos vários tipos de avaliação praticados pelas organizações.

Nesta parte do livro, iremos detalhar a avaliação de pessoas, as ações gerenciais decorrentes da avaliação e o diálogo de desenvolvimento. A avaliação está inserida no conjunto de processos de desenvolvimento, mas tem desdobramentos importantes para decisões sobre a valorização e a movimentação de pessoas e destaca-se na dinâmica da gestão de pessoas. Trata-se de um conjunto de práticas que estimulam o diálogo entre líder e liderado e entre a organização e as pessoas, além de oferecer os subsídios necessários a decisões sobre as pessoas em termos de ações de capacitação, ascensão na carreira, sucessão, valorização, transferências, expatriações e demissão.

Pelo caráter integrador da avaliação de pessoas, cabe destacá-la para uma análise mais profunda. No Capítulo 13, vamos trabalhar as diferentes dimensões da avaliação de pessoas e como os resultados dessas avaliações são utilizados no diálogo e nas ações de gestão de pessoas. No Capítulo 14, serão discutidas as ações gerenciais decorrentes do processo de avaliação. No Capítulo 15, apresentamos os resultados de trabalhos realizados a partir de 2010, revendo a aplicação do **feedback** na realidade das organizações brasileiras e propondo em seu lugar o diálogo de desenvolvimento.

O conteúdo dos capítulos a seguir tem como propósito estimular a reflexão sobre a avaliação e oferecer práticas e instrumentos para uma compreensão crítica da gestão de pessoas. Em cada capítulo, serão utilizados exemplos e análise de casos ou situações. Nosso objetivo será o de ilustrar as possibilidades de aplicação dos conceitos. Conforme já frisamos, havemos de ter cuidado; em muitos casos, o exemplo é uma forma particular de aplicação do conceito, mas não a única. É muito importante que o leitor considere sempre a sua realidade em particular e faça as adaptações necessárias.

CAPÍTULO 13

Processo de Avaliação de Pessoas

O QUE SERÁ VISTO NESTE CAPÍTULO

Relação entre avaliação e gestão de pessoas
- Aspectos ritualísticos da avaliação de pessoas.
- Relação entre avaliação e o amadurecimento da gestão de pessoas.
- Tipos de avaliação de pessoas.

Avaliação do desenvolvimento
- Mensuração do desenvolvimento.
- Descrição de casos e exemplos de avaliações de desenvolvimento.

Avaliação de resultados
- Como mensurar os resultados.
- Exemplos de avaliação e valorização do resultado.

Avaliação de comportamento
- Categorias de comportamentos a serem avaliados.
- Exemplos de práticas na avaliação do comportamento.

Avaliação de potencial
- Conceitos utilizados sobre potencial.
- Formas de identificar pessoas com potencial.
- Instrumentos e processos para avaliar potenciais.

Processos colegiados de avaliação
- Composição, preparação e condução dos processos colegiados.

QUE REFLEXÕES SERÃO ESTIMULADAS

- Quais são os diferentes tipos de avaliação efetuados pelas organizações?
- Que relação existe entre amadurecimento da avaliação e evolução da gestão de pessoas?
- Quais são as relações dos vários tipos de avaliação com as práticas remuneratórias e de desenvolvimento profissional?

CONEXÕES COM O NOSSO COTIDIANO

Tipos de avaliação de pessoas
- Como sou analisado pela organização onde atuo.
- Como posso dar respostas adequadas às demandas da organização.
- Onde posso buscar orientação para o meu desenvolvimento.

Relação entre avaliação e a gestão de pessoas
- Como posso perceber o nível de amadurecimento da avaliação em minha organização e da gestão de pessoas.
- Quais são as ligações entre avaliação e as práticas de gestão de pessoas.

CONTEÚDOS ADICIONAIS

- Reflexões sobre o tema do capítulo através de casos.
- Saiba mais.
- Estudos de caso complementares.
- Questões para guiar a reflexão sobre o conteúdo do capítulo.
- Referências bibliográficas.

ESTUDO DE CASO

A Doce Felicidade é uma usina que produz açúcar e álcool. Possui três usinas no interior do Estado de São Paulo e no início dos anos 2000 investiu no refino do açúcar. Atualmente, é uma importante fornecedora do mercado brasileiro de açúcar refinado.

A organização tem como diferencial uma operação muito bem articulada, em que a área agrícola dialoga com a área industrial. O sistema de avaliação sempre privilegiou a **performance**, e a Doce Felicidade tem um programa agressivo de remuneração variável. O foco nos resultados estimulou os gestores a privilegiar o curto prazo, fazendo com que busquem resultados a qualquer preço e custo.

Nos últimos três anos, o clima da organização vem se deteriorando e a concorrência se torna mais acirrada. No último ano, José Canas, Diretor de Pessoal, recebeu a incumbência de pensar em implantar na avaliação dos colaboradores, e principalmente dos gestores, indicadores para avaliar e valorizar não só o atingimento de metas, mas como foram alcançadas.

Em seus primeiros contatos com os gestores, foi surpreendido com uma grande resistência deles, que acreditavam que a avaliação usando metas é objetiva e qualquer outro parâmetro de avaliação é subjetivo. Mesmo depois de um ano de trabalho, encontrou ainda grandes resistências dos gestores.

José Canas, em seus estudos e análise de organizações com avaliações que observam, além da **performance,** os aspectos de comportamento das pessoas e seu ritmo de desenvolvimento, foi se tornando convicto da importância de repensar a avaliação para propiciar o desenvolvimento da Doce Felicidade.

RELAÇÃO ENTRE AVALIAÇÃO E GESTÃO DE PESSOAS

O caso relata a realidade que encontramos na maior parte das organizações, onde há uma excessiva valorização do resultado em detrimento de como ele foi obtido. Ampliar o entendimento da avaliação é fundamental para compreendermos que a pessoa pode ser avaliada em diferentes perspectivas e como isso é benéfico para a organização e para a própria pessoa.

Aspectos Ritualísticos da Avaliação de Pessoas

A avaliação de pessoas nas organizações é inerente à relação entre as pessoas e a organização. Este capítulo procura trabalhar a avaliação estruturada, ou seja, a avaliação realizada a partir de parâmetros determinados pelo consenso entre líderes sobre o que deve ser valorizado nas pessoas em determinada organização. A avaliação estruturada tem sido considerada como essencial para uma gestão de pessoas alinhada com as exigências de um ambiente mais competitivo. Nesse ambiente competitivo, há uma percepção mais clara da importância da gestão de pessoas nos resultados e na produtividade da organização. Tal percepção faz emergir, no Brasil, o momento em que nos inserimos em um ambiente mais competitivo com a abertura econômica dos anos 1990. Inicialmente, as empresas privadas percebem essa importância e, já no final da década de 1990, as empresas públicas começam a perceber essa necessidade.

Atualmente, observa-se a importância da avaliação de pessoas em dois aspectos essenciais. O primeiro é o fato de a avaliação estruturada oferecer bases concretas para decisões gerenciais sobre as pessoas, tais como: movimentação, remuneração, desenvolvimento, carreira, processo sucessório e estratégias de retenção. Nesse aspecto, a avaliação é o elemento dinâmico na gestão de pessoas; a partir dela, são originadas as demais ações.

O segundo aspecto essencial é o fato de a avaliação representar um dos poucos rituais dentro da gestão de pessoas. Quando queremos transformar a cultura organizacional, um aspecto crítico é a criação de rituais. Na gestão de pessoas, a avaliação é um ritual por excelência; por isso, a cada ciclo é necessário efetuar revisões em relação aos critérios e ao processo utilizados. A maturidade do processo de avaliação é um indicador importante do grau de maturidade da gestão de pessoas da organização.

Relação entre avaliação e o amadurecimento da gestão de pessoas

Esse segundo aspecto essencial da avaliação tem embasado as nossas pesquisas nos últimos anos e constatamos que há uma íntima relação entre a evolução da avaliação e da gestão de pessoas; por essa razão, procuramos compreender e tentar delimitar quais são as fases típicas de evolução de um processo de avaliação de pessoas e sua relação com o amadurecimento da gestão de pessoas como um todo.

Ao longo dos anos 1990 e 2000, observamos o nascimento e amadurecimento de muitos processos de avaliação, bem como o nascimento e morte. Foi possível verificar etapas típicas e os motivos para a vida ou morte dos processos de avaliação.

Etapa 1 – os gestores formam um pacto para que todos utilizem o mesmo conjunto de critérios para avaliar e valoriza os membros de suas equipes. Desse modo, cria-se foco de todos no que é essencial em termos de aspectos não tangíveis a serem cobrados das pessoas. Algumas organizações chamam esses aspectos não tangíveis de competências, outras de comportamentos e outras de valores. A construção do pacto é algo relativamente simples porque a maior parte dos gestores já possui critérios pessoais para conduzir decisões e orientar o trabalho dos membros de suas equipes e, geralmente, boa parte deles coincide.

> ■ Na gestão de pessoas, a avaliação é um ritual por excelência; por isso, a cada ciclo é necessário efetuar revisões em relação aos critérios e aos processos utilizados.

Etapa 2 – os critérios pactuados são ritualizados, ou seja, passam a ser utilizados de forma regular em períodos previamente estabelecidos por todos. Normalmente, materializam-se através de formulários e de um conjunto de procedimentos. Algumas organizações já iniciam o processo pela Etapa 2.

Etapa 3 – quando os gestores passam a avaliar as pessoas usando uma mesma régua, percebem rapidamente que, embora a régua seja a mesma, cada um a usa de um jeito diferente. Nesta etapa, é comum surgirem os grupos de calibragem com o objetivo de criar um consenso sobre o uso da régua e criar critérios mais equânimes.

Este é o momento crítico para o processo de avaliação; caso não passe para a Etapa 4, morrerá ou poderá virar um mero ritual burocrático sem efeito algum na gestão de pessoas.

Etapa 4 – a avaliação se desdobra em duas avaliações. É interessante notar que algumas organizações pesquisadas não tinham consciência disso, embora praticassem. Na medida em que os processos de avaliação amadurecem, caminham para serem realizados em duas instâncias. A primeira instância é a avaliação efetuada entre líder e liderado. Nessa primeira instância, a avaliação é efetuada a partir de parâmetros previamente estabelecidos, contratados entre líder e liderado ou definidos pela organização. Seu uso é unicamente dedicado ao desenvolvimento da pessoa avaliada; desse modo, mesmo que no processo de autoavaliação e avaliação do líder haja divergência, a avaliação será facilmente conciliada porque seu objetivo exclusivo é o desenvolvimento da pessoa avaliada. A segunda instância é a avaliação efetuada para definir remuneração, promoção, movimentações ou promoções. Na quase totalidade das organizações, nunca haverá dinheiro suficiente para aumentarmos o salário de todos os que merecem, nem para promover todos os que têm condições. As avaliações nesta instância não são mais comparações de pessoas contra parâmetros, mas sim de pessoas contra pessoas.

Na primeira instância, tínhamos uma avaliação absoluta; na segunda instância, temos uma avaliação relativa, onde os parâmetros utilizados na primeira são uma base para decisões, mas são necessários parâmetros adicionais. Normalmente, as avaliações na segunda instância são efetuadas em colegiados, ou seja, não é o líder avaliando seu liderado, mas um conjunto formado, na maior parte das empresas pesquisadas, pelo líder, seus pares e sua chefia.

Pôde-se observar que os sistemas de avaliação mais maduros caminham para as duas instâncias. Como a avaliação em colegiado estimula uma reflexão continuada sobre parâmetros para valorização e diferenciação das pessoas na organização, há, como resultado natural, um aprimoramento contínuo das políticas e práticas de gestão de pessoas e um aprimoramento do líder como gestor de pessoas. Normalmente, na segunda instância as decisões sobre as

> ■ Este é o momento crítico para o processo de avaliação. Caso não passe para a Etapa 4, morrerá ou poderá virar um mero ritual burocrático.

pessoas consideram seu desenvolvimento, resultados e comportamento ao longo do tempo e não somente no último ano.

Nesta etapa, as decisões em colegiado são reduzidas a questões salariais ou de promoção e a implantação é imediata após as reuniões dos colegiados.

Etapa 5 – a avaliação colegiada passa por processos mais sofisticados de discussão e os gestores percebem que, quando o conjunto de gestores passa a observar as pessoas com maior argúcia, questões como preparação de sucessores e retenção de pessoas críticas para a organização passam a ser discussões prioritárias e que muitas vezes têm impactos na alocação de recursos para desenvolvimento, remuneração e promoções. Nesta etapa, entretanto, tais discussões em colegiado nem sempre se tornam realidade porque a organização não está madura para criar mecanismos para acompanhar e fazer realizar as decisões ou discussões realizadas nos colegiados.

Etapa 6 – nesta etapa, a organização está mais madura e as decisões do colegiado são mais densas. Normalmente, o conjunto de critérios utilizados para avaliar as pessoas já é mais reduzido porque existe uma cultura consolidada de gestão de pessoas. Nesta etapa, as decisões dos colegiados passam a integrar a agenda dos gestores que controlam as ações e resultados acordados e há uma mudança de papéis entre gestores e profissionais da área de gestão de pessoas.

Etapa 7 – a avaliação já está no sangue nesta etapa, ela é realizada de forma natural e automática. Está tão natural que, a rigor, nem seria necessário um processo formal, pois faz parte da cultura de gestão. Passa a ser tão natural como respirar.

SAIBA MAIS

Para aprofundar na história da evolução da gestão de pessoas no mundo, vale recomendarmos os trabalhos de Fischer (2002), Albuquerque (1987), Frombrum (1984), Kochan (1992), Sennett (1999), Springer (1990) e Brewster (1994).

Tipos de Avaliação de Pessoas

Nos últimos 20 anos, a avaliação de pessoas estruturada vem sendo pesquisada no Brasil e duas constatações chamaram atenção. A primeira constatação é de que existe uma avaliação de pessoas que é intuitiva e outra que necessita de uma reflexão estruturada e, eventualmente, de instrumentos para ser realizada. A intuitiva é chamada por uma fatia da maior parte das organizações de avaliação de desempenho. Percebemos que, quando um líder avalia um membro de sua equipe, o faz em três dimensões: desenvolvimento, resultado e comportamento. Naturalmente, essas três dimensões estão misturadas na mente do líder, mas percebemos que uma pessoa é valorizada somente se for boa em cada uma dessas três dimensões. Falando rapidamente dessas três dimensões:

- **Desenvolvimento** – é entendido por nós quando a pessoa tem condições de assumir atribuições e responsabilidades de maior complexidade. O nível de desenvolvimento gera no líder a sua expectativa de desempenho em relação ao seu liderado. Vamos analisar a seguinte situação: o líder tem dois liderados com o mesmo salário e mesmo cargo, mas, ao apertar o acelerador de um deles, este vai de 0 a 100 km por hora em cinco segundos, enquanto, ao apertar o acelerador do outro, este vai a 60 km por hora se o líder rezar com fervor. Naturalmente, o líder irá oferecer ao primeiro um desafio mais complexo do que para o segundo.

- **Resultado** – é entendido como o atendimento de objetivos ou metas estabelecidas pela liderança ou pela organização. A expectativa de resultado pode ser atendida de duas formas: através do esforço ou através do desenvolvimento. Vamos supor que temos duas pessoas que produzem 100 e queremos que produzam 120 no próximo mês. O esforçado irá trabalhar duas horas a mais por dia e entregará 120, enquanto a pessoa que se desenvolve aprimorará seu processo de trabalho e, dentro da jornada de trabalho normal, entregará 120. Nossa preferência é, naturalmente, pelo resultado oriundo do desenvolvimento; nossa liderança, entretanto, prefere estimular o esforço. Essa preferência decorre de dois fatos: o primeiro é que estimular o esforço significa pedir que a pessoa faça mais com menos do mesmo jeito, enquanto estimular o desenvolvimento significa pedir que a pessoa faça mais com menos de um jeito diferente. O segundo é acompanhar o esforço, significa trabalhar com o concreto enquanto acompanhar o desenvolvimento significa trabalhar com o abstrato. A inexistência de um sistema estruturado de avaliação induz muitos líderes a valorizar os esforçados em detrimento dos que se desenvolvem.

- **Comportamento** – é composto pelo nível de adesão aos valores da organização, pelo relacionamento interpessoal e pelas atitudes diante do trabalho. A dimensão do comportamento é subjetiva por traduzir sempre a percepção de uma pessoa sobre outra. Mesmo utilizando comportamentos observáveis como parâmetros para avaliação da pessoa nesta dimensão, o líder sempre traduzirá uma percepção particular. Por isso, para essa dimensão algumas empresas utilizam a avaliação por múltiplas fontes, chamada de avaliação 360 graus. Tal dimensão da avaliação é crítica na maioria das organizações, que, em geral, penaliza severamente as pessoas que se desviam dos comportamentos esperados. Nas empresas privadas, as pessoas são demitidas e, nas empresas públicas, são enviadas para a Sibéria organizacional.

> Percebemos que, quando um líder avalia um membro de sua equipe, o faz em três dimensões: desenvolvimento, resultado e comportamento.

A avaliação não intuitiva ocorre quando temos que pensar em alguém em posições ou situações de trabalho diferentes. A avaliação intuitiva é feita dentro de um conjunto de experiências que a pessoa já viveu e nas quais sua liderança tem condições de avaliar, mas, quando temos que imaginar pessoas no processo sucessório da empresa ou para posições de diferente natureza, faz-se necessário um conjunto de referenciais mais estruturados para nos dar segurança em relação a esse tipo de avaliação. Normalmente, tais avaliações são colegiadas, e o líder, ou a pessoa que necessita tomar essa decisão, consulta a opinião de outros, pares ou superiores.

AVALIAÇÃO DE DESENVOLVIMENTO

A avaliação do desenvolvimento das pessoas raramente é estruturada pelas organizações. Normalmente, estrutura-se a avaliação da **performance** e do comportamento. O motivo dessa ocorrência é o fato de a avaliação do desenvolvimento requerer referenciais mais elaborados. Para apresentarmos a avaliação do desenvolvimento, vamos inicialmente definir o que são o desenvolvimento e a construção de parâmetros para medi-lo. Posteriormente, vamos apresentar algumas formas utilizadas por organizações brasileiras para mensurá-lo e, finalmente, vamos trabalhar as ações gerenciais decorrentes da avaliação de desenvolvimento.

Apesar de a estruturação desse tipo de avaliação ser rara nas organizações, é uma avaliação intuitiva, normalmente levada em conta quando pensamos ou organizamos ações de desenvolvimento de uma pessoa na organização. Essa reflexão é feita, também, pelas pessoas quando pensam em seu crescimento profissional ou em suas carreiras.

Mensuração do Desenvolvimento

A mensuração do desenvolvimento está intimamente ligada à mensuração da complexidade das atribuições e responsabilidades da pessoa. Para o conjunto de ocupações, podemos observar variáveis mais adequadas. De forma geral, são utilizados os seguintes parâmetros:

> ## FIQUE ATENTO
>
> As fases de evolução da gestão de pessoas no mundo e no Brasil nos dão condições de desenvolver uma visão mais ampla e crítica sobre a nossa realidade atual e suas tendências.
>
> Procure observar, na organização onde trabalha ou realiza estágio e em futuros empregos, em que estágio de amadurecimento encontra-se a organização. Para tanto, procure responder às seguintes questões:
>
> - Qual é a abertura para o diálogo na organização? De quem deve ser a iniciativa: da pessoa ou do gestor?
> - Qual é o nível de respeito às pessoas, tanto no que se refere ao tratamento quanto ao atendimento das expectativas das mesmas?
> - Quem são os gestores. São pessoas preocupadas em obter resultados a qualquer preço e qualquer custo ou pessoas que buscam conciliar os interesses da organização com as expectativas das pessoas?

- O impacto da ação ou da decisão de alguém sobre o contexto onde se insere. Esse impacto pode ser medido: pelo escopo da atuação da pessoa, partindo da responsabilidade por uma atividade até a responsabilidade por um negócio ou por toda a organização; pelo nível de atuação, partindo de um nível operacional até o nível estratégico; pela abrangência da atuação, partindo de uma abrangência local até uma abrangência internacional.
- Em relação ao nível de estruturação das atividades desenvolvidas pela pessoa, quanto menos estruturadas forem as atividades, maior sua complexidade.
- Sobre o nível de autonomia decisória da pessoa, quanto maior for em relação a decisões sobre valores de orçamento e faturamento, a ações estratégicas que podem definir o futuro da organização, maior a velocidade de resposta da empresa a estímulos do ambiente onde está inserida, a construção de parcerias estratégicas etc.

Uma vez definidas as variáveis diferenciadoras, podemos estabelecer a caracterização de parâmetros para os diferentes graus de complexidade, como por exemplo: uma pessoa atua no primeiro degrau de complexidade quando suas atribuições e responsabilidades são de natureza operacional, possui abrangência local, a influência de suas ações ou decisões está restrita às suas atividades, suas atividades têm alto grau de padronização, estruturação e/ou rotina e tem baixo nível de autonomia decisória.

Ao conseguirmos definir os diferentes graus de complexidade, podemos dizer qual nível caracteriza melhor o conjunto de atribuições e responsabilidades de uma pessoa. Eventualmente, podemos ter uma pessoa em transição de um nível de complexidade para outro. Dessa forma é mais fácil visualizar o desenvolvimento de alguém. É comum elegermos rótulos para classificar as pessoas sem notar qual é, de fato, o nível de contribuição da pessoa. As organizações acham que as pessoas se desenvolvem aos soluços. Por exemplo: um analista júnior vai dormir uma bela noite e é abençoado e acorda analista pleno. Trata-se de um milagre do dia para a noite e a pessoa merece um novo nível na estrutura salarial da organização, ganha um novo **status**. De fato, o que ocorreu é que o analista júnior foi desenvolvendo atribuições e responsabilidades de complexidade crescente até assumir a envergadura de um analista pleno. Nesse momento, a organização o reconhece, o reconhecimento acontece **a posteriori** e a organização assume o risco de perder a pessoa por retardar o reconhecimento.

> A escala de complexidade permite a construção de referências mais precisas para avaliar o desenvolvimento da pessoa e auxilia no diálogo da liderança com as pessoas.

A escala de complexidade permite a construção de referências mais precisas para avaliar o desenvolvimento da pessoa e auxilia no diálogo da liderança com as pessoas. Além disso, admite que seja verificada a eficiência de ações de desenvolvimento. Será que as ações de desenvolvimento permitiram à pessoa adquirir condições para lidar com maior complexi-

> **DICAS**
>
> Para verificar se estamos atendendo ou não as demandas sobre nós, podemos observar as seguintes manifestações de chefias e colegas:
> - Satisfação das chefias e colegas em relação aos trabalhos realizados por nós.
> - Espaço que temos em reuniões ou situações em que estamos interagindo com nossos colegas e chefias.
> - Complexidade dos trabalhos atribuídos a nós em comparação com os trabalhos atribuídos aos nossos colegas.

dade? Ao respondermos a essa questão, podemos verificar a eficiência das nossas ações de desenvolvimento.

Observamos várias formas para mensurar o desenvolvimento combinando competências e complexidade, mas de forma geral podemos agrupá-las em duas categorias:

- **Descrição separada de competência e complexidade** – neste caso, a organização procura delimitar cada degrau de complexidade e define de forma geral a competência, cabendo ao gestor, no momento de avaliar, julgar a competência da pessoa no nível de complexidade de sua atuação.

- **Descrição conjunta de competência e complexidade** – neste caso, a organização procura descrever a competência nos diversos graus de complexidade, auxiliando o gestor que já encontra a descrição da competência alinhada ao nível de complexidade da atuação da pessoa a ser avaliada.

Em relação às empresas que se enquadram na primeira categoria, é comum encontrar aquelas que se valem de um rol de evidências para ajudar o gestor a perceber se a pessoa está ou não entregando as competências.

Exemplos de descrições separadas de competências e complexidade

Para mensurar o desenvolvimento, utilizamos variável de complexidade. Essas variáveis são diferentes para cada agrupamento profissional. É necessário verificarmos quais são as melhores variáveis para diferenciar a complexidade para um determinado grupo, como, por exemplo: para executivos, variáveis ligadas ao impacto de decisões, a abrangência de atuação e os níveis de autonomia decisória são bons indicadores; para pessoas com atividade operacional, variáveis ligadas ao nível de estruturação de sua atividade, à autonomia decisória, ao impacto de erros podem ser boas variáveis.

O que é uma variável de complexidade? Como vimos no Capítulo 2, é um indicador que permite perceber o desenvolvimento de uma pessoa em sua atividade. Caso a pessoa, além de executar sua atividade, seja capaz de orientar outra pessoa, ela tem um degrau de complexidade a mais em relação à pessoa que só consegue executar sua atividade. Em trabalhos com jornalistas, pudemos verificar que um ponto importante no diferencial de complexidade é o jornalista de texto conseguir escrever na linguagem do veículo onde atua. Imagine um homem de 40 anos escrevendo para um adolescente de 15 anos em um veículo destinado a esse público.

Para cada agrupamento de atividades, conseguimos visualizar um espectro de complexidade. É importante segmentá-lo de forma que, a cada degrau de complexidade, fique bem visível, facilitando, desse modo, o enquadramento das pessoas nos diferentes degraus, e possibilitando às pessoas visualizar as exigências sobre ela no próximo degrau. A seguir, apresento, no Quadro 13.1, exemplo de espectro de complexidade dividido em dez degraus, utilizado por uma universidade pública para definir a carreira dos servidores técnicos e administrativos.

QUADRO 13.1

Exemplo de níveis de complexidade

NÍVEL	RESUMO DA COMPLEXIDADE
10	Coordena projetos/processos, considerando a interface com outros processos/projetos e sendo referência dentro e fora da Universidade em sua área de conhecimento. Participa do planejamento e do processo decisório sobre mudanças nas atividades e nos processos adotados na área em que atua, analisando o impacto na Universidade, considerando o presente e o futuro da Instituição. Coordena equipes multidisciplinares/interinstitucionais.
9	Participa da estruturação de atividades, considerando os impactos em sua própria equipe/setor e em outras equipes/áreas. Influencia a definição conceitual dos processos e atua considerando as interfaces com outros processos/projetos. Participa do planejamento das atividades e da utilização dos recursos na área em que atua, analisando o impacto no macroprocesso do qual faz parte. Coordena equipes funcional e tecnicamente.
8	Realiza atividades com autonomia. Participa e sugere melhorias na estruturação de atividades, procedimentos e rotinas que seguem padrões adotados na área e que promovem impacto nos processos/áreas relacionados. Orienta outros profissionais em estágios anteriores.
7	Realiza, de forma reflexiva, atividades do setor, incluindo as a serem estruturadas, orientando-se pelas metas estabelecidas pela chefia imediata. Propõe à chefia melhorias de execução das atividades sob sua responsabilidade, considerando os impactos nos setores de interface. Interage com a equipe para garantir atuação integrada e busca de objetivos comuns.
6	Executa atividades estruturadas, seguindo os padrões adotados no setor em que atua. Sugere critérios para a organização e sistematização das informações necessárias e para atividades desenvolvidas no setor, com foco no desenvolvimento eficiente de suas atividades e da equipe em que atua.
5	Executa atividades seguindo normas e padrões predeterminados pela chefia imediata. Sugere melhorias/soluções relacionadas à execução de suas atividades. Coleta e organiza informações necessárias para a realização das atividades da equipe em que atua.
4	Executa atividades seguindo rotinas predeterminadas pela chefia imediata. Solicita orientações e eventualmente sugere melhorias em suas atividades à chefia e interage com os funcionários que executam trabalhos relacionados às suas atividades. Eventualmente, atua supervisionando equipes que executam serviços rotineiros e pré-definidos.
3	Executa atividades específicas, de apoio operacional, documental e/ou administrativo, típicas de sua área de atuação, que exijam qualificação e experiência para o estabelecimento de rotinas e sob supervisão.
2	Auxilia a área em que atua, executando atividades específicas, segundo rotinas previamente definidas, sob orientação constante (Colabora com os técnicos de sua área de atuação na execução de seus serviços).
1	Executa atividades auxiliares, de sua área e outras tarefas correlatas, conforme orientação recebida do superior imediato.

A diferença entre o nível 1 e 10 na carreira caracteriza o espectro de complexidade. No caso apresentado, há uma divisão do espectro de complexidade em 10 níveis; caso aumentássemos para 12, por exemplo, faria com que a distinção entre os degraus se tornasse mais difícil. De outro lado, caso dividíssemos o espectro de complexidade em 8 degraus, a caracterização de cada degrau ficaria mais nítida.

As competências podem ser caracterizadas de forma genérica acompanhadas de evidências para auxiliar o gestor na verificação se o avaliado entrega ou não a competência. A seguir, nos Quadros 13.2 e 13.3 são apresentados dois exemplos de competências para o nível gerencial de uma grande empresa industrial. Inicialmente, é apresentada a descrição da competência e, em seguida, um conjunto de pontos de observação.

Gestão de pessoas	Construir equipes de alta performance, promover o desenvolvimento e reconhecer contribuições individuais e coletivas.	**QUADRO 13.2** Exemplo da competência gestão de pessoas
Seleção e alocação de pessoas	Cria equipes de alta **performance**, através da correta identificação das competências das pessoas e de seu alinhamento com os valores da Votorantim, atribuindo responsabilidades de acordo com esses perfis.	
Desenvolvimento de pessoas	Orienta seus liderados para utilização plena de suas competências de domínio e promove ações para desenvolvimento daquelas que requerem aprimoramento, criando oportunidades para melhoria de **performance** e evoluções de carreira.	
Avaliação e *feedback*	Analisa o desempenho de seus liderados regularmente, transmitindo-lhes de forma clara e construtiva os pontos de melhoria e incentivando os progressos alcançados.	
Motivação e reconhecimento	Pratica constantemente o reconhecimento das contribuições diferenciadas das pessoas e equipes, influenciando positivamente na motivação e criando um clima favorável ao alto desempenho.	

Gestão da operação	Entregar valor ao cliente, com excelência operacional, otimização de recursos, respeitando as pessoas e preservando o meio ambiente.	**QUADRO 13.3** Exemplo da competência gestão de operação
Pensamento sistêmico	Capacidade de perceber a integração e interdependência das partes que compõem os processos da área onde atua, visualizando oportunidades e possíveis ações de melhorias.	
Gestão de Processos e Qualidade	Busca continuamente melhorias nos processos, obtendo confiabilidade e conformidade.	
Foco em resultados	Cumpre os objetivos estabelecidos, definindo prioridades e criando alternativas para alcançar os resultados, considerando o foco do cliente (interno e externo).	
Gestão de recursos	Identifica e utiliza corretamente os recursos disponibilizados (tempo, financeiro, infraestrutura e humano). Demonstra preocupação com custos e continuamente busca alternativas de equilíbrio na relação custo-benefício.	
Gestão de saúde, segurança e meio ambiente	Atua com base no respeito à vida, à saúde, à segurança e à preservação do meio ambiente.	

Outro exemplo de descrição de competência é o caso de uma indústria farmacêutica onde é efetuada uma descrição geral da competência e são indicadas evidências positivas e evidências negativas. Esse exemplo apresentado no Quadro 13.4 é interessante porque, nesse caso, foi possível observar gestores que, ao avaliar seus subordinados, conseguiam observar tanto as evidências positivas quanto as negativas e ajudava a melhorar o diálogo e aprimorar a avaliação.

Exemplos de descrições conjuntas de competências e complexidade

Para tornar mais concreta a complexidade em muitas organizações, foi efetuada uma associação com competências. Competências são entregas desejadas pela organização, como por exemplo: trabalhar em equipe, ter foco nos resultados, desenvolver pessoas etc. Nesse caso, a competência é descrita em diferentes níveis de complexidade. A partir dessa caracterização, podemos definir sua influência nas diferentes competências e requisitos de capacidade exigidos das pessoas, como mostra a Figura 13.1.

QUADRO 13.4

Exemplo de competência cooperação transversal

COOPERAÇÃO TRANSVERSAL	
Colabora efetivamente com os pares, *stakeholders* e parceiros em toda a organização, causando impacto positivo nos resultados – Diz respeito a encontrar formas de engajar e trabalhar com outras pessoas em toda a organização. Trata-se de aproveitar as habilidades, experiências e expertise para atingir objetivos comuns.	
ASPECTOS POSITIVOS	**ASPECTOS NEGATIVOS**
▪ Compartilha abertamente informação relevante e busca opiniões de outras pessoas fora da equipe direta. ▪ Desenvolve e mantém relações e parcerias transversais eficientes no trabalho. ▪ Reage positiva e construtivamente quando requisitado a dar suporte em toda a organização.	▪ Opera em silos ou esconde informações de outros, criando a mentalidade de silos na equipe. ▪ Coopera seletivamente dependendo dos próprios interesses e prioridades. ▪ Age de maneira competitiva com os colegas como se eles fossem adversários.

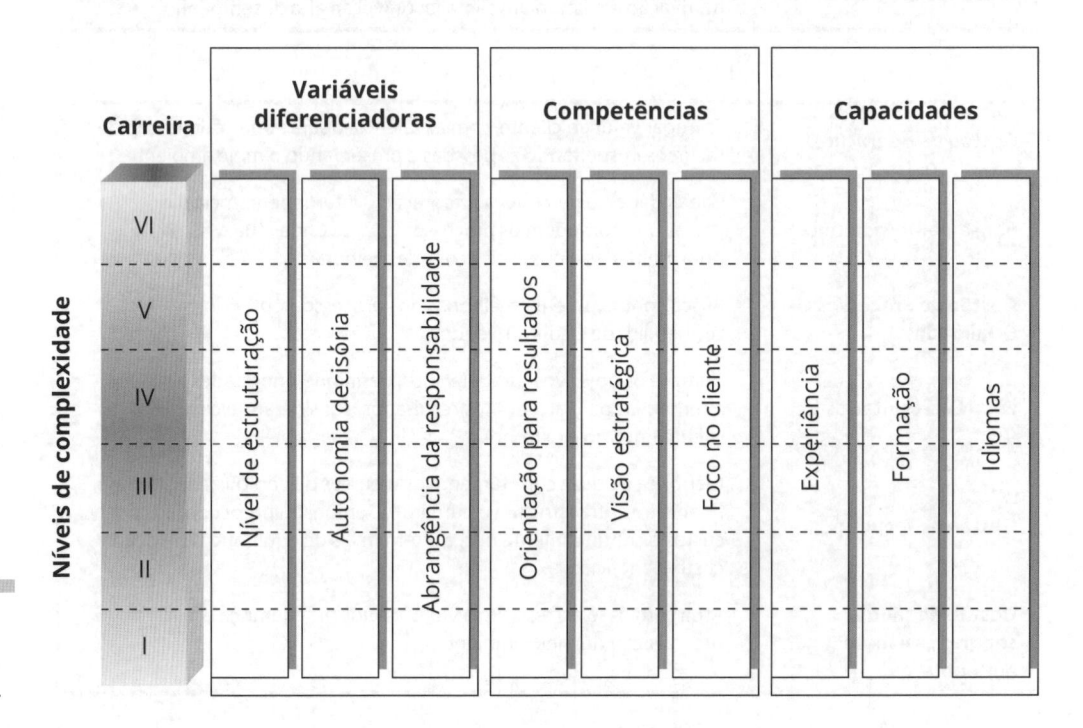

FIGURA 13.1

Construção de competências a partir das variáveis de complexidade.

A fim de exemplificar, vejamos uma competência descrita em diferentes níveis de complexidade. Para tanto, vamos trabalhar uma competência genérica como liderança com espírito de equipe e vamos trabalhá-la usando os referenciais de complexidade apresentados pelo caso da universidade pública estudado. Para construir esse exemplo, foram escolhidos os níveis de complexidade de 7 a 10. No exemplo apresentado no Quadro 13.5, as palavras em negrito traduzem a competência e as palavras sublinhadas traduzem o nível de complexidade.

No Quadro 13.5, podemos verificar que, a partir da definição de uma determinada competência, podemos traduzir as entregas em diferentes níveis de complexidade.

Descrição de Casos e Exemplos de Avaliação de Desenvolvimento

Ao longo de várias experiências para mensurar o desenvolvimento, foi possível verificar bons resultados ao utilizarmos os estudos de Mihaly Csikszentmihalyi (1975), com um referencial psicanalítico, e de Gillian Stamp (1989), mais tarde traduzido para a gestão de pessoas. Esses autores verificam que o desenvolvimento harmonioso de uma pessoa ocorre quando a mesma enfrenta desafios compatíveis com a sua capacidade; desse modo, ao aumentar

QUADRO 13.5

Exemplo de competência dividida em níveis de complexidade

1	LIDERANÇA COM ESPÍRITO DE EQUIPE
	Mobiliza os esforços e influencia positivamente as pessoas, oferecendo *feedbacks*, reconhecendo contribuições individuais e coletivas, orientando e criando oportunidades para o desenvolvimento profissional de cada funcionário, conquistando credibilidade e confiança e a ação da equipe para o alcance dos objetivos a partir da integração com outros profissionais.
NÍVEL	**ATRIBUIÇÕES E RESPONSABILIDADES**
7	Integra a equipe e gerencia estilos e personalidades variadas, demonstrando respeito à individualidade. Distribui atividades factíveis, de modo a manter os funcionários motivados. Promove o entendimento entre as pessoas e adota medidas para mantê-lo favorável ao desenvolvimento dos trabalhos. Orienta e apoia o desempenho e o desenvolvimento da equipe que chefia, reconhecendo as contribuições e viabilizando condições de crescimento.
8	Mobiliza os esforços da equipe para alcançar os objetivos da área e assumir os resultados, atentando para os efeitos e interfaces com outras áreas da Unidade. Envolve sua equipe no planejamento e execução das atividades da área/processos que gerencia solicitando opiniões, valorizando contribuições e obtendo seu comprometimento. Promove ações para estimular o desenvolvimento dos indivíduos de sua equipe, delegando atividades conforme o estágio de desenvolvimento de cada, valorizando suas ideias e contribuições.
9	Orienta a atuação dos funcionários sob sua responsabilidade e delega autoridade às chefias subordinadas, promovendo uma cultura de responsabilização. Dissemina, na Unidade, os objetivos estratégicos a serem alcançados, atuando conforme a missão e os valores institucionais. Articula-se com representantes de outras unidades, contribuindo para a integração da universidade. Contribui para a criação de ambiente participativo e harmônico na unidade sob sua responsabilidade e estabelece clima de confiança e comprometimento, favorecendo a motivação das pessoas e gerenciando os conflitos de modo eficaz.
10	Adota postura de liderança proativa, assertiva e empreendedora, sendo reconhecido como modelo na universidade, em sua área de atuação. É referência na aplicação de modelo de gestão em que predomine a gestão participativa, com orientação para resultados e o desenvolvimento de pessoas. Contribui para o modelo de gestão da Universidade, considerando os interesses e valores institucionais e as expectativas dos diversos atores envolvidos, inclusive a sociedade. Articula-se com representantes de instituições parceiras, contribuindo para a integração entre instituições de ensino, pesquisa e extensão.

sua capacidade, está apta a enfrentar desafios maiores e, ao enfrentar desafios maiores, é estimulada a aumentar sua capacidade.

Entretanto, quando a pessoa é desafiada em um nível superior à sua capacidade, entra em um estado de apreensão que a conduz para um estado de ansiedade. No caso de a pessoa ser desafiada em um nível inferior ao da sua capacidade, é levada à frustração, que a conduz, também, para um estado de ansiedade, como mostra a Figura 13.2.

Para construção de um instrumento de mensuração de desenvolvimento, usamos os trabalhos de Csikszentmihalyi e Stamp, com algumas alterações, com o objetivo de tornar esses conceitos mais instrumentais. Com esse propósito, colocamos os desafios no eixo x (abscissa) e a capacidade no eixo y (ordenada). Para mensurar o nível do desafio, utilizamos a métrica da complexidade conforme o exemplo apresentado na Figura 13.3, e, para medir a capacidade, associamos as exigências do contexto onde a pessoa se insere conforme apresentado na Figura 13.4. Na medida em que a pessoa atua em um nível maior de complexidade, maior é a

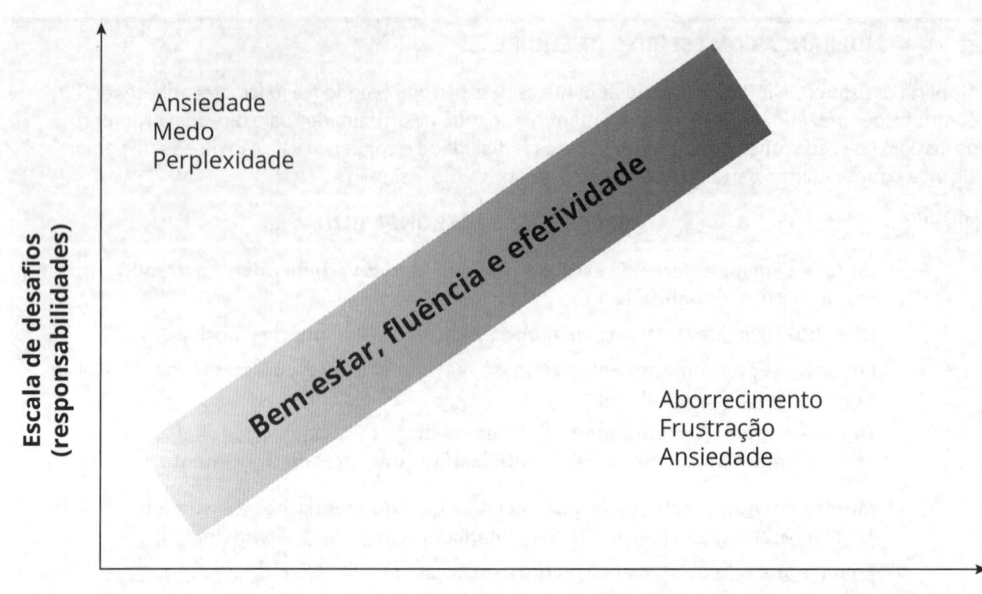

FIGURA 13.2

Relação entre desafios e capacidade.

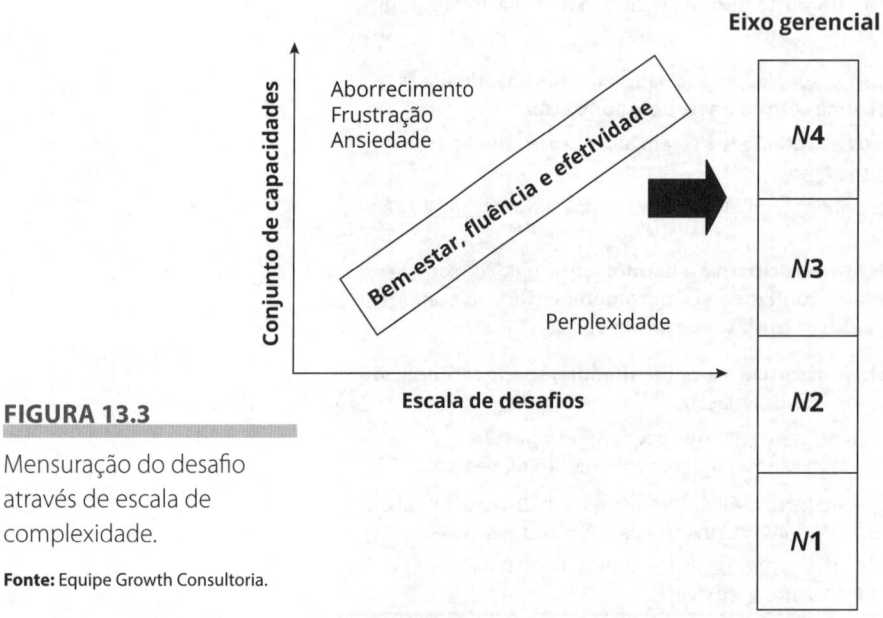

Fonte: Stamp (1989).

FIGURA 13.3

Mensuração do desafio através de escala de complexidade.

Fonte: Equipe Growth Consultoria.

Eixo gerencial	COMPETÊNCIA: ORIENTAÇÃO PARA RESULTADOS
N4	Estabelece os resultados de longo prazo esperados para a UN que administra, influenciando na definição daqueles esperados para a empresa como um todo.
N3	Responde pela definição de parâmetros e práticas de análise de resultados da área que gerencia para apoiar os processos decisórios da empresa.
N2	Estabelece metas e objetivos táticos, para a área sob sua responsabilidade, tomando por base os objetivos de resultados definidos para a UN.
N1	Planeja, administra e controla recursos, respondendo pela sua utilização, bem como pelo cumprimento de prazos de projetos sob sua responsabilidade.

exigência de formação e experiência. Os estudos de Gillian Stamp (1989) demonstraram que a pessoa amplia sua percepção do contexto através da experiência e da formação. Por isso, podemos efetuar essa associação.

A partir desses conceitos, foi possível construir um conjunto de parâmetros adaptados a cada realidade organizacional. Nas Figuras 13.5, 13.6, 13.7 e 13.8 é apresentado um exemplo dessa aplicação. Cabe ressaltar que existem diferentes formas de aplicar o conceito e não somente da forma descrita a seguir. Trata-se de uma organização que atua na operação em telefonia celular.

Na Figura 13.5, são apresentadas oito competências descritas no nível 4 de complexidade; no nível 3, são descritas as oito competências em um nível menor de complexidade e, no nível 5, são descritas as oito competências em um nível maior de complexidade. As competências foram avaliadas em uma escala composta por quatro critérios: NA – não atende, D – em desenvolvimento, A – atende e S – supera. A escala é muito importante para o processo de avaliação. Muitas vezes, o processo de avaliação perde legitimidade porque a escala de ava-

CAPÍTULO 13 | Processo de Avaliação de Pessoas

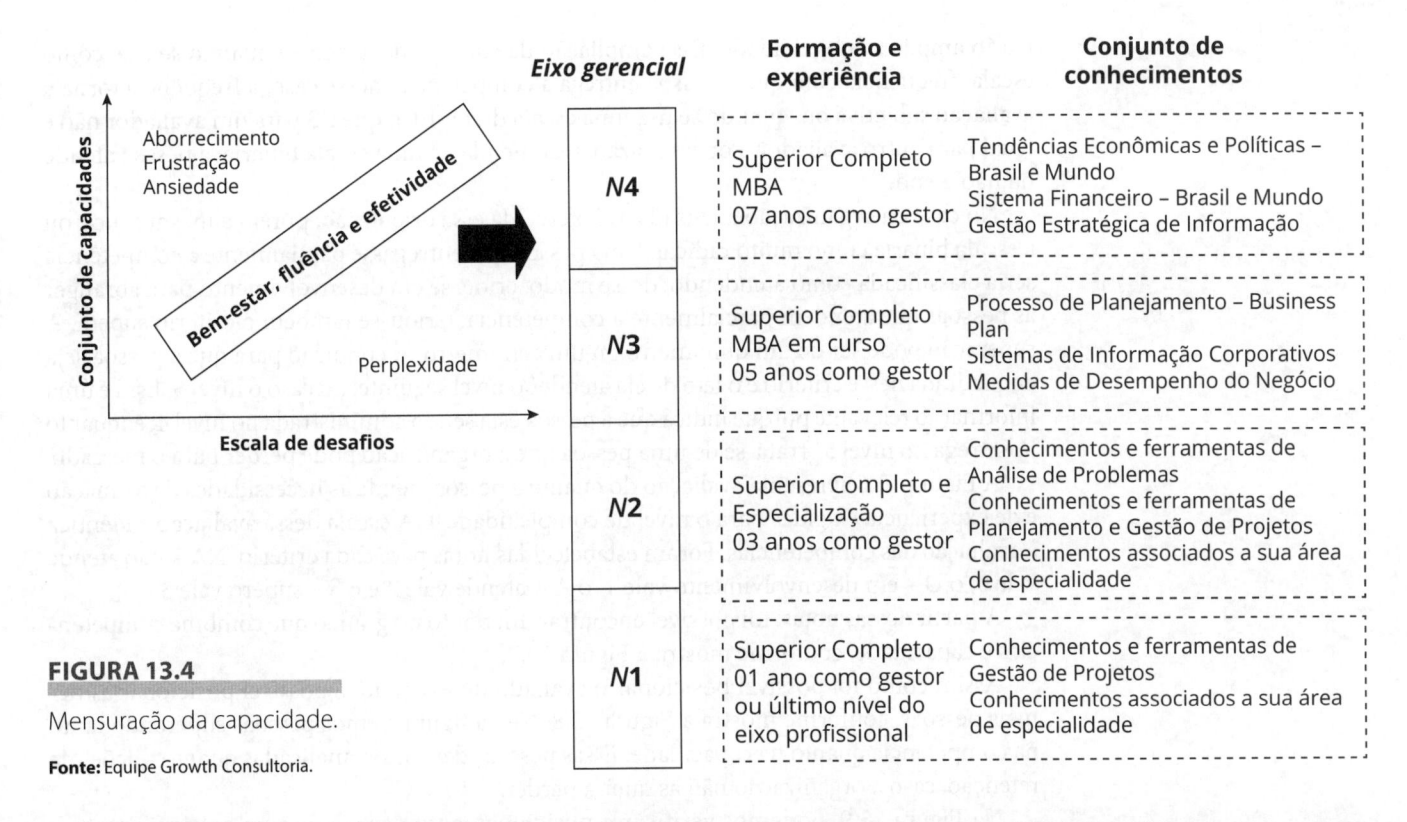

	Eixo gerencial	Formação e experiência	Conjunto de conhecimentos
Conjunto de capacidades: Aborrecimento, Frustração, Ansiedade / Bem-estar, fluência e efetividade / Perplexidade — **Escala de desafios**	**N4**	Superior Completo MBA 07 anos como gestor	Tendências Econômicas e Políticas – Brasil e Mundo; Sistema Financeiro – Brasil e Mundo; Gestão Estratégica de Informação
	N3	Superior Completo MBA em curso 05 anos como gestor	Processo de Planejamento – Business Plan; Sistemas de Informação Corporativos; Medidas de Desempenho do Negócio
	N2	Superior Completo e Especialização 03 anos como gestor	Conhecimentos e ferramentas de Análise de Problemas; Conhecimentos e ferramentas de Planejamento e Gestão de Projetos; Conhecimentos associados a sua área de especialidade
	N1	Superior Completo 01 ano como gestor ou último nível do eixo profissional	Conhecimentos e ferramentas de Gestão de Projetos; Conhecimentos associados a sua área de especialidade

FIGURA 13.4

Mensuração da capacidade.

Fonte: Equipe Growth Consultoria.

Exemplo de Formulário de Avaliação Eixo de Engenharia e Tecnologia / Nível 4

Competência	Atribuições e responsabilidades	NA	D	A	S
Visão do negócio	Executa atividades de apoio à operação que exigem a aplicação de conhecimento técnico, sob supervisão.	0	1✓	2	3
Domínio de tarefa/processo	Domina a execução de atividades que requerem a aplicação de conhecimento técnico, específico, com autonomia.	0	1✓	2	3
Foco no cliente	Troca informações e experiências, junto às equipes das atividades com as quais os relaciona, mantendo-se atualizado com as possíveis tendências do mercado e da empresa.	0	1	2	3✓
Orientação para resultados	É orientado por resultados na execução de atividades que requerem o uso de conhecimentos técnicos específicos.	0✓	1	2	3
Inovação	Identifica a melhor solução para problemas designados à sua equipe de trabalhos.	0	1	2✓	3
Inovação	Desenvolve alternativas técnicas visando a manutenção e o aprimoramento de padrões, garantindo que as operações de sua área se desenvolvam em conformidade com o estabelecido.	0	1	2✓	3
Gestão integr. proc., rec. e prazos	Acompanha/responde pela utilização de recursos e cumprimento de prazos e projetos sob sua responsabilidade.	0	1	2✓	3
Gestão do conhecimento	Disponibiliza informações relevantes das atividades que desempenha a outras áreas da organização.	0	1	2	3✓
Capacidade de análise	Analisa situações de trabalho que requerem conhecimento técnico e sugere o melhor encaminhamento, dentre as alternativas possíveis.	0	1✓	2	3
	Média = (0 + 3 + 6 + 6) / 9 atribuições = 1,66	0	3	6	6

FIGURA 13.5

Avaliação das competências – EXEMPLO DE FORMULÁRIO DE AVALIAÇÃO – Eixo de Engenharia e Tecnologia/Nível 4.

liação amplia a subjetividade. Essa ampliação da subjetividade ocorre quando se usa, como escala, frequência com que a pessoa entrega a competência; nesse caso, a frequência torna a avaliação subjetiva ou, quando se usa uma escala de 1 a 10, o que é 3 para um avaliador não é igual para outro avaliador. Por essa razão, recomenda-se uma escala binária: a pessoa atende ou não atende.

No caso da organização analisada, foi oferecida essa orientação, porém a mesma encarou a escala binária como muito radical. Uma pessoa que entregasse parcialmente a competência seria classificada como atendendo; desse modo, criou-se em desenvolvimento para abranger as pessoas que atendem parcialmente a competência. Criou-se também o critério supera. A superação pode ser de um quilômetro ou um centímetro. A condição para que a pessoa seja enquadrada nesse critério é o fato de ela atender o nível seguinte, no caso o nível 5. Essa é uma informação relevante porque indica que a pessoa está sendo administrada no nível 4, enquanto já entrega no nível 5. Trata-se de uma pessoa que a organização pode perder para o mercado.

A Figura 13.6 apresenta avaliação do quanto a pessoa atende as necessidades de formação e de experiência exigidas para o nível de complexidade 4. A escala dessa avaliação é idêntica à avaliação das competências. Foram estabelecidas notas para cada critério. NA – não atende vale 0, o D – em desenvolvimento vale 1, o A – atende vale 2 e o S – supero vale 3.

A partir dessas notas, foi possível encontrar um ponto no gráfico que combina competências e capacidade, conforme mostra a Figura 13.7.

Assim como foi possível posicionar o avaliado do exemplo, é possível posicionar as demais pessoas, conforme mostra a Figura 13.8. Nessa figura, vemos pessoas superando tanto na competência quanto na capacidade. Essas pessoas devem ser analisadas quanto a ações de retenção, caso a organização não as queira perder.

Na Figura 13.9, podemos verificar o posicionamento das pessoas no gráfico. Esse posicionamento pode oferecer indicações de endereçamento para ações de desenvolvimento, conforme demonstrado na Figura 13.9. A Figura 13.9 foi criada por uma organização do setor petroquímico.

Essa matriz de endereçamento auxilia o líder a construir com o membro de sua equipe um projeto de desenvolvimento, bem como auxilia em decisões sobre remuneração, processo sucessório e ações de retenção.

Exemplo de Formulário de Avaliação Eixo de Engenharia e Tecnologia / Nível 4

	Capacidade	NA	D	A	S
Formação	Técnico na área	0	1	2✓	3
Experiência	3 anos	0	1✓	2	3
Conhecimentos	Inglês intermediário	0	1✓	2	3
	Word Básico	0	1	2✓	3
	Excel Básico	0✓	1	2	3
Formação	Graduação em Engenharia	0	1	2	3
Experiência	Estágio	0	1	2	3
Conhecimentos	Inglês Básico	0	1	2	3
	Word Básico	0	1	2	3
	Excel Básico	0	1	2	3
Média = (0 + 2 + 4 + 0) / 5 requisitos = 1,2		0	2	4	0

FIGURA 13.6

Avaliação da capacidade – EXEMPLO DE FORMULÁRIO DE AVALIAÇÃO – Eixo de Engenharia e Tecnologia – Nível 4.

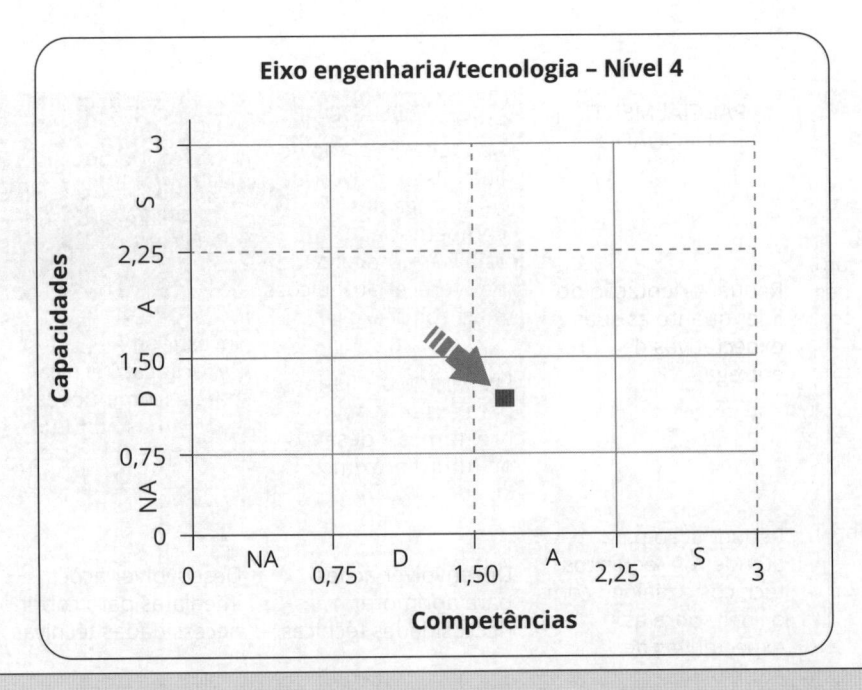

CAPÍTULO 13 | Processo de Avaliação de Pessoas   275

FIGURA 13.7
Posicionamento de uma pessoa no gráfico de desenvolvimento.

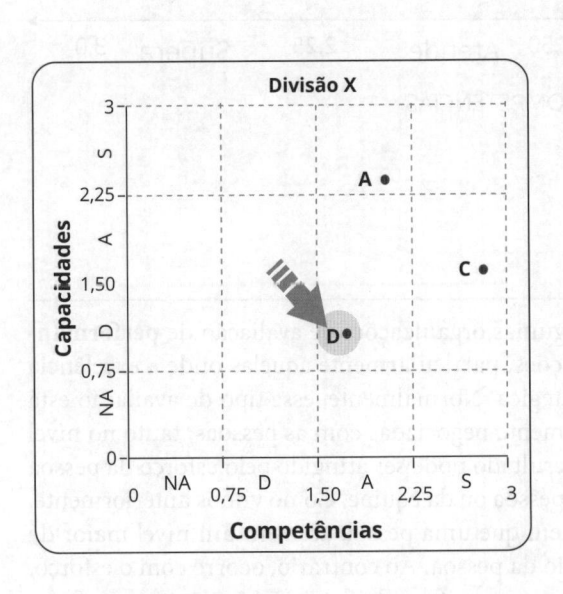

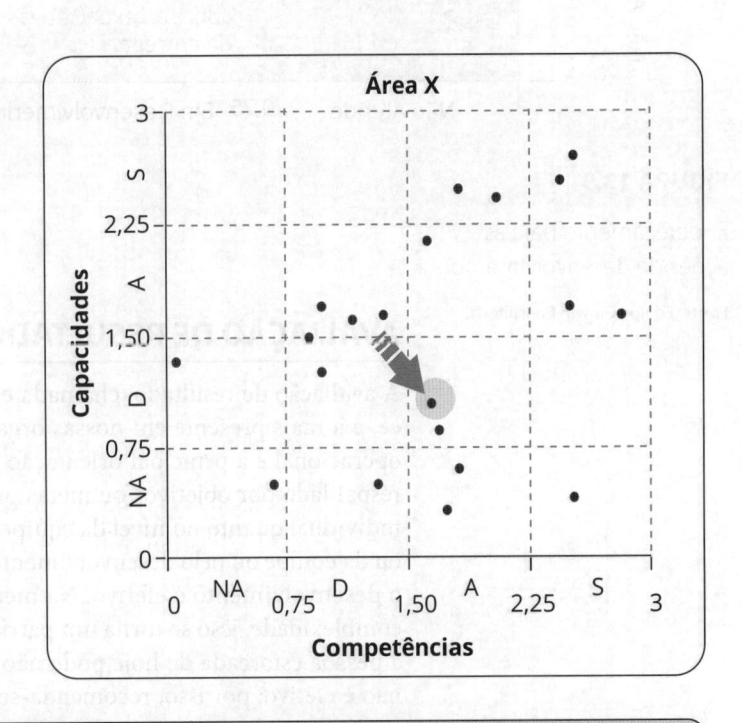

NA – Não atende   D – Em Desenvolvimento   A – Atende   S – Supera

FIGURA 13.8
Posicionamento de toda a equipe no gráfico de desenvolvimento.

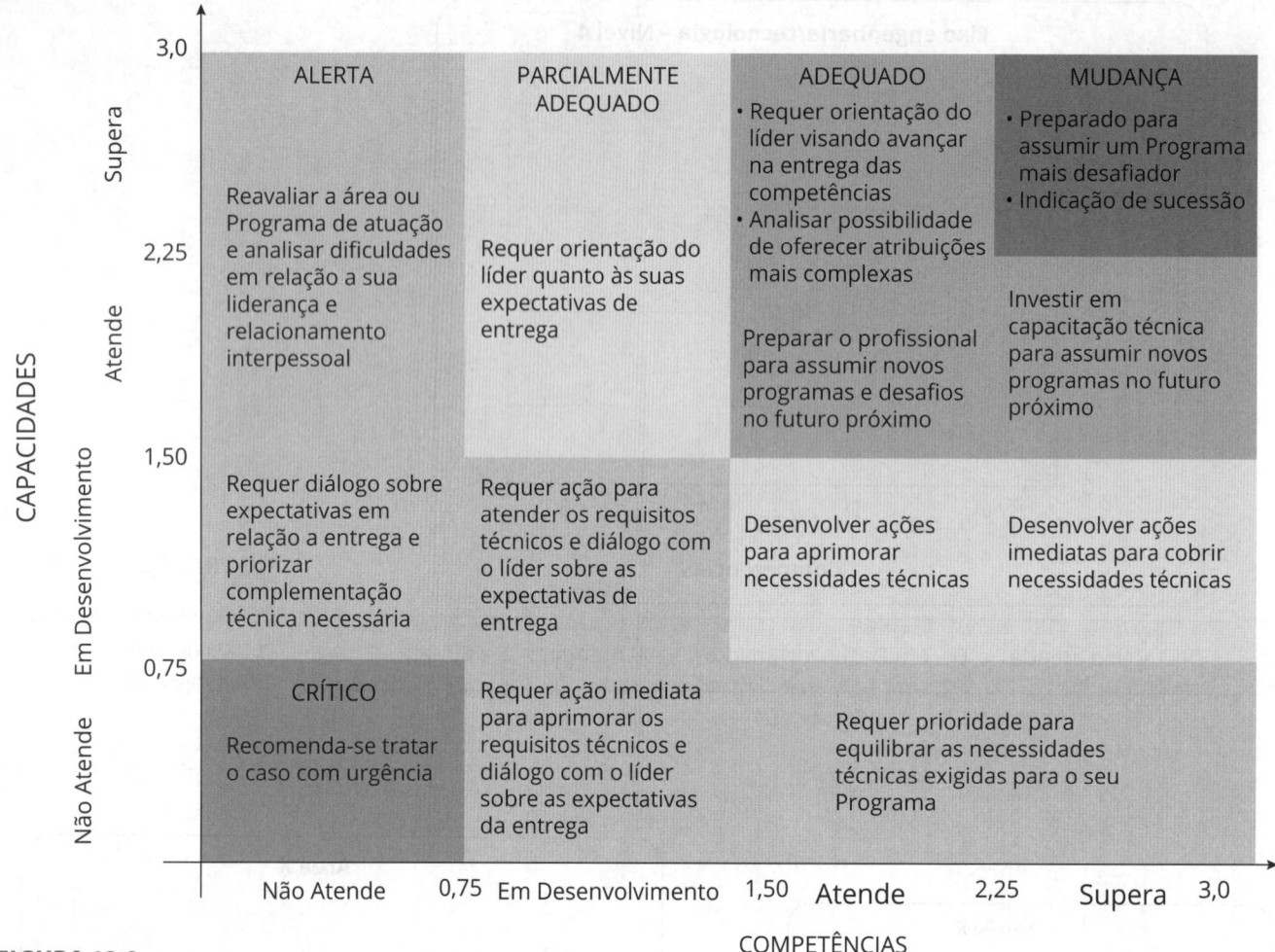

FIGURA 13.9

Endereçamento para as ações de desenvolvimento.

Fonte: Equipe Growth Consultoria.

CAPACIDADES \ COMPETÊNCIAS	Não Atende (0–0,75)	Em Desenvolvimento (0,75–1,50)	Atende (1,50–2,25)	Supera (2,25–3,0)
Supera (2,25–3,0)	**ALERTA** — Reavaliar a área ou Programa de atuação e analisar dificuldades em relação a sua liderança e relacionamento interpessoal	**PARCIALMENTE ADEQUADO** — Requer orientação do líder quanto às suas expectativas de entrega	**ADEQUADO** — Requer orientação do líder visando avançar na entrega das competências • Analisar possibilidade de oferecer atribuições mais complexas	**MUDANÇA** — Preparado para assumir um Programa mais desafiador • Indicação de sucessão
Atende (1,50–2,25)	(ALERTA)	(PARCIALMENTE ADEQUADO)	Preparar o profissional para assumir novos programas e desafios no futuro próximo	Investir em capacitação técnica para assumir novos programas no futuro próximo
Em Desenvolvimento (0,75–1,50)	Requer diálogo sobre expectativas em relação a entrega e priorizar complementação técnica necessária	Requer ação para atender os requisitos técnicos e diálogo com o líder sobre as expectativas de entrega	Desenvolver ações para aprimorar necessidades técnicas	Desenvolver ações imediatas para cobrir necessidades técnicas
Não Atende (0–0,75)	**CRÍTICO** — Recomenda-se tratar o caso com urgência	Requer ação imediata para aprimorar os requisitos técnicos e diálogo com o líder sobre as expectativas da entrega	Requer prioridade para equilibrar as necessidades técnicas exigidas para o seu Programa	

AVALIAÇÃO DE RESULTADO

A avaliação de resultado, chamada em algumas organizações de avaliação de **performance**, é a mais presente em nossas organizações, particularmente aquelas onde a excelência operacional é a principal orientação estratégica. Normalmente, esse tipo de avaliação está respaldado por objetivos ou metas previamente negociadas com as pessoas, tanto no nível individual quanto no nível da equipe. O resultado pode ser atingido pelo esforço da pessoa ou da equipe ou pelo desenvolvimento da pessoa ou da equipe. Como vimos anteriormente, o desenvolvimento é efetivo. Na medida em que uma pessoa atua em um nível maior de complexidade, isso se torna um patrimônio da pessoa. Ao contrário, ocorre com o esforço, a pessoa esforçada de hoje pode não ser a pessoa esforçada de amanhã, ou seja, o esforço não é efetivo; por isso, recomenda-se que seja atribuída à **performance** uma remuneração contingencial; em outras palavras, uma remuneração variável.

Tem sido comum, no relacionamento com as organizações, ouvir das lideranças uma verdadeira apologia da avaliação de resultado, como um instrumento importante para motivar e valorizar as pessoas que contribuem para a organização. É importante termos muita cautela com a valorização do resultado. Um aspecto fundamental do mesmo é como ele foi obtido. Caso tenha sido obtido sem respeitar valores da organização ou da sociedade, sem respeitar as pessoas ou em detrimento da própria pessoa que o obteve, teremos resultados fugazes, os quais não se sustentam no tempo. Esse ponto é fundamental. Pessoas que obtêm resultados a qualquer preço e a qualquer custo são pessoas que contribuem somente para o curto prazo e comprometem o longo prazo. Outro aspecto fundamental é que, se estimularmos os resultados através do esforço das pessoas, embicamos a organização para o aqui e agora, vamos estimular o curto prazo. Para estimularmos o longo prazo, necessitamos valorizar o desenvolvimento das pessoas. Para tanto, as metas devem ser construídas de forma a desafiar as pessoas a lidar com situações de maior complexidade. Finalmente, outro aspecto fundamental é como as metas são construídas. Normalmente, as lideranças acham que essa questão é simples, mas não é. As metas devem estar integradas entre si; caso contrário, as metas de uma unidade podem ser antagônicas às de outra. O estabelecimento de metas exige maturidade da organização.

> A obtenção de resultados pode ser efetuada através do esforço da pessoa ou de um grupo de pessoas e/ou através do desenvolvimento da pessoa ou de um grupo de pessoas.

Como Mensurar os Resultados

Algumas organizações chamam a avaliação de resultados de desempenho, mas para a maior parte do mercado o termo **desempenho** engloba desenvolvimento, resultado e comportamento.

A obtenção de resultados pode ser efetuada através do esforço da pessoa ou de um grupo de pessoas e/ou através do desenvolvimento da pessoa ou de um grupo de pessoas. Vamos analisar isoladamente esses dois pontos. O resultado obtido através do esforço ocorre quando não há qualquer melhoria no processo de trabalho ou nos instrumentos utilizados para obter o resultado, bem como não há alteração ou inserção de conceitos e/ou forma de abordagem no trabalho executado. Nesse caso, o resultado adicional é obtido através de maior dedicação em termos de maior número de horas de trabalho ou maior esforço físico. O resultado através do esforço não se sustenta no tempo, já que sua obtenção sempre depende de uma dedicação extraordinária das pessoas.

O resultado obtido através do desenvolvimento advém de um aprimoramento do processo de trabalho ou nos instrumentos utilizados para a sua realização e, também, pode advir de uma nova forma de abordar o trabalho ou da alteração ou da inserção de conceitos utilizados para a realização do trabalho. Naturalmente, os resultados são obtidos através de uma combinação do esforço e do desenvolvimento. A questão principal aqui é o que está sendo estimulado quando pensamos na avaliação da **performance**: o esforço ou o desenvolvimento?

O resultado é mensurado, normalmente, através de metas estabelecidas entre a pessoa ou grupo de pessoas e sua liderança. A construção dessas metas e o suporte que a pessoa recebe da organização e de sua liderança definem o foco no esforço ou no desenvolvimento. O foco no desenvolvimento ocorre quando a meta representa para a pessoa um desafio e a pessoa recebe suporte em sua capacitação para enfrentar o desafio e suporte em termos de equipamentos, orientação e condições de trabalho. O resultado obtido através do desenvolvimento é o que mais interessa para a organização, porque esse resultado é mais efetivo. O resultado obtido através do desenvolvimento oferece à organização uma mudança do patamar de **performance**, ou seja, é um resultado que se sustenta no tempo.

Infelizmente, o que assistimos na maior parte de nossas organizações é um estímulo ao esforço, explicado pelo despreparo da liderança e da própria organização. Ao enfatizar o esforço, inibimos o desenvolvimento das pessoas, mas, também, o desenvolvimento da organização. Como consequência, em muitas de nossas organizações as pessoas executam seu trabalho da mesma forma, dia após dia, sem nenhum estímulo para melhorar sua produtividade, em termos do trabalho realizado, qualidade do trabalho, segurança pessoal e patrimonial, preservação do meio ambiente, saúde física, mental e social etc.

> O estabelecimento de metas não é algo simples; exige por parte da organização um exercício de integração e foco em resultados mais amplos alinhados com o intento estratégico.

A obtenção de resultados pode ser efetuada através do esforço da pessoa ou de um grupo de pessoas e/ou através do desenvolvimento da pessoa ou de um grupo de pessoas. A forma mais efetiva é através de metas previamente estabelecidas e reavaliadas continuamente. No passado, havia muita confusão entre objetivos e metas, mas nos últimos dez anos consolidou-se no mercado o uso de meta para designar os resultados a serem obtidos pelas pessoas ou grupos. As metas, para atuarem como um referencial de mensuração da **performance**, devem apresentar características SMART (AGUINIS, 2009:97), como explicado no Quadro 13.6.

QUADRO 13.6

Regra para o estabelecimento de metas: SMART

A META DEVE SER	
ESpecífica	Ou seja, determinar claramente o que e quando deve ser realizada, qual é o alvo.
Mensurável	Passível de mensuração, objetiva, quantitativa.
Atingível	As metas devem ser realistas em termos de número e condição de serem alcançadas.
Relevante	Devem contribuir para os objetivos estratégicos da organização e indicar o que a pessoa/grupo deve agregar.
Limitada no **T**empo	Indicar claramente quando a meta deve ser aferida (não só em seu final, mas também durante o processo).

Fonte: Aguinis (2009, p. 97).

O estabelecimento de metas, entretanto, não é algo simples. Exige, por parte da organização, um exercício de integração e foco em resultados mais amplos alinhados com o intento estratégico. Existem várias metodologias que auxiliam no desdobramento do intento estratégico em parâmetros para acompanhar a **performance** da organização e das pessoas. Esses parâmetros, segundo Hourneaux Junior (2010), podem ser:

- **Objetivo** – fim ou alvo que se deseja atingir no futuro.
- **Meta** – alvo específico e possível de ser quantificado a ser atingido para realizar um objetivo ou um resultado.
- **Indicador** – parâmetro, ou um valor derivado de parâmetros, que provê informação sobre um fenômeno. Indicadores têm significado sintético e são desenvolvidos para um propósito específico.
- **Plano de ação** – etapas/atividades ou conjunto de políticas e procedimentos necessários para o alcance da meta proposta no prazo definido, que compreendem a definição das condições, recursos e prazos necessários para o alcance das metas.

A principal dificuldade que percebemos nas organizações para o acompanhamento das metas tem sido o sistema de informações. A concepção inicial dos sistemas de informação é pensada para acompanhar a **performance** da organização e não os indicadores de **performance** individual ou de grupos. A implantação de um sistema de metas gera a necessidade de revisão do sistema de informações e, portanto, esforço e custos. Ao final desse processo, as organizações obtêm um sistema de informações mais focado e mais efetivo para atender suas necessidades.

> Quando a organização não tem um sistema estruturado de avaliação, as pessoas valorizadas são as esforçadas e apresentam boa performance em aspectos quantitativos. Essa prática resulta em uma gestão de alto risco e voltada para o aqui e agora.

Resultado e as outras dimensões do desempenho

Os resultados obtidos pela pessoa ou por seu grupo, por si só, não refletem a contribuição da pessoa ou grupo de pessoas para a organização, por isso a importância das outras dimensões: desenvolvimento e comportamento. Boa parte das empresas pesquisadas define, como indicador para recompensas como remuneração variável, um conjunto de parâmetros envolvendo aspectos quantitativos e qualitativos. Essa preocupação das organizações é justificada por uma série de argumentos apresentados por Hipólito (DUTRA; HIPÓLITO, 2012:79):

- "Não basta obter os resultados, mas é importante reconhecer o como esses resultados foram atingidos, ou seja, com base em quais **comportamentos**.
- A medida utilizada para análise do desempenho afere se a meta foi ou não atingida, no entanto, não expressa necessariamente aspectos relacionados à **qualidade** com a qual o trabalho foi realizado e entregue.
- A realização da meta não considera a **dificuldade** encontrada, tampouco o **esforço** que foi necessário alocar para sua efetivação.

- A atuação esperada dos profissionais vai muito além daquilo que é possível traduzir em "meia dúzia de metas objetivas". Um espaço para analisar qualitativamente o profissional permite reconhecer aspectos importantes, mas não presentes no conjunto de metas definidas."

Foi possível observar no acompanhamento de várias organizações uma tendência para valorização da **performance** a partir de aspectos quantitativos. Verificamos que, quando a organização não tem um sistema estruturado de avaliação, as pessoas valorizadas são as esforçadas e apresentam boa **performance** em aspectos quantitativos. Essa prática resulta em uma gestão de alto risco e voltada para o aqui e agora, negligenciando o longo prazo e o futuro.

Para aprofundarmos essa reflexão, vale a pena relatar o caso de uma organização que instituiu como critério de decisão sobre as pessoas uma métrica envolvendo a **performance**, em termos quantitativos, e o comportamento da pessoa na relação com clientes, pares, subordinados e parceiros internos e externos. No início, foi muito difícil abandonar o hábito de valorizar as pessoas que superavam suas metas quantitativas, porque as mesmas tinham grande impacto nos resultados do negócio. Gradativamente, as lideranças foram percebendo que as pessoas que tinham bons resultados quantitativos, mas tinham problemas no relacionamento ou não agiam de forma alinhada com os valores da organização, eram pessoas que não sustentavam seus resultados no tempo. Gradativamente, as lideranças e as pessoas passaram a valorizar os aspectos qualitativos e isso teve um impacto muito positivo nos resultados. Durante a crise nos mercados internacional e brasileiro, em 2008 e 2009, o setor da organização analisada foi muito abalado, mas em função de uma gestão mais efetiva ao final desse período a organização saiu fortalecida e com ampliação de sua fatia no mercado onde atua.

Exemplos de Avaliação e Valorização do Resultado

Nos casos analisados, foi possível verificar que a maioria das organizações que estruturaram a avaliação de resultado efetuou um vínculo com o pagamento de remuneração variável. Nessas organizações, foi possível verificar uma melhoria contínua nos seus indicadores de **performance**.

Os parâmetros utilizados para mensurar o resultado devem estar no domínio das pessoas envolvidas, ou seja, deve ficar clara a contribuição de cada um para os resultados da organização. Um caso que marcou a pesquisa sobre **performance** foi o de uma organização que produzia produtos a partir de chapas de alumínio. Na década de 1980, estava com um grande problema de estocagem de seus produtos e pronta para investir em mais espaço quando entrou em contato com técnicas de eficiência desenvolvidas inicialmente pela Toyota e, posteriormente, disseminadas para outras empresas japonesas e para o mundo. Os principais aspectos dessa abordagem são chamados de:

- *Kamban* – metodologia de programação de compras, produção e de controle de estoques que gera redução de estoques, de tempo de fabricação, de áreas de estocagem, de falta de produção e de gargalos na produção.
- *Just-in-time* (jit) – chamada de produção a tempo, prevê redução de prazos de produção e de entrega, eliminando o tempo em que materiais e produtos ficam parados no estoque, aliando, simultaneamente, melhoria na qualidade e produção pela detecção precoce de problemas.

Para colocar em prática essas metodologias, foi necessário um trabalho de mudança de cultura e a capacitação das pessoas. Verificou-se que a organização tinha resultados positivos a partir do aproveitamento de mais de 70% das chapas de alumínio e essa foi a marca para medir a produtividade. Atrelou a remuneração variável com percentuais crescentes em relação ao aproveitamento das chapas de alumínio. Essas medidas incrementaram a remuneração das pessoas que ali trabalhavam e a produtividade da organização, que, ao invés de adquirir mais espaço para os seus produtos, desfez-se de espaços.

> A maioria das organizações que estruturaram a avaliação de resultado efetuaram um vínculo com o pagamento de remuneração variável.

Muitas organizações buscam construir indicadores de **performance** individual. Essa tarefa não é simples, mesmo porque, em muitas situações, é interessante estimular o resultado obtido de forma coletiva. O mais comum é uma combinação de resultados individuais com resultados coletivos.

A definição de resultados esperados é sempre um processo delicado, deve ser ao mesmo tempo desafiadora e exequível. Por isso, a recomendação é que tenha início em uma reflexão estratégica da organização ou negócio para, posteriormente, ser desdobrada para todas as unidades e atividades. Esses resultados devem ser discutidos com as pessoas para a construção de compromissos e verificação de oportunidades de melhoria que muitas vezes não são percebidas em um movimento de cima para baixo na estrutura organizacional. As oportunidades de melhoria devem percorrer o caminho de baixo para cima para consolidar o planejamento. É importante ressaltar que observamos em algumas organizações a importância da integração de processos, na qual uma meta arrojada em um dos processos pode gerar um grande desequilíbrio nos demais, assim como o fato de uma unidade superar suas metas pode trazer grande problema para outras unidades. Nesses casos, a integração do planejamento é crucial. Um caso que nos chamou a atenção foi o de uma usina de açúcar e álcool onde não havia uma integração entre o planejamento das atividades agrícolas com as atividades industriais, gerando grande perda de produtividade que, para esse setor, é algo crítico. Outro caso foi o de uma organização atuando no setor de serviços com processos extremamente integrados, onde havia uma atenção muito grande ao planejamento e as pessoas recebiam sua remuneração variável integral se ficassem entre 95% a 105% de suas metas. Qualquer resultado abaixo ou acima era penalizado com redução da remuneração variável.

O estabelecimento de metas e o seu acompanhamento são fundamentais para a efetividade do processo de avaliação do resultado. Em organizações com orientação estratégica voltada para a excelência operacional, a atenção para definição e acompanhamento contínuo de resultados é prática normal e outros tipos de orientação estratégica, como por exemplo, foco no cliente ou inovação tecnológica, têm necessidade de maior atenção.

> O estabelecimento de metas e o seu acompanhamento é fundamental para a efetividade do processo de avaliação do resultado.

O estabelecimento de metas deve conciliar vários interesses. Por isso, é importante analisarmos as bases que podem ser utilizadas para o estabelecimento de metas. A seguir, são apresentadas algumas sugestões:

- Intento estratégico da organização ou negócio.
- Objetivos da organização, da unidade e/ou da área.
- Aquisição de competências organizacionais e/ou coletivas.
- Desenvolvimento individual ou do grupo.

As metas podem ser quantitativas (financeiras ou não) ou qualitativas. As metas qualitativas estão normalmente associadas a prazos, qualidade, aprimoramentos em processos, execução de projetos, inserção de conceitos, métodos ou instrumentos etc. O Quadro 13.7 apresenta algumas ideias sobre itens relevantes para o estabelecimento de metas em uma organização que atua no setor de serviços, e o Quadro 13.8, alguns exemplos de metas dessa mesma organização.

A negociação de metas e seu acompanhamento entre a pessoa ou grupo e a liderança gera um compromisso mútuo. Para as pessoas, o compromisso é o de buscar obter os resultados contratados, e para a liderança e/ou organização, o de prover os recursos e condições necessárias para que as pessoas obtenham os resultados. Nesse contexto, cabe ressaltar os papéis das pessoas e da liderança conforme apresentado no Quadro 13.9.

O acompanhamento das metas é muito importante e a grande dúvida é até que ponto é adequado rever metas no meio do caminho. A revisão de metas sem critério pode gerar a perda de legitimidade da avaliação de **performance** e um sentimento de injustiça na distribuição da remuneração variável. A revisão de metas deve ocorrer diante de mudança nas premissas utilizadas para seu estabelecimento e as metas devem ser repactuadas em todos os níveis e

QUADRO 13.7
Exemplos de itens para o estabelecimento de metas

Rentabilidade	■ Rentabilidade do negócio. ■ Eficiência no fluxo financeiro (recebimento, aplicação, pagamento etc.). ■ Redução dos custos operacionais sob responsabilidade da área. ■ Redução das despesas operacionais. ■ Cumprimento dos padrões orçamentários.
Prazos	■ Cumprimento do cronograma físico e/ou financeiro.
Custos	■ Massa salarial. ■ Produtividade da equipe (resultado x custos ou resultado **per capita**).
Tecnologia	■ Racionalização do trabalho. ■ Qualidade e/ou velocidade de resposta.
Administração de Pessoas	■ Formação de sucessores. ■ Rotatividade. ■ Formação de quadros para a organização.

QUADRO 13.8
Exemplos de metas

Objetivo da Área:
■ Desenvolvimento dos projetos de recursos humanos

Metas/Plano de Ação das Áreas:
■ Implementação do 2º semestre de seis das seguintes políticas de RH:
- Salários.
- Treinamento.
- Participação dos Lucros e Resultados.
- Avaliação de Desenvolvimento.
- Avaliação de Desempenho.
- Recrutamento e Seleção.
- *Trainees* e Estagiários.
- Benefícios.

Objetivos Individuais
■ Elaboração do projeto sobre a política x até a data y;
■ Realização de duas reuniões de divulgação da política x até a data y com avaliação de reações entre bom e ótimo.
■ Fixação, em conjunto com as áreas responsáveis, dos indicadores de sucesso da política x até a data y para emissão de relatórios de acompanhamento após 30, 60 e 90 dias após a data y.
■ Realização de pesquisa sobre nível de informação e satisfação sobre a política x até a data y e emissão de relatório 30 dias após.

instâncias da organização, caso contrário não deve haver alteração. O estabelecimento de critérios e limites para a revisão de metas é fundamental para assegurar a legitimidade do processo e criar maior responsabilidade no estabelecimento das mesmas.

O acompanhamento das metas deve ser sistemático, avaliando a compreensão das mesmas por parte das pessoas e as condições objetivas para alcançá-las. A recomendação quanto aos papéis no processo de acompanhamento é apresentada no Quadro 13.10.

QUADRO 13.9

Processo para o estabelecimento de metas

ITEM	PROCESSO DE ESTABELECIMENTO DE METAS
Característica	▪ Negociação dos parâmetros/critérios através dos quais a pessoa será avaliada.
Resultados	▪ Metas que agreguem valor aos objetivos estratégicos da organização. ▪ Compromisso em relação às metas. ▪ Metas que representam desafios de desenvolvimento profissionais e pessoais.
Papel da liderança e da organização	▪ Orientação para estabelecimento de metas. ▪ Disponibilização de recursos. ▪ Capacitação.
Papel da pessoa	▪ Proposição de metas individuais. ▪ Busca de condições para atender as metas. ▪ Capacitação.

QUADRO 13.10

Processo para o acompanhamento de metas

ITEM	PROCESSO DE ACOMPANHAMENTO DE METAS
Característica	▪ Monitoramento do grau de dificuldade e/ou facilidade pelo qual a pessoa está lidando com os parâmetros/critérios negociados.
Resultados	▪ Orientação à pessoa/equipe. ▪ Revisão das condições de trabalho ou dos recursos necessários. ▪ Revisão do processo de capacitação.
Papel da liderança e da organização	▪ Aferição/revisão das metas estabelecidas. ▪ **Feedback** sobre a **performance** das pessoas/equipe.
Papel da pessoa	▪ Avaliação das facilidades/dificuldades encontradas para o alcance das metas. ▪ Revisão das capacitações necessárias para alcance das metas.

Ao final do período estabelecido para a obtenção de resultados, o alcance das metas deve ser avaliado e devem ser construídas as bases para a fixação de metas para o período subsequente. O nível de alcance das metas será um parâmetro importante para o estabelecimento de remuneração variável. O alcance de metas é insumo para outras análises importantes sobre a pessoa.

A pessoa é considerada para atuar em níveis de complexidade superiores aos atuais se tiver obtido os resultados a que se propôs. O fato de ela ter obtido o resultado com o qual havia se comprometido, mesmo em situações de grande adversidade, é um indicador importante de que a organização e a liderança podem apostar na mesma para situações mais exigentes. Por isso, **a performance** é um componente importante na avaliação pessoal em conjunto com os indicadores de desenvolvimento. As informações obtidas sobre a pessoa na avaliação de desenvolvimento são ratificadas ou não através da avaliação de **performance**.

AVALIAÇÃO DE COMPORTAMENTO

Categorias de Comportamentos a Serem Avaliados

O comportamento é uma dimensão difícil de ser avaliada. Enquanto nas dimensões desenvolvimento e **performance** podemos minimizar a subjetividade, na dimensão comportamento não é possível. Essa dimensão é totalmente subjetiva, já que é sempre a percepção de uma pessoa sobre outra. Mesmo com tentativas de criar comportamentos observáveis, verificamos que não há redução da subjetividade. Apesar disso, a avaliação do comportamento é fundamental, a maioria das organizações penaliza fortemente os desvios comportamentais.

Foi possível observar, naquelas organizações que se dispuseram a trabalhar os aspectos comportamentais, que muitas pessoas competentes puderam ser recuperadas com investimentos em suas deficiências comportamentais. Normalmente, esses investimentos ajudam as pessoas em outras dimensões de sua vida. O trabalho em aspectos comportamentais apresenta um custo baixo e recupera pessoas importantes para a organização.

Há na literatura um debate interessante sobre atitude e comportamento. Para alguns autores, o comportamento é um componente da atitude (ROBBINS, 2005; BRECKLER,1984; CRITES JR.; FABRIGAR; PETTY, 1994). Segundo eles, a atitude é uma afirmação avaliadora em relação a objetos, pessoas ou eventos e tem três componentes: **cognição**, parte crítica da atitude; **afeto**, que se refere a emoções e sentimentos; e **comportamento**, que se refere à intenção de se comportar de determinada maneira em relação a alguém ou alguma coisa. Para outros autores, a atitude é um componente do comportamento individual nas organizações (GRIFFIN; MOORHEAD, 2006; LINCOLN, 1989); de acordo com eles, o comportamento da pessoa na organização é influenciado por um conjunto de aspectos, tais como: personalidade, contrato psicológico, maturidade e atitudes no trabalho.

No mercado, o termo **comportamento** é utilizado para expressar a relação que a pessoa estabelece com a organização em vários aspectos, tais como: identidade com os valores, os produtos e o intento estratégico da organização; relacionamento com colegas, chefes subordinados, clientes, fornecedores etc.; trabalho realizado e desafios profissionais; condições de trabalho e ambiente; políticas e práticas organizacionais. Para a construção de parâmetros para avaliar o comportamento, é possível agrupar esses aspectos do relacionamento em três categorias, em função da natureza dessas relações. A primeira é a adesão da pessoa aos valores da organização. Essa categoria é importante porque traduz a identidade que a pessoa tem com a organização e seus propósitos. Traduz o quanto a pessoa age de acordo com os valores organizacionais.

A segunda categoria agrupa o relacionamento interpessoal, enfatizando o quanto a pessoa respeita o outro. A terceira é atitude da pessoa diante do trabalho, ou seja, o quanto a pessoa é comprometida com o que faz e com os acordos assumidos com a organização. Os parâmetros construídos para avaliar o comportamento não têm como propósito pasteurizar o comportamento das pessoas, mas sim orientar tal comportamento de forma a agregar valor para a própria pessoa, para a organização e para as demais pessoas. Esses parâmetros devem valorizar e abraçar a diversidade.

Essas três categorias são independentes. Podemos ter na organização pessoas com bom relacionamento interpessoal, mas sem nenhum compromisso com o que fazem. Podemos ter, ao contrário, pessoas com um alto nível de comprometimento com o que fazem e sérios problemas no relacionamento interpessoal. Por isso, essas três categorias são importantes para balancear o conjunto de parâmetros a serem utilizados para avaliar o comportamento.

Exemplos de Práticas na Avaliação do Comportamento

Para estabelecer parâmetros orientadores do comportamento das pessoas, são usados comportamentos observáveis, ou seja, enunciados que permitem um diálogo sobre o comportamento da pessoa em sua relação com a organização e as pessoas. Para observarmos determinado comportamento, é necessário visualizar vários aspectos desse comportamento, como, por exemplo: podemos dizer que uma pessoa é comprometida com seu trabalho quando ela é assídua, cumpre os compromissos que assumiu, demonstra satisfação com seu trabalho, apresenta-se disposta a enfrentar novos desafios etc. Desse modo, para construirmos instrumentos para avaliação do comportamento, é importante definir um conjunto pequeno de comportamentos a serem observados, porque cada comportamento exigirá um conjunto

> Para observarmos determinado comportamento, é necessário visualizar vários aspectos desse comportamento.

de observações. Recomenda-se que esse número não ultrapasse sete comportamentos a serem observados. Sete comportamentos podem se desdobrar em 20 a 30 aspectos a serem observados. Um número excessivo de observações torna o exercício da avaliação do comportamento trabalhoso e desestimula sua prática.

A mensuração do comportamento, diferentemente da mensuração do desenvolvimento ou da **performance**, é subjetiva, porque será sempre a percepção de uma pessoa sobre o comportamento de outra. Posso, por exemplo, achar que determinada pessoa é comprometida e, com as mesmas evidências, outro avaliador pode achar que a pessoa não é comprometida. Por isso, a escala recomendada para avaliar comportamentos observáveis é a frequência com a qual a pessoa apresenta o comportamento.

A seguir é apresentado o exemplo de uma organização do setor petroquímico que construiu os comportamentos a serem observáveis tomando como base os valores da organização e aspectos importantes apontados pelas lideranças. No Quadro 13.11 são apresentados os aspectos inspiradores para a construção dos comportamentos a serem avaliados.

QUADRO 13.11

Fontes de inspiração

AVALIAÇÃO DO COMPORTAMENTO

FONTE DE INSPIRAÇÃO

VALORES

VALORIZAÇÃO DAS PESSOAS
Respeitamos as individualidades, valorizamos os talentos e desenvolvemos as pessoas, pois acreditamos que a capacidade de realização da empresa depende do potencial de transformação de seus colaboradores.

ESPÍRITO DE EQUIPE
Incentivamos os esforços coletivos para obter os melhores resultados. Reconhecemos que o compartilhamento de conhecimentos potencializa o aprendizado, leva a decisões mais consistentes e induz ao maior comprometimento dos participantes.

SUPERAÇÃO
Persistimos na suplantação de obstáculos e metas com iniciativa e criatividade, visando obter desempenhos superiores para a perpetuação dos negócios.

SENSO DE URGÊNCIA
Atuamos, pronta e criteriosamente, para atender as necessidades e prioridades da empresa, colaboradores, clientes, fornecedores, acionistas e sociedade.

INTEGRIDADE
Agimos com transparência, justiça, ética e responsabilidade nas inter-relações pessoais e em todas as ações voltadas ao negócio, ao meio ambiente e à sociedade.

Proposta das lideranças
Postura de liderança
Política de qualidade

Fonte: Equipe de Consultoria da Growth.

Cada um dos itens a serem trabalhados na avaliação foi desdobrado em comportamentos observáveis conforme apresentado no Quadro 13.12, apresentado a seguir.

As descrições apresentadas no Quadro 13.12 foram a base para que fosse construída a avaliação de comportamento na organização analisada. A escala adotada para avaliar os comportamentos foi de frequência com a qual a pessoa apresentava o comportamento descrito. Essa escala é apresentada na Figura 13.10.

A escala de avaliação permite alinhar as percepções entre a pessoa avaliada em um diálogo de desenvolvimento com a liderança.

Por se tratar de uma avaliação com caráter subjetivo, encontramos muitas empresas empregando avaliação por múltiplas fontes, popularmente chamada de avaliação 360º. Esse tipo de avaliação é efetuado por aqueles que conhecem a pessoa a ser avaliada e podem opinar

QUADRO 13.12

Exemplo de desdobramento de comportamentos observáveis

FONTE DE INSPIRAÇÃO	COMPORTAMENTOS OBSERVÁVEIS	DESDOBRAMENTO	DESCRIÇÃO
VALORIZAÇÃO DAS PESSOAS	RESPEITO ÀS INDIVIDUALIDADES	Respeitador das diferenças	Respeita as diferenças entre os profissionais, sejam elas de natureza cultural, religiosa ou política, e zela pela preservação dos direitos individuais.
		Valorizador da Diversidade	Valoriza a diversidade em sua equipe, tirando dela as condições para análises mais amplas e precisas.
	DESENVOLVIMENTO DE PESSOAS	Estimulador do Desenvolvimento	Estimula as pessoas com que interage para que se desenvolvam continuamente e cria as condições necessárias para que esse desenvolvimento possa ocorrer.
		Orientador do Desenvolvimento	Atua como orientador do desenvolvimento das pessoas de sua equipe, orientando quanto aos critérios definidos pela organização e sinalizando as possibilidades existentes.
ESPÍRITO DE EQUIPE	ESPÍRITO DE EQUIPE	Agregador	Reúne os componentes da equipe em torno de um objetivo comum.
		Positivo	Mantém postura otimista, mesmo diante de dificuldades, contagiando a visão do grupo/equipe.
		Colaborativo	Demonstra-se aberto e disposto a auxiliar ou ajudar o grupo, contribuindo/cooperando sempre que possível.
		Empático	Sua postura, voltada ao respeito e à consideração em relação às pessoas, faz com que estas se identifiquem naturalmente com o avaliado.
		Flexível	É aberto ao debate, respeitando a opinião dos outros e revendo sua opinião sempre que necessário.
		Conciliador	Harmoniza clima de disputas, buscando aliar interesses diversos
SUPERAÇÃO	SUPERAÇÃO/ REALIZAÇÃO	Realizador	Atua com foco em realizações, canalizando esforços para o alcance e a superação dos objetivos e metas estabelecidos.
		Persistente	Não desiste com facilidade, persistindo mesmo diante de dificuldades e obstáculos.
		Comprometido	Demonstra-se comprometido e envolvido com a organização, com seu trabalho e com o grupo com o qual interage.
		Com iniciativa	Demonstra iniciativa em suas ações, identificando oportunidades antes dos outros e transformando-as em realizações.
		Veloz	Responde com agilidade e rapidez às situações, aproveitando as oportunidades e/ou resolvendo problemas antes que eles ganhem maiores proporções.
	MELHORIA CONTÍNUA	Orientado à Melhoria Contínua	Percebe em cada situação de trabalho oportunidades de melhoria e aperfeiçoamento, de modo a alcançar, de forma incremental, a excelência.
		Criativo	Demonstra criatividade em suas ações, apresentando soluções únicas e inovadoras que agregam valor à organização.
		Orientado a Mudanças	Apresenta postura positiva e não reativa a mudanças, orientando as pessoas com quem interage para que estas também assimilem com tranquilidade as transformações da organização.

QUADRO 13.12

(Continuação)

FONTE DE INSPIRAÇÃO	COMPORTAMENTOS OBSERVÁVEIS	DESDOBRAMENTO	DESCRIÇÃO
SENSO DE URGÊNCIA	SENSO DE URGÊNCIA	Definidor de prioridades	Estabelece prioridades para suas ações e para a equipe pela qual é responsável, considerando relevância e impactos para a organização e para aqueles com os quais interage.
		Disciplinador	Administra adequadamente o tempo, demonstrando disciplina e concentração na realização de suas atividades.
INTEGRIDADE	INTEGRIDADE	Íntegro	Compartilha e exercita os princípios e valores da organização, atuando eticamente no âmbito pessoal, organizacional, social e ambiental.
		Transparente	Age de modo claro e transparente, não omitindo informações e deixando claras as intenções e os motivos de suas ações e decisões.
		Com Senso de Justiça	Suas decisões se baseiam em análises impessoais e criteriosas da situação, transmitindo àqueles com quem interage sentimento de justiça e imparcialidade.
POSTURAS DE LIDERANÇA	MOBILIZAÇÃO	Mobilizador	Estabelece ambiente motivador para as pessoas com quem trabalha, propiciando senso de propósito e esclarecendo o significado e a importância do trabalho a ser executado, contribuindo na implantação da política de gestão e no seu contínuo desenvolvimento e aprimoramento.
		Coach	Oferece continuamente **feedback** e orientação aos profissionais com quem se relaciona, de modo a propiciar o desenvolvimento e o aprimoramento contínuos e o amadurecimento da relação profissional.
	ACESSIBILIDADE	Aberto	Encontra-se acessível e aberto a **feedback**, criando ambiente propício para que os outros possam expressar suas opiniões e sugestões e estabelecendo de canais de comunicação adequados aos processos da organização e a todas as partes interessadas.
		Receptivo	Valoriza e estimula a participação e a manifestação de diversos pontos de vista e respeita as opiniões, considerando ser esta uma prática que propicia decisões mais seguras e consistentes.
	EQUILÍBRIO EMOCIONAL	Equilibrador	Mantém postura equilibrada e controlada, mesmo sob pressão ou diante de situações conflituosas.
POLÍTICA DE QUALIDADE	CRIAÇÃO DE VALOR	Criador de Valores	Procede orientado para agregar valor a todos com quem interage, compreendendo clientes, colaboradores, fornecedores, acionistas e comunidade.
	ASPECTOS LEGAIS	Voltado aos Aspectos Legais	Orienta-se pelas obrigações legais, normativas e demais requisitos relacionados às atividades da organização.
	PREVENÇÃO	Voltado à Prevenção	Atua previamente aos potenciais perigos, riscos e impactos ambientais e sociais relacionados com as atividades da Organização.

Fonte: Equipe de consultoria da Growth.

FIGURA 13.10

Escala de avaliação de comportamento.

Fonte: Equipe de consultoria da Growth.

- Não apresenta o comportamento descrito
- Apresenta raramente o comportamento descrito
- Apresenta às vezes o comportamento descrito (frequência moderada porém abaixo do esperado)
- Apresenta o comportamento descrito dentro do esperado
- É a referência/exemplo na aplicação do comportamento descrito

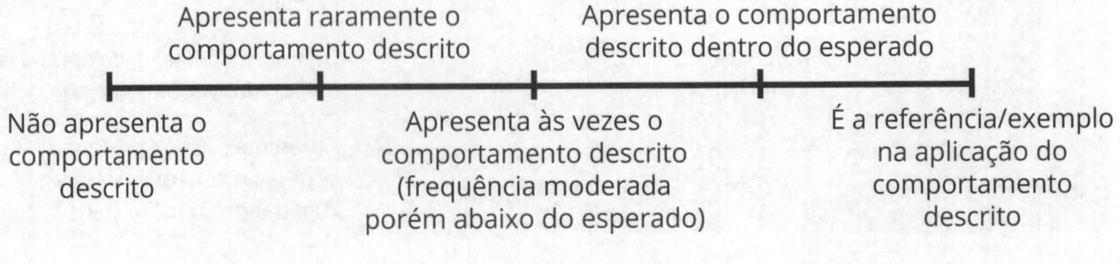

sobre o seu comportamento. Há uma gama muito grande de possibilidades no uso desse tipo de avaliação (REIS, 2000; HIPÓLITO, 2002). Normalmente, quando são envolvidos pares, subordinados e/ou clientes (externos ou internos). são escolhidas três ou mais pessoas para que possam ficar anônimas. Em algumas organizações, os resultados desse tipo de avaliação vão somente para a pessoa avaliada; dessa forma, seus avaliadores não ficam constrangidos com o fato de estarem gerando futuros problemas para a pessoa avaliada.

A avaliação por múltiplas fontes é efetiva quando o foco é o comportamento, mas não é efetiva quando o foco é o desenvolvimento. Essa constatação é importante porque durante quase toda a década de 1990 esse tipo de avaliação foi considerado uma panaceia para mitigar a subjetividade das avaliações. Quando avaliamos o comportamento de alguém, não precisamos conviver diariamente com essa pessoa; por exemplo: eu me encontro com uma pessoa três vezes ao longo de um ano e nas três vezes a postura da pessoa é arrogante, prepotente e mal educada; eu não preciso encontrá-la uma quarta vez, e talvez nem queira, para formar uma opinião em relação ao seu comportamento comigo.

> A avaliação de potencial implica imaginarmos uma pessoa atuando em uma realidade mais exigente ou diversa daquela vivenciada pela mesma.

Quando avaliamos o desenvolvimento, é diferente, lembrando que a pessoa se desenvolve quando assume atribuições e responsabilidades de maior complexidade e, para fazê-lo, necessita ampliar sua percepção do contexto. Vamos supor que temos uma pessoa a ser avaliada, e essa pessoa atue em determinado nível de complexidade. O fato de atuar nesse nível de complexidade faz deduzir que tenha um nível de compreensão de seu contexto. O líder dessa pessoa, por suposto, atua em um nível maior de complexidade e, portanto, tem um nível de compreensão do contexto maior do que a pessoa avaliada, por isso o líder visualiza oportunidades de desenvolvimento para a pessoa que esta não consegue visualizar. De outro lado, o subordinado da pessoa avaliada atua, presumimos, em um nível menor de complexidade e, portanto, tem um nível menor de compreensão do contexto, fazendo com que tenha dificuldade de visualizar o tamanho dos desafios enfrentados pela pessoa avaliada, como, por exemplo, o quanto o subordinado de uma pessoa pode determinar se esta atende ou não as demandas da organização em termos de visão estratégica ou de visão sistêmica. Do mesmo modo, os pares têm dificuldade de perceber a entrega do colega e os clientes conseguem perceber a entrega daquilo que recebem, mas os clientes não recebem toda a entrega da pessoa para a organização. Por isso, a avaliação por múltiplas fontes não é efetiva para avaliar o desenvolvimento da pessoa. Normalmente, essa avaliação é efetuada entre líder e liderado.

AVALIAÇÃO DE POTENCIAL

Conceitos Utilizados sobre Potencial

Enquanto a avaliação de desempenho, em suas três dimensões (desenvolvimento, **performance** e comportamento), é intuitiva, naturalmente as lideranças efetuam esse tipo de avaliação, a avaliação de potencial não é intuitiva. Esse tipo de avaliação implica imaginarmos uma pessoa atuando em uma realidade mais exigente ou diversa daquela vivenciada pela mesma. A partir do refinamento dos critérios e processos de avaliação, podemos predizer o desempenho futuro de uma pessoa em uma mesma posição. Igualmente não acontece quando pensamos na pessoa em situações profissionais diversas. A dificuldade de predizer o sucesso ou a adequação da pessoa em uma situação inusitada em sua carreira é o que tem motivado e conduzido as organizações a investir em instrumentos, referenciais e parâmetros para auxiliar nesse tipo de decisão. Tal decisão é fundamental para suportar projetos de crescimento ou expansão do negócio, reduzir o risco sucessório, viabilizar projetos de internacionalização e assim por diante.

Pela dificuldade de se fazer uma avaliação de potencial e pelo impacto de decisões dessa natureza para a organização e para a pessoa, normalmente essa avaliação é feita de forma colegiada, envolvendo as chefias imediata e mediata, pares e pessoas responsáveis por processos e/ou projetos estratégicos para a organização. Ao longo dos últimos 20 anos, procurou-se levantar e estruturar critérios utilizados pelas organizações para auxiliar na identificação de potenciais. Também, trabalharam-se os principais referenciais conceituais utilizados pelas empresas que atuam no Brasil. Esse material será apresentado a seguir, além de expormos algumas experiências bem-sucedidas na identificação e preparação de potenciais. Muitas organizações chamam de talento as pessoas com potencial para assumir posições de maior complexidade ou críticas para o negócio.

Formas para Identificar Pessoas com Potencial

As pessoas com potencial ou talento são aquelas que têm condições de ocupar no futuro posições críticas para a sobrevivência, o desenvolvimento e/ou a expansão da organização ou do negócio. A natureza das posições críticas varia em função do momento que organização está vivendo. No Brasil, ao longo dos últimos 20 anos e no presente, a liderança sempre foi uma posição crítica, há uma escassez de indivíduos que reúnam, ao mesmo tempo, capacidade técnica e de gestão e condições de agrupar pessoas em torno de um propósito.

As organizações que atuam no Brasil experimentaram um crescimento muito intenso, particularmente a partir de 2006. Para dar conta dessa expansão, necessitaram de pessoas que, com muita velocidade, conseguissem ocupar posições de maior complexidade. No quadro de crescimento rápido e de expansão, é necessário identificar pessoas em condições de crescer com maior velocidade e com alto grau de contribuição para os resultados. Para identificar essas pessoas, há um esforço no processo de captação e nos processos internos de avaliação. Essa identificação não é um processo fácil. Alguém que parecer um potencial aos olhos de um gestor não o é aos olhos de outro. Por isso, na maior parte das organizações foram estabelecidos critérios formais ou informais para identificar pessoas com potencial para contribuir para os resultados da organização no futuro.

No estabelecimento de critérios, a primeira questão que surge é se a pessoa é um potencial ou está potencial. Inicialmente, parece ser uma questão semântica; no entanto, ao atentarmos mais, verificamos que é uma questão de ordem. Caso encaremos a pessoa como sendo potencial, ela sempre será, e quem não é nunca será. Ao assumirmos que a pessoa é um potencial, passamos a criar estigmas, rotulando pessoas que são potenciais e pessoas que não são potenciais. Embora as principais teorias que embasam essa discussão proponham que a pessoa é potencial, como veremos a seguir, a proposta do grupo de pesquisadores ao qual pertenço é de que a pessoa seja encarada como estando potencial. Essa postura em relação ao tema é embasada em observações empíricas e mais pragmáticas. Ao encararmos a pessoa como estando potencial, podemos estabelecer as bases para que ela entre nesse estado e para que ela saia desse estado, ao mesmo tempo em que criamos critérios transparentes para o acesso à condição de potencial para as pessoas interessadas.

As teorias mais utilizadas pelas empresas que atuam no Brasil são oriundas dos trabalhos de Elliott Jaques (1967, 1988, 1990 e 1994) e Gillian Stamp (1989, 1993,, 1994 e 1994a), que trabalham o conceito de **work level**, e Lombardo e Eichinger (1996 e 2001), que trabalham o conceito de agilidade do aprendizado.

O conceito de **work level** foi criado por Elliott Jaques (1967) para designar níveis de complexidade. Jaques já produzia reflexões a esse respeito no final dos anos 1950. Em 1956, Jaques escrevia sobre o assunto e o livro *Equitable payment* foi publicado pela primeira vez em 1961. Jaques lançava a ideia de **time span**, ou seja, "o maior período de tempo durante o qual o uso do discernimento é autorizado e esperado, sem revisão por um superior" (JAQUES, 1967:21). Os trabalhos desse autor e de seus seguidores já foram apresentados no Capítulo 5.

A partir do referencial criado por Jaques, Gillian Stamp (1989) realizou ao longo da década de 1980 várias pesquisas procurando um padrão no processo de desenvolvimento das pessoas. Padrões já haviam sido sinalizados por Jaques desde seus primeiros trabalhos (1967). Stamp (1989) verificou que a pessoa que tem um ritmo de desenvolvimento, ou seja, um ritmo para absorver atribuições e responsabilidades de maior complexidade, no futuro tende a manter esse ritmo caso tenha condições favoráveis. Para lidar com maior complexidade, a pessoa

> As pessoas com potencial ou talento são aquelas que têm condições de ocupar no futuro posições críticas para a sobrevivência, o desenvolvimento e/ou a expansão da organização ou do negócio.

Modelo de Jaques e Stamp

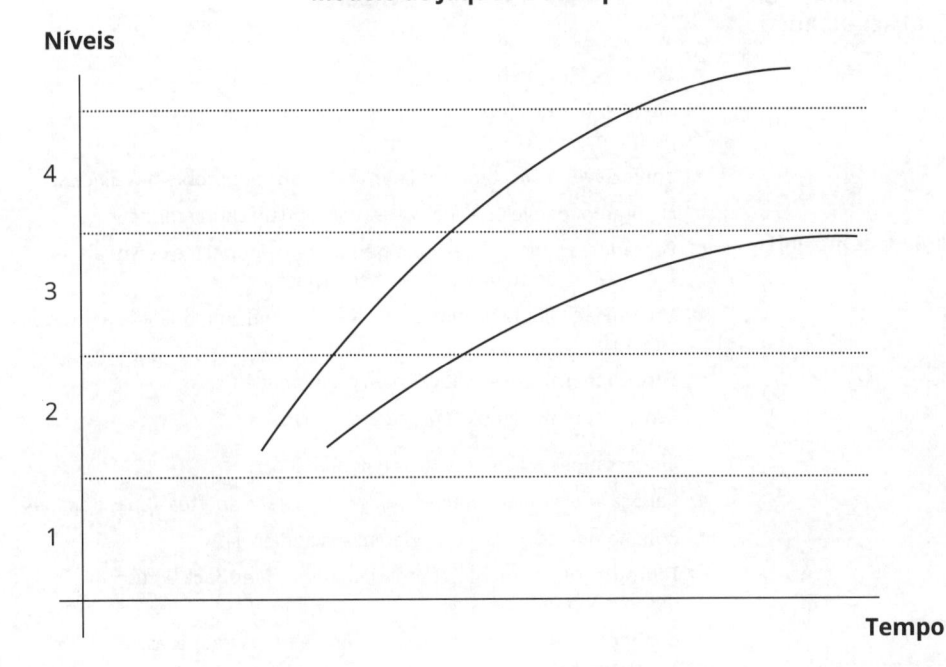

[Gráfico: eixo vertical "Níveis" de 1 a 4, eixo horizontal "Tempo", com duas curvas ascendentes mostrando tendências de desenvolvimento.]

FIGURA 13.11

Análise das tendências de desenvolvimento da pessoa.

Fonte: Stamp (1989).

necessita ter uma compreensão do contexto em nível equivalente, chamado pela autora de nível de abstração.

A partir dessas constatações, procurou estabelecer padrões e criar instrumentos para aferição do nível de abstração das pessoas e, com isso, predizer as possibilidades de a pessoa ampliar seu nível no tempo. Essa predição é efetuada a partir da análise da biografia da pessoa e o seu ritmo de desenvolvimento projetado para o futuro, conforme mostra a Figura 13.11. Segundo Stamp, as pessoas nascem e/ou recebem em sua socialização as bases para um desenvolvimento mais acelerado ou não e algumas pessoas vão ficar limitadas em determinado nível de complexidade por não terem condições de aumentar seu nível de abstração além de determinado nível. Portanto, algumas pessoas têm potencial para crescer em ritmo mais acelerado e outras não.

Outra abordagem vem de Lombardo e Eichinger (1989, 1996, 2000 e 2001), que acreditam que as pessoas têm características e instrumentos que permitem às mesmas um nível acelerado de aprendizagem. A aprendizagem a que os autores se referem não se diferencia muito do nível de abstração apresentado por Stamp. Embora os autores não citem um ao outro, as premissas utilizadas por ambos vêm da mesma base, ou seja, do nível de compreensão das demandas sobre a pessoa.

Segundo Lombardo e Eichinger (2000), a agilidade de aprendizado pode ser categorizada em quadro agrupamentos. Essa categorização permitiu a criação de um questionário para avaliar como é a pessoa em relação a sua agilidade. Essas quatro categorias são apresentadas no Quadro 13.13, apresentado a seguir.

Muitas organizações utilizam instrumentais, como os sugeridos por Stamp e por Lombardo e Eichinger, para servir de referência em discussões sobre as pessoas. Os resultados obtidos pelos instrumentos são cotejados com a avaliação feita pelas lideranças e, a partir daí, são encaminhadas decisões sobre as pessoas. A quase totalidade das organizações pesquisadas encara o potencial como um estado, ou seja, para essas organizações a pessoa está potencial.

Instrumentos e Processos Utilizados para Avaliar Potencial

Um primeiro passo, para a avaliação de potencial ou talentos, é definir quem são essas pessoas para a organização ou negócio. Na pesquisa efetuada com as empresas que atuam no

QUADRO 13.13

Categorias da agilidade de aprendizado

Fonte: Adaptado, pelo autor, de Lombardo e Eichinger (1996 e 2000).

CATEGORIAS DO APRENDIZADO	EVIDÊNCIAS
Agilidade mental	<ul><li>Curiosos, têm interesses amplos.</li><li>Interessados nos "porquês", na essência das coisas, na raiz dos problemas.</li><li>Confortáveis com complexidade, fascinados por problemas difíceis.</li><li>Encontram paralelos e contrastes; conseguem captar tendências.</li><li>Pensadores críticos, questionam a sabedoria popular e eventuais premissas, "vão além", explicam seu raciocínio.</li><li>Mudam facilmente de direção, lidam bem com ambiguidade e situações incertas.</li><li>Encontram soluções criativas para problemas difíceis.</li><li>Têm perspectiva ampla e procuram o novo.</li></ul>
Agilidade com pessoas	<ul><li>Interessados no que os demais têm para dizer.</li><li>Cabeça aberta – compreendem os outros e são abertos a suas opiniões.</li><li>Bons comunicadores – consideram sua audiência.</li><li>Têm autoconhecimento, respondem bem a **feedback** e buscam o desenvolvimento pessoal.</li><li>Conhecem seus limites e buscam compensar as fraquezas, são transparentes.</li><li>Bons gestores de conflitos, lidam com eles construtivamente.</li><li>Sentem-se confortáveis com diversidade.</li><li>Imparciais, não são tendenciosos e conseguem expor pontos de vista com os quais não concordam.</li><li>Podem exercer vários papéis, comportam-se de acordo com as situações.</li><li>Gostam de ajudar os outros a serem bem-sucedidos e compartilham os créditos.</li><li>Politicamente ágeis.</li><li>Pessoas leves e agradáveis, sabem usar bem o humor.</li></ul>
Agilidade com mudanças	<ul><li>Experimentadores, gostam de "fuçar" e testar coisas: ideias, produtos ou serviços.</li><li>Gestores de inovação, buscam diferentes fontes de informação e gerenciam ideias para que sejam colocadas em prática.</li><li>Visionários, fornecem ideias preliminares e introduzem novas perspectivas.</li><li>Aceitam crítica.</li><li>Assumem responsabilidade, lidando com as consequências de maneira filosófica e não pessoal.</li></ul>
Agilidade com resultados	<ul><li>Flexíveis e adaptáveis.</li><li>Desempenham bem em situações novas que vivenciam pela primeira vez.</li><li>Têm **drive**, trabalham duro em várias frentes e fazem sacrifícios pessoais.</li><li>Seguros de si, têm presença marcante e altos padrões de excelência.</li><li>Inspiram os outros, usam a motivação para construir equipes.</li><li>Conseguem expor seus casos ou pontos de vista com paixão e energia.</li><li>Constroem times de alta **performance**.</li><li>Obtêm sucesso mesmo em situações que apresentem desafios significativos.</li><li>Entregam resultados, não se deixando abater por circunstâncias instáveis ou difíceis.</li></ul>

Brasil, listamos os principais itens utilizados para identificar quem são as pessoas que estão em estado de potencial. A seguir, é apresentada a lista desses itens.

Lista de itens utilizados pelas organizações para identificar potenciais:

- Estabilidade emocional diante de pressão.
- Disposição para inovar e para assumir riscos.
- Trânsito entre pares do superior hierárquico.
- Respeito e referência entre pares pelo comportamento e pelo conhecimento técnico.
- Investimento em seu desenvolvimento.
- Velocidade de crescimento.
- Adesão aos valores da organização.
- Construção de parcerias internas e externas.
- Desenvolvimento de subordinados e pares.
- Entrega das competências estabelecidas pela organização.
- Solidez de caráter (exemplos: defende princípios éticos, é coerente e consistente e comunica-se com respeito).

> Um indicador forte para identificar pessoas em estado de potencial é o quanto a pessoa lida com níveis extraordinários de pressão em sua posição atual.

Um ponto comum a todas as organizações pesquisadas foi o fato de que a pessoa, para ser considerada em estado de potencial, deve ter total adesão aos valores da organização. Esse aspecto é fundamental, e mesmo em organizações onde o sistema de avaliação de potencial não é formal.

Um indicador forte para identificar pessoas em estado de potencial é o quanto a pessoa lida com níveis extraordinários de pressão em sua posição atual. A importância desse indicador é que, se a pessoa vier a assumir posições de maior complexidade, terá que enfrentar situações de maior complexidade.

Além dos itens utilizados para identificar quem está no estado de potencial, são utilizados outros parâmetros, que chamamos de auxiliares, mas que se mostraram de grande relevância na escolha de potenciais. Esses fatores são listados a seguir.

- Idade.
- Disponibilidade para mobilidade geográfica.
- Domínio dos conhecimentos específicos necessários para a posição (para posições táticas e tático-operacionais).
- Expectativa de evolução profissional.

> A idade é um elemento importante na avaliação de potencial, principalmente se a organização estabelece uma idade limite como base para a aposentadoria.

A idade é um elemento importante, principalmente se a organização estabelece uma idade limite como base para a aposentadoria. Vamos supor que a organização tenha como expectativa a aposentadoria das pessoas aos 60 anos para criar renovação. Por exemplo, caso tenhamos uma pessoa com 57 anos e com potencial para situações mais complexas, teremos, por parte da organização, cautela para considerar essa pessoa com um potencial.

Em outras organizações a disponibilidade para mobilidade geográfica é essencial, principalmente quando as operações da organização estão distribuídas em várias localidades e regiões. Empresas brasileiras em processo de internacionalização valorizam a mobilidade.

Em muitas situações a posição visualizada para a pessoa exige conhecimentos técnicos ou de mercado. Esse é um ponto que limita as escolhas.

Finalmente, e muito importante, é verificar se a pessoa quer assumir posições de maior complexidade. Foi possível verificar situações em que a organização contava com a pessoa e esta não estava disposta, naquele momento, a assumir posições de maior complexidade.

Uma questão impactante, desde o início de nossa pesquisa, foi o fato de a maior parte das empresas pesquisadas confundir pessoas em estado de potencial com pessoas críticas, ou chamadas por algumas organizações de pessoas-chave. Potencial e pessoas-chave são formas diferentes de encarar as pessoas na organização. As pessoas críticas ou pessoas-chave são pessoas que a organização não quer e/ou não pode perder. Para observarmos a diferença de perspectiva, é apresentada a seguir uma lista de critérios utilizados pelas organizações para definir uma pessoa crítica ou pessoa-chave.

- Possui domínio de conhecimento/tecnologia crítica.
- Possui domínio da história da organização.
- Desenvolvedor de lideranças.
- Possui referência para o mercado e para **stakeholders**.
- Tem domínio de processos críticos.
- É modelo de competências.
- Tem experiência internacional.
- Tem capacidade para assumir desafios em diferentes áreas.

Por exemplo, a pessoa que domina a fórmula do xarope para fazer o guaraná em uma empresa de refrigerantes é uma pessoa-chave para a organização. Ela detém um conhecimento crítico e não pode ser perdida. Porém, essa pessoa não é necessariamente um potencial, ou seja, talvez eu não possa pensá-la em posições mais complexas. Eventualmente, podemos ter uma pessoa-chave que é, também, um potencial, mas são critérios de natureza diferente. Por decorrência, nas organizações mais amadurecidas esses critérios são distintos para evitar confusões na avaliação de potenciais.

Estabelecidos os critérios, o passo seguinte é definir o processo de avaliação. O processo normalmente é colegiado e as pessoas a serem avaliadas já passaram por uma primeira peneira que é a avaliação de desenvolvimento, **performance** e comportamento. Normalmente, as pessoas que serão avaliadas como potencial foram inicialmente indicadas nos processos de avaliação mais intuitiva. Recomenda-se, portanto, que todos os avaliadores envolvidos efetuem, prévia e individualmente, uma avaliação das pessoas indicadas para a avaliação de potencial.

A seguir, no Quadro 13.14, é apresentado um exemplo de critérios utilizado por uma organização que atua no setor de mineração para avaliação de potenciais para posição de liderança. Essa prática estimula os participantes a chegarem à reunião com uma opinião formada em relação às pessoas indicadas para serem avaliadas; caso contrário, há o risco de as pessoas seguirem o posicionamento da chefia ou de indivíduos que, por suas características, tenham alguma forma de ascendência sobre o grupo.

A partir da avaliação, devem ser negociados programas de desenvolvimento com as pessoas envolvidas. Recomenda-se que esse processo seja transparente e é fundamental para construir com as pessoas uma cumplicidade em relação ao seu desenvolvimento. Somente dessa forma haverá comprometimento delas em relação às ações decorrentes do plano. Como já discutimos, quando falamos de desenvolvimento estamos nos referindo a preparar as pessoas para responsabilidades e atribuições de maior complexidade. Na maior parte das empresas pesquisadas (DUTRA, 2004), as ações de desenvolvimento estão voltadas para aumentar a eficiência das pessoas em suas posições. Essa forma de pensar é reativa, ou seja, prepara as pessoas para o ontem e não para o amanhã.

O processo de desenvolvimento das pessoas para assumirem posições de maior complexidade implica expô-las a situações mais exigentes e oferecer o suporte necessário para que consigam obter os resultados esperados. A exposição a situações mais exigentes sem suporte pode gerar frustração e uma sensação de incapacidade, fazendo com que a pessoa se retraia para novas experiências. Ao prepararmos as pessoas para uma situação gerencial, devemos oferecer para elas projetos ou atividades que tenham tanto demandas técnicas ou funcionais quanto demandas políticas.

Nomenclatura: **NA** – não atende, **BI** – baixa intensidade, **FE** – frequência esperada e **EE** – excede o esperado.

QUADRO 13.14

Exemplo de fatores utilizados para análise de potenciais

DIMENSÕES

1. Pares – Diz respeito a como o avaliado se relaciona com os pares de sua chefia.

DESDOBRAMENTOS	DESCRIÇÃO	NA	BI	FE	EE
Trânsito junto a pares	Possui um bom relacionamento com os pares de sua chefia.	0	1	2	3
Agregador	É visto como alguém que traz boas contribuições ao grupo.	0	1	2	3
Participativo	Ao participar de reuniões, expressa livremente suas opiniões.	0	1	2	3

2. Network – Maneira como o indivíduo se relaciona interna e externamente à organização.

DESDOBRAMENTOS	DESCRIÇÃO	NA	BI	FE	EE
Trânsito entre áreas	Transita bem nas diversas áreas da organização.	0	1	2	3
Relacionamento interno	Tem um bom relacionamento com pessoas de todos os níveis na organização.	0	1	2	3
Relacionamento externo	Tem um bom relacionamento com parceiros externos.	0	1	2	3
Rede de relacionamentos	Pessoa que busca desenvolver **networking** relacionado à sua área de atuação.	0	1	2	3

3. Crescimento – Diz respeito à preocupação do indivíduo com o seu autodesenvolvimento.

DESDOBRAMENTOS	DESCRIÇÃO	NA	BI	FE	EE
Autodesenvolvimento	É percebida como uma pessoa preocupada com o seu autodesenvolvimento.	0	1	2	3
Aperfeiçoamento	Busca constantemente se aperfeiçoar em sua área de atuação, preocupado sempre em implementar melhorias no trabalho desenvolvido.	0	1	2	3
Complexidade das tarefas	Procura desenvolver tarefas com maior nível de desafio e complexidade.	0	1	2	3
Iniciativa	Recebe bem os **feedbacks**, buscando aprimoramento em pontos identificados como deficientes.	0	1	2	3

4. Realizações – Diz respeito a como o indivíduo desenvolve o que lhe é demandado.

DESDOBRAMENTOS	DESCRIÇÃO	NA	BI	FE	EE
Metas	Implementa planos de ações, visando o cumprimento das metas e observando os padrões de qualidade, segurança e meio ambiente.	0	1	2	3
Empenho	Quando recebe uma tarefa, empenha-se ao máximo para entregá-la de maneira satisfatória, muitas vezes superando as expectativas.	0	1	2	3
Proatividade	É uma pessoa proativa que sempre traz os problemas com sugestões para a sua solução.	0	1	2	3
Disponibilidade	Está sempre disponível para enfrentar os novos desafios que lhe são colocados.	0	1	2	3

QUADRO 13.14

(Continuação)

5. Comportamentos e atitudes – diz respeito aos comportamentos e atitudes esperados dos gestores a partir dos valores da empresa.

Comportamento ético:

DESDOBRAMENTOS	DESCRIÇÃO	NA	BI	FE	EE
Integridade	Age diante das pessoas com as quais mantém contato (subordinados, fornecedores, clientes, pares/colegas) de modo íntegro e honesto, procurando soluções que sejam justas e equilibradas para todos.	0	1	2	3
Imparcialidade	Procura atuar sempre de modo imparcial, oferecendo as mesmas condições e oportunidades a todos e utilizando os mesmos critérios em suas decisões, independentemente dos envolvidos.	0	1	2	3
Clareza e transparência	Transmite para as pessoas com as quais convive as informações necessárias para que possam compreender suas decisões e opiniões e para que possam desempenhar adequadamente o seu trabalho. Não retém informações que possam ser úteis a outros profissionais, preservando, no entanto, aquelas de caráter confidencial e sigiloso.	0	1	2	3
Coerência	Demonstra-se coerente em suas decisões e ações, praticando consistentemente aquilo que prega.	0	1	2	3

Excelência no trabalho:

DESDOBRAMENTOS	DESCRIÇÃO	NA	BI	FE	EE
Melhoria contínua	Procura introduzir melhorias nas suas atividades, não se acomodando com o nível de desempenho alcançado.	0	1	2	3
Apoio ao aperfeiçoamento contínuo	Estimula os profissionais com os quais se relaciona (sejam subordinados, pares ou outros) a melhorar continuamente suas atividades e oferece apoio para que essa melhoria possa ocorrer.	0	1	2	3
Princípios da qualidade	Valoriza, pratica e incentiva o exercício dos princípios da qualidade, respeitando as normas e agindo de forma a prevenir a ocorrência de problemas.	0	1	2	3
Iniciativa e rapidez	Demonstra iniciativa e rapidez em suas ações, identificando e aproveitando oportunidades e solucionando problemas antes que eles ganhem maiores proporções.	0	1	2	3
Energia	Encara dificuldades e obstáculos de modo positivo e extrai deles a motivação e a energia para superá-los.	0	1	2	3
Apoio à superação	Incentiva as pessoas com quem se relaciona a superar desafios, oferecendo auxílio e colaboração quando necessário.	0	1	2	3
Comprometimento	Demonstra-se comprometido e envolvido com a organização, com o grupo com o qual interage e com seu trabalho, esforçando-se para que se atinjam os objetivos fixados.	0	1	2	3

QUADRO 13.14

(Continuação)

		NA	BI	FE	EE
Abertura às mudanças	Reage positivamente às mudanças, orientando pessoas para que elas assimilem com tranquilidade as transformações da organização.	0	1	2	3

Respeito às pessoas:

DESDOBRAMENTOS	DESCRIÇÃO	NA	BI	FE	EE
Respeito às diferenças	Respeita as diferenças entre as pessoas de qualquer natureza (cultural, religiosa, racial, de gênero, política etc.) e estimula os outros a fazer o mesmo.	0	1	2	3
Valorização da diversidade	Demonstra e reforça o valor e a importância da diversidade no local de trabalho, constituindo equipes compostas por profissionais com diversas visões e formações e que possam, em conjunto, gerar soluções adequadas para a empresa.	0	1	2	3
Receptividade	Estimula as pessoas a participar ativamente no local de trabalho e a manifestar sua opinião, respeitando-a mesmo que seja diferente da sua.	0	1	2	3
Respeito à vida	Cuida para que as práticas de segurança sejam respeitadas, orientando pessoas sempre que necessário e propiciando condições que evitem a ocorrência de acidentes.	0	1	2	3

Respeito à comunidade e ao meio ambiente:

DESDOBRAMENTOS	DESCRIÇÃO	NA	BI	FE	EE
Relacionamento com a comunidade	Cuida para que seja mantida uma relação positiva entre a empresa e a comunidade, levando em consideração os impactos de suas ações e decisões nos âmbitos social e ambiental.	0	1	2	3
Equilíbrio com o meio ambiente	Considera os impactos de suas ações no meio ambiente, procurando minimizá-los. Conscientiza outros profissionais sobre a importância de preservar o meio ambiente e os impactos desse ato para a qualidade de vida das pessoas e para a empresa.	0	1	2	3

Espírito de equipe:

DESDOBRAMENTOS	DESCRIÇÃO	NA	BI	FE	EE
Relacionamento positivo	Conquista o respeito, a credibilidade, e desenvolve relacionamentos positivos com outros profissionais (pares, clientes, subordinados etc.).	0	1	2	3
Colaboração	Mostra-se disponível e disposto a contribuir com os outros, ajudando o grupo sempre que possível.	0	1	2	3
Disseminação do espírito de equipe	Constrói e reforça o "espírito de equipe" junto aos profissionais que administra ou na relação com outras áreas/pessoas, reconhecendo e estimulando as ações que promovam e favoreçam a união do grupo e inibindo aquelas que prejudiquem a coletividade.	0	1	2	3

QUADRO 13.14

(Continuação)

		NA	BI	FE	EE
Flexibilidade	É aberto ao debate, respeitando a opinião dos outros e revendo sua opinião sempre que necessário.	0	1	2	3
Conciliador	Harmoniza clima de disputas, buscando aliar interesses diversos.	0	1	2	3
Abertura	Mostra-se acessível, deixando que as pessoas se sintam confortáveis para expressar suas opiniões e sugestões sobre seus comportamentos e atitudes e para consultá-lo sempre que necessário.	0	1	2	3

Desenvolvimento e gestão de pessoas:

DESDOBRAMENTOS	DESCRIÇÃO	NA	BI	FE	EE
Orientação ao desenvolvimento	Orienta as pessoas de sua equipe a se desenvolverem, esclarecendo as necessidades e oportunidades da empresa e procurando conciliá-las com as preferências e características dos profissionais.	0	1	2	3
Gestão do clima	Zela para que se estabeleça um clima agradável e de amizade na equipe que administra e com aquelas pessoas com quem mantém contato, reforçando comportamentos positivos e atuando rapidamente para que pequenos problemas de relacionamento não se intensifiquem.	0	1	2	3
Esclarecimento de papéis	Atua para que as pessoas da equipe que administra compreendam o trabalho a ser realizado e sua importância para a empresa, percebendo dúvidas e esclarecendo o que estiver ao seu alcance.	0	1	2	3
Feedback	Comunica para as pessoas seus pontos fortes, qualidades e dificuldades, de modo que possam melhorar sempre.	0	1	2	3

As demandas políticas colocarão as pessoas em contato com a arena política da organização; nesse caso, é fundamental que a pessoa receba o suporte necessário para conseguir ler o contexto onde se estará inserindo e encontrar uma forma de relacionar-se que preserve a sua individualidade. Embora essa constatação pareça óbvia, é algo normalmente esquecido pelos gestores, particularmente quando se está preparando alguém para posições gerenciais.

Recomenda-se o seguinte fluxo de atividades para que a avaliação de potencial ocorra de forma natural e tranquila. Na Figura 13.12, é apresentado um exemplo de fluxo de trabalho.

Os comitês de avaliação de potencial devem ser estruturados depois de um processo de avaliação de desempenho (desenvolvimento, **performance** e comportamento). Definidas as pessoas indicadas como potencial, é importante consolidar o trabalho dos diferentes comitês, com o objetivo de analisar a qualidade dos trabalhos e uniformidade de critérios e, finalmente, construir os planos de desenvolvimento.

PROCESSOS COLEGIADOS DE AVALIAÇÃO

A evolução dos processos de avaliação nas organizações conduz para a construção de duas instâncias. A primeira instância é a avaliação efetuada no âmbito do(a) avaliador(a) e do(a) avaliado(a). Seu objetivo é única e exclusivamente o de desenvolver a pessoa avaliada. A segunda instância é feita de forma colegiada e tem como principal objetivo definir dife-

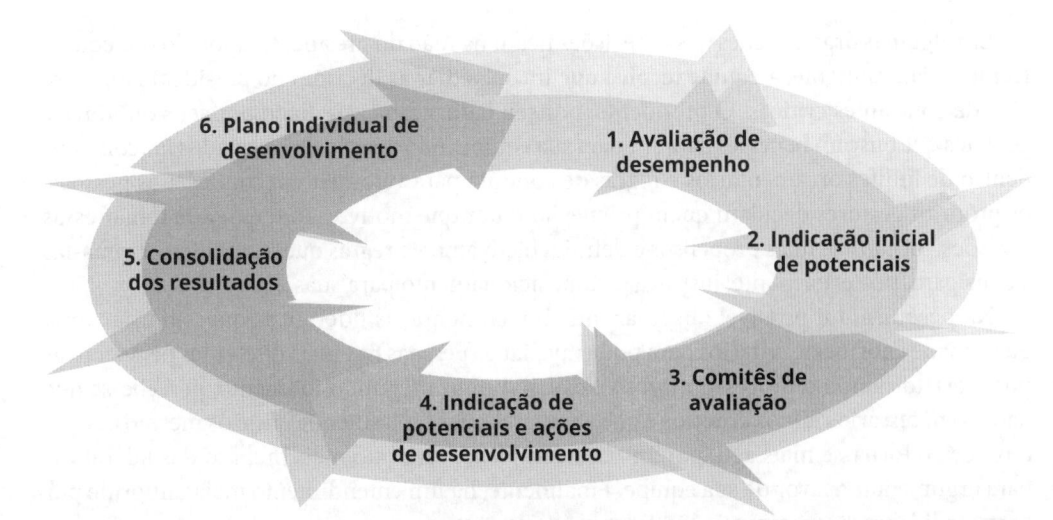

FIGURA 13.12

Fluxo para avaliação de potencial.

(Diagrama circular com as etapas: 1. Avaliação de desempenho; 2. Indicação inicial de potenciais; 3. Comitês de avaliação; 4. Indicação de potenciais e ações de desenvolvimento; 5. Consolidação dos resultados; 6. Plano individual de desenvolvimento.)

renciações entre as pessoas. Essas diferenciações implicam aumentos salariais, ações para retenção, promoções, movimentações, indicações para o processo sucessório ou para posições críticas para o negócio ou demissões. As diferenciações devem ser efetuadas em função do merecimento da pessoa e das limitações orçamentárias da organização. Desse modo, nem todos os que merecem um aumento salarial o terão. A questão é distinguir dentre as pessoas que merecem e aquelas que merecem mais.

Nos últimos anos, foi possível assistir a uma evolução nos critérios e processos colegiados de avaliação nas empresas pesquisadas. Na sequência, vamos apresentar como são construídas as dinâmicas em algumas dessas empresas e qual tem sido a afetividade desses processos. Foi possível constatar que os processos colegiados contribuíram muito no aperfeiçoamento dos critérios e processos para se efetivar as avaliações de pessoas.

Composição, Preparação e Condução de Processos Colegiados

No estabelecimento de critérios, a primeira questão que surge é se a pessoa é um potencial ou está potencial. Inicialmente, parece ser uma questão semântica, mas ao nos atentarmos mais verificamos uma questão de ordem. Caso encaremos a pessoa como sendo potencial, ela sempre será, e quem não é nunca será. Ao assumirmos que a pessoa é um potencial, passamos a criar estigmas, rotulando pessoas que são potenciais e pessoas que não são potenciais. Embora as principais teorias que embasam essa discussão proponham que a pessoa é potencial, como veremos a seguir, a proposta do grupo de pesquisadores ao qual pertenço é de que a pessoa seja encarada como estando potencial. Essa postura em relação ao tema é embasada em observações empíricas e mais pragmáticas. Ao encararmos a pessoa como estando potencial, podemos estabelecer as bases para que ela entre nesse estado e para que ela saia desse estado, ao mesmo tempo em que criamos critérios transparentes para o acesso à condição de potencial para as pessoas interessadas.

Reunir líderes para avaliar pessoas e tomar decisões sobre elas não é um processo fácil. Em razão disso, é um processo evitado na maior parte das empresas brasileiras, realizado apenas quando há o amadurecimento da gestão de pessoas que cria as bases e a pressão para que ocorra. Essa pressão é exercida quando as pessoas avaliadas são esclarecidas e exigentes, quando há um processo mais transparente de valorização e carreira e/ou quando as lideranças se sentem ameaçadas se não decidem sobre as pessoas de forma conjunta. A organização, quer privada ou pública, nunca terá recursos suficientes para aumentar o salário de todos os que merecem, nem para promover todos os que estão em condições de exercer trabalhos mais complexos. Com recursos escassos, há necessidade de priorizar quem será aumentado ou promovido, mas com base em que critérios? Caso não existam critérios legítimos, essas decisões serão sempre alvo de disputas políticas e as pessoas com maior influência ou habilidade para se locomover na arena política serão privilegiadas e privilegiarão suas equipes.

Em algumas organizações, essas decisões ficam na mão do presidente, apoiado por equipe técnica. Naturalmente, a equipe técnica que irá subsidiar as decisões do presidente torna-se alvo de constantes críticas. O presidente, por seu lado, acaba assediado por seus diretores e gerentes que buscam benesses para si e para sua equipe. A formação de colegiados faz com que, dentro de limites orçamentários e regras de conduta para valorizar e reconhecer as pessoas, os próprios gestores decidam quem privilegiar e por que motivo. Ao terem que tomar essas decisões, tornam-se mais propensos a definir coletivamente regras que os auxiliem a tomá-las e consigam, posteriormente, justificar seu posicionamento para suas equipes.

Na pesquisa, foi possível observar que, inicialmente, as lideranças querem criar uma quantidade enorme de critérios para poder avaliar as pessoas nas mais diferentes perspectivas possíveis, tornando o processo moroso e difícil. Em um segundo momento, percebe-se que não são necessários tantos critérios e que é possível criar uma sinergia entre os mesmos. Aqui, o processo torna-se mais ágil, porém mais complexo, exigindo mais preparo das lideranças para argumentar a favor de sua equipe. Finalmente, há um entendimento mais uniforme por parte da liderança, da organização e das próprias pessoas sobre o que valorizar.

> Como uma técnica para combinar variáveis de naturezas diferentes, as empresas brasileiras utilizam uma matriz de dupla entrada.

Como uma técnica para combinar variáveis de naturezas diferentes, as empresas brasileiras utilizam matriz de dupla entrada. O mais comum é agrupar as pessoas nessa matriz em nove quadrantes, onde cada um apresenta um tipo de endereçamento. O nome mais comum é **nine box**, embora algumas empresas chamem de nove quadrantes ou **nine blocks**.

Algumas pessoas atribuem poderes mágicos às técnicas e, pelo fato de aplicarem o **nine box**, acreditam que todos os seus problemas de análise estão resolvidos. São apresentados a seguir dois exemplos dessa técnica, e é possível verificar que, dependendo do que colocamos como variáveis nos eixos, as análises dos quadrantes variam muito.

Primeiramente, trago duas experiências, uma de uma organização de origem francesa que adaptou para o Brasil o modelo da matriz e outra de uma organização brasileira no setor de construção civil. Em ambos os casos, no eixo x (abscissa) é colocada uma escala de atendimento de competências e comportamentos e, no eixo y (ordenada), é colocada uma escala de **performance**, ou seja, o nível em que a pessoa alcançou suas metas. A organização brasileira foi motivada a buscar essa escala porque suas lideranças valorizavam basicamente o alcance de metas, sem levar em conta o como haviam sido alcançadas. A partir da implantação da matriz, houve uma mudança gradativa da atitude das lideranças e das pessoas em relação aos critérios de valorização. A seguir, é apresentado na Figura 13.13 o exemplo da empresa francesa:

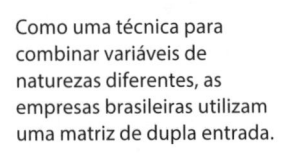

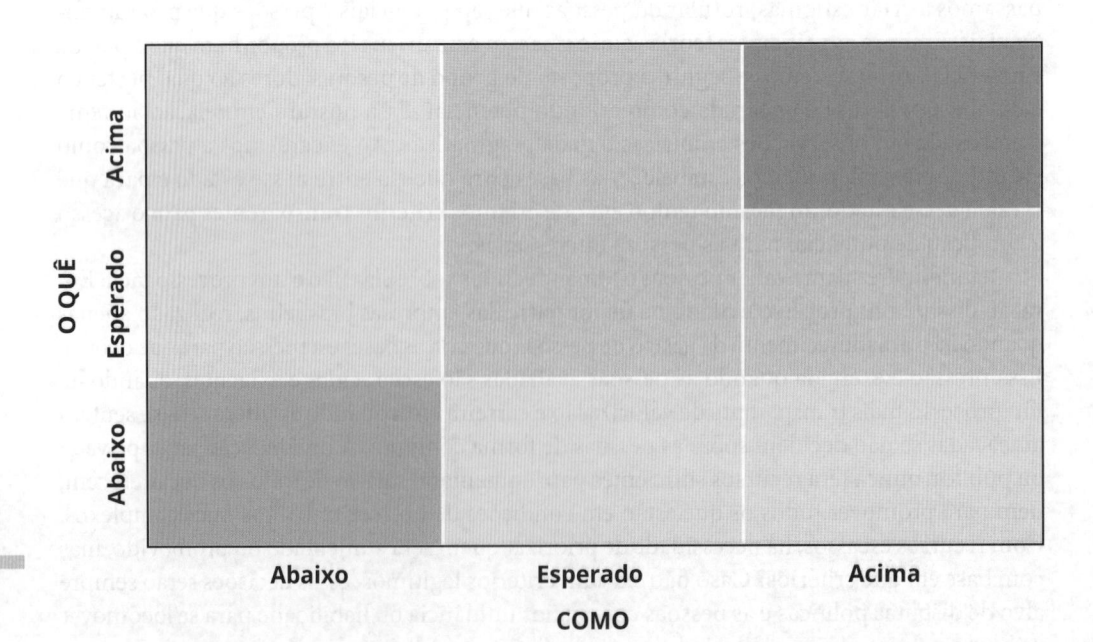

FIGURA 13.13
Exemplo de matriz de avaliação.

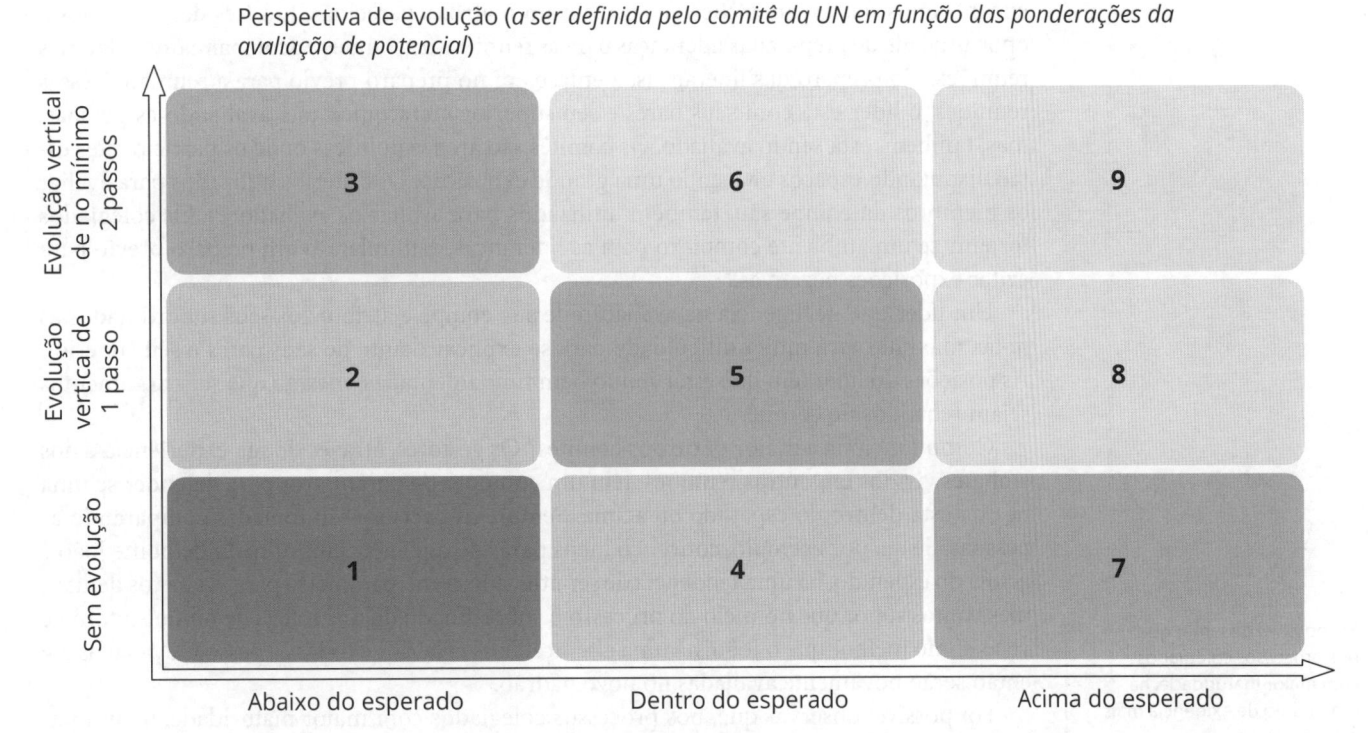

Perspectiva de evolução (*a ser definida pelo comitê da UN em função das ponderações da avaliação de potencial*)

	Abaixo do esperado	Dentro do esperado	Acima do esperado
Evolução vertical de no mínimo 2 passos	3	6	9
Evolução vertical de 1 passo	2	5	8
Sem evolução	1	4	7

Desempenho (*a ser definido pelo comitê da UN em função das avaliações de desenvolvimento, comportamento e do alcance de resultados*)

FIGURA 13.14

Exemplo de matriz de avaliação.

Fonte: material coletado pelos autores em empresa industrial brasileira.

Nessa matriz, é interessante observarmos as extremidades do gráfico. No caso de uma pessoa que está acima no "como" e acima no "o que", quais seriam as recomendações em termos de desenvolvimento, carreira, processo sucessório, retenção e remuneração? Em um olhar mais desavisado, poderíamos pensar em uma pessoa pronta para maiores desafios, mas isso pode não ser verdade, já que não temos informações suficientes para esse encaminhamento. Podemos ter uma pessoa excelente na sua **performance** e em seu comportamento e sem condições de assumir posições de maior complexidade. De qualquer modo, uma pessoa nesse quadrante é um exemplo a ser seguido e, portanto, muito importante para a organização. Provavelmente, é uma pessoa que a organização não quer perder.

Quando analisamos o quadrante onde a pessoa está acima no "o que" e abaixo no "como", temos uma situação que inspira cuidado. Nesse quadrante, podemos ter uma pessoa que, embora traga bons resultados no curto prazo, comprometa-os no longo prazo ou crie um ambiente negativo ou ruim à sua volta ou trate as pessoas com desrespeito etc.

Outro exemplo é de uma empresa do setor industrial que trabalha no eixo x (abscissa) o desempenho, envolvendo o desenvolvimento, a **performance** e o comportamento.

Na matriz apresentada na Figura 13.14, as pessoas caracterizadas na coluna acima do esperado são as mesmas que na Figura 13.13, estão caracterizadas no quadrante mais do que realiza no "o que" e acima no "como".

No exemplo apresentado na Figura 13.14, o eixo y (ordenada) mostra qual é a perspectiva, na opinião do comitê, sobre o quanto a pessoa pode crescer na organização. Essa perspectiva é construída com base na avaliação de potencial.

Na matriz apresentada na Figura 13.14, quando temos uma pessoa no quadrante nove trata-se de uma pessoa que está acima em todos os parâmetros em sua atual posição e pode crescer até dois degraus na estrutura organizacional. Essa pessoa deve ser indicada para o processo sucessório.

O exemplo de matriz apresentado na Figura 13.14 engloba todas as avaliações no mesmo espaço, tornando a análise da pessoa mais completa e profunda. Na pesquisa realizada, encontramos seis organizações que utilizavam matrizes parecidas. Em três delas tivemos a oportunidade de preparar as lideranças para as reuniões de comitês e acompanhamos algumas reuniões. No preparo das lideranças, a ênfase era no preparo prévio para a reunião. Nessas reuniões, o líder está com seus pares e seu superior hierárquico está avaliando as pessoas, mas, também, está sendo avaliado. Os comitês são arenas políticas onde os participantes estão disputando espaços e vivendo uma grande exposição. Os critérios utilizados para avaliar os membros da equipe são, também, utilizados para avaliar os avaliadores. Os colegiados tornam-se um ambiente complexo para as lideranças, estimulando um preparo prévio para evitar exposições negativas.

Um líder que negligencia na avaliação de sua equipe e atribui aos seus subordinados as notas máximas terá muita dificuldade para se explicar diante de seus pares e seu superior. As posições do líder têm que estar muito bem fundamentadas, mesmo que seus argumentos sejam rebatidos no comitê.

Como funciona a maior parte dos comitês? Os gestores, através de sua experiência e dos embates vividos em outras reuniões, têm um conjunto de parâmetros para defender se uma pessoa está dentro do esperado ou acima. Sempre as decisões são tomadas comparando as pessoas. Se eu, por exemplo, convenço meus pares de que meu subordinado de nome João é acima do esperado, há uma tendência de ser utilizado como parâmetro para avaliar os demais, mas vamos supor que no meio do processo o subordinado de um colega de nome Antônio é visto como melhor que o João; há uma alteração nos critérios e todas as pessoas avaliadas até então serão novamente avaliadas no novo padrão.

> Foi possível observar que, nos processos colegiados com maior maturidade, há um padrão de exigência mais elevado.

Foi possível observar que, nos processos colegiados com maior maturidade, há um padrão de exigência mais elevado. Nossa explicação para esse fato é que em um processo mais maduro há mais foco na cobrança e nos critérios de valorização, fazendo com que as pessoas apresentem um melhor desempenho.

Nos seis casos analisados que usam matrizes semelhantes à Figura 13.14, as lideranças preparam-se para os colegiados efetuando previamente as avaliações de suas equipes, um diálogo com cada membro de sua equipe, a análise crítica de sua equipe e um exercício de posicionamento de cada um nos quadrantes da matriz. Desse modo, quando chegam aos comitês estão bem preparados. Durante a realização dos comitês, um líder pode perceber que foi muito rigoroso na análise de um membro de sua equipe ou que foi pouco rigoroso. Essa percepção é um complemento ao diálogo que já havia mantido com a pessoa e ajuda-o a recalibrar as ações de desenvolvimento e o rigor da cobrança em relação à sua equipe.

Na maior parte das organizações, os colegiados descem na estrutura organizacional. Os diretores são avaliados pelo presidente em conjunto com alguns membros do conselho, os gerentes são avaliados pelos diretores em conjunto com o presidente e assim por diante. Existem, entretanto, rituais interessantes. Em uma das organizações pesquisadas, presidente, diretores e gerentes ficam reunidos durante três dias, avaliam todas as pessoas da empresa e tomam as decisões gerenciais pertinentes. Em outra organização que tem vários negócios, é efetuada uma rodada de avaliações dentro da estrutura e depois as lideranças são reunidas para fazer avaliações cruzadas por função. Desse modo, todo o pessoal de finanças é avaliado pelas pessoas de finanças, todo o pessoal de tecnologia da informação, todo o pessoal de segurança do trabalho e assim por diante. Neste último exemplo, o processo colegiado de avaliação por função permite a troca de experiências, aperfeiçoamento dos padrões de valorização na função, descoberta de pessoas interessantes para intercâmbio entre unidades de negócio e a construção de ações conjuntas de desenvolvimento de pessoas.

A organização deve procurar criar rituais para a avaliação colegiada o mais alinhados possível a sua cultura. Assim procedendo, há maior chance de ser assimilado por todos.

Resumo e Implicações para o Aprendizado sobre Gestão de Pessoas

O propósito deste capítulo foi apresentar os vários tipos de avaliação de pessoas e os processos utilizados para realizá-lo. Discutimos, inicialmente, a relação entre o amadurecimento do processo de avaliação e da gestão de pessoal. Em seguida, analisamos os processos de avaliação intuitivos: desenvolvimento, resultado e comportamento. Posteriormente, analisamos processos mais complexos como os de identificação de potencial. Finalmente, apresentamos os processos colegiados de avaliação.

As principais implicações para o aprendizado sobre a gestão de pessoas podem ser resumidas em:

- Uso dos estágios de amadurecimento dos processos de avaliação de pessoas para analisar o estágio de desenvolvimento da gestão de pessoas.
- Compreensão dos diferentes tipos de avaliação e suas finalidades.
- Discussão dos diferentes processos utilizados nos diferentes tipos de avaliação.

QUESTÕES

Questões para fixação

1. Quais são as etapas de amadurecimento dos processos de avaliação?
2. Quais os tipos de avaliação de pessoas?
3. Como podemos mensurar o desenvolvimento das pessoas?
4. Como mensurar os resultados de uma pessoa?
5. Quais são os parâmetros utilizados para estabelecer metas?
6. O que é observado na avaliação de comportamento?
7. Qual é o processo de trabalho dos colegiados nos processos de avaliação?

Questões para desenvolvimento

1. Qual é a importância dos processos de avaliação na gestão de pessoas?
2. Como podemos utilizar a mensuração do desenvolvimento da pessoa para efetuar uma verificação entre o real estágio em que se encontra e o seu cargo formal?
3. Qual é a base para a avaliação de resultados e como seus resultados impactam na remuneração das pessoas?
4. Por que é importante associar aos resultados outros parâmetros para avaliar as pessoas?
5. Qual deve ser a ênfase no estabelecimento de resultados esperados, o indivíduo ou o grupo?
6. Por que é difícil mensurar o comportamento?
7. Qual é a efetividade da avaliação por múltiplas fontes, conhecida como avaliação 360º?
8. Quem são as pessoas consideradas potenciais para a organização?
9. Na avaliação de potencial, a pessoa é um potencial ou está potencial?
10. Em que circunstâncias existe a recomendação de processos de avaliação colegiada?

ESTUDO DE CASO E EXERCÍCIOS

A Quentinha é uma organização que atua fornecendo alimento pronto para outras organizações, canteiros de construção civil e eventos e administrando refeitórios. É uma organização que nasceu há 50 anos, em São Paulo, fornecendo alimento pronto. Passou a administrar refeitórios e, posteriormente, ampliou sua atuação para todo o Brasil. Há cerca de cinco anos os dirigentes sentiram a necessidade de rever o processo de avaliação de pessoas para que o mesmo possa estimular o desenvolvimento dos colaboradores e, principalmente, identificar pessoas para assumir futuras posições de liderança. Essa preocupação nasceu das perspectivas de crescimento da organização, aliada a uma escassez de pessoas qualificadas no mercado de trabalho.

Inicialmente, houve grande resistência dos líderes em avaliar suas equipes, primeiramente por se sentirem inseguros com o uso dos resultados e, posteriormente, pelo fato de os resultados das avaliações serem utilizados com o intuito de definir aumentos salariais e destacar pessoas para ter acesso a programas de desenvolvimento profissional. Esses dois aspectos levaram os líderes a superavaliar suas equipes.

A direção da organização está preocupada com os resultados da avaliação, em que 90% das pessoas avaliadas receberam nota máxima de seus líderes. Caso a direção não tome uma atitude, haverá desmoralização do processo de avaliação.

Exercícios para o caso:

1. Quais foram os principais equívocos na implementação do processo de avaliação de pessoas na Quentinha?
2. Como poderíamos reverter essa situação?
3. Quais seriam as recomendações para a direção dessa organização a fim de estimular a preparação de pessoas para o seu futuro?

REFERÊNCIAS

AGUINIS, H. *Performance management*. 2. ed. New Jersey: Pearson/ Prentice Hall, 2009.

BRECKLER, S. J. Empirical validation of affect, behavior and cognition as distinct components of attitude. *Journal of Personality and Social Psychology*, p. 1191-1205, maio 1984.

CRITES JR., S. L.; FABRIGAR, L. R.; PETTY, R. E. Measuring the affective and cognitive properties of attitudes: conceptual and methodological issues. *Personality and Social Psychology Bulletin*, p. 619-634, dez. 1994.

CSIKSZENTMIHALYI, Mihaly. *Beyond boredon and anxiety*. San Francisco: Jossey Bass, 1975.

DUTRA, J. S.; HIPÓLITO, J. A. *Remuneração e recompensa*. São Paulo: Elsevier, 2012.

_____. *Competências*: conceitos e instrumentos para a gestão de pessoas na empresa moderna. São Paulo: Atlas, 2004.

GRIFFIN, Ricky W.; MOORHEAD, Gregory. *Fundamentos do comportamento organizacional*. São Paulo: Ática, 2006.

HIPÓLITO, J. A. M.; REIS G. G. A avaliação como instrumento de gestão. In: FLEURY, M. T. L. *et al. As pessoas na organização*. São Paulo: Gente, 2002.

HOURNEAUX JUNIOR, F. *Relações entre as partes interessadas (stakeholders) e os sistemas de mensuração do desempenho organizacional*. 2010. Tese (Doutorado) – Departamento de Administração da Faculdade de Economia, Administração e Contabilidade, Universidade de São Paulo, São Paulo. 2010.

JAQUES, Elliott. *Equitable payment*: a general theory of work, differential payment and industrial progress. Londres: Pelican Books, 1967.

JAQUES, Elliott. *Requisite organization*. Arlington: Cason, 1988.

_____. Praise of hierarchy. *Harvard Business Review*, jan./fev. 1990.

_____; CASON, Katrin. *Human capability*. Falls Church: Cason, 1994.

LINCOLN, JAMES R. Employee work attitude and management practice in the U. S. and Japan: evidence from a large comparative study. *California Management Review*, p. 89-6, Autumn 1989.

LOMBARDO, Michael M.; EICHINGER, Robert W. *Preventing derailment*: what to do before it's too late. Greensboro. Center for Creative Leadership, 1989.

_____. *DFYI: for your improvement*: a guide for development and coaching. Minneapolis, EUA, Lominger International, a Korn/Ferry Company, 1996.

_____. High potentials and high learners. *Human Resources Management*, Hoboken, v. 39, nº 4, p. 321, Winter 2000.

_____. *The leadership machine*. Minneapolis, EUA, Lominger International, a Korn/Ferry Company, 2001.

REIS, G. G. *Avaliação 360 graus*: um instrumento de desenvolvimento gerencial. São Paulo: Atlas, 2000.

ROBBINS, STEPHEN P. *Comportamento organizacional*. São Paulo: Pearson: Prentice Hall, 2005.

STAMP, Gillian. The individual, the organizational and the path to mutual appreciation. *Personnel Management*, p. 1-7, jul. 1989.

_____. The essence of levels of work. Documento interno da *Bioss–Brunel Institute of Organization and Social Studies*, jun. 1993.

_____. Making the most of human capital for competitive advantage. Documento interno da *Bioss – Brunel Institute of Organization and Social Studies,* jun. 1994.

_____. Key relationship appreciation. Documento interno da *Bioss–Brunel Institute of Organization and Social Studies*, ago. 1994a.

_____; STAMP, Colin. Wellbeing at work: aligning purposes, people, strategies and structure. *The International Journal of Career Management*, v. 5, nº 3, p. 2-36, 1993.

CAPÍTULO 14

Ações Gerenciais Decorrentes da Avaliação

O QUE SERÁ VISTO NESTE CAPÍTULO

Principais ações gerenciais decorrentes da avaliação

- Final do período fiscal.
- Início do período fiscal.
- Ações após a avaliação colegiada.

Ações gerenciais decorrentes dos colegiados

- Processo sucessório.
- Retenção.
- Remuneração, carreira e desenvolvimento.
- Movimentação.

Importância da avaliação para as pessoas

- Construção de histórico de contribuições.
- Estímulo ao diálogo entre a pessoa e seu gestor.
- Respeito às pessoas.

Indicadores de sucesso do processo de avaliação

- Clima organizacional.
- Canais de comunicação.
- Sugestões.
- Ambulatório médico.
- Produtividade.
- Alcance de metas.
- Rotatividade

QUE REFLEXÕES SERÃO ESTIMULADAS

- Quais os desdobramentos das avaliações na gestão de pessoas?
- Qual é o impacto das decisões colegiadas sobre a gestão de pessoas?
- Como as pessoas podem se apropriar dos resultados da avaliação?
- Que indicadores é possível utilizar para avaliar a efetividade do sistema de avaliação de pessoas?

CONEXÕES COM O NOSSO COTIDIANO

Ações gerenciais decorrentes da avaliação

- Como percebo a avaliação que a organização faz de mim, mesmo quando não há um sistema formal de avaliação.
- Como posso identificar através das ações gerenciais sobre o meu desenvolvimento o nível de aposta da organização sobre mim.

Importância da avaliação formal

- Como o meu histórico na organização está sendo construído.
- Como utilizo a avaliação para negociar o meu desenvolvimento com a minha liderança.
- Como posso construir um projeto de desenvolvimento na organização onde atuo.

CONTEÚDOS ADICIONAIS

- Reflexões sobre o tema do capítulo através de casos.
- Saiba mais.
- Estudos de caso complementares.
- Questões para guiar a reflexão sobre o conteúdo do capítulo.
- Referências bibliográficas.

ESTUDO DE CASO

A Metalúrgica Paraíso implantou há cinco anos um sistema de avaliação em que os gestores realizam avaliação com suas equipes e depois é realizado um processo colegiado no qual todas as pessoas são avaliadas. No início, Presidente, diretores e gerentes se reuniam para avaliar todos os colaboradores, no terceiro ano da avaliação os diretores se reuniam com seus gerentes e a reunião com o Presidente e seus diretores ficava restrita à avaliação dos gerentes.

No início do processo, todos queriam favorecer suas equipes e a direção decidiu aplicar como critério uma limitação, em que somente 15% dos colaboradores poderiam ser avaliados nos níveis superiores, os quais seriam analisados com mais cuidado quanto a remuneração, retenção e sucessão. Depois de cinco anos, a organização julga ser necessário reavaliar esse critério. O Diretor de Gente acredita que os gestores se acomodaram nos 15% e seu principal argumento é que o grau de exigência para avaliar as pessoas nesse nível não cresceu ao longo dos cinco anos, quando, por meio da experiência em outras organizações, percebeu-se que com o passar dos anos o processo colegiado eleva seus padrões em relação às pessoas, já que há uma comparação entre elas.

O Diretor de Gente defende a ideia de que os padrões para avaliar as pessoas nos níveis superiores devem ser bem exigentes para verificar quem de fato merece estar nesses níveis. Acredita que a falta desses padrões pode conduzir a acertos entre os gestores para privilegiar pessoas que não têm um mérito diferenciado e pode mascarar a realidade em termos de pessoas preparadas para os desafios futuros da Metalúrgica Paraíso.

O caso analisado apresenta uma dúvida recorrente em nossas organizações. Devo utilizar limitações nos processos de avaliação, usualmente chamados pelo mercado de curva forçada, ou seja, um percentual limitado de pessoas pode ser enquadrado nos níveis mais altos. Um exemplo é uma organização que trabalha com quatro níveis: não atende, atende, supera expectativas e referência em desempenho. Essa organização utiliza a curva forçada onde somente 10% podem ser considerados referência e 20% superam as expectativas.

A curva forçada é muito criticada por camuflar a realidade da organização e por não forçar os gestores a aprimorar os critérios de avaliação.

PRINCIPAIS AÇÕES GERENCIAIS DECORRENTES DA AVALIAÇÃO

A avaliação é elemento dinâmico nos processos e práticas de gestão de pessoas. A partir da avaliação, são tomadas decisões sobre as pessoas. As políticas de gestão de pessoas oferecem balizas para a tomada de decisão, mas qualquer decisão é tomada a partir de uma avaliação da pessoa, formal ou informal. Portanto, a avaliação só tem sentido se gerar uma ação gerencial.

Nas organizações com processos maduros de avaliação, as decisões gerenciais sobre as pessoas estão sempre vinculadas a um sistema formal de avaliação. Na medida em que esse vínculo se torna mais profundo, temos maior efetividade e sinergia nas práticas de gestão de pessoas. Por que isso ocorre? O sistema de avaliação estimula as lideranças a criar um pacto sobre o que é relevante considerar na avaliação e na valorização das pessoas. Na medida em que todas as ações são decorrentes dos parâmetros criados pelas próprias lideranças, aumenta o nível de coerência e consistência das decisões sobre as pessoas. O propósito deste capítulo é discutir as ações gerenciais decorrentes do processo de avaliação. Vamos analisar tais ações na perspectiva da organização e das pessoas. A efetividade de uma ação gerencial em gestão de pessoas está intimamente ligada ao fato de fazer sentido tanto para a organização quanto para as pessoas.

Num sistema integrado de gestão de pessoas, as várias políticas e práticas guardam entre si coerência e consistência, o que permite uma sinergia entre elas e um diálogo entre a gestão de pessoas e a estratégia organizacional. A integração do sistema se dá a partir de um conjunto de fatores em que o mais importante é o alinhamento conceitual, ou seja, o mesmo critério que uso para dizer que uma pessoa está se desenvolvendo deve ser utilizado para valorizar a pessoa em sua remuneração e sua carreira. Outro fator importante são os critérios utilizados para avaliar as pessoas. Esses critérios, como um produto de consenso sobre o que é mérito e sobre o que deve diferenciar pessoas na organização, têm um efeito sobre como tomar decisões relativas a ações de desenvolvimento, remuneração, carreira, sucessão, movimentação e retenção, conforme vimos no Capítulo 6 deste livro.

A avaliação de pessoas tem o papel dinâmico em um sistema integrado de gestão de pessoas, porque é através dela que serão tomadas as decisões. Vamos discutir a seguir como essas decisões são tomadas e em que momento do processo.

Na maior parte das empresas pesquisadas onde o sistema de avaliação está em um estágio amadurecido, temos o seguinte fluxo anual no processo de avaliação:

> As políticas de gestão de pessoas oferecem balizas para a tomada de decisão, mas qualquer decisão é tomada a partir de uma avaliação da pessoa, formal ou informal.

Final do Período Fiscal

A maior parte das organizações considera o período fiscal utilizando o calendário civil, janeiro a dezembro. Normalmente, de dois a três meses antes de fechar o período fiscal, as lideranças e as pessoas preparam-se para efetuar um diálogo de avaliação ou um diálogo de desenvolvimento, avaliando os resultados do período fiscal e planejando as metas para o próximo período fiscal. As decisões nesse momento são relativas a metas, compromissos de desenvolvimento e de *performance* e construção de um plano individual de desenvolvimento.

As metas são consolidadas no planejamento organizacional e os planos individuais de desenvolvimento podem ser utilizados como um guia para orientar os investimentos em ações de desenvolvimento. Algumas organizações, para auxiliar no planejamento individual de desenvolvimento, oferecem para as pessoas um calendário de cursos regulares, organizados por grupos de profissionais, por temas e pelo nível de maturidade profissional da pessoa. Ao mesmo tempo, os planos individuais de desenvolvimento oferecem um insumo importante para que a organização avalie a demanda por capacitação.

Os planos individuais de desenvolvimento são um insumo, para algumas organizações, no planejamento de movimentações e carreira. Nesses casos, as pessoas informam nos planos seus objetivos de carreira. Em uma das organizações pesquisadas, há um processo complementar para a carreira, onde a pessoa reflete sobre sua carreira, discute com a sua liderança e gera um plano individual de carreira, o qual tem o papel de complementar o plano de desenvolvimento.

Nesse período, os resultados dos diálogos de avaliação são tabulados para subsidiar os processos colegiados de avaliação.

Início do Período Fiscal

Normalmente, em dois ou três meses, após o início do período fiscal, são realizados os processos colegiados de avaliação. Em aproximadamente metade das organizações pesquisadas há apenas uma avaliação colegiada onde são tomadas todas as decisões sobre as pessoas. Na outra metade, há dois ou mais encontros do colegiado, cada um com objetivos diferentes. Recomenda-se que, quando a organização está implantando a avaliação colegiada, seja efetuada mais de uma reunião para não sobrecarregar os avaliadores.

O principal papel dos colegiados é a avaliação comparando todas as pessoas pertencentes a uma determinada unidade. Os comitês são formados pelos líderes das pessoas e o superior hierárquico dos líderes. Um comitê com esse objetivo, nas empresas pesquisadas, avalia, em um período de quatro horas, de 10 a 15 pessoas. Com base nesses números devem ser dimensionados tanto a constituição quanto o trabalho do comitê. Nessa avaliação, há um processo de comparação entre as pessoas e sua classificação. Com base em tal classificação, as pessoas avaliadas podem ser encaminhadas para a análise em outros encontros do comitê com o objetivo de decidir sobre aumentos salariais, promoção, processo sucessório e retenção.

Na avaliação colegiada, são utilizadas as tabulações efetuadas a partir dos diálogos entre líder e liderados realizados no período anterior. Além desses dados, os comitês, para comparar as pessoas, utilizam fatores de análise complementares. Tais fatores variam de organização para organização e, na mesma organização, variam de grupo profissional para grupo profissional. Entretanto, foi possível observar que alguns fatores são mais frequentes nos critérios de avaliação utilizados pelos colegiados. A seguir, são listados alguns desses fatores:

- O nível de **performance** da pessoa em comparação com o grau de dificuldade ou complexidade das metas.
- Alinhamento da pessoa em relação aos valores da organização e qualidade do relacionamento interpessoal.
- Grau de facilidade ou dificuldade para executar suas atribuições e responsabilidades.
- Dedicação e comprometimento da pessoa com a organização e resultados.

Parte das organizações pesquisadas utiliza o primeiro encontro para classificar as pessoas e decidir sobre o endereçamento para discussão de remuneração, carreira, sucessão e retenção. Essas discussões e decisões são efetuadas nos encontros subsequentes do comitê. Os encontros seguintes do comitê serão para decidir sobre quem terá seu salário aumentado e em que valor, quem serão as pessoas pensadas para o processo sucessório, ações críticas de retenção e promoções.

Para a questão salarial, o principal parâmetro é o grau de diferenciação que a pessoa teve em relação às demais e seu posicionamento na faixa salarial, como, por exemplo: temos uma pessoa que está situada acima do esperado em relação aos demais e está no início de sua faixa salarial. O aumento salarial para essa pessoa será prioritário; outra pessoa está dentro do esperado e seu salário está na média da faixa; o aumento salarial para essa pessoa não é uma prioridade. O fato de uma pessoa ser considerada como uma prioridade no aumento salarial não significa que ela terá seu salário aumentado, é necessário considerar a disponibilidade de verba orçamentária para aumentos. Os aumentos salariais podem ser na mesma faixa salarial ou o comitê pode indicar uma promoção na carreira, com mudança de faixa salarial. A última palavra sobre o aumento salarial será sempre do líder da pessoa avaliada.

Em algumas das organizações pesquisadas, a avaliação colegiada valida o montante ou parte do montante relativo à remuneração variável. Nesses casos, além do alcance das metas criam-se critérios qualitativos, geralmente ligados ao comportamento da pessoa. Em nossa pesquisa, foi possível acompanhar um caso interessante em um banco de atacado, em que um dos diretores teve sua remuneração variável reduzida pelo comitê em função da forma como liderou sua equipe para alcançar os resultados.

Outro parâmetro para o aumento salarial está ligado a quanto a pessoa é crítica para efeitos de retenção. Nesses casos, são utilizados dois conjuntos de parâmetros: conforme comentamos no Capítulo 6, as pessoas consideradas como em estado de potencial e as consideradas pessoas chave. A retenção dessas pessoas está ligada a vários aspectos, sendo a remuneração um deles. A verba orçamentária tem que ser dividida entre as pessoas com salários defasados, os potenciais e as pessoas-chave. Por tal razão, essas decisões devem ser tomadas de forma coletiva, são muitas variáveis a serem consideradas.

Para as questões de processo sucessório, o comitê constrói um mapa sucessório e a indicação de pessoas que já estão prontas para assumir posições de maior complexidade e de pessoas que estarão em futuro próximo. Essas decisões oferecem a base para ações de desenvolvimento das pessoas avaliadas e de movimentação. Não são todas as pessoas que são avaliadas nessa fase, mas somente aquelas que na primeira reunião do comitê foram indicadas com potencial para assumir posições de maior complexidade.

Ações Após a Avaliação Colegiada

Após o período destinado para as reuniões dos comitês de avaliação, são encaminhadas ações e decisões tomadas pelos colegiados. As principais são as seguintes:

- Na maior parte das organizações que utilizam colegiados, as movimentações salariais ocorrem após o período de reuniões dos comitês, normalmente nos dois meses subsequentes. A maioria elege um mês do ano para efetuar os ajustes.

- O mapa sucessório recomendado pelos comitês é validado pelos níveis superiores e, no caso das organizações de capital nacional, chegam ao Conselho.
- Com relação às ações de retenção, há um cronograma para o posicionamento dos líderes das pessoas indicadas como críticas, propondo ações. Em algumas organizações, existe um coordenador das ações de retenção que efetua o monitoramento do processo e reporta os resultados para a alta administração.
- As ações de desenvolvimento para pessoas consideradas no estado de potencial são responsabilidade do líder, mas, nas organizações onde há uma educação corporativa estruturada, há um processo compartilhado de responsabilidades.

Poucas organizações têm um sistema de monitoramento contínuo das ações recomendadas pelos comitês. Fica a cargo de a liderança implantá-las e acompanhá-las sem nenhuma cobrança estruturada por parte da alta administração. Essa é uma diferença marcante quando comparamos organizações de capital internacional, principalmente de origem dos EUA, com as organizações de capital nacional. Em nossa pesquisa, pudemos observar que, nas organizações de capital internacional, são itens frequentes; na agenda da alta direção, questões ligadas à gestão de pessoas. Nas organizações de capital nacional, muitas das decisões tomadas pelo comitê não são implantadas ou executadas, não há acompanhamento e cobrança delas.

Através das experiências bem-sucedidas na execução das decisões colegiadas, verificamos que é fundamental uma cobrança de cima para baixo. Se a alta administração não estiver comprometida com o aprimoramento da gestão de pessoas, o amadurecimento das políticas e das práticas ocorre de forma lenta e sempre na esteira das pressões efetuadas por pessoas e/ou pelo contexto em que a organização se insere.

Ações Gerenciais Decorrentes dos Colegiados

As ações gerenciais decorrentes da avaliação de pessoas são fundamentais para conferir legitimidade ao processo e para garantir a coerência e consistência dessas ações. Como todas as ações saem de uma mesma base de reflexão, essas ações criam entre si uma sinergia que assegura os resultados almejados com consistência, gerando nas pessoas uma percepção de coerência e justiça.

As ações gerenciais podem ser agrupadas em função de sua finalidade nos seguintes itens:

- Processo sucessório.
- Retenção.
- Remuneração, carreira e desenvolvimento.
- Movimentação.

Processo Sucessório

O processo sucessório como ação gerencial decorrente da avaliação oferece como principal ganho maior eficiência da liderança. Vários autores vêm trabalhando as dificuldades de transição entre os diferentes níveis de complexidade gerencial. Podemos destacar os trabalhos de Elliott Jaques (1967, 1988, 1990 e 1994), de Rowbottom e Billis (1987) e de Stamp (1989, 1993, 1993a, 1994 e 1994a), que estabelecem níveis de complexidade gerencial, trabalhando basicamente o processo decisório; o trabalho de Dalton e Thompson (1993), que discutem as dificuldades típicas na passagem da pessoa para um nível de complexidade maior em sua carreira; e o trabalho de Charan (2001 e 2008), que descreve os níveis de complexidade gerencial e as dificuldades típicas no processo de ascensão profissional.

Em nossas pesquisas sobre liderança nas organizações brasileiras (DUTRA, 2008), encontramos muitas das situações descritas por esses autores. As mais comuns são os gerentes levarem para suas novas posições as responsabilidades que tinham no nível anterior. Isso

> Os gerentes levam para suas novas posições as responsabilidades que tinham no nível anterior. Isso acontece como resultado de dois aspectos: a dificuldade de delegar **suas** responsabilidades anteriores para sua equipe e o fato de se sentirem mais confortáveis acumulando as novas e velhas responsabilidades.

acontece como resultado de dois aspectos: a dificuldade de delegar suas responsabilidades anteriores para sua equipe e o fato de se sentirem mais confortáveis acumulando as novas e velhas responsabilidades. Esse fenômeno faz com que os gestores tenham dificuldade de atuar plenamente em seus novos níveis de complexidade, acumulando muitas das responsabilidades que deveriam ser exercidas por seus subordinados. Nas organizações, utiliza-se o termo **nivelar por baixo** para expressar esse fenômeno, no qual, em todos os níveis organizacionais, observamos os gestores assumindo responsabilidades que deveriam ser de seus subordinados.

As dificuldades típicas encontradas são:

- Bons executores que se tornam líderes operacionais têm dificuldade de delegar; tendem a assumir a execução e utilizar seus subordinados para auxiliar na execução. A dificuldade típica apontada por Charan (2001) é a de conciliar delegação com execução.
- Bons gerentes operacionais que se tornam gestores táticos têm dificuldade de encarar seus subordinados como líderes de pessoas; continuam encarando-os como executores. As dificuldades típicas nesse caso, segundo Charan (2001 e 2008), são a do gestor, de se tornar um líder de líderes, e também a de desenvolver o aprimoramento das interfaces com seus pares. Esse segundo aspecto é muito crítico. Há uma tendência do gestor tático de se encastelar em sua área de atuação e assumir uma postura de defesa de suas posições, construindo muros em vez de estradas de ligação com as demais áreas.
- Bons gerentes táticos têm dificuldade de estreitar as ligações com **stakeholders** quando assumem gerências estratégicas. Nesse caso, a dificuldade típica é olhar e se posicionar na relação com interlocutores externos; o gestor tende a ficar olhando para os processos internos e tem grande dificuldade de se consolidar na relação com o ambiente externo.

Tais dificuldades fazem com que os gerentes estratégicos invadam o espaço dos gerentes táticos e estes, por sua vez, invadam o espaço dos gerentes operacionais. Essa situação não é facilmente percebida pelos gestores e eles, como resultado, têm uma grande dificuldade de preparar sucessores. Esse tópico foi aprofundado no Capítulo 8 deste livro.

Retenção

O processo de retenção implica um diálogo com as pessoas-alvo. Há, entretanto, uma discussão antecedente: estrategicamente, é interessante reter a pessoa, pensando que, ao retermos uma pessoa, podemos estar criando um bloqueador para o desenvolvimento de outras? A pressão criada por um mercado mais competitivo a partir da abertura da economia levou as organizações a oferecer mais condições para o desenvolvimento das pessoas, sem que houvesse, entretanto, condições para absorver todas as pessoas desenvolvidas. Essa nova realidade foi ocasionando transformações na configuração dos quadros das empresas, exigindo pessoas mais capacitadas. A estrutura dos quadros operacionais em empresas de base tecnológica, dos quadros de profissionais técnicos e dos quadros gerenciais foi deixando de se assemelhar a uma pirâmide para se assemelhar a um pote. Nessa nova configuração, há uma baixa demanda por pessoas para lidar com situações pouco exigentes e por pessoas para lidar com situações que exigem altíssima especialização. Há uma grande demanda por pessoas para lidar com situações exigentes, mas com um nível de maturidade equivalente ao que o mercado classifica como pleno e sênior, como, por exemplo, o quadro de engenheiros em uma empresa de base tecnológica, onde há baixa demanda por engenheiros muito juniores e por engenheiros acima do nível sênior, e maior demanda por engenheiros de nível pleno e sênior. No grupo gerencial, a grande demanda está no nível tático.

Pesquisando organizações dos setores petroquímico e elétrico no início dos anos 2000, foi possível notar (DUTRA, 2004) que as posições de alto nível das carreiras técnicas estavam totalmente preenchidas, obstruindo as possibilidades de progressão na carreira dos níveis inferiores. Os jovens engenheiros, ao entrar nessas organizações, percebiam um horizonte muito curto para seu desenvolvimento e saíam delas ou do setor. Com o tempo, o nível in-

> O processo de retenção implica um diálogo com as pessoas-alvo.

termediário da carreira, no qual havia a maior demanda por profissionais, foi se esvaziando e isso foi gerando alguns efeitos perversos:

- Jovens engenheiros sendo demandados para assumir precocemente responsabilidades de maior nível de complexidade, porém sem perspectivas de crescimento no longo prazo, ocasionando a rotatividade da carreira desses profissionais no nível júnior e pleno. Essa rotatividade era ocasionada por não haver perspectivas concretas de crescimento na carreira em um espaço de tempo compatível com outras carreiras existentes no mercado.
- Como a demanda da organização se concentra em níveis de complexidade equivalentes ao nível intermediário da carreira e como havia poucas pessoas para fazer frente a essa demanda, os engenheiros mais experientes tiveram que acumular responsabilidades de menor complexidade, frustrando-os por terem sua capacidade subutilizada.
- Mesmo assim, havia necessidade de suprir essa demanda e as alternativas foram: buscar pessoal sênior no mercado, pagando salário de mercado, mas com baixa capacidade de retenção, já que eles não viam possibilidade de crescimento no longo prazo, e buscar pessoal já aposentado, agravando o quadro de progressão dentro da carreira para o pessoal mais jovem.
- Pressão sobre a massa salarial pela retenção, por muito tempo, das pessoas muito seniores e pela necessidade de trazer do mercado pessoas com maior experiência.
- Dificuldade de repor o pessoal no topo da carreira por não haver pessoas preparadas no nível intermediário.
- Dificuldade para gestão do conhecimento: na medida em que o pessoal se aposenta, leva capacidade técnica e gerencial da organização, por não haver para quem passar o conhecimento, já que existe falta de pessoas para fazer a ligação entre os profissionais muito seniores e o pessoal que está no início da carreira.

> Tal lógica deveria prever um crescimento das pessoas até o nível sênior e, após esse momento, preparar as pessoas para sair da carreira ou da organização.

Em pesquisas em setores de grande mobilidade, como o financeiro e de operações em telefonia, observamos (DUTRA, 2009) fenômeno semelhante em termos de configuração de carreira e efeitos perversos. Os motivos são diferentes: enquanto nos setores petroquímico e elétrico o fenômeno se dá pela baixa mobilidade, no setor financeiro e de operações em telefonia se dá pelo fato de essas organizações não terem paciência para esperar a formação das pessoas.

Qual a solução? Criar uma rotatividade mais ampla, ou seja, perder aqueles profissionais mais experientes? Administrar por crise e solucionar caso a caso? Criar outras opções de carreira? O que temos visto, em trabalhos de intervenção através de consultoria, são organizações agindo de forma intuitiva e fazendo todas essas coisas ao mesmo tempo. Entretanto, por ser de forma intuitiva, não têm consciência do problema, já que atuam sobre as consequências e não sobre as causas. Desse modo, não conseguem eliminar o agente causador do problema. Para eliminar o agente causador, haveria necessidade de uma revisão na lógica do fluxo de carreira. Essa lógica deveria prever um crescimento das pessoas até o nível sênior e, após esse momento, preparar as pessoas para saírem da carreira ou da organização. Isso é importante porque alguns parâmetros foram se alterando ao longo desta década no Brasil:

- As carreiras estão mais curtas, as pessoas estão percorrendo e espectro de suas carreiras em um intervalo de tempo menor.
- As pessoas estão mais ligadas ao seu desenvolvimento e o mercado tem oferecido, como um fator de atração e retenção, a aceleração na carreira, ou seja, em um intervalo de tempo menor a pessoa se desenvolve mais e passa a valer mais no mercado.
- As pessoas estão se preparando para vivenciar diferentes carreiras ao longo de suas vidas. O auxílio às pessoas para se tornarem aptas para outras carreiras torna-se algo cada vez mais valorizado pelo mercado.

- Outras dimensões da vida das pessoas vêm ganhando importância e, cada vez menos, estão dispostas a abrir mão da família, amigos e ações comunitárias em prol de ascensão profissional.

Frente a esse quadro, a revisão do fluxo de carreira implica:

- Oferecer para os profissionais uma progressão profissional ajustada às características do setor onde a organização atua.
- Abrir posições no topo da carreira, estimulando as pessoas que lá chegam a pensar em alternativas de carreira.
- Preparar as pessoas para sair da carreira ou da organização a partir de determinado ponto de suas trajetórias.
- Oferecer, aos profissionais localizados no topo de suas carreiras, desafios ligados à formação de profissionais que estão iniciando suas carreiras.

Enfim, o discurso da retenção de talentos necessita ser revisitado. É necessário considerar que perder talentos talvez seja o caminho para formar talentos em um fluxo contínuo.

O mesmo raciocínio se aplica à carreira gerencial. Em organizações com gestores de nível estratégico envelhecidos, há um desestímulo para a permanência de jovens e promissores gestores de nível tático.

Por essa razão, a questão da retenção tem que ser discutida em colegiado, tendo como pano de fundo a discussão estratégica de gestão de pessoas.

Remuneração, Carreira e Desenvolvimento

Há uma estreita ligação entre remuneração, carreira e desenvolvimento. Se considerarmos o desenvolvimento com a absorção de atribuições e responsabilidades de maior complexidade, a carreira como degraus de complexidade e as faixas salariais expressando diferentes níveis de complexidade, verificaremos que estão muito interligados.

> Se considerarmos o desenvolvimento com a absorção de atribuições e responsabilidades de maior complexidade, a carreira como degraus de complexidade e as faixas salariais expressando diferentes níveis de complexidade, verificaremos que estão muito interligados.

A avaliação vai permitir definir se uma pessoa está sub-remunerada por atuar em um nível de complexidade acima da faixa salarial onde está enquadrada ou se está super-remunerada por atuar em um nível de complexidade abaixo da faixa salarial. Essa percepção permite estabelecer critérios para priorizar os aumentos salariais. Mas a análise da remuneração é mais profunda. Caso a pessoa esteja em um processo intenso de desenvolvimento, a remuneração fica para um segundo plano, porque a pessoa sabe que a remuneração irá acompanhar seu crescimento profissional.

Quando analisamos o mercado, verificamos que, desde o final da década de 1990, as pessoas estão dispostas a trocar salário por desenvolvimento, porque percebem claramente que, quando se desenvolvem, seu valor de mercado cresce. Verificamos que as organizações que oferecem oportunidades de crescimento para as pessoas são mais atrativas e as retêm com mais facilidade. Por serem mais atrativas, podem oferecer um salário abaixo de mercado e, ainda assim, oferecer melhores condições de ganho para os profissionais, conforme discutimos no Capítulo 5.

Movimentação

A movimentação das pessoas na organização é o aspecto mais delicado nas ações gerenciais decorrentes da avaliação de pessoas. O primeiro aspecto é a decisão de desligar uma pessoa. Normalmente, quando surge esse posicionamento do comitê o gestor é instado a posicionar-se sobre um desligamento imediato ou a possibilidade de a pessoa ser recuperada. Caso a pessoa possa ser recuperada, haverá um acompanhamento muito próximo com metas de curtíssimo prazo. Nesses casos, o gestor da pessoa avaliada fica em uma situação difícil, porque terá que demonstrar que a pessoa conseguiu se recuperar ou terá que desligá-la.

Outro aspecto da movimentação é, ao contrário, termos uma pessoa com grande potencial para assumir posições de maior complexidade e o gestor não se sentir à vontade para abrir mão da pessoa para outra atividade ou área na organização. Observou-se, nas organizações de capital nacional, que os gestores se sentem donos de pessoas e raramente estão dispostos a dividi-las com a organização. É interessante observar a reação dos membros do comitê: de um lado, sentem-se muito bem quando um membro de sua equipe é valorizado pelos pares e pelo superior; de outro lado, têm um sentimento de perda quando esse membro de sua equipe é cogitado para assumir posições em outras unidades. Em razão desse fato, é muito importante observar o comportamento dos membros do comitê e reprovar atitudes de desvalorização de pessoas ou de "escondê-las" do comitê.

Finalmente, outro aspecto da movimentação é a necessidade de criar condições objetivas de desenvolvimento quando a pessoa em sua posição não tem mais espaço para crescimento profissional. Vamos analisar algumas situações:

- Um gerente tático está muito distante da complexidade do trabalho de seu diretor. Esse gerente jamais terá condições de suceder seu diretor se não experimentar situações de trabalho mais exigentes. Em tais casos, o gerente tático nunca terá essa oportunidade com o conjunto atual de atribuições e responsabilidades. Se a organização quiser prepará-lo como um sucessor do nível estratégico, deverá movimentá-lo para uma posição mais exigente ou oferecer a ele atribuições e responsabilidades de maior complexidade.
- Em uma mineradora, duas posições gerenciais são muito importantes: a de gerente de operações e a de gerente de manutenção. Esses gerentes cresceram na operação da organização e sempre exerceram sua liderança em um ambiente hierarquizado. Para desenvolvê-los para uma realidade política mais exigente, é muito importante que essas pessoas vivenciem posições onde a liderança aconteça por influência, como, por exemplo: uma gerência de segurança, uma gerência em atividade meio etc. Em situação similar, uma organização industrial com diversas plantas no Brasil usa a posição de **supply chain** para oferecer aos gerentes de planta a possibilidade de vivenciar uma posição de maior complexidade e a oportunidade de desenvolver a liderança por influência.
- Uma organização de capital brasileiro vivendo um processo intenso de internacionalização de suas operações necessita que pessoas em processo de desenvolvimento experimentem experiências fora do país.

Nessas três situações, as decisões sobre movimentação são muito importantes. O comitê deve decidir em quem apostar para tais movimentações, como preparar a pessoa e oferecer suporte em seu desenvolvimento. Para que as movimentações ocorram, a organização e suas lideranças necessitam desenvolver uma cultura em que as pessoas sejam um ativo da empresa e não de seus chefes.

IMPORTÂNCIA DA AVALIAÇÃO PARA AS PESSOAS

Até este momento, olhamos de forma privilegiada para os impactos da avaliação de desempenho para a organização ou negócio. Vamos abordar os impactos e os ganhos para as pessoas que trabalham na ou para a organização ou negócio.

Em nossas pesquisas, perguntamos para as pessoas quais eram suas maiores expectativas em relação a um sistema de avaliação. Três aspectos sempre foram os mais mencionados como expectativas: ter um histórico das contribuições da pessoa para a organização, aumentar o diálogo com a liderança e ter critérios previamente estabelecidos para a avaliação.

Construção de Histórico de Contribuições

As pessoas valorizam o histórico de suas contribuições porque a sua biografia na organização e suas realizações são lembradas por pessoas que permanecem, mas, na medida em que

> Temos uma pessoa com grande potencial para assumir posições de maior complexidade e o gestor não se sente à vontade para abrir mão da pessoa para outra atividade ou área na organização.

há uma rotatividade das pessoas ou um crescimento intenso da organização, essa memória é perdida. A falta de memória faz com que a pessoa tenha que provar a cada momento seu valor para a organização. Foi frequente ouvir as pessoas dizerem que têm que começar tudo de novo a cada mudança de liderança.

A avaliação de pessoas propicia um histórico dos resultados a cada período, em que são registrados os resultados das avaliações e dos diálogos entre líder e liderado e a respeito de onde estão os planos individuais de desenvolvimento. Esse material acumulado é um insumo importante nas avaliações colegiadas e também quando um líder recebe alguém em sua equipe. Tais preocupações asseguram à pessoa o uso do seu histórico para considerá-la no futuro da organização ou negócio.

> A falta de memória faz com que a pessoa tenha que provar a cada momento seu valor para a organização.

Para que isso ocorra, é fundamental um compromisso da organização e das lideranças em utilizar essas informações para decisões sobre as pessoas. Em parte das empresas pesquisadas, a análise dos comitês levava em conta o histórico da pessoa na organização para compará-la às demais. Em uma das empresas pesquisadas, uma das análises efetuadas para indicar uma pessoa para o processo sucessório ou classificá-la como um talento é a avaliação do plano individual de desenvolvimento. O objetivo, aqui, é verificar o quanto a pessoa está comprometida com o seu desenvolvimento e a clareza com que percebe suas necessidades de aprimoramento profissional.

Na medida em que as pessoas percebem que os registros do processo de avaliação estão sendo utilizados de forma efetiva, tornam-se mais ciosas sobre o conteúdo desses registros e passam a acompanhar o que está sendo registrado em seu arquivo. Esse processo vai ganhando força e outras informações passam a constar desses registros, tais como: cursos efetuados, ações de capacitação realizadas pela pessoa, participação em projetos internos e externos etc.

Estímulo ao Diálogo entre a Pessoa e seu Gestor

As pessoas valorizam, também, o diálogo com suas lideranças. Um resultado natural do amadurecimento dos processos de avaliação é o enriquecimento do diálogo entre líder e liderado. Esse diálogo permite que a pessoa perceba as expectativas, tanto do líder quanto da organização, em relação a sua atuação e em relação ao foco de seu trabalho. O diálogo permite a mitigação dos problemas cotidianos de comunicação entre líderes e liderados e entre colegas de trabalho.

Várias vezes ouvimos das pessoas, em processos de avaliação que estavam sendo iniciados, o quanto estavam satisfeitas pelo fato de haver algum critério para serem avaliadas e valorizadas pela organização. Mesmo tendo questionamentos em relação à adequação dos critérios para a realidade da organização, tinham clareza de que o aperfeiçoamento deles era uma questão de tempo.

Respeito às Pessoas

Além de atender as expectativas das pessoas, o processo estruturado de avaliação permite outros ganhos para elas. Esses ganhos ficaram bem evidentes quando conversávamos com pessoas que haviam trabalhado em empresas onde o processo era amadurecido e vinham para trabalhar em empresas que estavam iniciando processos estruturados de avaliação.

> O principal ganho é a segurança que a pessoa sente no relacionamento com suas lideranças.

O principal ganho é a segurança que a pessoa sente no relacionamento com suas lideranças, onde as expectativas entre as pessoas e a organização são discutidas de forma aberta e a pessoa sabe o que esperar da relação. Além desse aspecto, existe a certeza de que o tratamento será justo e equânime e, caso não seja, há canais para discutir. Essa sensação é oriunda da consistência e coerência das políticas, práticas e decisões tomadas em relação às pessoas.

INDICADORES DE SUCESSO DO PROCESSO DE AVALIAÇÃO

Se fôssemos pensar em indicadores de sucesso para o processo de avaliação, seriam a qualidade do diálogo dos líderes com os liderados e a efetividade das ações de desenvolvimento das pessoas. Sem dúvida, esses dois aspectos são essenciais para consagrar o processo de avaliação. Vamos traduzir tais aspectos e outros em indicadores observáveis para mensurarmos e acompanharmos o amadurecimento e o sucesso da avaliação de pessoas.

Além dos indicadores relacionados a seguir, é muito importante que haja um interesse genuíno de melhoria constante do processo de avaliação. Encontramos casos de sucesso quando a organização indicou um grupo de gestores como responsáveis pela melhoria contínua do processo de avaliação. É importante que o processo de avaliação não seja da área de recursos humanos da organização, mas algo que interessa e pertence a toda a organização e a cada gestor em particular. Esse grupo de gestores, em seus primeiros passos, estabeleceu indicadores de sucesso do programa e procurou se municiar de informações para acompanhá-los.

Clima Organizacional

O clima é um parâmetro interessante para acompanhar os resultados dos processos de avaliação quando analisamos a resposta das pessoas em questões relativas ao diálogo com a liderança, acesso a informações relevantes para sua relação com a organização, oportunidades de desenvolvimento, suporte da liderança etc.

A pesquisa de clima pode revelar os impactos positivos oriundos do amadurecimento do processo de avaliação ou problemas típicos de um processo que não está adequado às necessidades das pessoas e da organização.

As pesquisas realizadas pelas organizações podem apontar esses problemas por negócio, área, região geográfica ou por grupos de pessoas. Essa segmentação da pesquisa permite localizar problemas e dar mais foco na intervenção e no aprimoramento dos processos de avaliação.

Nas organizações que realizam regularmente pesquisas de clima são inseridas questões de acompanhamento e controle para verificar a efetividade de políticas e práticas de gestão de pessoas e/ou para verificar a efetividade das ações de preparação das lideranças.

Canais de Comunicação

As organizações que possuem canais de comunicação com seus colaboradores podem utilizar o conteúdo e a frequência com que ocorrem acessos ao programa como um indicador de sucesso do diálogo entre líder e liderado. Esses canais permitem verificar problemas típicos de comunicação e de diálogo entre líderes e liderados, bem como localizar grupos ou líderes com problemas específicos de relacionamento e de diálogo.

Os canais podem oferecer indicadores importantes da efetividade do sistema de avaliação de pessoas e podem oferecer insumos para o estabelecimento de metas de melhoria na relação entre pessoas e entre líderes e liderados.

> Se fôssemos pensar em indicadores de sucesso para o processo de avaliação, seriam a qualidade do diálogo dos líderes com os liderados e a efetividade das ações de desenvolvimento das pessoas.

Sugestões

Um dos resultados interessantes das metodologias de produtividade e efetividade oferecidas pela experiência japonesa, na década de 1980, foi a criação de estímulos e de condições concretas para que as pessoas sugerissem melhorias nos processos, práticas e instrumentos de gestão e operação das empresas. As sugestões são estimuladas na medida em que são colocadas em prática.

O fluxo de sugestões e seu aproveitamento pela organização são um bom indicador de foco no desenvolvimento da organização e das pessoas. Caso a organização tenha essa prática, pode utilizar os resultados das sugestões como um indicador para acompanhar a efetividade dos processos de avaliação e de diálogo entre líder e liderado.

Ambulatório Médico

O ambulatório médico é outra fonte importante de informações. Face ao sigilo da relação médico e paciente, muitas pessoas usam o ambulatório médico para expressar seu estado de humor e seus problemas na relação com a liderança e com a organização.

Sem que o sigilo entre médico e paciente seja quebrado, o contato regular com os médicos e alguns indicadores que podem ser apontados pelo ambulatório oferecem informações preciosas para acompanhar o impacto do sistema de avaliação na melhoria do diálogo entre líder e liderado.

Em um dos casos analisados, ao olharmos com atenção para os afastamentos por estresse e suas possíveis causas, percebemos que 80% dos casos eram compostos por pessoas em posição de liderança e que, desses casos, 65% eram devidos a uma percepção equivocada por parte da pessoa, sobre as expectativas de **performance** de sua liderança e da organização. Essa percepção equivocada era causada pela falta de alinhamento das expectativas, gerando falta de efetividade da pessoa e uma pressão elevada sobre ela. Acreditamos que o caso analisado seja revelador de muitas situações semelhantes em nossas organizações.

Produtividade

Indicadores de **performance** e de produtividade são bons mensuradores da efetividade do processo de avaliação. Verificamos que um resultado do amadurecimento dos processos de avaliação é a criação de metas de **performance** que são, ao mesmo tempo, metas de desenvolvimento organizacional e das pessoas. Em uma das organizações analisadas, um grupo operacional tinha como objetivo o ganho de produtividade e qualidade, melhoria nos indicadores de segurança do trabalho e no relacionamento entre os integrantes do grupo; para tanto, teriam o suporte da engenharia de produção e consultor interno de recursos humanos. O alcance da meta implicava desenvolvimento no processo de trabalho e no relacionamento de trabalho em equipe das pessoas envolvidas; portanto, para alcançar a meta das pessoas teriam que investir em seu desenvolvimento e gerar um desenvolvimento no processo de trabalho.

> A forma como as metas são construídas, o grau de dificuldade que apresentam para serem alcançadas e os índices de alcance das metas são bons indicadores do amadurecimento do sistema de avaliação.

O exemplo descrito ilustra como as metas podem ser negociadas de forma a beneficiar todos os envolvidos. As pessoas crescem e a organização ganha maior efetividade. A obtenção desse resultado não é algo simples, exige preparo das lideranças, instrumentos de controle e acompanhamento mais sofisticados e um pacto sobre a importância tais atitudes na organização.

Alcance de Metas

As metas devem ser desafiadoras e factíveis. A forma como são construídas, o grau de dificuldade que apresentam para serem alcançadas e os índices de alcance das metas são bons indicadores do amadurecimento do sistema de avaliação.

Esses indicadores podem ser acompanhados através de questionários distribuídos para líderes e liderados ou através de questões na pesquisa de clima.

Os colegiados, ao se reunirem, podem acompanhar esse indicador e recomendar ações de aprimoramento.

A natureza das metas e seu alcance é um item sempre importante de análise para medir o quanto patrocinam o desenvolvimento da organização e o desenvolvimento das pessoas. Essa visão crítica pode evitar a elaboração de metas que reforcem o **status quo**. Em situações mais delicadas, pode criar nas pessoas um comportamento acomodado no sucesso. Em alguns casos que acompanhamos, a preocupação dos dirigentes era o fato de a liderança da organização estar acomodada no sucesso e ter perdido o senso de urgência. Caso surgisse qualquer crise, as pessoas poderiam não estar preparadas emocionalmente para enfrentá-la.

Em uma das organizações analisadas o presidente tinha essa preocupação. Estávamos em 2007 e a organização vinha surpreendendo a matriz com a superação de metas desafiadoras nos últimos cinco anos. Todos estavam felizes e confiantes com o contínuo desenvolvimento da organização e os ganhos da filial brasileira no contexto mundial, mas o presidente estava preocupado com a falta de senso de urgência da liderança diante de uma eventual crise. No segundo semestre de 2007, começou a preparação da liderança com ênfase na criação de um senso de urgência caso surgisse uma crise. A crise de 2008 encontrou essa organização preparada e isso foi fundamental para que continuasse em sua trajetória de sucesso e de conquista do mercado em que atua.

Rotatividade

A rotatividade é outro indicador importante. Nesse caso, a análise da rotatividade é onde e como ela se dá. Temos organizações onde a rotatividade faz parte do negócio, tais como aquelas que atuam em: entretenimento, **call centers**, **fast food** etc. Nesses casos, a rotatividade é acompanhada de perto porque tem grande efeito sobre os custos. Temos organizações onde a rotatividade é muito baixa, tais como: petroquímicas, siderúrgicas, mineradoras etc.

Independentemente da natureza do negócio, a rotatividade deve ser analisada em sua qualidade, quem está indo embora e quando. Percebemos em diferentes setores que a rotatividade vinha acontecendo com pessoas que estavam nas organizações havia pouco tempo e, em sua maioria, jovens, pessoas que a organização não queria perder.

Em 2010, ao iniciarmos nossa pesquisa "As Melhores Empresas para se Começar a Carreira", em parceria com a Editora Abril, verificamos uma preocupação no mercado de reter os jovens. Ao analisarmos os dados da pesquisa em 2010 e 2011 percebemos que as organizações que estavam respondendo melhor às expectativas dos jovens eram as que tinham estabelecido formas de diálogo com eles. Esses dados foram confirmados nas pesquisas de 2012 e 2013.

Em 2010 e 2011, as organizações estavam agindo de forma intuitiva, sem ter consciência do que faziam. Já em 2012 e 2013, verificamos que as organizações que melhor atenderam às expectativas dos jovens eram aquelas que tinham programas previamente concebidos, com o objetivo de abrir e/ou ampliar o diálogo com os jovens. Em 2010 e 2011, as organizações que tinham programas de **mentoring**, onde o mentor era um gestor sênior da organização ou um profissional técnico especializado, tinham melhorado o diálogo com os jovens. Por que isso ocorreu? A explicação é que o jovem tinha dupla interlocução, via uma perspectiva mais ampla de carreira e, principalmente, os gestores seniores e os técnicos especializados perceberam que a organização e as lideranças imediatas não estavam preparadas para dialogar com os jovens. A partir dessa constatação, as organizações prepararam-se para ser mais amigáveis com os jovens.

Esse exemplo mostra a importância do diálogo e esse é um importante indicador da efetividade do sistema de avaliação.

> Independentemente da natureza do negócio, a rotatividade deve ser analisada em sua qualidade, quem está indo embora e quando.

Resumo e Implicações para o Aprendizado sobre Gestão de Pessoas

Este capítulo foi dedicado a uma análise das ações gerenciais decorrentes dos processos de avaliação. Inicialmente, apresentamos as interligações entre o sistema de avaliação e a gestão de pessoas como um todo e as ações gerenciais decorrentes das discussões colegiadas. Posteriormente, mostramos como a avaliação pode ser apropriada pelas pessoas e, finalmente, como podemos construir ou observar indicadores de sucesso dos processos de avaliação.

As principais implicações para o aprendizado sobre a gestão de pessoas podem ser resumidas em:

- Articulações entre os processos de avaliação e a gestão de pessoas.
- Impacto das avaliações no desenvolvimento, carreira e remuneração das pessoas.
- Critérios e práticas utilizadas para medir a efetividade dos sistemas de avaliação de pessoas.

QUESTÕES

Questões para fixação

1. Quando são realizadas as reuniões colegiadas para avaliar pessoas?
2. Que critérios são utilizados pelos colegiados para avaliar as pessoas?
3. Como podemos agrupar as decisões dos colegiados?
4. Quais são as condições para a geração de um histórico das pessoas nas organizações a partir dos processos de avaliação?

Questões para desenvolvimento

1. Como são organizadas as decisões dos colegiados?
2. Que tipos de dilemas os colegiados enfrentam em relação à retenção de pessoas críticas?
3. Como podemos encarar a integração das decisões sobre remuneração, carreira e desenvolvimento das pessoas?
4. Por que a avaliação favorece o diálogo entre líder e equipe?
5. Quais podem ser bons indicadores de efetividade de um processo de avaliação de pessoas?

ESTUDO DE CASO E EXERCÍCIOS

Você é gestor(a) de 732 pessoas, sendo que, dentre elas, seis são gerentes se reportando diretamente a você. Todos são muito bons, mas três vêm se destacando em termos de resultados e condução de suas equipes. Um dos seus gerentes está pronto, em sua opinião, para assumir maiores responsabilidades na empresa. Esse gerente, por seu desempenho e potencial, deveria ser posicionado no maior nível de avaliação. Você está se preparando para participar de um comitê de avaliação e, para fundamentar bem suas posições, você repassou alguns pontos:

- Trata-se de uma pessoa de sua total confiança, muito respeitada por seu posicionamento e atuação técnica e admirada por toda a equipe por participar e compartilhar conhecimento, trazendo inovações e informações relevantes sobre sua área de atuação, por ser uma pessoa que trabalha em equipe, muito generosa, sempre dividindo conhecimentos, e por ser uma pessoa que respeita as diferenças.
- Você pensou em preparar essa pessoa para ser sua sucessora, mas ao designá-la para projetos em que havia maior exposição política, ela apresentou dificuldades para negociar prazos para o projeto, realizar as interfaces necessárias e obter os recursos necessários.
- Inicialmente, você pensou que, com um pouco de estímulo e suporte, a pessoa poderia superar as dificuldades encontradas no relacionamento político. Suas tentativas foram parcialmente frustradas porque os projetos com características mais políticas estimulam pouco o seu subordinado.
- Você vem percebendo certa inquietação por parte de seu subordinado e, como ele é uma referência para as demais pessoas de sua equipe, você sente que é importante tê-lo como alguém sendo preparado para sucessão, a fim de poder motivar a sua equipe.

Embora você queira desenvolvê-lo como seu sucessor para criar um sinal positivo para toda a equipe, você sabe que irá encontrar muitas críticas de seus pares que estão convivendo com seu subordinado.

Que argumentos você pode utilizar para valorizar os aspectos positivos da pessoa e minimizar os aspectos negativos?

REFERÊNCIAS

CHARAN, Ram. *O líder criador de líderes*. Rio de Janeiro: Campus, 2008.

_____. DROTTER S.; NOEL, J. *The leadership pipeline*: how to build the leadership powered company. San Francisco, California: Jossey-Bass, 2001.

DALTON, G.; THOMPSON, P. *Novations*: strategies for career management. Provo, Utah: Edição dos Autores, 1993.

DUTRA, J. S. *Gestão de carreira na empresa contemporânea*. São Paulo: Atlas, 2009.

_____. *Competências*: conceitos e instrumentos para a gestão de pessoas na empresa moderna. São Paulo: Atlas, 2004.

DUTRA, J. S.; FLEURY, M. T. L.; RUAS, R. *Competências*: conceitos, métodos e experiências. São Paulo: Atlas, 2008

JAQUES, Elliott. *Equitable payment*: a general theory of work, differential payment and industrial progress. Londres: Pelican Books, 1967.

_____. *Requisite organization*. Arlington: Cason, 1988.

_____. In praise of hierarchy. *Harvard Business Review*, jan./fev. 1990.

_____; CASON, Kathryn. *Human capability*. Falls Church: Cason, 1994.

ROWBOTTOM, R. W.; BILLIS, D. *Organizational design*: the work-levels approach. Cambridge: Gower, 1987.

STAMP, GILLIAN. The individual, the organizational and the path to mutual appreciation. *Personnel Management*, p. 1-7, jul. 1989.

_____. The essence of levels of work. Documento Interno da *Bioss – Brunel Institute of Organization and Social Studies*, jun. 1993.

_____; STAMP, Colin. Wellbeing at work: aligning purposes, people, strategies and structure. *The International Journal of Career Management*, v. 5, nº 3, p. 2-36, 1993a.

_____. Making the most of human capital for competitive advantage. Documento Interno da *Bioss – Brunel Institute of Organization and Social Studies*, jun. 1994.

_____. Key relationship appreciation. Documento interno da *Bioss – Brunel Institute of Organization and Social Studies*, ago. 1994a.

CAPÍTULO 15

Diálogo de Desenvolvimento

O QUE SERÁ VISTO NESTE CAPÍTULO

Processo do diálogo de desenvolvimento
- Foco do diálogo de desenvolvimento.
- Etapas do diálogo de desenvolvimento.

Papel da pessoa
- Preparação para o diálogo.
- Condução do diálogo.
- Acompanhamento das decisões definidas no diálogo.

Papel do gestor
- Preparação para o diálogo.
- Condução do diálogo.
- Acompanhamento das decisões definidas no diálogo.

Papel da organização
- Preparação para o diálogo.
- Condução do diálogo.
- Acompanhamento das decisões definidas no diálogo.

CONTEÚDOS ADICIONAIS

- Reflexões sobre o tema do capítulo através de casos.
- Saiba mais.
- Estudos de caso complementares.
- Questões para guiar a reflexão sobre o conteúdo do capítulo.
- Referências bibliográficas.

QUE REFLEXÕES SERÃO ESTIMULADAS

- Quais são as limitações dos processos tradicionais de **feedback**?
- Como é possível retirar o líder da posição de juiz e a pessoa avaliada da posição de ré nos processos de avaliação?
- Quais são os papéis das pessoas, gestores e organização no diálogo de desenvolvimento?
- Quais são as etapas do diálogo de desenvolvimento?

CONEXÕES COM O NOSSO COTIDIANO

Processo de diálogo de desenvolvimento
- Como posso refletir sobre os meus projetos de desenvolvimento pessoal e profissional.
- Como posso refletir sobre os meus principais desafios na organização onde atuo.

Papéis no diálogo de desenvolvimento
- Como posso assumir o protagonismo do meu desenvolvimento nesse processo.
- Como posso me preparar para conduzir o diálogo com a minha liderança.
- Quais são as minhas expectativas de relação com a organização e com meu trabalho no futuro.

ESTUDO DE CASO

A Elétrica Motores Internacionais é uma indústria especializada em motores elétricos de todos os portes e uma líder mundial em seu setor. Orgulha-se do tratamento dado a todos os colaboradores e prepara e cobra de suas lideranças uma relação de respeito e focada no desenvolvimento das pessoas

Sempre preocupada com o nível de preparo de sua liderança, realizou no ano passado um grande programa com foco no **feedback**, trabalhando sua importância, processo e técnicas. Cada um dos líderes recebeu pelo menos 24 horas de treinamento.

Havia uma expectativa de que a nota dada pelos colaboradores ao diálogo com suas lideranças melhorasse na última pesquisa de clima. As notas tiveram um leve declínio e em algumas áreas houve uma queda importante. O Sr. Cleber Dínamo, Diretor de Pessoas, ficou muito surpreso com os resultados e resolveu realizar reuniões com os colaboradores para compreender o que estava havendo.

Muitos colaboradores ficaram muito descontentes com a forma como seus líderes aplicaram os ensinamentos. Segundo eles, os gestores necessitavam respaldar suas avaliações em fatos e dados, mas, como estavam olhando para o passado, era comum "desenterrarem cadáveres" e retirarem "esqueletos do armário", tornando as reuniões de **feedback** tétricas. Além disso, a maioria das lideranças não conseguiu abandonar uma postura de juiz. Segundo apurou o Sr. Dínamo, as reuniões iniciavam com elogios e com o enaltecimento de qualidades da pessoa para, em seguida, mudar totalmente o tom, tornando-se pesadas e difíceis. Muitos colaboradores inclusive se sentiam desrespeitados por suas lideranças.

Diante do que escutou, o Sr. Dínamo estava convencido de que necessitava mudar seus conceitos sobre **feedback** e iniciou contato com organizações mais maduras para verificar suas práticas. Percebeu que, na maioria dessas organizações, a conversa entre o líder e os membros de suas equipes tinha como foco o futuro e não o passado.

O que está relatado no caso é uma preocupação crescente das organizações, preocupadas com uma gestão de pessoas alinhada às exigências de um mercado muito exigente. É possível verificar uma inclinação para focar a relação entre líder e liderados nos desafios a serem enfrentados e nos projetos de desenvolvimento das pessoas.

PROCESSO DO DIÁLOGO DE DESENVOLVIMENTO

Uma das principais razões do fracasso de processos de avaliação é a falta de diálogo entre lideranças e membros de sua equipe. Muitas empresas investiram na preparação de seus líderes no que chamamos de **feedback** (retroalimentação), mas a falta de efetividade não é explicada pela forma de abordar ou pelo planejamento prévio das reuniões de **feedback**. A explicação para a falta de efetividade é dada pelo foco. Normalmente, a base para a conversa é um conjunto de fatos e dados sobre o cumprimento de metas, comportamentos, compromissos da pessoa com ela própria sempre olhando para o passado. Raramente o diálogo se dá a partir dos desafios que a pessoa terá que enfrentar no futuro ou dos compromissos que está assumindo consigo mesma em relação ao seu desenvolvimento futuro e carreira. Com essa preocupação, algumas empresas trocaram o termo **feedback** por **feedforward** (alimentação para o futuro). Mas a tendência é que as empresas substituam a palavra **feedback** por **diálogo**.

A ideia que vem tomando corpo em nossas organizações é preparar as lideranças para um diálogo sobre o desenvolvimento dos membros de sua equipe. Esse desenvolvimento deve ser voltado para os desafios que enfrentarão no futuro próximo e para seus propósitos de desenvolvimento e carreira.

Vamos apresentar, neste capítulo, as bases para a construção de um diálogo efetivo para o desenvolvimento das pessoas e exemplos de empresas que tiveram sucesso na preparação de lideranças no exercício desse papel. Para tanto, descreveremos as várias etapas desse processo e discutiremos os papéis da própria pessoa, de seu gestor e da organização.

Vale a pena ressaltar que há um estímulo concreto para a pessoa assumir o protagonismo de seu desenvolvimento quando se estabelece um diálogo de desenvolvimento. A pessoa passa a ter papel ativo em relação ao seu desenvolvimento. Enquanto o **feedback** ressalta necessidades de desenvolvimento, o diálogo constrói o processo de desenvolvimento e define compromissos em relação a ele.

Dentro dessa dinâmica, o gestor sai da posição de juiz ou de avaliador e assume a posição de parceiro e de facilitador do desenvolvimento dos membros de sua equipe. Tal mudança de papel do gestor faz com que reforce o papel da pessoa como responsável pelo seu desenvolvimento.

Foco do Diálogo de Desenvolvimento

O diálogo entre líder e liderado deve ser um processo contínuo; há necessidade, entretanto, da criação de rituais para que, em determinados momentos, ele ocorra de forma estruturada. Esses rituais são importantes porque a principal queixa das pessoas nas organizações pesquisadas era a falta de diálogo com suas lideranças. Em nossas pesquisas sobre as melhores empresas para se trabalhar e as melhores empresas para iniciar a carreira, realizadas através da parceria entre FIA (Fundação Instituto de Administração) e revistas *Você S/A* e *Exame* (Editora Abril), o diálogo é um aspecto principal para a satisfação da pessoa com a organização e com a sua liderança, particularmente entre as pessoas mais jovens.

O diálogo estruturado sempre será suportado por algum tipo de avaliação do líder em relação ao seu liderado e do próprio liderado em relação ao seu trabalho e comportamento. Quando o diálogo se dá a partir de um processo de avaliação estruturado, os parâmetros utilizados para a realização do diálogo são legítimos para a organização como um todo, e as decisões decorrentes do diálogo ajudarão no alinhamento e na conciliação de expectativas entre a pessoa e a organização.

A questão crítica no diálogo é seu foco. Acompanhando a evolução das empresas pesquisadas, foi possível verificar uma tendência do diálogo em se concentrar no futuro da pessoa e de sua relação com a organização. Essa tendência é decorrência do amadurecimento no relacionamento entre líder e liderado. A mudança de foco teve um impacto importante na melhoria do clima organizacional e nível de satisfação das pessoas com a organização e com a liderança. Tal melhoria teve impacto na produtividade e na lucratividade das empresas pesquisadas.

> O diálogo entre líder e liderado deve ser um processo contínuo; há necessidade, entretanto, da criação de rituais para que, em determinados momentos, ele ocorra de forma estruturada.

Etapas do Diálogo de Desenvolvimento

O diálogo entre o líder e seus liderados pode ser dividido em três etapas: preparação para o diálogo, realização do diálogo e execução e acompanhamento das decisões efetuadas durante o diálogo.

Em nossos trabalhos, observamos que as organizações bem-sucedidas na construção de diálogo utilizam as seguintes bases para o processo:

- O futuro da pessoa é sempre a principal base para o diálogo, seja esse futuro relacionado à sua relação com a organização, seus sonhos profissionais ou seus sonhos pessoais.

- A ênfase do diálogo está em relação aos desafios a serem enfrentados pela pessoa na organização ou em seu trabalho. Principalmente quando pensamos em processo sucessório, muitas vezes esses desafios estão relacionados à incorporação de novas atribuições e responsabilidades.

- Um aspecto que não é esquecido no diálogo são os projetos da pessoa em relação ao seu futuro, como, por exemplo: realização de cursos, experiências internacionais, visitas, estágios etc.

- O futuro da pessoa em campos não relacionados diretamente com seu trabalho deve ser também explorado, como, por exemplo: família; carreira do cônjuge; educação e/ou carreira dos filhos; atuação em organizações sociais, esportivas, religiosas etc.; saúde pessoal ou de membros da família; situação dos pais etc.

Preparação para o diálogo

A preparação para o diálogo deve ser efetuada tanto pela pessoa, pensando em seu protagonismo no processo, quanto pelo líder, pensando em como desafiar a pessoa para provocar o seu desenvolvimento. Para o líder, o primeiro passo é listar os principais desafios a serem enfrentados pela pessoa, organizando-os para os próximos dois anos. O segundo passo é refletir sobre os principais objetivos de desenvolvimento da pessoa, tendo em vista sua progressão na carreira e/ou seu aprimoramento profissional.

A partir desses dois passos, caso a organização possua um processo de avaliação estruturado, deve avaliar quais são as competências e os comportamentos que deveriam ser trabalhados com maior ênfase para fazer frente aos desafios e aos objetivos de desenvolvimento. Essa avaliação permite verificar aspectos importantes na capacitação necessária tanto em termos de aquisição de conhecimento quanto em termos de desenvolvimento de habilidades. As ações para aquisição de capacidade, em sua maior parte, estão no âmbito do trabalho que a pessoa executa. Estimamos que o trabalho corresponda de 70% a 90% do aprendizado. A aquisição de capacidade nesse caso ocorre quando são inseridas melhorias no processo de trabalho, metodologias de trabalho mais eficientes, novos conceitos para suportar o trabalho, novas técnicas ou tecnologias, instrumentos ou ferramentas mais efetivas e assim por diante.

Outro ponto importante para preparação para o diálogo são os objetivos de **performance** para a área ou unidade e seu reflexo sobre o trabalho da pessoa. Muitas vezes, a melhoria na **performance** constitui-se em um dos desafios para a pessoa, mas vale a pena efetuar essa análise, mesmo com o risco de redundância. A questão da **performance** tende a ser o fator de maior pressão sobre o líder e liderado, por isso é importante que seja um dos pontos centrais do diálogo. Apesar de sua importância, o diálogo não pode ser resumido à questão de **performance**, O grande foco do diálogo deve ser o desenvolvimento das pessoas e o desenvolvimento da organização. A questão, portanto, não é bater a meta e sim trazer o trabalho e a organização como um todo para atuar em um patamar superior de **performance**.

Realização do diálogo

O diálogo pode ser realizado entre o líder e o liderado, ou entre o líder e os liderados de forma conjunta. Recomenda-se que, mesmo que o líder realize um diálogo coletivo, reunindo seus liderados, não abra mão do diálogo individual com cada membro de sua equipe. Quando temos equipes muito grandes, como, por exemplo, lideranças de planta de fábricas, lideranças de atividades operacionais onde a equipe varia de 40 a 200 pessoas, fica muito difícil estabelecer um diálogo com cada membro da equipe. Nesses casos, recomenda-se que o líder estabeleça um diálogo com as pessoas mais seniores da equipe e os encarregue de trabalhar o diálogo com os demais membros da equipe.

O diálogo deve ser focado no futuro, trabalhando os desafios, objetivos de **performance** e de desenvolvimento. Recomenda-se que, dado o foco do diálogo pelo líder, este privilegie a visão do liderado sobre si e sobre a sua relação com o trabalho e com a organização. De tal modo, a palavra deve ser prioritariamente do liderado, cabendo ao líder ouvir, ponderar, aconselhar e conduzir o diálogo para uma conciliação de expectativas.

Problemas de comportamento, desenvolvimento e **performance** apresentados pelo liderado devem servir de base para a construção de um pacto de desenvolvimento e de **performance**, jamais esses problemas devem ser utilizados para julgar o liderado. Caso o diálogo caminhe para um julgamento onde o líder se torna juiz e o liderado se torna réu, os resultados são, na maior parte das vezes, desastrosos, a relação entre líder e liderado pode sofrer uma ruptura irreparável.

Quando o diálogo tem como um de seus objetivos a preparação da pessoa para o processo sucessório, o comportamento e a reação da pessoa tornam-se componentes importantes para a ponderação se a pessoa de fato está preparada para o que dela se espera e/ou se ela deseja de fato o que está sendo proposto. Portanto, a condução do diálogo torna-se muito mais exigente de parte a parte.

Verificamos inúmeras situações em que o desenvolvimento da pessoa indicada para o processo sucessório dependia de espaços oferecidos pelo seu gestor. Isso implica que, durante o processo de diálogo, essa condição seja discutida e assinalada com indicadores bem concretos. Há uma natural dificuldade para o gestor abrir esses espaços no dia a dia, conforme veremos com maior profundidade ao discutirmos os aspectos comportamentais do processo sucessório.

O ideal na negociação de espaços é definir a coordenação de determinados projetos ou a condução de determinados processos dentro da área, onde o gestor atuará como um facilitador, como um suporte nas articulações políticas e na orientação técnica, se necessário.

Em outras situações, vemos que o desenvolvimento da pessoa passa por sua atuação em diferentes áreas da organização ou em projetos que envolvam outras áreas, além daquela em que atua. Muitas vezes, essa é, também, uma negociação difícil, porque envolve prioridades no desenvolvimento da pessoa, em contraponto com as prioridades da área onde atua ou de seu gestor.

Execução e acompanhamento das decisões tomadas durante o diálogo

O resultado do diálogo deve ser um compromisso do liderado em desenvolver-se e trabalhar suas fragilidades para fazer frente aos desafios, esforçar-se para alcançar as metas estabelecidas e buscar seus objetivos de carreira e/ou aprimoramento profissional. Outro resultado do diálogo é o compromisso do líder em oferecer as condições objetivas para que o seu liderado consiga realizar seus compromissos.

O líder tem papel importante na concretização dos compromissos dos membros de sua equipe. Na medida em que cria as condições para que os compromissos virem realidade, os resultados de sua equipe aparecem naturalmente, além de os membros se sentirem valorizados, realizados e reconhecidos. O papel do líder é facilitar o alcance das metas pelos membros de sua equipe, criar o espaço e os recursos necessários para o desenvolvimento das pessoas e para mitigar suas fragilidades. O líder deve atuar, de um lado, com o estilo **coach**, buscando sustentar uma equipe de alta **performance** e, ao mesmo tempo, estar atento às necessidades de cada membro de seu grupo.

Nesse contexto, o acompanhamento dos compromissos assumidos durante o diálogo é fundamental. Recomenda-se que esse acompanhamento seja realizado em um trabalho coletivo, envolvendo toda a equipe, com intervalos menores, idealmente de no máximo um mês, e, também, em um trabalho individualizado com intervalos maiores, mas nunca superior a três meses. Nos casos de equipes muito grandes, o acompanhamento pode ser auxiliado pelos membros seniores.

O acompanhamento é importante porque aumenta a sensibilidade do líder na relação com sua equipe e permite um contínuo aprimoramento das bases e premissas utilizadas nos diálogos e nas negociações de compromissos. Permite também efetuar ajustes finos no trabalho de cada membro da equipe e da equipe como um todo, além de poder efetuar ajustes caso haja mudanças de rumo nos objetivos da organização ou negócio, ou mudanças das premissas que suportaram a construção dos compromissos individuais e com a equipe.

Quando falamos de processo sucessório, essas questões ganham muita relevância. Como vimos muitas vezes, o desenvolvimento da pessoa depende de espaços oferecidos pelo seu gestor. É importante definir indicadores de sucesso para esse processo e seu monitoramento. Observamos que é comum o gestor encontrar "desculpas verdadeiras" para não concretizar a oferta de maior espaço para o seu subordinado. Geralmente, as desculpas são ligadas ao momento delicado vivido pela organização, ou pelo negócio, ou pela área.

No caso de preparação das pessoas que envolvem atuações fora de sua área de atuação, torna-se fundamental acompanhar os indicadores negociados durante o diálogo de desenvolvimento. Aqui também, essas ações podem ser procrastinadas em função de outras prioridades.

As etapas do processo de diálogo foram apresentadas e, em seguida, vamos aprofundar os diferentes papéis nessas etapas do processo. Os papéis serão divididos entre a própria pessoa, seu gestor e a organização.

> O resultado do diálogo deve ser um compromisso do liderado em desenvolver-se e trabalhar suas fragilidades para fazer frente aos desafios, esforçar-se para alcançar as metas estabelecidas e buscar seus objetivos de carreira e/ou aprimoramento profissional.

PAPEL DA PESSOA

Preparação para o Diálogo

Caberá à pessoa refletir sobre suas expectativas em relação ao seu futuro tanto em sua área de atuação quanto na organização, analisando os desafios profissionais e pessoais oferecidos e sua capacidade para enfrentá-los.

A pessoa deve refletir de forma estruturada sobre seu futuro profissional, cotejando com seus desejos, expectativas e/ou sonhos pessoais. Essa combinação é essencial para um desenvolvimento harmônico.

Diante dos desafios profissionais e pessoais, a pessoa deve refletir sobre os recursos de que já dispõe para enfrentá-los e, também, em aspectos que devem ser aprimorados. Essa reflexão conduz a uma percepção mais clara de ações de desenvolvimento a serem empreendidas. Dentre essas ações algumas serão empreendidas pela própria pessoa, sobre as quais terá total controle; outras, entretanto, dependerão de orçamento ou de ações de seu gestor. Essa clareza é fundamental para uma negociação durante o diálogo de desenvolvimento; caso contrário, a pessoa ficará refém das circunstâncias definidas pelo orçamento ou pelas prioridades do gestor.

Nas situações de desenvolvimento em que há necessidade de suporte do gestor, é importante que a pessoa esteja preparada para solicitá-lo e oferecer argumentos para essa necessidade. Ela necessitará de suporte do gestor, dentre as várias possibilidades, quando estiver exposta politicamente, quando necessitar de recursos orçamentários para realizar a ação de desenvolvimento, quando necessitar atuar fora de sua área, quando necessitar contato com fornecedores, clientes ou concorrentes e/ou quando necessitar ampliar sua rede de relacionamentos.

O diálogo de desenvolvimento é uma oportunidade para que a pessoa discuta sua carreira e seus objetivos de mais longo prazo dentro da organização. Para tanto, deve se preparar.

Quando essa preparação envolve o processo sucessório, podemos estar diante das seguintes situações:

- A pessoa já tem conhecimento de que está sendo preparada para uma posição de maior complexidade – neste caso, ela deve refletir sobre suas prioridades de desenvolvimento e pontos de negociação com seu gestor, principalmente no que se refere a maiores níveis de exposição técnica e/ou política.

- A pessoa não tem conhecimento de que está sendo preparada para uma posição de maior complexidade, embora haja planos por parte da organização nessa direção – neste caso, percebe uma atenção diferenciada em relação ao seu desenvolvimento e necessita transitar nesse terreno com muita sutileza e cuidado, porém não deve se furtar a fazê-lo.

- A pessoa não tem conhecimento de que está sendo preparada para uma posição de maior complexidade e a organização não efetivou nenhuma ação nessa direção – neste caso, a pessoa procederá como as demais em relação ao seu desenvolvimento, cabendo ao seu gestor conduzir o processo.

Condução do Diálogo

No diálogo com seu gestor, é muito importante que o indivíduo tenha a iniciativa de discutir seu desenvolvimento. Deve fazê-lo, entretanto, de forma ponderada e sem ansiedade. Verificamos aqui a importância da preparação prévia.

A pessoa deve apresentar sua percepção dos desafios a serem enfrentados por ela, pela equipe como um todo e pela área. Depois, verificar se suas percepções estão alinhadas com a percepção do gestor. Caso não estejam, o primeiro passo é alinhá-las. Esse alinhamento é muito importante para definir, na sequência, as ações de desenvolvimento.

Esse momento é uma boa oportunidade para discutir as expectativas de crescimento profissional. A pessoa pode apresentar suas expectativas e projetos de desenvolvimento profissional e pessoal. Deve, entretanto, tomar o cuidado de relacionar essas expectativas e projetos com

> O diálogo de desenvolvimento é uma oportunidade para que a pessoa discuta sua carreira e seus objetivos de mais longo prazo dentro da organização.

os objetivos e propósitos da organização, para que não venham a ser interpretados como movimentos que interessam apenas a ela, sem nenhuma conexão com a organização.

Pelo fato de estar tomando a iniciativa de discutir seu desenvolvimento, deve tomar a iniciativa de se avaliar. Nesse momento, precisa indicar seus pontos fortes e aspectos a serem aprimorados frente aos desafios da área e da organização e frente a suas expectativas e projetos de desenvolvimento. Tem de verificar se suas percepções estão alinhadas com as de seu gestor e discuti-las.

> A pessoa pode apresentar suas expectativas e projetos de desenvolvimento profissional e pessoal.

Dessa discussão emergem, naturalmente, as ações de desenvolvimento mais adequadas para trabalhar a preparação da pessoa para os desafios, para potencializar seus pontos fortes e desenvolvê-la nos pontos a serem aprimorados.

Como uma parte significativa das ações de desenvolvimento ocorrerá em seu próprio trabalho, o apoio do gestor será fundamental. Ao discutir as ações de desenvolvimento, os papéis devem ser estabelecidos, tanto da pessoa quanto de seu gestor. Por isso, é muito importante refletir sobre o tema na preparação para o diálogo.

Junto com a definição de papéis são definidos os indicadores de sucesso do desenvolvimento. Quando o desenvolvimento da pessoa está vinculado ao processo sucessório, como já vimos, podemos estar diante das seguintes situações:

- A pessoa já tem conhecimento de que está sendo preparada para uma posição de maior complexidade – neste caso, a pessoa deve discutir com seu gestor ações de desenvolvimento voltadas a sua preparação para o processo sucessório, normalmente implicando maiores níveis de exposição técnica e/ou política.

- A pessoa não tem conhecimento de que está sendo preparada para uma posição de maior complexidade, embora haja planos por parte da organização nessa direção – neste caso, embora a pessoa perceba uma atenção diferenciada em relação ao seu desenvolvimento, deve discutir seu desenvolvimento como se não soubesse; entretanto, necessita procurar verificar com seu gestor oportunidades de maior exposição técnica e/ou política.

- A pessoa não tem conhecimento de que está sendo preparada para uma posição de maior complexidade e a organização não efetivou nenhuma ação nessa direção – neste caso, ela procederá como as demais em seu diálogo de desenvolvimento, cabendo ao seu gestor trabalhar as ações de desenvolvimento que permitam à pessoa ser preparada para situações de maior complexidade.

Acompanhamento das Decisões Definidas no Diálogo

A responsabilidade principal pelo acompanhamento de seu desenvolvimento é a própria pessoa, avaliando a efetividade das ações empreendidas, do suporte de seu gestor e dos recursos oferecidos pela organização. Um instrumento efetivo para o acompanhamento são os indicadores desenvolvidos durante o diálogo de desenvolvimento e os pactos firmados com o gestor.

Os pactos firmados são um argumento para periodicamente conversar com o gestor acerca da efetividade das ações de desenvolvimento e efetuar ajustes de percurso, quando necessário.

O desenvolvimento das pessoas é construído a partir dos desafios enfrentados por ela; consequentemente, é importante buscar mais espaço através do enfrentamento de situações mais exigentes e complexas e situações de trabalho que permitam ampliar a visão sistêmica, assim como analisar a necessidade de capacitação para enfrentar os desafios e realizar seus propósitos e criar condições para sua realização no próprio trabalho, através de cursos e/ou através de orientação de pessoas mais experientes e buscar periodicamente indicações de seu gestor, colegas e profissionais sobre seu desenvolvimento. Recomenda-se pelo menos uma verificação estruturada a cada três meses.

> A pessoa deve buscar periodicamente indicações de seu gestor, colegas e profissionais sobre seu desenvolvimento.

Quando as ações de desenvolvimento estão vinculadas ao processo sucessório, podemos estar diante das seguintes situações:

- A pessoa já tem conhecimento de que está sendo preparada para uma posição de maior complexidade – neste caso, ela deve acompanhar com mais cuidado a efetividade das ações de desenvolvimento, tanto sobre os resultados obtidos quanto se estão acontecendo nos prazos pactuados. Em vista disso, as pessoas devem procurar indicações sobre o seu desenvolvimento junto aos seus gestores, principalmente em relação aos desafios relacionados a maiores exposições técnicas e/ou políticas.

- A pessoa não tem conhecimento de que está sendo preparada para uma posição de maior complexidade, embora haja planos por parte da organização nessa direção – neste caso, precisa colocar maior atenção no processo de acompanhamento em relação às novas situações profissionais vividas e às exposições técnicas e/ou políticas.

- A pessoa não tem conhecimento de que está sendo preparada para uma posição de maior complexidade e a organização não efetivou nenhuma ação nessa direção – neste caso, ela procederá como as demais em seu acompanhamento, cabendo ao seu gestor trabalhar e oferecer um suporte diferenciado em relação às novas situações vividas pela pessoa.

O acompanhamento das ações de desenvolvimento torna-se um elemento precioso na preparação de futuros diálogos com o gestor.

PAPEL DO GESTOR

Preparação para o Diálogo

Na preparação para o diálogo, o gestor deve construir sua visão sobre o futuro de cada membro de sua equipe. Essa visão coletiva é importante porque o que negociar com cada membro individualmente terá reflexo no coletivo. É importante pensar o desenvolvimento da equipe como um todo. Ademais, é natural que as pessoas comentem com seus colegas o conteúdo da conversa com o superior hierárquico.

Para desenvolver essa visão de futuro, o gestor deve levar em conta os desafios a serem enfrentados por toda a área e os desafios que podem caber a cada membro da equipe.

Quando comparamos nossas pesquisas sobre liderança no Brasil com as realizadas nos Estados Unidos, verificamos que uma característica de nossos líderes é pensar o futuro sem obstáculos ou problemas, usando uma metáfora: é como se encarassem o voo a ser realizado tal qual feito em céu de brigadeiro, sem nenhuma turbulência à vista. Caso haja uma turbulência, ela encontrará a equipe despreparada e pode perder o controle emocional. De outro lado, se o líder prepara a equipe para uma turbulência, caso ocorra, irá encontrar as pessoas preparadas; ficarão estressadas, mas saberão o que têm que fazer. Desse modo, a crise pode criar equipes mais fortes e com maior autoconfiança. Segundo os pensadores do tema, essa é a base para se criar equipes de alta **performance**, pessoas que gostam do desafio.

> Ao pensar em desafios para a equipe ou para os membros da equipe é importante que o gestor pense em oportunidades de crescimento para as pessoas.

Portanto, ao pensar em desafios para a equipe ou para os membros da equipe, é importante que o gestor pense em oportunidades de crescimento para as pessoas.

Na preparação para o diálogo com cada pessoa, o gestor deve refletir sobre as oportunidades de desenvolvimento e de exposição dessa pessoa, levando em conta sua percepção, as expectativas já manifestas pela pessoa e as opiniões de seus pares e chefias. Nesse caso, vale a pena detalhar ações de desenvolvimento, aspectos a serem desenvolvidos e indicadores de sucesso desse processo. Esses são pontos importantes para discutir individualmente com cada membro da equipe.

Quando a pessoa em questão está sendo preparada para o processo sucessório, o gestor terá informações adicionais advindas de processos de avaliações de potencial e das discussões ocorridas no comitê de sucessão. Nesses casos, o gestor deve refletir sobre as seguintes possibilidades:

- Oferecer desafios mais complexos, em que haja maior exposição política e técnica.

- Estimular a ampliação da rede de relacionamentos. Particularmente em posições muito técnicas há uma tendência para que o relacionamento das pessoas fique restrito à comunidade técnica. Observamos que a ampliação da rede de relacionamentos é muito importante para desenvolver na pessoa uma visão mais crítica sobre sua realidade.
- Criar condições objetivas para que a agenda da pessoa envolva atividades em outros processos, negócios ou localidades da empresa.
- Verificar possibilidades de exposição internacional.
- Avaliar a possibilidade de aproximar a pessoa de pares ou chefes do gestor que poderiam atuar como mentores em processos específicos de desenvolvimento.

Em todas essas possibilidades, o gestor terá o papel de abrir caminho e de orientar a pessoa em cada passo. Nessas situações, é fundamental a transferência de sabedoria e de experiência do gestor para o membro de sua equipe.

Em algumas situações, é interessante pensar em pessoas fora da organização como mentores do desenvolvimento da pessoa.

Caso o processo de desenvolvimento da pessoa venha a ser muito exigente e haja possibilidade de provocar um alto nível de desgaste emocional, é fundamental que o gestor tome a dianteira nos seguintes aspectos:

- Demonstrar para a pessoa os riscos envolvidos no seu processo de desenvolvimento.
- Estimulá-lo a conversar com a família a respeito do processo e ajudá-lo a construir um suporte para o processo.
- Verificar a necessidade da ajuda de profissional especializado nesse tipo de suporte através de um processo de **coaching**.
- Interagir com pares e superiores da pessoa no processo a ser enfrentado para elaborar uma rede de proteção.

Condução do Diálogo

Nesta etapa do processo, o gestor deve assumir a postura de ouvinte. Caso o membro de sua equipe tenha dificuldades para se posicionar, o gestor deve estimulá-lo e ajudá-lo com questões. É importante que a pessoa tenha um posicionamento inicial para, a partir daí, estabelecer uma discussão. Esse exercício é pedagógico e vai ajudá-la a perceber a importância de se preparar para a reunião e como fazê-lo. Outra vantagem dessa postura é permitir ao gestor uma avaliação do nível de maturidade da pessoa, de sua percepção do contexto onde se insere e dos pontos mais importantes a serem trabalhados em seu desenvolvimento.

O diálogo de desenvolvimento deve ser dividido pelo gestor em quatro etapas, para ajudar o membro de sua equipe em sua reflexão e resultar em um pacto importante tanto para a pessoa quanto para a organização.

> Na condução do diálogo, o gestor deve assumir a postura de ouvinte.

A primeira etapa deve ser a discussão dos desafios da pessoa, da equipe e da área. Tão logo a pessoa se posicione em relação a esse tema, o gestor deve auxiliá-la em aprimorar essa visão. Esse exercício é interessante para o gestor porque terá uma visão de todos os membros de sua equipe em relação aos desafios e seus posicionamentos em relação a eles. Tal informação é valiosa para o gestor efetuar a avaliação de sua comunicação com a equipe e do quanto está conseguindo transmitir as prioridades e a visão de futuro. É valiosa, também, para perceber as diferenças entre os membros de sua equipe em termos de estilo, ambição, maturidade e nível de preparo.

A segunda etapa é estimular pessoas a apresentar suas expectativas e seus projetos de desenvolvimento. É importante que o gestor crie espaço para elas apresentarem seus sonhos profissionais e pessoais. Cabe ao gestor ajudar as pessoas a conectar seus sonhos com as possibilidades e com a realidade da área e da organização. Esse exercício, feito ao longo do tempo, será efetivo para o amadurecimento das pessoas no alinhamento entre suas expectativas e as da organização e no processo de negociação dessas expectativas.

A terceira etapa é a discussão dos pontos fortes e pontos de aprimoramento das pessoas frente aos desafios da área ou da organização e frente às suas expectativas e projetos de desenvolvimento. De novo, aqui é importante que a pessoa se posicione primeiramente, cabendo ao gestor ajudá-la em sua autopercepção. Haverá pessoas extremamente exigentes consigo mesmas e outras, ao contrário, pouquíssimo exigentes. Haverá pessoas com uma boa percepção, mas que necessitem de uma visão mais madura sobre elas próprias e uma visão de fora. Em todas as situações, o gestor poderá ajudar muito as pessoas em sua autopercepção e sinalizar pontos de aperfeiçoamento e/ou desenvolvimento.

A quarta etapa é a construção conjunta de um projeto de desenvolvimento. Também aqui o gestor deve deixar a iniciativa para a pessoa ou estimular que ela tome a iniciativa de pensar seu próprio desenvolvimento. As ações de desenvolvimento devem privilegiar ações no próprio trabalho ou ações de responsabilidade da pessoa com suporte do gestor, tais como: ler determinados livros ou artigos; interagir com projetos ou pessoas na organização; buscar experiências fora da organização em ações filantrópicas, esportivas ou educacionais; realizar comparações com outras realidades (**benchmarkings**) etc. Nessa etapa, cabe ao gestor garantir os seguintes resultados:

- Construir um pacto com a pessoa sobre seu plano de desenvolvimento, descrevendo ações, prazos e responsabilidades.
- Desenhar indicadores de resultados a serem obtidos em cada ação de desenvolvimento.
- Definir claramente o papel do gestor em criar as condições objetivas para a realização do plano e o papel da pessoa em executá-lo.

O gestor deverá ter cuidados adicionais no caso da pessoa que está sendo preparada para o processo sucessório. Podem ocorrer as seguintes possibilidades:

- A organização tem uma cultura de transparência e a pessoa já sabe que está sendo preparada para uma posição de maior complexidade. Neste caso, a discussão é mais aberta e deve ter como componente maior exposição técnica e/ou política da pessoa e desafios de mais complexos. Em todos os casos, contando com o suporte do gestor.
- A organização não tem uma cultura de transparência e a pessoa não sabe que está sendo preparada para uma posição de maior complexidade. Neste caso, o gestor deverá ser mais sutil, mas não deve se furtar a estimular a pessoa em assumir desafios que proporcionem maior exposição técnica e/ou política. Em tal situação, mais do que na anterior, o suporte do gestor é fundamental para criar as condições objetivas para essa maior exposição.

O gestor, ao longo dos diálogos com os membros de sua equipe, deve ter o cuidado de assumir compromissos com as pessoas que tenha condições de cumprir. Como as negociações são individuais, o gestor pode criar expectativas em relação a sua participação que não terá agenda, energia e/ou recursos para atender.

Como vimos, as organizações se mobilizam para analisar o mercado de trabalho e/ou agir sobre ele quando enfrentam escassez de recursos. Desse modo, preocupam-se em analisá-lo e compreendê-lo de forma episódica e não estruturada. Uma análise estruturada permite antever oportunidades e ameaças e uma preparação para elas, criando um diferencial competitivo para as organizações.

Acompanhamento das Decisões Definidas no Diálogo

Recomenda-se que sejam privilegiadas ações de desenvolvimento no próprio trabalho da pessoa, o que gera muito mais trabalho para o gestor no processo de desenvolvimento dos membros de sua equipe. É muito importante que todos os membros da equipe estejam desafiados dentro de suas capacidades. Por isso é que o gestor deve ter cuidado ao assumir compromissos para poder atender a todos.

Cabe ao gestor criar mais espaço para os membros de sua equipe através de maior delegação e oferta de desafios mais exigentes. Nesses aspectos é que o gestor será mais exigido. Para delegar, deverá acompanhar mais de perto os membros de sua equipe em situações novas de trabalho para eles. Em muitas situações, terá que abrir portas na arena política da organização para os membros de sua equipe e prepará-los para situações de maior exposição técnica e/ou política. Vale a pena lembrar que o insucesso das pessoas nessas novas situações é transferido imediatamente para o seu gestor, ou seja, se as pessoas são inábeis porque não receberam a orientação devida ou porque o gestor não efetuou as costuras políticas necessárias, a credibilidade do gestor junto a toda comunidade da organização é colocada em cheque.

Nossas pesquisas sobre liderança revelaram que os gestores bem-sucedidos eram os que desafiavam toda a equipe. Infelizmente, o perfil de nossa liderança é de se apoiar em uma ou duas pessoas de sua equipe, marginalizando as demais de situações desafiadoras. No curto prazo, essa atitude gera resultados, porém no médio e longo prazo o gestor desenvolve uma profunda dependência dessas pessoas e cria um clima desfavorável na área. É fundamental desafiar todas as pessoas da equipe e acompanhar esse processo, para adequar o desafio ao estágio de maturidade das pessoas.

O acompanhamento deve ser efetuado individualmente, utilizando-se os indicadores de desenvolvimento e o pacto firmado no diálogo. Recomendam-se reuniões pelo menos a cada três meses. Aspectos de desenvolvimento que envolva toda a equipe de trabalho podem ser tratados coletivamente nas reuniões da área.

> O acompanhamento deve ser efetuado individualmente, utilizando-se os indicadores de desenvolvimento e o pacto firmado no diálogo.

No processo de acompanhamento, cabe ao gestor monitorar os desenvolvimentos individuais, acompanhando-os em relação aos indicadores e pactos estabelecidos, e os desenvolvimentos da equipe, acompanhando o ritmo e a qualidade das respostas das pessoas. Isso permitirá ao gestor elementos importantes para discutir com as pessoas seu desenvolvimento e para a preparação de futuros diálogos.

Observamos que o desenvolvimento da equipe impulsiona o desenvolvimento do gestor. O aprendizado, ao acompanhar o desenvolvimento da equipe, oferece insumos para o projeto de desenvolvimento do gestor.

Em relação ao acompanhamento do desenvolvimento das pessoas indicadas para o processo sucessório, seria importante acrescentar alguns pontos:

- Alinhamento do gestor com seus pares e superiores hierárquicos nos projetos de exposição técnica e/ou política dos membros de sua equipe pensados para o processo sucessório. Este aspecto é relevante porque a pessoa provavelmente ganhará trânsito na arena política onde o gestor atua, passando a se relacionar com seus pares e superiores.
- Preparação e acompanhamento dos membros de sua equipe ao transitarem em novas arenas políticas e técnicas da organização ou fora dela.
- Avaliação da atuação e desenvolvimento dos membros de sua equipe através de conversa contínua com seus pares e superiores.

PAPEL DA ORGANIZAÇÃO

Preparação para o Diálogo

A organização tem papel importante nesta etapa do processo. De um lado, deve oferecer orientação e capacitação para os gestores na preparação para o diálogo e, de outro, deve oferecer os instrumentos necessários para tanto. Além disso, deve haver uma cultura organizacional que estimule e valorize essa prática.

A orientação deve ser oferecida no próprio processo de avaliação de pessoas, na qual haja um estímulo para que o gestor se prepare para o diálogo e oriente os membros da sua equipe para fazê-lo também. A capacitação deve estar centrada no gestor através de treinamentos específicos, de material de consulta e de informações nos períodos de diálogo.

Temos observado que é muito útil o gestor e as pessoas terem um roteiro previamente apresentado para prepararem-se. Principalmente quando é uma prática que está sendo introduzida na organização, os roteiros ajudam no processo de consolidação.

Em uma cultura organizacional que estimula o diálogo, os gestores são continuamente cobrados por suas chefias sobre o tema. Nessas culturas, a forma como os gestores realizam o diálogo com suas equipes é item importante nos processos de avaliação de seu desempenho e determinante na sua indicação para sucessão.

Realização do Diálogo

Para a realização do diálogo, a organização deve reforçar os papéis das pessoas e dos gestores, mas principalmente criar as condições para que as pessoas assumam de forma verdadeira o protagonismo de seu desenvolvimento e carreira.

No caso das pessoas, é importante que percebam as possibilidades de desenvolvimento através das práticas organizacionais de suas políticas. As práticas estão associadas à valorização das pessoas que se desenvolvem, oferta de instrumentos e informações para que elas planejem suas carreiras, processos de orientação profissional, transparência quanto aos critérios de avaliação e valorização e acesso às possibilidades de ascensão profissional. As políticas são estímulos e apoio ao desenvolvimento através de subsídios à formação e atualização profissional, de ações que privilegiem a captação interna de pessoas para novas posições etc.

No caso dos gestores, ressalte-se sua preparação contínua para o diálogo com suas equipes e o compromisso com o aperfeiçoamento contínuo do processo. A preparação não é efetuada somente através de treinamentos ou eventos destinados à capacitação dos gestores para o diálogo, mas principalmente através da valorização dos gestores que o fazem. O aperfeiçoamento contínuo se dá através de canais para que gestores e pessoas possam sugerir e experimentar melhorias no processo, através da observação de experiências bem-sucedidas em outras organizações e do aprimoramento das práticas, políticas e instrumentos de gestão de pessoas.

Acompanhamento das Ações Definidas no Diálogo

A organização deve criar ritual e cultura para estimular o acompanhamento do desenvolvimento das pessoas. Um ponto importante é a valorização dos gestores que desenvolvem suas equipes e essa valorização deve estar expressa na cobrança cotidiana sobre o acompanhamento e a efetividade do desenvolvimento das pessoas.

Um ritual simples e efetivo é o presidente da organização colocar em sua agenda de reunião ordinária com a diretoria a cobrança do desenvolvimento das pessoas. Esse fato imediatamente reverbera por toda a organização.

Em relação ao processo sucessório, esse acompanhamento torna mais relevante. Em nossas pesquisas no Brasil, verificamos em 2010 que todas as empresas de capital nacional que tinham processo sucessório estruturado não acompanhavam as resoluções dos comitês. Desse modo, o comitê de sucessão discutia o desenvolvimento das pessoas e não havia acompanhamento, a discussão era retomada um ano depois nas novas reuniões do comitê. Analisamos casos, por exemplo, de empresas que depois de dois anos haviam perdido dois terços das pessoas indicadas como futuros sucessores. A partir de 2010, verificamos que algumas empresas passaram a monitorar os sucessores e as ações de desenvolvimento definidas. Os resultados foram muito além do que se esperava inicialmente, porque os gestores passaram a se sentir estimulados a efetuar o acompanhamento de forma regular.

Resumo e Implicações para o Aprendizado sobre Gestão de Pessoas

Neste capítulo, enfatizamos as limitações dos modelos tradicionais de **feedback** e a necessidade de um processo com um foco no futuro. Inicialmente, apresentamos a proposta de um diálogo entre líder e liderado, focado no futuro, para, em seguida, analisarmos os papéis das pessoas, dos gestores e da organização. Apresentamos, também, como o diálogo de desenvolvimento pode ser estruturado.

As principais implicações para o aprendizado sobre a gestão de pessoas podem ser resumidas em:

- Importância do diálogo entre líderes e liderados centrar-se no futuro para construção de relações mais sólidas.
- O diálogo de desenvolvimento é forma concreta de estimular e oferecer condições para o protagonismo das pessoas em relação à construção do seu amanhã.

Como podem ser constituídas as etapas do diálogo de desenvolvimento e os papéis das pessoas, gestores e organização em cada uma das etapas.

QUESTÕES

Questões para fixação

1. Quais são as críticas aos processos tradicionais de **feedback**?
2. Qual é o foco do diálogo de desenvolvimento?
3. Quais são as etapas e as bases do diálogo de desenvolvimento?
4. Quais são os principais aspectos do papel da pessoa em sua preparação para o diálogo?
5. Quais devem ser os cuidados das pessoas na condução do diálogo de desenvolvimento?
6. Quais devem ser os pontos de atenção das pessoas na condução das ações de desenvolvimento acordadas durante o diálogo com a liderança?
7. Como é o trabalho do gestor na sua preparação para o diálogo com os membros de sua equipe?
8. Como o gesto deve conduzir o diálogo com os membros de sua equipe e em quantas etapas esse processo pode ser dividido?
9. Quais devem ser as preocupações do gestor no acompanhamento das ações acordadas no diálogo com os membros de sua equipe?
10. Quais os aspectos a serem destacados no papel da organização no diálogo de desenvolvimento?

Questões para desenvolvimento

1. Quais são os principais enfoques na preparação para o diálogo de desenvolvimento?
2. Quais são os cuidados na realização do diálogo?
3. Quais são as principais recomendações para o acompanhamento das decisões e compromissos assumidos na realização do diálogo de desenvolvimento?

ESTUDO DE CASO E EXERCÍCIOS

A Engrenagem Perfeita é uma organização que atua no setor metalúrgico, sendo fornecedora de autopeças para a indústria automobilística. Suas instalações estão em São Caetano do Sul, cidade da Grande São Paulo. Da década de 1950 até 2009, pertencia a empresários brasileiros, e em 2010 foi vendida para uma organização de origem alemã. A Engrenagem Perfeita é uma organização que se notabilizou por sua excelência técnica e operacional e por sua capacidade de inovação.

Entretanto, a gestão de pessoas sempre foi relegada a um segundo plano. Com a compra pela empresa alemã, houve um processo de assimilação da cultura e dos procedimentos da matriz. Entre os procedimentos, um que recebeu grande atenção foi o de avaliação de pessoas. Inicialmente, foram estabelecidos os critérios através dos quais as pessoas seriam avaliadas e valorizadas; posteriormente, esses critérios foram aprimorados e adequados à realidade brasileira e, no presente, a organização está vivendo sua quarta rodada, na qual incluiu uma avaliação colegiada.

Apesar desses investimentos, permanecem resquícios de uma cultura que colocava as pessoas em segundo plano. A manifestação da cultura está na dificuldade de um diálogo mais fluido entre as lideranças e suas equipes. Para oferecer uma resposta à situação, a organização está trazendo um programa da matriz que procura construir um diálogo entre os líderes e suas equipes em torno de desafios e projetos de desenvolvimento com vistas para um horizonte futuro de um a dois anos.

Durante a apresentação do projeto, os gestores e lideranças ficaram entusiasmados com a proposta e a modernidade dos conceitos. Entretanto, a direção sabe que será um processo difícil e que deve ser conduzido com muito cuidado a fim de não desperdiçar uma boa oportunidade para realizar grande mudança na cultura da organização.

Quais devem ser os cuidados a serem tomados pela organização na implantação desse processo?

PARTE VI

Cuidado com as Pessoas

Objetivos da PARTE VI

- Despertar no leitor a importância do cuidado da organização com as pessoas, preservando sua integridade, monitorando sua satisfação com o trabalho, mantendo-as informadas e auxiliando a comunidade onde vivem
- Apresentar conceitos e instrumentos para que o leitor desenvolva uma visão crítica sobre a sua realidade e possa ajudar a organização onde atua
- Compreender a relação entre cuidado com as pessoas e lucratividade e rentabilidade da organização e/ou negócio

Resultados Esperados com a Leitura da PARTE VI

- Reflexão do leitor sobre sua relação com a organização onde atua e com seu trabalho
- Compreensão da importância e das várias dimensões do cuidado da organização com as pessoas
- Discussão sobre caminhos para aperfeiçoar a relação entre a organização e as pessoas

Um aspecto fundamental da gestão de pessoas é o cuidado da organização com integridade física, psíquica e social de seus colaboradores, a saúde deles e sua qualidade de vida. Além desses cuidados mais tangíveis, o monitoramento do nível de satisfação das pessoas em sua relação com a organização e com seu trabalho faz parte da atenção da organização com seus colaboradores. Esses temas constituem o conteúdo desta parte do livro, na qual vamos aprofundar a discussão sobre a atenção dada pelas organizações para as pessoas com as quais têm uma relação direta, seus colaboradores, clientes, acionistas, terceiros, prestadores de serviços, fornecedores etc. E, também, para as pessoas com quem as organizações mantêm uma relação indireta, tais como: familiares de seus colaboradores, comunidade onde se situam, pessoas que podem ser afetadas por suas operações etc.

Esse cuidado passa pela atenção a situações que podem colocar em risco a integridade das pessoas que se relacionam com a organização, a saúde e qualidade de vida de seus colaboradores. Essas discussões serão tema do Capítulo 16, onde discutiremos segurança e saúde no trabalho e qualidade de vida.

O Capítulo 17 será dedicado ao acompanhamento da satisfação dos colaboradores em sua relação com a organização. Esse acompanhamento é realizado através de levantamentos periódicos do clima, pelos quais é possível verificar aspectos a serem aprimorados na relação das pessoas com a organização, com suas chefias, com seus colegas e com o ambiente de trabalho.

A relação entre pessoas e organização é mediada por um sistema de comunicação e de informações. No processo de comunicação e na troca de informações, é possível monitorar a adequação do relacionamento e adotar medidas corretivas antes que os problemas assumam proporções geradoras de conflitos de difícil solução. Os sistemas de informação e processos de comunicação serão objeto de discussão no Capítulo 18.

Finalmente, no Capítulo 19, vamos trabalhar a relação da organização com a sociedade, aprofundando a discussão sobre responsabilidade social e ambiental.

CAPÍTULO 16

Segurança e Condições de Trabalho

O QUE SERÁ VISTO NESTE CAPÍTULO

Integridade das pessoas
- Integridade física.
- Integridade psicológica.
- Integridade social.

Segurança no trabalho
- Segurança como cultura organizacional.
- Análise de incidentes e acidentes de trabalho.
- Importância do ambiente de trabalho.

Monitoramento da saúde das pessoas
- Programas preventivos de saúde.
- Acompanhamento das incidências das doenças apresentadas pelas pessoas.
- Saúde como um conceito mais amplo do que não ter doenças.

Qualidade de vida no trabalho
- Estudos sobre qualidade de vida no trabalho.
- Relação entre qualidade de vida e resultados para a organização.
- Formas de aprimorar a qualidade de vida no trabalho.

CONTEÚDOS ADICIONAIS

- Reflexões sobre o tema do capítulo através de casos.
- Saiba mais.
- Estudos de caso complementares.
- Questões para guiar a reflexão sobre o conteúdo do capítulo.
- Referências bibliográficas.

QUE REFLEXÕES SERÃO ESTIMULADAS

- Como o cuidado com as pessoas está relacionado à preservação de sua integridade?
- Por que há uma relação tão direta entre segurança no trabalho e a cultura organizacional?
- Por que é importante adotar um conceito de saúde mais amplo do que não ter doença?

ESTUDO DE CASO

A Rádio AX é uma organização industrial no setor de eletrônica de consumo e 80% dos colaboradores que atuam na operação são mulheres, das quais 62% estão na faixa etária entre 18 e 25 anos e 35% têm filhos até seis anos. Há dez anos, havia uma rotatividade muito grande de mulheres após a primeira gravidez. Elas deixavam o trabalho em busca de condições mais flexíveis para cuidar de seus filhos.

Ao efetuar o cálculo dos custos com a rotatividade, a Rádio AX observou que o gasto com a rotatividade de três colaboradores, ao longo de um ano, era equivalente ao salário e encargos de um colaborador durante um ano inteiro.

A partir desse estudo, realizou pesquisa junto às colaboradoras e verificou a importância dos serviços de berçário e creche. Ao longo do ano seguinte, firmou convênio com berçários e creches perto da residência dos colaboradores e construiu outro sem suas instalações industriais. Esse serviço era dirigido a todos os colaboradores.

Nos anos subsequentes, a redução da rotatividade gerou resultados maiores que os custos do projeto de berçários e creches. Além disso, o nível de satisfação das pessoas com a organização aumentou e houve impactos positivos na produtividade.

Ao longo desse trabalho, verificaram-se outros benefícios, tais como: orientação aos pais no cuidado com seus filhos, pois boa parte não tinha noções adequadas de higiene e prevenção de doenças; alimentação adequada para as crianças, em virtude de muitos casos de subnutrição; acompanhamento da saúde das crianças e de seu desenvolvimento por equipes médicas especializadas.

O exemplo da Rádio AX não é isolado. Ao longo das décadas de 1970 e 1980, houve grande pressão dos sindicatos e da sociedade para o cuidado com os filhos dos colaboradores. As organizações descobriram a relação entre o cuidado com as pessoas e a produtividade e satisfação com o trabalho.

Ao estender o cuidado para os filhos dos colaboradores, a organização passou a gerar conforto físico, psicológico e social, além de desenvolver um trabalho importante de desenvolvimento social.

INTEGRIDADE DAS PESSOAS

Integridade é um termo que tem diferentes significados. Neste capítulo, vamos considerar o termo como a condição do que está inteiro ou que não foi diminuído ou não sofreu alteração ou, ainda, está ileso. De forma figurativa, o termo pode traduzir o comportamento íntegro que traduz honestidade, retidão ou, ainda, pode traduzir inocência e pureza.

Em 1958, a Organização Mundial da Saúde (OMS) definiu saúde com um estado completo de bem-estar físico, psíquico e social e não meramente a ausência de doenças e enfermidades.

As organizações, ao contratarem alguém para realizar trabalhos ou para atuar em atividades de seu interesse, têm um compromisso subjacente de preservar a integridade dessas pessoas em todos os sentidos: físico, psíquico e social. Independentemente dos aspectos legais que preservam integridade do trabalhador, essa é uma obrigação moral das organizações.

A organização coerente é aquela que, ao afirmar que as pessoas são importantes, tem uma atitude de cuidado com elas, priorizando e envidando todos os esforços para preservar sua integridade.

Integridade Física

> A integridade física dos colaboradores deve ser pensada em vários aspectos. Deve ser algo já internalizado nas ações e decisões de cada pessoa da organização.

A integridade física constitui o aspecto básico da integridade das pessoas, ou seja, instalações, processos de trabalho, instrumentos para auxiliar na realização dos trabalhos, políticas de descanso etc., devem ser pensadas para minimizar a possibilidade de acidentes ou de situações que possam ameaçar a integridade do colaborador.

O que parece algo lógico e natural não é o que observamos na prática. No XX Congresso Mundial de Segurança e Saúde no Trabalho, realizado em 2014 em Frankfurt, Alemanha, o diretor-geral da OIT (Organização Internacional do Trabalho) Guy Rider (2014) informou que até então eram registrados 2,3 milhões de mortes a cada ano por acidente ou doença no trabalho e 860 mil ferimentos todos os dias no mundo. O diretor-geral exortou os governos e as organizações a encararem o ambiente seguro de trabalho como um direito.

Parece absurdo termos que realizar esse tipo de discussão no atual estágio de desenvolvimento da humanidade, mas são dados estarrecedores, principalmente quando a OIT assinala que o Brasil é o quarto país em quantidade de acidentes do trabalho no mundo (RIDER, 2014), ficando atrás da China, EUA e Rússia.

A integridade física dos colaboradores precisa ser pensada em vários aspectos. Deve ser algo já internalizado nas ações e decisões de cada pessoa da organização. No momento em que é feita a compra de um equipamento ou pensada uma instalação, a integridade física das pessoas tem que vir como prioridade. Para facilitar essa compreensão, agrupamos os pontos de atenção em categorias:

- **Ambiente onde é realizado o trabalho** – o local de trabalho deve ser pensado para que não haja situações de risco e o colaborador se sinta confortável para realizar seu trabalho. Alguns aspectos básicos são pisos não escorregadios, inexistência de desníveis, cuidado com fiação solta pelo piso, cantos vivos em mesas ou instalações, sanitários seguros etc. Em ambientes para realização de trabalhos operacionais ou manuais, devemos adicionar limpeza, sinalização para zonas de risco, proteção em equipamentos ou instalações que apresentem riscos etc.

- **Instrumentos de trabalho, tais como equipamentos, ferramentas, vestimentas** – a operação dos equipamentos ou o uso das ferramentas não deve oferecer risco para o colaborador. Um primeiro ponto está na escolha e na aquisição. Nesse momento, é importante analisar a questão do risco para o colaborador. Nas situações de risco que não são possíveis de evitar em função do processo de trabalho devem ser criadas proteções e a capacitação do colaborador para que ele não realize ações ou comportamentos que o coloquem em situação de risco.

- **Processos de trabalho** – a concepção dos processos de trabalho, na qual são consideradas as etapas de trabalho, condições ambientais, transporte de material, movimentação das pessoas, deve ser pensada na perspectiva dos riscos à integridade do trabalhador.

- **Preparação do trabalhador** – na preparação das pessoas, devem ser observados vários aspectos, tais como: descanso, para que as pessoas estejam alertas na realização de seu trabalho; alimentação, para que estejam com a vitalidade necessária; conscientização, para alertar e sensibilizar as pessoas de possíveis riscos em seu trabalho; equipamentos de proteção adequados; e capacitação das pessoas para que possam realizar seu trabalho sem riscos.

- **Acompanhamento dos processos e dos colaboradores** – são necessárias instâncias de avaliação contínua da segurança e rituais para que as pessoas foquem sua atenção no tema. Desse modo, o acompanhamento da saúde do colaborador, a análise de incidentes e acidentes de trabalho, a discussão sobre potenciais riscos etc. são essenciais, independentemente das imposições legais sobre essa questão.

Separamos a integridade física da psicológica e social para fins didáticos, mas elas estão intimamente interligadas e uma afeta a outra.

Integridade Psicológica

A integridade psicológica é a mais difícil de trabalhar e compreender. Isso ocorre porque muitas vezes as próprias pessoas atingidas não conseguem perceber sua perda de integridade. Segundo levantamentos realizados ao longo do ano de 2014 (GUIMARÃES JÚNIOR et al., 2016), os transtornos mentais e de comportamento foram responsáveis por 210 mil auxílios-doença concedidos pelo Instituto Nacional do Seguro Social (INSS).

> A integridade psicológica é a mais difícil de trabalhar e compreender. Isso ocorre porque as próprias pessoas atingidas não conseguem perceber sua perda de integridade.

Guimarães Júnior et al. (2016) apontam três correntes teóricas importantes no estudo da saúde mental no trabalho:

- Psicodinâmica do trabalho, marcada pelos trabalhos por Dejours (1987), a partir da década de 1970, sobre o sofrimento no trabalho.
- Estresse do trabalho, caracterizado por um desequilíbrio entre o ambiente e a pessoa (KALIMO, 1988) ameaçando seu bem-estar (FOLKMAN; LAZARUS, 1980). É importante ressaltar que não existe consenso sobre a definição de estresse no trabalho (GUIMARÃES JÚNIOR et al., 2016; LIMONGI FRANÇA, 1997; REIS; FERNANDES; GOMES, 2010).
- Desgaste mental, causado pela tensão gerada no trabalho ou no ambiente onde este é realizado. Segundo Paparelli (2009), o desgaste é decorrente da forma como o trabalho é organizado, das relações de poder, das formas de avaliação, das condições de trabalho etc.

A discussão preponderante nessas três correntes é como a forma de organização do trabalho, o ambiente, a forma de avaliação e o trabalho em si podem gerar pressões e tensões sobre as pessoas. Além disso, existem pressões advindas do relacionamento com chefias, colegas, clientes, fornecedores etc. que podem gerar desgaste físico e mental (HELOANI; CAPITÃO, 2003).

Em nossas pesquisas, verificamos que a disposição de diálogo e canais de comunicação podem minimizar e/ou evitar situações que provoquem danos à saúde mental dos colaboradores. Muitas vezes, o desgaste não é percebido pelas pessoas, mas está presente no dia a dia de trabalho. O mais comum são pressões que induzem as pessoas a comportamentos ou decisões que afetam a sua vida como pessoas, cidadãos ou membros de família. Um caso que nos chamou a atenção é o de mulheres que adiam a maternidade em função da pressão que recebem do ambiente de trabalho; sem perceber, vão perdendo a condição de serem mães pela primeira vez (primigestas), entrando em idade de risco e/ou de dificuldades para engravidar.

As organizações que mantêm diálogo contínuo com as pessoas ou criam mecanismos para tal conseguem antever situações de estresse. Atualmente, a legislação procura criar algumas proteções, tais como leis contra o assédio moral ou sexual, leis para inibir o *bullying*[1] etc.

Inkson (2004) relata experiências na Austrália onde os colaboradores formam grupos para discutir situações que incomodam as pessoas. Dessa forma, muitas situações que são sentidas, mas não são trazidas para o consciente, emergem no processo. Essa forma de discussão está enraizada na cultura organizacional de empresas australianas e é um bom exemplo para trabalhar questões difíceis como a integridade psicológica.

Integridade Social

A integridade social tem raízes que transcendem as fronteiras organizacionais e afetam profundamente o comportamento das pessoas na relação com seu trabalho. As organizações têm, nesse tipo de integridade, dois papéis importantes: um é o de minorar os efeitos externos e o outro, de não gerar elementos adicionais de desconforto social.

Em nosso país, as organizações utilizaram benefícios e facilidades para minorar os desequilíbrios sociais, principalmente, em relação a saúde e alimentação. Embora tenhamos encargos sociais e outros impostos elevados, não existe uma contrapartida do Estado. Desse modo, as organizações necessitam arcar com planos de saúde, programas de alimentação e de aposentadoria complementar.

Algumas situações de desequilíbrio têm chamado a nossa atenção, tais como:

---

[1] Anglicismo utilizado para descrever atos de violência física ou psicológica intencionais e repetidos, praticados por um indivíduo ou grupo de indivíduos, causando dor e angústia e sendo executados dentro de uma relação desigual de poder (LOPES NETO; SAAVEDRA, 2004).

- Observamos e ouvimos relatos de trabalhadores que se sentiam constrangidos em se alimentarem com as refeições oferecidas pela organização, quando em suas casas não conseguiam oferecer o mesmo padrão para seus familiares.

- Na década de 1970, era comum as organizações patrocinarem demissões em massa no mês anterior ao dissídio coletivo, admitindo novos contingentes depois do dissídio como forma para redução da massa salarial. Isso gerou mudanças na legislação que instituiu multa para demissão no mês que antecede o dissídio e, mais tarde, multas de 40% do FGTS para demissões sem justa causa. Esse processo gerou o empobrecimento e queda no padrão de vida dos trabalhadores.

- O empréstimo consignado à folha de pagamento causou o endividamento dos trabalhadores em um momento de crescimento econômico (2010 a 2014), gerando posteriormente situações de grande constrangimento com o desaquecimento econômico nos anos posteriores.

São alguns exemplos de situações criadas pelo contexto social, pelas organizações ou por ambos. Cabe às organizações zelar para que esses aspectos sejam monitorados constantemente através de trabalhos de assistentes sociais (IAMAMOTO, 2001; 2005) e de políticas e práticas de gestão.

Além de aspectos sociais tangíveis, como os descritos, temos aspectos não tangíveis. Esses aspectos estão presentes em nosso dia a dia e exigem um olhar mais arguto sobre a nossa realidade. Um exemplo dessa situação é descrito por Bartoli (2001; 2005) ao efetuar uma analogia entre os textos apresentados ao longo dos anos 1990 pela revista *Exame* (revista de negócios da Editora Abril) e a Bíblia. Nessa análise, o autor discute o ideal de perfeição apregoado pela revista, através de parábolas e da definição do que é pecado no mundo corporativo, dentro de uma linguagem técnica de gestão.

A análise arguta de Bartoli (2001; 2005) demonstra como estamos sujeitos a padrões de perfeição e de felicidade que nos impelem a comportamentos e decisões. Esses mesmos padrões geram tensões e descontentamentos. Novamente, nesse caso, o diálogo e a discussão aberta sobre essas questões ajudam as pessoas a se posicionarem em relação às suas opções profissionais, considerando tanto aspectos econômicos e sociais quanto aspectos de inclinações e vocações pessoais.

SEGURANÇA NO TRABALHO

A questão da segurança e saúde ocupacionais é regulada na forma do Serviço Especializado em Engenharia de Segurança e Medicina do Trabalho (SESMT), o qual está previsto na legislação trabalhista brasileira e regulado pela portaria nº 3.214, de 8 de junho de 1978, do Ministério do Trabalho.

Segundo Nogueira (1987), quando foram iniciadas as medições sobre acidentes de trabalho, em 1969, registrou-se mais um milhão de acidentes em uma população de pouco mais de sete milhões de trabalhadores. Nesse ano, 14,47% dos trabalhadores sofreu pelo menos um acidente, número que cresceu, chegando ao seu ápice em 1972 com 18,10% (1 em cada 5,5 trabalhadores). A partir de 1975, com a adoção de medidas preventivas e, mais tarde, com o apoio legal, essa taxa baixou para 3,84% em 1984. Segundo o autor (NOGUEIRA, 1987), não havia na época estatísticas brasileiras sobre acidentes na agricultura. O autor tomou como base dados existentes no estado de São Paulo, onde no início dos anos 1970 havia um índice de 9,22% de acidentes, 55% dos quais no cultivo de cana-de-açúcar.

Em pesquisa realizada pelo Serviço Social da Indústria (SESI) entre outubro de 2015 e fevereiro de 2016, 71,6% das indústrias afirmam dar um alto nível de atenção à saúde e segurança de seus trabalhadores. Segundo a pesquisa, há por parte dos pesquisados uma percepção de impacto na produtividade e na lucratividade da organização com os investimentos efetuados em saúde e segurança do trabalho.

> Segundo a pesquisa, há por parte dos pesquisados uma percepção de impacto na produtividade e na lucratividade da organização com os investimentos efetuados em saúde e segurança do trabalho.

De acordo com vários autores que tratam do tema (BRATTON; GOLD, 1999; ARMSTRONG, 2007; CHIAVENATO, 1989; 1999; 2009; HOYLER, 1970), a gestão de saúde e segurança é influenciada por vários fatores – econômicos, legais, políticos e culturais –, bem como por vários agentes que atuam sobre o tema: Estado, sindicatos, sociedade civil e opinião pública. Se de um lado essas preocupações visam a integridade do colaborador, de outro têm efeito sobre a produtividade do trabalhador e provocam redução de custos associados a acidentes, incapacidade para o trabalho, ausências e afastamentos.

Por essa razão, a discussão sobre saúde e segurança do colaborador é diferente da discussão sobre integridade. Aqui, vamos analisar o lado da pessoa e os ganhos para a organização. Como o assunto é amplo, dividimos essa discussão em segurança e saúde no trabalho. Inicialmente, vamos analisar a segurança no trabalho.

Segurança como Cultura Organizacional

> Apesar de todos os benefícios associados à segurança do trabalho, há uma tendência para menosprezarmos ações de segurança.

Segundo Bratton e Gold (1999), a partir dos anos 1980 houve uma mudança de abordagem em segurança nos EUA. Até então, os acidentes eram considerados responsabilidade tanto da pessoa, por sua desatenção ou não uso de equipamentos de segurança, quanto da organização, por permitir a ocorrência do acidente. A partir de então, houve uma mobilização dos sindicatos em priorizar nas negociações coletivas a questão da segurança, criar mobilização de fiscalização das condições de trabalho nas organizações e estabelecer penalidades para organizações que não oferecessem condições adequadas de trabalho ou apresentassem nível acima da média de acidentes de trabalho.

Acreditamos que haverá uma pressão crescente da sociedade brasileira em relação a ambientes mais seguros e baixa tolerância para a ocorrência de acidentes. Não é difícil prever que as organizações e seus dirigentes serão demandados a responder judicialmente por acidentes em um futuro próximo.

Há um entendimento entre autores e os resultados de pesquisas demonstram que investimentos em segurança no trabalho geram resultados em termos de lucratividade e produtividade. Além do maior engajamento das pessoas com seu trabalho, há, associadas à preocupação com segurança no trabalho, ações de preservação patrimonial, tais como: prevenção de incêndios, preservação de equipamentos, instrumentos e ferramentas, circulação e gestão de materiais e produtos etc.

Apesar de todos os benefícios associados à segurança do trabalho, há uma tendência para menosprezarmos ações de segurança. No Brasil foi necessária uma lei determinando o uso de cinto de segurança para que as pessoas em geral passassem a usar, apesar de uma série de estudos e experiências pessoais sinalizando sua importância. O mesmo ocorre nas organizações: apesar dos ganhos evidentes as pessoas tendem a negligenciar sua segurança. Nesse caso, a organização é a grande responsável por criar uma mentalidade de preocupação constante com segurança.

Somente quando se instala uma cultura de segurança as pessoas passam a agir e a decidir com a segurança em primeiro lugar. No momento em que se está decidindo por uma compra de equipamento ou por uma instalação a segurança deve ser observada, e não depois de tomadas as decisões, quando são buscadas alternativas para minorar os riscos. Nas atitudes mais simples, como subir ou descer uma escada ou estacionar um veículo, deve haver a preocupação com segurança. Essa preocupação deve ser automática e não algo a ser pensado a cada ato. A ação segura deve ser natural, ou seja, não é algo que exija reflexão anterior. Para tanto, deve ser internalizada desde os primeiros momentos na organização. Autores como Bratton e Gold (1999) recomendam que seja parte do contrato psicológico, desde os contatos das pessoas como candidatas a emprego.

Quando a segurança está internalizada no jeito de ser da organização, esse comportamento se espraia para a residência do colaborador, para as exigências em relação a terceiros, para recomendações junto a fornecedores e parceiros estratégicos e, em muitos casos, para os clientes e consumidores da organização e de seus serviços e produtos. A segurança pode ser um diferencial competitivo importante.

Algumas organizações internacionais se esmeraram tanto em relação à segurança que esta se tornou uma competência comercializada por elas.

Análise de Incidentes e Acidentes de Trabalho

A busca pelo aprimoramento na segurança do trabalho implica uma alimentação contínua: as pessoas são sempre lembradas, existem rituais para reforçar e aprimorar os procedimentos de segurança e ela está na agenda diária dos dirigentes e gestores da organização.

Esse processo implica análise pormenorizada de incidentes, ou seja, situações que não criaram lesões nas pessoas envolvidas, mas poderiam ter gerado ou têm potencial para gerar, bem como os acidentes, devem ser analisadas com rigor. Em algumas organizações estudadas, verificamos uma mentalidade de encontrar culpados pelo acidente com o objetivo de preservar legalmente a organização de uma ação judicial. Nesse processo, aspectos importantes do acidente ficavam em um segundo plano e isso não gerava as ações corretivas necessárias.

> A busca pelo aprimoramento na segurança do trabalho implica uma alimentação contínua: as pessoas são sempre lembradas.

A análise pormenorizada de incidentes e acidentes cria uma cultura de cuidado. Em organizações mais cuidadosas, tal análise é encabeçada por membros da direção da organização, com o objetivo de dar a essas situações uma dimensão mais real de sua gravidade e importância.

Está prevista na legislação sobre segurança a obrigatoriedade da criação de Comissão Interna de Prevenção de Acidentes (CIPA), composta por representantes dos trabalhadores e da organização. O nome já indica um trabalho preventivo e de criação de consciência nas pessoas e na organização sobre a importância de prevenir acidentes.

A legislação é sábia nesse aspecto. A mudança de cultura organizacional ou o reforço da cultura implica a criação de rituais que reforcem valores e práticas. A CIPA é uma forma de criar rituais envolvendo todos os interessados na segurança no trabalho. É uma responsabilidade da CIPA analisar incidentes e acidentes do trabalho; espera-se de uma comissão envolvendo trabalhadores e representantes da organização isenção nas análises.

A prática das CIPAs e das ações de segurança são, na maior parte de nossas organizações, um ritual burocrático com vistas a atender a legislação. Infelizmente, as organizações perdem a oportunidade de ganhos sem custos adicionais, já que necessitam manter legalmente uma estrutura de segurança. De outro lado, observamos que as organizações genuinamente preocupadas com segurança estão naturalmente preocupadas com o bem-estar de seus colaboradores, oferecendo-lhes um bom ambiente de trabalho, condições para exercer de forma adequada suas tarefas e atividades e um tratamento respeitoso.

É importante não esquecer que muitas situações exigem profissionais técnicos especializados no tema segurança. Essa formação evoluiu em nosso país a partir dos anos 1980. Com a criação de uma legislação séria sobre o tema, surgiram trabalhos para formação de técnicos e engenheiros especializados em segurança. Embora centrada na segurança das pessoas, essa formação oferece uma base sólida para os profissionais em relação à segurança patrimonial. Esses profissionais permitiram a sistematização do conhecimento sobre o tema e um processo de aprimoramento constante; são pessoas fundamentais na análise de incidentes e acidentes.

Importância do Ambiente de Trabalho

Essa relação íntima entre ambiente de trabalho e segurança não é algo que ocorre por acaso. Há uma discussão retórica se as preocupações com as pessoas geram um bom ambiente de trabalho ou o inverso, um bom ambiente de trabalho propicia maior preocupação com as pessoas. Independentemente dessa discussão, observamos na pesquisa Melhores Empresas para Trabalhar, realizada pela Fundação Instituto de Administração (FIA) e pela revista da Editora Abril *Você S.A.*, que há relação entre clima e cuidado com as pessoas.

Um bom ambiente de trabalho cria predisposição das pessoas em mantê-lo adequado, organizado e agradável. Nessas condições, a implantação de uma cultura de segurança é mais facilmente aceita e internalizada.

> Um bom ambiente de trabalho cria predisposição das pessoas em mantê-lo adequado, organizado e agradável.

A forma mais usual de medir e avaliar o ambiente de trabalho é realizar pesquisas com as pessoas sobre sua satisfação com o esse ambiente, chamadas de pesquisa de clima, como veremos no capítulo seguinte. Existem outras formas, tais como diálogos sobre o clima, análise da demanda das pessoas atendidas pela organização, nível de absenteísmo e de atrasos, número de afastamentos por doença etc.

Da mesma forma, podemos mensurar e avaliar a efetividade da segurança do trabalho. O fato de não haver acidentes não indica que o ambiente é seguro. Por essa razão, é importante analisar a percepção de segurança das pessoas e observar indicadores que posam alertar para situações com potencial para gerar acidentes, como, por exemplo: cuidado das pessoas com seu local de trabalho, displicência com ações seguras ou com o uso de equipamentos de segurança, nível de atendimento das exigências legais, frequência com que ocorrem reuniões sobre segurança e qualidade dessas reuniões etc.

Uma forma mais efetiva de avaliar a segurança são inspeções técnicas das instalações realizadas com periodicidade e por profissionais especializados, realização de rituais de análise da segurança em todos os sentidos, envolvimento de todos os colaboradores em trabalhos de conscientização e de prevenção de situações de risco, canais abertos para todos os colaboradores se manifestarem, item obrigatório das reuniões ordinárias da direção e gestão da organização etc.

MONITORAMENTO DA SAÚDE DAS PESSOAS

A saúde da pessoa está ligada à sua integridade física, psíquica e social e seu monitoramento pela organização torna-se importante pelos custos envolvidos e por sua relação com a efetividade organizacional. Os cuidados com a saúde dos colaboradores tornam-se mais custosos a cada dia, principalmente pela sofisticação dos procedimentos de diagnóstico e de tratamento de doenças. Desse modo, a doença se torna um custo importante porque:

- De forma direta: onera o plano de assistência médica e a organização assume os custos da ausência das pessoas.
- De forma indireta: interrompe processos decisórios ou projetos em ação, cria custo emocional para os colegas e acarreta mais trabalho para as pessoas envolvidas nos processos ou trabalhos da pessoa ausente.

Quanto mais crítica é a pessoa nos processos decisórios ou projetos estratégicos e técnicos da organização, maior é o impacto da ausência da pessoa. Assim como na questão da segurança as pessoas são descuidadas em relação a sua saúde, normalmente, acreditam que são invulneráveis e não cuidam de sua alimentação, não praticam exercícios e não percebem os riscos inerentes à faixa etária e ao gênero.

> Quanto mais crítica é a pessoa nos processos decisórios ou projetos estratégicos e técnicos da organização, maior é o impacto da ausência da pessoa.

Cabe à organização criar as condições objetivas para que as pessoas cuidem de sua saúde e instalar processos de monitoramento e estímulos específicos ao cuidado da saúde. Experiências que acompanhamos em grandes organizações mostraram que trabalhos de prevenção geram uma economia substantiva nos custos com planos de saúde. Nessas experiências, as economias variaram de 20% a 40%.

Nuno Cobra (2003), um amigo querido, nos alertou que as organizações têm planos de doença e não de saúde, exatamente porque não estimulam a saúde e, sim, procuram tratar a doença. A preocupação com a integridade das pessoas é uma ação concreta a favor da saúde, mas é importante – mais do isso, é fundamental – acompanhar as pessoas em seu processo e prevenção, como veremos na seção a seguir.

Programas Preventivos de Saúde

Um dos protocolos de saúde e segurança no trabalho é o exame periódico de cada trabalhador. Esse exame deve ser realizado pelo menos uma vez por ano. Tal protocolo poderia ser um bom instrumento para prevenção, porque existem trabalhos mostrando os maiores riscos à saúde em função de idade, gênero, raça, estatura etc. e que orientam os procedimentos de análise médica e diagnóstico.

Infelizmente, os exames periódicos são prática rara nas organizações, porque pouco fiscalizados ou praticados e sem a profundidade necessária. Nos EUA, as seguradoras de saúde passaram a oferecer reduções nos prêmios a serem pagos quando os segurados não eram fumantes e/ou dependentes químicos, quando assinavam contrato comprometendo-se a realizar os exames periódicos preventivos prescritos para o seu perfil e a realizar consultas periódicas com médicos indicados pela seguradora. As experiências que acompanhamos no Brasil e que resultaram em redução dos custos nos planos de saúde foram em direção semelhante.

Um ambiente de trabalho que possa gerar maiores riscos à saúde física e/ou psíquica deve merecer atenção especial no cuidado dos colaboradores. Sempre que pessoas são colocadas em situações muito exigentes, há a necessidade de cuidados maiores em seu acompanhamento. Observamos que não é incomum em processos de crescimento acelerado as organizações oferecerem desafios para pessoas que não estão suficientemente preparadas. Nesses casos, os colaboradores passam a viver uma situação de grande tensão que afeta sua vida familiar e seu equilíbrio emocional. Há, então, necessidade de cuidados especiais, tais como: indicar uma pessoa interna e/ou externa como orientador ou interlocutor, acompanhamento médico mais frequente, diálogo sobre o desenvolvimento da pessoa por sua liderança e acompanhamento do relacionamento familiar pelos profissionais de gestão de pessoas.

Além dessas preocupações, a organização tem condições de realizar campanhas de saúde orientando as pessoas em relação riscos, como nos casos de câncer de mama e útero para as mulheres ou câncer de próstata para os homens. Podem existir programas de incentivo a exercícios físicos e alimentação saudável, bem como programas de ginástica laboral. Acompanhamos uma experiência interessante em uma organização industrial sediada no interior do estado de São Paulo, a qual desenvolveu um trabalho de redução de peso dos colaboradores e de seus familiares. Essa organização percebeu que os hábitos alimentares eram desenvolvidos pela família como um todo e passou a estimular a adesão da família no processo. O programa foi um sucesso, com adesão de mais de 80% das famílias e superação em 100% das metas de emagrecimento dos colaboradores. O programa teve grande impacto na produtividade e maior proximidade dos familiares. Nos dois anos subsequentes, foi observada uma redução expressiva no uso do plano de saúde pelos colaboradores e seus familiares.

Existem situações de trabalho que inspiram cuidado por exigirem esforço anormal das pessoas ou por submetê-las a situações insalubres de trabalho. Nesses casos, é importante pensar em rodízios e em um acompanhamento médico mais rigoroso.

Acompanhamento das Incidências das Doenças Apresentadas pelas Pessoas

O estudo dos problemas de saúde apresentados pelas pessoas na organização é um insumo importante para a construção de ações preventivas. Um exemplo é a incidência de doenças mentais, de problemas de pressão alta ou de doenças estomacais que podem indicar um ambiente de grande pressão e tensão. Se associamos a essa análise a incidência de afastamentos e ausências, temos a indicação de ambiente hostil, o qual pode estar circunscrito a uma área da organização ou envolver a organização toda.

> O estudo dos problemas de saúde apresentados pelas pessoas na organização é um insumo importante para a construção de ações preventivas.

Além de um estudo dos problemas de saúde, a conversa com os médicos que atuam na organização pode ser esclarecedora. Muitas pessoas se sentem confortáveis em desabafar ou trabalhar suas angústias com os médicos da organização, porque sabem que por ética profissional a conversa não será transmitida para a organização. De fato, os médicos não irão revelar sua conversa com pacientes específicos, mas podem indicar as situações e angústias mais comuns na organização.

Em conversa com médicos, recebemos constatações que nos preocuparam. Houve muitos relatos de executivos e profissionais que ficavam ansiosos com os resultados do diagnóstico, porque se fosse acusada alguma doença eles seriam discriminados por suas organizações. Essa preocupação é legítima porque algumas organizações utilizam o monitoramento das doenças como instrumento de controle sobre as pessoas e não como argumento para discutir ações preventivas. Por essa razão, a maioria dos planos de saúde não se dispõe a entregar relatórios individualizando as informações. Já nos planos administrados pela própria organização, essas informações ficam à sua disposição, gerando uma preocupação real em seus colaboradores sobre o acesso a uma informação pessoal e que fere a intimidade das pessoas.

O monitoramento das doenças ocupacionais é imperioso para verificar se as ações de prevenção de saúde são efetivas. Os problemas de saúde mais comuns são ligados a audição e aparelho respiratório, com doenças irreversíveis, e nesses casos a responsabilidade da organização é ampliada. Como destacamos ao falarmos da segurança, essas situações tendem a ser cada vez menos toleradas pela sociedade brasileira.

Saúde como um Conceito mais Amplo do que Não Ter Doenças

> Programas que permitam às pessoas melhorarem sua disposição e sensação de bem-estar geram resultados tanto para elas quanto para a organização.

O conceito de saúde como bem-estar físico, psíquico e social, lançado em 1958 pela OMS, é o adotado em nossa legislação. Manter a saúde das pessoas é o desafio das organizações contemporâneas. Esse processo exige uma revisão do modelo mental instalado em nossas organizações, começando pelos membros da direção, que normalmente se sentem "superpessoas" imortais e invulneráveis. Esse sentimento dos dirigentes se propaga para toda a organização, porque é esse o comportamento que esperam de seus subordinados diretos. Os problemas de saúde vividos pelas pessoas são encarados como fatalidades e parte dos problemas do dia a dia que elas têm de enfrentar.

No curso de MBA em gestão de pessoas pela Fundação Instituto de Administração (FIA), realizamos experiências com algumas turmas convidando um profissional para trabalhar aspectos do desenvolvimento físico dos alunos. O programa não era obrigatório e tivemos adesão de mais de 90% das turmas. Os resultados foram impressionantes: mais de 50% dos alunos fumantes deixaram o hábito, os resultados de exames mostraram melhora expressiva nos parâmetros clínicos, a maioria informava melhora em sua disposição para o trabalho e sensação de bem-estar e houve o relato de aumento da autoestima, porque muitas pessoas se surpreenderam com suas conquistas nos exercícios físicos.

Programas que permitam às pessoas melhorarem sua disposição e sensação de bem-estar geram resultados tanto para elas quanto para a organização, na forma de bom ambiente de trabalho, maior produtividade, aumento na capacidade da organização em atrair e reter pessoas. Por essa razão, compreender como isso pode ser obtido dentro da cultura organizacional e atendendo ao perfil dos colaboradores é o grande desafio para um trabalho que propicie a saúde das pessoas.

QUALIDADE DE VIDA NO TRABALHO

Estudos sobre Qualidade de Vida no Trabalho

Os estudos sobre qualidade de vida no trabalho em organizações brasileiras são muito recentes. Os primeiros trabalhos mais estruturados sobre o tema foram realizados na década de 1980. Fernandes (1988), uma das pioneiras na discussão do tema, procurou em seus trabalhos, nessa época, demonstrar como a qualidade de vida no trabalho tinha uma repercussão positiva na produtividade, bem como procurou identificar formas de mensurar seu nível nas organizações.

Ao longo da década de 1990, tivemos várias influências na discussão da qualidade de vida. De um lado, uma abordagem mais ligada à psicologia, com influências dos trabalhos de DEJOURS (1987), das discussões sobre estresse (LIMONGI FRANÇA, 1997) e desgaste emocional (GUIMARÃES JÚNIOR et al., 2016); e, de outro, uma abordagem mais ligada à medicina, partindo das doenças mentais geradas pelo trabalho.

Essas diferentes abordagens geraram diferentes entendimentos sobre qualidade de vida no trabalho. Por um lado, temos a qualidade de vida no trabalho como uma visão humanizada das relações laborais (FERNANDES, 1988; 1996; WALTON, 1973; NADLER; LAWLER III, 1983); por outro, a qualidade de vida associada ao bem-estar das pessoas (LIMONGI FRANÇA; ALBUQUERQUE, 1998; ROSEN; GANSTER, 2013; REIS; FERNANDES; GOMES, 2010) e ao balanço entre vida pessoal e profissional (FRIEDMAN; CHRISTENSEN; DEGROOT, 2001).

Na visão de Limongi França e Albuquerque (1998), a percepção de qualidade de vida irá variar de pessoa para pessoa em função de suas características pessoais e socialização. Segundo os autores, a sensação de bem-estar pode ser medida pelo nível de estresse sentido ou não sentido. Segundo Friedman, Christensen e Degroot (2001), uma nova geração de gestores está obtendo bons resultados com suas equipes por meio de colaboração mútua para obter resultados pessoais e profissionais em benefício de todos. Para esses autores, não há antagonismo entre vida pessoal e profissional – pode ser construída uma relação sinérgica entre ambos.

> A percepção de qualidade de vida irá variar de pessoa para pessoa em função de suas características pessoais e socialização.

Para Friedman, Christensen e Degroot (2001), os gestores que estão fazendo a diferença se apoiam em três princípios:

- Esclarecer os membros de sua equipe sobre as prioridades da organização e estimulá-los a serem claros em relação às suas prioridades pessoais, buscando conciliação de expectativas entre organização, pessoas e equipe como um todo.
- Inteirar-se e reconhecer os papéis dos membros da equipe fora da organização e celebrar suas realizações em outras dimensões de sua vida.
- Criar condições para uma experiência coletiva de como o trabalho é realizado, buscando abordagens que favoreçam, a um só tempo, o desempenho da organização e o alcance dos objetivos pessoais de cada membro da equipe e da equipe como um todo.

O amadurecimento das discussões sobre qualidade de vida no trabalho caminha na mesma direção do amadurecimento da gestão de pessoas: conciliação das expectativas das pessoas e da organização em um mesmo movimento. Como vimos na Parte I deste livro, o contrato psicológico que está subjacente na relação entre pessoas e organização é o mútuo desenvolvimento.

Relação entre Qualidade de Vida e Resultados para a Organização

Esse contrato de mútuo desenvolvimento liga a qualidade de vida no trabalho a melhores resultados para a organização. Não queremos aqui dizer que não existe o conflito natural entre capital e trabalho apontado por Marx (1968), mas a sociedade contemporânea busca formas de relação entre capital e trabalho onde seja possível uma relação de ganhos mútuos e que permitam às pessoas um universo mais amplo de opções de desenvolvimento profissional e pessoal e de ocupações. Do lado das organizações, embora vivam em uma realidade mais complexa, suas possibilidades de ganho vão muito além das contribuições oferecidas por seus trabalhadores: as organizações ganham uma capacidade crescente de se multiplicar. Na nova economia, o diferencial competitivo não é medido por aspectos tangíveis e sim por aspectos como expectativas de ganhos e aspectos não tangíveis, como marca e capacidade de inovação. Se assumirmos a associação entre qualidade de vida no trabalho e bem-estar, e admitirmos que este gera maior disposição à agregação de valor para a organização, poderemos antever que essa será a prioridade da gestão de pessoas. Em contrapartida, Rosen e Ganster (2013) alertam para um processo de manipulação, consciente ou não, por parte da organização para gerar falsa sensação de bem-estar e segurança. No ambiente organizacional, os recursos são insuficientes para atender todas as demandas da organização, de seu negócio e dos colaboradores, diante dessa escassez de recursos as decisões envolvem questões técnicas e políticas. Essa realidade, segundo os autores, exerce pressão sobre as pessoas para uma participação política no sentido de se defenderem, progredirem ou concorrerem pelos recursos limitados.

> Podemos medir a qualidade de vida a partir do nível de estresse nas pessoas que compõem a organização.

Com o objetivo de reduzir incertezas, as pessoas buscam exercer o controle sobre o ambiente. Esse processo pode ser a chave para um diálogo mais aberto entre pessoas e organização na conciliação de expectativas. Ao mesmo tempo, pode ser importante instrumento de manipulação e de um jogo político para favorecer um grupo de pessoa em detrimento de outras pessoas ou grupos. Acreditamos que a segunda situação não consegue persistir no tempo, enquanto o diálogo e a busca contínua de conciliar expectativas constituem o motor do desenvolvimento, tanto das pessoas quanto da organização.

Formas de Aprimorar a Qualidade de Vida no Trabalho

Não há uma fórmula para buscar o equilíbrio entre as necessidades das pessoas e da organização, na medida em que essas necessidades são dinâmicas. Entretanto, o desafio de encontrar esse equilíbrio é o motor do desenvolvimento da organização e das pessoas.

O diálogo provocado entre pessoas e organização gera maior consciência das possibilidades e da potencialidade da sinergia entre as pessoas e destas com a organização. O compromisso da organização com o desenvolvimento e o bem-estar das pessoas, de um lado, e o compromisso das pessoas com o desenvolvimento e a perenidade da organização, do outro, são a base de uma relação que se sustenta por agregar valor mutuamente.

Limongi França e Albuquerque (1998) propõem medir a qualidade de vida a partir do nível de estresse nas pessoas que compõem a organização. Propomos como medida a percepção de desenvolvimento e agregação de valor por parte das pessoas em sua relação com a organização.

Resumo e Implicações para o Aprendizado sobre Gestão de Pessoas

O propósito deste capítulo foi discutir a importância da integridade das pessoas na geração de bem-estar e satisfação com o trabalho. Além disso, discutir como esses aspectos estão relacionados aos resultados da organização. Inicialmente, foram apresentadas várias dimensões da integridade, em seguida foram trabalhadas a segurança no trabalho e a preservação da saúde dos colaboradores. Finalmente, foram apresentados conceitos e instrumentos para a gestão da qualidade de vida no trabalho.

As principais implicações para o aprendizado sobre a gestão de pessoas podem ser resumidas em:

- Ligação estreita entre o cuidado com as pessoas e a preservação de sua integridade física, psicológica e social.
- A importância e efetividade da segurança no trabalho quando intimamente ligada à cultura organizacional.
- A consciência na preservação da saúde quando a encaramos de forma mais ampla e não simplesmente como não ter doença.
- Formas de aprimorar a qualidade de vida no trabalho.

QUESTÕES

Questões para fixação

1. Quando falamos de cuidado com as pessoas, quais são os tipos de integridade do colaborador e como podemos caracterizá-los?
2. Qual é a relação entre cultura organizacional e segurança no trabalho?
3. Por que é importante analisar os acidentes e incidentes de trabalho?
4. Por que é importante monitorar a saúde dos colaboradores?
5. Como podemos compreender a qualidade de vida no trabalho?

Questões para desenvolvimento

1. Quais são as pressões que observamos na sociedade em relação à segurança do trabalho?
2. Como pode ser criada uma preocupação contínua com segurança no trabalho?
3. Por que devemos rever o conceito de saúde do colaborador?
4. Em que medida as pessoas podem ser manipuladas para perceber seu trabalho como gerador de qualidade de vida?

ESTUDOS DE CASO E EXERCÍCIOS

Caso 1

A Eletrônica Chip Chop tem se consagrado na produção de produtos de eletrônica profissional em quase todo o espectro, com produtos nas áreas de informática, telecomunicações, controle de processos e médicos. Tem um grande efetivo na área de desenvolvimento de produtos e é considerada uma referência pela qualidade de seus produtos e pelo suporte que oferece aos clientes em manutenção e orientação técnica.

Por sua natureza, há um nível elevado de integração entre as áreas de desenvolvimento de produtos, processos produtivos e de qualidade, desenvolvimento de fornecedores, assistência técnica e marketing. Graças a esse nível de integração, o tempo entre iniciar o desenvolvimento de um novo produto e sua disponibilização no mercado é muito curto. Trata-se de uma organização muito ágil e exigente em relação ao seu corpo técnico e gerencial.

Nos últimos seis meses, foi surpreendida com o volume de afastamentos causados por problemas psicossomáticos, ou seja, perturbações ou lesões orgânicas provocadas por influências psicológicas, além de afastamentos por transtornos mentais e de comportamento.

Ao se analisarem os casos, foi detectado que em sua maioria, cerca de 70%, envolviam profissionais técnicos de alto nível e gestores. A principal causa detectada foi o nível de pressão a que estavam submetidos.

A Chip Chop reuniu seus profissionais da área de gestão e pessoas para encontrar uma solução para o caso. Procure analisar as seguintes questões:

1. Como é possível reverter a situação?
2. Como monitorar a situação para que ela não se repita?

Caso 2

José Manoel é um alto executivo de uma grande instituição financeira que há três anos desenvolveu um comportamento chamado de "viciado em trabalho" (*workaholic*), pelo qual a pessoa age como um trabalhador compulsivo e dependente do trabalho. Passou a trabalhar de 12 a 14 horas por dia e sempre levava serviço para casa aos finais de semana. Começou a negligenciar a família e amigos. Foi se isolando e se afastando da família.

Sua esposa vinha alertando José Manoel, mas era em vão. Em determinado momento, ela fez um ultimato: ou José Manoel iniciava um movimento concreto para rever sua relação com o trabalho ou ela pediria a separação. Diante disso, José Manoel procurou ajuda especializada e iniciou um processo árduo para reverter o processo. Estabeleceu como prioridade a família, depois os amigos e, em terceiro lugar, o trabalho.

A mudança provocou em José Manoel uma reflexão sobre a sua relação com o trabalho e o fez perceber que estava em um movimento de centralização das decisões e ações. Passou a delegar mais e a desenvolver uma visão mais crítica sobre a efetividade de seu trabalho. Como resultado, passou a ser um líder mais querido por sua equipe, mais eficiente, e resgatou o relacionamento com a família e amigos.

Esse caso sugere as seguintes questões:

1. Como a organização pode minimizar as possibilidades de seus gestores e colaboradores desenvolverem esse comportamento?
2. É possível monitorar esses processos na organização?

REFERÊNCIAS

ARMSTRONG, M. *Handbook of human resources management practice*. London: Kogan Page, 2007.

BARTOLI, J. *O ideal de perfeição apresentado aos executivos na revista Exame*: um discurso religioso sob a linguagem técnica do management. 2001. Dissertação (Mestrado em Ciência da Religião) – Pontifícia Universidade Católica, São Paulo.

_____. *Ser executivo*: um ideal? Uma religião? São Paulo: Ideias & Letras, 2005.

BRATTON, J.; GOLD, J. *Human resources management*: theory and practice. London: Macmillan Business, 1999.

CHIAVENATO, I. *Remuneração, benefícios e relações de trabalho*. São Paulo: Manole, 2009. (Série Recursos Humanos).

_____. *Gestão de pessoas*: o novo papel dos recursos humanos nas organizações. Rio de Janeiro: Campus, 1999.

CHIAVENATO, I. *Recursos humanos na empresa*. São Paulo: Atlas, 1989. v. 4.

COBRA, Nuno. *A semente da vitória*. São Paulo: Senac, 2003.

DEJOURS, Christophe. *A loucura do trabalho*: estudo da psicopatologia do trabalho. São Paulo: Cortez, 1987.

FERNANDES, E. C. Qualidade de vida no trabalho: um desafio e uma perspectiva para a GRH. *Informação profissional – recursos humanos*. São Paulo, nº 25, p. 6-8, 1988.

_____. *Qualidade de vida no trabalho*. Salvador: Casa da Qualidade, 1996.

_____; GUTIERREZ, L. H. Qualidade de vida no trabalho (QVT): uma experiência brasileira. *Revista de Administração da USP*, v. 23, nº 4, p. 29-38, out./dez. 1988.

FRIEDMAN, S. D.; CHRISTENSEN, P.; DEGROOT, J. Trabalho e vida pessoal: o fim do jogo soma zero. *Harvard Business Review*, ed. esp. Trabalho e vida pessoal, Rio de Janeiro: Campus, 2001.

FOLKMAN, S.; LAZARUS, R. S. An analysis of coping in a middle-aged community sample. *Journal of Health and Social Behavior*, v. 21, p. 219-239, 1980.

GUIMARÃES JÚNIOR, E. S.; SILVA, S. W.; GONÇALVEZ, J. E.; SOUZA, D. V. R.; PEREIRA, W. F.; MAGALHÃES, S. R. Concepções sobre saúde mental no trabalho. *Revista da Universidade Vale do Rio Verde*, Três Corações, v. 14, nº 1, p. 1030-1047, jan./jul. 2016.

HELOANI, J. R.; CAPITÃO, C. G. Saúde mental e psicologia do trabalho. *São Paulo em Perspectiva*, São Paulo, v. 17, nº 2, p. 102-108, 2003.

IAMAMOTO, M. V. *Trabalho e indivíduo social*. São Paulo: Cortez, 2001.

_____. *O serviço social na contemporaneidade*: trabalho e formação profissional. São Paulo: Cortez, 2005.

INKSON, K. Images of career: nine key metaphors. *Journal of Vocational Behavior*, 65, 96-111, 2004.

LIMONGI FRANÇA, A. C. *Stress e trabalho*: uma abordagem psicodinâmica. São Paulo: Atlas, 1997.

_____; ALBUQUERQUE, L. G. Estratégias de recursos humanos e a gestão da qualidade de vida no trabalho: o stress e a expansão do conceito de qualidade total. *Revista de Administração da USP*, v. 33, nº 2, p. 40-51, abr./jun. 1998.

LOPES NETO, A. A.; SAAVEDRA, L. H. *Diga não ao bullying*. Rio de Janeiro: ABRAPI, 2004.

KALIMO, R. Los factores psicosociales y la salud de los trabajadores: panorama general. In: KALIMO, R.; EL-BATAWI, M.; COOPER C. L. *Los factores psicosociales en el trabajo y su relación con la salud*. Genebra: OMS, 1988.

MARX, Karl. *O capital*. Rio de Janeiro: Civilização Brasileira, 1968. Livro I: O processo de produção capitalista.

NADLER, D. A.; LAWLER III, E.E. Quality of work life: perspectives and directions. *Organizational Dynamics*, v. 11, n. 3, p. 20-30, Winter 1983.

NOGUEIRA, Diogo Pupo. *Prevention of accidents and injuries in Brazil. Ergonomics*, v. 30, n. 2, p. 387-393, Mar. 1987.

PAPARELLI, Renata. *Desgaste mental do professor da rede pública de ensino*: trabalho sem sentido sob a política de regularização de fluxo escolar. 2009. Tese (Doutorado) – Universidade de São Paulo, São Paulo.

REDONDO, S. F. Higiene e segurança do trabalho. In: HOYLER, S. *Manual de relações industriais*. São Paulo: Pioneira, 1970.

REIS, A. L. P. P.; FERNANDES, S. R. P.; GOMES, A. F. Estresse e fatores psicossociais. *Psicologia, Ciência e Profissão*, v. 30, nº 4, p. 712-725, 2010.

RIDER, G. Discurso. In: CONGRESSO MUNDIAL DE SEGURANÇA E SAÚDE NO TRABALHO, 20., Frankfurt, 2014. *Anais...*

ROSEN, C. C.; GANSTER, D. C. Política no local de trabalho e bem-estar: uma perspectiva da carga alostática. In: ROSSI, A. M.; MEURS, J. A.; PERREWÉ, P. L. *Stress e qualidade de vida no trabalho*. São Paulo: Atlas, 2013.

WALTON, R. E. Quality of working life. What is it? *Sloan Management Review*, Cambridge, MA, v. 15, n. 1, Fall 1973.

CAPÍTULO 17

Gestão do Clima e Satisfação das Pessoas

O QUE SERÁ VISTO NESTE CAPÍTULO

Clima organizacional

- Compreendendo o que é o clima organizacional.
- Diferenças entre clima e cultura organizacional.
- Importância de um clima positivo e seu impacto nos resultados da organização.

Monitoramento do clima organizacional

- Estruturação de pesquisas de clima.
- Ações gerenciais decorrentes da análise das pesquisas.
- Construção de indicadores de sucesso para as ações gerenciais definidas.

Papel dos gestores na manutenção de um clima adequado

- Uso das pesquisas do clima organizacional para orientar o desenvolvimento de líderes.
- Monitoramento do aprimoramento da liderança através das pesquisas sobre clima.
- Ações de aprimoramento da gestão de pessoas através das pesquisas de clima.

QUE REFLEXÕES SERÃO ESTIMULADAS

- O que é gestão do clima organizacional e qual é sua importância para a gestão de pessoas?
- Como podemos monitorar o clima organizacional?
- Qual é o papel dos gestores no monitoramento do clima organizacional?
- Como o monitoramento do clima pode orientar o desenvolvimento da liderança?

CONEXÕES COM O NOSSO COTIDIANO

Clima organizacional

- Como a minha percepção do ambiente organizacional me motiva no meu trabalho.
- Como percebo o relacionamento com as demais pessoas e com as minhas lideranças.
- Agradam-me as políticas e práticas de gestão de pessoas da organização onde atuo.

Papel da liderança no monitoramento do clima

- Percebo as lideranças empenhadas em melhorar o clima organizacional.
- Que aspectos da minha relação com a liderança gostaria de melhorar.

CONTEÚDOS ADICIONAIS

- Reflexões sobre o tema do capítulo através de casos.
- Saiba mais.
- Estudos de caso complementares.
- Questões para guiar a reflexão sobre o conteúdo do capítulo.
- Referências bibliográficas.

ESTUDO DE CASO

A Pelos e Penas Internacional é uma indústria farmacêutica de origem suíça, resultado de uma fusão ocorrida há dois anos entre três empresas do mesmo ramo. Com essa junção, a organização ganhou mais competitividade e ampliou seu espectro de produtos e áreas atendidas. Embora o processo tenha sido muito cuidadoso com as pessoas, todos se sentiram incomodados.

Houve uma tentativa de manter o que existia de melhor nas três organizações no que se refere à gestão de pessoas. Para monitorar o nível de satisfação das pessoas e o quanto está se consolidando uma cultura Pelos e Penas, é realizada uma pesquisa de clima organizacional censitária, ou seja, todos os colaboradores participam, a cada ano. Além disso, semestralmente, os colaboradores são reunidos em pequenos grupos para uma discussão de pontos a serem aprimorados.

Os temas a serem pesquisados são discutidos previamente com os diretores e gerentes. Após a realização da pesquisa e das tabulações dos dados, os resultados são analisados pelos mesmos, derivando um plano de ação para aprimoramento do clima. Graças a esse ritual, os resultados do clima vêm com melhoras significativas a cada ano.

Tanto o corpo diretivo e gerencial quanto os colaboradores afirmam que a velocidade, com a fusão, se consolidou e surpreendeu a todos, que esperavam um processo mais lento. Acreditam que se deveu ao cuidado contínuo com a gestão do clima organizacional.

A experiência relatada acima é o que observamos em nosso dia a dia, além do peso do monitoramento do clima organizacional no aprimoramento da gestão de pessoas e da qualidade da relação entre as pessoas e suas lideranças e a organização.

CLIMA ORGANIZACIONAL

As pessoas e seu comprometimento com os objetivos organizacionais, em curto, médio e longo prazo, se tornam cada vez mais importantes para a competitividade e sobrevivência das organizações. Nesse sentido, manter um bom clima organizacional se torna cada vez mais importante, pois é um elemento vital, podendo ser visto como uma ferramenta de ajustes contínuos na relação do indivíduo com a organização.

O clima é um dos indicadores de eficácia da organização e reflete tendências, pois auxilia na observação do quanto as necessidades da organização e das pessoas que a compõem estão sendo atendidas, favorecendo assim o alinhamento de expectativas entre ambos (SANTOS, 1999; CODA, 1997). Entretanto, Fischer (1996) chama a atenção para o uso de pesquisas de clima como um modismo, utilizado por algumas organizações sem propósitos muito claros. Fischer (1996) lembra que muitas organizações bem estruturadas em termos de gestão de pessoas realizam pesquisas de clima organizacional sem a preocupação em esclarecer seus propósitos para os colaboradores, e não conseguem retirar todo o potencial de uso das informações geradas.

A pesquisa de clima pode ser uma grande aliada também em processos de mudança organizacional com eficiência, eficácia e qualidade Segundo Luz (2003), a pesquisa de clima pode ter como objetivos:

- Avaliar o nível de satisfação dos funcionários em relação à empresa.
- Verificar o nível de maturidade e prontidão de uma empresa para a implantação de mudanças.
- Avaliar o nível de satisfação dos funcionários, decorrente do impacto de alguma mudança no quadro de pessoal, como, por exemplo, processo recente de fusão ou aquisição.
- Avaliar o quanto determinados valores culturais estão difundidos e incorporados pelos funcionários da organização.

Compreendendo o que é Clima Organizacional

Os primeiros estudos sobre clima organizacional surgiram nas chamadas Teorias de Transição, que marcam a passagem da Teoria Clássica da Administração para a Teoria Humanista, dando início às discussões sobre a Gestão do Clima Organizacional a partir de estudos realizados por Hawthorne entre 1924 e 1933. Seu objetivo inicial era analisar a influência da iluminação nas taxas de produção; para isso, foram utilizados dois grupos que realizavam o mesmo trabalho nas mesmas condições, sendo que o grupo de observação trabalhava com a intensidade de luz variável e o grupo de controle trabalhava com uma intensidade de luz constante. Esperava-se observar diferenças na intensidade da produção; no entanto, observou-se um aumento da produtividade em ambos os grupos (FRANKE; KAUL, 1978). Com isso, chegou-se à conclusão de que o aumento da produtividade não estava relacionado à intensidade da luz, mas à atenção dada às pessoas, gerando motivação e sentimentos positivos em relação à organização.

Em 1940, segundo Schneider et al. (2001), surgiram na psicologia social os termos **clima social** ou **atmosfera social,** desenvolvidos por Lewin, Lippitt e White. Essas expressões eram utilizadas para descrever questões como sentimentos, atitudes e percepções sobre os processos sociais baseados em experimentos realizados nos Estados Unidos. Para Lewin, todo comportamento, inclusive ação, pensamento, desejo, busca, valorização e realização, é concebido como uma mudança de algum estado de um campo em determinada unidade de tempo. Ainda para o autor, o comportamento humano individual varia conforme a norma, e essa variação é condicionada pela tensão entre a autopercepção e o ambiente psicológico onde o indivíduo está inserido na formação de seu espaço vital (ASHKANASY et al., 2000).

Para Schneider e White (2004), são três as fontes para o desenvolvimento do Clima Organizacional: exposição dos funcionários à mesma estrutura; processos e práticas que tornam o grupo um conjunto homogêneo; e o compartilhamento de significados por meio da interação social.

> São três as fontes para o desenvolvimento do Clima Organizacional: exposição dos funcionários à mesma estrutura; processos e práticas que tornam o grupo um conjunto homogêneo; e compartilhamento de significados por meio da interação s.

Veloso et al. (2007) realizaram uma pesquisa sobre a evolução do conceito de clima e dizem que a primeira sistematização analítica de clima organizacional foi realizada por Argyris (1964), concluindo que as organizações precisam criar uma atmosfera interpessoal de confiança, abertura e de baixa ameaça. Segundo Kolb et al. (1978), existem outros aspectos relacionados ao clima, como conformidade, padrões, recompensas, responsabilidade, apoio, clareza e calor humano. Os autores, e no mesmo ano Woodman e King (1978), afirmam que o clima organizacional é um conceito que implica a compreensão do comportamento das pessoas no ambiente de trabalho, significando que a realidade visualizada pelos dirigentes pode ser diferente da percebida pelos empregados, pois cada um tem uma percepção com base em atitudes e expectativas próprias.

Kolb et al. (1978:76) afirmam que é importante que os administradores conheçam o conceito de clima, já que a criação de um Clima Organizacional que satisfaça as necessidades dos membros de uma organização e canalize esse comportamento na direção dos objetivos da organização pode aumentar a eficiência da organização. O autor diz ainda que, se um dos objetivos da organização é combinar as pessoas com as tarefas que requeiram e inspirem seus motivos e habilidades e planejar tarefas referentes às exigências e oportunidades ambientais, o clima organizacional pode servir como uma ferramenta administrativa, já que afeta os comportamentos dos empregados (KOLB et al., 1978: 83).

Gordon e Cummins (1979) corroboram com Kolb, afirmando que aspectos-chave da organização podem ser identificados pelo gerenciamento de clima, ou seja, podem ser uma ferramenta valiosa para que os gestores identifiquem aspectos estruturais importantes para o planejamento e desenvolvimento de estratégias organizacionais (GORDON; CUMMINS, 1979).

> Aspectos-chave da organização podem ser identificados pelo gerenciamento de clima.

Autores como Schneider e Hall (1972) e Martins (2008) destacam a importância do conceito de clima por ser um conceito global e ter possibilitado os estudos de múltiplas dimensões de comportamento organizacional, e de como o contexto do trabalho afeta o comportamento e as atitudes das pessoas nesse ambiente, sua qualidade de vida e o desempenho da organização.

Ambos defendem a ideia de que não há um clima único. Schneider (1975) coloca que o clima organizacional depende de duas teorias:

1. **Teoria Interacionista**, que vem da escola da Psicologia Gestalt, na qual o indivíduo tenta dar sentido ao seu ambiente, e cujo comportamento individual no grupo depende de suas características individuais e da definição do contexto em que ele atua (LEWIN; LIPPITT; WHITE, 1939; OSTROFF; KINICKI; TAMKINS, 2003; TAGIURI, 1968).
2. **Teoria Funcionalista**, na qual se parte do princípio de que as pessoas buscam informações do contexto para se adaptar ao seu ambiente. Assim, o clima é moldado para determinado fim.

Definindo o que é Clima Organizacional

A definição de clima organizacional foi sendo desenvolvida e aprimorada. Muitas foram as definições dadas ao termo, conforme se pode observar no Quadro 17.1.

QUADRO 17.1
Conceitos de clima

DEFINIÇÃO DE CLIMA ORGANIZACIONAL	AUTOR/ ANO
Características que descrevem e distinguem uma organização de outras e influenciam o comportamento de seus membros.	Forehand e Gilmer, 1964
Propriedades mensuráveis do ambiente de trabalho, percebido direta ou indiretamente pelas pessoas que vivem e trabalham nesse ambiente e que influencia a motivação e o comportamento dessas pessoas.	Litwin e Stringer, 1968
Atributos específicos de uma organização particular que pode ser influenciado pelo modo como a organização se relaciona com seus membros e seu ambiente.	Campbell et al., 1970
"Clima Organizacional é a qualidade ou propriedade do meio ambiente organizacional que: a) é percebida ou experimentada pelos membros da organização; e b) influencia o seu comportamento."	Litwin, 1971, p. 111
Sistema predominante de valores de uma organização.	Katz e Kahn, 1976
Resultado da combinação dos motivos dos empregados de uma organização, estilos de liderança, normas, valores e estrutura organizacional.	Kolb et al., 1978
Qualidade relativamente duradoura do ambiente de uma organização que é vivenciada por seus ocupantes, influi em seus comportamentos e pode ser descrita em termos de valores de um conjunto particular de características.	Tagiuri, 1968
Estado da empresa ou de parte dela em dado momento, passível de alteração, e que decorre das decisões e ações pretendidas pela empresa e/ou das reações dos empregados a essas ações ou à perspectiva delas.	Oliveira, 1996
Situação de um momento da empresa que reflete a satisfação, o ânimo, os interesses, comportamentos e comprometimentos dos empregados e os reflexos positivos ou negativos disso nos resultados organizacionais.	Resende e Benaiter, 1997
Tendência ou inclinação a respeito de até que ponto as necessidades da organização e das pessoas que dela fazem parte estão sendo atendidas.	Coda, 1997
Refere-se às propriedades motivacionais do ambiente de trabalho.	Rizzatt e Colossi, 1998
Corte sincrônico ou flagrante fotográfico que condensa o somatório de opiniões e percepções conscientes, traduzindo as tensões e os anseios dos membros de uma organização.	Srour, 1998

QUADRO 17.1
(Continuação)

DEFINIÇÃO DE CLIMA ORGANIZACIONAL	AUTOR/ ANO
"Pode, pois, o Clima Organizacional ser traduzido por aquilo que as pessoas costumam chamar de ambiente de trabalho ou atmosfera psicológica, que envolve a relação entre empresa e colaboradores, traduzida no clima humano das organizações."	Graça, 1999, p. 9
Grau de satisfação material e emocional das pessoas no trabalho.	Luz, 2001
Ambiente interno em que convivem os membros da organização, influenciado pelo conjunto de crenças e valores que regem as relações entre essas pessoas.	Tachizawa, 001
Forma pela qual uma organização operacionaliza a sua cultura, bem como a estrutura e processos que facilitam a obtenção de comportamentos desejados.	Wooldridge e Minsky, 2002
Representações compartilhadas das percepções dos membros sobre o agir de uma organização.	Puente-Palacios, 2002
Reações de indivíduos às avaliações que fazem de seus ambientes diários de trabalho.	Biswas e Varma, 2007
"Clima Organizacional é conceituado como a percepção global que as pessoas têm de/sobre a organização. É, então, uma impressão global do que é a organização."	Schneider e Snyder, 1975, p. 318
"A percepção compartilhada da maneira como as coisas são no ambiente."	Schneider e Reichers (1990, p. 22)

Fonte: Andrade (2010:28-29), adaptado de Coda et al. (2009:3-4).

Oliveira (1996) ressalta que não existe um consenso ou uma definição conclusiva quanto ao tema clima organizacional; no entanto, vale colocar que é um conceito disseminado na prática profissional, sendo muitas vezes relacionado com outras variáveis organizacionais. Assim, nota-se a relevância de uma investigação acadêmica mais rigorosa sobre o assunto.

Santos (1999), em sua pesquisa realizada em 1999, analisou os diversos conceitos atribuídos e sintetizou algumas considerações que parecem comuns nas diferentes abordagens e podem ser atribuídos ao que se observa no Quadro 17.1.

1. O clima organizacional influencia o comportamento dos membros da organização, podendo afetar os seus níveis de desempenho, motivação e satisfação no trabalho.
2. É um conceito abrangente e global por ser uma forma de retratar numerosas percepções através de um número limitado de dimensões.
3. É operacional por meio de medidas objetivas ou subjetivas.

Observa-se também que o clima nada mais é do que "a percepção compartilhada de procedimentos, práticas e políticas tanto formais quanto informais" (ANDRADE, 2010, com base em SCHNEIDER E REICHERS, 1990:22).

Para o desenvolvimento do Clima nas organizações, existem, segundo Schneider e White (2004), três fontes:

1. Exposição dos membros às mesmas características estruturais objetivas.
2. Práticas e processos de seleção, retenção e designação de tarefas que produzem um conjunto homogêneo de membros da organização.
3. Interações sociais que geram o entendimento compartilhado entre os membros.

Dessa forma, é possível afirmar que o clima organizacional é formado pelos sentimentos compartilhados em relação à organização. Esses sentimentos, positivos ou negativos, influenciam o comportamento das pessoas e, consequentemente, seu desempenho.

Diferenças entre o Clima e a Cultura Organizacional

É recorrente o fato de alguns autores tratarem o conceito de cultura como sinônimo de clima organizacional, conforme afirmam Fleury e Sampaio (2002). Para Coda et al. (2009), isso se dá a partir de Schneider (1985).

As diferenças apresentadas por Coda (1997) e Coda et al. (2009) entre cultura e clima são as seguintes:

1. Os estudos de clima geralmente utilizam métodos quantitativos; já os de cultura priorizam os métodos qualitativos (KELLER; AGUIAR, 2004).
2. Os estudos sobre cultura possuem um caráter mais profundo, remetendo às origens da organização, ao processo de definição de seus valores básicos e à modelagem dos padrões culturais. Já o clima organizacional reflete um estado momentâneo da organização, que pode alterar-se ante uma notícia, ou seja, se refere àquilo que as pessoas acreditam que existe e que está acontecendo no ambiente da organização em determinado momento, sendo, portanto, a caracterização da imagem que essas pessoas têm dos principais aspectos ou traços vigentes (CODA, 1997).

> Tanto o Clima quanto a Cultura Organizacional referem-se à forma pela qual os membros de uma organização atribuem sentido ao ambiente em que atuam.

Coda afirma, com base em Schneider e Reichers (1990), que os termos **clima** e **cultura** apresentam também similaridades, pois tanto o clima quanto a cultura organizacional referem-se à forma pela qual os membros de uma organização atribuem sentido ao ambiente em que atuam, manifestando-se em significados compartilhados e fornecendo base para ações ou tomada de decisões. Assim, ambos são ao mesmo tempo conceitos monolíticos e multidimensionais, possibilitando que uma mesma organização possua diferentes climas e culturas. Ainda segundo o autor, cultura organizacional existe em um nível de abstração mais elevado, e clima deve ser visto como manifestação da cultura (SCHNEIDER; REICHERS, 1990).

A Importância de um Clima Positivo e seu Impacto nos Resultados da Organização

Em um contexto que se torna cada vez mais volátil, incerto, complexo e ambíguo, torna-se fundamental que as organizações mantenham um clima positivo, pois as mudanças ocorrem com uma rapidez cada vez mais difícil de ser acompanhada pelas pessoas e pelo ambiente organizacional; a previsibilidade é algo cada vez mais distante do controle; as coisas não ocorrem mais de uma forma linear; e tudo pode sempre ser analisado de diferentes perspectivas, não tendo mais uma definição específica, mas que vai agregando novas e infinitas perspectivas, ou seja, não é mais isso ou aquilo, mas sim isso, aquilo e mais aquele outro. Essa perspectiva deixa as pessoas inseguras e cabe à organização auxiliá-las em se manter focadas nos objetivos organizacionais, traduzindo esses objetivos a partir das mudanças, e ajudá-las a se situar no contexto e sobre qual é a sua contribuição efetiva para a organização a partir do contexto.

Nesse sentido, analisar o clima de tempos em tempos é fundamental para aparar essas arestas e manter um ambiente harmonioso e positivo na organização, levando as pessoas a realizar seu trabalho com eficiência e eficácia.

MONITORAMENTO DO CLIMA ORGANIZACIONAL

Para Ashkanasy et al. (2000), a congruência entre teoria de campo e estudo quantitativo de atitudes nas organizações suscita a pesquisa de clima. Isso faz com que as medidas de clima sejam redundantes com outras medidas atitudinais como satisfação; no entanto, segundo Fischer (1996), o objetivo das pesquisas de clima organizacional é mais amplo, pois visa entender as relações entre as pessoas e as organizações em um dado momento, não se restringindo a fatores como motivação e satisfação, mas trabalhando também fatores como: a compreensão das políticas e concordância com o direcionamento do negócio, entre outros (GUION, 1973; JAMES; JONES, 1974; SCHNEIDER; SNYDER, 1975). A seguir, no Quadro 17.2, é apresentado um resumo dos tipos de pesquisas internas, segundo Fischer (1996).

QUADRO 17.2

Pesquisas organizacionais internas

TIPO	OBJETIVO	*STATUS*
Pesquisa de Satisfação	Obter informações sobre o grau de satisfação das pessoas com a empresa, suas ações e seus representantes.	Realizada com frequência nas empresas com metodologias simplificadas; é pouco citada na literatura.
Pesquisa de Motivação	Tem por objetivo identificar os fatores que interferem na maior ou menor motivação das pessoas no trabalho. Difere da anterior em função do foco e conteúdo, o que é ressaltado pelos autores que atribuem diferença entre os conceitos de satisfação e motivação (BERGAMINI, 2013).	Bastante debatida conceitualmente, mas pouco exercida do ponto de vista da prática de pesquisa. Busca identificar elementos mais subjetivos do que a primeira. Em geral, está dirigida para o futuro, ou seja, para a predisposição do indivíduo quanto às suas atitudes no futuro em relação à organização.
Pesquisa de Clima Organizacional	Seu objetivo consiste em compreender como estão todas as relações entre a empresa e as pessoas, não só do ponto de vista da satisfação e da motivação. Entrariam aqui aspectos como compreensão das políticas, concordância com o direcionamento estratégico do negócio, entre outros.	O conceito que mais se popularizou na prática e na teoria. A maioria das empresas bem estruturadas em RH realiza pesquisas que recebem esta denominação, sem preocupação com seus objetivos.
Pesquisa de Cultura Organizacional	Descrevem e analisam os valores e crenças que norteiam o comportamento organizacional. Está referida à história do grupo pesquisado e aos pressupostos básicos que unem este grupo. Em geral, observa variáveis subjetivas menos conscientes, que interferem no comportamento dos membros do grupo.	A teoria da cultura e a prática desses tipos de diagnóstico difundiram-se bastante nos últimos dez anos. A realização em empresas é menos comum do que a presença do conceito na literatura. Trata-se de um tipo de pesquisa que exige metodologias sofisticadas e muito polemizadas dentro das próprias teorias de origem: a Antropologia, a Psicologia e a Sociologia.

Fonte: Fischer, 1996.

Os resultados de clima organizacional são analisados objetivamente, apesar de serem mais intuitivos do que necessariamente empíricos.

Apesar da comprovada relação entre o clima organizacional e os resultados do negócio, o conceito de clima é um fenômeno complexo e em níveis múltiplos. A pesquisa de clima organizacional é teórica e conceitual (DEDOBBELEER; BÉLAND, 1991). Porém, é notória a importância de instrumentos de medida empírica que auxiliem no estudo das condições do ambiente de trabalho.

Estruturação de Pesquisa de Clima

As classificações de variáveis ou fatores de mensuração aparecem nas primeiras pesquisas relacionadas ao clima, permitindo assim o estabelecimento de focos mais precisos para análise e avaliação do fenômeno pesquisado (VELOSO et al., 2007). Esse aspecto pode ser observado nos primeiros estudos de Lewin (1948). Para o autor, o clima social não era uma categoria teórica extremamente complexa nem apresentava nuances suaves, podendo ser

> Apesar da comprovada relação entre o clima organizacional e os resultados do negócio, o conceito de clima é um fenômeno complexo e em níveis múltiplos.

resumido em três grandes categorias qualificativas: autocrático, democrático e **laissez-faire** (ASHKANASY et al., 2000).

Para Schneider e Snyder (1975), o clima organizacional é composto de dimensões que podem ser avaliadas, considerando-se diversas dimensões inter-relacionadas, não sendo por elas considerado um conceito unidimensional, pois muitos eventos, práticas e procedimentos podem contribuir para uma nova percepção dos empregados sobre a organização.

Com base nessas afirmações, ao elaborarem instrumentos para avaliação do clima em organizações, geralmente agrupam as questões em dimensões.

Sbragia (1983) apresenta um modelo com 20 categorias/dimensões que, por meio de análises estatísticas, são reduzidas para sete fatores, conforme o Quadro 17.3. Posteriormente, ele propõe uma redução para cinco fatores, já que os cinco primeiros explicam 87% da variação total de todos os fatores.

QUADRO 17.3

Dimensões de clima organizacional propostas por Sbragia

FATOR	DIMENSÕES
Condições nas quais o trabalho das pessoas ocorre no contexto organizacional	Cooperação; clareza; forma de controle; valorização de padrões; estado de tensão
Filosofia e práticas enfatizadas pela organização relativamente à figura do ser humano	Participação; justiça; estrutura; recompensas
Estado de engajamento entre os estilos e valores individuais e a organização	Projeção no meio ambiente; identidade; autonomia; flexibilidade de ação
Facilidades providas pela organização para o avanço profissional de seu pessoal técnico	Logística; condições de progresso; reconhecimento
Características da supervisão empregada relativamente ao pessoal técnico	Estilo de supervisão; tolerância
Atitudes da organização frente a conflitos	Conflito
Calor humano e suporte provido pela organização	Consideração

Fonte: Andrade (2010, p. 32), adaptado de Sbragia (p. 37, 1983).

Ações Gerenciais Decorrentes da Análise das Pesquisas

As pesquisas de clima são realizadas através de um conjunto de questões que procuram captar a percepção das pessoas sobre suas relações com a organização, chefias, colegas, trabalho e condições de trabalho. Normalmente, o que se quer investigar é definido previamente, já que a quantidade de perguntas é limitada. Essa limitação de perguntas existe porque, a partir de determinado momento, as pessoas ficam cansadas e perdem sua concentração, afetando a confiabilidade de suas respostas. Há um consenso segundo o qual, após 15 minutos respondendo a um questionário, as pessoas passam a perder sua concentração. Por essa razão, os questionários ficam limitados a determinado número de questões. Em função da forma como são redigidas as questões, os questionários variam de 50 a 65 questões.

Frente a essa limitação, é importante que se determine previamente o que é relevante pesquisar. Quando realizamos essas pesquisas construídas para determinada organização, levantamos os temas mais relevantes com a direção e depois validamos com o conjunto de gestores. Essa validação é importante porque, após a pesquisa, discutimos os resultados com esses gestores dentro dos temas que foram priorizados.

Os temas priorizados são, normalmente, ligados a preocupações existentes na organização em relação com seus colaboradores. A análise dos resultados deve gerar um plano de trabalho para atuar nos pontos de insatisfação assinalados pelos colaboradores. Não é raro que as informações quantitativas das pesquisas deixem questões sobre os porquês das respostas.

Nesses casos, são realizados trabalhos de aprofundamento em reuniões com os colaboradores para discutir possíveis explicações para determinados pontos de insatisfação.

As ações gerenciais para aprimorar o clima podem ser monitoradas através de consultas aos colaboradores por meio de reuniões e criação de indicadores de sucesso das ações implantadas. É esperado que, na pesquisa realizada no período posterior, haja uma melhoria naqueles pontos trabalhados.

As pesquisas podem ser recortadas por unidade de negócio e por áreas, com objetivo de localizar onde existem os maiores níveis de insatisfação. Assim como podem ser recortadas por faixa etária, tempo de casa, gênero, nível de instrução etc. Esses recortes ajudam a explicar os resultados da pesquisa e também segmentos da organização que devem receber maior atenção.

Construção de Indicadores de Sucesso para as Ações Gerenciais

Uma vez realizada a análise da pesquisa e construído o plano de trabalho, deve haver um acompanhamento da implantação das ações e de seus resultados. No processo de acompanhamento, existem cronogramas, orçamentos e responsáveis pela implantação das ações, e há um acompanhamento periódico do atendimento a esses parâmetros.

Uma vez implantada uma ação, é importante acompanhar o seu efeito sobre o clima e o nível de satisfação das pessoas. Para esse acompanhamento, são estabelecidos indicadores de sucesso em relação à ação implantada: por exemplo:

> Uma vez realizada a análise da pesquisa e construído o plano de trabalho, deve haver um acompanhamento da implantação das ações e de seus resultados.

- Os colaboradores apontaram um alto nível de insatisfação com sua progressão na organização. Como resposta, a organização definiu um conjunto de ações, tais como: aumentar o aproveitamento interno para preencher posições, aprimorar o processo de recrutamento interno, estimular a realização de planos individuais de desenvolvimento e implantar um plano de carreiras. Para efetuar esse acompanhamento, poderiam ser utilizados os seguintes indicadores: aumento do percentual de aproveitamento interno para preencher vagas, nível de utilização dos planos de desenvolvimento individual para levantamento das necessidades de treinamento e/ou para orientar as ações coletivas de desenvolvimento, percentual de reuniões realizadas pelas lideranças com seus subordinados para discutir seus projetos de carreira.

- Os colaboradores estão insatisfeitos com o atendimento recebido pelo plano de saúde oferecido pela organização. Foram definidas as seguintes ações para trabalhar essa insatisfação: avaliação das alternativas oferecidas pelo mercado para planos de saúde e verificação de melhores alternativas, reuniões com os prestadores de serviço para aprimoramento do plano, solicitação ao prestador de serviços, aprimoramentos nos relatórios de acompanhamento das ocorrências, implantação de melhorias nos serviços e implantação de um programa de prevenção da saúde. Nesse caso, poderiam ser utilizados os seguintes indicadores: redução do nível de reclamações dos colaboradores sobre os serviços, redução de problemas de saúde com afastamento dos colaboradores, melhoria nos parâmetros clínicos dos colaboradores etc.

- Tanto o nível de conhecimento sobre a estratégia quanto o nível de informação sobre a organização foram apontados como baixos pelos colaboradores. As ações definidas para aumentar esses níveis foram: tornar os veículos de comunicação da organização mais efetivos, desenvolver rituais de diálogo com os colaboradores a cada três meses para apresentar informações sobre a organização e rever o processo de elaboração e discussão da estratégia da organização para que haja uma disseminação mais adequada. Os indicadores de sucesso para acompanhar a efetividade dessas ações poderiam ser: frequência dos rituais de disseminação e nível de comparecimento dos colaboradores, nível de aceitação e acesso aos veículos de comunicação da organização etc.

Através do acompanhamento da implantação das ações e dos resultados através dos indicadores, é possível antever um melhor resultado da pesquisa sobre o clima organizacional.

PAPEL DOS GESTORES NA MANUTENÇÃO DE UM CLIMA ADEQUADO

Em nossas pesquisas sobre as melhores empresas para se trabalhar, observamos que um ponto sensível do clima organizacional é o tratamento recebido pela organização, ou seja, a percepção de respeito de sua individualidade faz com que as pessoas valorizem seu local de trabalho.

Essa percepção por parte dos colaboradores advém de uma série de aspectos do comportamento da organização, mas poderíamos sintetizar em coerência e consistência entre o discurso da organização e de seus gestores e a sua prática. Observamos, ainda, uma relação muito forte entre essa coerência e consistência com um cuidado genuíno com as pessoas por parte da organização, gerando um círculo virtuoso, no qual pessoas satisfeitas são mais comprometidas e produtivas, e isso reforça a preocupação da organização com o bem-estar de seus colaboradores. Por essa razão é tão difícil dizer se o bom clima organizacional gera a produtividade e a lucratividade ou se é o inverso.

Uso das Pesquisas do Clima Organizacional para Orientar o Desenvolvimento de Líderes

Em muitas organizações, os gestores têm metas de clima e de níveis de satisfação de suas equipes. Em algumas, inclusive, isso está atrelado ao pagamento de remuneração variável. Nas organizações com processos sucessórios mais maduros, um dos itens utilizados para pensarmos gestores para posições de maior complexidade era o nível de satisfação de sua equipe atual através das pesquisas de clima. Realizamos estudos em dois grandes bancos brasileiros e observamos uma alta correlação entre o nível de satisfação dos funcionários e a produtividade das agências.

A pesquisa de clima pode gerar informações valiosas para o gestor aprimorar o relacionamento com sua equipe. Por essa razão normalmente as pesquisas geram relatórios para os gestores, desde que haja mais de três respondentes na unidade, para salvaguardar o anonimato das respostas. Esses relatórios para os gestores permitem uma visualização das possibilidades de resolver ou minimizar os problemas de satisfação.

A pesquisa permite, ainda, orientar a organização sobre os principais aspectos a desenvolver em sua liderança. Os problemas mais comuns que encontramos em nossas experiências foram: falta de diálogo, baixo estímulo e apoio ao desenvolvimento dos subordinados e sonegação de informações.

Monitoramento do Aprimoramento da Liderança Através das Pesquisas sobre Clima

A evolução dos indicadores do clima organizacional são um importante sinalizador do aprimoramento da liderança; por essa razão, embora as pesquisas possam ser desenhadas para a necessidade de cada organização, sua repetição usando uma mesma estrutura é fundamental para que se efetue um acompanhamento histórico de indicadores que guardem uma coerência ao longo do tempo e sejam comparáveis entre si. Por essa razão, normalmente entre um ciclo e outro de pesquisa de clima podem ser inseridas ou modificadas partes, mas não sua espinha dorsal.

Os resultados do desenvolvimento da liderança organizacional podem ser medidos pelos resultados operacionais e de mercado e, também, pela melhoria nos índices do clima organizacional. A pesquisa de clima pode ser segmentada por tipo de percepção das pessoas de sua relação com a organização e com sua liderança, permitindo um acompanhamento mais fino do processo de desenvolvimento da liderança. Podem ser observados diferentes aspectos, como delegação, diálogo, nível de comprometimento, estilo de liderança etc., além

---

> Em muitas organizações, os gestores têm metas de clima e de níveis de satisfação de suas equipes. Em algumas, inclusive, isso está atrelado ao pagamento de remuneração variável.

do desenvolvimento das lideranças nos seus diferentes níveis de atuação, como estratégico, tático ou operacional.

> Um importante insumo para o direcionamento da gestão de pessoas é o conjunto de informações oriundas da pesquisa de clima.

Ações de Aprimoramento da Gestão de Pessoas Através das Pesquisas de Clima

Um importante insumo para o direcionamento da gestão de pessoas é o conjunto de informações oriundas da pesquisa de clima. A organização tem uma ideia de como é vista pelos colaboradores em diferentes perspectivas. Essa percepção dos colaboradores pode ser segmentada por diferentes aspectos, tais como: a percepção da organização como empregadora, como cidadã, como estimuladora do desenvolvimento etc.; a percepção da relação com chefias e colegas; a percepção do trabalho e ambiente de trabalho etc. Essa percepção pode ser segmentada pelas características dos colaboradores (idade, gênero, tempo de casa etc.). Pode, ainda, ser segmentada pelo nível de poder dos respondentes (líderes estratégicos, líderes táticos ou líderes operacionais).

Essa riqueza de informações permite uma ação cirúrgica da gestão de pessoas, podendo atuar nas situações mais críticas em relação aos intentos estratégicos da organização e/ou negócio. As informações geradas pela pesquisa de clima podem, em conjunto com aquelas obtidas de outras fontes, orientar as ações de desenvolvimento dos colaboradores e lideranças, sistemas de carreira, processos sucessórios, políticas e práticas de movimentação de pessoa e sistemas de remuneração e recompensas.

Resumo e Implicações para o Aprendizado sobre Gestão de Pessoas

O propósito deste capítulo foi discutir a importância do monitoramento do clima organizacional como um importante insumo para o aprimoramento da gestão de pessoas. Apresentamos, inicialmente, as bases para a compreensão do que é clima organizacional e o seu potencial para suportar uma gestão de pessoas mais alinhada com os objetivos estratégicos da organização. Em sequência, foram apresentadas as características de um processo de monitoramento do clima. Finalmente, discutimos o uso dos resultados do monitoramento do clima para o desenvolvimento das lideranças.

As principais implicações para o aprendizado sobre a gestão de pessoas podem ser resumidas em:

- Uso do monitoramento do clima para aprimorar a gestão de pessoas.
- Diferenças entre clima e cultura organizacional.
- Construção de indicadores para monitorar a efetividade de ações gerenciais sobre o nível de satisfação dos colaboradores.
- Orientação do desenvolvimento da liderança através dos resultados do monitoramento do clima.

QUESTÕES

Questões para fixação

1. Como podemos compreender o clima organizacional e seus impactos na gestão de pessoas?
2. Como são realizadas e quais são as ações decorrentes da pesquisa de clima organizacional?
3. Como o monitoramento do clima pode ser utilizado para aprimorar a liderança?
4. Como o clima pode ser utilizado para acompanhar o desenvolvimento da liderança?

Questões para desenvolvimento

1. De que modo o monitoramento do clima pode auxiliar em processo de transformação cultural da organização?

2. Como podemos distinguir clima de cultura organizacional?
3. Como podemos acompanhar a efetividade de ações para melhorar o nível de satisfação das pessoas com a organização?
4. Como as análises dos resultados da pesquisa de clima podem ser utilizadas para orientar o desenvolvimento organizacional?

ESTUDO DE CASO E EXERCÍCIO

A Todo Mundo Junto é uma empresa de transporte público de uma importante região metropolitana do país. É uma organização pública responsável por uma frota de mais de 2.000 ônibus. Recentemente, assumiu a presidência da organização um profissional dinâmico com várias experiências bem-sucedidas em organizações públicas e privadas, o qual se cercou de profissionais de competência reconhecida.

A Todo Mundo Junto sempre foi muito bem avaliada por seus usuários por, desde a sua origem, oferecer tecnologia de transporte moderna e equipamentos de boa qualidade, tendo sido a primeira na região metropolitana a ter toda a sua frota com ar condicionado e 40% dela usando combustíveis alternativos.

A missão da nova gestão era manter esse nível de qualidade técnica e operacional e, ao mesmo tempo, estudar formas de tornar a organização mais eficiente. Em um rápido diagnóstico, a nova gestão ficou preocupada com o tempo dos funcionários na organização, a constatação de um nível baixo de ambição das pessoas e um alto nível de tolerância com os erros dos outros, transparecendo certo conluio entre os funcionários para um baixo nível de seriedade com o trabalho.

Esses dados contrastavam com o nível de eficiência operacional e técnica. Por tal razão, a direção resolveu realizar uma pesquisa de satisfação e aspiração dos funcionários. Foi realizada uma pesquisa censitária e o resultado principal foi o seguinte:

- Os funcionários não tinham a ambição de crescer na estrutura da organização porque isso não lhes proporcionaria grandes diferenças em seus ganhos e teriam mais dor de cabeça.
- A maioria se sentia segura e estava identificada com o que fazia.
- A grande motivação que tinham para trabalhar na organização era o convívio diário com pessoas queridas e amigas.

A nova administração, que estava pensando em desmanchar as "panelinhas", percebeu que cometeria um grande equívoco. Na verdade, "as panelinhas", ou seja, a relação de companheirismo e camaradagem entre os funcionários era o grande motor da organização.

Diante desse quadro, quais ações de modernização seriam possíveis de implantar nessa organização?

REFERÊNCIAS

ANDRADE, S. M. *Percepção de justiça distributiva no clima organizacional*: um estudo sobre organizações brasileiras que buscam se destacar pela qualidade do ambiente de trabalho. 2010. Tese (Doutorado) – Universidade de São Paulo, São Paulo. 2010.

ARGYRIS, C. *Integrating the Individual and the organization*. New York: John Wiley, 1964.

ASHKANASY, N. M.; WILDEROM, C. P. M; PETERSON, M. F. *Handbook of organizational culture and climate*. Sage, 2000.

BERGAMINI, C. W. *Motivação nas organizações*. São Paulo: Atlas, 2013.

BISWAS, S.; VARMA, A. Psychological climate and individual performance in India: test of a mediated model. *Employye Relations*, Bingley (UK), v. 29, nº 6, p. 664-676, 2007.

CAMPBELL, J. J. et al. *Managerial behavior, performance, and effectiveness*. 1970.

CODA, R.; SILVA, J. R. D. da.; GOULART, L. E. T.; SILVA, D.; DIAS, M. Nada mais prático do que uma boa teoria! Proposição e validação de Modelo de Clima Organizacional. 33º

Encontro da ANPAD – Associação Nacional de Pós-graduação em Administração, 2009, Brasília. *Anais...* São Paulo: [s. n.], 2009.

CODA, R. Pesquisa de clima organizacional e gestão estratégica de recursos humanos. *Psicodinâmica da Vida Organizacional: Motivação e Liderança*, v. 2, p. 94-107, 1997.

DEDOBBELEER, Nicole; BÉLAND, François. A safety climate measure for construction sites. *Journal of Safety Research*, v. 22, nº 2, p. 97-103, 1991.

FISCHER, A. L. *As decisões sobre o método dos diagnósticos organizacionais internos*. Santiago: Anais do Consejo Latino Americano de Escuela de Administración (CLADEA), 1996.

FLEURY, M. T. L.; SAMPAIO, J. R. *Uma discussão sobre cultura organizacional*: as pessoas na organização. São Paulo: Gente, 2002. p. 283-294.

FOREHAND, G. A.; GILMER V. H. Environmental variation in studies of organizational behavior. *Psychological Bulletin*, v. 62, nº 6, p. 361, 1964.

FRANKE, R. H.; KAUL, J. D. The Hawthorne experiments: first statistical interpretation. *American Sociological Review*, p. 623-643, 1978.

GUION, Robert M. A note on organizational climate. *Organizational Behavior and Human Performance*, v. 9, nº 1, p. 120-125, 1973.

GORDON, G.G.; CUMMINS, W. M. *Managing management climate*. Lexington, Mass.: Lexington Books, 1979.

GRAÇA, H. *Clima organizacional*: uma abordagem vivencial. Brasília, Fundação Nacional de Desenvolvimento do Ensino Superior Particular – FUNADESP, 1999.

JAMES, Lawrence R.; JONES, Allan P. Organizational climate: a review of theory and research. *Psychological Bulletin*, v. 81, nº 12, p. 1096, 1974.

KATZ, D.; KHAN, R. L. *Psicologia social das organizações*. 2. ed. São Paulo: Atlas, 1976.

KELLER, E.; AGUIAR, M. A. F. Análise crítica teórica da evolução do conceito de clima organizacional. *Terra e Cultura*. Londrina, v. 20, nº 39, p. 91-113, 2004.

KOLB, D. A.; RUBIN, I. M.; McINTYRE, J. M. *Psicologia organizacional*: uma abordagem vivencial. São Paulo: Atlas, 1978.

LEWIN, K.; LIPPITT, R.; WHITE, R. K. Patterns of aggressive behavior in experimentally created "social climates." *Journal of Social Psychology*, v. 10, p. 271-299, 1939.

LEWIN, K. *Resolving social conflicts*: selected papers on group dynamics. 1948.

LITWIN, G. H.; STRINGER JR, R. A. *Motivation and organizational climate*. 1968.

_____. Climate and motivation: an experimental study. In: KOLB, David A.; RUBIN, Irwin M.; McINTYRE, James M. *Organization psychology*: a book of readings. Englewood Cliffs: Prentice-Hall, p. 109-122, 1971.

LUZ, J. P. *Metodologia para análise de clima organizacional*: um estudo de caso para o Banco do Estado de Santa Catarina. 2001. Tese (Doutorado) – Universidade Federal de Santa Catarina, Florianópolis. 2001.

LUZ, R. S. *Gestão do clima organizacional*. São Paulo: Qualitymark, 2003.

MARTINS, M. C. F. Clima organizacional. In: SIQUEIRA, M. M. M (Org.). *Medidas do comportamento organizacional*: ferramentas de diagnóstico e gestão. Porto Alegre: Artmed, 2008.

NAKATA, Lina Eiko. *As expectativas de aprendizagem nas organizações que buscam se destacar pelo clima organizacional*. 2009. Tese (Doutorado) – Universidade de São Paulo, São Paulo. 2009.

OLIVEIRA, Wilson Mariz de. *Perfil analítico-descritivo da pesquisa sobre clima organizacional em instituições de ensino superior*: (1970-1995). São Paulo, 1996.

OSTROFF, C.; KINICKI, A. J.; TAMKINS, M. M. Organizational climate and culture. In: BORMAN, W. C.; ILGEN, D. R.; KLIMOSKI, R. J. (Ed.). *Comprehensive handbook of psychology*: industrial and organizational psychology. Mahwah, NJ: Erlbaum, 2003. v. 12, p. 365-402.

PUENTE-PALACIOS, K. E. Abordagens teóricas e dimensões empíricas do conceito de clima organizacional. *Revista de Administração*, São Paulo, v. 37. nº 3, 2002. p. 96-104.

RESENDE, E.; BENAITER, P. R. *Gestão de clima organizacional*: uma ferramenta de melhoria contínua que leva em conta as pessoas. São Paulo: Enio Resende & Consultores Associados, 1997.

RIZZATTI, G.; COLOSSI, N. Clima organizacional da Universidade Federal de Santa Catarina – UFCS: uma contribuição para o programa UFSC da qualidade. In: SILVEIRA, Amélia; COLOSSI, Nelson; SOUSA, Cláudia Gonçalves de. *Administração universitária*: estudos brasileiros. Florianópolis: Insular, 1998 (Coleção Teses).

SANTOS, N. M. B. F. *Clima organizacional*: pesquisa e diagnóstico. São Paulo: Stiliano, 1999.

SBRAGIA, R. Um estudo empírico sobre o clima organizacional em instituições de pesquisa. *Revista de Administração*, São Paulo, v. 18, nº 2, p. 30-39, 1983.

SCHNEIDER, B. Organizational climates: an essay. *Personnel Psychology*, v. 28, p. 447-479 1975.

_____. Organizational behavior. *Annual Review of Psychology*, nº 36, p. 573-611, 1985.

_____. *Organizational climate and culture*. San Francisco, CA: Jossey-Bass, 1990.

_____; REICHERS, A. E. Climate and culture: an evolution of constructs. In: SCHNEIDER, B. *Organizational climate and culture*. San Francisco, CA: Jossey-Bass, 1990.

_____; HALL, D. T. Correlates of organizational identification as a function of career pattern and organizational type. *Administrative Science Quarterly*, v. 17, nº 3, p. 340-350, Sept. 1972.

SCHNEIDER, B; SNYDER, R. A. Some relationships between job satisfaction and organizational climate. *Journal of Applied Psychology*, v. 60, p. 318-328, 1975.

_____; WHITE, S. S. *Service quality*: research perspectives. Sage, 2004.

SROUR, R. H. *Poder, cultura e ética nas organizações*. 3. ed. Rio de Janeiro: Campus, 1998.

TACHIZAWA, T.; FERREIRA, V. C. P.; FORTUNA, A. A. M. *Gestão com pessoas*: uma abordagem aplicada às estratégias de negócios. Rio de Janeiro: Editora FGV, 2001 (Coleção FGV Negócios).

TAGIURI, R. The concept of organizational climate. In: TAGIURI, R.; LITWIN, G. H. (Org.). *Organizational climate:* explorations of a concept. Cambridge, MA: Division of Research, Graduate School of Business Administration, Harvard University, 1968. p. 1-2.

VELOSO, E. F. R.; NAKATA, L. E.; FISCHER, A. L.; DUTRA, J. S. *Pesquisas de clima organizacional*: o uso de categorias na construção metodológica e análise de resultados. In: XXXI Encontro da Anpad – ENANPAD, 2007. Rio de Janeiro. *Anais...* Rio de Janeiro: [s, n.], 2007.

WOODMAN, R. W.; KING, D. C. Organizational climate: science or folklore? *Academy of Management Review*, v. 3, nº 4, p. 816-826, 1978.

WOOLDRIDGE, B. R.; MINSKY, B. D. The role of cimate and socializatiom in developping interfuncional coordination. *The Learning Organization Bingley*, UK v. 9, nº 1, p. 29-38, 2002.

CAPÍTULO 18

Sistemas de Informação na Gestão de Pessoas

O QUE SERÁ VISTO NESTE CAPÍTULO

Caracterização de um sistema de informação na gestão de pessoas

- Importância e uso de um sistema de informação para aprimorar a gestão de pessoas.
- Componentes de um sistema de informação.
- Articulação do sistema de informação com as políticas e práticas de gestão de pessoas.

Utilização do sistema de informação pelas pessoas

- Responsabilidade das pessoas por atualizar seus dados.
- Orientação das pessoas em todos os aspectos relacionados aos seus interesses.
- Uso de tecnologias de interação com as pessoas.
- Suporte ao desenvolvimento profissional.
- Criação de serviços e facilidades.

Utilização do sistema de informação pela organização

- Suporte ao processo decisório sobre pessoas.
- Comunicação instantânea com todas as pessoas ou grupos.
- Prevenção de potenciais problemas na gestão de pessoas.
- Tendências no uso do sistema de informação.

QUE REFLEXÕES SERÃO ESTIMULADAS

- Qual a importância do sistema de informação para o aprimoramento das relações entre a organização e seus colaboradores?
- Como as pessoas podem utilizar o sistema de informação para o seu desenvolvimento profissional?
- Como o sistema de informação pode ser utilizado pela organização para agilizar a comunicação com seus colaboradores?

CONEXÕES COM O NOSSO COTIDIANO

Utilização do sistema de informação pelas pessoas

- Como posso me inteirar dos planos e da situação da organização onde atuo.
- Como posso refletir sobre a minha carreira e sobre o meu desenvolvimento a partir das informações oferecidas pela organização.

Utilização do sistema de informação pela organização

- Acesso às informações que dizem respeito a mim e ao meu trabalho.
- Decisões sobre as pessoas por parte da organização.

CONTEÚDOS ADICIONAIS

- Reflexões sobre o tema do capítulo através de casos.
- Saiba mais.
- Estudos de caso complementares.
- Questões para guiar a reflexão sobre o conteúdo do capítulo.
- Referências bibliográficas.

ESTUDO DE CASO

O Banco Laranjeiras tem atualmente 67.000 empregados, dos quais 86% atuando no Brasil. Há cinco anos, implantou um projeto arrojado de dados sobre os seus funcionários e sobre a gestão de pessoas em cada agência e em cada unidade administrativa.

O banco de dados dos funcionários é alimentado diretamente pelos sistemas de folha e previdência, de avaliação de desempenho, da universidade corporativa e pelo sistema de remuneração. Além dessa alimentação, o funcionário tem condições de atualizar seus dados. Essa informação só é aberta para sua chefia imediata, chefia mediata e pessoas credenciadas da área de gestão de pessoas.

O sistema de informação sobre a gestão de pessoas pode ser aberto pelos gerentes para comparar seus resultados com os de outras agências e unidades. O sistema agrega as informações da forma como o gestor quiser: por cidade, por estado, tamanho de agência, tipo de agência, localização das unidades administrativas ou tipo de unidade administrativa. A informação sobre a gestão de pessoas é a composição de vários indicadores. Alguns medidos mensalmente, tais como: assiduidade, afastamentos por saúde e acidentes de trabalho. Outros, trimestralmente, tais como: promoções e movimentação interna. E outros, anualmente: pesquisa de clima organizacional e satisfação com o trabalho.

A consolidação do sistema não foi simples, mas o fato de todas as decisões sobre as pessoas utilizarem o banco de dados fez com que as pessoas atualizassem seus dados e acompanhassem a veracidade das informações inseridas em seus dossiês. A indicação dos gerentes para processos de ascensão na carreira leva em conta os indicadores de gestão de pessoas, fazendo com que os gestores fiquem mais atentos e realizem ações para aprimoramento dos indicadores.

A equipe de gestão de pessoas relata que atualmente é possível contabilizar os seguintes ganhos e aprimoramentos:

- Maior velocidade para o preenchimento das posições com o pessoal interno.
- Insumos mais precisos para o planejamento de quadro.
- Aumento do nível de satisfação dos funcionários com o Banco e sua liderança.
- Atendimento mais rápido e efetivo às demandas das pessoas, principalmente as relacionadas a mudanças de área e de localidade.
- Percepção pelos funcionários de que seu desenvolvimento no Banco está mais alinhado às suas expectativas.
- Gestores assumindo seu papel na orientação e no desenvolvimento profissional dos integrantes de suas equipes.

O caso relatado é uma experiência interessante dos ganhos de um sistema de informação em uma organização complexa. Observamos ganhos em outros tipos de organização com sistemas de informação adequados ao seu tamanho e cultura. Ao analisarmos os custos desses sistemas ao longo dos anos no período de 2006 a 2015, percebemos redução e aumento dos recursos propostos. Acreditamos que essa seja uma tendência que permitirá maior disseminação deles.

CARACTERIZAÇÃO DE UM SISTEMA DE INFORMAÇÃO NA GESTÃO DE PESSOAS

Sistemas de informação na gestão de pessoas não são novidade. Desde o século XIX as organizações mantêm um cadastro das pessoas que nela trabalham, havendo registros de organizações inglesas e americanas que mantinham informações sobre as pessoas que nelas haviam trabalhado e do movimento de pessoas em seu interior. Esses controles foram aprimorados a partir da experiência militar na Segunda Guerra Mundial e posteriormente incorporados pelas organizações, principalmente as americanas. Até a década de 1980, os sistemas de informação tinham como objetivo o controle das pessoas por parte da organização.

Poucas multinacionais que se instalaram no Brasil tinham a preocupação de oferecer informações sobre a história, produtos, tamanho de suas operações no mundo para seus colaboradores. Essa postura de criar distância entre a organização e as pessoas era uma marca das organizações ocidentais que foi duramente golpeada com o rápido crescimento das indústrias japonesas no mercado europeu e no americano. A proposta de organização do trabalho e do relacionamento entre empregados e a organização era colaborativa.

> Atualmente, o sistema de informação se justifica para aprimorar o relacionamento entre as pessoas e a organização, de modo que as pessoas tenham informações imediatas sobre esta.

No Brasil, essa distância perdurou durante a década de 1980, influenciada por um governo militar até 1984 e um mercado fechado até 1990. A partir dos anos 1990, o processo de aproximação entre a organização e seus colaboradores foi lento. Algumas multinacionais, influenciadas pela mudança de postura em suas matrizes, implantaram práticas de compartilhamento de informações com os colaboradores, principalmente relacionados às questões de carreira, desenvolvimento e movimentação interna.

Nos anos 2000, já havia maior disposição das organizações em compartilhar informações com seus colaboradores, facilitada pelos avanços da tecnologia de comunicações e informações. Esses aspectos impulsionam uma mudança de modelo mental no relacionamento e no acesso aos sistemas de informação.

Importância e Uso de um Sistema de Informação para Aprimorar a Gestão de Pessoas

Atualmente, o sistema de informação se justifica para aprimorar o relacionamento entre as pessoas e a organização, de modo que as pessoas tenham informações imediatas sobre esta em todos aspectos que lhes interessam e a organização tenha informações completas sobre as pessoas para auxiliar as decisões sobre elas.

Através do sistema de informação, as pessoas têm acesso a tudo que possa lhes interessar, como: vagas em aberto para mobilidade interna, plano de carreira para verificar suas possibilidades de crescimento e informações sobre programas e ações de desenvolvimento oferecidos, além de informações sobre as operações e atividades da organização e seus planos para o futuro. De outro lado, a organização tem todas as informações sobre as pessoas para orientar suas decisões sobre elas, tais como: sua biografia profissional, ações de desenvolvimento realizadas, resultados de avaliações, expectativas de desenvolvimento e carreira e competências. Com base nas informações, tanto pessoas quanto organização podem encaminhar suas decisões com mais qualidade, construir expectativas realistas e aprimorar o diálogo.

O sistema de informação alimenta a organização com dados que auxiliam a gestão financeira, tais como: gastos com pessoas, distribuição das pessoas nas várias instalações e operações, orçamento e previsões de gastos com pessoas, passivo trabalhista.

As informações disponíveis no sistema podem ser classificadas nas seguintes categorias:

- **Dados cadastrais sobre as pessoas** – nas organizações mais maduras, são inseridos inicialmente pela organização e posteriormente atualizados pelas pessoas. Os dados trabalhados nesta categoria são informações pessoais, biografia profissional, posições ocupadas na organização, ações de desenvolvimento pelas quais a pessoa passou, projetos onde atuou, formação pessoal e profissional etc. O acesso aos dados é restrito. Têm acesso a própria pessoa, suas chefias imediata e mediata e profissionais autorizados na área de gestão de pessoas.

- **Dados sobre processos de avaliação** – o processo de avaliação gera os insumos, desse modo tanto pessoas quanto as chefias têm acesso ao histórico do desempenho. Esse histórico apresenta dados sobre resultados obtidos, desenvolvimento e comportamento. As avaliações colegiadas sobre potencial e possibilidades de desenvolvimento tendem a ser restritas para uso das chefias.

- **Dados sobre processos de avaliação externa** – para pessoas que ocupam ou têm potencial para ocupar posições críticas para a organização, podem ser realizadas avaliações por entidades ou profissionais especializados para complementar as informações sobre elas. Normalmente, esses dados são compartilhados com as pessoas envolvidas, mas seu acesso é restrito às chefias e área de gestão de pessoas.

- **Dados sobre a expectativa das pessoas e planos de desenvolvimento** – são registros inseridos pelas pessoas com supervisão de suas chefias. São informações históricas sobre as expectativas das pessoas e seus planos individuais de desenvolvimento.

> Nas organizações mais maduras, os dados são inseridos inicialmente pela organização e posteriormente atualizados pelas pessoas.

- **Dados sobre ocorrências** – são dados alimentados automaticamente por outros sistemas. Esses dados são referentes a ausências, afastamentos, viagens realizadas para trabalho, doenças, incidentes ou acidentes de trabalho em que a pessoa esteve envolvida etc.

Essas categorias de dados podem ser utilizadas pela organização e pelas pessoas nas situações apresentadas no Quadro 18.1.

QUADRO 18.1

Uso dos dados pela organização e pelas pessoas

CATEGORIA DE DADOS	USO PELA ORGANIZAÇÃO	USO PELAS PESSOAS
Cadastrais	Processo sucessório Planejamento do quadro de pessoas Movimentação interna Recrutamento interno	Construção de planos de desenvolvimento Reflexão sobre a carreira
Avaliação	Processo sucessório Recrutamento interno Movimentação interna Plano e orçamento de desenvolvimento	Relacionamento com as chefias Plano individual de desenvolvimento Expectativas de carreira
Avaliação externa	Processo sucessório Movimentação interna Recrutamento interno	
Expectativas e planos de desenvolvimento	Conciliação de expectativas Plano e orçamento em desenvolvimento	Construção de planos de desenvolvimento Reflexão sobre a carreira
Ocorrências	Processo sucessório Movimentação interna	

Componentes de um Sistema de Informação

O sistema de informação é composto por bancos de dados e por sistemas de interação entre a organização e as pessoas. Além disso, o sistema de informação que oferece suporte à gestão de pessoas é alimentado por outros sistemas. Podemos organizar o sistema de informação nos seguintes componentes:

- Banco de dados sobre as pessoas e sobre a organização.
- Sistemas interativos com as pessoas e com gestores e líderes.
- Interação com outras bases de dados da organização.

Com base nesses componentes, é possível encaminhar decisões e a geração de informações gerenciais para alimentar processos de sucessão, de planejamento orçamentário e de negócios, orçamento de ações de desenvolvimento etc.

Os bancos de dados dedicados às pessoas foram analisados no item anterior. Vamos agora analisar os bancos de dados com informações sobre a organização. Esses bancos de dados podem ser agrupados nas seguintes categorias:

- **Previsão de quadro** – com base em orçamento, planos de expansão ou retração da organização, planejamento de aposentadorias e histórico de rotatividade, é possível verificar a demanda por pessoas em termos quantitativos e qualitativos.
- **Previsões orçamentárias** – são os gastos previstos com o desenvolvimento de pessoas e com a massa salarial e que auxiliam os gestores a definirem prioridades em decisões sobre contratações, movimentações internas, gastos com desenvolvimento etc.

Os sistemas interativos com as pessoas mais comuns são os seguintes:

- **Sistemas de recrutamento interno** – esses sistemas podem receber outros nomes, tais como: mobilidade interna, oportunidades internas ou *job posting* (termo de origem americana que se incorporou no vocabulário de nossas organizações). Apresentam as vagas em aberto e, em algumas organizações, as que devem surgir no próximo mês. Para cada uma das vagas existem informações sobre suas características e exigências. As pessoas se inscrevem e começa o processo interno de seleção. As ocorrências nesses sistemas alimentam o banco de dados sobre a pessoa, transferindo-se informações sobre os processos de que a pessoa participou e os desdobramentos dessa participação.
- **Sistemas de carreira** – esses sistemas são raros nas organizações brasileiras, embora ocorram em mais de 30% das organizações europeias e americanas (FISCHER, 2015). Nesses sistemas, as pessoas podem simular seu desenvolvimento nas diversas trajetórias de carreira existentes na organização. Em algumas organizações europeias e americanas, os colaboradores têm o suporte de um centro de carreiras (*career center*) que oferece consultores e literatura para reflexão sobre a carreira.

> O sistema de informação é composto por bancos de dados e por sistemas de interação entre a organização e as pessoas.

Os sistemas interativos com os gestores mais comuns são os seguintes:

- **Banco integrado de dados sobre os membros da equipe** – nesses bancos, o gestor tem todas as informações sobre sua equipe. Esses dados ajudam nos processos de diálogo de desenvolvimento, em decisões sobre remuneração, promoção, retenção e/ou movimentação dos membros de sua equipe, em encaminhamentos para os processos de sucessão ou para a participação em projetos da organização e/ou negócio. As decisões sobre as pessoas são registradas nos bancos de dados.
- **Base orçamentária ligada às pessoas** – o gestor recebe pressões da organização para a obtenção de resultados e dos membros de sua equipe para reconhecimentos salariais, oportunidades profissionais ou ações de desenvolvimento. Os parâmetros orçamentários nunca são suficientes para atender a todas as demandas, cabe ao gestor estabelecer prioridades. Quanto mais bem aparelhado com informações, mais acertadas serão as suas decisões.

> A interação com outras bases de dados da organização oferece informações importantes que alimentam os dados sobre as pessoas e sobre a organização.

A interação com outras bases de dados da organização oferece informações importantes que alimentam os dados sobre as pessoas e sobre a organização, bem como oferecem elementos nos sistemas interativos com as pessoas e com os gestores. Os principais bancos de dados que alimentam o sistema de informação para gestão de pessoas são os seguintes:

- **Sistema de folha de pagamentos e benefícios** – esse sistema altera o banco de dados das pessoas na medida que seus dados cadastrais são alterados, como, por exemplo: novos dependentes, alterações salariais, alterações de centro de custos, afastamentos etc. Altera, também, as informações para acompanhamento orçamentário e de quadro de pessoas alocadas nas diferentes localidades e centros de custo.
- **Sistema contábil** – esse sistema alimenta o banco de dados relativos ao orçamento de gestão de pessoas quando são realizadas despesas de treinamento, viagens, movimentação interna etc.

Articulação do Sistema de Informação com as Políticas e Práticas de Gestão de Pessoas

A partir de 2015, tornou-se comum receber relatos das organizações sobre o uso da base de dados para a gestão estratégica de gestão de pessoas. Um exemplo foi oferecido pelo vice-presidente de Gestão de Pessoas de uma grande multinacional que opera no Brasil, afirmando que o cruzamento de informações ajudou a organização a rever crenças. Um grande banco brasileiro desenvolveu três bases de dados que interagem para auxiliar as tomadas de decisão: a primeira é ligada aos indicadores de *performance* das agências e áreas do banco, a segunda é relativa à segurança das operações e a terceira é composta por indicadores da gestão de pessoas. O cruzamento dessas informações revelou uma relação positiva entre a boa gestão de pessoas e a *performance* das agências.

Os sistemas de computação cognitiva e inteligência artificial permitem o trabalho com a base de dados que antes era impensável. A maior parte das organizações possui essas bases de dados e não consegue utilizá-las para auxiliar na tomada de decisões ou para um direcionamento estratégico da gestão de pessoas.

Essa base de dados pode ser auxiliar, também, na avaliação da efetividade de políticas e práticas de gestão de pessoas. Podemos citar como exemplos desse tipo de avaliação:

- Verificação da capacidade de atração e retenção por parte da organização, avaliando a rotatividade em termos qualitativos. Com base nessas informações, pode-se verificar onde está centrada a rotatividade. Como ilustração, ao analisarmos empresas do setor siderúrgico, verificamos a incapacidade dessas organizações em reter jovens engenheiros nos anos de 2010 a 2012. A rotatividade estava concentrada em pessoas com menos de três anos nas organizações.

- Análise das características da população com melhor *performance*. Com base no sistema de avaliação, é possível confrontar os resultados obtidos pelas pessoas com seu desenvolvimento e comportamento. É possível também verificar qual é o perfil de liderança mais efetivo, qual o perfil de idade, gênero e instrução das pessoas com melhor resposta para a organização e assim por diante. As informações da avaliação podem ser muito importantes para orientar as políticas e práticas de gestão de pessoas.

- Discussão sobre a efetividade da massa salarial. Uma análise interessante é verificar qual o posicionamento salarial das pessoas frente ao ponto médio das faixas salariais. Essa análise pode demonstrar os principais pontos de fragilidade da organização, bem como orientar onde alocar as verbas para aumentos salariais.

UTILIZAÇÃO DO SISTEMA DE INFORMAÇÃO PELAS PESSOAS

Responsabilidade das Pessoas por Atualizar seus Dados

Nas organizações com sistemas mais modernos, as pessoas são responsáveis pela atualização e pela veracidade dos dados em seus cadastros. Na medida em que elas realizam um novo curso ou vivem uma nova experiência ou ainda têm um novo filho, essas informações devem ser incorporadas ao cadastro. Na medida em que a organização utiliza o cadastro para decisões sobre as pessoas, estas tendem a se esmerar em mantê-lo atualizado. O banco de dados sobre pessoas perde sua credibilidade e utilidade na medida em que não seja utilizado nas decisões ou ações.

A atualização dos dados através da interação com outros sistemas, como, por exemplo, o de folha de pagamentos, é mais lento e pouco abrangente. Uma boa parte das informações cadastrais, estimamos em 65%, tem como única fonte a própria pessoa. Caso não haja um estímulo para a manutenção das bases atualizadas, isso não ocorrerá. Tivemos a oportunidade de acompanhar a implantação de um sistema de informação em uma grande empresa brasileira. O vice-presidente de Gestão de Pessoas conseguiu mobilizar todo o corpo diretivo em uma campanha para estimular os colaboradores a atualizarem seus dados. Em todas as reuniões o assunto estava na agenda, nos encontros com os colaboradores havia um apelo para a atualização, todas as decisões sobre ações de desenvolvimento ou remuneração só ocorriam se a pessoa envolvida estivesse com seu cadastro atualizado e assim por diante. Foi interessante assistir a uma mudança de postura em menos de um ano. Nos primeiros encontros com os colaboradores, quando pedíamos que as pessoas que já haviam atualizado seus dados levantassem a mão, poucas sinalizavam positivamente; seis meses depois, eram mais de 50% e, depois de um ano, quase a totalidade.

Realizar uma mudança de cultura não é algo simples. Exige um movimento articulado de toda a organização. Mas, uma vez implantada, facilita muito o relacionamento entre pessoas e organização. Por essa razão, tal processo deve ter mão dupla: se de um lado há participação das pessoas na atualização de seus dados, de outro a organização deve disponibilizar as informações de interesse das pessoas.

> Na medida em que as informações mais importantes para as pessoas estão ao seu alcance, isso gera uma relação de confiança e segurança.

Orientação das Pessoas em Todos os Aspectos Relacionados aos Seus Interesses

Na medida em que as informações mais importantes para as pessoas estão ao seu alcance, isso gera uma relação de confiança e segurança. As pessoas desenvolvem uma relação de compromisso com a organização e conseguem trabalhar suas expectativas em bases realistas. A falta de informações gera insegurança e expectativas fantasiosas em relação ao futuro na organização. Na medida em que essas expectativas não se concretizam, há grande decepção das pessoas afetando seu compromisso e a ligação afetiva com seu trabalho.

As informações de interesse das pessoas estão relacionadas ao seu dia a dia e ao seu futuro na organização. Podemos listar como principais informações de interesse das pessoas as seguintes:

- **Trajetória de carreira** – as possibilidades de ascensão vertical em sua trajetória ou a movimentação lateral para outras trajetórias são informações cruciais para as pessoas. Em nossas pesquisas sobre clima, verificamos que são consideradas as mais importantes. As informações devem estimular no colaborador seu protagonismo na gestão do desenvolvimento e da carreira. Para tanto, ele pode simular e construir sua carreira na organização, pode discutir sua carreira com colegas, gestores ou profissionais de gestão de pessoas. O sistema deve proporcionar, também, a condição para que a pessoa se prepare para os futuros passos em sua carreira. Para que isso seja possível, é necessário que tenha credibilidade, ou seja, o colaborador, ao ter acesso às políticas de mobilidade, pode cobrar coerência e consistência do sistema de gestão de carreiras.

- **Gestão de remuneração** – as políticas para mobilidade horizontal, na mesma faixa salarial, ou vertical, com a mudança para uma faixa salarial superior, devem ser claras e coerentes. Algumas organizações divulgam as faixas salariais, desse modo a pessoa sabe em que faixa se encontra e o que necessita para aspirar a uma mudança de patamar salarial.

- **Oportunidades internas** – divulgação das vagas em aberto e requisitos necessários para preenchê-las. A maior parte das organizações que têm uma cultura de mobilidade disponibiliza em sua rede interna um centro de informações, onde as pessoas interessadas podem ter acesso, através da internet ou telefone, a detalhes das vagas em aberto. Nesses centros, encontrarão gente preparada que pode aprofundar informações ou esclarecer dúvidas.

- **Planos para o futuro da organização** – as pessoas têm muito interesse em saber o que a organização está planejando para o seu futuro em termos de expansão ou retração, novos mercados e áreas de atuação e assim por diante.

Uso de Tecnologias de Interação com as Pessoas

As formas de comunicação e de acesso às informações podem variar de organização para organização em função da localização e do tipo de atividade. Observamos, entretanto, uma convergência para o uso do celular como principal instrumento. As organizações estão se mobilizando no sentido de oferecer a maior facilidade possível para as pessoas acessarem as informações de seu interesse.

> As organizações estão se mobilizando no sentido de oferecer a maior facilidade possível para as pessoas acessarem as informações de seu interesse.

As novas tecnologias criam várias possibilidades de interação. Alguns aplicativos ajudam as pessoas, em função do seu perfil de demanda, no uso das informações disponíveis, assim como esclarecem a organização sobre a intensidade e a forma de uso dos bancos de dados, possibilitando seu aprimoramento e melhor adequação às necessidades das pessoas.

As possibilidades de análise inteligente das informações disponíveis para as pessoas e para a organização viabilizam um diálogo mais profundo e a criação de alternativas para conciliação de expectativas inviáveis com as tecnologias convencionais.

Suporte ao Desenvolvimento Profissional

A tecnologia possibilita o estímulo ao protagonismo da pessoa em relação ao seu desenvolvimento. Essa é uma questão central. As organizações podem utilizar a tecnologia e os dados disponíveis dentro do mesmo modelo mental que balizou a gestão de pessoas: ênfase no controle com uma postura paternalista e autoritária, onde a pessoa é o objeto do controle. No contexto atual e no que se desenha para o futuro, essa postura levará pessoas e organização em sentidos opostos.

É necessário acreditar na capacidade das pessoas de discutir seu futuro e de assumir as rédeas de seu desenvolvimento. Se existe essa crença, o desenho dos sistemas de informação e de gestão de pessoas necessita tê-la como diretriz. Desse modo, será criada a ruptura necessária com as formas tradicionais de gestão de pessoas.

As pessoas são, portanto, as responsáveis pelo seu desenvolvimento, cabendo à organização e às lideranças ajudá-las nesse processo. Os sistemas de informação devem proporcionar às pessoas todas as condições para que possam construir expectativas e desenhar objetivos, bem como para buscar ajuda e esclarecimentos quando sentirem necessidade.

Criação de Serviços e Facilidades

Para ajudar as pessoas, podem ser criados serviços e facilidades, os quais podem ser acionados através do sistema de gestão de pessoas ou já estarem inseridos no próprio sistema de informação.

Para o desenvolvimento da pessoa, sua liderança ou chefia imediata é sempre o recurso de apoio principal, mas podem existir serviços de apoio complementares, tais como: centros de informação para aprofundamento ou esclarecimentos das informações disponíveis no sistema, aconselhamento para suporte na discussão sobre alternativas ou para trabalhar um momento de crise na carreira, *sites* com informações adicionais ou com literatura para aprofundamento nos temas de interesse da pessoa.

> As pessoas devem se sentir confortáveis e seguras para refletir sobre seu desenvolvimento e o futuro de sua relação com a organização, bem como para dialogar sobre o assunto.

As pessoas devem se sentir confortáveis e seguras para refletir sobre seu desenvolvimento e o futuro de sua relação com a organização, bem como para dialogar sobre o assunto. Caso existam mecanismos de controle ou qualquer tipo de discriminação, as pessoas não se sentirão confortáveis para discutir seu futuro. Nesse caso, serão perdidas oportunidades de sinergia.

Friedman, Christensen e Degroot (2001) assinalam a importância do suporte à pessoa inteira, olhando não apenas para o seu aprimoramento profissional, mas para também o seu desenvolvimento integral. Em suas pesquisas, verificaram que as organizações e os gestores que adotaram essa postura obtiveram ganhos significativos para a organização e para as pessoas de suas equipes.

UTILIZAÇÃO DO SISTEMA DE INFORMAÇÃO PELA ORGANIZAÇÃO

Nossa cultura e experiência, até aqui, criaram uma tentação para as nossas organizações difícil de resistir: usar o sistema de informação para controlar as pessoas, para manipulá-las a partir do conhecimento de suas necessidades e expectativas, para obter uma obediência cega às suas determinações e/ou para cooptá-las para seus propósitos e objetivos. O que parece tentador oferece um grande risco para as organizações e pessoas. Do lado das organizações, se perderá a capacidade de inovação e empreendedorismo para fazer frente a um contexto competitivo e exigente; do lado das pessoas, perderão a condição de arbitrar seu destino, sem ter consciência disso. Entretanto, em determinado momento, quando ganharem essa consciência, ficarão muito magoadas consigo mesmas e com a organização.

Essa reflexão é importante por ser um divisor de águas na gestão de pessoas. Boa parte da literatura nacional e internacional sobre a gestão de pessoas trata o sistema de informação como um instrumental a serviço da organização e de seus dirigentes. Nesta parte do capítulo, vamos discutir o uso do sistema de informação pela organização. Verificaremos que a organização passará a ter informações detalhadas das pessoas e poderá utilizá-las para construir uma relação de crescimento mútuo com elas ou para subjugá-las.

Suporte ao Processo Decisório sobre Pessoas

Armstrong (2007:892) apresenta pesquisa realizada pelo Institute of Personnel and Development (IPD, 1999) sobre o uso da tecnologia de informação para melhorar a comunicação com seus colaboradores e aprimorar seu processo decisório. Foram encontradas as dificuldades apontadas no Quadro 18.2. As soluções que estavam sendo trabalhadas pelas organizações pesquisada são, também, apresentadas nesse quadro.

QUADRO 18.2

Sistemas de Informação: problemas e soluções

PROBLEMA	SOLUÇÃO
Baixa qualidade dos dados	Treinamento e acompanhamento dos gestores do sistema para propiciar maior acurácia dos dados gerados
Usuários com lacunas de compreensão sobre o uso do sistema	Treinamento dos usuários, cobrindo os seguintes conteúdos: ■ Origem dos dados – quem os provê e de que forma ■ Como o conjunto dos dados pode ser trabalhado ■ Interfaces com outros sistemas de informação
Codificação dos dados inadequada, dificultando a produção de relatórios	Definição mais precisa da codificação dos dados e treinamento para os operadores do sistema
Confusão nos papéis e responsabilidades para gerar informações	Aprimoramento na definição de responsabilidade e treinamento dos operadores e usuários do sistema Criação de uma central de orientação
Insatisfação com os resultados oferecidos pelos sistemas	Revisão da apresentação das informações, tendo como base o *feedback* dos usuários Acompanhamento do nível de satisfação dos usuários com o sistema

Fonte: Armstrong (2007).

Embora se trate de uma pesquisa realizada na Inglaterra no final da década de 1990, observamos em nossas organizações dificuldades semelhantes. Os sistemas de informação têm um potencial grande para auxiliar as organizações no aprimoramento da gestão de pessoas, mas existe a necessidade de trabalhar resistências das pessoas e dos gestores para sua implantação.

No mesmo levantamento, Armstrong (2007) indica os ganhos obtidos pelas organizações que haviam conseguido superar as dificuldades. Entre os ganhos obtidos, destaca os seguintes:

- Alinhamento dos investimentos nas pessoas com a estratégia da organização e/ou do negócio.
- Familiaridade dos gestores e das pessoas com o uso da tecnologia.
- Maior eficiência das ações e dos investimentos observando necessidades individualizadas.

> Os sistemas de informação têm um potencial grande para auxiliar as organizações no aprimoramento da gestão de pessoas, mas existe a necessidade de trabalhar resistências das pessoas e dos gestores para sua implantação.

> As novas tecnologias permitem uma comunicação instantânea com os colaboradores e destes com a organização.

- Maiores efetividade e velocidade nos relatórios gerados.
- Percepção pelas pessoas e pelos gestores de ganhos na gestão de pessoas e na *performance* da organização.

A busca por maior efetividade dos sistemas de informação exige um trabalho contínuo de aperfeiçoamento envolvendo operadores do sistema e seus usuários. O levantamento realizado pelo IPD (1999) mostrou que uma falha comum dos sistemas foi sua construção com participação parcial de gestores e usuários. Os sistemas de informação para gestão de pessoas devem ser uma produção coletiva e viva, ou seja, sempre recebendo sugestões de aprimoramento.

Comunicação Instantânea com Todas as Pessoas ou Grupos

As novas tecnologias permitem uma comunicação instantânea com os colaboradores e destes com a organização. Apesar dessa facilidade, as organizações de forma geral têm dificuldades de se comunicar com seus colaboradores. Por essa razão, é importante observar alguns cuidados (ARMSTRONG, 2007):

- Clareza das informações que queremos transmitir. Para tanto, é importante focar de modo objetivo o principal conteúdo a ser transmitido e utilizar uma linguagem simples para ser acessível a todas as pessoas. Outra recomendação é a utilização de textos curtos. Muitas vezes, é interessante dividir o conteúdo em mais de um movimento de comunicação.
- A comunicação será efetiva quando for ao encontro das expectativas de informação das pessoas, ou seja, é importante ajudar as pessoas a perceberem sua conexão com o que está sendo comunicado. O conteúdo da comunicação deve ser oferecido no tempo adequado, para evitar informações que já são de domínio público e um conteúdo que adicione pouca coisa ao que já se sabe, ao que já se conhece.
- O processo de comunicação é de dupla mão. Recomenda-se verificar as reações geradas pela comunicação e oferecer canais para manifestações dos colaboradores, posicionando-se em relação ao conteúdo ou solicitando maiores esclarecimentos.

A comunicação pode ser dirigida para diferentes públicos e deve atender as demandas de cada público. Por essa razão, a mesma informação, ao ser transmitida, deve utilizar diferentes linguagens e meios. Ou seja, o canal usado para transportar uma mensagem do emissor ao receptor – internet, televisão, rádio, jornais, revistas, telefone celular – deve ser o mais adequado para o público que se quer atingir. Por exemplo, quando uma comunicação procura transmitir às pessoas uma ação ou comportamento esperado pela organização, o uso de imagens ou figuras provoca maior facilidade de absorção do conteúdo da mensagem.

Armstrong (2007) aponta alguns exemplos de comunicação voltada para os gestores, para o público interno e para o externo, conforme mostra o Quadro 18.3.

QUADRO 18.3
Áreas de comunicação e seus objetivos

DESTINO	ÁREAS DE COMUNICAÇÃO	OBJETIVOS DA COMUNICAÇÃO
GESTORES	Comunicação para baixo ou para os lados com objetivos corporativos ou funcionais, políticas, planos ou orçamentos para as pessoas responsáveis por sua implantação.	Garantir que gestores, supervisores, coordenadores e/ou líderes recebam a informação de forma clara, completa e no tempo adequado e percebam as expectativas da organização em relação ao seu trabalho.
	Instruções para baixo sobre expectativas de cuidados em decisões e/ou de ações a serem implantadas pela organização e/ou negócio.	Garantir que as instruções sejam claras e precisas, além de estimular e criar motivação para que as pessoas as executem.

QUADRO 18.3
(Continuação)

DESTINO	ÁREAS DE COMUNICAÇÃO	OBJETIVOS DA COMUNICAÇÃO
GESTORES	Comunicação para cima e para os lados sobre propostas, sugestões e/ou comentários sobre objetivos corporativos ou funcionais, políticas, planos ou orçamentos de quem é responsável por sua implantação.	Garantir que gestores, supervisores, coordenadores e/ou líderes tenham condições de analisar as demandas sobre seus trabalhos para influenciar suas chefias sobre adequação e melhor forma de implantar objetivos, políticas, planos e/ou orçamentos.
	Comunicação para cima e para os lados sobre informações gerenciais sobre *performance* e resultados.	Garantir autonomia para gestores, supervisores, coordenadores e/ou líderes para implantar decisões e ações, bem como de acompanhar e monitorar resultados e decidir sobre medidas corretivas.
PÚBLICO INTERNO	Comunicação para baixo de informações relevantes sobre a organização e informações sobre planos, políticas e *performance* da organização e/ou negócios.	Garantir que todos os colaboradores estejam devidamente informados sobre todas as questões que os afetam e estimular uma relação de confiança e compromisso.
	Comunicação para cima sobre comentários e reações dos colaboradores em relação ao que está sendo proposto pela organização e/ou negócio e como isso os afeta.	Garantir que todos os colaboradores tenham voz e manifestem sugestões, medos e comentários sobre os impactos das propostas da organização e/ou negócio.
PÚBLICO EXTERNO	Receber e analisar informações provenientes do ambiente externo que possam afetar os interesses da organização e/ou negócio.	Garantir que a organização esteja totalmente alerta para toda a informação que possa afetar seus interesses em diferentes esferas, tais como; legislação, mercado, tecnologia ou finanças.
	Apresentar informações sobre a organização e seus produtos para todos os públicos com os quais se relaciona, tais como: consumidores/clientes, governo, sociedade etc.	Exercer influência junto aos diferentes públicos com os quais se relaciona, buscando criar uma imagem positiva.

Fonte: Armstrong (2007).

Outro aspecto a ser considerado é o melhor veículo ou canal de comunicação a ser utilizado. Normalmente, a escolha leva em conta o teor da comunicação, seu conteúdo e impacto sobre as pessoas. Podemos agrupar os veículos e canais nas categorias descritas no Quadro 18.4.

QUADRO 18.4
Veículos e canais de comunicação

CATEGORIA	VEÍCULOS/CANAIS DE COMUNICAÇÃO	CARACTERÍSTICAS
SIMPLES E DE GRANDE AMPLITUDE	Para atingir todo o conjunto dos colaboradores, pode ser utilizado um *banner* na intranet e ou mensagem no telefone celular. Para as pessoas que atuam em atividades operacionais, um *banner* no local de trabalho e/ou um panfleto.	Nesses casos, usar uma frase que chama a atenção das pessoas para que busquem informações mais detalhadas em outros veículos.
SIMPLES PARA PÚBLICO RESTRITO	Comunicado impresso enviado pelo correio interno ou externo ou enviado através de intranet ou internet.	O comunicado deve ser direto e objetivo, indicando como o receptor pode obter mais informações.

QUADRO 18.4

(Continuação).

CATEGORIA	VEÍCULOS/CANAIS DE COMUNICAÇÃO	CARACTERÍSTICAS
SIMPLES PARA PÚBLICO RESTRITO	Telefonema com mensagem gravada ou de pessoa com credibilidade em relação ao conteúdo a ser informado.	A mensagem deve ser objetiva, informando o conteúdo e seu contexto.
COMPLEXA DE GRANDE AMPLITUDE	Revista ou publicações regulares da organização.	Conteúdo explicativo com uma visão de contexto. Esse veículo é interessante quando a informação oferece uma visão positiva da organização, porque não fica restrito aos colaboradores, é lido por familiares e pessoas que mantêm algum tipo de relação com a organização.
	Boletim ou folheto.	Conteúdo explicativo com uma visão de contexto, destinado a um uso mais interno pela organização.
	Cartilhas.	O conteúdo e o contexto são apresentados de forma didática com o uso de figuras e linguagem acessível, usada principalmente quando recomendam-se procedimentos e explica-se o passo a passo.
COMPLEXA PARA PÚBLICO RESTRITO	Comunicação formal distribuída pelo correio interno ou externo ou enviado através de intranet ou internet.	A comunicação deve ser direta e objetiva, indicando como o receptor pode obter mais informações.

Prevenção de Potenciais Problemas na Gestão de Pessoas

O sistema de informação tem como importante propósito prevenir problemas na gestão de pessoas na medida em que pode, a partir da análise das manifestações dos colaboradores ou dos gestores e através do cruzamento de dados, antever disfunções, insatisfações e/ou conflitos de interesse. Vamos discutir, nesta parte do capítulo, como problemas podem ser prevenidos a partir do sistema de informação.

Os sistemas de informação são fontes importantes para antever problemas nos seguintes aspectos:

- Como canal de comunicação entre a pessoa e a organização, podendo apresentar: sugestões de aprimoramento, críticas, relato de desconforto pessoal ou de grupos dentro da organização etc.
- Frequência de acesso aos bancos de dados ou programas interativos que compõem o sistema de informação. Através da quantidade de acessos, do perfil das pessoas que acessam, ações desenvolvidas durante os acessos e resultados obtidos, é possível obter indicativos das principais preocupações ou principais alvos de atenção das pessoas.
- Cruzamento de dados entre os bancos de dados e os programas interativos. É possível verificar que determinados grupos de pessoas têm queixas semelhantes ou apresentam sugestões de mesma natureza, procuram programas de treinamento etc.

> O sistema de informação tem como importante propósito prevenir problemas na gestão de pessoas.

Tendências no Uso do Sistema de Informação

O uso dos sistemas de informação está em uma fase inicial tanto no que se refere ao seu uso pela organização e pelas pessoas, quanto na oferta de serviços pelo mercado. Acreditamos que seu potencial é muito grande quando incorporamos inteligência artificial para ajudar a organização em suas decisões sobre as pessoas e em seu posicionamento estratégico na gestão de pessoas. Temos um grande potencial, também, para ajudar as pessoas no posicionamento em relação à sua carreira e ao seu desenvolvimento.

Podemos antever os seguintes avanços nos sistemas de informação:

- Ampliação da base de dados com o envolvimento das pessoas em sua atualização e uso para decisões profissionais e pessoais.
- Criação de cruzamentos regulares de dados para orientar decisões estratégicas e do dia a dia da gestão de pessoas.
- Construção de relatórios gerenciais regulares e customizados para as necessidades de cada gestor e para a condução estratégica da organização.
- Trabalho cooperativo entre organizações para aprimoramento do sistema de informação.

Resumo e Implicações para o Aprendizado sobre Gestão de Pessoas

O propósito deste capítulo foi o de estimular uma reflexão sobre a importância dos sistemas de informação no aprimoramento da gestão de pessoas. Para tanto, procuramos caracterizar esses sistemas e sua utilização pelas organizações contemporâneas. Em seguida, registramos a forma com que esses sistemas podem ser apropriados pelas pessoas e pelas organizações. Finalmente, procuramos analisar as tendências dos sistemas de informação na gestão de pessoas.

As principais implicações para o aprendizado sobre a gestão de pessoas podem ser resumidas em:

- Aprimoramento das relações entre organização e pessoas através dos sistemas de informação.
- Tipos e vantagens da interação entre as pessoas e os sistemas de informação.
- Agilização da comunicação entre a organização e as pessoas propiciada pelos sistemas de informação.

QUESTÕES

Questões para fixação

1. Qual a importância dos sistemas de informação para o aprimoramento da gestão de pessoas?
2. Quais são os componentes de um sistema de informação?
3. Qual é a responsabilidade da pessoa em relação ao sistema de informação?
4. Qual é o impacto do sistema de informação sobre as pessoas?

Questões para desenvolvimento

1. Quais são as implicações do uso de novas tecnologias na relação entre a organização e as pessoas?
2. Quais são as tendências dos sistemas de informação?

ESTUDO DE CASO E EXERCÍCIOS

A Quanto Posso Ganhar é uma *startup* especializada em pesquisa de mercado para medir remuneração. Sua base de dados foi alimentada por pesquisas salariais de vários setores da economia com base em complexidade das posições, por cargos e por grupo de cargos.

Ao consultar o *site*, a pessoa necessita preencher um questionário que permite ao sistema classificar sua ocupação em termos de complexidade, cargo e grupo de cargo. Ao preencher os dados, a pessoa deve informar seu salário mensal, remuneração variável, benefícios e data de dissídio coletivo (data em que o sindicato da categoria negocia a reposição da inflação). A partir daí, o aplicativo calcula seu posicionamento no mercado de trabalho por setor de atividade e por região e/ou localidade, analisando seus ganhos fixos, variável e benefícios.

As pessoas, ao entrarem no sistema, geram uma atualização dos dados, pois as informações prestadas alimentam a pesquisa de mercado.

Atualmente, a *startup* comercializa pesquisas de mercado para empresas para vários setores.

A Quanto Posso Ganhar virou uma febre e uma dor de cabeça para as organizações, na medida em que as pessoas têm acesso a informações precisas de seu posicionamento no mercado.

Questões:

1. Como as organizações devem se posicionar frente a essa febre no mercado?
2. Quais são as possíveis tendências frente ao aumento do nível de informações das pessoas acerca do mercado de trabalho?

REFERÊNCIAS

ARMSTRONG, M. *Handbook of human resources management practice*. London: Kogan Page, 2007.

FISCHER, André Luiz. *As configurações de práticas de gestão de recursos humanos adotadas por um conjunto de empresas brasileiras e suas relações com o desempenho organizacional*. 2015. Tese (Livre-docência) – Faculdade de Economia, Administração e Ciências Contábeis (FEA) da Universidade de São Paulo, São Paulo.

FRIEDMAN, S. D.; CHRISTENSEN, P.; DEGROOT, J. Trabalho e vida pessoal: o fim do jogo soma zero. *Harvard Business Review*, ed. Trabalho e vida pessoal, Rio de Janeiro: Campus, 2001.

INSTITUTE OF PERSONNEL AND DEVOPMENT. *The IPD guide using your computerised personnel effectively*. London: IPD, 1999.

CAPÍTULO 19

Responsabilidade Social e Ambiental

O QUE SERÁ VISTO NESTE CAPÍTULO

Desenvolvimento organizacional × responsabilidade social e ambiental

- Como se caracteriza a responsabilidade social e ambiental da organização no Brasil.
- Impactos sobre o desenvolvimento organizacional.
- Impactos sobre as pessoas direta e indiretamente ligadas à organização.

Criação de significado para o trabalho

- Responsabilidade social e ambiental × significado para o trabalho.
- Responsabilidade social e ambiental como formas de construção de carreiras complementares para os colaboradores da organização.

Gestão de pessoas × responsabilidade social e ambiental

- Aprimoramento da gestão de pessoas através da responsabilidade da organização com as questões sociais e ambientais.
- Processo desenvolvido de dentro para fora da organização.
- Expansão das fronteiras organizacionais através da responsabilidade social e ambiental.

QUE REFLEXÕES SERÃO ESTIMULADAS

- Qual o impacto do investimento em responsabilidade social e ambiental no desenvolvimento organizacional?
- Quais ligações existem entre as práticas de responsabilidade social e ambiental no nível de comprometimento das pessoas com a organização?
- Através de que caminhos a responsabilidade social e ambiental estimula e cria condições concretas para o aprimoramento da gestão de pessoas?

CONEXÕES COM O NOSSO COTIDIANO

Desenvolvimento organizacional × responsabilidade social e ambiental

- Como posso utilizar minhas ações em organizações ou iniciativas filantrópicas para o meu desenvolvimento.
- Como posso auxiliar o desenvolvimento da organização onde atuo com iniciativas minhas em responsabilidade social e ambiental.

Gestão de pessoas × responsabilidade social e ambiental

- Como posso ampliar minha rede de relacionamento em ações filantrópicas.
- Como posso ampliar minha visão de oportunidades profissionais ao olhar para fora da organização.

CONTEÚDOS ADICIONAIS

- Reflexões sobre o tema do capítulo através de casos.
- Saiba mais.
- Estudos de caso complementares.
- Questões para guiar a reflexão sobre o conteúdo do capítulo.
- Referências bibliográficas.

ESTUDO DE CASO

A Agricultura do Futuro é uma indústria produtora de implementos agrícolas reconhecida internacionalmente. A organização é responsável por 68% dos empregos na cidade onde está instalada e é muito querida por toda a população graças à sua preocupação com o bem-estar de todos e com a preservação do meio ambiente.

A organização teve seu início no final da década de 1930 com um jovem empreendedor da cidade e, quando foi passada para as mãos da segunda geração, nos anos 1980, já era reconhecida como a principal empresa no setor dentro na América Latina. A segunda geração ampliou a atuação internacional da organização, expandindo o mercado e levando operações para fora do Brasil. Nos anos 1990, houve uma grande reestruturação da organização com a criação de um Conselho de Família para cuidar do seu patrimônio e de um Conselho de Administração para cuidar da organização. Nesse processo, ocorreu a profissionalização da gestão e, atualmente, está assumindo a gestão do Conselho de Administração a terceira geração, preparada ao longo da primeira década dos anos 2000.

Tanto o fundador quanto seus filhos sempre viveram na cidade onde se concentram as operações da Agricultura do Futuro e os membros da terceira geração que hoje a comandam também ali vivem. Essa ligação com a cidade e sua população foi importante nas ações de responsabilidade social e ambiental que sempre existiram, desde o início da organização, como forma de retribuição e de amor à cidade e à sua população.

Essa parceria entre a Agricultura do Futuro, governantes da cidade, organizações da sociedade civil e população tem gerado resultados importantes, tais como:

- Educação – inexistência de analfabetismo e as escolas da cidade, que estão com os melhores índices de avaliação do país.
- Qualidade de vida – um dos melhores índices de qualidade de vida no Brasil.
- Saúde – todos os indicadores estão no quartil superior entre as cidades brasileiras.
- Saneamento – cem por cento das residências têm água e esgoto tratados.
- Coleta de lixo seletiva em toda a cidade, com educação permanente de toda a população.

Essa preocupação era uma prioridade do fundador e foi passada para seus filhos e netos, os quais foram educados nas escolas da cidade e sempre viveram intensamente o seu dia a dia. O relato do fundador, quando vivo, e da segunda geração é que esse processo de respeito e cuidado com as pessoas e com o meio ambiente foi sempre grande estímulo à superação e à busca de um crescimento contínuo.

A organização procura ter o mesmo comportamento nas cidades onde estão suas instalações fora do Brasil e observa resultados semelhantes e, em todas as localidades, um grande orgulho de pertencer à Agricultura do Futuro.

O caso relatado foi inspirado em duas experiências reais de empresas brasileiras, uma atuando no interior do Estado de São Paulo e outra no interior do Estado de Santa Catarina. Os dois casos são exemplares pela preocupação natural de seus proprietários e gestores com o bem-estar da comunidade onde estavam instalados. Com o passar do tempo, esse processo foi melhor estruturado e, posteriormente, profissionalizado. Nos relatos das pessoas que viveram esses dois casos há um ponto em comum: o quanto as pessoas que trabalhavam ou que se relacionavam com a organização apoiaram com estímulos e dedicação de tempo e energia quando elas atravessaram momentos de crise e momentos difíceis que ameaçaram a sua existência.

Essa relação íntima com as pessoas foi sempre um estímulo ao crescimento e, principalmente, à manutenção do foco no que era essencial, sem se deixar perder nos aspectos insignificantes.

DESENVOLVIMENTO ORGANIZACIONAL × RESPONSABILIDADE SOCIAL E AMBIENTAL

Nos últimos anos, a sociedade está cada vez mais consciente da necessidade de construir um pacto para preservar nosso planeta. As organizações, em particular, iniciam seu engajamento nesse movimento. Algumas delas já vinham desenvolvendo ao longo das últimas décadas movimentos importantes de responsabilidade social, fundamental em um país com tantas pessoas carentes como o nosso.

Mais recentemente, essas organizações ampliaram o movimento para a responsabilidade social e ambiental, a qual vem ganhando espaço no Brasil debaixo de diferentes bandeiras: sustentabilidade, produção limpa, preservação ambiental etc. Nesse processo, qual é o nível de envolvimento da organização? Trata-se de um discurso bonito desconectado da prática? Ou é um movimento que abrange e envolve a empresa de forma global, seus fornecedores, comunidade, pessoas direta e indiretamente ligadas? A busca por coerência entre discurso e prática implica a construção de um pacto que afeta o comportamento de todos, desde a coleta seletiva do lixo até o desenvolvimento de fornecedores nacionais e internacionais.

A necessidade de mobilização da organização em um novo padrão comportamental implica um movimento de transformação cultural. No bojo dessa transformação, podem ser pensados vários aspectos que abraçam não somente os assuntos ligados à questão ambiental. Podem ser trabalhados aspectos vinculados a vários pontos que permitem o desenvolvimento das pessoas e da organização. Em outras palavras, a questão ambiental pode ser o fio condutor para um movimento de desenvolvimento organizacional abrangente, repensando produtos, processos, relacionamento com o mercado e com a comunidade, organização do trabalho e contrato psicológico entre as pessoas e a organização.

> A questão ambiental pode ser o fio condutor para um movimento de desenvolvimento organizacional abrangente, repensando produtos, processos, relacionamento com o mercado e com a comunidade, organização do trabalho e contrato psicológico entre as pessoas e a organização.

Temos vários exemplos de movimentos que transformaram a imagem da organização, tanto no mercado consumidor quanto no mercado de trabalho, utilizando a bandeira da sustentabilidade e/ou da responsabilidade social e ambiental. Tivemos a oportunidade de vivenciar situação semelhante quando, na década de 1980, surgiu o movimento de qualidade e todo processo de certificação. Esse movimento gerou processos de transformação cultural em muitas organizações com ganhos que foram muito além das questões operacionais. Ao pesquisarmos os movimentos de transformação organizacional ocorridos no Brasil durante as décadas de 1980 e 1990, constatamos que cerca de 60% utilizaram como fio condutor a qualidade.

O caminho da responsabilidade social e ambiental não é fácil, mas os resultados compensam. De 2008 a 2015, o aspecto ligado a gestão de pessoas que recebeu mais investimentos e que teve o maior nível de aprimoramentos foi a responsabilidade social e ambiental nas organizações que participaram da pesquisa Melhores para Trabalhar, realizada pela FIA (Fundação Instituto de Administração) e revista *VocêS/A* (Editora Abril). Em nossas experiências, verificamos que há uma necessidade, para que o processo seja efetivo, de que a área de gestão de pessoas e seus profissionais incorporem novas atribuições e responsabilidades, que ajudarão a construir uma nova identidade. Para tanto, sugerimos algumas ações:

- Buscar compreender o movimento de responsabilidade social e ambiental empreendido por algumas organizações no Brasil e o papel da área de gestão de pessoas. Será importante efetuar um levantamento dos ganhos obtidos por essas empresas em termos de mobilização, clima organizacional e lucratividade.
- Engajar membros da equipe no estudo do tema e no levantamento de informações e, ao mesmo tempo, avaliar os espaços políticos existentes na empresa para a inserção do tema.
- Abrir frentes, na medida em que um projeto começa a ser construído, com possíveis parceiros políticos internos e externos, apresentando ideias e resultados prováveis para a organização e para as pessoas.
- Desenvolver um plano de trabalho para implantação ou revisão das ações sobre responsabilidade social e ambiental, inicialmente com a equipe, posteriormente com formadores de opinião da empresa e, finalmente, com a alta administração.

Para o desenvolvimento desse trabalho, é importante a percepção de que se trata de um processo de aprendizagem contínua, tanto da equipe da área de gestão de pessoas quanto da empresa como um todo. Portanto, é fundamental o monitoramento contínuo, o estabelecimento de indicadores de sucesso e muita humildade para aprender com o outro.

> A base da responsabilidade social é a colaboração entre a organização e outras organizações, Estado e sociedade civil.

Como se Caracteriza a Responsabilidade Social e Ambiental da Organização no Brasil

Segundo Fischer (2002), a base da responsabilidade social é a colaboração entre a organização e outras organizações, Estado e sociedade civil, algo que podemos pensar, também, para a responsabilidade ambiental. A ação isolada da organização não se multiplica na sociedade nem no contexto em que atua.

Nos países desenvolvidos, até meados do século XX, muitos estudiosos defendiam que o papel social da organização deveria ser o de gerar emprego, riqueza para o país e seus acionistas. Acreditavam que, assim, haveria de forma natural equilíbrio e justiça social (FISCHER, 2002:74), crença que a realidade desmentiu. A responsabilidade social vai se desenhando como uma ação mais ampla de interferência no contexto social com o objetivo de construir valor para as pessoas e os grupos de pessoas. Embora tenhamos vários exemplos de ações filantrópicas promovidas por organizações, esse movimento foi episódico e patrocinado por pessoas nas organizações, não tendo continuidade com o desaparecimento delas ou com sua saída das organizações. Segundo Fischer (2002), somente nos anos 1990 o tema ganha destaque e surgem movimentos organizados em nossa sociedade, havendo, também, atenção especial por parte da imprensa.

Cabe destacar que nosso país tem grandes e profundas carências nas questões sociais e ambientais. As ações das organizações e sociedade civil cobrem lacunas que o Estado não consegue trabalhar e são recebidas pela população em geral de forma muito positiva. Por tal razão, vemos o impacto que esse tipo de ação tem sobre os colaboradores, despertando o orgulho de estar entre clientes e consumidores que querem apoiar os movimentos da organização, entre parceiros estratégicos que querem ter suas marcas associadas a uma marca positiva.

No Brasil, tivemos movimentos fortes com diversas origens; de um lado, figuras públicas que assumiram a liderança desses movimentos, cujo principal ícone foi Ayrton Senna; a fundação que leva seu nome está relacionada entre as principais nesse setor. Entre os movimentos de associações patronais, o caso da Abrinq (Associação Brasileira dos Fabricantes de Brinquedos) ganhou grande destaque por seu trabalho com crianças, além de movimentos da mídia, cabendo destacar o trabalho da Rede Globo de Televisão com o Criança Esperança.

Em paralelo, pudemos observar ações de organizações que utilizaram seus trabalhos de responsabilidade social e ambiental para criar um movimento forte no mercado, como foi o caso do Banco Real no final da década de 1990 e primeira década dos anos 2000. Seu apelo foi forte principalmente junto aos jovens.

Esse conjunto de movimentos que ganham corpo ao longo dos anos 1990 impulsiona a criação de uma ação para formar profissionais especializados que atuem em organizações privadas e organizações criadas pela sociedade civil, chamadas de terceiro setor, ou seja, que não são públicas (primeiro setor), nem são privadas (segundo setor).

Observamos, a partir dos anos 1990, uma grande diversidade de inciativas que passa a ser estudada com profundidade através do Ceats (Centro de Empreendedorismo Social e Administração em Terceiro Setor), ligado à FIA (Fundação Instituto de Administração) e à USP (Universidade de São Paulo), coordenado pela Profa. Rosa Maria Fischer. Algumas dessas experiências Fischer (2002) apresenta em seu livro. Há organizações que criam e/ou sustentam fundações, associam-se a organizações filantrópicas já existentes ou estabelecem movimentos ajudando outras organizações.

Impactos sobre o Desenvolvimento Organizacional

Assim como havíamos percebido o impacto das certificações em qualidade sobre a cultura das organizações nos anos 1980 e 1990, observamos o mesmo efeito com a estruturação de ações sobre responsabilidade social e ambiental. Algumas organizações iniciaram o programa com o objetivo de mobilizar as pessoas para ações sociais e perceberam a grande energia gerada a partir desse movimento para o seu desenvolvimento. Um caso interessante é o do

> Algumas organizações iniciaram o programa com o objetivo de mobilizar as pessoas para ações sociais e perceberam a grande energia gerada a partir desse movimento para o seu desenvolvimento.

Banco de Boston, na época presidido por Henrique Meirelles, nos anos 1990 e início dos anos 2000, que criava movimentos internos de responsabilidade social e movimentos externos como revitalização do centro da Cidade de São Paulo, trabalho com pessoas desamparadas etc. A organização se tornou criativa em como usar seus recursos sem custos adicionais para ajudar a família dos funcionários, clientes e pessoas em seu entorno.

As pessoas criaram uma ligação com a organização muito mais intensa do que uma relação de emprego ou de orgulho. Havia um sentimento de que as pessoas podiam fazer a diferença para muitas outras pessoas. Isso é chamado de criar significado para o trabalho das pessoas. Esses movimentos geraram estímulos para que as pessoas olhassem para sua realidade com outros olhos e com um espírito inovador. O que queremos dizer é que a implantação de ações ou programas de responsabilidade social e ambiental pode funcionar como um gatilho para tirar as pessoas de sua região de conforto e desafiá-las a inovar e/ou pensar sua realidade usando outros referenciais. O efeito é ajudar as pessoas a olhar para sua experiência e vivência profissional e pessoal com outras perspectivas, fazendo com que percebam que não sabiam que sabiam coisas importantes para suportar seu desenvolvimento e o desenvolvimento da organização.

Impactos sobre as Pessoas Direta e Indiretamente Ligadas à Organização

As ações ou programas de responsabilidade social e ambiental mobilizam entidades, Estado, organizações e pessoas que atuam fora dos muros da organização, criando a possibilidade concreta para que as pessoas ampliem suas redes de relacionamento dentro e fora da organização onde trabalham.

Nossas pesquisas sobre liderança mostraram que um dos grandes problemas comportamentais de nossas lideranças é atuar em silos e feudos, com grande dificuldade para desenvolver interfaces internas e externas. Essa dificuldade leva a estimular suas equipes a agir do mesmo modo. Em 2016, realizamos uma pesquisa sobre as relações de confiança das pessoas na organização onde trabalham, suas chefias, colegas da mesma área e colegas de outras áreas. O resultado é muito menos confiança nos colegas de outras áreas do que nos colegas da mesma área. As ações e os programas de responsabilidade social e ambiental tendem a ser mobilizadores das pessoas no interior e fora da organização, fazendo com que barreiras de relacionamento e interação sejam quebradas, melhorando o fluxo dos processos de trabalho e de decisão internos e externos à organização.

Outras pessoas e organizações têm interesse em estar juntas em movimentos que criam valor para pessoas e grupos de pessoas em nossa sociedade. Esses movimentos geram estímulos e condições concretas de desenvolvimento pessoal e profissional. Temos muitos exemplos de pessoas que se descobriram nesses movimentos e perceberam seu potencial para desenvolver atividades muito além do que imaginavam. As pessoas se tornam mais ambiciosas consigo próprias e fazem crescer sua autoestima. Um caso que nos chamou a atenção foi um dos médicos do trabalho de umas das organizações que acompanhamos. Ao se envolver nos programas de responsabilidade social, descobriu sua vocação para articular negociações complexas com as prefeituras das cidades onde a organização tinha operações, com alguns governos de Estado, organizações filantrópicas, associações patronais e sindicatos dos trabalhadores, viabilizando projetos ousados e de grande impacto social e ambiental.

> As ações ou programas de responsabilidade social e ambiental mobilizam entidades, Estado, organizações, criando a possibilidade concreta para que as pessoas ampliem suas redes de relacionamento dentro e fora da organização onde trabalham.

CRIAÇÃO DE SIGNIFICADO PARA O TRABALHO

O trabalho para as pessoas pode ter diferentes significados, e isso interfere no nível de envolvimento e comprometimento. O trabalho pode significar apenas o sustento econômico financeiro da pessoa e de sua imagem no mercado de trabalho; nesse caso, as pessoas tendem a desenvolver uma relação pragmática entre seu esforço e dedicação e o retorno financeiro.

> A criação de um significado maior para o trabalho mobiliza as pessoas para buscar o seu desenvolvimento, e isso cria um processo circular de influência positiva.

O trabalho pode representar, além disso, uma fonte de satisfação pelo desafio que apresenta, oportunidades concretas de desenvolvimento e realização profissional; nesse caso, a pessoa passa a interagir com ele, buscando oportunidades de crescimento, e criar diferenciais para si e para o contexto onde se insere. O trabalho pode representar, também, a contribuição da pessoa para o bem-estar, a satisfação e o crescimento do outro; dessa forma, ele ganha um significado que transcende a própria pessoa.

A criação de significado para o trabalho é uma questão que está na agenda das organizações e das pessoas. Pereira et al. (2012) procuram, com base em suas experiências profissionais, realizar essa discussão sob várias perspectivas, apontando a sua importância para as pessoas e para as organizações. Existem algumas atividades que criam uma gratificação natural para as pessoas, como cuidar da educação ou da saúde do outro, ou atuar em organizações filantrópicas que procuram minorar o sofrimento e as necessidades do próximo. Muitas organizações perdem a oportunidade para ampliar o significado do trabalho para seus colaboradores trabalhando sua contribuição para o social e ambiental, tais como organizações públicas.

Responsabilidade Social e Ambiental × Significado para o Trabalho

Em nossas pesquisas e interação com organizações, verificamos a transformação da relação das pessoas com suas organizações quando elas têm estímulo e condições concretas para contribuir com as pessoas da comunidade onde se inserem ou para a sociedade como um todo. Observamos que algumas organizações que atuam em localidades mais afastadas de grandes centros passam a atuar ou estimular seus colaboradores a atuar para auxiliar a comunidade. Os resultados são muito interessantes. Outras têm uma ação mais estruturada de responsabilidade social e ambiental. Um caso que cabe destacar é de uma organização de transformação, atuando em uma localidade muito carente na Região Norte do Brasil, que criou várias ações junto à comunidade, buscando agir em três frentes: educação, saúde e alternativas de renda. Depois de dois anos, os indicadores sociais, tais como nível de alfabetização, mortalidade infantil, tipologia das doenças típicas da população, começaram a dar mostras de mudança positiva.

Nas organizações analisadas, encontramos muitas situações em que havia um corpo técnico de alta qualificação, mas que tinha chegado ao limite superior de sua carreira. Os programas de responsabilidade social e ambiental trouxeram para essas pessoas novos desafios, inclusive do uso de seu conhecimento técnico para auxiliar pessoas ou pequenos empreendimentos na região, ajudando na geração de renda. Não foi incomum encontrar situações em que esse processo resultou em melhorias dos processos internos da organização. As pessoas eram estimuladas a se desacomodar, a buscar alternativas para quem apoiava, a inovar usando seu conhecimento e experiência profissional. Esse estímulo criou as condições para os indivíduos inovarem em seus trabalhos no interior da organização.

A criação de um significado maior para o trabalho mobiliza as pessoas para buscar o seu desenvolvimento, e isso cria um processo circular de influência positiva.

Um significado maior para o trabalho cria níveis maiores de compromisso das pessoas com seu trabalho e contribuições para a organização. Conforme já frisamos em nossas pesquisas de clima e engajamento, verificamos uma alta relação com a existência de ações ou programas de responsabilidade social e ambiental.

Responsabilidade Social e Ambiental como Formas de Construção de Carreiras Complementares para os Colaboradores da Organização

Quando discutimos a gestão de carreiras, mencionamos a existência de carreiras complementares, ou seja, atuações profissionais que complementam nossas carreiras principais, tais como: empreender o próprio negócio, atuar como docente ou em organizações filantrópicas. As carreiras complementares têm três grandes contribuições para a pessoa:

- **Realização profissional e satisfação pessoal** – a carreira complementar auxilia a pessoa em sua busca de realização profissional e pessoal que muitas vezes a carreira principal não oferece, quer por limitações dos espaços oferecidos pela organização, quer porque os próximos passos na carreira principal exigem um nível de transformação nas pessoas para o qual elas não estão dispostas.
- **Desenvolvimento profissional e pessoal** – ao lidar com um trabalho escolhido pela pessoa em função de suas capacidades e expectativas, elas tendem a se sentir desafiadas pelo novo e estimuladas ao realizar seus projetos. Esse processo faz com que a pessoa experimente seu desenvolvimento ao lidar com situações mais complexas do que as que experimenta em sua carreira principal.
- **Visão crítica de sua realidade** – as pessoas, ao desenvolverem outras atividades e ampliar sua rede de relacionamento, passam a desenvolver uma visão crítica em relação a sua carreira principal, aumentando sua capacidade de inovação e de contribuição para o aprimoramento de seu trabalho.

> Os programas de responsabilidade social e ambiental criam condições concretas para que as pessoas desenvolvam carreiras complementares, ou seja, atuações profissionais que complementam suas carreiras na organização.

O desenvolvimento das pessoas em suas carreiras complementares retorna para a sua carreira principal. Em algumas biografias analisadas, vimos pessoas que recusavam oportunidades de carreira oferecidas pela organização por não se sentirem preparadas para as exigências das novas posições, decidindo aceitá-las depois de experiências que propiciaram uma visão ampliada de si mesmas. Esse mecanismo é muito estimulado pelas organizações que atuam nos EUA, onde há uma valorização da dedicação de seus colaboradores, principalmente em posição de gestão ou liderança, a ações ou instituições filantrópicas.

Os programas de responsabilidade social e ambiental criam condições concretas para que as pessoas desenvolvam carreiras complementares. Ao fazê-lo, estão se desenvolvendo e, ao mesmo tempo, construindo uma imagem muito positiva da organização junto à comunidade e à sociedade, imagem que gera uma valorização da organização aos olhos de consumidores e clientes, dos colaboradores e dos acionistas.

GESTÃO DE PESSOAS × RESPONSABILIDADE SOCIAL E AMBIENTAL

Aprimoramento da Gestão de Pessoas Através da Responsabilidade da Organização com as Questões Sociais e Ambientais

As organizações, ao valorizar sua responsabilidade social e ambiental, passam a rever a forma de pensar o desenvolvimento e de valorizar as pessoas. Nas organizações que acompanhamos, verificamos mudanças significativas nos critérios através dos quais as pessoas passavam a ser avaliadas. Não houve, na maioria dos casos, nenhum privilégio para quem estava envolvido nas ações de responsabilidade social e ambiental, ou seja, o fato de a pessoa participar nessas ações não contava pontos nos processos de avaliação e valorização. Isso ocorria porque, nessas organizações, o envolvimento das pessoas era voluntário. De outro lado, ficou muito evidente o aumento da produtividade e capacidade de contribuição para a organização das pessoas que estavam participando das ações de responsabilidade social e ambiental.

Essas constatações estimularam a criação de critérios mais sofisticados para olhar as pessoas nos processos de avaliação, desenvolvimento e valorização. Um exemplo que chamou nossa atenção foi o de uma organização no setor de mineração que passou a estruturar ações de desenvolvimento não formais, ou seja, ações de experimentação em seu interior. O que ocorreu com essa organização fez com que se percebesse o desenvolvimento pessoal e profissional experimentado pelas pessoas que se envolviam nas ações de responsabilidade social e ambiental. A partir dessa constatação, passou-se a refletir sobre o poder do desenvolvimento proveniente da experimentação, orientando as lideranças e criando estruturas internas para gerar desafios para as pessoas através de projetos de aprimoramento de suas operações ou de implementação de novos processos.

Processo Desenvolvido de Dentro para Fora da Organização

A responsabilidade social e ambiental estimula as pessoas a um nível de exposição maior para fora dos muros da organização. Desse modo, a forma encontrada para construir esse relacionamento com parceiros externos está enraizada no jeito de ser da organização. Ocorre que essa exposição externa cria uma visão crítica sobre a cultura organizacional, gerando sua adequação a uma nova realidade. Esse processo gera o desenvolvimento organizacional, que afeta todas as suas atividades, tornando-a melhor para seus consumidores e clientes, colaboradores e acionistas.

Muitas vezes, a principal resistência à implantação de ações ou programas de responsabilidade social e ambiental é o receio das transformações que esse processo pode gerar. Em todas as nossas experiências, o processo não foi traumático porque as organizações foram realizando as transformações em um ritmo confortável e os resultados foram positivos para as pessoas e para a organização. Naturalmente, não é um mar de rosas, onde tudo dá certo. Como em todo processo de aprendizagem, temos avanços e retrocessos; por essa razão, há necessidade da crença de que o resultado é o desenvolvimento organizacional; caso contrário, desistimos no primeiro tropeço.

Fischer (2002) aponta algumas experiências de aprendizagem que envolve a organização e seus parceiros externos. Segundo a autora, esse processo não ocorre sem tensões e conflitos, mas é através deles que surgem soluções criativas para ambas as partes. Um dos resultados a serem valorizados é a aprendizagem conjunta entre organização, colaboradores e parceiros.

Expansão das Fronteiras Organizacionais Através da Responsabilidade Social e Ambiental

A responsabilidade social e ambiental estimula a organização e os colaboradores a ampliar a sua rede de relacionamentos e influência. As fronteiras organizacionais são alargadas e é possível visualizar novas possibilidades.

Em gestão de carreira, uma abordagem que ganha força a partir dos anos 1990 é a da carreira sem fronteiras desenvolvida por Arthur e Rousseau (1996), discutindo a necessidade de as pessoas pensarem suas carreiras para além das fronteiras de suas organizações. Esses autores afirmavam que tal postura transformaria a atitude das pessoas de manter o *status quo* para uma visão mais empreendedora e inovadora. Ao longo dos anos 1990, comprovaram o ganho mútuo das pessoas e da organização com essa atitude, gerando uma série de trabalhos (ARTHUR; CLAMAN; DEFILLIPPI, 1995; ARTHUR; INKSON; PRINGLE, 1999).

A expansão de fronteiras pode ser física e/ou intelectual (BRISCOE; HALL, 2013). Podemos fazer uma analogia para as organizações que podem expandir suas fronteiras das duas formas. Ao alargá-las, passam a desenvolver uma visão crítica sobre sua realidade e criam condições concretas de desenvolvimento organizacional.

Resumo e Implicações para o Aprendizado sobre Gestão de Pessoas

Este capítulo teve como foco a relação entre os investimentos em responsabilidade social e ambiental e o desenvolvimento organizacional. Para abordar esse tema, foram discutidos os impactos da responsabilidade social e ambiental sobre as pessoas e sobre a organização, sua importância para a relação das pessoas com a organização através da criação de significado para o seu trabalho e, finalmente, sua contribuição para o aprimoramento da gestão de pessoas.

As principais implicações para o aprendizado sobre a gestão de pessoas podem ser resumidas em:

- Impacto da responsabilidade social e ambiental no desenvolvimento das pessoas e da organização.

- Importância da responsabilidade social e ambiental na criação de significado para o trabalho das pessoas.
- Contribuição da responsabilidade social e ambiental no aprimoramento da gestão de pessoas.

QUESTÕES

Questões para fixação

1. Como pode ser caracterizada a responsabilidade social e ambiental?
2. Qual é o impacto dos programas de responsabilidade social e ambiental sobre as pessoas?
3. Que tipos de significado as pessoas podem dar para seu trabalho?
4. O que são carreiras complementares?

Questões para desenvolvimento

1. Qual é o impacto de programas de responsabilidade social e ambiental na realidade brasileira?
2. Por que as organizações estão preocupadas em criar significado para o trabalho de seus colaboradores?
3. Como a responsabilidade social e ambiental impacta no desenvolvimento das pessoas e da organização?

ESTUDO DE CASO E EXERCÍCIOS

A empresa Fome de Lucros se instalou em uma pequena cidade no Estado do Paraná com pouco mais de 500.000 habitantes. Inicialmente, houve um grande entusiasmo pela geração de empregos que iria gerar, mas isso não ocorreu, já que era uma operação industrial de capital intensivo, ou seja, seu processo produtivo era extremamente automatizado. Parte da equipe técnica veio transferida de outra localidade e apenas 50% das posições foram ocupadas pela população da cidade.

Sua operação estava dentro dos limites técnicos e legais, mas gerava uma série de incômodos à população pelos odores gerados por sua operação e pelo trânsito excessivo de caminhões pelas ruas da cidade. A falta de diálogo com o Prefeito e os membros da prefeitura, a degradação das vias de acesso e de circulação interna da Cidade e o incômodo pelos odores levaram a um crescente sentimento de insatisfação com a presença da Fome de Lucros na cidade.

Esse sentimento se somou à percepção de que havia a liberação de gases tóxicos que afetavam a saúde das crianças e de que havia poluição das águas do rio da região. Embora essas percepções não tivessem base na realidade, ajudaram a criar um movimento da cidade contra a organização e uma série de hostilizações a seus funcionários.

A população realizava várias solicitações a órgãos públicos para fiscalizar a organização, bem como mobilizou a mídia para manifestar sua insatisfação, fazendo com que a imagem da organização começasse a se desgastar em nível nacional. Foi criado um **site** de inimigos da Fome de Lucros que ganhou projeção nacional.

Como resultado, muitos dos técnicos trazidos de outras localidades preferiram voltar para sua origem diante da pressão que recebiam em seu cotidiano; as pessoas da cidade que tinham condições saíam da organização e esta passou a ter dificuldades de atrair pessoas. Para manter suas operações, necessitou aumentar salários e gratificações. Alguns de seus compradores passaram a temer sua imagem associada à organização e a dar preferência aos concorrentes.

A organização foi entrando em uma espiral negativa e resolveu vender sua operação na cidade. O comprador, ao assumir as operações da planta, iniciou um trabalho intenso para reverter a imagem negativa e corrigir os equívocos criados pelo antigo operador da planta.

Exercícios

1. Quais deveriam ser as ações prioritárias da nova operadora?
2. Que cuidados a nova operadora deveria ter para não repetir o acontecido?

REFERÊNCIAS

ARTHUR, M. B.; CLAMAN, P. H.; DEFILLIPPI, R. Intelligent enterprise, intelligent careers. *Academy of Management Executive*, v. 9, nº 4, 1995.

_____; ROUSSEAU, D. M. *Introduction*: the boundaryless career as a new employment principle. In: ARTHUR, M. B.; ROUSSEAU, D. M. *The boundaryless career*: a new employment principle for a new organizational era. New York: Oxford University Press, 1996.

_____; INKSON, K.; PRINGLE, J. K. *The new careers*: individual action and economic change. London: Sage, 1999.

BRISCOE, J. P.; HALL, D. T. A interação das carreiras sem fronteiras e proteana: combinações e implicações. In: DUTRA, J. S.; VELOSO, E. F. R. *Desafios da gestão de carreiras*. São Paulo: Atlas, 2013.

FISCHER, R. M. *O desafio da colaboração*. São Paulo: Gente, 2002.

PEREIRA, M.; TRAJANO JÚNIOR, E.; MORAES, E.; SILVÉRIO, N.; CAIRES, P.; CARMONA, T. *Trabalho com significado:* o novo capitalismo e a nova empresa. São Paulo: Qualitymark, 2012.

PARTE VII

Desenvolvimento de Lideranças

Objetivos da PARTE VII

- Discutir o papel político do gestor e a necessidade da preparação das pessoas para assumir essa posição nas organizações.
- Apresentar práticas para desenvolvimento de lideranças.
- Oferecer conceitos e experiências na estruturação de processos sucessórios.

Resultados Esperados com a Leitura da PARTE VII

- Reflexão do leitor sobre a diferença entre líder e gestor.
- Discussão sobre a importância da escolha e do desenvolvimento das lideranças organizacionais.
- Compreensão de como se constituem os processos estruturados de sucessão.

Nesta parte do livro, iremos trabalhar temas de discussão mais recentes em nossas organizações e, por essa razão, pouco desenvolvidos. Vamos trazer para os nossos leitores experiências de organizações brasileiras, detalhando acertos e desacertos e apresentando os aprendizados em relação ao desenvolvimento de lideranças e à sucessão.

A questão da liderança é uma discussão recente no Brasil. Até os anos 1990, vivemos uma economia protegida, com um nível baixo de competitividade. Até então, o líder caracterizava-se por ser um bom técnico. A partir dos anos 1990, as lideranças procuraram preparar-se para atuar em um mercado mais exigente, investindo em seu desenvolvimento como gestores. Nas pesquisas sobre liderança realizadas no Brasil, verifica-se que o grande problema de nossa liderança no presente é comportamental. Os problemas mais comuns são: comunicação, lidar com a diversidade, delegação e construção de parcerias internas e externas. Por esse motivo, o tema liderança será abordado em dois capítulos nesta parte do livro. No Capítulo 20, vamos discutir com profundidade a diferença entre gestor e líder. Constatamos que o gestor se caracteriza por atuar na arena política da organização, gerenciando recursos escassos; desse modo, nem todo líder é gestor, e temos gestores sem nenhum subordinado. Neste capítulo, vamos detalhar, também, a discussão sobre a arena política nas organizações. No Capítulo 21, discutiremos a identificação e o desenvolvimento de líderes e gestores, apresentando práticas observadas em nossas organizações, onde apontamos erros a serem evitados e indicadores de sucesso.

A sucessão é uma discussão recente em todo o mundo e no Brasil. Está, particularmente, em seu início. Em 2008, efetuamos um levantamento bibliográfico e encontramos trabalhos acadêmicos sobre sucessão familiar, mas nenhum sobre sucessão nas organizações. Em contraponto, no ano de 2010, em nossa pesquisa sobre as melhores empresas para se trabalhar, 77% tinham experiência em sucessão estruturada, motivo pelo qual vamos dedicar o Capítulo 22 a esse tema.

CAPÍTULO 20

Diferença entre Líder e Gestor

O QUE SERÁ VISTO NESTE CAPÍTULO

Contexto da liderança no Brasil

- Bases da legitimidade da liderança.
- Manter o foco no que é essencial.
- Líderes com maiores chances de sucesso.
- Características do líder e do gestor.
- Formação do gestor a partir do líder.
- Exigências sobre o líder e sobre o gestor.
- Desafios para que a mesma pessoa assuma os papéis de líder e gestor.

Caracterização da arena política da organização

- Evolução da discussão sobre a arena política nas organizações.
- Características da arena política no nível tático.
- Características da arena política no nível estratégico.

Habilidades políticas

- Definição e tipos de habilidades políticas.
- Visão preconceituosa sobre as habilidades políticas.
- Desenvolvimento das habilidades políticas.

CONEXÕES COM O NOSSO COTIDIANO

Características do líder e do gestor

- Como posso verificar se tenho as características necessárias para me tornar um futuro gestor.
- Como um bom líder pode se tornar um bom gestor.

Caracterização das diferentes arenas políticas existentes nas organizações

- Como se preparar para as arenas políticas.
- Exigências das arenas políticas sobre os gestores.

Desenvolvimento de habilidades políticas

- Quais são as habilidades mais relevantes para atuar nas arenas políticas.

CONTEÚDOS ADICIONAIS

- Reflexões sobre o tema do capítulo através de casos.
- Saiba mais.
- Estudos de caso complementares.
- Questões para guiar a reflexão sobre o conteúdo do capítulo.
- Referências bibliográficas.

QUE REFLEXÕES SERÃO ESTIMULADAS

- Papel político do gestor na organização contemporânea.
- Como são caracterizadas as arenas políticas nas organizações.
- A importância do desenvolvimento de habilidades políticas para consolidação do exercício da liderança.

ESTUDO DE CASO

João Pedro formou-se em engenharia de produção em uma escola de excelência no Estado de São Paulo e hoje em dia atua como engenheiro de processos em uma grande organização do setor de autopeças. Iniciou sua experiência como engenheiro de manutenção, posição que ocupou por três anos, e há dois anos assumiu o cargo de engenheiro sênior de processos. É reconhecido como o melhor técnico da organização no Brasil e está sendo cogitado para assumir uma planta na cidade de São José dos Campos.

Quando foi informado das intenções da organização sobre o seu futuro profissional, ficou surpreso, porque não era isso que tinha em mente. Em sua opinião, o trabalho gerencial não é algo que o atrai. Sua impressão é de que as pessoas que estão nessas posições perderam sua qualidade de vida e estão debaixo de grande pressão.

João Pedro casou-se há dois anos e planeja seu primeiro filho. Está dividido entre a necessidade de manter o emprego e os receios que sente com os desafios propostos pela organização. Diante dessa situação, procurou um diretor aposentado da organização que atuou como seu mentor no início da carreira.

Em conversa com seu antigo mentor, percebeu que não tinha informações suficientes sobre si mesmo e sobre a realidade da posição para a qual estava sendo cogitado. Seu mentor recomendou que negociasse com a organização uma exposição gradual ao ambiente político da organização para verificar se tinha condições de desenvolver as habilidades necessárias. Ao mesmo tempo, a organização teria mais segurança sobre a adequação de sua indicação para a posição.

A recomendação do ex-mentor de João Pedro foi a mais adequada? Em sua opinião, qual deveria ser o posicionamento de João Pedro diante da situação?

CONTEXTO DA LIDERANÇA NO BRASIL

A realidade brasileira é muito particular no que se refere à forma como nossas lideranças organizacionais foram desenvolvidas. Desde o início do século 20, temos uma participação ativa dessas lideranças na construção de nossa cultura, política e economia (CARONE, 1977 e 2001; DEAN, 1971), mas ao mesmo tempo elas têm como característica um comportamento autoritário e paternalista (DA MATTA, 1978; VELHO, 1981). Nossas características culturais e econômicas foram historicamente voltadas para dentro, de um lado em função do isolamento, oceano a leste e floresta a oeste, e da geografia, hemisfério sul, e de outro lado em função da forma de colonização (FURTADO, 1977). O resultado foi o desenvolvimento industrial suportado por um modelo, adotado na segunda metade do século passado, de substituição de importações (FURTADO, 1977; TAVARES, 1976) e abraçado pelo governo militar como forma de reservar o mercado para as organizações brasileiras nascentes e para atrair capital internacional de investimento. Nesse contexto, de reserva de mercado e baixa competitividade, o perfil da liderança em nossas organizações foi, predominantemente, de conhecimento técnico para assumir posições gerenciais e de direção e empreendedorismo para iniciar e desenvolver negócios.

Em meados da década de 1990, com a abertura econômica e a estabilidade da economia e das instituições, as organizações brasileiras passam a viver um ambiente mais competitivo, comparável a padrões internacionais. A partir desse momento, há necessidade de um perfil de liderança organizacional diferente, o líder deve agregar valor para uma organização mais efetiva e competitiva em padrões globais. Muitas pessoas, atuando em nível gerencial e de direção, foram buscar seu aprimoramento em gestão de negócios dentro e fora do país. Há um crescimento, nessa época, de cursos de pós-graduação e de extensão universitária para dar conta de uma nova demanda.

Temos acompanhado a liderança em nossas organizações de forma mais próxima desde o início dos anos 2000. Foi possível observar que, atualmente, nossas lideranças têm uma boa formação técnica e em gestão de negócios; entretanto, em muitas organizações brasileiras há uma excessiva valorização do técnico como líder e de um comportamento autoritário e paternalista.

O ambiente econômico brasileiro entra em uma nova fase, com condições favoráveis de crescimento dentro de um contexto de grande transformação e insegurança, caracterizando-se pelo aumento da volatilidade e da ambiguidade. Diante das pressões impostas às nossas organizações e de um futuro mais exigente, verificamos que nossas lideranças necessitam ampliar sua capacidade para gerenciar pessoas, criando e sustentando equipes de alta **performance**. Para tanto, elas têm como principal ponto de desenvolvimento suas habilidades comportamentais. Neste capítulo, vamos caracterizar o trabalho da liderança, tanto no papel de líder quanto no papel de gestora, e discutir os desafios impostos à liderança em nossas organizações, o impacto sobre o perfil dela e sua atuação nos espaços organizacionais.

Bases da Legitimidade da Liderança

As organizações vivem em um ambiente em constante transformação que exige respostas rápidas e efetivas, dadas em função das especificidades da situação requerendo flexibilidade e adequação. Nesse contexto, cresce a importância da liderança para construir a resposta mais adequada às demandas dentro de princípios éticos e dos valores organizacionais. A importância da liderança na organização contemporânea é também explicada por estar inserida em situações de crescente incerteza e ambiguidade, exigindo do líder coerência e consistência em relação aos seus princípios e valores, de forma a sustentar sua credibilidade e legitimidade junto, tanto aos liderados, quanto aos pares, superiores, parceiros e clientes.

Esse quadro estimulou ao longo dos últimos anos uma grande reflexão e produção sobre a liderança. O foco da maior parte da literatura é sobre o perfil e características do líder; o foco de pesquisa do nosso grupo foi sobre o processo de liderança, para a compreensão do papel do líder e do liderado em um contexto mais exigente. A base para a pesquisa foi o trabalho iniciado por Michael Useem (1999 e 2002), que, ao focar o processo de liderança, percebe que os líderes que fizeram a diferença em variadas situações não foram "superpessoas", mas sim pessoas comuns que fizeram um conjunto de pequenas coisas que criaram resultados importantes para suas organizações e para si mesmas.

Um olhar desavisado sobre as pressões sobre o líder nos faz crer que somente uma "superpessoa" seria capaz de fazer frente a elas. Isso porque:

- As organizações têm se tornado mais complexas, não só em termos tecnológicos, mas também em termos das relações organizacionais e de suas relações com o ambiente onde se inserem. Essa complexidade exige da liderança organizacional uma compreensão mais ampla do contexto de modo a perceber os vários desdobramentos possíveis de suas decisões. Ao mesmo tempo, tal complexidade exige um profundo conhecimento do negócio ou da área de atuação para garantir a qualidade técnica das decisões e a viabilidade delas.

- O ambiente mais exigente se materializa em liderados cada vez mais bem preparados em termos de formação e informação, em pressões advindas da necessidade de continuamente ter que conciliar interesses conflitantes, em assumir cada vez mais riscos profissionais e pessoais e maior desgaste emocional na orientação de pessoas e na delegação de decisões em situações de incerteza e ambiguidade.

Entretanto, em nossas pesquisas encontramos pessoas comuns que estão fazendo frente a esses desafios usando sua sensibilidade e mobilizando suas equipes em torno de um projeto comum. Observamos que, na realidade de nossas organizações, cada vez menos a legitimidade do poder do líder é oriunda do poder burocrático (WEBER, 1987; MAXIMIANO, 2000). Cada vez mais, a liderança informal e a formal misturam-se na pessoa do líder. A liderança formal assentada no poder político e econômico não é suficiente para obter o engajamento, o comprometimento das pessoas que compõem a equipe de trabalho. Vem surgindo, gradativamente, uma nova base de sustentação do poder do líder organizacional: agregação de valor para a equipe e para a organização. Observamos, em nossas pesquisas, que esse é o caminho encontrado pelos líderes de sucesso para mobilizar sua equipe em um ambiente de incerteza e ambiguidade e de grande pressão.

Pudemos verificar, portanto, que a legitimidade se dá quando o líder consegue, simultaneamente e de forma contínua, agregar valor para os membros de seu time e para a organização ou negócio. Constatamos que a fonte de poder do líder é cada vez mais a sua contribuição para seus pares, subordinados e parceiros e cada vez menos o título do cargo ou posição na hierarquia. Com o fortalecimento das estruturas organizacionais ou decisórias matriciais, construção de parcerias com fornecedores e clientes mais densas e maior exigência sobre as pessoas, a liderança se assenta na capacidade do líder de conciliar expectativas divergentes.

Para a realização da pesquisa, desenvolvemos alguns padrões do que poderíamos chamar de sucesso do líder em organizações brasileiras. O sucesso foi demarcado por bons resultados para a organização e para as pessoas, frente a desafios de transformação da cultura organizacional ou de reversão de um quadro de ameaças à sobrevivência da organização. Ao mesmo tempo em que buscamos pessoas que enfrentaram desafios com sucesso, procuramos entrevistar líderes que participaram de nossos cursos de formação executiva. Pudemos comprovar que os parâmetros encontrados por Useen (1999) foram observados em nossa realidade, tais como:

- Construção de um projeto comum entre seus liderados e, na maior parte dos casos, mobilização em torno de um propósito comum de toda a organização. Nesse caso, havia uma compreensão dos objetivos a serem alcançados e dos valores que norteavam as ações a serem empreendidas.

- Em momentos de ambiguidade, esses líderes pautaram-se pelos valores da organização e, na ausência deles, por seus valores. Esse aspecto é muito valorizado pela literatura (CASHMAN, 2011; COVEY, 2002) e muito importante em um ambiente de insegurança e ambiguidade. A coerência e a consistência do líder proporcionam segurança para a equipe e, ao fazê-lo, torna-a mais disposta a assumir riscos e inovar.

- Estimular e criar condições para que todos os membros da equipe troquem entre si o aprendizado obtido no alcance de objetivos – esse é outro ponto enaltecido pela literatura sobre liderança e gestão (CHARAN e BOSSIDY, 2004). Desse modo, o líder consegue multiplicar o processo de desenvolvimento dos membros da equipe.

- Preparar a equipe para momentos de grande pressão – esse foi um aspecto que nos surpreendeu na pesquisa. São raros os líderes que preparam a sua equipe para momentos de adversidade. A maior parte assume que o voo será em céu de brigadeiro, sem turbulências. Quando a turbulência ocorre, a equipe pode perder seu equilíbrio emocional e deixa de fazer coisas que teria condições de fazer. Os líderes de sucesso sempre trabalharam suas equipes exigindo o máximo empenho, mantendo-as continuamente desafiadas e respeitando a individualidade de cada membro.

- Construir alianças entre pares e superiores para obter suporte político em momentos de crise – esse é um aspecto trabalhado por poucos autores, a maior parte da literatura privilegia a relação do líder com sua equipe; desse modo, caso um líder seja uma pessoa sem prestígio junto aos pares e aos superiores, passa essa condição para a equipe; ao contrário, caso seja uma pessoa prestigiada, transfere o prestígio para os membros de sua equipe. A liderança junto aos pares e aos superiores (USEEN, 2002) é um aspecto que observamos entre os líderes de sucesso, que em sua maioria viveram situações muito delicadas e souberam construir e sustentar sua legitimidade.

Uma marca comum entre as lideranças de sucesso foi o fato de manterem todos os membros da equipe desafiados o tempo todo. Infelizmente, observamos que, em função da pressão por resultados que recebe, a maior parte da liderança no Brasil apoia-se em uma ou duas pessoas de sua equipe, marginalizando as demais dos desafios e do desenvolvimento. Normalmente, as lideranças escolhem pessoas com as quais se identificam ou aquelas que respondem melhor aos seus estímulos e excluem as demais.

> Uma marca comum entre as lideranças de sucesso foi o fato de manterem todos os membros da equipe desafiados o tempo todo.

Manter o Foco no que é Essencial

Um aspecto que tem norteado o estudo do processo de liderança é a forma como o líder mantém a coesão do time. Verificamos que a maneira mais comum é manter o grupo focado no que é essencial para ele. Na medida em que o líder procura manter o foco em objetivos organizacionais ou do negócio, fixa-se em uma base movediça, e isso pode comprometer sua credibilidade com relação à sua equipe. Porém, na medida em que foca o que é essencial para o time, constrói uma base sólida para cimentar a relação com o grupo.

As lideranças bem-sucedidas têm construído o foco em cima do desenvolvimento do grupo, ou seja, o compromisso estabelecido é de que não importa o desafio ou o objetivo a ser perseguido. O importante é tirar proveito para o desenvolvimento do grupo como um todo e para cada membro em particular. Na medida em que esse pacto é construído pelo grupo, seus membros se ajudam mutuamente, criando um efeito sinérgico no desenvolvimento. Esse é um dos aspectos fundamentais para a criação de um grupo de alta **performance** e em constante crescimento.

A realidade organizacional, em geral, não estimula a criação de um pacto construído no desenvolvimento do grupo, uma vez que não valoriza o crescimento do grupo e sim dos seus membros individualmente, nem oferece ao gestor autonomia para ajustes salariais, promoções e outras formas de reconhecimento mais substantivas. Cabe ao gestor e líder estabelecer as contrapartidas do desenvolvimento da equipe e de seus membros como parte do pacto firmado.

Uma minoria dos líderes pesquisados conseguiu estabelecer um projeto comum duradouro com sua equipe. Os que conseguiram têm isso como uma capacidade. Verificamos que tinham uma história de sucesso em várias organizações e com diferentes equipes. Muitos dos líderes pesquisados desenvolveram essa capacidade de forma natural, a partir da sua sensibilidade em relação à realidade em que viviam. A questão estabelecida é se essa capacidade pode ou não ser desenvolvida nas pessoas. A resposta a essa questão é afirmativa, como veremos a seguir.

> Uma minoria dos líderes pesquisados conseguiu estabelecer um projeto comum duradouro com sua equipe.

O Líder com Maiores Chances de Sucesso

Verificamos que não há um perfil único que garanta o sucesso do líder, mas pudemos detectar que aspectos comportamentais permitiram aos líderes pesquisados duas conquistas consideradas, por eles, como críticas: construir um projeto comum com sua equipe e efetuar parcerias estratégicas, dentro e fora da organização.

A construção de um projeto comum está assentada na mobilização de toda a equipe, sem exclusões, e na construção de um pacto em torno de algo caro para todos os integrantes da equipe. Na maioria das situações pesquisadas, o cimento usado para agregar a equipe foi o desenvolvimento das pessoas e da equipe como um todo.

A efetivação de parcerias é o resultado de um comportamento ético e alinhado com os contratos firmados com os parceiros. A sustentação das parcerias na maior parte das vezes não depende exclusivamente do líder apenas, mas do líder e de seus liderados; por isso, os bons resultados da parceria dependem da construção pelo líder de compromissos com sua equipe.

Segundo nossos entrevistados, os comportamentos mais importantes a serem desenvolvidos pelos líderes para um diferencial em sua atuação são os seguintes:

- **Comunicação** – a base da comunicação é saber ouvir e compreender as demandas e expectativas das pessoas.
- **Delegação** – essa é uma das grandes limitações de nossas lideranças; a delegação é um exercício contínuo e necessita ser desenvolvido com cada integrante da equipe de forma individualizada, na qual o desafio oferecido é dosado com o ritmo de desenvolvimento da pessoa.
- **Sustentação de relacionamentos** – a troca contínua e a mútua agregação de valor são as bases para sustentar relacionamentos e parcerias. Para tanto, o líder necessita disponibilizar sistematicamente tempo e energia própria e de sua equipe.

Nossa pesquisa utilizou os referenciais da liderança transformacional (NORTHOUSE, 2016; BERGAMINI, 2002; KUHNERT, 1994; BASS e AVOLIO, 1993) para sustentar as discussões sobre os aspectos comportamentais. Ao entrevistarmos lideranças, observamos que as principais deficiências para assumir uma postura mais alinhada com os referenciais da liderança transformacional são as seguintes:

- **Diversidade** – nossos líderes tendem a escolher pessoas para suas equipes com as mesmas características de personalidade e tendem a ter dificuldades para lidar com pessoas diferentes. Esse fato limita as possibilidades de composição da equipe, além de criar um grupo que pensa igualmente diante das adversidades importadas pelo dia a dia.
- **Delegação** – há uma dificuldade de o líder confiar correndo risco; sempre que há risco envolvido, tende a trazer para si a decisão ou a ação em processos mais críticos. Essa postura dificulta para o líder multiplicar-se nos membros de sua equipe.
- **Respeitar iniciativas da equipe** – há uma tendência de os líderes direcionarem os membros de sua equipe em relação ao **quê** e ao **como** fazer o trabalho. Temos visto na literatura cada vez mais a apologia do compartilhar com a equipe o **quê** e, principalmente, o **como** fazer (CHARAN; BOSSIDY, 2004).
- **Desenvolver e sustentar parcerias** – os líderes tendem a um isolamento, assumindo sua área de atuação como um feudo e buscando controlar tudo que ocorre em seus domínios. Essa atitude limita o desenvolvimento de interfaces internas e externas. Muitas organizações buscam estruturas matriciais com o objetivo de minimizar os efeitos negativos da atuação dos gestores em silos.

CARACTERÍSTICAS DO LÍDER E DO GESTOR

A Formação do Gestor a Partir do Líder

As diferenças apontadas pela literatura entre líder e gestor vão desde uma visão em que o gestor está atuando em situações mais estáticas e estáveis e o líder em situações mais dinâmicas e movediças, até a visão de não distinção entre líder e gestor (BASS, 2008). Sustentam a posição de que o gestor está ligado ao papel burocrático e o líder está mais voltado a mobilizar as pessoas em torno de propósitos os seguintes autores: Gilmore (1982), Osborn (1980), Terry (1995) e Bhatia (1995). Parry (1996) afirma que o gestor faz as coisas corretamente (eficiente) e que o líder faz as coisas corretas (eficaz). Gardner (1993) defende que não há uma distinção entre líder e gestor; acredita que podemos distinguir entre o líder-gestor (**leader-manager**), que é inovador e atento às oportunidades e ameaças, e o gestor da rotina (**routine manager**), mais preocupado com o dia a dia e em cumprir suas tarefas. Segundo Gardner (1993), o líder-gestor coloca ênfase na visão, nos valores, na motivação da equipe e na inovação, enquanto o gestor da rotina coloca ênfase no curto prazo, está centrado nas atividades de sua área, muitas vezes desenvolve um comportamento de proteger seu feudo ou de agir em silos, e, em consequência, tem dificuldades de desenvolver parcerias internas e externas.

De forma geral, a maior parte da literatura atribui ao gestor o papel formal de gestão de pessoas, com um peso nos aspectos burocráticos da função. E visualiza o líder como um inspirador, articulador com uma visão de longo prazo e realizador dentro dos valores éticos e dos valores da organização. Ao longo de nossas pesquisas sobre lideranças, essas distinções se mostraram pouco instrumentais. Tal maneira de categorizar visava valorizar o termo **líder e liderança**. Passamos a questionar esse posicionamento e adotamos outra forma de distinguir líder e gestor.

Verificamos que as lideranças nas organizações têm que lidar com uma realidade muito mais complexa do que muitos autores sinalizam em seus trabalhos (USEEN, 1999 e 2002). Essa realidade é a discussão contínua de como lidar com recursos cada vez mais escassos, com uma competição cada vez mais acirrada e um ambiente de incertezas e ambiguidades.

Verificamos que tínhamos de distinguir o líder que conduz sua equipe em uma realidade muito estruturada e que não está inserido na discussão da distribuição de recursos do líder que lida com a incerteza e ambiguidade e está inserido na gestão de recursos escassos.

Para nós, o gestor se distingue do líder por estar na arena política da organização. Portanto, o que caracteriza o gestor é o fato de estar na arena política da organização. Nem todo líder está na arena política e nem todo gestor tem equipes para liderar. É cada vez mais comum encontrarmos gestores, pessoas que estão na arena política, e que não têm subordinados, necessitando liderar por influência.

> Para nós, o gestor se distingue do líder por estar na arena política da organização.

Useem (1999 e 2002) afirma que o bom líder que está desgraçado politicamente transfere essa desgraça para sua equipe, enquanto o líder que é prestigiado politicamente transfere prestígio para sua equipe. A liderança não deve ser exercida unicamente em direção à equipe. É fundamental construir alianças que irão nos apoiar em uma crise. Essas alianças são construídas dentro da arena política da organização.

Para muitos profissionais, a arena política é algo sujo e indigno. Essas pessoas terão muitas dificuldades para aprender a transitar nessa arena. Por tal razão, muitos profissionais técnicos de bom nível se tornam péssimos gestores, não conseguem desenvolver uma identidade gerencial. Em nossas pesquisas, observamos que isso não é uma questão de capacidade, mas sim de valor. Caso a pessoa não valorize sua atuação na arena política, terá dificuldades de se consolidar como gestor. Observamos que, em muitas organizações, temos gestores que ostentam o título, mas agem e pensam como técnicos.

Em nossas pesquisas, observamos muitas organizações que admitem ter um bom gestor que é um péssimo líder, ou seja, são pessoas que se articulam bem na arena política, viabilizando projetos e obtendo o respeito de pares e chefes, mas são pessoas que tratam de forma inadequada a sua equipe, agindo como carrascos, desrespeitando as pessoas, tratando-as de forma humilhante e iníqua. Essa postura da organização cria um clima de trabalho inadequado e afeta a sua produtividade e rentabilidade.

> Observamos muitas organizações que admitem ter um bom gestor que é um péssimo líder.

Por essa razão, é um desafio cada vez mais presente a escolha de futuros gestores, os quais devem ser vocacionados para atuar na arena política da organização e ao mesmo tempo devem ser bons líderes. A escolha de futuros gestores define o amanhã da organização, serão os gestores escolhidos hoje que responderão pelos caminhos da organização. Um bom líder hoje pode ser um bom futuro gestor.

Exigências sobre o Líder e sobre o Gestor

Vamos aprofundar um pouco mais nas diferenças entre as exigências sobre o líder e sobre o gestor. Desse modo, fica mais clara a construção de critérios para identificarmos bons líderes e bons gestores.

A liderança exercida por uma pessoa na organização pode ser uma atribuição formal, definida pela organização ao atribuir a uma pessoa uma posição de comando, ou informal, em que, por conveniência das chefias ou dos colegas, a pessoa assume uma posição de ascendência sobre os demais. No caso da situação informal, a liderança pode ser conquistada pelos conhecimentos técnicos, pela senioridade na posição, pelo comportamento no relacionamento com colegas e superiores etc. Para Bales e Slater (1955), a legitimidade do líder pode ter duas origens, sua contribuição para a produtividade do grupo ou seu suporte socioemocional para os membros do grupo.

A pessoa que tem uma liderança formal e não é gestor, porque não está na arena política, normalmente atua em duas situações:

- Liderança operacional, supervisionando e orientando pessoas que estão realizando uma operação, como, por exemplo: atendentes em um **call center**, operários em uma indústria, coletores de material em um laboratório de análises clínicas etc.
- Liderança técnica, supervisionando e orientando pessoas que estão desenvolvendo atividades técnicas e/ou funcionais, como, por exemplo: engenheiros em um laboratório

de desenvolvimento de produtos eletrônicos, analistas de tecnologia de informação, analistas de remuneração etc.

O trabalho do líder formal está, portanto, ligado a atividades operacionais e/ou técnicas/funcionais. Nesse caso, tem responsabilidades pelo uso ótimo dos recursos colocados à sua disposição e pela obtenção dos resultados das atividades e/ou área sob sua responsabilidade. Quando necessita de recursos adicionais ou resposta a problemas que implicam o compartilhamento de recursos escassos, dirige-se ao seu gestor. Será o gestor que irá discutir com seus pares ou com a administração superior para a obtenção dos recursos necessários.

O gestor tem como principal atribuição a gestão de recursos escassos, tais como orçamento, equipamentos, investimentos, massa salarial, espaço etc. Cabe ao gestor, em conjunto com seus pares, definir regras de convivência, estabelecendo em consenso critérios sobre prioridade no uso dos recursos escassos.

> O gestor tem como principal atribuição a gestão de recursos escassos, tais como orçamento, equipamentos, investimentos, massa salarial, espaço etc.

Para tanto, o gestor necessita desenvolver uma visão sistêmica que possibilite uma compreensão das necessidades de sua área de atuação em relação ao conjunto da organização e/ou negócio.

Desafios para que a Mesma Pessoa Assuma os Papéis de Líder e Gestor

O gestor sempre será um líder, quer tenha uma equipe subordinada ou não. O gestor estará sempre exercendo a liderança na relação com seus pares e chefes e na relação com pessoas que necessita influenciar para realizar trabalhos. Essas pessoas podem estar ligadas ao gestor em uma relação hierárquica ou não. Caso haja uma relação hierárquica, o gestor é responsável por representar os interesses e necessidades de sua equipe na arena política. Caso não haja uma relação hierárquica, o gestor deverá liderar por influência, estimulando as pessoas a realizar seus trabalhos.

De forma natural, as lideranças acabam estabelecendo com suas equipes, quer numa relação hierárquica, quer numa relação por influência, uma liderança transacional, em que a liderança é negociada frente aos interesses dos liderados (BURNS, 1978). Burns (1978) estabelece uma categorização interessante entre o líder transacional e o líder transformacional. Essa caracterização efetuada por Burns é expandida por Bass (1985) e Bass e Bass (2008). O líder transacional constrói com sua equipe um processo de barganha, no qual representa os interesses de sua equipe em troca da lealdade e do atendimento das necessidades da organização. Normalmente, esse líder atua na negociação de recompensas para os membros do grupo ou para o grupo e atua em situações de exceção, ou seja, atua de forma reativa sobre os problemas de relacionamento com a equipe.

O líder transformacional, segundo Burns (1978):

- Motiva sua equipe através da consciência de sua contribuição para os resultados da organização e sua condição para enriquecê-los.
- Estimula os membros de sua equipe a perceber seu crescimento através do crescimento do time como um todo.
- Cria condições objetivas para que os membros de sua equipe aumentem sua autoestima e seu senso de realização.

Segundo Bass (1985), o líder transformacional tem como característica:

- Inspirar os membros de sua equipe na realização de seus trabalhos.
- Criar estímulos intelectuais para todos os membros de sua equipe.
- Considerar cada membro de sua equipe de forma individual.
- Atuar de forma proativa para estimular sua equipe.

Bass e Bass (2008) e Bass (1985), em suas pesquisas realizadas entre 1980 e 1985, confirmam a visão de Burns (1978) de que a liderança transacional e a transformacional não são opostas, mas sim parte de uma visão multidimensional, ou seja, as lideranças podem atuar de forma combinada, porém, na medida em que se sobressai a liderança transformacional, a satisfação da equipe e os resultados são mais efetivos.

> O líder transformacional motiva sua equipe através da consciência de sua contribuição para os resultados da organização e sua condição para enriquecê-los.

CARACTERÍSTICAS DA ARENA POLÍTICA DA ORGANIZAÇÃO

Evolução da Discussão sobre a Arena Política nas Organizações

A arena política nas organizações é uma discussão muito recente. Somente a partir de 2008 tivemos um estudo mais profundo sobre o tema (FERRIS, 2010 e 2012), em que pesquisadores buscam estruturar melhor o que chamaram de habilidades políticas (**political skills**). Mintzberg (1985) foi um dos primeiros autores a discutir a arena política nas organizações. Muitos autores, anteriormente, referiam-se a esse fenômeno como jogos organizacionais (ALLISON, 1971). Para Mintzberg (1985), a ação política na organização é essencial para prover flexibilidade e velocidade de resposta para os estímulos do ambiente, demanda crescente em nossas organizações, tornando uma discussão que era periférica em central nos dias de hoje.

Segundo Mintzberg (1985), a arena política é importante na geração dos seguintes resultados:

- Equilíbrio entre as forças políticas dentro da organização para a realização de um objetivo comum.
- Auxílio no realinhamento das relações de poder para fazer frente aos desafios.
- Correção de coalisões ou alinhamentos políticos disfuncionais para os propósitos organizacionais.

Embora o tema esteja sempre presente quando se discute liderança, não foi objeto de uma reflexão mais profunda até o início dos anos 2000. A partir de então, um grupo de pesquisadores procurou verificar as habilidades presentes nos gestores que se articulavam com sucesso na arena política das organizações. Abstraindo a natureza, porte, atividade etc. das organizações, observaram que essas pessoas possuíam determinadas habilidades políticas, nas quais vamos nos aprofundar no próximo tópico deste capítulo. As pesquisas mais recentes procuram responder às seguintes questões:

- Podemos aprender essas habilidades políticas?
- Através da constatação de sua existência em determinadas pessoas, podemos predizer que serão futuros bons gestores?
- A existência dessas habilidades em determinados gestores pode ser um indicador de potencial ou talento para desafios mais complexos em sua posição?
- Qual a relação entre a habilidade política e a legitimidade da pessoa e sua capacidade de influência?

Essas questões são objeto de nossas pesquisas no Brasil. É um tema novo e que vem ganhando muita importância na realidade de nosso país.

Características da Arena Política no Nível Tático

Observamos em nossas pesquisas que há uma diferença significativa entre as arenas políticas do nível tático e do estratégico. Essa constatação é importante porque uma pessoa que atua de forma efetiva como gestor tático poderá não o fazer no nível estratégico, ou seja, um bom gestor tático não será necessariamente um bom gestor estratégico.

Vamos inicialmente trabalhar a caracterização da arena política do nível tático. Essa arena se caracteriza pela gestão de recursos escassos, implica discutir prioridades para o uso

> Há uma diferença significativa entre as arenas políticas do nível tático e do estratégico.

desses recursos. Sempre cada gestor tentará convencer seus pares de que suas necessidades são prioritárias, como, por exemplo, na distribuição de espaços físicos ou na alocação dos investimentos da organização.

Outra característica dessa arena é a discussão de critérios para a construção de parcerias internas e externas, negociação de interesses na relação com parceiros e limites no relacionamento com eles.

Para Mintzberg (1985), existem na organização regras que são explícitas e objeto de contínua discussão, e existem regras implícitas que quem enxerga e interpreta tem melhores condições de se mover e/ou obter mais vantagens. Naturalmente, há maior efetividade das discussões na medida em que as regras explícitas prevaleçam.

Uma característica da arena do nível tático é a criação de pactos entre os gestores acerca dos critérios que prevalecerão na distribuição dos recursos e na construção de parcerias. A explicitação dessas regras oferece aos gestores mais conforto e segurança em seus relacionamentos e na construção de seu trabalho.

Os profissionais técnicos e funcionais e as lideranças operacionais não conseguem visualizar a arena política da organização. Se não houver uma preparação prévia, serão surpreendidos com a necessidade de transitar nesse ambiente, e sentir-se-ão absolutamente despreparados. Recomenda-se que, nesses processos de transição de uma trajetória de carreira técnica ou funcional ou de uma trajetória de carreira como líder operacional para a trajetória de carreira de gestor, a pessoa tenha um suporte maior por parte da organização. Temos observado ocasiões nas quais um par mais experiente assume o papel de mentor do gestor recém-promovido.

Características da Arena Política no Nível Estratégico

A arena política do nível estratégico se caracteriza pela relação com todas as pessoas que podem ter alguma relação ou influência sobre a organização (**stakeholders**), além de pensar o futuro da organização, alianças estratégicas, gestão da influência da organização no ambiente e/ou contexto onde se insere etc.

Nessa arena, as pessoas precisam atuar em íntima conexão com as outras, porque qualquer ação individual que afete a organização afeta todas as pessoas que atuam no estratégico tanto no nível profissional, quanto no pessoal.

De outro lado, as que atuam no estratégico estão mais expostas socialmente; espera-se que a pessoa nesse nível esteja mais voltada para o exterior da organização do que para o seu interior. Nem sempre as pessoas estão preparadas para esse tipo de exposição, porque ela transcende a relação com a organização. Em uma organização internacional, isso implica uma rede internacional de relacionamento, além de relações no país com pessoas que podem exercer influência em assuntos de interesse da organização. Em uma organização de atuação nacional, implica a relação com outras organizações do setor, associações empresariais, entidades que podem exercer influência no setor de atividade da organização, governo etc.

As dificuldades que encontramos para as pessoas que saem do tático para o estratégico foram semelhantes às das pessoas que passam a encarar a arena política do nível tático. Constatamos que a maior parte das pessoas que atuam no nível tático não tem consciência sobre as características da arena no nível estratégico. Da mesma forma como atuamos no nível tático, as pessoas precisam ser preparadas para o estratégico. A melhor maneira é expô-las à arena política do nível estratégico através de projetos ou de delegação de responsabilidades que permitam sua circulação nessa arena.

HABILIDADES POLÍTICAS

Definição e Tipos de Habilidades Políticas

Ferris, Davidson e Perrewé (2010) definem habilidade política como sendo a compreensão dos outros no ambiente de trabalho e o uso desse conhecimento para influenciá-los a agir para o alcance dos objetivos individuais e/ou da organização.

As pessoas que atuam no nível estratégico estão mais expostas socialmente; espera-se que a pessoa nesse nível esteja mais voltada para o exterior da organização do que para o seu interior.

Para esses pesquisadores, as habilidades políticas são uma combinação de:

- **Astúcia social** – observação arguta das diversas situações sociais, compreendendo as interações sociais e motivações individuais por trás dos discursos e atos das pessoas.
- **Influência interpessoal** – flexibilidade, adaptação e calibragem do comportamento para as exigências de cada situação de forma a influenciar as respostas dos demais.
- **Construção de redes de relacionamento** – formação de grupos de pessoas com um mesmo propósito ou interesse; desse modo, formam-se alianças e coalizões em torno de uma mesma proposta.
- **Sinceridade visível** (percebida) – integridade, autenticidade e sinceridade são aspectos importantes para o trânsito político. A pessoa deve ser percebida como honesta, aberta, direta e objetiva. É muito importante que ela não seja interpretada como manipuladora ou coercitiva.

Os dois primeiros aspectos pesam mais na construção das habilidades políticas que os dois últimos. A astúcia social demanda que a pessoa desenvolva empatia com as demais. Para compreender o outro, é importante se colocar em seu lugar e tentar entender a realidade através da perspectiva do outro.

Já a influência interpessoal está estreitamente ligada à flexibilidade da pessoa. Existe, entretanto, um grande desafio nesse aspecto. Devemos ser flexíveis sem perder a nossa integridade. Na medida em que a pessoa flexibiliza tudo, perde a sua consistência e passa a ser percebida como alguém sem identidade e que é facilmente influenciado por qualquer tipo de pressão. Nesse caso, torna-se uma pessoa sem credibilidade e sem condições de influenciar. Esse é o aspecto mais exigente, a pessoa caminha no fio da navalha, sendo flexível sem perder a integridade.

A construção de redes de relacionamento exige uma percepção de situações que incomodam as pessoas ou a organização. A partir dessa percepção, devem-se mobilizar pessoas e recursos para atender essas demandas. Podemos exemplificar com alguns casos analisados. Uma grande empresa de componentes para a indústria automobilística atuando no Brasil estava vivendo grandes dificuldades com o período de recessão de meados da segunda década dos anos 2000. Seus dirigentes costuraram com a matriz um conjunto de mudanças na estrutura organizacional e no dimensionamento do quadro que conseguiu torná-la uma das poucas organizações do setor a obter resultados positivos nesse período.

Com isso, o grupo que articulou o processo ganhou prestígio entre seus pares e superiores na matriz, bem como com todo o time de gestores no Brasil.

A sinceridade visível é algo difícil de obter, a pessoa necessita observar a reação às suas ações e comportamento para que não seja interpretada de forma equivocada. Muitas vezes, a forma como mantemos nossa integridade e coerência pode ser percebida como inflexibilidade ou como postura autoritária. Nossa tentativa de dialogar e convencer as pessoas de nossas posições pode ser lida como manipulação e assim por diante. A construção de credibilidade passa também pela percepção das pessoas em relação a nós.

> A astúcia social demanda que a pessoa desenvolva empatia com as demais, para compreender o outro é importante se colocar em seu lugar e tentar entender a realidade através da perspectiva do outro.

Visão Preconceituosa sobre as Habilidades Políticas

Após o contato com os trabalhos e pesquisas sobre habilidades políticas, iniciamos trabalhos de pesquisa no Brasil. Nos estudos preliminares, verificamos que os parâmetros conceituais e a aplicação dos conceitos fazem sentido em nossas organizações. Observamos, entretanto, uma resistência do brasileiro ao termo **habilidade política**. Em nossas pesquisas-piloto, verificamos que nossos pesquisados encaravam habilidade política como "politicagem" ou como jogo sujo. Vimos que há um preconceito em relação ao termo. Passamos a utilizar competência política como forma de abordar o tema em nossas pesquisas.

Notamos que não somente o preconceito em relação ao termo, mas também a discussão sobre o trânsito na arena política é vista com reservas por parte dos gestores. Ou seja, é um tema que exige das pessoas envolvidas certo distanciamento crítico de suas realidades e um esforço para não agir e pensar com preconceito. Embora seja um tema presente em nossas organizações e muito relevante para discutirmos a flexibilidade da organização e sua capacidade de resposta, existe certo tabu em torno de sua discussão.

Por essa razão, decidimos incluir neste livro a discussão sobre o tema, embora os trabalhos acadêmicos a respeito estejam no início. Ajudar as pessoas a compreender a arena política das organizações e as habilidades necessárias para transitar nas nelas pode ser o primeiro passo para trabalhar o preconceito e para criar a disposição em aprofundar a discussão.

Desenvolvimento das Habilidades Políticas

O desenvolvimento das habilidades políticas é ainda um ponto de interrogação. Ferris e Treadway (2012), entretanto, apontam algumas experiências. De outro lado, ao longo dos primeiros anos da segunda década dos anos 2000, realizamos algumas experiências no Brasil que nos conduziram a algumas constatações:

- As pessoas que já possuem habilidades políticas conseguem aprimorá-las através de trabalhos de treinamentos dirigidos para esse fim, ou através de trabalhos de orientação profissional, tais como: **coaching**, **counseling** ou **mentoring**.
- As pessoas que não possuem habilidades políticas têm grande dificuldade para perceber sua importância e pouca disposição em desenvolvê-la. Normalmente, assumem uma visão preconceituosa em relação a esse tipo de habilidade.
- As pessoas que, embora não possuam habilidades políticas, querem desenvolvê-las, obtêm sucesso quando remetemos às habilidades desenvolvidas na infância e adolescência na interação com os pais e com os irmãos. Nessas fases de nossas vidas, usamos habilidades políticas de forma natural e, na fase adulta, perdemos parte dessas habilidades. O retorno a essas fases da vida tem se mostrado eficiente.

> O desenvolvimento ou aprimoramento das habilidades políticas será um item de preocupação crescente na formação de futuros gestores.

O desenvolvimento ou aprimoramento das habilidades políticas será um item de preocupação crescente na formação de futuros gestores, bem como no aprimoramento dos atuais gestores. Essa preocupação será tanto das organizações quanto das pessoas.

Resumo e Implicações para o Aprendizado sobre Gestão de Pessoas

Neste capítulo, discutimos as diferenças entre líder e gestor. Posteriormente, apresentamos as características das diferentes arenas políticas da organização e, finalmente, o desenvolvimento de habilidades políticas.

As principais implicações para o aprendizado sobre a gestão de pessoas podem ser resumidas em:

- O papel do gestor como representante de sua equipe na arena política da organização.
- As decisões implantadas são as melhores opções técnicas politicamente viáveis.
- Importância do desenvolvimento de habilidades políticas por parte do gestor.

QUESTÕES

Questões para fixação

1. Quais são as bases de poder da liderança nas organizações contemporâneas?
2. Quais são os líderes com mais chance de sucesso?
3. Qual é a diferença entre um líder e um gestor?
4. O que caracteriza o líder que não é gestor?

5. O que caracteriza o gestor?
6. O que são habilidades políticas?

Questões para desenvolvimento

1. Por que os aspectos comportamentais são essenciais no desenvolvimento das lideranças nas organizações brasileiras?
2. Qual é a diferença entre a arena política do nível tático e do nível estratégico?

ESTUDO DE CASO E EXERCÍCIOS

A montagem de secadores de grãos da Enxuta, no interior do Estado do Paraná, é uma operação complicada. Os secadores de grãos têm uma altura de dois andares, contêm 3.000 partes e custam em média o valor de R$ 95.000,00. Em vez de estabelecer uma operação em linha, para montar os secadores, a Enxuta decidiu dar a equipes responsabilidades de construí-los. Foram criados na fábrica grupos de trabalho autônomos.

Os membros das equipes podem trabalhar juntos da maneira como desejam ao montarem os secadores. Os empregados geralmente mudam suas tarefas dentro das equipes, como parte tanto de um programa formal de rotação, quanto informalmente, com a aprovação de outros membros da equipe. Os operadores normalmente aprendem três das cinco tarefas básicas nos seus primeiros 18 meses de trabalho: montagem, fabricação, usinagem, pintura e expedição. Além disso, ganham alguma experiência com os outros dois tipos de trabalho. Ao final dos 18 meses, a maioria dos empregados adquiriu competência para constituir sozinho um secador de grãos completo.

Como parte do seu trabalho, os empregados participam no projeto e desenvolvimento de novos produtos e ferramentas. Em algumas áreas, compram ferramentas e materiais por conta própria, tendo que obter a aprovação da supervisão somente para compras superiores ao valor de R$ 2.000,00.

O trabalho não é restrito à fábrica como tal. Os empregados são, também, enviados para realizar serviços em outras áreas. Segundo o gerente da fábrica, Romeu Amado, "isto serve para ensiná-los sobre o impacto que causa, nos negócios de um fazendeiro, uma máquina que não funciona". Também aprendem mais sobre os aspectos técnicos: como o produto é utilizado no campo. E, além disso, eles se ajustam melhor aos nossos clientes, nosso "pão de cada dia".

Não há inspetores de qualidade, somente dois engenheiros e muitos chefes de turma. Como consequência, há muito envolvimento da equipe em tarefas de supervisão, incluindo contratação e promoção. Os empregados ajudam a selecionar novos membros de equipe e dois supervisores foram escolhidos, entre os empregados, para outra equipe. Um supervisor descreveu como suas funções diferem daquelas de gerentes de primeira linha tradicionais: "Não é aquela coisa tradicional de programar as atividades, pressionar as pessoas e anotar nomes. A maior parte do meu trabalho é aconselhamento e modificação de comportamento, isto é mais interessante. Enquanto isso, todas as noites a sala de conferências fica lotada com as pessoas em reuniões com suas equipes; durante as horas de trabalho, realizam supervisão conjunta".

Há vários tipos de reunião. As mais importantes são, provavelmente, as semanais de equipe, nas quais são considerados os problemas de produção, qualidade, ferramentas, manutenção e comportamentais. A liderança nessas reuniões é revezada semanalmente. Há uma reunião mensal com toda a fábrica para discutir resultados financeiros e tendências econômicas (dados de produtividade são fornecidos diariamente para cada equipe). E um grupo de aconselhamento para toda a fábrica, composto por seis trabalhadores de produção, se encontra quinzenalmente com o gerente da fábrica: uma reunião que o Sr. Amado caracteriza como "válvula de escape". Um resumo das questões e respostas discutidas nessa reunião é afixado no quadro de boletins da fábrica.

Com todas essas reuniões de trabalho de equipe, não é surpreendente que as habilidades interpessoais sejam vistas com críticas para o funcionamento bem-sucedido da fábrica.

Como isto está funcionando? A maioria dos empregados parece estar contente. Tereza Pimenta relata: "Basicamente você é seu próprio chefe. Temos que enfrentar um desafio: como atender aos pedidos. Depende de nós quanto tempo é necessário. Sentimo-nos satisfeitos em realizar o melhor do que o padrão. A equipe descobre alguns dias depois, como nos saímos em qualquer tarefa. Sempre tentamos superar os resultados do mês anterior."

Dados de absenteísmo e rotatividade também sugerem que os empregados, na sua maioria, respondam positivamente aos conceitos de equipe. O absenteísmo é de 1,2% em média, comparando com uma taxa típica de 5% ou mais para empregados em fábrica. A rotatividade é de 10% a 12% anualmente, comparada com a média de cerca de 35% para trabalhadores de produção no Estado do Paraná. Dos que deixam o emprego, menos do que 4% foram demitidos: o resto se demitiu, em sua maioria para estudar.

A gerência também está satisfeita como o modo de operação da fábrica. De acordo com o gerente da fábrica, as despesas totais de fabricação são consideravelmente inferiores às que foram projetas quando a produção se iniciou. As reduções de custos são especialmente evidentes em despesas gerais tal como ferramentas e material, e em custos indiretos de trabalho, tais como salários para funções de escritório, assessoria e supervisão. Além disso, o Sr. Amado gosta da maneira pela qual o equipamento e os materiais são utilizados pelos empregados. "Nós nos sentimos donos do equipamento", diz ele, "e as pessoas cuidam dele".

Os lucros também são excelentes. Na realidade, os lucros foram 20% superiores aos projetados para os dois primeiros anos. O Sr. Romeu Amado estima que "estejamos provavelmente 10% superiores em lucratividade quando comparamos com operações em outros lugares do ramo há 10 anos ou mais".

"Se não estivéssemos", acrescenta, "a fábrica do Paraná poderia estar com problemas. Afinal de contas, deve haver uma razão para fazer as coisas de modo diferente. A Enxuta quer ver se este sistema, que as pessoas aqui têm chamado de 'equipes de trabalho autogerenciadas', afeta realmente a produtividade. Não estamos nesse negócio por brincadeira; há muitas organizações competindo em nosso mercado".

Questões para o caso

1. Qual deve ser o preparo para gerentes trabalharem em uma organização onde as pessoas têm autonomia?
2. Qual é o papel de um líder em uma realidade como a descrita na Enxuta?
3. Qual é o papel das equipes no suporte ao líder na gestão do negócio?

REFERÊNCIAS

ALLISON, G. T. *Essence of decision*: explaining the Cuban Missile Crisis. Boston: Little, Brown, 1971.

BALES, R. F.; SLATER, P. E. Role differentiation in small decision-making groups. In: PARSONS, T.; BALES R. F. *Family, socialization and interaction processes*. New York: Free Press, 1955.

BASS, B. M.; BASS, R. *The Bass handbook of leadership*: theory, research & managerial applications. New York: Free Press, 2008

_____; AVOLIO, B. J. Transformational leadership: a response to critiques. In: CHEMERS M. M.; AYMAN R. *Leadership theory and research*: perspectives and directions. San Diego: Academic Press, 1993. p. 49-80.

_____. *Leadership and performance beyond expectations*. New York: Free Press, 1985.

BERGAMINI, C. W. *O líder eficaz*. São Paulo: Atlas, 2002.

BHATIA, K. Leadership & leaders are on their way: what do we need to appreciate? *Journal of Leadership Studies*, 2 (2), 66-72, 1995.

BURNS, J. M. *Leadership*. New York: Harper & Row, 1978.

CARONE, E. B. *O pensamento industrial no Brasil (1880-1945)*. Rio de Janeiro: Difel, 1977.

_____. *Evolução industrial em São Paulo*. São Paulo: Senac, 2001.

CASHMAN, K. *Liderança autêntica*: de dentro de si para fora. São Paulo: Makron Books, 2011.

CHARAN, R. et al. *Pipeline de liderança*. Rio de Janeiro: Campus, 2010.

_____; BOSSIDY, L. *Execução*: a disciplina para atingir resultados. Rio de Janeiro: Campus, 2004.

COVEY, S. R. *Liderança baseada em princípios*. Rio de Janeiro: Campus, 2002.

DA MATTA, R. *Carnavais, malandros e heróis*. Rio de Janeiro: Zahar, 1978.

DEAN, W. *A industrialização de São Paulo*. Rio de Janeiro: Difel, 1971.

FERRIS, G. R.; DAVIDSON, S. L.; PERREWÉ, P. L. *Political skills at work*. California: Davis Black, 2010.

_____. TREADWAY, D. C. *Politics in organizations*: theory and research considerations. New York: Routledge, 2012.

FURTADO, C. *Formação econômica do Brasil*. São Paulo: Companhia Editora Nacional, 1977.

GARDNER, J. W. *On leadership*. New York: Free Press, 1993.

GILMORE, T. N. Leadership and boundary management. *Journal of Applied Behavioral Science*, 18, 343-356, 1982.

KUHNERT, K. W. Transforming leadership: developing people through delegation. In: BASS, B. M.; AVOLIO, B. J. *Improving organizational effectiveness through transformational leadership*. Thousand Oaks: Sage, 1994. p. 10-25.

MAXIMIANO, A. C. A. *Teoria geral da administração*: da escola científica à competitividade em uma economia globalizada. São Paulo: Atlas, 2000.

MINTZBERG, H. The organization as political arena. *Journal of Management Studies*, 22:2, 133-154, 1985.

NORTHOUSE, P. G. *Leadership*: theory and practice. Thousand Oaks: Sage, 2016.

OSBORN, R. N.; HUNT, J. G.; JAUCH, L. R. *Organization theory*: an integrated approach. New York: Wiley, 1980.

PARRY, K. W. *Transformational leadership*: developing an enterprising management culture. South Melbourne, Austrália: Pitman, 1996.

TAVARES, M. C. *Da substituição de importações ao capitalismo financeiro*. Rio de Janeiro: Zahar, 1976.

TERRY, L. D. The leadership management distinction: the domination and displacement of mechanical and organismic theories. *Leadership Quarterly*, 6, 515-527, 1995.

USEEM, M. *O Momento de liderar*. São Paulo: Negócio, 1999.

_____. *Liderando para o alto*. São Paulo: Negócio, 2002.

VELHO, G. *Individualismo e cultura*. Rio de Janeiro: Zahar, 1981.

WEBER, M. *A ética protestante e o espírito do capitalismo*. São Paulo: Pioneira, 1987.

CAPÍTULO 21

Escolhendo e Desenvolvendo Líderes e Gestores

O QUE SERÁ VISTO NESTE CAPÍTULO

Definição do perfil da liderança desejado pela organização

- Responsabilidade da organização na definição da liderança desejada.
- Aspectos a serem discutidos no delineamento do perfil da liderança.
- Processos de identificação dos futuros líderes e gestores.

Desenvolvimento da liderança

- Exigências do processo de liderança sobre o líder.
- Etapas de desenvolvimento da liderança.
- Competências exigidas em cada etapa de desenvolvimento.

Ações de desenvolvimento da liderança

- Desafios para desenvolver habilidades comportamentais na liderança.
- Suporte da organização à liderança para o seu desenvolvimento.
- Armadilhas típicas no processo de desenvolvimento das lideranças.

QUE REFLEXÕES SERÃO ESTIMULADAS

- Qual a importância de critérios para escolher futuras lideranças?
- Como estruturar programas para desenvolvimento de lideranças?
- Quais são os desafios para desenvolver habilidades comportamentais nas lideranças?
- Que aspectos devem ser evitados no processo de desenvolvimento de lideranças?

CONEXÕES COM O NOSSO COTIDIANO

Escolha de futuras lideranças

- Como posso identificar os critérios utilizados pela organização onde trabalho para a indicação de futuras lideranças.

Desenvolvimento de lideranças

- Como posso me desenvolver como líder ou preparar-me para ser um futuro líder.
- Como identificar as competências exigidas pela organização de seus líderes.
- Como eleger as opções de treinamento e capacitação para meu aprimoramento como líder.
- Como evitar armadilhas em meu desenvolvimento.

CONTEÚDOS ADICIONAIS

- Reflexões sobre o tema do capítulo através de casos.
- Saiba mais.
- Estudos de caso complementares.
- Questões para guiar a reflexão sobre o conteúdo do capítulo.
- Referências bibliográficas.

ESTUDO DE CASO

A Carropeças é uma organização nacional do setor automobilístico, com unidades em vários estados brasileiros. Até a primeira década dos anos 2000, a escolha de seus gerentes era efetuada intuitivamente pelo diretor da unidade. Alguns diretores conversavam com seus pares antes de tomar a decisão sobre uma ou outra pessoa para a posição gerencial e outros diretores não consultavam seus pares para essas decisões. Ao longo da década de 1990, ficou claro que o principal critério para escolha e valorização dos gerentes era sua capacidade de alcançar as metas de resultados, não sendo relevante como haviam conseguido.

Essa situação passou a gerar a percepção de que a organização vinha perdendo vantagens competitivas quando comparada com seus concorrentes e, ao mesmo tempo, não conseguia manter suas margens diante da pressão das montadoras para redução de preços. Os critérios para escolha e valorização da liderança estavam estimulando comportamentos autoritários e conservadores, havendo muita dificuldade para implantar inovações na organização do trabalho e gerando índices de clima organizacional abaixo da média do mercado.

A direção da organização decidiu realizar mudanças no perfil da liderança a começar por ela própria. Havia clareza por parte dos diretores de que eles deveriam ser os primeiros a dar o exemplo. Para tanto, foram realizados vários encontros entre a diretoria e os gerentes, buscando definir o perfil para os líderes. O objetivo dos encontros foi achar um perfil que pudesse ser aceito pelos atuais líderes e oferecer um espaço pedagógico para reflexão sobre a necessidade imperiosa de mudança de comportamento.

Como resultado, houve mudanças no sistema de avaliação das lideranças e nos critérios de valorização através de remuneração e promoções. A escolha das novas lideranças passou a ser realizada em colegiados, considerando aspectos técnicos e comportamentais dos candidatos.

DEFINIÇÃO DO PERFIL DA LIDERANÇA DESEJADO PELA ORGANIZAÇÃO

No caso analisado, pudemos observar a importância de critérios conscientes para a escolha das futuras lideranças, para que a organização consiga preservar seu futuro. Uma vez instalado um conjunto de líderes e gestores que não possuam o perfil adequado, a reversão da situação é muito difícil, porque essas pessoas são as que comandam a organização e não estarão dispostas a se imolarem.

Responsabilidade da Organização na Definição da Liderança Desejada

A organização tem a responsabilidade de definir os filtros através dos quais escolherá seus futuros líderes e gestores. A ausência de filtros formalmente definidos cria uma competição pelos espaços de poder, na qual os grupos mais bem posicionados farão prevalecer as suas preferências. Observamos que, embora o processo de escolha de líderes e gestores seja político, na medida em que existem critérios formais a organização assegura que a pessoa indicada tem as condições técnicas e comportamentais para exercer seu papel. Um bom exemplo são as organizações públicas. Verificamos que, onde esses critérios são frouxos, existe maior ingerência política externa, ao passo que aquelas em que os critérios estão formalmente estabelecidos essa ingerência é mais difícil. É interessante notar que as organizações que atuam em áreas de maior risco são naturalmente mais protegidas, como, por exemplo, organizações públicas do setor econômico e financeiro, de setores técnicos como elétrico, saneamento, transporte público etc. Nas organizações privadas ocorre o mesmo. Onde não existem critérios, observamos uma diversidade de estilos e comportamentos. Em geral, nessas organizações são legitimadas as lideranças que geram resultados a qualquer preço e custo. Nas organizações com critérios estabelecidos, existe um cuidado maior na escolha das lideranças e, normalmente, observamos que esses critérios também são utilizados para avaliar o desempenho das lideranças no exercício de seus papéis.

Os critérios através dos quais as futuras lideranças serão escolhidas devem ser fruto de um pacto entre as atuais. Esse pacto é importante para ser evocado nos momentos de discussão e tomada de decisão, até que se incorpore na cultura da organização e corra em suas veias.

Aspectos a Serem Discutidos no Delineamento do Perfil da Liderança

Em nossas pesquisas, verificamos que os critérios normalmente utilizados no delineamento do perfil da liderança podem ser agrupados nas seguintes categorias:

- **Legitimidade técnica/funcional** – as pessoas indicadas para assumir posições de liderança devem ser reconhecidas por seus pares e chefias como uma referência em seu trabalho, graças a suas qualidades técnicas ou funcionais.
- **Aspectos comportamentais ligados ao relacionamento interpessoal** – são valorizadas as pessoas que respeitam as demais, aceitando a diversidade e estimulando o desenvolvimento dos outros.
- **Aspectos comportamentais ligados a atitudes diante do trabalho** – são pessoas que se mostram comprometidas com suas atribuições e responsabilidades, assumindo uma atitude proativa diante dos desafios enfrentados no dia a dia de trabalho. São preocupadas com seu desenvolvimento, buscando oportunidades de crescimento profissional e pessoal.
- **Aspectos comportamentais ligados** à **adesão aos valores organizacionais** – são pessoas identificadas com os valores da organização e que os traduzem em suas ações, decisões e comportamento. Inspiram as demais a se alinhar com esses valores.
- **Obtenção de resultados** – são pessoas que normalmente atendem as expectativas definidas pela organização e pelas chefias em relação ao seu trabalho. São preocupadas em obter os resultados desejados dentro dos valores e do comportamento exigido pela organização.
- **Atender as competências esperadas de uma futura liderança** – muitas organizações definem entregas esperadas da liderança e procuram verificar se as pessoas têm o potencial necessário para atender essas expectativas. As competências mais comuns que se quer das lideranças são: foco nos resultados, desenvolvimento de pessoas, estímulo a inovação e desenvolvimento de interfaces através de parcerias e visão sistêmica.

O objetivo aqui não é esgotar as características possíveis do perfil de futuras lideranças, mas exemplificar as que encontramos mais frequentemente em nossas pesquisas. Cada organização deve definir essas características em função de suas características culturais e do momento vivido.

O perfil escolhido deve ser seguido pelo conjunto da organização. Esse perfil, entretanto, não deve ser estático, deve ser revisitado sempre que a realidade organizacional exigir. Observamos que organizações de atuação internacional mantêm um perfil global para viabilizar a mobilidade das lideranças organizacionais.

Processos de Identificação dos Futuros Líderes e Gestores

O processo de identificação de futuros líderes e gestores deve ser colegiado, envolvendo gestores de diferentes níveis e áreas de trabalho. Normalmente, esse processo está ligado à avaliação de desempenho e avaliação de potencial. Como veremos no próximo capítulo, essa discussão é um subsídio importante para o processo sucessório estruturado.

Nos processos de identificação de futuras lideranças, as pessoas são analisadas em sua trajetória dentro da organização e não apenas em sua atuação no último ano ou nos últimos anos. A consistência de sua carreira profissional e de seu comportamento são elementos importantes para a tomada de decisão sobre as pessoas.

Em organizações que atuam com bens de consumo ou organizações financeiras, as pessoas assumem com maior velocidade posições de liderança e gestão. Embora sejam pessoas com trajetórias mais curtas, essas organizações desenvolveram, ao longo de sua história, critérios confiáveis para escolha de lideranças. A ascensão dessas pessoas na carreira gerencial passa por novos filtros, os quais, nesse tipo de organização, são cada vez mais exigentes. Por tal razão, vale a pena insistir que os critérios de escolha devem observar a natureza, cultura e momento da organização.

DESENVOLVIMENTO DA LIDERANÇA

Exigências do Processo de Liderança sobre o Líder

Ao longo dos anos 2000, centramos nossa pesquisa sobre liderança, analisando a pressão dos processos de liderança sobre as pessoas que ocupam essas posições em nossas organizações. Conforme já foi mencionado, nos baseamos na pesquisa realizada por Useen (1999). Um ambiente de incertezas e ambiguidade exige do líder consistência e coerência para transmitir segurança a sua equipe. Utilizamos como referencial teórico para a nossa pesquisa o perfil do líder transformacional, trabalhado no capítulo anterior.

Observamos, em nossas organizações, o crescimento da prática de estruturas decisórias matriciais, ou seja, há um conjunto de decisões que são articuladas entre gestores do mesmo nível hierárquico de diferentes áreas, mas que atuam dentro de um mesmo processo de trabalho. Essa situação gera uma pressão maior sobre as lideranças, já que são construídos diferentes compromissos de trabalho com diferentes grupos. Tais compromissos geram um aumento da demanda sobre a equipe do gestor.

Esse quadro se torna mais intenso na medida em que agregamos mais tecnologia e critérios de decisão mais sofisticados. As decisões podem ser transferidas para a capilaridade da organização sem que esta perca o controle de suas operações.

Em contraponto a tais exigências, observamos as lideranças nas organizações brasileiras adotando um comportamento de resistência, ou seja, em sentido contrário, e que fatalmente as conduzirá à perda de efetividade. Nossas lideranças têm dificuldades para:

- Lidar com a diversidade, cada vez mais presente na realidade de nossas organizações.
- Delegar; com isso, não conseguem se multiplicar em suas equipes.
- Dialogar com a equipe, assumindo uma postura mais autoritária e um estilo mais transacional, ou seja, trocam obediência e lealdade por recompensas.
- Desenvolver parcerias, atuando em feudos e com visão de curto prazo.

Além desses aspectos, verificamos que, de uma forma crônica em nossas organizações, os gestores estratégicos desenvolvem muitas atribuições e responsabilidades do nível tático e os gestores táticos, por sua vez, desenvolvem muitas atribuições e responsabilidades do nível operacional. Esse aspecto também é um inibidor do desenvolvimento de nossas lideranças.

> As estruturas matriciais geram uma pressão maior sobre as lideranças, já que são construídos diferentes compromissos de trabalho com diferentes grupos.

Etapas de Desenvolvimento da Liderança

Apesar de nossas constatações sobre as limitações de nossas lideranças em relação ao seu desenvolvimento, tivemos a oportunidade de analisar algumas biografias de gestores que saíram da condição de gerentes operacionais e ascenderam para níveis estratégicos da organização. Ficamos surpresos ao constatarmos que havia um fio condutor comum nas biografias. Embora os nossos entrevistados não tivessem consciência, acabaram desenvolvendo estratégias muito parecidas. Tal fato nos proporcionou a estruturação dessas fases e a percepção de que, em cada uma delas, são necessárias competências diferentes. Observamos que os entrevistados passam por três etapas típicas:

- A primeira é a etapa de consolidação na nova posição. O gestor tem muita dificuldade de se desvincular das atribuições e responsabilidades do nível de sua posição anterior. Naturalmente, sente-se melhor lidando com a complexidade de trabalhos que já domina; entretanto, isso dificulta a delegação e o desenvolvimento da equipe. Observamos que muitas vezes esse comportamento é reforçado pela chefia que cobra de seu subordinado uma postura mais técnica do que de gestão. Essa etapa é ilustrada pela Figura 21.1. A grande dificuldade apontada pelos nossos entrevistados para consolidar sua posição é conseguir delegar. Para tanto, têm que desenvolver a equipe ao mesmo tempo em que têm que gerar os resultados demandados de sua nova posição. Nessa etapa, as competências críticas são foco no resultado, desenvolvimento da equipe e delegação.

Etapa 1 – Consolidação na posição

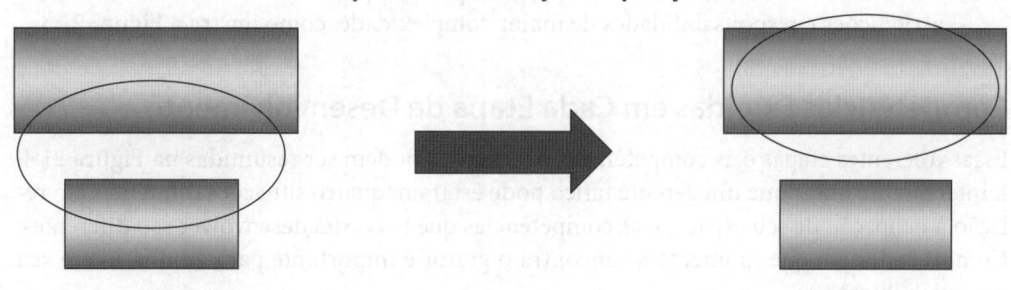

FIGURA 21.1

Etapas típicas do desenvolvimento de um gestor.

- A segunda etapa é caracterizada pela ampliação do espaço político do gestor entre seus pares e superiores. Essa etapa implica desenvolver e/ou aprimorar as interfaces entre áreas complementares. A dificuldade desse tipo de ação implica mais trabalho no curto prazo para o gestor e sua equipe; por isso, ela só é iniciada após a consolidação da posição do gestor. Muitas pessoas, quando apresentamos os primeiros resultados da pesquisa, questionaram-nos sobre o ganho de espaço político, dizendo que o espaço é delimitado e, se alguém está ganhando, alguém está perdendo. Entretanto, o que pudemos constatar nas entrevistas é que os gestores construíram novos espaços políticos, principalmente através da construção de interfaces onde não existiam e, com isso, aprimoraram processos, tornaram as relações entre as equipes mais eficientes e introduziram novos conceitos de gestão. As competências importantes nesta etapa são a ampliação da visão sistêmica e a abertura e sustentação de parcerias, como ilustra a Figura 21.2.

Etapa 2 – Ampliação do espaço político

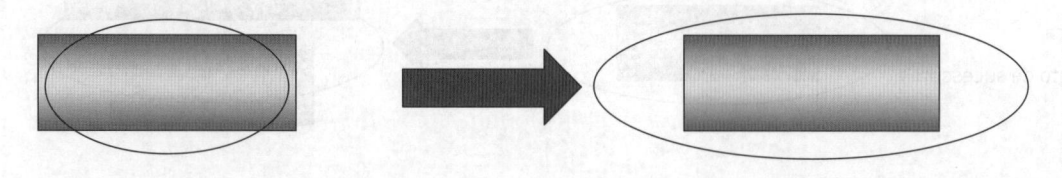

FIGURA 21.2

Etapas típicas do desenvolvimento de um gestor.

- A terceira etapa é o crescimento vertical, ou seja, é a recepção, pelo gestor, da delegação de seus superiores. Nessa fase, o gestor assume projetos ou processos que exigem o trânsito em arenas políticas mais exigentes. Dificilmente o gestor recebe delegação se não tiver conseguido construir legitimidade, reconhecimento e trânsito entre seus pares; por isso, dificilmente a terceira fase ocorre sem que o gestor tenha conseguido ampliar seu espaço político. Percebemos que naturalmente alguém que está no nível estratégico elege gestores no nível tático para atribuir maiores responsabilidades com maior legitimidade entre seus pares e com algum trânsito no nível estratégico.

Etapa 3 – Ampliação da complexidade

FIGURA 21.3

Etapas típicas do desenvolvimento de um gestor.

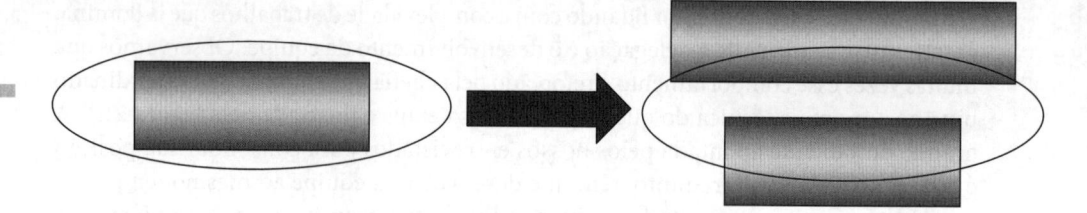

Nesta etapa, as competências mais importantes são a ampliação da visão estratégica e o desenvolvimento de sucessores para ocupar os espaços que ele deixará ao assumir atribuições e responsabilidades de maior complexidade, como ilustra a Figura 21.3.

Competências Exigidas em Cada Etapa de Desenvolvimento

Essas diferentes etapas e as competências necessárias podem ser resumidas na Figura 21.4. É interessante notar que um gerente tático pode estar em quatro situações diferentes em relação à ocupação de seu espaço, e as competências que necessita desenvolver são diferentes. Compreender em que momento se encontra o gestor é importante para auxiliá-lo em seu desenvolvimento.

Etapa 1 – Consolidação na posição

- Delegação
- Foco no resultado
- Desenvolvimento da equipe

Etapa 2 – Ampliação do espaço político

- Visão sistêmica
- Consolidação de parcerias

Etapa 3 – Ampliação da complexidade

- Visão estratégica
- Desenvolvimento de sucessores

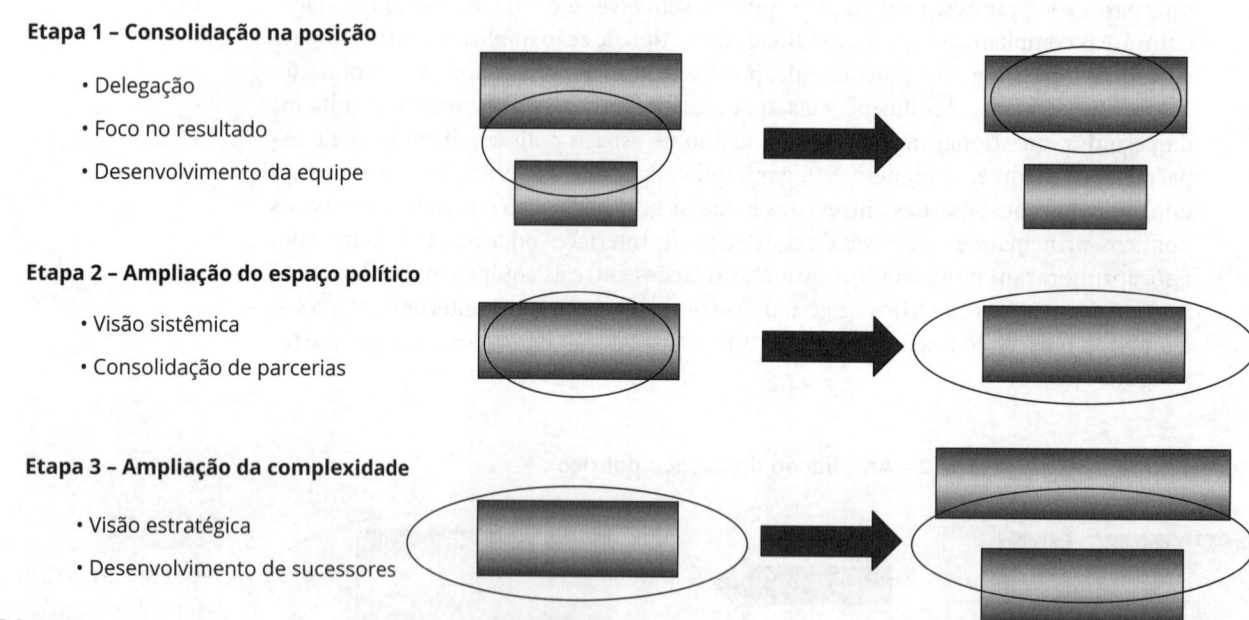

FIGURA 21.4

Competências necessárias para cada etapa típica do desenvolvimento de um gerente.

O reconhecimento dessas etapas ajuda na preparação do gestor para assumir gradativamente maior complexidade em sua posição. Observamos em nossa pesquisa que muitos gestores têm dificuldade de sair da primeira fase. Essa constatação está alinhada com o trabalho desenvolvido por Ram Charan (2010). Muitos líderes têm dificuldades para abandonar suas atribuições no nível anterior quando são promovidos. Foi possível constatar que a maior parte de nossas organizações utiliza de forma inadequada suas lideranças e tem problemas para desenvolvê-las. É por essa razão que vemos uma boa parte da liderança com dificuldades para sair da primeira fase de desenvolvimento, ou seja, tem dificuldade para consolidar sua posição por assumir muitas atribuições e responsabilidades do seu nível anterior.

No desenvolvimento da liderança em termos comportamentais, é importante perceber em que estágio está em relação à posição que ocupa na organização.

Verificamos, nos trabalhos com as lideranças, que há, nas organizações brasileiras públicas e privadas, uma tendência de os gestores levarem para suas novas posições as responsabilidades que tinham no nível anterior (CHARAN, 2010). Isso acontece como resultado de dois aspectos: os gestores têm dificuldade de delegar suas responsabilidades anteriores para sua equipe e sentem-se mais confortáveis acumulando as novas e velhas responsabilidades. Esse fenômeno faz com que os gestores tenham dificuldade de atuar plenamente em seus níveis de complexidade, acumulando muitas das responsabilidades que deveriam ser exercidas por seus subordinados. Nas empresas, utiliza-se o termo **nivelar por baixo** para expressar esse fenômeno.

O **nivelamento por baixo** dificulta a preparação de pessoas para o processo sucessório, já que o gestor ocupa o espaço de seu subordinado. Como resultado, o subordinado não percebe com clareza qual é a distância a ser percorrida para ocupar a posição superior. Como o gestor nivela para baixo sua atuação, é comum que o subordinado construa a falsa percepção de estar próximo do nível de responsabilidade de seu gestor. Quando surge uma oportunidade, não consegue compreender por que não foi considerado para ocupar a posição, uma vez que, em sua percepção, já fazia algo muito próximo do exigido.

Como veremos no próximo capítulo, a estruturação sistemática da sucessão tem gerado vantagens inesperadas e, muitas vezes, não percebidas pelas organizações, como é o caso de, ao prepararmos pessoas para posições-chave, criarmos a possibilidade de reversão desse quadro. Se pensarmos que todas as pessoas estão sendo preparadas para atuar em níveis de responsabilidade mais complexos, podemos dizer que a organização, nesse processo, vai se "nivelando por cima". As principais implicações do "nivelamento por cima" observadas nessas organizações são:

- Gestores mais dispostos e preparados para delegar e desenvolver a sua equipe, como condição para almejarem posições mais complexas.
- Instalação de uma cultura de desenvolvimento das lideranças e maiores desafios profissionais para as pessoas.
- Criação de mecanismos mais elaborados para avaliação e acompanhamento do desenvolvimento das pessoas, particularmente aquelas em condições de assumir maior responsabilidade de liderança ou técnica.
- Um ganho financeiro para a organização, na medida em que ela recebe muito mais contribuição das pessoas com a mesma massa salarial.

Tornar a liderança mais eficiente é um dos aspectos mais relevantes do processo sucessório estruturado, mas, ao mesmo tempo, o menos visível nas organizações, basicamente porque não se tem colocado luz sobre o fato, nem nas discussões profissionais, nem na literatura sobre o tema.

AÇÕES DE DESENVOLVIMENTO DE LÍDERES

Desafios para Desenvolver Habilidades Comportamentais na Liderança

Ao longo de nossa pesquisa, acompanhamos os planos individuais de desenvolvimento de líderes de líderes em três organizações brasileiras que atuam em segmentos industriais. Verificamos que os planos de desenvolvimento eram compostos basicamente da indicação de cursos a serem feitos, bem como os planos de seus subordinados, também líderes. Levantamos a hipótese de que os líderes não tinham consciência de suas deficiências comportamentais, já que não havia nenhuma indicação de ações nesse sentido nos planos de desenvolvimento.

Realizamos encontros para discussão sobre o tema com a liderança e constatamos que havia consciência das deficiências comportamentais, mas não sabiam como trabalhar o desenvolvimento delas.

No desenvolvimento de aspectos comportamentais, obtivemos bons resultados com a criação de rituais, ou seja, criar situações onde eu posso exercer uma mudança de comportamento. Nessas situações, a pessoa pode sair do seu comportamento habitual para um comportamento consciente e vigiado por ela. Por essa razão, são necessários gatilhos para apontar o momento em que a pessoa deve passar a exercer o comportamento a ser desenvolvido. O gatilho pode ser o contato com determinadas pessoas ou determinada situação. Nesse caso, a recomendação é que a pessoa inicie por situações sobre as quais tem mais controle, tais como: pessoas amigas, reuniões com subordinados, reunião com pares ou clientes com quem se identifica etc.

Um dos casos mais interessantes foi o fato de os nossos pesquisados apontarem como uma grande dificuldade oferecer **feedback** positivo para seus subordinados. Verificamos que a dificuldade deles não era dar o **feedback**, mas sim enxergar o positivo nas realizações de seus subordinados. Contratamos com nossos pesquisados a oferta, em suas reuniões semanais com a equipe, de 15 minutos de **feedback** positivo. Ao longo de seis semanas, em média, todos estavam dando **feedback** positivo. Ao terem que oferecer 15 minutos semanais de **feedback** positivo para suas equipes, aprenderam a observar aspectos positivos.

Assim como no exemplo citado, obtivemos resultados positivos com a criação de rituais para desenvolver, em nossos pesquisados, outras habilidades comportamentais, tais como: ouvir, comunicar-se, administrar o tempo etc. Os nossos pesquisados eram líderes de líderes que, ao aprenderem a desenvolver habilidades comportamentais, conseguiram transmitir e ensinar seus subordinados a fazer o mesmo.

SAIBA MAIS

Atualmente, a principal preocupação das organizações é a crescente complexidade do ambiente de negócios. Ao mesmo tempo, a maioria das organizações reconhece que ainda não está preparada para lidar com essa complexidade nem com os novos desafios que ela traz para sua liderança, tais como:

- Diversidade geracional e ciclos de carreira que se encerram mais rapidamente.
- Mudanças de comportamento, com busca crescente pelo equilíbrio entre vida e trabalho.
- Transição de carreira em nível de complexidade, necessitando de rápidas mudanças de modelo mental.
- Migração do poder para as redes de relacionamento.
- Multiplicidade de **stakeholders**.
- Novas tecnologias (computadores cognitivos substituindo analistas).

As capacidades necessárias para uma liderança efetiva nesse ambiente complexo estão mudando; colaboração, redes de relacionamento, pensamento sistêmico e lida com ambiguidade, por exemplo, passam a figurar como algumas das mais valiosas. A liderança pautada no modelo mental tradicional de uma liderança heroica, na qual um indivíduo utiliza suas habilidades, qualidades e comportamentos para exercer influência sobre outros a fim de atingir um objetivo usando posição e autoridade, dá lugar à chamada Liderança Coletiva ou Sistêmica, ancorada no processo relacional (não diretivo e não unilateral) por meio do qual indivíduos e grupos se identificam e agem por um propósito maior.

Suporte da Organização à Liderança para o seu Desenvolvimento

O desenvolvimento de habilidades comportamentais requer uma estratégia didática mais cuidadosa do que o desenvolvimento de habilidades técnicas ou de gestão. O cuidado com a estratégia didática se deve ao fato de estarmos trabalhando, de um lado, com pessoas acostumadas a lidar com situações que exigem pragmatismo e objetividade e, de outro lado, com aspectos abstratos e subjetivos. Temos obtido bons resultados com uma combinação de diferentes abordagens que pode ser sintetizada pela Figura 21.5, apresentada a seguir:

FIGURA 21.5

Abordagens didáticas para desenvolvimento de lideranças.

A ideia é combinar diferentes abordagens didáticas para que criem um efeito sinérgico para estimular e suportar a mudança de comportamento do líder na relação com seu trabalho, com sua equipe, com seus pares, com parceiros internos e externos e com suas chefias imediatas e mediatas. As diferentes abordagens são:

- **O trabalho presencial** – deve ser muito cuidadoso para estimular a reflexão sobre comportamentos individuais sem expor ninguém; necessita, também, trazer um assunto abstrato para a dimensão do concreto vivido pelos participantes e, principalmente, oferecer instrumentos para que o participante desenvolva o comportamento tratado na aula. É fundamental que as pessoas saiam dos encontros em condições de exercitar o que vivenciaram.
- **O trabalho a distância** – deve privilegiar o estímulo a que as pessoas coloquem em prática o que vivenciaram; temos utilizado, para tanto, diários de bordo. O grande diferencial aqui é a formulação das questões para o exercício e o estímulo contínuo, efetuado a distância, para que o participante efetue o exercício e a reflexão sobre ele.
- **O uso de técnicas de coaching** – são utilizadas de forma adaptada para dar foco ao desenvolvimento das habilidades comportamentais a serem desenvolvidas. O **coach** tem acesso aos diários de bordo de seu orientado e procura desenvolver um trabalho sobre as dificuldades encontradas por ele na aplicação prática dos conceitos, instrumentos e exercícios.
- **A troca de experiências** – é estimulada nas aulas presenciais, como parte da didática. É estimulada, também, em atividades específicas antes das aulas presenciais em que os participantes discutem dificuldades e descobertas vividas nos exercícios propostos nos diários de bordo.

Esse **mix** didático proporciona maior segurança no trabalho comportamental. Os resultados puderam ser comprovados a partir do levantamento de expectativas dos participantes e de suas chefias, do acompanhamento através dos diários de bordo e reuniões com os **coachs**. Além disso, foram realizadas entrevistas, três meses após o término do programa, com participantes, chefias, subordinados e pessoas-chave no relacionamento com o participante.

Um dado interessante é sobre o tempo após o término do programa para avaliação. A literatura oscila entre um e seis meses como prazo ideal para efetuar a avaliação em aspectos comportamentais. Nossas experiências apontam para três meses como período ideal. Verificamos que, em período superior a três meses, as pessoas têm maior dificuldade de relacionar objetivamente mudanças comportamentais com o programa. Quando trabalhamos as pessoas

> A ideia é combinar diferentes abordagens didáticas para que criem um efeito sinérgico a fim de estimular e suportar a mudança de comportamento do líder.

seis meses após o programa, elas estavam ainda muito gratificadas com o programa e com as contribuições do programa em suas vidas, mas com dificuldades para detalhar ou argumentar em termos mais objetivos seus ganhos. O mesmo ocorreu com as chefias: seis meses depois tinham dificuldades para responder a questões mais específicas sobre alterações comportamentais relacionadas ao programa.

Outro aspecto interessante para nossa análise é o fato de o programa ser realizado com participantes da mesma empresa (turmas fechadas) ou com participantes de diferentes empresas (turmas abertas). Até 2012, havíamos acompanhado somente turmas fechadas e, entre 2012 e 2013, pudemos acompanhar a experiência de uma turma aberta. As principais diferenças foram:

- Nas turmas fechadas, há constrangimento em abrir questões ligadas ao relacionamento entre as lideranças, principalmente quando envolve a hierarquia. Nas turmas fechadas, as questões de relacionamento eram trabalhadas no **coaching** e pouco discutidas nas aulas presenciais. Nas turmas abertas, essas discussões foram trazidas nas aulas presenciais e no **coaching**.
- Nas turmas fechadas, observamos momentos em que foram criadas as bases para a formação de pactos de relacionamento entre os participantes, o que, naturalmente, não ocorreu nas turmas abertas. No entanto, nas turmas abertas houve muito mais troca entre práticas nas diferentes empresas. Os participantes das turmas abertas relataram que uma das grandes contribuições do programa foi o desenvolvimento de uma visão crítica sobre o relacionamento em suas organizações.

Armadilhas Típicas no Processo de Desenvolvimento das Lideranças

Ao longo dos últimos 20 anos, verificamos uma ênfase na formação das lideranças em gestão de negócios. A partir do final da primeira década dos anos 2000, a demanda já era por desenvolvimento de aspectos comportamentais. Nossa hipótese é de que, devido à dificuldade de trabalhar esse tema, haja uma resistência por parte das organizações e por parte das lideranças.

Tal resistência cria um círculo vicioso, onde o gestor se esconde na obtenção de resultados a qualquer preço e de um estilo mais autoritário da liderança na relação com a sua equipe Isso conduz a organização para uma gestão centrada no curto prazo e, finalmente, cria uma grande fragilidade e uma fissura em sua sustentabilidade, ameaçando, portanto, a perenidade dela.

A escolha adequada dos futuros líderes e seu desenvolvimento são cruciais para que as organizações construam diferenciais competitivos que as coloquem em padrões internacionais.

Resumo e Implicações para o Aprendizado sobre Gestão de Pessoas

O delineamento do perfil e o desenvolvimento dos líderes e dos gestores foi a discussão principal neste capítulo. Inicialmente, verificamos que aspectos devem ser considerados no delineamento do perfil dos gestores com o objetivo de filtrar novos líderes e orientar o desenvolvimento dos atuais. Posteriormente, apresentamos os estágios de desenvolvimento das lideranças e, finalmente, ações para estimular e criar condições objetivas para que as lideranças trabalhem habilidades comportamentais.

As principais implicações para o aprendizado sobre a gestão de pessoas podem ser resumidas em:

- A importância do delineamento de um perfil desejado de líder para orientar os processos de escolha e de desenvolvimento da liderança.
- As diferentes ênfases no suporte ao líder em suas etapas de desenvolvimento.
- Tipos de ações de desenvolvimento da liderança e suas limitações e perigos.

QUESTÕES

Questões para fixação

1. Que critérios podemos utilizar como filtros para escolher futuras lideranças?
2. Quais são as etapas de desenvolvimento do líder?
3. Quais são os ganhos para a organização quando os gestores estão preocupados com o desenvolvimento dos membros de sua equipe?

Questões para desenvolvimento

1. Quais os riscos da negligência ao desenvolvimento de habilidades comportamentais nas lideranças das organizações brasileiras?
2. Qual é o papel dos rituais no desenvolvimento de habilidades comportamentais?
3. Por que as lideranças têm dificuldades para consolidar seu papel em processos de ascensão na carreira?

ESTUDO DE CASO E EXERCÍCIOS

Você acabou de assumir a Diretoria de Recursos Humanos e Desenvolvimento Organizacional de uma organização que atua na prestação de serviços de **software**. A Softsolve tem contratos com organizações nacionais e multinacionais de grande porte. O faturamento anual é de 100.000.000 de reais e conta com uma equipe de 635 colaboradores. Os seis sócios fundadores são brasileiros e estão à frente das áreas técnica, operacional e comercial da Softsolve. Você e o Diretor Financeiro são profissionais contratados para modernizar a Softsolve. Os processos decisórios são muito rápidos e a qualidade técnica dos projetos e produtos é reconhecida pelos clientes como muito boa. A Softsolve atravessa alguns problemas que requerem ação urgente:

- As pessoas que trabalham na Softsolve, embora tenham orgulho de pertencer, sentem-se alijadas das decisões, criticam o processo de comunicação da organização e não conseguem perceber uma carreira além da posição gerencial.
- As posições de diretoria são ocupadas por sócios e, quando surgiram oportunidades como a de Diretor Financeiro e a sua diretoria, foram trazidas pessoas de fora. Além disso, não há nenhuma perspectiva para que elas possam vir a ser sócias da Softsolve.
- As pessoas que ocupam as posições gerenciais não foram preparadas. São técnicos que, por sua competência nesse aspecto, foram promovidos para posições gerenciais. Esse fato está gerando um clima negativo e, se não for tomada uma providência urgente, seu comprometimento poderá ser quebrado.

Exercícios para o caso

1. Quais seriam as suas prioridades para equacionar os problemas descritos? Por quê?
2. Das prioridades listadas na questão anterior, escolha uma delas e estruture um plano de ação para trabalhá-la. Descreva em detalhes cada etapa desse plano de ação apontando quais são as atividades a serem realizadas, os resultados esperados e as pessoas envolvidas em cada etapa do plano de ação.
3. Considerando que os sócios têm a intenção de dobrar o tamanho da organização a cada três anos, quais seriam as suas recomendações para que esse processo ocorra de forma sustentada?

REFERÊNCIAS

CHARAN, R. et al. *Pipeline de liderança*. Rio de Janeiro: Campus, 2010.

USEEM, M. *O momento de liderar*. São Paulo: Negócio, 1999.

CAPÍTULO 22

Processo Sucessório Estruturado

O QUE SERÁ VISTO NESTE CAPÍTULO

Bases conceituais para compreender o processo sucessório
- Evolução do processo sucessório estruturado.
- Estruturação típica do processo sucessório em organizações brasileiras.
- Impacto do processo sucessório estruturado na perenidade da organização.

Mapa sucessório
- Caracterização e uso do mapa sucessório.
- Processo de construção do mapa sucessório.
- Desdobramentos do mapa sucessório.

Preparação de sucessores
- Construção de ações de desenvolvimento dirigidas à formação de sucessores.
- Papéis no desenvolvimento de sucessores.
- Aspectos comportamentais do processo sucessório.

Sucessão em trajetórias de carreira técnicas e funcionais
- Processo sucessório em trajetórias técnicas e funcionais.
- Aprendizado com os processos sucessórios em trajetórias técnicas e funcionais.
- Recomendações para aprimoramento desses processos.

CONTEÚDOS ADICIONAIS

- Reflexões sobre o tema do capítulo através de casos.
- Saiba mais.
- Estudos de caso complementares.
- Questões para guiar a reflexão sobre o conteúdo do capítulo.
- Referências bibliográficas.

QUE REFLEXÕES SERÃO ESTIMULADAS

- Qual a importância do processo sucessório estruturado para as organizações?
- Como se organiza o processo sucessório?
- Quais podem ser as ações e cuidados na preparação de sucessores?
- Como pode ser estruturada a sucessão de profissionais técnicos?

CONEXÕES COM O NOSSO COTIDIANO

Processo sucessório
- Como posso identificar os procedimentos e critérios utilizados pela organização onde trabalho para escolher sucessores.
- Quais são as práticas estabelecidas para preparar sucessores e como posso me apropriar dessas informações para estimular minha ascensão na carreira.
- Como a organização pode me ajudar em meu desenvolvimento.

Sucessão em trajetórias técnicas
- Como a organização efetua a transferência de conhecimento das pessoas mais seniores e para as mais juniores.
- Como posso utilizar melhor minhas qualidades.

ESTUDO DE CASO

João Ribeiro era diretor de operações de uma organização metalúrgica de origem alemã, na qual já trabalhava havia quinze anos. Em 2011, foi anunciado que o presidente retornaria para a Alemanha em 2013. A partir do anúncio, a vida de João Ribeiro mudou: ele passou a frequentar reuniões internacionais, foi convidado a acompanhar o presidente em muitas de suas viagens à Alemanha. Não era necessário ninguém dizer que ele estava sendo preparado para substituir o presidente.

Esse ritmo foi se intensificando, mas em nenhum momento houve qualquer manifestação da organização sobre o que iria acontecer. No início de 2013, ano em que ocorreria a sucessão, João Ribeiro não aguentou e perguntou ao presidente se ele estava sendo preparado para sucedê-lo.

O presidente, sem muito tato, disse a João que ele era um possível sucessor, mas que estava em segundo lugar; de fato, quem iria sucedê-lo era o diretor de Operações do México. No dia seguinte, João Ribeiro pediu demissão. Em 2013, ele assumiu a presidência de uma organização americana atuando no setor de eletrônica profissional.

O caso descrito é muito comum em nossas organizações, nas quais a pessoa passa a ser preparada para posições de maior complexidade, mas sem nenhuma informação. A partir desse momento, passa a imaginar o que a organização está preparando para ela e a criar expectativas sobre o seu futuro. Não raro, suas expectativas são frustradas. Por essa razão, recomenda-se o diálogo com a pessoa que está sendo preparada para a sucessão. Entretanto, há uma série de dúvidas sobre que informações devem ser abertas para as pessoas de modo que não sejam criadas falsas expectativas. Essa questão é o principal foco desta primeira parte do capítulo.

BASES CONCEITUAIS PARA COMPREENDER O PROCESSO SUCESSÓRIO

No final dos anos 1990, a discussão do processo sucessório estruturado e do desenvolvimento da liderança era classificada por nossos colegas e por nós como estudos avançados de gestão de pessoas. Falávamos de preocupações e práticas raramente encontradas entre nossas organizações. Essas questões ganharam, entretanto, uma grande impulsão ao longo da primeira década dos anos 2000. Em 2010, quando realizamos a primeira pesquisa sobre processo sucessório nas principais organizações brasileiras, ficamos surpresos: 115 empresas entre as 150 melhores para se trabalhar tinham processos sucessórios estruturados e 82% desses processos em um nível avançado de maturidade (OHTSUKI, 2012). Os trabalhos realizados por Marisa Eboli (1999; 2004; EBOLI et al., 2010) apontaram o desenvolvimento da liderança como uma questão crítica na estruturação dos processos de educação corporativa.

Quando analisamos as experiências sobre as bases em que foram assentados os processos sucessórios e os programas de desenvolvimento de lideranças, vemos a importância do conceito de competência como o alicerce que sustenta esses programas. Quando discutimos a contribuição da competência para a reflexão sobre como pensar uma gestão de pessoas voltada para o futuro da organização, um ponto de observação privilegiado é analisarmos como as organizações estão escolhendo e preparando suas futuras lideranças, que critérios são utilizados para escolher e preparar as pessoas que irão construir a empresa do amanhã.

Desde o final da primeira década dos anos 2000, temos acompanhado processos sucessórios em carreiras técnicas e funcionais. A lógica do processo de identificação e preparação de sucessores nessas trajetórias é muito diversa da lógica em trajetórias gerenciais.

Este capítulo é dedicado à apresentação das práticas na estruturação dos processos sucessórios e dos critérios utilizados no processo decisório, bem como à discussão do processo sucessório nas trajetórias técnicas e funcionais – algo ainda incipiente em nossas organizações, mas que tem possibilitado para todos nós um grande aprendizado sobre a movimentação desses profissionais em suas trajetórias.

> Em 2010, quando realizamos a primeira pesquisa sobre processo sucessório nas principais organizações brasileiras, ficamos surpresos: 115 empresas entre as 150 melhores para se trabalhar, tinham processos sucessórios estruturados.

Evolução do Processo Sucessório Estruturado

A sucessão é um processo que está sempre presente nas organizações, mas somente nos últimos anos vem sendo estruturado. No trabalho desenvolvido por Ohtsuki (2012) são apontadas três abordagens para compreender como se deu a evolução do pensamento sobre a sucessão:

- **Planejamento de reposição** – um dos primeiros estágios da estruturação do processo sucessório nas organizações é o planejamento de reposição, onde os executivos seniores identificam, dentre seus reportes diretos e indiretos, seus sucessores, sem que sejam consideradas as necessidades do negócio ou dos indivíduos. A abordagem centrada na reposição tem como premissas a baixa competitividade do ambiente de negócios; a estabilidade da estrutura organizacional e dos processos internos; a fidelidade do empregado ao empregador em troca de segurança no emprego; e a obediência dos empregados às determinações de carreira da organização (LEIBMAN; BRUER; MAKI, 1996; WALKER, 1998).

- **Planejamento sucessório com ênfase no desenvolvimento** – considera a avaliação de pessoas o coração e o desenvolvimento a espinha dorsal desse movimento porque, além de tornar a escolha dos candidatos mais objetiva e transparente, permite conhecer as necessidades de desenvolvimento dos indivíduos, propor ações que possam atender essas necessidades e integrar os processos de planejamento sucessório e de desenvolvimento de liderança. As necessidades de desenvolvimento e as ações para atender essas necessidades são igualmente orientadas pelo mesmo conceito. As pessoas são desenvolvidas para atuar numa posição específica, com ênfase nos aspectos técnicos do trabalho (METZ, 1998).

- **Planejamento sucessório com ênfase nas necessidades estratégicas do negócio** – para a maioria dos autores estudados, o planejamento sucessório deve ser abordado como um conjunto de normas e procedimentos claros e objetivos, que leve em conta as necessidades estratégicas do negócio e, ao mesmo tempo, integre práticas de gestão de pessoas, formando um sistema de gestão sucessória ao invés de apenas gerar um plano como é o caso das abordagens anteriores (DUTRA, 2010; LEIBMAN; BRUER; MAKI, 1996; MABEY; ILES, 1992; METZ, 1998; RHODES; WALKER, 1987; ROTHWELL, 2010; TAYLOR; MCGRAW, 2004; WALKER, 1998). Nesse enfoque, a abrangência do processo sucessório é determinada pelo nível de importância crítica das posições. São consideradas posições críticas todas as posições de gestão ou técnicas que, se mantidas vagas, poderiam inviabilizar a realização da estratégia do negócio (ROTHWELL, 2010).

Ohtsuki (2012) construiu uma comparação entre essas três abordagens, apresentada no Quadro 22.1.

Observamos, pelos relatos das experiências ocorridas nos EUA e das experiências acompanhadas no Brasil, que a preocupação com a estruturação do processo sucessório ocorre com a profissionalização de grandes grupos organizacionais. O *Chief Executive Officer* (CEO) nos EUA e o Presidente no Brasil tornam-se o elo entre o Conselho de Administração, normalmente composto por representantes dos acionistas e profissionais especializados, e o corpo de executivos. A extrema importância desse elo no diálogo do Conselho com a organização despertou a preocupação com a sua sucessão. No Brasil, mais de 80% dos processos sucessórios estruturados surgiram por demanda do Conselho de Administração.

> No Brasil, mais de 80% dos processos sucessórios estruturados surgiram por demanda do Conselho de Administração.

Estruturação Típica do Processo Sucessório em Organizações Brasileiras

A preocupação com a sucessão para posições críticas sempre esteve presente nas organizações, mas na maior parte delas a sucessão é administrada de forma intuitiva e a portas fechadas. A estruturação do processo sucessório ganha importância em um ambiente mais competitivo.

QUADRO 22.1

Comparativo das abordagens sobre sucessão

ESTRUTURAÇÃO DO PROCESSO SUCESSÓRIO	ABORDAGEM		
	REPOSIÇÃO	DESENVOLVIMENTO	ALINHAMENTO COM O NEGÓCIO
Premissa	Estabilidade	Estabilidade	Mudança
Objetivo	Identificar *back-ups*	Desenvolver indivíduos para posições específicas	Desenvolver *pool* de talentos
Posições consideradas	Posições executivas seniores	Todas as posições de liderança	Posições críticas
Critérios de escolha dos candidatos	Informais e subjetivos	Descrição do cargo	Competências estratégicas
Desenvolvimento	Não há preocupação	Para o cargo	Para agregar valor ao negócio
Processo	Rígido e pontual	Rígido e pontual	Flexível e dinâmico
Comunicação	Confidencial	Controlada	Ampla

Fonte: Ohtsuki (2012), com base em Dutra (2010), Friedman (1986), Groves (2007), Hall (1986), Leibman, Bruer e Maki (1996), Metz (1998) e Rothwell (2010).

As organizações tomam consciência de que não podem colocar o negócio ou a estratégia em risco por falta de pessoas preparadas para assumir posições de liderança ou técnicas.

No acompanhamento de vários processos ocorridos no Brasil, em empresas de capital tanto nacional quanto internacional, verificamos que as organizações, de forma natural, caminharam para a divisão da sucessão em duas partes, como se fossem dois processos dialogando continuamente. Um deles trata do mapa sucessório e o outro trata do desenvolvimento das pessoas capazes de assumir posições de maior nível de complexidade. O mapa sucessório é um exercício estratégico e visa avaliar qual a capacidade da organização de repor pessoas em posições críticas para o negócio. Esse processo é confidencial por gerar um conjunto de informações e posicionamentos voláteis, como, por exemplo: verificamos que temos três pessoas prontas para determinada posição e conseguimos estabelecer uma ordenação dessas pessoas em função de seu nível de adequação, mas no momento de efetivar a sucessão percebemos que, por causa de mudanças no contexto, os critérios que foram utilizados no mapa sucessório devem ser alterados. Por isso, as informações do mapa sucessório não devem ser divulgadas, pois podem gerar expectativas irreais.

Ao lado do mapa sucessório, é fundamental o contínuo estímulo, suporte e monitoramento do desenvolvimento das pessoas. O foco do desenvolvimento não é o aumento da eficiência das pessoas em suas posições, mas, sim, a preparação delas para posições de maior complexidade. Esse processo deve ser claro e transparente; é muito importante construir uma cumplicidade entre a pessoa e a organização no processo de desenvolvimento. Para isso, a pessoa deve saber para o que está sendo preparada. Nesse caso, a informação a ser transmitida para a pessoa não é a de que ela está sendo preparada para a posição x ou y, mas de que está sendo preparada para uma posição de maior nível de complexidade, a qual será definida em função das necessidades da organização que o futuro irá determinar.

■ O foco do desenvolvimento não é o aumento da eficiência das pessoas em suas posições, mas, sim, a preparação delas para posições de maior complexidade.

Impacto do Processo Sucessório Estruturado na Perenidade da Organização

Rothwell (2005), ao analisar a realidade americana, desenha um quadro preocupante com o processo sucessório, no qual um quinto dos executivos das maiores empresas estará em condições de aposentadoria nos próximos anos, assim como 80% dos executivos seniores, 70% da média gerência no serviço público e 50% de toda força de trabalho do governo federal. No caso da realidade americana, esse cenário preocupa porque não há pessoas preparadas para assumir essa lacuna. No caso brasileiro, embora nossa realidade seja diferente por causa de nossa demografia, temos muitos motivos para nos preocuparmos com o processo sucessório.

Uma população mais jovem pressionando a aposentadoria precoce da população de executivos na faixa dos 50 aos 65 anos, tanto na iniciativa privada quanto no setor público, coloca no foco de preocupação a construção do processo sucessório. Como trabalhar a saída dessa população entre 50 e 65 anos e como criar o processo de transferência de conhecimentos e sabedoria para a população mais jovem? Essas questões podem ser respondidas através de um processo estruturado e refletido de sucessão.

Rothwell (2005) e Rothwell et al. (2005) desenvolveram pesquisas em 1993, 1999 e 2004 sobre a importância da estruturação de processos sucessórios. Nelas, foram apontadas as 13 principais razões para se realizar essa estruturação, as quais os autores sintetizam em seis benefícios:

- Criação de critérios que permitam identificar e trabalhar pessoas que possam oferecer para a organização uma contribuição diferenciada para o desenvolvimento e/ou sustentação de vantagens competitivas. O uso contínuo desses critérios permite seu aperfeiçoamento, constituindo-se em filtros importantes para captação, desenvolvimento e valorização de pessoas que podem fazer diferença. Esses critérios, de outro lado, contribuem para atrair e reter pessoas que se sentem valorizadas e percebem um horizonte de desenvolvimento profissional.

- O processo estruturado permite uma ação contínua de educação das lideranças na identificação e no preparo das futuras lideranças. Essa ação educacional continuada permite o aprimoramento das lideranças para a organização, assegurando, ao longo do tempo, lideranças cada vez mais bem preparadas para os desafios a serem enfrentados pela empresa ou negócio.

- Estabelecimento de uma ligação segura entre o presente e o futuro da organização, ou seja, através de um processo estruturado, as transições de liderança são efetuadas sem haver interrupção do projeto de desenvolvimento organizacional, oferecendo segurança para empregados, acionistas, clientes e formadores de opinião no mercado onde a empresa atua.

- Definição de trajetórias de carreira para as lideranças atuais e futuras, sinalizando o que a empresa espera em termos de contribuições e entregas, bem como quais são os critérios para ascensão na carreira. De outro lado, as pessoas sabem o que podem esperar da empresa em termos de horizonte para o seu desenvolvimento e como se preparar.

- Alinhamento entre o desenvolvimento das pessoas e as necessidades da organização. Por meio de um processo estruturado de sucessão, é possível uma negociação contínua de expectativas entre as pessoas e a organização. Desse modo, é possível alinhar o desenvolvimento das pessoas com as necessidades futuras da organização.

- Adequação da liderança para o futuro da organização, por meio da discussão combinada das possibilidades oferecidas pelo mercado e da capacidade futura da empresa para ocupar espaços. A preparação das futuras lideranças permite uma oxigenação contínua, oferecendo diferentes percepções sobre os espaços ocupados e novos espaços para a organização ou negócio.

Em nossas experiências com as organizações brasileiras, verificamos que esses benefícios são também percebidos por aqui. Observamos que a caracterização das competências e critérios de valorização das lideranças teve um grande amadurecimento a partir da implantação de processos sucessórios estruturados. O mesmo ocorreu com o processo de avaliação de pessoas. A avaliação é importante para a indicação de sucessores e há um efeito sinérgico entre a avaliação e o processo sucessório, onde ambos se influenciam mutuamente criando um círculo virtuoso.

> Observamos que a caracterização das competências e critérios de valorização das lideranças teve um grande amadurecimento a partir da implantação de processos sucessórios estruturados.

Dutra (2015) desenvolveu pesquisa em empresas brasileiras na qual foram identificados ganhos além dos apontados por Rothwell (2005) e Rothwell et al. (2005). Entre esses ganhos, cabe destacar três. Um primeiro é o desenvolvimento dos gestores que, ao refletirem sobre seus sucessores, percebem necessidades de desenvolvimento; desse modo, um dos resultados importantes é a discussão contínua sobre a necessidade do aprimoramento do perfil dos futuros gestores da organização. O segundo resultado é o compartilhamento entre os vários gestores da responsabilidade de desenvolver os sucessores, aspecto muito relevante se pensarmos que provavelmente o desenvolvimento dos sucessores envolverá experiências em outras áreas da organização e/ou participação em projetos que possibilitem a ele uma visão sistêmica e o trânsito em novas arenas políticas. E o terceiro resultado apontado por Dutra (2015) é uma análise mais profunda dos aspectos a serem desenvolvidos nas pessoas. Normalmente, a percepção do desenvolvimento da pessoa como sucessor não é analisada ou é vista superficialmente nos exercícios de avaliação de desempenho.

SAIBA MAIS

Em pesquisa realizada por Dutra (2015), foram encontradas informações importantes sobre a realidade de nossas organizações no que se refere ao processo sucessório estruturado:

Constatações:

- Indícios de que ainda existe, conforme colocado por Rothwell (2005) e Dutra (2010), uma grande dificuldade das organizações em encaminhar as ações de desenvolvimento, tanto individual quanto organizacional, a partir dos resultados dos comitês, formalmente na organização.
- Indícios de que, quando a posição de presidência é ocupada por um profissional interno à organização, o desenvolvimento do processo sucessório é mais veloz e fluido.

Pontos de aprimoramento:

- As **análises** dos participantes dos comitês sobre os **profissionais** avaliados estão muito pautadas na **percepção das lideranças** (acreditam que a análise de potencial auxilia nas decisões tornando-as menos subjetivas).
- O fato de os **resultados do mapa sucessório serem confidenciais**, em alguns momentos, é ruim, pois os profissionais muitas vezes não têm clareza da razão por que estão sendo movimentados ou envolvidos em projetos que em alguns momentos podem não fazer grande sentido. Embora o gestor diga que as ações estão acontecendo por um motivo específico, muitas vezes o profissional não consegue visualizar.

Vínculos entre processo sucessório e estratégia organizacional:

- Dão o direcionamento da empresa e proveem consistência no processo de gestão e desenvolvimento do capital humano.
- Resultam de um processo de decisão, principalmente de natureza qualitativa, que interfere no todo da organização e busca eficácia em curto, médio e longo prazos.
- Abrangem a organização e sua relação com o ambiente.
- Envolvem questões de conteúdo e de processo, em diferentes níveis.

Para a estruturação do processo e sua consolidação, Rothwell et al. (2005), apontam dez passos fundamentais:

Passo 1 – posicionamento do núcleo de poder da organização. O passo inicial é o suporte político das pessoas que comandam a organização, materializado no apoio explícito dos acionistas e/ou do presidente. Esse suporte político ocorrerá se o processo sucessório conseguir traduzir as prioridades e principais expectativas dos principais dirigentes da organização.

Passo 2 – estabelecimento das competências exigidas e critérios de valorização das lideranças. A partir desses critérios, é possível identificar pessoas que podem agregar valor para a organização e contribuir de forma efetiva para o seu desenvolvimento.

Passo 3 – criação de processos de avaliação do desenvolvimento que possibilite a orientação do desenvolvimento das lideranças e a formação de consenso em relação às pessoas que podem ser indicadas e preparadas para assumir no futuro posições de liderança.

Passo 4 – implantação de um sistema de avaliação de *performance* no qual as lideranças possam ser estimuladas a aprimorar de forma contínua a sua contribuição para os objetivos e estratégias organizacionais.

Passo 5 – identificação de pessoas com potencial de desenvolvimento e que possam assumir com facilidade responsabilidades e atribuições de maior complexidade.

Passo 6 – estabelecimento de planos individuais de desenvolvimento, construídos com o objetivo de trabalhar tanto lacunas existentes entre a *performance* atual e a esperada quanto lacunas para assumir responsabilidades e atribuições de maior complexidade.

Passo 7 – implantação e acompanhamento do plano individual de desenvolvimento, lembrando que 90% desse processo ocorrem no dia a dia do trabalho executado pela pessoa.

Passo 8 – mapeamento dos sucessores a partir dos processos de avaliação e da resposta das pessoas ao plano individual de desenvolvimento.

Passo 9 – construção do mapa sucessório entre os gestores e os dirigentes da organização e de compromissos com a preparação das pessoas indicadas para a sucessão. Rothwell (2005) assinala que aqui está o calcanhar de Aquiles do processo sucessório, porque essa atividade é relegada para um segundo plano. Cabe assinalar neste ponto a importância da criação de um ritual para a construção do mapa sucessório.

Passo 10 – avaliação contínua dos resultados obtidos com a preparação dos sucessores, principalmente em relação à perda de pessoas que estavam sendo trabalhadas para suceder; análise dos processos de sucessão ocorridos na organização; avaliação do nível de aproveitamento dos talentos internos para as posições que se abrem na organização; e economia gerada pelo aproveitamento interno.

O trabalho de Rothwell é importante por se basear em pesquisas e em sua vivência, e os passos descritos alertam para a necessidade de processos estruturados de sucessão.

> O passo inicial é o suporte político das pessoas que comandam a organização, materializado no apoio explícito dos acionistas e/ou do presidente.

MAPA SUCESSÓRIO

Caracterização e Uso do Mapa Sucessório

O mapa sucessório é um exercício estratégico para verificar:

- Quais são as pessoas em condições para assumir atribuições e responsabilidades em níveis de maior complexidade.
- A capacidade da organização de desenvolver pessoas para assumir posições mais exigentes.
- As principais fragilidades na sucessão para posições críticas para a sobrevivência ou o desenvolvimento da organização.

A base para a construção do mapa sucessório é a clareza por parte da organização sobre quais são as competências exigidas e os critérios de valorização das futuras lideranças (ROTHWELL, 2005), caso contrário o processo pode conduzir à reprodução do *status quo*, como, por exemplo: se a organização valoriza lideranças que alcancem resultados desprezando os meios utilizados por elas para sua obtenção, pode continuar a privilegiar a escolha de futuras lideranças com o mesmo perfil; isso faz com que a organização esteja sempre voltada para o aqui e agora, sacrificando seu amanhã.

> A discussão sobre o mapa sucessório dever ser, idealmente, um processo colegiado.

Nos casos que pudemos acompanhar pessoalmente, as reuniões realizadas para efetuar a indicação de futuros sucessores foram pautadas por discussões estratégicas sobre a organização e o futuro dos negócios, pelo fato de as competências e critérios estarem previamente estabelecidos.

A discussão sobre o mapa sucessório dever ser, idealmente, um processo colegiado. Esse colegiado é normalmente chamado de comitê de sucessão e constituído pelos níveis responsáveis pelas posições sobre as quais se irá discutir, como, por exemplo: a indicação de sucessores para diretores da organização deve ser realizada entre o presidente e os diretores, a sucessão do presidente deve ser feita entre o conselho de administração ou acionistas e o presidente. Para ilustrar a composição do comitê de sucessão, é apresentado na Figura 22.1 o exemplo de umas das organizações pesquisadas.

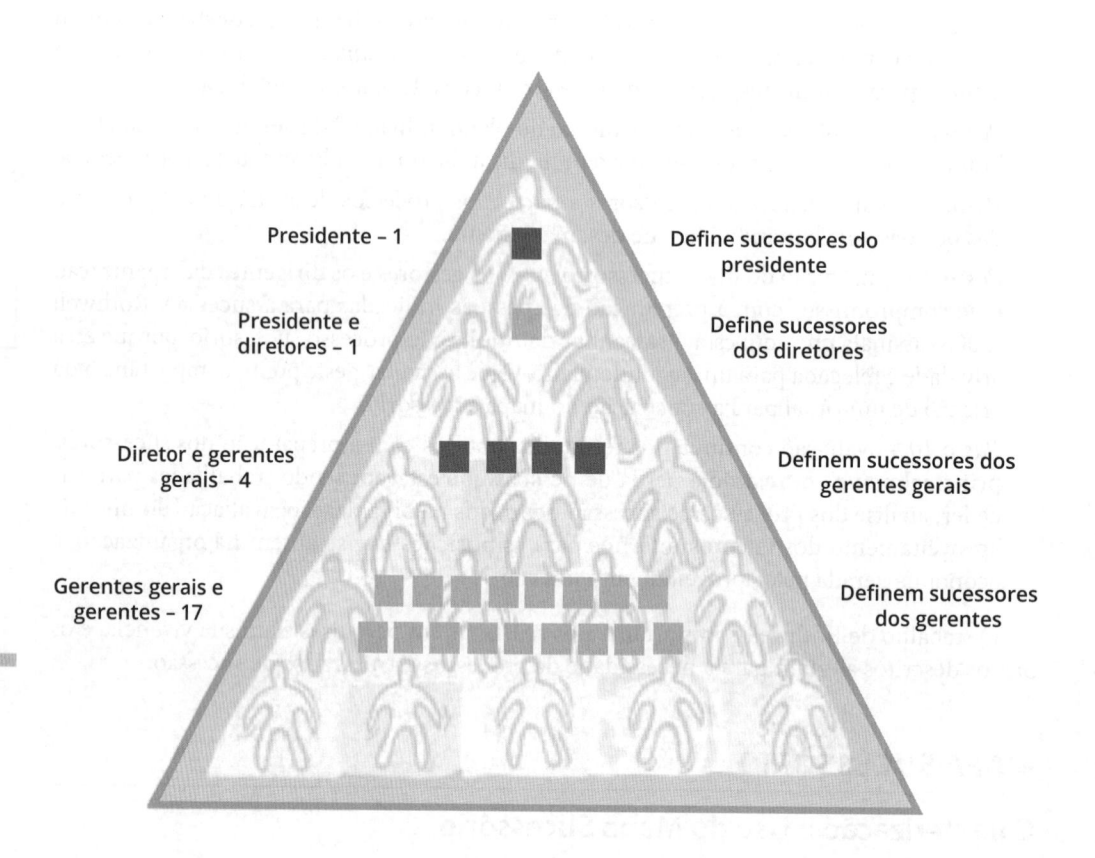

FIGURA 22.1

Exemplo de formação de comitês de sucessão.

Fonte: desenvolvida pela equipe de consultoria da Growth.

Presidente – 1 — Define sucessores do presidente
Presidente e diretores – 1 — Define sucessores dos diretores
Diretor e gerentes gerais – 4 — Definem sucessores dos gerentes gerais
Gerentes gerais e gerentes – 17 — Definem sucessores dos gerentes

Para a reunião, devem ser levadas informações detalhadas sobre todas as pessoas cogitadas como eventuais sucessores. Durante a discussão sobre os eventuais sucessores, emergem informações fundamentais para orientar o desenvolvimento das pessoas que estão sendo cogitadas como sucessores.

Processo de Construção do Mapa Sucessório

A construção do mapa sucessório deve ser um ritual exercitado periodicamente. Recomenda-se que sejam estabelecidos intervalos nunca superiores a um ano, repassando as pessoas capazes e em condições de serem preparadas para as posições críticas da organização ou do negócio. Esse ritual é composto de várias etapas que podem variar em função da cultura e do desenho organizacional. A seguir, descrevemos as etapas típicas dos processos pesquisados no Brasil:

Etapa 1 – processo de avaliação de todas as pessoas consideradas aptas ou em condições de serem preparadas para ocupar posições críticas dentro da organização ou do negócio. A indicação dessas pessoas pode ser efetuada em reuniões gerenciais, pelos gestores individual-

> A construção do mapa sucessório deve ser um ritual exercitado periodicamente. Recomenda-se que sejam estabelecidos intervalos nunca superiores a um ano.

mente, ou através de sistemas institucionalizados de avaliação, os quais, geralmente, abrangem todas as pessoas da empresa.

Etapa 2 – indicação inicial de pessoas cogitadas para o processo sucessório a partir dos resultados dos processos de avaliação. Essa indicação pode ser efetuada a partir dos resultados da avaliação, entre os quais o coordenador do processo sucessório estabelece critérios de corte, ou em reuniões gerenciais, onde são indicadas pessoas que serão submetidas a uma análise dos comitês de sucessão.

Etapa 3 – reunião dos comitês de sucessão. A constituição dos comitês normalmente é estabelecida por áreas de afinidade, envolvendo um número ideal de sete a nove pessoas. Participam os gestores que irão avaliar pessoas capazes de assumir posições equivalentes às suas na organização e os superiores hierárquicos desses gestores. O ritual estabelecido nesses comitês é uma discussão prévia dos critérios a serem utilizados para avaliar as pessoas indicadas a sucessão, e os critérios passam normalmente pelos seguintes aspectos:

- Nível de desenvolvimento da pessoa, ou seja, o quanto ela está pronta para assumir responsabilidades e atribuições de maior complexidade.
- Consistência da *performance* ao longo do tempo, ou seja, se a pessoa atingiu de forma consistente os objetivos negociados com a organização.
- Comportamento adequado, ou seja, se a pessoa apresentou relacionamento interpessoal, atitude diante do trabalho e nível de adesão aos valores da organização dentro de padrões adequados na opinião dos avaliadores.
- Potencial para assumir novos desafios, geralmente analisado a partir de velocidade de aprendizado, comportamento diante de desafios, inovações apresentadas em seu trabalho.
- Aspectos pessoais, tais como: idade, desembaraço para mobilidade geográfica, conhecimentos específicos etc.
- Nível de prontidão para assumir posição de maior complexidade. Normalmente, se avalia se a pessoa pode assumir imediatamente (nesse caso, ela está pronta) ou se deve ser preparada para poder assumir futuramente (nesse caso, procura-se avaliar em quanto tempo ela estará pronta).

> A constituição dos comitês normalmente é estabelecida por áreas de afinidade, envolvendo um número ideal de sete a nove pessoas.

Nesta etapa, os avaliadores discutem a inclusão de pessoas que não haviam sido pensadas previamente e, se for o caso, pessoas que foram indicadas e devem ser excluídas por apresentarem características ou por estarem vivendo situações que a impediriam de serem cogitadas ou preparadas para o processo sucessório. Após essas ações preliminares, as pessoas são avaliadas uma a uma e o resultado final dos trabalhos do comitê deve ser:

- Indicação de pessoas para o processo sucessório.
- Avaliação de cada possível sucessor quanto ao seu nível de preparo para assumir responsabilidades e atribuições de maior complexidade.
- Indicação de uma ordem de prioridade das posições a serem ocupadas pelos sucessores escolhidos.
- Recomendação de ações de desenvolvimento e acompanhamento para cada um dos sucessores escolhidos.
- Estabelecimento de indicadores de sucesso no desenvolvimento de cada um dos sucessores escolhidos.
- Avaliação de aspectos que possam vir a restringir o desenvolvimento dos sucessores escolhidos e as ações para minimizar ou eliminar esses aspectos.

Etapa 4 – a validação do mapa sucessório será sempre efetuada em, pelo menos, um nível acima dos gestores que participaram do comitê de sucessão. Isso é importante para que seja construído o suporte político para o processo de escolha dos sucessores. A validação dos mapas sucessórios é efetuada de forma concomitante com a sua consolidação. A consolidação, por sua vez, deve abranger a organização como um todo e possibilitar que a alta direção visualize as situações críticas, tais como: posições onde não há sucessores internos, níveis de comando onde não há sucessores ou, ainda, uma quantidade muito reduzida de sucessores frente às necessidades da organização ou do negócio. Essas informações permitirão uma reflexão estratégica sobre a gestão de pessoas, que abrange: aceleração do desenvolvimento, alteração dos critérios de contratação, preparação das lideranças para desenvolvimento de sucessores, mapeamento no mercado de trabalho de pessoas para as posições-chave sem sucessores internos.

Etapa 5 – o mapa sucessório deve ser um instrumento indicativo para a efetivação da sucessão. No momento em que um processo de sucessão for iniciado, deve ser ponderada a especificidade da situação e a indicação da melhor pessoa para aquela posição, que nem sempre é a pessoa que está em primeiro lugar na ordem de prioridade no mapa sucessório. Nesse sentido, o mapa sucessório é fugaz, serve como exercício para estabelecer a ação sobre as pessoas, prepará-las para a sucessão e construir uma visão das fragilidades da organização em relação a pessoas internas capazes de dar continuidade a programas, estratégias e negócios.

Etapa 6 – um dos principais resultados do exercício dos comitês de sucessão é a indicação de ações de desenvolvimento para cada um dos sucessores escolhidos. Durante o processo de avaliação, surgem considerações e informações importantes para orientar a construção de um programa de desenvolvimento individual para os sucessores. É importante que haja uma sistematização dessas informações e que fique a cargo da chefia imediata da pessoa o suporte para a realização do programa de desenvolvimento. Algumas organizações instituem responsáveis por programas de desenvolvimento e acompanhamento do desenvolvimento dos sucessores. Em quase 50% das organizações pesquisadas, a coordenação do processo sucessório e a gestão das ações de desenvolvimento estão sob o encargo da unidade responsável pela educação corporativa.

A seguir, apresentamos a Figura 22.2, mostrando as etapas. Recomenda-se que haja um processo contínuo e que essas etapas estejam amarradas a uma agenda anual, na qual cada

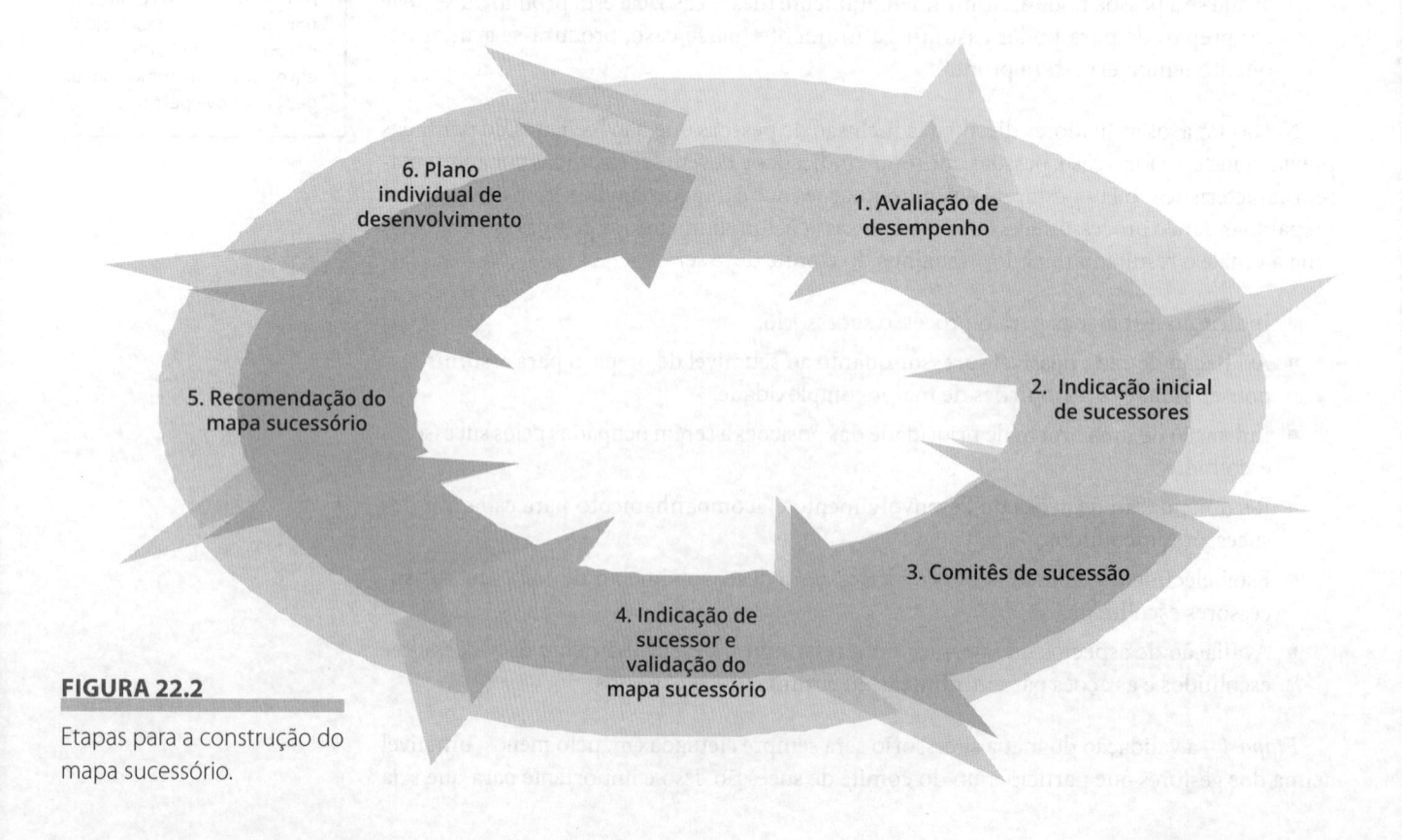

FIGURA 22.2

Etapas para a construção do mapa sucessório.

1. Avaliação de desempenho
2. Indicação inicial de sucessores
3. Comitês de sucessão
4. Indicação de sucessor e validação do mapa sucessório
5. Recomendação do mapa sucessório
6. Plano individual de desenvolvimento

uma das etapas deva ocorrer em determinado período do ano. Dessa forma, o ritual proposto para a construção do mapa sucessório é absorvido pela organização com naturalidade.

Para a construção do mapa sucessório, temos observado um bom resultado quando os membros do comitê de sucessão fazem avaliação prévia das pessoas indicadas, particularmente em relação aos aspectos comportamentais, como o exemplo citado no Capítulo 6 ao tratarmos de avaliação de potencial.

Desdobramentos do Mapa Sucessório

No mapa sucessório, para cada posição-chave da organização, podem ser indicadas as seguintes informações:

- **Pessoas consideradas aptas ou em condições de serem preparadas** – organizadas em prioridade pelo nível de preparo ou pelo perfil para a posição. Normalmente são associadas, para cada pessoa indicada para a posição, as seguintes informações: idade, tempo na posição atual, formação, idiomas, disponibilidade para movimentação geográfica, nível de desenvolvimento, **performance**, adequação comportamental, avaliação do comitê quanto a potencial e nível de prontidão, recomendações advindas de avaliação externa, histórico na organização, aspirações profissionais e pessoais, programa de desenvolvimento individual contratado entre a pessoa e a organização.
- **Situação da posição** – normalmente, são associadas a cada posição-chave as seguintes informações: nível de importância estratégica da posição para o momento da organização, quantidade e qualidade das pessoas indicadas para a posição, disponibilidade de pessoas externas para ocupar a posição, possibilidade de desdobramento da posição em duas ou mais posições e, nesse caso, possíveis ocupantes para as posições desdobradas.
- **Projeção da demanda** – por posições em casos de expansão da organização ou negócio, de forma orgânica ou por aquisição. Nesse caso, são considerados normalmente os seguintes aspectos: quadro projetado por negócio, função e local; análise das principais lacunas e ações preventivas; avaliação dos riscos e impactos da falta de pessoas para suportar a expansão, particularmente quando envolve processos de internacionalização; avaliação de fontes de suprimento alternativas.

O mapa sucessório servirá de guia para a tomada de decisões e, no caso de situações inesperadas, permitirá maior velocidade na formação de consenso e posicionamento.

PREPARAÇÃO DE SUCESSORES

Construção de Ações de Desenvolvimento Dirigidas à Formação de Sucessores

Enquanto o mapa sucessório é algo confidencial e deve ser tratado com grande reserva, os programas de desenvolvimento devem ser negociados e bem transparentes. É fundamental construir com as pessoas uma cumplicidade em relação ao seu desenvolvimento, somente dessa forma haverá comprometimento delas em relação ao processo. O que temos visto nas organizações é a proposta de desenvolver todas as pessoas que se mostrarem em condições e dispostas a fazê-lo, independentemente de estarem ou não no mapa sucessório. Essa postura tem se mostrado efetiva pelas seguintes razões:

- A organização está preparando pessoas que não constam no mapa sucessório no momento, mas poderão constar no futuro.
- Criam-se condições concretas de desenvolvimento. De acordo com nossas pesquisas, esse aspecto é muito valorizado pelas pessoas.

> Enquanto o mapa sucessório é algo confidencial e deve ser tratado com grande reserva, os programas de desenvolvimento devem ser negociados e bem transparentes.

- Constrói-se uma cultura de desenvolvimento das pessoas que se reflete em uma cultura de desenvolvimento da organização.
- A organização prepara-se para o seu futuro e assume uma postura proativa em sua relação com o contexto onde se encontra.

Observamos que as organizações que estruturaram seus processos sucessórios passaram a assumir um posicionamento mais proativo no preparo das pessoas, estimulando-as a assumirem atribuições e responsabilidades de complexidade crescente e, ao mesmo tempo, trabalhando as lideranças para oferecerem as condições concretas para que isso ocorra.

Na lógica de pensarmos a preparação das pessoas para o amanhã, é interessante observarmos como desafiar cada integrante da equipe dentro de sua capacidade, dessa forma conseguindo estimular toda a equipe. Em nossas pesquisas sobre a liderança no Brasil (DUTRA; FLEURY; RUAS, 2008), observamos que as lideranças bem-sucedidas tinham como característica o fato de manterem toda a sua equipe desafiada; mas, infelizmente, constatamos que a maior parte das lideranças pesquisadas se apoiava em uma ou duas pessoas de sua equipe, estimulando o desenvolvimento somente dessas pessoas e marginalizando as demais do processo de desenvolvimento. Constatamos que há uma grande quantidade de pessoas subutilizada nas organizações, uma capacidade instalada que não se aproveita porque está marginalizada das ações de desenvolvimento.

O mesmo raciocínio deve ser efetuado quando pensamos no processo sucessório. Os programas de desenvolvimento voltados para a sucessão devem ser inclusivos e todas as pessoas devem ser cogitadas. Esses programas, entretanto, apresentam características muito particulares. Quando estamos preparando alguém para uma posição gerencial e essa pessoa não tem ainda nenhuma experiência gerencial, encontramo-nos diante de uma possível transição de carreira, ou seja, de uma possível mudança de identidade profissional. Por mais que a pessoa queira essa transição, é fundamental verificar se ela tem estrutura para tal e seu nível de preparação.

O processo de desenvolvimento das pessoas para assumirem posições de maior complexidade implica expor essas pessoas a situações mais exigentes e oferecer o suporte necessário para que consigam obter os resultados esperados. A exposição a situações mais exigentes sem suporte pode gerar frustração e uma sensação de incapacidade, fazendo com que a pessoa se retraia para novas experiências. Ao prepararmos as pessoas para uma situação gerencial, devemos oferecer a elas projetos ou atividades que tenham tanto demandas técnicas ou funcionais quanto demandas políticas.

As demandas políticas colocarão as pessoas em contato com a arena política da organização; nesse caso, é fundamental que a pessoa receba o suporte necessário para conseguir ler o contexto onde estará se inserindo e poder encontrar uma forma de se relacionar com ele que preserve o seu jeito de ser, a sua individualidade. Embora essa constatação pareça óbvia, é algo normalmente esquecido pelos gestores, particularmente quando se está preparando alguém para o processo sucessório.

Por essas razões, a definição de competências e as entregas exigidas nos diferentes níveis de complexidade auxiliam os gestores e as pessoas na estruturação e no acompanhamento do desenvolvimento, sendo possível mensurar o quanto a pessoa está assumindo de forma efetiva atribuições e responsabilidades de maior complexidade, com que nível de dificuldade, com que velocidade e quais são as ações para reorientar ou reforçar seu desenvolvimento.

As discussões para a construção do mapa sucessório são um insumo importante para a concepção de um plano de desenvolvimento individual, o qual será sempre de responsabilidade da chefia imediata, que poderá ou não contar com apoio de áreas internas ou especialistas externos. A construção e o acompanhamento dos planos de desenvolvimento não são algo simples de se fazer e ficam, geralmente, relegados a um segundo plano nas organizações. Uma prática interessante que observamos em algumas organizações foi colocar na agenda das reuniões ordinárias das diretorias e gerências a cobrança das ações de desenvolvimento e os seus resultados. Por isso, é interessante, no mapa sucessório, criar indicadores de sucesso para os planos individuais de desenvolvimento a fim de permitir seu monitoramento de forma coletiva. Essa prática faz com que os gestores coloquem em suas agendas, por consequência, o acompanhamento do plano individual de desenvolvimento de seus subordinados.

Outra prática que vale a pena destacar é a analise, nos processos de avaliação e nos processos sucessórios, do plano de desenvolvimento individual contratado entre a pessoa e a organização. A qualidade das ações de desenvolvimento, o cumprimento do plano e os resultados obtidos são insumos importantes para avaliar o nível de comprometimento da pessoa com o seu desenvolvimento. Outra análise interessante é verificar os planos de desenvolvimento individual das pessoas subordinadas a quem está sendo avaliado, verificando a qualidade e o nível de suporte ao desenvolvimento de sua equipe de trabalho. Essas práticas colocam os planos de desenvolvimento individual em um patamar elevado de importância para todos os gestores da organização.

Papéis no Desenvolvimento de Sucessores

Embora a construção de um plano individual de desenvolvimento seja conjunta, envolvendo a pessoa e seu gestor, cabe à pessoa a responsabilidade por sua realização e ao gestor auxiliá-la nesse processo, conciliando os interesses da pessoa com os interesses da organização ou do negócio e criando as condições objetivas para a concretização do plano.

O foco do plano individual de desenvolvimento é permitir à pessoa condições de assumir atribuições e responsabilidades de maior complexidade. Esse foco justifica-se porque, na perspectiva da pessoa, ao lidar com níveis de complexidade crescente ela estará aumentando seu nível de compreensão das demandas do contexto sobre si num círculo virtuoso, pois com isso estará mais habilitada a lidar com maior complexidade (DUTRA, 2016; STAMP, 1989). Na medida em que a pessoa passa a incorporar atribuições e responsabilidades de maior complexidade, ela está em um processo de desenvolvimento profissional e pessoal.

> O foco do plano individual de desenvolvimento é permitir à pessoa condições de assumir atribuições e responsabilidades de maior complexidade.

Na perspectiva da organização, ao lidarem com situações mais complexas as pessoas ampliam sua contribuição para a organização. Assumindo que uma das poucas coisas que podemos afirmar em relação ao futuro é que as organizações estarão cada vez mais complexas em termos tecnológicos, das relações organizacionais e das relações com o contexto do qual fazem parte, podemos supor que necessitarão de pessoas capazes de lidar com níveis crescentes de complexidade.

No sentido de desenvolver as pessoas para assumirem níveis crescentes de complexidade, o plano de desenvolvimento deve contemplar ações de diferentes naturezas. O processo de desenvolvimento das pessoas na organização e em relação ao seu trabalho tem sido abordado por diferentes autores. Para balizarmos a elaboração de planos individuais de desenvolvimento, nos baseamos em trabalhos desenvolvidos por Ruas (2001; 2002; 2005), Ruas e Antonello (2003) e Antonello (2004, 2005 e 2011) sobre aprendizagem organizacional, mais particularmente sobre a aprendizagem experimental e conversão de conhecimento. A aprendizagem experimental é baseada no ciclo de aprendizagem desenvolvido por Kolb, Rubin e McIntyre (1990) e a conversão de conhecimentos baseia-se em Nonaka e Takeuchi (1997).

Com base nesses trabalhos, pressupomos que o processo de aprendizado passa por diferentes etapas, mas no caso da construção de um plano de desenvolvimento podemos ter ações de aprendizagem de diferentes naturezas agindo de forma sinérgica e permitindo que a pessoa alcance seus propósitos de desenvolvimento e de contribuição para a organização ou para o negócio. Classificamos essas ações em:

- Consciência da necessidade de se desenvolver.
- Aquisição de conhecimentos e habilidades através da formação.
- Experimentação.
- Reflexão sobre o aprendizado.

Aspectos Comportamentais do Processo Sucessório

A literatura sobre o tema não apresenta um aspecto fundamental no processo sucessório, que são as emoções e aspectos comportamentais associados. A literatura e o relato de casos privilegiam a identificação e preparação de sucessores e praticamente não tratam da pessoa a ser sucedida. Verificamos que a preparação de pessoas para assumir posições de maior complexidade é muito exigente em relação ao gestor dessas pessoas. Essa exigência se deve ao fato de que a maior parte das ações de desenvolvimento envolve uma ação conjunta da pessoa e de seu gestor.

> O aspecto mais importante do preparo de uma pessoa para lidar com situações mais complexas é colocá-la frente a frente com a situação.

O aspecto mais importante do preparo de uma pessoa para lidar com situações mais complexas é colocá-la frente a frente com a situação; isso significa que, quando se está preparando um gerente tático para assumir uma gerência estratégica, é necessário colocá-lo em atividades que impliquem o seu trânsito na arena estratégica, quer seja pela coordenação de projetos estratégicos para a organização, quer seja assumindo responsabilidades de um gestor estratégico. De qualquer modo, o gestor dessa pessoa tem que, de um lado, orientá-la a ler o contexto estratégico da organização e dar respostas para as demandas desse contexto e, de outro lado, preparar seus pares e sua chefia para receber seu subordinado e avaliá-lo em sua capacidade de transitar pelo nível estratégico. Essas duas atividades são consumidoras de tempo e exigem uma grande generosidade do gestor na transferência de sua experiência e sabedoria para o subordinado.

Essa ação de preparação de pessoas para posições de maior complexidade faz com que o gestor se sinta, em muitos momentos, ameaçado, sem o amparo de seus pares e de seu superior e, também, não reconhecido pelo próprio subordinado que está preparando. Lidar com essas sensações, que nem sempre refletem a realidade dos fatos é muito difícil, particularmente quando o gestor não tem interlocutores para discutir essas sensações. Recomenda-se que, no processo sucessório, haja um trabalho especializado, realizado por pessoal interno ou externo, de suporte aos gestores na preparação de seus subordinados para o processo sucessório. Recomenda-se, ainda, que um gestor não trabalhe ao mesmo tempo mais do que duas pessoas para o processo sucessório, em função do desgaste emocional e do tempo a ser despendido nisso.

Algumas organizações têm discutido como incluir, no processo de valorização dos gestores, o seu sucesso em processos de preparação de seus subordinados para sucessão. A valorização desses gestores é fundamental, mesmo porque nem todos apresentam facilidade para a preparação de futuras lideranças. Os gestores que têm a capacidade de preparar futuras lideranças devem ser diferenciados pela organização e valorizados.

Acompanhamos o relato de casos de empresas australianas e neozelandesas que instituíram grupos de discussão e acompanhamento para os gestores em processo de desenvolvimento de futuras lideranças. Nesses grupos, são discutidas e trabalhadas as dificuldades individuais e analisa-se a estrutura oferecida pela organização para facilitar o trabalho desses gestores. Os resultados são muito interessantes no aperfeiçoamento dos processos sucessórios e na preparação das futuras lideranças.

Um raro trabalho explorando a questão comportamental do processo sucessório foi realizado por Goldsmith (2009). Nesse trabalho, o autor estabelece um diálogo com o presidente de uma organização que está preparando uma sucessora diante de sua aposentadoria iminente. No diálogo, o autor aconselha o presidente sobre coisas que deve e não deve fazer. Um exemplo interessante descrito pelo autor é traduzido nas Figuras 22.3 e 22.4. Na Figura 22.3, o autor recomenda que durante o período que resta para a o presidente chegar a sua aposentadoria ele faça o seguinte: abandone gradativamente sua posição de liderança passando-a para a sucessora; ajude na preparação e na legitimação da sucessora; na medida em que sua sucessora ocupe seu espaço na organização, comece a desenvolver o seu novo projeto de vida.

Na Figura 22.4, o autor relata o que tem observado na prática das organizações: os presidentes nessa situação de transição não querem abandonar a liderança. Ao não abandonarem sua posição, não criam espaço para o desenvolvimento do sucessor nem criam o espaço para que ele construa a legitimidade necessária para ocupar a posição. Ao mesmo tempo, esses

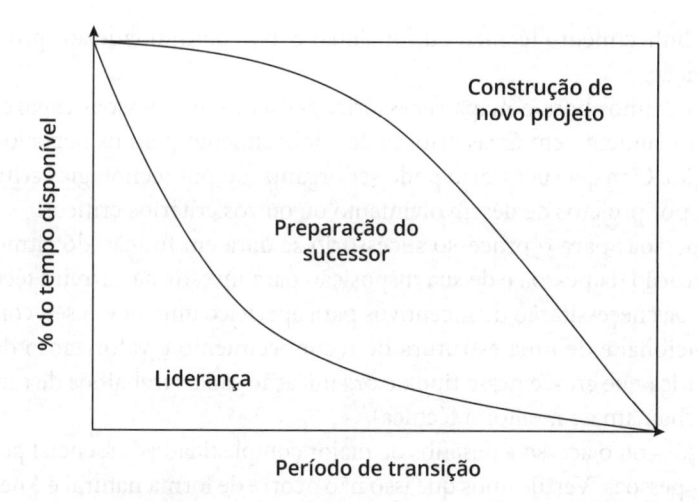

FIGURA 22.3

Processo de transição efetivo

Fonte: Goldsmith (2009:14).

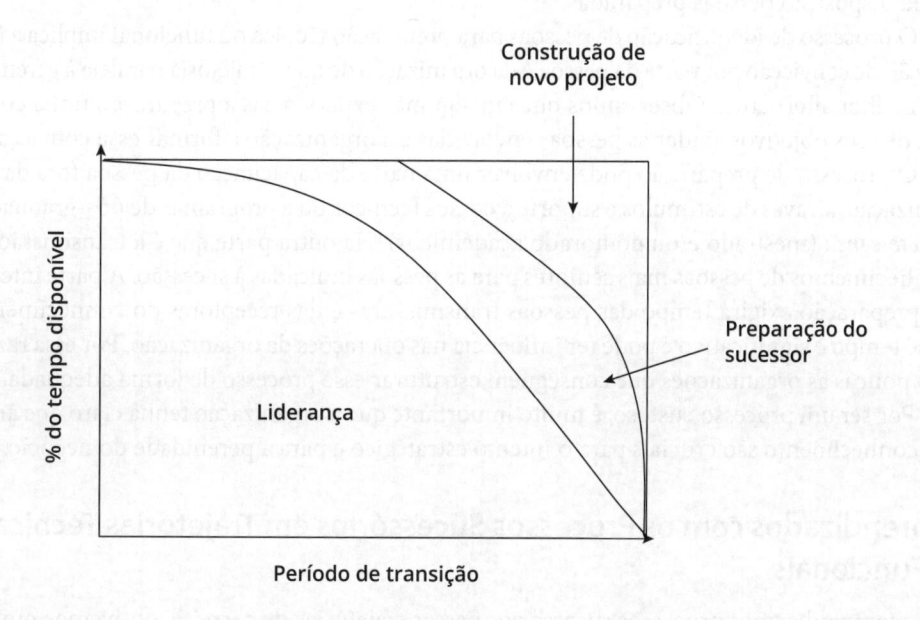

FIGURA 22.4

Problemas no processo de transição

Fonte: Goldsmith (2009:16).

presidentes não constroem seu novo projeto de vida e quando deixam sua posição sofrem com a transição de carreira que necessitam efetuar.

As pessoas analisadas pelo autor são inteligentes e bem formadas, mas mesmo assim não conseguem trabalhar bem sua transição. Um amigo psicanalista trouxe uma importante contribuição para compreender esse fenômeno. Para ele, as pessoas falam o que pensam, mas fazem o que sentem. Muitas vezes, em situação de grande pressão emocional, as pessoas não percebem sua incoerência; afirmam que estão preparando seus sucessores com grande veemência, mas na prática não conseguem oferecer espaço para o desenvolvimento de seus sucessores.

SUCESSÃO EM TRAJETÓRIAS DE CARREIRA TÉCNICAS E FUNCIONAIS

Processo de Sucessão em Trajetórias Técnicas e Funcionais

Quando nos referimos à sucessão em trajetórias de carreira técnicas ou funcionais, normalmente não estamos falando de sucessão de pessoas ou de posições, mas de sucessores capazes de absorver o conhecimento técnico ou funcional e dar continuidade aos projetos estratégicos da organização.

Nesse caso, quando olhamos para o mapa sucessório, pensamos em pessoas capazes de crescer técnica ou funcionalmente em áreas críticas de conhecimento para os negócios ou estratégias da organização. O mapa sucessório pode ser organizado por tecnologias críticas, áreas de conhecimento, por projetos de desenvolvimento ou outros critérios críticos.

A identificação de pessoas para o processo sucessório se dará em função do ritmo de desenvolvimento e dedicação da pessoa e de sua disposição para investir na carreira técnica ou funcional. Essas pessoas necessitarão de incentivos para aperfeiçoamento em seu conhecimento técnico ou funcional e de uma estrutura de reconhecimento e valorização desse conhecimento. Uma prática que cresce nesse tipo de organização são os trabalhos de tutoria (algumas organizações chamam de mentoria técnica).

A ocupação de posições ou o acesso a desafios de maior complexidade é essencial para o desenvolvimento dessas pessoas. Verificamos que isso não ocorre de forma natural e é necessário estruturar esse processo para que, no momento em que a organização necessitar, tenha a sua disposição pessoas preparadas.

O processo de identificação de pessoas para preparação técnica ou funcional implica a formação de convicção por parte da pessoa e da organização de que a trajetória paralela à gerencial é a melhor alternativa. Observamos que em algumas experiências a preparação tinha como um de seus objetivos ajudar as pessoas envolvidas e a organização a formar essa convicção.

O processo de preparação pode envolver uma parte da capacitação da pessoa fora da organização, através de estímulos e suporte a cursos técnicos ou a programas de pós-graduação *stricto sensu* (mestrado e/ou doutorado acadêmicos). Há outra parte que é a transmissão de conhecimentos de pessoas mais seniores para as pessoas indicadas à sucessão. A parte interna de preparação exigirá tempo das pessoas transmissoras e das receptoras do conhecimento. Esse tempo é significativo e pode ter influência nas operações da organização. Por essa razão, são poucas as organizações que conseguem estruturar esse processo de forma adequada.

Por ser um processo custoso, é muito importante que a organização tenha claro que áreas do conhecimento são cruciais para o intento estratégico e para a perenidade do negócio.

Aprendizados com os Processos Sucessórios em Trajetórias Técnicas e Funcionais

Ao acompanharmos processos sucessórios nessas trajetórias de carreira, obtivemos muitos aprendizados, mas gostaríamos de destacar dois deles, para nós os mais significativos.

O primeiro foi em uma empresa de tecnologia brasileira com operações internacionais e durante três anos tentamos viabilizar um programa de tutoria para transmitir conhecimentos críticos. Elegemos como público alvo as pessoas mais próximas da decisão entre as trajetórias gerencial e técnica, pessoas que estavam na forquilha do "Y"; todas as pessoas eleitas já possuíam nível de mestrado e 40%, de doutorado. Seus tutores eram pessoas nos níveis mais elevados da carreira técnica e com previsão de aposentadoria nos cinco anos seguintes. Tinham como missão fazer a transferência de conhecimentos críticos para a organização.

Se perguntássemos aos tutorados se possuíam uma visão sistêmica da tecnologia envolvida nos produtos da organização, todos diriam que sim, mas, ao longo do processo de orientação e transmissão de conhecimentos, eles perceberam que não tinham tal visão sistêmica. Esse fato surpreendeu a todos os envolvidos no processo, tanto os membros de nossa equipe e nós mesmos quanto as pessoas da organização que estavam coordenando o processo.

Analisando o que havia ocorrido, levantamos algumas possibilidades e a mais provável é que as pessoas tiveram uma formação ampla em seu curso de graduação. Ao entrarem na organização, foram se especializando em algumas áreas e atividades tecnológicas, quando foram realizar o mestrado e o doutorado, continuaram focadas em suas especialidades. Sem perceber, foram perdendo a visão sistêmica e não se deram conta, porque estavam atendendo as demandas da organização, que exigia foco na especialidade, e porque formaram uma rede de relacionamentos dentro da especialidade onde atuavam.

Essa constatação nos levou a algumas reflexões sobre a mobilidade das pessoas em trajetórias técnicas e funcionais, as quais compartilhamos a seguir:

- Os profissionais em trajetórias técnicas e funcionais são levados a buscar um nicho de trabalho e de especialização. Isso é importante para criar identidade profissional, segurança e referências para o desenvolvimento. Ao fazê-lo, obtêm crescimento mais rápido em suas carreiras porque conseguem mobilizar seus conhecimentos e habilidades de forma cada vez mais complexa. Em que momento devem voltar-se novamente para incrementar uma visão sistêmica sobre sua atividade? Essa é uma questão importante, porque se não fizerem esse movimento correm o risco de limitar seu desenvolvimento na trajetória técnica ou funcional.

- Para organizações de base tecnológica, essa visão sistêmica é crucial. Quando a organização está nascendo, é natural que as pessoas desenvolvam essa visão, porque estão trabalhando ou interagindo com o processo como um todo, mas quando passa a assumir uma dimensão muito grande o conhecimento técnico ou funcional torna-se mais denso e há maior exigência de especialização. De outro lado, o fato de a organização não possuir, em seus níveis mais elevados da trajetória técnica ou funcional, pessoas com visão sistêmica da tecnologia pode representar um grande risco para o negócio.

- Os participantes do processo de preparação tinham em mente a trajetória gerencial. Em nossa consulta inicial, 72% tinham preferência pela trajetória gerencial. Isso se devia ao fato de esses profissionais terem os seus gerentes como modelos, pois não tinham um contato regular com profissionais técnicos em níveis mais avançados na trajetória. Após os trabalhos de tutoria, apenas 15% continuavam com a preferência pela trajetória gerencial. O contato com profissionais mais experientes criou outro modelo de referência. Embora a organização tivesse estabelecido de forma bem especificada a trajetória técnica, seus níveis e padrões salariais, os profissionais técnicos não tinham ideia sobre o que era ser um profissional mais graduado nessas trajetórias.

> Sem perceber, foram perdendo a visão sistêmica e não se deram conta, porque estavam atendendo as demandas da organização, que exigia foco na especialidade, e porque formaram uma rede de relacionamentos dentro da especialidade onde atuavam.

Procuramos verificar se essa experiência ocorria em outros tipos de organização e constatamos fenômenos semelhantes. Essa constatação reforçou a ideia, comentada no capítulo anterior, de maior espaço político para os profissionais que estão nos braços técnicos ou funcionais do "Y". Na experiência analisada, se os profissionais mais experientes fossem os responsáveis pelo desenvolvimento dos profissionais técnicos ou funcionais, haveria uma dosagem melhor entre o conhecimento altamente especializado e a visão sistêmica. Ao subordinar inteiramente os profissionais técnicos aos gerentes, estes direcionam os esforços da equipe em função dos resultados que necessitam apresentar. Desse modo, o foco vai privilegiando o curto prazo em sacrifício do longo. Em uma empresa que vive da inovação tecnológica, isso pode resultar em um enfraquecimento gradativo, sem que a empresa se dê conta.

O segundo aprendizado foi a resistência cultural da organização ao processo de escolha e preparação dos sucessores técnicos e funcionais. A escolha foi feita inicialmente através da indicação dos gestores e posteriormente referendada pelos tutores. A primeira constatação é que se conhecia pouco das pessoas que atuavam nas trajetórias técnicas e funcionais. Muitas das pessoas pensadas pelos gestores para sucessão técnica e funcional eram as que eles também indicavam para serem seus sucessores.

Quando foi iniciado o processo de tutoria, os gestores ficaram surpresos com o tempo a ser despendido no processo. Na organização onde realizávamos os trabalhos, os conhecimentos a serem transmitidos eram de grande complexidade, por essa razão foram eleitas pessoas com boa e sólida formação técnica e teórica. Para transmitir esse conhecimento, eram necessárias reuniões semanais de duas a quatro horas de duração por um período de dois anos. Isso implicava que tutor e orientado se ausentariam de suas posições de trabalho e os gestores não estavam preparados para tanto.

Nessa experiência, o grande problema para viabilizar o processo foi a resistência dos gestores que, naquele momento, estavam muito pressionados por resultados. A viabilização do processo demorou muito tempo e aconteceu a partir do momento em que se obteve uma negociação com os gestores em relação à forma e ao conteúdo do processo de preparação das pessoas.

Recomendações para o Aprimoramento dos Processos Sucessórios nas Trajetórias Técnicas e Funcionais

Observando as experiências em empresas americanas e europeias, o processo sucessório nas trajetórias técnicas e funcionais deve envolver tanto o corpo gerencial quanto o corpo técnico/funcional mais sênior da organização. O processo de preparação é mais longo e custoso e, por essa razão, as pessoas indicadas para a sucessão devem ser aquelas com grande possibilidade de se realizar na trajetória técnica ou funcional e de permanecer na organização.

A permanência na organização é algo importante porque se terá acesso a conhecimentos críticos para o negócio e, se a organização atua em um setor muito competitivo, a perda dessas pessoas pode representar um golpe duro para o seu processo de geração de inovações e manutenção de diferenciais. Nesses casos, é comum haver contratos de sigilo e uso do conhecimento fora da organização.

A participação dos profissionais mais seniores nos processos de desenvolvimento das pessoas nas trajetórias técnicas e funcionais deve se iniciar mais cedo, para que, quando a pessoa chegar ao momento de decisão entre a trajetória gerencial ou técnica/funcional, esteja mais madura.

Finalmente, uma fragilidade que encontramos em quase todas as organizações com carreiras paralelas é um baixo nível de informação sobre as pessoas que atuam nessas trajetórias. Por essa razão, uma trajetória bem definida, com critérios de ascensão claros, pode ajudar a organização a monitorar a evolução das pessoas nessas trajetórias. Em um dos casos investigados, os profissionais em cada degrau da carreira são continuamente avaliados e posicionados em uma classificação de 1 a 4, onde é avaliado o nível de atuação da pessoa: 1 indica que ela está amadurecendo naquele nível de complexidade; 2, que a pessoa já está madura; 3, que ela já tem condições de suportar níveis maiores de complexidade; e 4, que a pessoa já está atuando em níveis de maior complexidade, normalmente já incorporando atribuições e responsabilidades do nível acima. Avalia-se, também, o quanto a pessoa preenche os níveis de conhecimento e preparo exigidos pela posição: 1 indica uma pessoa que não tem toda capacidade necessária para a posição; 2 indica que a pessoa já detém toda a capacidade exigida; 3, que ela excede as exigências para a posição; e 4, que já preenche as capacidades exigidas pela posição acima.

O exemplo citado permite à organização um acompanhamento do desenvolvimento das pessoas em cada degrau da carreira. O fato de ter criado critério para esse enquadramento propiciou seu aperfeiçoamento ao longo do tempo, ou seja, hoje possui critérios bem refinados e aceitos por todos como legítimos e bons indicadores de ações de investimento e desenvolvimento dos integrantes dessas trajetórias.

Resumo e Implicações para o Aprendizado sobre Gestão de Pessoas

O foco deste capítulo foi o processo sucessório estruturado. Inicialmente, procuramos demonstrar que existem dois processos em um, ou seja, a sucessão estruturada envolve a construção do mapa sucessório e a preparação de sucessores. Esses dois processos atuam de forma combinada e complementar e são trabalhados com maior profundidade na sequência do capítulo. Ao final, a discussão centra-se na sucessão de profissionais técnicos e funcionais.

As principais implicações para o aprendizado sobre a gestão de pessoas podem ser resumidas:

- Nos ganhos e aprimoramentos para a gestão de pessoas a partir da implantação de processos sucessórios estruturados.
- No processo de desenvolvimento das lideranças gerado nas reflexões sobre a identificação e preparação de sucessores.
- Na especificidade do processo sucessório de profissionais técnicos e funcionais.

QUESTÕES

Questões para fixação

1. Quais são as abordagens sobre o processo sucessório estruturado que demonstram sua evolução?
2. Qual é a importância da estruturação do processo sucessório para a organização contemporânea?
3. Como o processo sucessório tem sido estruturado nas organizações brasileiras?
4. Como deve ser construído o mapa sucessório?
5. Quais são os principais aspectos a serem observados na preparação de sucessores?
6. Como se estrutura e qual a importância do processo sucessório em carreiras técnicas e funcionais?

Questões para desenvolvimento

1. Qual é a importância da estruturação do processo sucessório para as organizações brasileiras?
2. Por que é importante verificarmos os aspectos comportamentais no processo sucessório?
3. Por que é importante preparar o gestor para desenvolver sucessores?

ESTUDOS DE CASO E EXERCÍCIOS

Caso 1

Você é gestor(a) de uma equipe de 16 pessoas que atuam como analistas. Todas têm formação superior e se distribuem da seguinte forma: 3 analistas consultores, os mais experientes de sua equipe; 5 analistas seniores, profissionais com muita experiência tanto na organização quanto no mercado; 6 analistas plenos, com experiência de dois a cinco anos na organização e no mercado; 2 analistas juniores, pessoas recém-formadas que você está desenvolvendo. Um dos seus analistas consultores o procurou para conversar sobre carreira e vocês agendaram uma reunião para a qual você quer se preparar. Repassando alguns pontos você constatou o seguinte:

- Trata-se de uma pessoa de sua total confiança, muito respeitado devido ao seu posicionamento e atuação técnica e admirado por toda a equipe, uma vez que está sempre trazendo inovações e informações relevantes sobre sua área de atuação e é uma pessoa muito generosa, sempre dividindo conhecimentos e estimulando o desenvolvimento das demais.
- Você pensou em preparar esse analista como seu sucessor, mas ao designá-lo para projetos onde havia maior exposição política, ele apresentou grandes dificuldades para negociar prazos para o projeto, realizar as interfaces necessárias e obter os recursos essenciais.
- Inicialmente, você pensou que com um pouco de estímulo e suporte à pessoa poderia superar as dificuldades encontradas no relacionamento político. Suas tentativas foram frustradas, porque os projetos com características mais políticas nunca estimularam seu subordinado.
- Você vem percebendo certa inquietação por parte de seu subordinado e que isso está, provavelmente, motivando a reunião. Até o presente, nunca havia encontrado oportunidade para efetuar uma conversa mais profunda sobre o futuro de seu subordinado na organização. Você acredita que há espaço para o crescimento técnico dele na organização.

De outro lado, você sabe que seu subordinado tem feito uma reflexão sobre a própria carreira na organização e percebe que está batendo com a cabeça no teto da carreira, tanto na empresa quanto no mercado, e acredita que seu caminho natural seria migrar para a trajetória gerencial.

Questões para o caso:

1. Quais são as condições para você pensar o seu subordinado como seu sucessor ou como uma pessoa para ocupar no futuro uma posição gerencial na organização?
2. Caso seu subordinado possa ser pensado para uma posição gerencial, qual deveria ser o seu papel na preparação dele?

Caso 2

A Comunicação a Jato é uma organização especializada na área editorial e em comunicação eletrônica. No período de

2008 a 2011, necessitou efetuar uma grande reestruturação de suas despesas e reduziu seu quadro em 30%. Em 2008, houve uma primeira reestruturação organizacional com perda de pessoas importantes para a empresa, gerando preocupação com o processo sucessório e reposicionamento do quadro diretivo e gerencial.

No início de 2009, o processo sucessório foi iniciado com o contato efetuado entre o vice-presidente de Recursos Humanos e cada um dos demais vice-presidentes, quando se levantaram as expectativas em relação ao desenvolvimento e carreira deles e quais delas poderiam ou não ser levadas para o presidente. Essas expectativas foram passadas ao presidente pelo vice-presidente de Recursos Humanos e também foram levantadas as expectativas do presidente em relação aos seus vices. Esse mesmo processo foi efetuado com os diretores em relação aos vice-presidentes. Durante o primeiro semestre de 2009, a estrutura organizacional foi sendo construída levando em consideração as necessidades da organização e as expectativas dos vice-presidentes e diretores. Em setembro de 2009, a proposta estava negociada e todos os vice-presidentes e diretores receberam orientação e suporte em relação aos pontos a serem trabalhados de modo a estarem prontos para suas posições. No primeiro semestre de 2011, a estrutura estava completamente implementada conforme o planejado em 2008.

A Veste Bem é uma organização que atua no segmento vestuário No final de 2008, seu presidente executivo tinha três anos para sua aposentadoria e foi "convidado" a buscar um sucessor. O prazo estabelecido para o processo sucessório foi de três anos, ou seja, final de 2011. O presidente, em conjunto com o diretor de Recursos Humanos, estabeleceu um processo que não só abrangia sua posição, mas também todas as posições gerenciais da organização. O processo consistia em identificar todos os possíveis candidatos às posições gerenciais e prepará-los para essas posições. O processo deveria ser transparente, ou seja, a pessoa deveria saber que estava sendo preparada para assumir uma determinada posição. Para a posição do presidente executivo foram indicados três diretores e, durante o processo, cada um dos indicados recebeu suporte externo para o seu desenvolvimento, através de um trabalho de *coaching*.

O processo sucessório trouxe para a organização um aprendizado relevante de competências como, por exemplo: desenvolver a identificação de pessoas capazes de assumir posições de maior complexidade, acompanhar o desenvolvimento das pessoas, lidar com a expectativa das pessoas não indicadas para a sucessão, lidar com a frustração das indicadas mas que não foram escolhidas etc.

Os dois processos foram muito bem-sucedidos a Comunicação a Jato efetuou uma grande transformação estrutural sem ruído e mantendo a motivação e a autoestima de todo seu quadro. A Veste Bem efetuou as sucessões com sucesso e não perdeu aquelas pessoas preparadas para a sucessão e que não ascenderam.

Questões para o caso:

1. Qual deve ser a abordagem para o processo sucessório: uma contínua conciliação de expectativas entre as necessidades da organização e das pessoas ou a preparação de todas as pessoas que tenham condições para assumir posições de maior complexidade?

2. Como deve ser trabalhada pela empresa a frustração das pessoas que não têm suas expectativas atendidas?

3. Como trabalhar a competição de várias pessoas pela mesma posição?

REFERÊNCIAS

ANTONELLO, Cláudia S. *Alternativa de articulação entre programas de formação gerencial e as práticas de trabalho*: uma contribuição no desenvolvimento de competências. 2004. Tese (Doutorado) – Programa de Pós-Graduação da Universidade Federal do Rio Grande do Sul, Porto Alegre.

_____. A metamorfose da aprendizagem organizacional: uma revisão crítica. In: RUAS, R.; ANTONELLO, C. S.; BOFF, L. H. *Aprendizagem organizacional e competências*. Porto Alegre: Bookman, 2005.

_____. Desenvolvimento de projetos e aprendizagem nas organizações. In: ANTONELLO, C. S.; GODOY, A. S. *Aprendizagem organizacional no Brasil*. Porto Alegre: Bookman, 2011.

DUTRA, J. S. *Competências*: conceitos, instrumentos e experiências. São Paulo: Atlas, 2016.

_____. Processo sucessório. In: _____ (Org.) *Gestão de carreira na empresa contemporânea*. São Paulo: Atlas, 2010. p. 1-19.

_____; FLEURY, M. T. L.; RUAS, R. *Competências*: conceitos, métodos e experiências. São Paulo: Atlas, 2008.

DUTRA, T. A. *O processo sucessório em empresas do setor de mineração*: um estudo de casos múltiplos. 2015. Dissertação (Mestrado) – Programa de Pós-Graduação das Faculdades Metropolitanas Unidas, São Paulo.

EBOLI, Marisa. Educação e modernidade nas organizações: desafio de implantar sistemas educacionais competitivos. In: _____. *Universidades corporativas*. São Paulo: Schmukler, 1999.

_____. *Educação corporativa no Brasil*: mitos e verdades. São Paulo: Gente, 2004.

_____ et al. *Educação corporativa*: fundamentos, evolução e implantação de projetos. São Paulo: Atlas, 2010.

FRIEDMAN, S. D. Sucession systems in large corporations. *Human Resource Management*, v. 25, nº 2, p. 191-213, Jan. 1986.

GOLDSMITH, M. *Succession*: are you ready? Boston: Harvard Business Press, 2009.

GROVES, K. S. Integrating leadership development and succession planning best practices. *Journal of Management Development*, v. 26, nº 3, p. 239-260, 2007.

HALL, D. T. Dilemmas in linking succession planning to individual executive learning. *Human Resource Management*, v. 25, nº 2, p. 235-265, 1986.

KOLB, D.; RUBIN, I.; MCINTYRE, J. *Psicologia organizacional*. São Paulo: Atlas, 1990.

LEIBMAN, M.; BRUER, R. A.; MAKI, B. R. Succession management : the next generation of succession planning. *People and Strategy*, v. 19, nº 3, p. 16-30, 1996.

MABEY, C.; ILES, P. *The* strategic integration of assessment and development practices: succession planning and new manager development. *Human Resource Management Journal*, v. 3, nº 4, p. 16-34, 1992.

METZ, E. J. Designing succession systems for new competitive realities. *People and Strategy*, v. 21, nº 3, p. 31-38, 1998.

NONAKA, I.; TAKEUCHI, H. *Criação de conhecimento na empresa*. Rio de Janeiro: Campus, 1997.

OHTSUKI, C. H. *A gestão sucessória em empresas não familiares no Brasil*: um estudo de caso. 2012. Dissertação (Mestrado) – Faculdade de Economia, Administração e Contabilidade da USP, São Paulo.

RHODES, D. W.; WALKER, J. W. Management succession and development planning. *Human Resource Planning*, v. 7, nº 4, p. 157-175, 1987.

ROTHWELL, W. J. et al. *Career planning and succession management*. Westport: Praeger, 2005.

_____. *Effective succession planning*. New York: Amacom, 2005.

_____. _____. 4. ed. New York: Amacon, 2010.

RUAS, Roberto. Desenvolvimento de competências gerenciais e a contribuição da aprendizagem organizacional. In: FLEURY, M. T.; OLIVEIRA JR., M. (Org.) *Gestão estratégica do conhecimento*. São Paulo: Atlas, 2001.

RUAS, Roberto. *Gestão das competências gerenciais e a aprendizagem nas organizações.* Documento preliminar preparado como material de apoio aos Cursos de Extensão do Programa de Pós-Graduação e Pesquisas em Administração da UFRGS. Porto Alegre, 2002.

_____. Gestão por competências: uma contribuição à estratégia das organizações. In: RUAS, R.; ANTONELLO, C. S.; BOFF, L. H. *Aprendizagem organizacional e competências.* Porto Alegre: Bookman, 2005.

_____; ANTONELLO, Cláudia S. Repensando os referenciais analíticos em aprendizagem organizacional: uma alternativa para análise multidimensional. *Revista de Administração Contemporânea*, Curitiba: ANPAD, v. 7, nº 3, 2003.

STAMP, GILLIAM. The Individual, the organizational and the path to mutual appreciation. *Personnel Management*, p. 1-7, July 1989.

TAYLOR, T.; MCGRAW, P. Succession management practices in Australian organizations. *International Journal of Manpower*, v. 25, nº 8, p. 741-758, 2004.

WALKER, J. W. Perspectives: do we need succession planning anymore? *People and Strategy*, v. 21, nº 3, p. 9-12, 1998.

PARTE VIII

Tendências e Desafios da Gestão de Pessoas

Objetivos da PARTE VIII

- Oferecer ao leitor uma perspectiva dos desafios a serem enfrentados pela gestão de pessoas no Brasil.
- Discutir como preparar nossas organizações para fazer frente aos desafios e tendências na gestão de pessoas.
- Estimular a reflexão sobre novas frentes de estudo sobre a gestão de pessoas na organização contemporânea.
- Permitir ao leitor sua preparação como profissional ou como gestor para as exigências futuras do contexto organizacional.

Resultados esperados com a leitura da PARTE VIII

- Reflexão do leitor sobre pontos a desenvolver para fazer frente às exigências do futuro.
- Desenvolvimento de uma visão crítica sobre o nível de preparo da organização onde atua para os desafios da gestão de pessoas.

Nesta parte do livro, serão trabalhadas as tendências e os desafios para a gestão de pessoas no mundo e no Brasil. Uma parte dessa reflexão é oriunda de eventos reunindo professores e profissionais da área de gestão de pessoas e de pesquisas realizadas nos últimos anos A outra parte advém da literatura recente sobre o posicionamento da gestão de pessoas frente às transformações no contexto e ambiente onde as organizações se inserem.

O objetivo desta parte do livro não é simplesmente especular em relação ao futuro da gestão de pessoas, mas sim lançar questões para reflexão. Essas questões devem servir de guias para futuros trabalhos sobre o assunto e para que, tanto as organizações quanto as pessoas preparem-se para aproveitar as oportunidades propiciadas pelo amanhã e para evitar ou minimizar as possíveis ameaças escondidas ou camufladas nas tendências.

As questões ligadas à gestão de pessoas têm como característica fundamental a subjetividade, sendo sujeitas a diversas interpretações e diferentes formas de tratamento pelas organizações. Por essa razão, faz-se necessária uma discussão sobre suas tendências e desafios de forma estruturada e incansável. Somente desse modo desenvolveremos uma visão mais arguta e crítica sobre a realidade.

Acreditamos que o futuro nos reserva, de um lado, a satisfação de construir novos rumos e caminhos para a gestão de pessoas e, de outro, um enorme trabalho na revisão de premissas, conceitos, práticas e ferramentas. Para auxiliar nesse trabalho, esta parte do livro está dividida em capítulos. No Capítulo 23, vamos analisar as tendências do contexto e seus impactos sobre a gestão de pessoas, discutir possíveis ações que as organizações podem empreender para fazer frente a esses impactos e os desafios na preparação das pessoas e da organização. Finalmente, o Capítulo 24 será dedicado a apontar estudos e trabalhos acadêmicos que tratam de temas avançados na gestão de pessoas e a indicar novos temas de estudo e pesquisa.

CAPÍTULO 23

Tendências na Gestão de Pessoas

O QUE SERÁ VISTO NESTE CAPÍTULO

Transformações no ambiente e seu impacto na gestão de pessoas

- Demografia brasileira e seus impactos na gestão de pessoas.
- Transformações tecnológicas e seu impacto na organização do trabalho.
- Ciclos de carreira mais curtos e maior velocidade no desenvolvimento das pessoas.
- Valorização crescente do equilíbrio entre vida e trabalho.

Impactos das transformações no sistema de gestão de pessoas

- Transparência dos critérios de gestão de pessoas.
- Gestão de pessoas com diferentes vínculos empregatícios.
- Identidade das pessoas com os propósitos e práticas da organização.

Demandadas para que as organizações repensem a gestão de pessoas

- Organizações em processo contínuo de desenvolvimento.
- Pressões para repensar a relação das organizações com as pessoas.
- Preparação das pessoas para assumir maior nível de complexidade.

Desafios futuros sobre a gestão de pessoas

- Diálogo com diferentes culturas para atuar globalmente e criar uma única identidade.
- Criação de condições objetivas para o trabalho em equipe de pessoas com grande diversidade comportamental e de conhecimentos e formação.
- Construir referenciais para as pessoas em um ambiente volátil e ambíguo.
- Construir novos modelos mentais para viabilizar o desenvolvimento, a valorização e a movimentação das pessoas em um contexto com novas referências.

QUE REFLEXÕES SERÃO ESTIMULADAS

- Como fazer frente às transformações no contexto onde a organização se insere?
- Quais são os principais impactos das transformações sobre a gestão de pessoas?
- Que pressões as organizações receberão para rever a forma de gerir pessoas?

CONEXÕES COM O NOSSO COTIDIANO

Transformações no ambiente

- Como posso me preparar como profissional e como gestor para enfrentar as ameaças e aproveitar as oportunidades do futuro.
- Como identificar oportunidades de trabalho e desenvolvimento profissional alinhados com as tendências do mercado de trabalho.

Desafios futuros

- Como posso identificar oportunidades de crescimento pessoal e profissional em um ambiente volátil e ambíguo.
- Como posso auxiliar a organização onde atuo para se preparar para as demandas de gestão de pessoas.

CONTEÚDOS ADICIONAIS

- Reflexões sobre o tema do capítulo através de casos.
- Saiba mais.
- Estudos de caso complementares.
- Questões para guiar a reflexão sobre o conteúdo do capítulo.
- Referências bibliográficas.

ESTUDO DE CASO

A XPG é uma multinacional que atua em defensivos agrícolas e há cinco anos implantou trabalho a distância para toda a sua equipe de vendas. O processo foi um sucesso, a organização teve uma redução dos seus custos com deslocamento das pessoas e estas reportam melhor nível de vida e maior satisfação com seu trabalho. Além desses aspectos, os resultados da equipe tiveram um crescimento consistente nos últimos cinco anos.

Esses resultados estimularam a organização a estender o trabalho a distância para toda a organização. Tal decisão foi tomada há um ano e foi implantada paulatinamente. Nos primeiros seis meses, as pessoas passaram a ter um dia da semana no qual deveriam trabalhar em suas casas. Foi um processo lúdico para a maioria das pessoas, mas houve grande resistência das lideranças, sentiam-se inseguras com a distância de suas equipes uma vez por semana.

Nos primeiros seis meses, as pessoas foram acompanhadas para verificar dificuldades de trabalhar a distância e como estavam se sentindo. Os líderes participaram de treinamentos e de grupos de debate. A partir de então, o trabalho a distância foi ampliado para dois dias por semana e foram iniciados trabalhos de alteração da organização do espaço físico.

Atualmente, as pessoas não têm mais uma mesa ou sala. Existem vários ambientes de trabalho que elas reservam. Cada pessoa tem um armário para guardar material de trabalho que não quer levar para sua casa. Os gestores estão se adequando às novas formas de trabalho. Existe cerca de 10% do efetivo que não conseguiu se adequar ainda ao trabalho em casa e vai todos os dias para a organização. Nesse momento, a organização se prepara para as pessoas realizarem trabalho a distância três dias por semana.

A maioria das pessoas aprovou as mudanças, declara que sua qualidade de vida está melhor e sente que está mais produtiva, mas sente falta da companhia diária dos colegas e, nos dias que trabalha na organização, de não encontrar todas as pessoas com as quais convivia.

A XPG procura minimizar a falta de convívio com reuniões mais frequentes de todas as equipes com seus gestores. A prática mais comum são reuniões quinzenais, mas existem áreas que realizam reuniões semanais.

A organização estima que, ao final do processo, haverá uma redução de 70% do espaço físico, resultando em redução dos custos operacionais. Além disso, já percebe que aumentou a atratividade da organização, melhorando sua capacidade de atração e retenção de pessoas.

A direção da XPG afirma que o principal ganho é a adequação da cultura organizacional para um novo contexto de relação entre as pessoas e a organização e de estruturação do trabalho.

O caso apresentado demonstra a preocupação da organização em se preparar para um cenário de novas exigências. Por estar mais preparada para um novo contexto, ganha vantagens competitivas em um mercado com competitividade crescente.

TRANSFORMAÇÕES NO AMBIENTE E SEU IMPACTO NA GESTÃO DE PESSOAS

Necessitamos de novas formas de gerir pessoas, como pudemos verificar no decorrer do livro. As organizações, de forma natural e espontânea, estão alterando sua forma de gerir pessoas para atender as demandas e pressões provenientes do ambiente externo e interno. Essa reação natural e espontânea tem padrões comuns que caracterizam um novo modelo de gestão de pessoas, os quais foram apresentados ao longo do livro.

Podemos prever que as organizações estarão genuinamente preocupadas com o desenvolvimento das pessoas. Observamos que aquelas que apresentam experiências bem-sucedidas são paradigmáticas para o mercado e têm clara vantagem na disputa por pessoas que podem agregar um diferencial competitivo para seus negócios.

Podemos prever, também, que as organizações precisarão de um número crescente de trabalhadores especializados. Essas pessoas vão necessitar de atualização contínua para manter sua competitividade no mercado de trabalho; serão, portanto, mais exigentes na sua relação com as organizações. Como decorrência, os processos de movimentação, desenvolvimento e valorização das pessoas ganharão destaque para gerenciar a conciliação de expectativas entre as pessoas e a organização e/ou negócio. Essa conciliação se tornará mais complexa e envolverá um crescente conjunto de variáveis e de sutilezas.

> Experiências bem-sucedidas são paradigmáticas para o mercado e têm clara vantagem na disputa por pessoas que podem agregar um diferencial competitivo para seus negócios.

Demografia Brasileira e Seus Impactos na Gestão de Pessoas

O Brasil apresenta uma demografia muito particular, semelhante somente em alguns países latino-americanos. Temos uma explosão de nascimentos no período de 1970 a 1985; posteriormente, um grande número de nascimentos, mas, em termos relativos, em intensidade menor, e, após os anos 2000, um decréscimo mais acentuado nos nascimentos.

Através das informações prestadas pelo IBGE (Instituto Brasileiro de Geografia e Estatística), com base no senso realizado em 2010, verificamos que em torno de 33% da população tinha mais de 40 anos, ou seja, a maior parte de nossa população era formada por jovens no ano da realização do censo. As projeções do IBGE para os próximos anos são de decréscimo da população jovem e um crescimento da população com mais de 40 anos. Se ao longo das duas primeiras décadas dos anos 2000 valorizamos o jovem, como uma força renovadora em nossas organizações, esse quadro passa a se transformar ao longo da década de 2020 e, possivelmente, na década de 2030 passemos a valorizar a maturidade.

A principal questão é que, na década de 2030, a cabeça de onda etária no Brasil estará com mais de 60 anos e iniciaremos um período no qual não haverá reposição de mão de obra, já que a partir dos anos 2000 temos um decréscimo acentuado nos nascimentos.

Transformações Tecnológicas e Seu Impacto na Organização do Trabalho

A tecnologia tem criado impactos na organização do trabalho. Assistimos a dois impactos importantes. Um deles é o crescimento do trabalho a distância. Na pesquisa de 2009 entre as melhores empresas para se trabalhar, observamos que 69% das organizações relatavam oferecer trabalho a distância. Outro é o crescimento dos serviços compartilhados, que se caracterizam pela concentração de atividades de mesma natureza, gerando economia de escala. Inicialmente, foram concentrados trabalhos repetitivos na empresa, tais como: folha de pagamentos, contabilidade e contas a pagar e a receber, para, posteriormente, envolverem também atividades ligadas a questões fiscais e tributárias, caixa único, serviços de contratação e treinamento e a cadeia de suprimentos (**supply chain**). Os serviços compartilhados podem gerar uma economia de 20% a 30% das despesas operacionais. Por essa razão, têm grande disseminação no setor privado e, neste momento, estendendo-se para o setor público.

O trabalho a distância e os serviços compartilhados têm o potencial para gerar grandes transformações na forma de organização do trabalho e para ampliar a complexidade na gestão de pessoas. Entretanto, outro aspecto vem se mostrando relevante: o questionamento da organização funcional do trabalho e das estruturas organizacionais. As estruturas matriciais, por processo e por projetos, mostram-se muito mais efetivas do que as funcionais na busca de economia de escala em nível global e uso mais racional da capacidade humana instalada. Esse fato tem gerado novos tipos de pressão para a gestão de pessoas, tais como:

- As estruturas matriciais criam um posicionamento diferente para as pessoas, que passam a pertencer a diversas estruturas de trabalho e de comando ao mesmo tempo; com isso, desenvolvem diversos papéis e ocupam diversos espaços políticos.
- As estruturas por processo abandonam a lógica funcional e todas as pessoas estão focadas nos resultados e intentos estratégicos do processo. Independentemente de sua formação, a expectativa é de que as pessoas tenham condições de assumir trabalhos diversos, transitando entre atividades-fim e atividades-meio.
- As estruturas por projeto organizam as pessoas em torno de projetos e a expectativa é, também, que a pessoa esteja focada no projeto, podendo assumir diferentes papéis.

Essas mudanças implicam uma forma diferente de olhar as pessoas na organização. As pessoas, atualmente, são referenciadas através de seus cargos ou de sua posição no organograma, mas fica a questão: na medida em que cargos e organogramas perdem seu valor como referência, o que será utilizado para ajudar as pessoas na estruturação da relação com seu trabalho, com sua carreira e com a empresa? Os conceitos de competência e complexidade serão os pontos de apoio para essa nova realidade.

> Fica a questão: na medida em que cargos e organogramas perdem seu valor como referência, o que será utilizado para ajudar as pessoas na estruturação da relação com seu trabalho, com sua carreira e com a empresa?

Assistimos desde o início da segunda década dos anos 2000 ao crescimento da inteligência artificial e ao uso dos computadores cognitivos. Desde 2015, observamos o uso desses computadores em nossas organizações, com duas portas de entrada: o setor judiciário e o setor da saúde. No primeiro, os computadores estão sendo utilizados para emitir pareceres jurídicos dentro de matrizes de análise previamente estabelecidas, acelerando o trabalho dos tribunais e substituindo o trabalho de advogados. No segundo, eles são utilizados para a realização de diagnósticos médicos, acelerando o serviço e oferecendo um recurso que possibilita maior precisão. A partir de 2016, passamos a observar o uso dos computadores cognitivos no setor financeiro de atacado e em algumas operações industriais.

Podemos antever que o computador cognitivo gerará grandes transformações na forma como o trabalho é organizado. Um efeito mais imediato será o trabalho especializado com um grande apoio dessa tecnologia e a criação de novos papéis para os profissionais.

Ciclos de Carreira Mais Curtos e Maior Velocidade no Desenvolvimento das Pessoas

Nos anos 1990, iniciamos uma pesquisa sobre a velocidade das pessoas em suas trajetórias de carreira, acompanhando uma tendência de estudos nos países desenvolvidos. Naturalmente, a velocidade de ascensão era maior nos anos 1990, quando comparávamos com os anos 1980. Esses resultados estavam, entretanto, com um viés, pois havíamos experimentado grandes transformações em nossa realidade ao longo dos anos 1990, principalmente com a abertura de nosso mercado. Apesar da frustração na discussão sobre aceleração de carreira, descobrimos algo muito interessante: os ciclos de carreira.

O ciclo de carreira significa o crescimento da pessoa em atribuições e responsabilidades de mesma natureza, até um momento em que ela não vê mais perspectivas. Usando uma metáfora, a pessoa bate com a cabeça no teto. O ciclo é medido pelo crescimento do nível de complexidade das atribuições e responsabilidades até um momento em que não há mais perspectiva de crescimento, quer na organização, quer no mercado de trabalho. Essa situação causa na pessoa uma natural angústia. Ela fica dividida. De um lado, gosta e realiza-se com o que faz, e, do outro, não tem mais futuro naquele tipo de trabalho.

> O ciclo é medido pelo crescimento do nível de complexidade das atribuições e responsabilidades até um momento em que não há mais perspectiva de crescimento, quer na organização quer no mercado de trabalho.

Observamos, ao longo dos anos 1990, que o ciclo de carreira era de 20 a 25 anos em pessoas da geração dos **babyboomers** (pessoas nascidas do final da década de 1940 ao final da década de 1960). Essas pessoas, ao fecharem o ciclo, estavam próximas da aposentadoria e sentiam o fechamento do ciclo como algo natural. Na primeira década dos anos 2000, observamos que a geração X (pessoas nascidas do final da década de 1960 ao início da década de 1980), que entra no mercado de trabalho nos anos 1990, tem seu ciclo entre 15 e 18 anos. No final da primeira década de 2000, muitos estavam fechando seu ciclo por volta dos 40 anos de idade.

Esse fato trouxe para as organizações um novo desafio: pessoas jovens para a aposentadoria e já no final de suas carreiras. A alternativa de criar na organização mais espaço para essas pessoas é muito limitada. A saída tem sido ajudar as pessoas a transitar para outras trajetórias de carreira. Temos observado que as organizações fazem esse movimento de forma reativa, mas o número de situações deve crescer. Acreditamos que a geração que entrou no mercado a partir do final da primeira década dos anos 2000 terá um ciclo de 12 a 15 anos, agravando mais esse quadro.

A situação de escassez do Brasil em termos de mão de obra especializada é crônica, fato amenizado com a crise de meados da segunda década dos anos 2000. Essa situação impõe maior preocupação com atração e retenção e com o desenvolvimento das pessoas para assumirem posições de maior complexidade. Ao mesmo tempo, as pessoas estarão ascendendo mais rapidamente em suas carreiras e fechando seus ciclos mais rapidamente. O desafio é criar possibilidades para que elas possam ter bom ritmo de desenvolvimento e contar com uma política de aproveitamento interno.

Valorização Crescente do Equilíbrio entre Vida e Trabalho

Nos próximos anos, teremos um crescimento gradativo da carreira subjetiva em detrimento da carreira objetiva (HALL, 2002). Ou seja, cada vez mais, as pessoas tomarão decisões sobre suas vidas profissionais a partir de valores, família e compromissos sociais e, cada vez menos, a partir de salários e **status** profissional. Temos duas evidências importantes. A primeira vem da experiência vivida por jovens nos Estados Unidos na primeira década dos anos 2000, em que o casal decide buscar empregos menos glamorosos e com menores salários para poder cuidar dos filhos. Nos anos 1990, a mulher tinha sua carreira truncada por conta dos filhos, e os homens, uma carreira linear; agora, cada vez mais, o casal busca se organizar para cuidar dos filhos de forma a preservar a carreira de ambos. Esse movimento foi chamado de **opt out**, (MAINIERO e SULLIVAN, 2006) e envolveu uma grande proporção na sociedade norte-americana, a ponto de estimular as organizações a apresentar formas mais flexíveis de organização do trabalho.

> Nos próximos anos, teremos um crescimento gradativo da carreira subjetiva em detrimento da carreira objetiva.

O movimento **opt out** ainda não está completamente instalado no Brasil, mas temos evidências de que a geração que está entrando no mercado de trabalho possui tais valores na sua relação com o cônjuge e com os filhos. A segunda evidência: é provável que essa geração, associada aos movimentos sociais, cristalizados nos Estados Unidos e na Europa, influencie uma grande transformação cultural em que, cada vez mais, as pessoas subordinem seu projeto profissional ao projeto pessoal e familiar.

Outro aspecto das transformações culturais vem com o surgimento da carreira da família. Para exemplificar, há um grande escritório de advocacia, onde trabalham em conjunto o fundador, o seu filho e o seu neto. Os pais do fundador estão vivos e o neto do fundador tem filhos; temos, portanto, cinco gerações vivendo em conjunto e três trabalhando juntas. O que parece algo pitoresco tende a se tornar cada vez mais comum em nossa sociedade, em que os pais e os avós estarão cada vez mais envolvidos na carreira de seus filhos e netos.

IMPACTOS DAS TRANSFORMAÇÕES NO SISTEMA DE GESTÃO DE PESSOAS

Transparência dos Critérios de Gestão de Pessoas

Atualmente, na maior parte das organizações do setor privado, os sistemas de carreira e de remuneração são herméticos, ou seja, a maior parte das pessoas não sabe exatamente o que necessita fazer para ascender na carreira ou fazer jus a um diferencial no seu padrão de recompensa. Um sistema de gestão de pessoas transparente pressupõe coerência de critérios e equidade em sua aplicação. Há uma clara tendência de associação entre os sistemas de recompensa e os critérios de ascensão na carreira. Na medida em que ficam claros os critérios de ascensão profissional, o mesmo ocorre com os critérios de recompensa.

As pressões geradas pelas mudanças tecnológicas, valorização da qualidade de vida e ciclos mais curtos de carreira demandam uma relação com as pessoas em bases mais claras, nas quais a coerência e a consistência oferecem às pessoas maior segurança sobre sua carreira e valorização pela organização. Desse modo, as pessoas poderão refletir sobre o seu futuro dentro e/ou fora da organização, apoiadas em aspectos mais concretos de sua relação. As tendências apontam para a necessidade de maior transparência na relação entre organização e pessoas.

> As pressões geradas pelas mudanças demandam uma relação com as pessoas em bases mais claras, onde a coerência e a consistência ofereçam às pessoas maior segurança sobre sua carreira e valorização pela organização.

Essa transparência não significa oferecer às pessoas informações positivas de sua relação com a organização. A transparência é trabalhar o posicionamento da organização frente às situações enfrentadas. Na medida em que há um processo contínuo de informações, as pessoas conseguem trabalhar aspectos positivos e negativos da relação. Para exemplificar, em 2016 a maior parte das organizações indicadas como destaques em várias dimensões da qualidade da gestão de pessoas foram empresas que haviam realizado demissões em 2015 e 2016. A forma como isso tinha sido realizado fez toda a diferença. A organização indicada como a melhor para se trabalhar em 2016 fizera demissões, mas com profundo respeito às pessoas desligadas e um processo de comunicação transparente com todos os empregados.

Gestão de Pessoas com Diferentes Vínculos Empregatícios

As organizações trabalham com ações para racionalizar a sua massa salarial. Uma forma de fazê-lo é a terceirização de atividades que não sejam ligadas à sua atividade-fim. Terceirização implica cuidar da equidade de tratamento do terceiro, principalmente no que tange à criação de situações de trabalho que propiciem o desenvolvimento e o crescimento na carreira. Há necessidade de equalização dos aspectos remuneratórios e de valorização dos terceiros em relação aos praticados para o pessoal da casa. As pessoas estarão trabalhando lado a lado, executando atividades e responsabilidades de mesma complexidade e natureza e com recompensas, eventualmente, diferentes.

No início dos anos 2000, observamos as dificuldades em gerir a relação de pessoal interno e de terceiros em algumas situações, tais como: áreas de tecnologia de informação em bancos, onde observamos que mais de 50% da equipe era formada por pessoas de terceiros; área de engenharia de processos de uma grande indústria de transformação, onde quase 20% do pessoal técnico era de terceiros; área de serviços de manutenção em uma grande empresa montadora, onde cerca de 30% do pessoal especializado era de terceiros. Nesses casos, tornava-se muito comum o desconforto com aspectos de remuneração e benefícios oferecidos. Nas situações de desigualdade muito acentuada, havia um estímulo para as pessoas ambicionarem mudar de lado, ou seja, se o terceiro pagava mais, o empregado tinha interesse em se empregar no terceiro ou vice-versa.

Garantir a equidade nas possibilidades de desenvolvimento e valorização entre o pessoal da organização e o pessoal da empresa que presta serviços é um grande desafio. Novamente, a análise da complexidade das atribuições e responsabilidades do pessoal próprio e de terceiros será fundamental para garantir a equidade.

Identidade das Pessoas com os Propósitos e Práticas da Organização

Em um ambiente mais competitivo, as pessoas terão diferentes ofertas de trabalho com diferentes formas de organização e relações de trabalho. O que fará uma pessoa decidir trabalhar para a organização A ao invés de trabalhar para a organização B? Essas decisões estarão menos atreladas às questões salariais e mais às questões de reconhecimento, oportunidades de desenvolvimento e condições para conciliar diferentes dimensões da vida da pessoa.

> Em um ambiente mais competitivo, as pessoas terão diferentes ofertas de trabalho com diferentes formas de organização e relações de trabalho.

Acreditamos que, com os avanços da tecnologia, a atuação das pessoas será medida por seus resultados e não por sua presença física no local de trabalho. Com o crescimento do trabalho a distância, isso ficará mais evidente. As pessoas terão mais mobilidade no mercado de trabalho, podendo, inclusive, desenvolver novas formas de vínculo, como, por exemplo: prestar serviços para diferentes organizações como um especialista autônomo ou através de uma microempresa; atuar em diversos projetos da organização com dedicações de tempo variadas; representar a organização frente a diferentes clientes ou **stakeholders** etc.

O desafio não é simplesmente comprometer a pessoa com seu trabalho, porque provavelmente ela estará comprometida, mas também fidelizar essa pessoa à organização. Ou seja, a pessoa deve preferir trabalhar para a organização A e essa fidelização estará ligada a uma série de pequenas ações que, em seu conjunto, farão a diferença. A construção de uma relação mais efetiva das pessoas com a organização estará nos detalhes. As pessoas estarão mais atentas a aspectos subjetivos da carreira e da valorização.

DEMANDAS PARA QUE AS ORGANIZAÇÕES REPENSEM A GESTÃO DE PESSOAS

Organização em Processo Contínuo de Desenvolvimento

Conforme discutimos no Capítulo 1, as organizações se deram conta de que sua sobrevivência está atrelada ao seu contínuo desenvolvimento no momento em que passamos a ter um ambiente mais competitivo em termos globais.

Esse desenvolvimento passa por pressões de um ambiente em contínua transformação. Apesar dos esforços dos profissionais especializados na construção de cenários para o futuro, usando várias técnicas de predição, as organizações se deparam com o inesperado. A velocidade de leitura do ambiente e de resposta da organização é elemento importante para a sua sobrevivência ou para tirar vantagens das oportunidades.

A preparação das pessoas para fazer frente a essas adversidades se torna um diferencial competitivo fundamental. Nesta parte deste capítulo, vamos discutir algumas tendências que podem impactar na organização do trabalho e no perfil exigido das pessoas.

- **Impactos da globalização**

A globalização iniciada nos anos 1970, com foco maior no mercado financeiro, se consolida nos anos 1980, com foco no mercado mundial e no sistema de produção. Nos anos 1990, avança para impactar as relações sociais, através dos mercados comuns com a construção de pactos sobre os sistemas financeiro, legal e educacional, além de padronização de instalações e produtos para que as organizações possam produzir serviços e produtos em uma escala mais ampla.

A partir dos anos 2000, com a consolidação da Internet passamos a viver em um mundo com maior velocidade de informação e dados. Esse fenômeno ocorre em função de uma tecnologia que cria facilidade de comunicação a um custo menor. Assistimos a um estreitamento do diálogo entre diferentes culturas a partir da segunda década dos anos 2000 e a uma tendência de a tecnologia permitir diálogo mais fluido entre diferentes idiomas.

A busca por uma produção de serviços e produtos em escala global está muito presente em nossa realidade atual, apesar de um refluxo percebido a partir de 2016 de maior rentabilidade das produções locais do que em operações internacionais. As organizações dedicadas à tecnologia de comunicação e comércio eletrônico têm obtido bons resultados de forma consistente nos últimos anos.

Há um consenso de que a preparação das pessoas e principalmente das lideranças exige um olhar para o mundo globalizado, com pessoas capazes de transitar em diferentes culturas ou de trabalhar com equipes diversificadas.

> A preparação das pessoas exige um olhar para o mundo globalizado, com pessoas capazes de transitar em diferentes culturas ou de trabalhar com equipes diversificadas.

- **Maior pressão dos consumidores e/ou clientes a partir dos avanços das tecnologias de informação e de comunicação**

Discutia-se intensamente, na primeira década dos anos 2000, uma tendência para que os produtos e serviços fossem adequados às necessidades de cada consumidor. Hoje, vemos de forma mais realista essa tendência. De qualquer modo, tal demanda consolidou a percepção da necessidade de criar sistemas para que as decisões em relação a produtos e serviços fossem realizadas o mais próximo do consumidor possível. Desse modo, é possível mais agilidade no atendimento das demandas e necessidades dos consumidores.

Ao mesmo tempo em que observamos esse movimento, verificamos a necessidade de as informações obtidas na ponta operacional da organização convergirem para um centro de reflexão de modo a verificar tendências de mercado, preferências dos consumidores, tipos de demanda, algo que as redes de supermercados aprenderam desde os anos 1990 e aperfeiçoaram até os dias de hoje.

Essa velocidade de resposta, sem perder a sensibilidade para o que está acontecendo na relação com o mercado, tem demandado pessoas com maior visão sistêmica e uma percepção dos resultados de suas ações e decisões.

Os avanços na tecnologia de comunicação e informação permitirão evoluções nesse campo, pressionando as organizações na preparação de pessoas capazes de lidar com tecnologia e formas de relacionamento mais sofisticadas.

- **Organização do trabalho que obtenha o melhor das pessoas e, ao mesmo tempo, lhes ofereça satisfação e bem-estar**

Em um ambiente mais exigente, o nível de preparo das pessoas será um diferencial; desse modo, questões ligadas a atração e retenção de um pessoal em condições de agregar valor para a organização ganham espaço na agenda da organização. Vivemos, no início da segunda década dos anos 2000, um momento de crescimento acelerado e um ambiente mais competitivo, em que há escassez de pessoas especializadas ou dotadas de vivência profissional capaz de oferecer um diferencial para as organizações.

> Em um ambiente mais exigente o nível de preparo das pessoas será um diferencial.

Oferecer condições concretas para que as pessoas se sintam satisfeitas com seu trabalho e na relação que estabelecem com a organização será um diferencial competitivo para atração e retenção de pessoas. Um aspecto que sempre esteve presente em nossas pesquisas de clima e satisfação foi a percepção por parte das pessoas de que elas são respeitadas em sua individualidade e que se sentem desafiadas.

Um desafio para as organizações é como criar satisfação para as pessoas e, ao mesmo tempo, obter o seu melhor no trabalho que realizam. Observamos que o desafio é uma forma de obter as duas coisas ao mesmo tempo. Quando o indivíduo se sente desafiado, busca o seu melhor para dar respostas e, ao fazê-lo, cresce profissionalmente e como pessoa. Tal qual relatamos no Capítulo 20, sobre a diferença entre líder e gestor, nossas pesquisas revelam que a maior parte dos líderes se apoia em uma ou duas pessoas da sua equipe, estimulando-as a se desenvolver e excluindo as demais dessa possibilidade. Temos, portanto, uma capacidade instalada e não utilizada, em nossas organizações, que poderia ter impacto expressivo na produtividade e rentabilidade.

- **Redução de custos operacionais através da tecnologia de materiais, produtos e processos**

As organizações tendem a buscar ganhos contínuos de eficiência. Quanto menor a margem das operações, maior é a procura por torná-las mais eficientes. Nessa busca, temos o crescimento da colaboração entre organizações que atuam em uma mesma cadeia de valores, onde fornecedores, indústria e distribuidores se irmanam para buscar ganhos mútuos. Acompanhamos alguns desses movimentos entre fornecedores e indústrias de montagem nos setores automobilístico e aeronáutico. Nesses casos, muitos fornecedores estavam investindo em novos materiais, que tinham grande impacto no projeto de novos modelos de automóveis e aviões. Nessas organizações, ocorria uma falta de diálogo entre o pessoal de compras e relacionamento com fornecedores e o pessoal de engenharia de produto. Quando o pessoal de desenvolvimento de fornecedores passou a integrar as discussões sobre projetos de novos produtos, houve a percepção de importantes ganhos.

Outros casos mais clássicos ocorreram com empresas produtoras de bens de consumo em sua relação com os distribuidores. Verificaram melhores especificações de produtos, embalagem e logística para obtenção de ganhos mútuos.

A percepção de onde é possível obter ganhos está muito próxima das pessoas que lidam com o dia a dia. Seu envolvimento tem mostrado ganhos incríveis, desde os descritos pelas organizações japonesas na década de 1980 até experiências mais recentes, no Brasil, de empresas que optaram por organizar seu trabalho em grupos semiautônomos ou que incrementaram seu processo de comunicação.

Pressões para Repensar a Relação das Organizações com as Pessoas

Em nossas pesquisas, percebemos que as organizações valorizadas pelas pessoas como um bom lugar para se trabalhar apresentam algumas características. Muitas organizações não têm consciência do valor atribuído a essas características. Por tal razão, acreditamos que seja importante enfatizá-las. De outro lado, observamos que essas características ajudam a organização em um posicionamento futuro mais competitivo na atração e retenção de pessoas.

- **Simplicidade dos sistemas de gestão de pessoas**

Atualmente, a tecnologia e as práticas organizacionais já permitem uma individualização da relação entre a organização e as pessoas. Algumas organizações no setor de tecnologia de informação, aeronáutico e de química fina já trabalham dessa forma desde o início dos anos 2000. O desafio é gerar um sistema de gestão de pessoas que crie uma identidade – ou seja, não importa em que lugar do mundo a pessoa esteja, existe uma abordagem comum – e, ao mesmo tempo, crie a condição de se adaptar às necessidades e expectativas de cada pessoa, considerando sua individualidade.

Esse desafio estará mais presente na agenda das organizações para aprimorar a gestão de pessoas. Para ir ao encontro do coração das pessoas, os sistemas de gestão de pessoas devem ser simples e intuitivos, ou seja, as pessoas interagem com o sistema de forma natural e encontram respostas para suas angústias e dúvidas.

Analisamos o conjunto de políticas e práticas de gestão de pessoas de empresas internacionais. Essas organizações têm uma forma comum de gestão em todo o mundo. As pessoas se identificam com a organização porque sua forma de se relacionar com elas é simples, objetiva e clara. Por essa razão, as pessoas sabem o que esperar da organização e o que a organização espera delas.

> O desafio é gerar um sistema de gestão de pessoas que crie uma identidade e, ao mesmo tempo, crie a condição de se adaptar às necessidades e expectativas de cada pessoa, considerando sua individualidade.

- **Responsabilidade ampliada para as questões sociais e ambientais**

Observamos, através de pesquisas realizadas pelo CEATS (Centro de Empreendedorismo Social e Administração em Terceiro Setor), uma relação entre a identidade das pessoas e a das suas organizações quando estão genuinamente preocupadas com as questões sociais e ambientais. Rosa Maria Fischer (2002) alerta para a necessidade de coerência da organização em ter uma preocupação social tanto em relação à sociedade na qual se insere quanto em relação aos seus empregados que fazem parte dessa sociedade. Pudemos constatar que, de 2010 a 2015, entre as 150 melhores empresas para se trabalhar, a questão da responsabilidade socioambiental foi a de maior investimento.

As organizações relatam que os investimentos nessa área sempre se deram em um processo de desenvolvimento organizacional para atuar de forma proativa em relação a futuras pressões da sociedade. Observamos que essas organizações, a partir desses investimentos, vivenciaram uma melhora significativa no clima organizacional.

- **Atualização tecnológica para interação com as pessoas**

A partir da segunda década dos anos 2000, acusamos um crescimento em **start ups** voltadas para a gestão de pessoas, a maior parte delas objetivando o público mais jovem. Nessa década, observamos o crescimento de aplicativos como o Linkedin em processos de captação de pessoas, tendo havido uma verdadeira febre pelo seu uso tanto por parte das organizações quanto por parte dos profissionais.

O investimento em aplicativos para ajudar as pessoas em sua relação com o mercado de trabalho e com as organizações onde trabalham vem crescendo e alterando papéis e possibilidades de relacionamento. Em um dos aplicativos, as unidades organizacionais que necessitam de alguém têm acesso a um banco de dados do mercado, onde através de filtros podem fazer uma seleção prévia, realizar uma entrevista preliminar através do celular e, posteriormente, conversar frente a frente com os candidatos já pré-selecionados. Esse processo evita papéis, burocracia e os profissionais que atuam na área de gestão de pessoas monitoram todos os processos por um **dashboard** oferecido pelo aplicativo.

> O investimento em aplicativos para ajudar as pessoas em sua relação com o mercado de trabalho e com as organizações onde trabalham vem crescendo e alterando papéis e possibilidades de relacionamento.

Nossa equipe desenvolveu para algumas universidades um aplicativo para que o aluno possa gerenciar sua carreira e também seu contato com organizações que oferecem estágios. Através de um **dashboard**, a universidade tem condições de acompanhar contatos, opiniões dos alunos acerca dos estágios, dúvidas sobre a carreira etc. Através da demanda dos alunos, são destacados professores e profissionais encarregados de oferecer aconselhamento de carreira e desenvolvimento profissional. A partir das experiências dos aconselhadores e posicionamento dos alunos, a universidade cria intervenções na grade curricular e no contato com empresas que mantêm convênios. Esse é outro exemplo das possibilidades da tecnologia para estreitar contatos e criar novas oportunidades de relacionamento entre as pessoas e as organizações.

Preparação das Pessoas para Assumir Maior Nível de Complexidade

Conforme já mencionamos, as organizações se tornarão mais complexas em termos tecnológicos, em suas relações com ambiente e/ou contexto onde se encontram e nas relações organizacionais. Essa maior complexidade exigirá pessoas preparadas. Podemos antever que as organizações necessitarão se preparar e preparar seus colaboradores nos seguintes aspectos:

- **Capacidade para gerenciar uma diversidade cada vez maior de pessoas**

    A gestão da diversidade é um tema muito debatido desde a década de 1990. Inicialmente, a discussão era de maior efetividade na gestão da organização na medida em que fosse assegurado um olhar mais diversificado. Assim, a organização, ao garantir a presença de diversidade de gênero, raça e religião, teria a vivência de pessoas com diferentes tipos de socialização e culturas.

    Ao longo dos anos 2000, a diversidade foi crescendo em relação a outros aspectos da nossa sociedade, tais como: opção sexual, etnia, saúde e faixa etária. Para as organizações que investiram na busca da diversidade, foram abertas outras questões, tais como perfil psicológico, deficiência física e/ou psicológica, país de origem, estado civil etc. Observamos que, conforme nossa sociedade se torna mais complexa, cresce a necessidade das pessoas em construir uma identidade social e criar bases para proteger seus interesses e sua autoafirmação.

    Em nossas pesquisas sobre liderança, conforme trabalhamos no Capítulo 20, sobre a diferença entre líder e gestor, tivemos uma surpresa ao constatar que a grande dificuldade dos gestores brasileiros é lidar com a diversidade. Nossas lideranças preferem trabalhar com pessoas iguais, em todos os sentidos: gênero, raça, tipo psicológico etc. Nossas organizações necessitam trabalhar com afinco nessa questão, porque a ampliação da diversidade é inexorável em uma sociedade cada vez mais complexa.

- **Ambiente cada vez mais exigente sobre a organização e pessoas**

    A sociedade tem ampliado a sua vigilância sobre as organizações em aspectos como: legal, ambiental, social, tecnológico, financeiro etc. Observamos esse fenômeno nos países desenvolvidos e chegando com velocidade ao Brasil. Nossa experiência com a "Lava Jato" mudou o posicionamento das organizações. Muitas contrataram serviços de **compliance**, ou seja, serviços para garantir que a organização atue conforme as determinações legais, de forma a protegê-la e a seus dirigentes de ações legais que possam comprometer seriamente a sua existência.

    Algumas organizações pesquisadas desenvolveram programas de responsabilidade social e ambiental com o objetivo de aprimorar sua gestão e antecipar-se a pressões da sociedade. Quase todas utilizaram seu aprimoramento nesses aspectos para melhorar sua imagem entre consumidores e/ou clientes e entre os seus colaboradores.

    O desenvolvimento de sensibilidade das pessoas a ações ou decisões que possam afetar negativamente outras pessoas ou comunidades é uma exigência crescente. As pessoas valorizam trabalhar em uma organização genuinamente preocupada com a comunidade onde se inserem e com as exigências da localidade onde atuam.

- **Tecnologias mais complexas e voláteis**

    Temos trabalhos do final dos anos 1980 e início dos anos 1990 (ALBUQUERQUE, 1988 e 1992) mostrando que as organizações que atuam em segmentos de mercado ou tecnologia

> Algumas organizações pesquisadas desenvolveram programas de responsabilidade social e ambiental com o objetivo de aprimorar sua gestão e antecipar-se a pressões da sociedade.

mais nervosos são mais atentas a uma gestão estratégica de pessoas. A partir da década de 1990, vivemos um avanço tecnológico muito intenso e tudo indica que continuaremos nesse ritmo.

O que Albuquerque (1988 e 1992) nos indica é que a volatilidade dos mercados e da tecnologia exige pessoas mais flexíveis e com capacidade para respostas mais rápidas. Essa pressão exige culturas organizacionais que estimulem as pessoas a serem mais inovadoras e que assumam uma postura proativa em relação às necessidades da organização e/ou de seus clientes e consumidores (DUTRA, 2017).

Nesse caso, ao trabalhar a capacidade das pessoas para lidarem com um ambiente mais volátil, a empresa está, também, se preparando para tal.

- **Relações organizacionais mais sofisticadas e menos tangíveis**

As organizações estão vivenciando ambientes mais voláteis e ambíguos, onde as demandas sobre ela são mais exigentes e menos tangíveis. A leitura dessas demandas não é simples e exige uma análise de grande número de variáveis. A tecnologia vem em socorro de nossas organizações, mas a tecnologia em si não resolve os problemas de relacionamento com o ambiente. São necessárias pessoas preparadas.

A preparação de pessoas parte da existência de um bom material humano sobre o qual será edificada uma organização mais complexa. Nossas organizações necessitam de pessoas com uma boa formação técnica e que consigam articular sua formação em um contexto exigente; para tanto, necessitam ter uma visão sistêmica. Em realidades tecnológicas ou de mercado mais complexas, há um estímulo à especialização como forma de obter melhores resultados do conhecimento mais imediatos. As pessoas, nessa situação, são instadas a um aprofundamento em sua área do conhecimento e correm o risco de perder a dimensão do todo. Essa situação pode levar as organizações a decisões equivocadas em relação ao seu futuro ou em relação aos seus produtos e serviços.

- **Etiquetas no relacionamento interpessoal e social mais refinadas**

As relações mais sofisticadas e menos tangíveis conduzem à construção de etiquetas, ou pactos sociais de relacionamento, mais refinadas. Em nossas pesquisas, observamos uma transformação mais acentuada a partir dos anos 2000. Podemos destacar como transformações mais visíveis as seguintes:

- As decisões entre organizações parceiras não podem ser tomadas de forma unilateral, devem ser fruto de consenso. A relação de confiança se torna mais sólida quanto mais se cultiva o respeito entre as partes e as ações e decisões são claras, coerentes e consistentes.
- Construção de uma relação em que todas as partes têm vantagens com as ações e decisões tomadas. Há uma baixa tolerância para acertos entre pequenos grupos em detrimento do conjunto de participantes ou de outros grupos.
- As perdas e os prejuízos devem ser compartilhados de forma equânime. Todas as partes envolvidas necessitam ter voz tanto nas decisões que geram as perdas quanto na forma de as dividir.

As pessoas que não compreendem a etiqueta estabelecida, muitas vezes de forma não consciente, correm o risco de colocar suas organizações e/ou negócios em situações de perda de oportunidades ou de alijamento de processos decisórios que envolvam o setor ou a rede de negócios da qual fazem parte.

> As relações mais sofisticadas e menos tangíveis conduzem à construção de etiquetas, ou pactos sociais de relacionamento, mais refinadas.

DESAFIOS FUTUROS SOBRE A GESTÃO DE PESSOAS

Diálogo com Diferentes Culturas para Atuar Globalmente e Criar uma Única Identidade

As organizações estão ampliando suas fronteiras, tanto geograficamente quanto nos mercados de atuação. Essa ampliação tem como objetivos:

- Gerar mais resultados para seus acionistas.
- Reduzir o risco do negócio.
- Criar sinergia entre negócios.
- Utilizar de forma ótima as competências organizacionais instaladas.

A ampliação dessas fronteiras demanda pessoas preparadas para atuar em diferentes culturas e observar os ganhos sinérgicos advindos desse processo de expansão. Um caso interessante foi o de uma grande organização brasileira de cosméticos que tinha como um **slogan** o aproveitamento da flora brasileira, com vários programas sociais e de respeito ambiental. Quando essa organização passou a ter operações em outros países, não podia mais manter seu **slogan**, necessitou verificar as condições de aproveitar a flora dos países onde estava se instalando.

A sensibilidade para perceber as diferenças culturais e valorizá-las é uma competência a ser criada pela organização que busca sua internacionalização (FLEURY; FLEURY, 2012; FLEURY et al., 2008). Acompanhamos o caso de uma organização que atua no setor petroquímico e viveu um processo intenso de internacionalização ao longo da segunda década dos anos 2000, quando o presidente da organização demandava uma troca de experiências entre as filiais. O presidente nos dizia que a unidade que atuava no México possuía competências vitais para a operação brasileira, mas não conseguia obter sinergia entre as duas operações. Havia clareza de que o problema era da preparação das pessoas para viabilizar esse processo.

Fleury e Fleury (2012) trabalharam as competências desenvolvidas por organizações industriais brasileiras em processos de internacionalização. Enquanto essas organizações colocavam a competência em gestão de pessoas em último lugar para conquistar o mercado doméstico, ao iniciarem o processo de internacionalização passaram a colocar essa competência em terceiro lugar, abaixo somente das competências de produção e organização.

O desafio mais presente nas organizações com processos de internacionalização consolidados é construir uma identidade comum e, ao mesmo tempo, trabalhar as especificidades de cada cultura e do público local. Essas organizações necessitaram, para obter tal resultado, romper com os conceitos tradicionais de gestão de pessoas e incorporaram os conceitos de competência e complexidade.

Criação de Condições Objetivas para o Trabalho em Equipe de Pessoas com Grande Diversidade Comportamental e de Conhecimentos e Formação

A internacionalização das operações da organização ou a busca por mercados globais, tanto para compra de insumos como para venda de produtos e serviços, pressiona a organização para construir diálogo com diferentes culturas.

Crescem as demandas pela gestão de equipes cujos membros atuam em diferentes localidades e/ou países, com uma diversidade de formação, maturidade e cultura. Os gestores e as lideranças devem ser preparados para trabalhar com a diversidade e extrair o melhor de cada membro da equipe. Para tanto, necessitam compreender a capacidade e expectativas de cada membro da equipe e construir com eles os caminhos a serem trilhados para obtenção dos resultados necessários à organização e os objetivos de desenvolvimento profissional e pessoal.

O que aparentemente é algo simples, na prática é uma atuação muito exigente e estressante para o gestor ou líder. A principal queixa dos gestores e líderes é a falta de tempo. São pressionados por resultado e veem os diálogos com a equipe como uma ação não prioritária. Essa postura gera um processo de efeitos circulares negativos, usualmente chamado de espiral negativa, em que uma ação potencializa aspectos negativos em outra e assim por diante.

A criação de condições objetivas para o trabalho em equipe de pessoas com grande diversidade é iniciada pela preparação do líder ou gestor. É necessário criar a consciência da importância do diálogo contínuo com a equipe e seus membros. Conforme destacamos em vários momentos neste livro, as dificuldades de nossas lideranças são comportamentais e trabalhá-las é um grande desafio para a gestão de pessoas.

> A criação de condições objetivas para o trabalho em equipe de pessoas com grande diversidade é iniciada pela preparação do líder ou gestor.

Construir Referenciais para as Pessoas em um Ambiente Volátil e Ambíguo

As pessoas se sentem inseguras em um ambiente em constante mudança. Muitas não conseguem acompanhar a dinâmica dos acontecimentos que impactam seu cotidiano e não conseguem avaliar sua condição de manutenção do emprego ou de sua capacidade para recolocação no mercado. Uma liderança consistente e coerente é fundamental para construir um lastro mínimo de segurança; de outro lado, uma comunicação clara e objetiva com as pessoas por parte da organização contribui para maior segurança.

Como todas as pesquisas de tendências e todos os nossos trabalhos com cenaristas apontam para um ambiente mais volátil e ambíguo, trabalhar a segurança dos colaboradores é um desafio importante para a gestão de pessoas. Ao conversar com profissionais da área em nossas pesquisas e nas aulas em nossos cursos, verificamos que eles se sentem, também, inseguros por lidar com questões abstratas e não tangíveis em suas organizações. Seus desafios pessoais são de ampliar seu repertório e base conceitual para orientar os gestores de suas organizações sobre como gerir pessoas.

Por essa razão, o fio condutor deste livro foi trabalhar parâmetros estáveis de gestão de pessoas, ou seja, independentemente do que ocorra, as pessoas serão valorizadas por sua entrega para o contexto e o seu desenvolvimento será mensurado pelo nível da complexidade de suas atribuições e responsabilidades.

Quando o líder ou gestor tem clareza das entregas requeridas das pessoas, tem melhores condições de orientar o trabalho delas. Ao ter a clareza de que elas se desenvolvem ao lidar com maior complexidade, poderá construir desafios para os membros de sua equipe e depois ajudá-los a perceber sua evolução.

Construir Novos Modelos Mentais para Viabilizar o Desenvolvimento, Valorização e Movimentação das Pessoas em um Contexto com Novas Referências

Deixamos para o final o desafio mais exigente para o futuro da gestão de pessoas: como desconhecer a si próprio a fim de criar distância crítica sobre sua realidade. Na formação de um dos autores do livro, houve grande influência de antropólogos sociais como Velho (1981) e Da Matta (1978), que se baseiam em Lévi-Strauss (1957), segundo o qual para compreender outra cultura necessitamos "estranhar" a nossa. Somente desse modo é possível compreender outra cultura com o olhar das pessoas que dela fazem parte. Ao estranharmos a nossa cultura, desenvolvemos um olhar crítico sobre ela, um olhar de estrangeiro.

Em gestão de pessoas ocorre o mesmo. Caso os profissionais que atuam nessa área não consigam desenvolver o olhar de estrangeiros, terão dificuldades de uma visão crítica sobre suas práticas. Algumas organizações observadas designaram para a posição de cabeça da área de gestão de pessoas profissionais de atividades-fim, com o objetivo de criar uma visão crítica.

> Vivemos um ambiente onde surgem novas referências para o relacionamento entre pessoas e das pessoas com as organizações; as formas tradicionais para pensar desenvolvimento, valorização e movimentação das pessoas não conseguem dar respostas.

Vivemos um ambiente onde surgem novas referências para o relacionamento entre pessoas e das pessoas com as organizações; as formas tradicionais para pensar o desenvolvimento, valorização e movimentação das pessoas não conseguem dar respostas. Os profissionais da área podem assumir duas posturas: remendar o tradicional adaptando-o às novas exigências ou rever as bases conceituais das práticas de gestão de pessoas.

Acreditamos que haverá uma pressão crescente para revisão das bases conceituais e os profissionais que tiverem coragem de fazê-lo oferecerão para suas organizações condições objetivas para um diferencial competitivo.

Resumo e Implicações para o Aprendizado sobre Gestão de Pessoas

Este capítulo é dedicado a estimular uma reflexão sobre tendências para o amanhã e seus impactos na forma como as organizações gerem as pessoas. Refletimos primeiramente sobre as tendências e seus impactos na gestão de pessoas para, posteriormente, discutirmos as demandas para que a gestão de pessoas seja repensada. Finalmente, apresentamos os desafios futuros sobre a gestão de pessoas.

As principais implicações para o aprendizado sobre a gestão de pessoas podem ser resumidas em:

- Impacto das transformações do contexto, em que as organizações se inserem na gestão de pessoas.
- Aspectos que deverão ser repensados na relação da organização com seus colaboradores.
- Como a organização deve se preparar para fazer frente às ameaças e oportunidades oferecidas pelo futuro.

QUESTÕES

Questões para fixação

1. Qual pode ser o impacto da demografia brasileira na gestão de pessoas?
2. Que impactos pode a tecnologia gerar na gestão de pessoas?
3. Que são ciclos de carreira e qual o seu impacto na gestão de pessoas?
4. Como o processo de internacionalização de nossas empresas afeta a gestão de pessoas?
5. Como enfrentar o desafio de conciliar a satisfação das pessoas com rentabilidade e produtividade da organização?

Questões para desenvolvimento

1. Quais são os grandes desafios para lidar com a diversidade?
2. Que recomendações podem ser oferecidas para as organizações e para as pessoas em seu preparo para um futuro cada vez mais turbulento e ambíguo?
3. Como as organizações podem ser preparadas para fazer frente às tendências e desafios da gestão de pessoas?

ESTUDO DE CASO E EXERCÍCIOS

Braskem: uma história de integração operacional

A cadeia petroquímica e do plástico no Brasil equivale a 8% do PIB industrial. É importante destacar que, ao nos referirmos à cadeia produtiva petroquímica, tratamos de quatro fases produtivas: extração e refino pela Petrobras; as empresas de primeira geração ou as centrais petroquímicas de geração de insumos básicos (ex-Copene, Copesul e PQU); as indústrias de segunda geração, que transformam e obtêm os subprodutos petroquímicos diversos; e, finalmente, as indústrias de transformação.

A Braskem (controlada pelo grupo Odebrecht) é a maior empresa petroquímica da América Latina e está entre as três maiores indústrias brasileiras de capital privado. Foi criada em 2002 e gera cerca de 3.000 empregos diretos e 5.000 indiretos. Atua na primeira e segunda geração.

A Braskem é resultado da fusão de três grupos de organizações:

Grupo A – composto pela OPP e Trikem, duas empresas com plantas industriais em várias localidades do país. Lideravam a produção de termoplásticos e cloro-soda na América do Sul. As empresas pertenciam ao Grupo Odebrecht, e já possuíam uma gestão moderna e iniciaram suas atividades nos primeiros anos da década de 1980.

Grupo B – composto pela Copene, central de matérias-primas (primeira geração), e Polialdem, produtora de polietileno de alta densidade. A Copene, além de ser a central de matérias-primas, produz bens utilizáveis por outras empresas petroquímicas – fornecimento de vapor, águas, ar comprimido, gases industriais, energia elétrica – e presta serviços diversos às mesmas empresas. A história da Copene se confunde com a história do setor petroquímico; foi instalada na década de 1970 através da associação de grupos nacionais, estrangeiros e do Estado na formação de empresas do setor petroquímico, trazendo para a Braskem uma cultura de empresa estatal.

Grupo C – composto pela Proppet, empresa produtora de resinas termoplásticas PET (empregadas na fabricação de embalagens plásticas) e DMT (utilizada na fabricação de tecidos filmes, painéis de automóveis), e pela Nitrocarbono, produtora de caprolactama, cicloexano, sulfato de amônio e cicloexanona. Pertenciam a um grupo pioneiro da petroquímica brasileira, que investiu no setor quando começou a ser implantado, no início dos anos 1970.

O processo de fusão não foi fácil, apesar das semelhanças e do alinhamento de interesses entre os três grupos de empresa. Para comandar a nova organização, foi contratado um presidente profissional do mercado, para que não houvesse a influência de nenhum grupo, em comum acordo de todos os acionistas.

Como diagnóstico mais amplo, verificamos que os três agrupamentos apresentavam características bastante singulares com aspectos favoráveis à junção, tais como: processo produtivo e inserção no mercado. De outro lado, havia aspectos muito específicos, tais como: prioridade dada para o pessoal, processo decisório, planejamento e organização de atividades. O grande desafio para a fusão estava na questão dos princípios; por exemplo: as empresas do Grupo C tinham uma descrença na valorização das pessoas, como forma de obter maior efetividade e condições para o desenvolvimento. As empresas desse grupo vinham de sucessivas mudanças na orientação do negócio e rotatividade de sua direção. Ao mesmo tempo, as empresas do Grupo B, pela sua história ligada a uma cultura estatal, atribuíam grande valor às equipes de operações, fazendo com que direcionamentos provenientes de "cima para baixo" fossem sempre questionados. As empresas do Grupo A tinham como cultura a valorização das pessoas e principalmente das lideranças, as quais foram sempre estimuladas a assumir a iniciativa em suas áreas de atuação.

O grande desafio era formar uma cultura única, reunindo o que havia de melhor em cada um dos três grupos de empresas.

A formulação conjunta de processos críticos foi a alternativa escolhida para a construção da cultura Braskem. Os processos críticos escolhidos foram: gestão de pessoas, planejamento e execução e liderança e acompanhamento. A forma encontrada foi através de uma série de encontros, na forma de **workshop**, em que todos apresentaram suas experiências e decidiram sobre as melhores práticas. O resultado foi o estabelecimento de diretrizes, políticas e processos construídos coletivamente.

Diretrizes

A direção da nova organização decidiu priorizar o uso da TEO (tecnologia empresarial Odebrecht). A TEO estabelece, a partir de um planejamento integrado, um plano de ação para cada pessoa, ou seja, um conjunto de objetivos individuais, ligado ao sistema de remuneração variável. Os objetivos gerais e individuais são pensados para o horizonte de um ano e revisados semestralmente.

Políticas

O conjunto de políticas relativas aos processos críticos foi determinado por uma cúpula diretiva com a participação dos gestores e lideranças da nova organização, permitindo um equilíbrio entre agilidade no posicionamento estratégico e comprometimento organizacional.

Processos

No que se refere à gestão de pessoas, foram adotados os dois modelos mais bem estruturados, ou seja, da Copene (empresa do Grupo B) e OPP (empresa do Grupo A). Esses modelos já possuíam um alinhamento entre si e estavam focados na valorização das pessoas em função de sua contribuição para a empresa. Com isso, houve um alinhamento em relação ao sistema de avaliação de pessoas e de remuneração.

O sistema de planejamento e execução foi inspirado na TEO. Anualmente, a diretoria define os objetivos gerais e esses servem de base para o estabelecimento de objetivos individuais, num processo de mão dupla, ou seja, o processo é iniciado de cima para baixo e concluído a partir das contribuições que vêm de baixo para cima. Após seis meses, esses objetivos são revisados e se acrescem objetivos para mais seis meses, de modo a se ter sempre um horizonte de 12 meses.

A liderança e o acompanhamento foram o resultado das diferentes práticas das empresas dos três agrupamentos, prevalecendo, entretanto, a cultura das empresas do Grupo A, onde cada pessoa tem um líder responsável pelo seu desenvolvimento e acompanhamento do plano de ação. Tal processo de liderança, na experiência dessas empresas, havia sido fundamental para sua agilidade decisória e seu contínuo processo de desenvolvimento.

Como conclusão, o processo de fusão ocorreu sem maiores incidentes e no período de um ano as pessoas haviam incorporado uma nova linguagem. Elas raramente se referiam às suas empresas anteriores. Já tinham adquirido a identidade Braskem.

Questões para o caso

- Qual é a importância da construção coletiva de padrões de avaliação e valorização de pessoas na construção de uma nova cultura em processos de fusão ou aquisição? Como esse processo pode ser construído?

- Frente às tendências e aos desafios para a gestão de pessoas, qual é o papel de processos de construção coletiva de padrões? Por quê?

REFERÊNCIAS

ALBUQUERQUE, L. G. *O papel estratégico de recursos humanos*. 1988. Tese (Livre-Docência) – Faculdade de Economia, Administração e Contabilidade (FEA), Universidade de São Paulo, São Paulo. 1988.

_____. Competitividade e recursos humanos. *Revista de Administração da FEA– USP*, São Paulo, v. 27, nº 4 p. 16-29, 1992.

DA MATTA, R. *Carnavais, malandros e heróis.* Rio de Janeiro: Zahar, 1978.

DUTRA, Gabriela A. *As relações entre cultura organizacional e práticas hard e soft de gestão de pessoas.* 2017. Dissertação (Mestrado) – Faculdades Metropolitanas Unidas, São Paulo. 2017.

FISCHER, R. M. *O desafio da colaboração*: práticas de responsabilidade social entre empresas e terceiro setor. São Paulo: Gente, 2002.

FLEURY, A.; FLEURY, M. T. *Multinacionais brasileiras: competências para internacionalização.* São Paulo: Editora FGV, 2012.

FLEURY, M. T. et al. Gestão de competências em negócios internacionais. In: DUTRA, J. S.; FLEURY, M. T.; RUAS, R. L. *Competências*: conceitos, métodos e experiências. São Paulo: Atlas, 2008.

HALL, D. T. *Careers in and out of organizations.* London: Sage, 2002.

LÉVI-STRAUSS, C. *Tristes trópicos.* São Paulo: Anhembi, 1957.

MAINIERO, L. A.; SULLIVAN, S. E. *The opt-out revolt*: why people are leaving companies to create kaleidoscope careers. London: Nicholas Brealey, 2006.

VELHO, G. *Individualismo e cultura.* Rio de Janeiro: Zahar, 1981.

CAPÍTULO 24

Novos Estudos na Gestão de Pessoas

O QUE SERÁ VISTO NESTE CAPÍTULO

Estudos emergentes na gestão de pessoas como resposta a pressões já presentes no contexto

- Escolha e desenvolvimento de lideranças para um ambiente volátil e ambíguo.
- Processo sucessório sem utilizar como referência o desenho organizacional.
- Aprimoramento das relações organizacionais em ambientes com estrutura de poder mais diluída.
- Preparação da cultura organizacional para trabalhar uma diversidade crescente de pessoas e padrões cada vez mais exigentes.

Tendências de estudos como resposta a pressões previstas para o futuro

- Papéis na gestão de pessoas.
- Impacto da tecnologia nos processos de comunicação interpessoal e na organização.
- Distribuição do trabalho entre pessoas e computadores.
- Papel do Estado e das organizações nos processos de transição de carreira profissional.
- Disponibilidade de tempo das pessoas para a organização.
- Discussão sobre fronteiras organizacionais.

Especulações a respeito de estudos futuros sobre a relação entre pessoas e organizações

- Trabalho das pessoas para diversas organizações ao mesmo tempo.
- Trabalho sem fronteiras organizacionais e nacionais.
- Aprendizagem e trabalho como um único processo
- Papel do líder em uma orquestra que pode atuar sem maestro.
- Gestão de pessoas regulada pelas próprias pessoas.

CONTEÚDOS ADICIONAIS

- Reflexões sobre o tema do capítulo através de casos.
- Saiba mais.
- Estudos de caso complementares.
- Questões para guiar a reflexão sobre o conteúdo do capítulo.
- Referências bibliográficas.

QUE REFLEXÕES SERÃO ESTIMULADAS

- Quais são as questões que podemos efetuar sobre o futuro da gestão de pessoas no Brasil?
- Como podemos conduzir estudos para aprimorar a gestão de pessoas com vistas ao futuro de nossas organizações?
- Que aspectos do futuro da gestão de pessoas conseguimos antever?

CONEXÕES COM O NOSSO COTIDIANO

Estudos emergentes
- Como posso utilizar meu potencial para construir meu futuro profissional.
- Como posso ajudar a organização onde atuo para antever ameaças e oportunidades.

Tendências de estudos
- Discussões que posso conduzir no ambiente organizacional ou acadêmico.
- Como posso construir redes de relacionamento que me ajudem em minha preparação para o amanhã.

Especulações sobre o futuro
- Como posso orientar o meu desenvolvimento e o de outras pessoas visando o futuro.

ESTUDO DE CASO

Carlos Eduardo é Diretor de Recursos Humanos de uma organização que atua no setor de Construção Civil como incorporadora, isto é, realizando estudos de viabilidade, adquirindo terrenos e formatando o produto a ser desenvolvido, e na construção de prédios comerciais e residenciais. À frente da organização, ele teve a oportunidade de implantar uma série de aperfeiçoamentos em um setor que negligencia a gestão de pessoas.

Primeiramente, coordenou a implantação de uma gestão participativa nos canteiros de obra, ao mesmo tempo que eram efetuados aprimoramentos nos processos de trabalho. Posteriormente, implantou um programa de qualificação onde, durante a sua permanência na obra, cada empregado seria preparado para trabalhos mais exigentes e passaria a ganhar mais. Desse modo, a pessoa entrava na obra valendo x e saia valendo dois x no mercado. Essa medida tinha como objetivo oferecer uma contribuição social, mas houve grande surpresa ao se perceber que, quando a organização abria uma obra, havia muita procura por pessoas que já tinham nela trabalhado e pessoas já informadas de que seriam desenvolvidas. O movimento, que não tinha nenhuma pretensão, provocou melhoria na atração de trabalhadores e um aprimoramento no nível de satisfação das pessoas com o trabalho.

Chegou um momento em que Carlos Eduardo não via muitos desafios adicionais na organização, pois tinha uma equipe muito bem preparada e os gestores das obras tinham incorporado uma nova cultura para gerir suas equipes. Conversou com o Presidente e acertaram um trabalho em tempo parcial. Com esse acerto, a organização passava a pagar 50 por cento da remuneração de Carlos Eduardo e este poderia oferecer sua experiência para outras organizações.

Recentemente, Carlos Eduardo vivenciou várias situações nas quais atuou como consultor em desenvolvimento e implantação de projetos e como executivo temporário. Em termos salariais, conseguiu uma remuneração total melhor do que tinha.

Tanto a organização quanto Carlos Eduardo saíram ganhando com o acordo. As experiências adicionais permitiram a ele melhorar em muito sua atuação como Diretor de Recursos Humanos, oferecendo contribuições à construtora que não teria conseguido sem o enriquecimento de sua experiência. Não foi um processo fácil nem para Carlos Eduardo e nem para o Presidente da construtora, mas ambos reconhecem os ganhos dessa experiência.

O caso cria elementos para discutirmos novas formas de construir nossa relação com a organização e com o nosso trabalho. As fronteiras da organização não devem ser os limites da atuação das pessoas; necessitamos pensar mais além. Esse tipo de discussão é que desejamos provocar com o conteúdo deste capítulo.

ESTUDOS EMERGENTES NA GESTÃO DE PESSOAS COMO RESPOSTA A PRESSÕES JÁ PRESENTES NO CONTEXTO

No final da primeira década dos anos 2000, houve esforço de um grupo de pesquisadores em enxergar os temas emergentes em gestão de pessoas no Brasil e estabelecer comparação com pesquisas internacionais.

> O objetivo era enxergar os temas emergentes em gestão de pessoas no Brasil e estabelecer comparação com pesquisas internacionais.

A base inicial para esse trabalho foi o estabelecimento de um observatório das práticas de gestão de pessoas pelas organizações atuando no Brasil. Para a realização dessa pesquisa, foram consultados mais de mil profissionais, consultores e professores que atuavam em gestão de pessoas. As consultas eram relativas aos desafios para a gestão de pessoas e a capacidade de as organizações fazerem frente a esses desafios. O horizonte proposto para os participantes da pesquisa era 2010. As questões eram formuladas em função das tendências apontadas pela literatura. Foram realizadas consultas em 1998, 2001 e 2004.

Em 2010, foram realizadas duas pesquisas (ALBUQUERQUE; FISCHER, 2011): uma consultando os participantes sobre o que havia sido previsto para 2010 e o que de fato havia ocorrido e, a segunda, sobre a previsão para 2020. As questões levantadas como grandes desafios para 2020 foram:

- Alinhar o desempenho competências das pessoas com as estratégias e objetivos organizacionais.

- Desenvolvimento das lideranças.
- Alinhar as políticas e práticas de gestão de pessoas às estratégias e objetivos organizacionais.

Nesse período, foram realizadas pesquisas específicas utilizando a base das Melhores Empresas para Trabalhar e também *workshops* com profissionais de gestão de pessoas para discussão de tendências.

Em todos esses trabalhos, foram destacadas as seguintes questões:

- Em relação aos desafios, houve grande ênfase no alinhamento da gestão de pessoas com os intentos estratégicos da organização.
- Com relação à estrutura da área de gestão de pessoas, houve duas ênfases: tornar o líder um gestor de pessoas e estimular a criação de consultores internos para ajudar as lideranças na gestão de pessoas.

Barreto et al. (2011) desenvolveram uma pesquisa em artigos sobre tendências publicados nas principais revistas sobre gestão de pessoas no mundo e no Encontro Nacional de Programas de Pós-Graduação em Administração de Empresa, principal evento acadêmico brasileiro sobre o tema. Os resultados recaíram em oito temas, conforme mostra a Tabela 24.1.

TABELA 24.1

Temas sobre tendências na gestão de pessoas

TEMAS	ARTIGOS	%
1 – Gestão estratégica de pessoas	26	21%
2 – Gestão da diversidade	15	12%
3 – Gestão de talentos	4	3%
4 – Gestão de pessoas internacional	39	32%
5 – Aprendizagem organizacional	18	15%
6 – Responsabilidade corporativa	7	6%
7 – Gestão de gerações	3	2%
8 – Modalidades de trabalho flexíveis	9	7%
Total	121	100%

Fonte: Barreto et al. (2011).

Podemos perceber que a maior parte dos artigos está voltada para a gestão internacional de pessoas, seguida da gestão estratégica de pessoas.

Nos diálogos desenvolvidos com profissionais de gestão de pessoas, verificamos crescente preocupação com o preparo das lideranças para um ambiente de maior pressão e com o processo sucessório estruturado em uma realidade organizacional onde o desenho organizacional (organograma) vem se tornando fluido.

> Há crescente preocupação com o preparo das lideranças para um ambiente de maior pressão.

Em nossas pesquisas com as lideranças organizacionais, as preocupações se deslocam para a questão da diversidade e para novas relações de poder no interior das organizações com estruturas matriciais. Vamos aprofundar essas discussões.

Escolha e Desenvolvimento de Lideranças para um Ambiente Volátil e Ambíguo

Encontramos em nossos levantamentos poucas organizações genuinamente preocupadas com escolha e desenvolvimento de lideranças para enfrentar os desafios do futuro. Nas organizações com processos sucessórios estruturados, existe uma discussão sobre a estratégia e o futuro da organização quando são indicados os possíveis sucessores, entretanto, mesmo nessas organizações os gestores caem na tentação de indicar pessoas a sua imagem e semelhança.

Decidir qual é o perfil ideal para enfrentar os desafios do futuro é um exercício difícil de realizar. É necessário que a organização ganhe maturidade para não reforçar o *status quo*. Uma recomendação é realizar pesquisa contínua de práticas das organizações que podem ser utilizadas como referência (*benchmarking*). Nos anos 1990, quando passamos a viver um ambiente de estabilidade econômica, o varejo necessitava se organizar e as empresas brasileiras nesse setor utilizaram os aprendizados da área financeira de varejo, de onde retiram inúmeras ideias.

A observação do que está sendo realizado em outros países pode fornecer um indício de possíveis cuidados e ações no desenvolvimento de lideranças. Em 2014 e 2015, o PROGEP realizou programas de estudo em educação corporativa na França e nos Estados Unidos para que os participantes, através de visitas, pudessem perceber tendências e preocupações das organizações nesses países. Tais levantamentos podem ser realizados na internet ou em publicações especializadas.

Processo Sucessório sem Utilizar como Referência o Desenho Organizacional

Estamos acompanhando algumas experiências em empresas americanas onde a base para a construção do processo sucessório não é mais o desenho organizacional, mas um perfil desenhado para os gestores e líderes em posições de maior complexidade. Assim, essas organizações definem o perfil da pessoa para ocupar uma posição em nível estratégico na organização e o mesmo perfil é utilizado como base para analisar possíveis sucessores.

O relato das organizações que têm praticado essa abordagem é positivo, entretanto, tivemos dificuldades de operacionalizar um processo sucessório que não tenha como base o organograma. Essa forma de pensar a sucessão está muito enraizada entre nós, mas é uma questão de tempo, porque, na medida em que as organizações se tornarem mais fluidas, o uso do organograma para pensar a sucessão será um processo fora da nossa realidade.

Por essa razão, estarmos atentos a novas abordagens para pensar o processo sucessório é fundamental.

> A base para a construção do processo sucessório não é mais o desenho organizacional, mas um perfil desenhado para os gestores e líderes em posições de maior complexidade.

Aprimoramento das Relações Organizacionais em Ambientes com Estrutura de Poder mais Diluída

As organizações que implantaram estruturas matriciais ou que recebem essa incumbência de suas sedes enfrentam grandes dificuldades de adaptação de seus gestores. Os mesmos têm que se relacionar com mais de um chefe e seus subordinados não são só seus.

Essa realidade exige do gestor uma liderança por influência e não hierárquica. Preparar a liderança para atuar de forma diferente na relação com sua equipe tem sido uma prioridade de nossos estudos. Acompanhamos os trabalhos desenvolvidos pelo *Center for Creative Leadership* (CCL) através dos trabalhos de Velsor, McCauley e Ruderman (2010), nos quais é priorizado o desenvolvimento dos aspectos comportamentais da liderança para desenvolvimento e sustentação de equipes de alta **performance**.

Preparação da Cultura Organizacional para Trabalhar a Diversidade e Pessoas Mais Exigentes

Na década de 1980, a academia se voltou para um estudo mais estruturado dos processos de transformação da cultura organizacional e como esse processo poderia ser gerenciado. Transformações culturais que eram eventos raros nas organizações se tornaram comuns e não é raro a organização viver ao mesmo tempo vários processos de transformação.

Apesar de as organizações conviverem com contínuas transformações culturais, elas atuam de forma reativa em relação a tais transformações. Estas são provocadas por alterações no contexto interno ou externo (PETTIGREW, 1989) e, a partir delas, as organizações encaram as transformações necessárias para dar respostas a essas alterações.

Desde 2010, observamos as pessoas mais exigentes em sua relação com a organização e menos dispostas a tolerar um tratamento desrespeitoso. Lidar com maior exigência e diversidade de pessoas tem sido uma preocupação crescente de nossos estudos sobre cultura, relações de poder e preparação de lideranças.

TENDÊNCIAS DE ESTUDOS COMO RESPOSTA A PRESSÕES PREVISTAS PARA O FUTURO

Estudos sobre a gestão de pessoas necessitam dar respostas a transformações na organização do trabalho e nas demandas sobre as pessoas. Essas alterações terão influência sobre o perfil de pessoas que podem agregar valor para os negócios e para os intentos estratégicos das organizações contemporâneas. Vamos analisar nesta parte do capítulo algumas linhas de estudo necessárias para um futuro próximo, com o objetivo de estimular nossos estudantes e leitores a reflexões e pesquisas nessa direção.

> Para viabilizar o estímulo e dar suporte a um comportamento protagonista por parte das pessoas, há necessidade de rever as políticas e práticas de gestão de pessoas.

Papéis na Gestão de Pessoas

O protagonismo das pessoas durante o seu desenvolvimento e a gestão de temas relevantes para sua vida são objetos de discussão, mas a realidade das organizações é de inibir esse comportamento.

Para viabilizar o estímulo e dar suporte a um comportamento protagonista por parte das pessoas, há necessidade de rever as políticas e práticas de gestão de pessoas.

Acreditamos que uma investigação importante para o futuro próximo inclua a percepção de ajustes no comportamento da organização e de suas lideranças para patrocinar o protagonismo das pessoas.

Em trabalhos preliminares, pudemos observar que, quando a pessoa é estimulada a assumir maior protagonismo na organização, isso se reflete em todas as dimensões de sua vida. Por essa razão, o tema tende a ganhar relevância nos próximos anos.

Impacto da Tecnologia nos Processos de Comunicação Interpessoal e na Organização

Outra discussão que ganha relevância é o uso das tecnologias de comunicação. Conforme apontamos no capítulo anterior, observamos crescimento exponencial de aplicativos dedicados à gestão de pessoas, os quais já motivam transformações em serviços oferecidos para as organizações e para as pessoas.

Os aplicativos, atualmente, estão mais voltados a processos de captação de pessoas, de orientação profissional e de opções de desenvolvimento. Acreditamos que em breve surgirão aplicativos para monitorar as oportunidades de mercado, avaliar o nível de valorização da pessoa pela organização frente ao mercado, a qualidade de benefícios e serviços oferecidos pela organização etc.

O impacto da evolução desses aplicativos sobre as práticas de gestão de pessoas, sobre os papéis na gestão de pessoas e sobre a atuação das áreas dedicadas à gestão de pessoas será objeto de estudos relevantes em um futuro próximo.

Distribuição do Trabalho entre Pessoas e Computadores

A chegada da computação cognitiva e da inteligência artificial já é uma realidade no Brasil. Em todas as experiências acompanhadas pela nossa equipe, sempre houve a necessidade de profissionais especializados nos trabalhos desenvolvidos pelos computadores. Máquinas utilizadas para diagnóstico médico, por exemplo, interagem com médicos que utilizam as informações oferecidas como base para o seu diagnóstico.

Acreditamos que, nessa fase inicial da absorção da tecnologia, não é possível prescindir de profissionais especializados que farão uma simbiose com os equipamentos, chamados por alguns estudiosos de centauros, referência à figura mitológica de um ser metade homem e metade cavalo.

Quais serão as relações possíveis entre os especialistas e os computadores? Como o trabalho passa a ser organizado com a chegada da computação cognitiva? Qual será a reação das pessoas a essa nova tecnologia? Quais serão os níveis de resistência à nova tecnologia? Estas são algumas questões que podem orientar futuros estudos sobre a temática.

Papel do Estado e das Organizações nos Processos de Transição de Carreira Profissional

Países do norte europeu, como Suécia, Finlândia e Noruega, desenvolveram estímulos e condições sociais para os cidadãos efetuarem transições de carreira ao longo de suas vidas. Nesses países, um especialista em agronomia que não perceba oportunidade no mercado ou não tenha mais ligação emocional com o que faz pode realizar sua formação em análise financeira e iniciar sua carreira no mercado financeiro.

Conforme já discutimos no capítulo anterior, os ciclos de carreira estão mais curtos e as organizações associadas a ações do Estado podem encaminhar a solução para essa situação. Observamos o desaparecimento de profissões, tais como: jornalistas de texto para a mídia impressa, cobradores em transporte público, motoristas de táxi etc. Como a sociedade civil e o Estado podem encaminhar esse movimento do mercado? As pessoas estão vivendo mais e, ao se aposentarem formalmente, é provável que buscarão um novo tipo de inserção no mercado de trabalho.

Essas questões podem orientar estudos sobre transições na carreira e papéis das organizações, sociedade civil e Estado no encaminhamento desses processos.

Disponibilidade de Tempo das Pessoas para o Trabalho

As pessoas estão preocupadas com o equilíbrio entre o trabalho e outras dimensões de sua vida, como família, saúde, religião, amigos etc. Ao mesmo tempo, são estimuladas a permanecerem ligadas ao seu trabalho 24 horas por dia. Esse contraste tem sido objeto de discussão; observamos pessoas que não se importam de permanecerem disponíveis o tempo todo e outras que se sentem invadidas pela organização.

Quando uma mãe está amamentando seu filho e participando de uma reunião por telefone, qual é o papel preponderante? Como isso pode ser analisado a partir das diferenças de valores e personalidade das pessoas? Existem diferenças marcantes nas atitudes em função de faixa etária, gênero, classe econômica ou nível de instrução? Essas são questões que podem orientar pesquisas ou reflexões sobre o tema.

Discussões sobre as Fronteiras Organizacionais

Há pressão para que as organizações busquem novas formas de colaboração a fim de ganhar competitividade, Le Boulaire e Retour (2008) descrevem uma experiência com diversas organizações de tecnologia francesas que se reuniram para juntar forças e combater a competição internacional. Apesar de serem empresas concorrentes, ao reunirem suas competências se tornaram mais fortes. Não foi um processo fácil, porque tinham história de competição acirrada e estavam em um processo de entregar, uma para a outra, informações críticas sobre seus produtos e processos produtivos.

Os profissionais envolvidos nesse processo estavam envolvidos na construção de algo maior e que transcendia as fronteiras de suas organizações. Experiências colaborativas como a descrita por Le Boulaire e Retour (2008) são mais frequentes.

Acompanhamos outro tipo de colaboração, em uma empresa mineradora brasileira que tem entre seus acionistas uma organização australiana. Havia necessidade de desenvolver um profissional e os dirigentes da empresa australiana que atuavam no conselho de administração viram uma oportunidade de levar esse profissional para trabalhar na Austrália durante dois anos e depois retornar para a empresa brasileira.

A colaboração entre organizações torna suas fronteiras mais fluidas e podem criar oportunidades inusitadas para as pessoas. Em que medida as parcerias e a colaboração entre organizações podem criar novas alternativas de desenvolvimento e carreira para as pessoas? Nesses casos, como se definem os compromissos e lealdades das pessoas com suas organizações?

Essas questões estarão presentes nos horizontes das organizações e das pessoas em um futuro próximo.

ESPECULAÇÕES A RESPEITO DE ESTUDOS FUTUROS SOBRE A RELAÇÃO ENTRE PESSOAS E ORGANIZAÇÕES

Pensando em um futuro mais distante, podemos realizar algumas especulações sobre temas para estudos e pesquisas. São possibilidades que estão no horizonte, mas sobre as quais temos poucas experiências e estudos. Vamos destacar alguns temas que surgiram em nossas discussões com profissionais de gestão de pessoas.

Trabalho das Pessoas para Diversas Organizações ao Mesmo Tempo

O trabalho a distância e novas formas de vínculo com as organizações permitirão às pessoas atuarem em diversas organizações ao mesmo tempo. Essa prática gera menor custo para as empresas e mais oportunidades de ganho para as pessoas. Não é uma experiência inovadora: Hirata et al. (1991) apontam a experiência na região da Emília-Romanha, na Itália, onde houve o estímulo para que as pessoas desenvolvessem microempresas a fim de prestar serviços para diversas indústrias na região, resultando em maior produtividade, velocidade em inovação e redução de custos.

> A tecnologia possibilitará a ocorrência de fluxo mais intenso do trabalho realizado em outros países e em outras organizações.

As possibilidades tecnológicas já existem. As resistências são mais de ordem cultural e legal. Acreditamos que as mudanças nesse campo serão mais lentas, mas na medida em que se mostrem mais efetivas devem ganhar espaço.

Trabalho sem Fronteiras Organizacionais e Nacionais

Galbraith (1977) discutia nos anos 1970 a tendência de as organizações dividirem o trabalho em função da competência instalada em cada país. Assim, o desenho de produtos priorizaria a Itália e a programação de computadores de grande porte (*mainframes*) iria para Índia. A realidade dos anos subsequentes não foi exatamente nessa direção, mas assistimos à exportação de trabalho principalmente em relação à Índia, que passou a ser um centro de desenvolvimento de *software*.

A tecnologia possibilitará a ocorrência de fluxo mais intenso do trabalho realizado em outros países e em outras organizações. Nesse caso, qual será o ponto de referência das organizações para pensar a gestão de pessoas: somente as pessoas com uma relação empregatícia formal ou todas aquelas com as quais a organização mantém relação, mesmo que fora do país?

Aprendizagem e Trabalho como um Único Processo

Zarifian (2001), um dos pesquisadores franceses que trouxeram o conceito de competência do mundo educacional para o mundo das organizações, afirma que as pessoas vivem menos o trabalho rotineiro e mais uma sucessão de eventos diferentes a cada momento de trabalho. Embora a pessoa utilize o seu repertório para atender aos diferentes eventos, aprende com cada novo fato e está melhor preparada para o próximo evento.

Teóricos como Kolb, Rubin e McIntyre (1990) e Lombardo e Eichinger (1996 e 2001) afirmam que o principal aprendizado da pessoa ocorre com a experimentação, ou seja, é no trabalho que ela aprende. Apesar dessa discussão, verificamos que os teóricos dividem como dois momentos distintos o dia a dia da pessoa e seu processo de aprendizado. Pesquisadores como Senge (1990) e Zarifian (2001) juntam esses dois momentos como um só, o trabalho e o aprendizado ocorrendo ao mesmo tempo. A prática organizacional, entretanto, não consegue obter esse resultado. Temos trabalhos importantes no Brasil sobre o tema, tais como os de Ruas (2001; 2002; 2005), Ruas e Antonello (2003) e Antonello (2004; 2005; 2011), mas há um caminho longo a ser percorrido.

SAIBA MAIS

Karl Marx já vislumbrava o trabalho individual como uma mercadoria. Essa teoria se comprova nos dias de hoje, pois, com as novas tecnologias e com o acesso de todos a informações e confecções em milésimos de segundos, os intermediários entre quem precisa de serviços e quem os recebe estão sendo eliminados e dando espaço aos serviços prestados por plataformas virtuais que ajudam a conectar essas pontas por um valor infinitamente menor do que os dos intermediários anteriores. Um exemplo disso é a substituição dos táxis por profissionais autônomos conectados ao Uber. O mesmo ocorre com novas empresas que estão surgindo em formado de *startups*, como o Fiverr, plataforma na qual se pode vender qualquer tipo de serviço, com preços mínimos de dez dólares, e que utiliza como *slogan "what do you need done?"*, ou, no Brasil, a GetNinjas, que conecta prestadores de serviços de manutenção residencial aos usuários.[1]

Podem-se observar assim novos formatos de trabalho, a serem realizados de forma mais autônoma e nos quais a pessoa é de fato a protagonista de sua carreira e, de forma cada vez mais intensa, um empreendedor de si mesmo (VELOSO, 2012). Podemos inferir, assim, que a relação das pessoas com as organizações e com o mercado tende a mudar completamente.

Trata-se só do início dessas mudanças, estudiosos vão além. Rifkin (1995), por exemplo, refere-se às mudanças que ocorreram ao longo do século XX e início do século XXI como a terceira grande revolução, que, segundo o autor, "obriga cada nação a repensar o papel a ser desempenhado pelo ser humano nos processos sociais", pois as máquinas substituem cada vez mais o trabalho humano.

Existe uma discussão em curso sobre como será realizada a divisão do trabalho futuramente – por conta do avanço tecnológico, qual será o papel do homem na sociedade? Ele precisará trabalhar tantas horas por dia? Com a grande concentração de poder e renda nas mãos de poucos, como se dará a distribuição de trabalho e renda?

Papel do Líder em uma Orquestra que pode Atuar sem Maestro

A existência do papel do líder foi amplamente discutida (BASS; BASS, 2008; NORTHOUSE, 2016). É possível pensarmos uma organização sem líderes, assim como uma orquestra sem maestro. A diluição do papel de liderança entre vários grupos e as experiências de grupos semiautônomos (HIRATA et al., 1991; MARX, 1997; 2010) poderiam nos fazer pensar nessa tendência, mas as experiências mostram que não é algo viável dentro dos atuais padrões de relacionamento em nossas organizações.

Esse tema pode ser interessante para ser discutido em realidades organizacionais mais complexas e com estruturas matriciais.

---

[1] Informações disponíveis em: <www.uber.com> (Uber); <https://fiverr.com/> (Fiverr); <www.getnijas.com.br> (GetNinjas).

Gestão de Pessoas Regulada pelas Próprias Pessoas

Na mesma esteira da discussão da gestão sem lideranças, podemos pensar na gestão de pessoas realizada pelas próprias pessoas. Inkson (2007) descreve experiências na Austrália de organizações onde são formados grupos de empregados com a missão de ajudar os demais em questões relacionadas a carreira, acesso a benefícios, problemas de clima organizacional e assim por diante.

A discussão de uma gestão de pessoas essencialmente apoiada nas próprias pessoas pode ser algo interessante para especularmos em relação ao futuro. No Brasil, tivemos experiências interessantes mas isoladas, como o caso da Semco relatado por Ricardo Semler (1988).

Resumo e Implicações para o Aprendizado sobre Gestão de Pessoas

O propósito deste capítulo foi alinhar estudos sobre tendência e expectativa sobre o futuro e a necessidade de se repensar a gestão de pessoas. Para tanto, foi percorrido o seguinte caminho: em primeiro lugar, foram trabalhados estudos que estão surgindo sobre tendências da gestão de pessoas na academia; em seguida, foram analisadas tendências nos estudos sobre gestão de pessoas no futuro; finalmente, são propostas especulações sobre o futuro da gestão de pessoas.

As principais implicações para o aprendizado sobre a gestão de pessoas podem ser resumidas em:

- Estudos nacionais e internacionais sobre tendências na gestão de pessoas.
- Temas que vêm se tornando prioridade nos estudos sobre a gestão de pessoas.
- Tentativas de visualizar o futuro da gestão de pessoas.

QUESTÕES

Questões para fixação

1. Quais são os cuidados necessários na escolha e no desenvolvimento de lideranças para atuar em um ambiente volátil e ambíguo?
2. Qual será a importância do protagonismo das pessoas no futuro da gestão de pessoas?
3. Qual pode ser o impacto da tecnologia na gestão de pessoas?
4. Qual pode ser o futuro do trabalho a distância?

Questões para desenvolvimento

1. Uma cultura de maior colaboração entre as organizações para sinergia nos negócios pode afetar a gestão de pessoas?
2. O que é possível especular sobre o papel do líder na organização do futuro?
3. Podemos especular sobre uma gestão articulada pelas próprias pessoas?

ESTUDOS DE CASO E EXERCÍCIOS

Caso 1

A R.J.Smith é uma importante empresa internacional que atua em pesquisa de mercado. Seus serviços estão agrupados em duas categorias:

- Pesquisa sobre os veículos de comunicação – onde pesquisa itens tais como: público, eficiência e abrangência geográfica.

- Pesquisa do varejo – onde pesquisa itens como: distribuição, produtos consumidos por diferentes classes sociais, potencial de consumo de diferentes áreas geoeconômicas etc.

A R.J.Smith vem percebendo que seus clientes estão satisfeitos com os serviços prestados no que se refere às informações prestadas pela empresa, mas esperam que esta possa oferecer serviços com maior agregação de valor. A principal expectativa dos clientes é a oferta de informações que possam indicar oportunidades e administração estratégica dos negócios. Nesse contexto, a empresa deveria ser também uma provedora de soluções, ou seja, de informações inteligentes. Informações que permitissem aos clientes observar o mercado por novos ângulos ou perspectivas.

A transformação da empresa numa provedora de soluções pressupõe uma mudança radical da postura de trabalho em todos os níveis. Não só do tipo de relação a ser estabelecida com os clientes, mas principalmente da estruturação dos trabalhos de campo. Essa interação implica um conhecimento profundo do negócio dos clientes.

A empresa espera reorientar seus produtos e a sua relação com o mercado durante o próximo ano. Para tanto, está contratando você para assessorá-la.

Questões para o caso:

1. Quais são as recomendações que você fará para a empresa?
2. Como você estruturará o processo de trabalho para conduzir a transformação da R.J.Smith?
3. Quais são as pessoas a serem envolvidas nesse processo?
4. Que indicadores você recomenda para acompanhar o sucesso desse processo?

Caso 2

Renda Mínima
Texto adaptado de artigo do jornal *O Globo* (WENTZEL, 2016)

Em meados de 2016, a Suíça colocou em votação a ideia de uma renda mínima para todo os seus cidadãos de 2.500 francos suíços (aproximadamente 9.000 reais ao câmbio da época). A proposta era que todos os cidadãos iriam receber todos os meses a renda mínima do governo sem ter que fazer absolutamente nada. Sem trabalho, sem esforço, sem precondições. A renda mínima substituiria outros subsídios e seria distribuída para todos os cidadãos e residentes no país. Para as crianças, o valor seria de 625 francos suíços (valor equivalente a 2.270 reais ao câmbio da época).

A ideia não é nova – há 500 anos, o autor Thomas More defendeu a renda básica no livro *Utopia*, e projetos em escala regional foram testados em diversos países –, mas a possibilidade de implementação incondicional, institucionalizada e em larga escala é inédita.

A Suíça passaria a ser a primeira sociedade a desfrutar da prosperidade gerada pelo "dividendo digital", afirmam apoiadores do projeto. A noção defendida por eles é de que desassociar trabalho e renda será inevitável no futuro, pois cada vez mais a tecnologia está substituindo a atividade humana em países desenvolvidos. Ainda de acordo com tal pensamento, a Suíça deveria se adiantar a essa tendência e libertar a capacidade humana das obrigações econômicas como meio de garantir "segurança e liberdade" aos seus cidadãos.

"Robôs absorvem cada vez mais trabalho. É agora nosso dever reorganizar a sociedade de modo que a Revolução digital dê a todos uma vida digna: atividades de própria escolha e que façam sentido", afirmam os defensores da causa em um documento explicativo enviado aos eleitores.

"Produzimos três vezes mais do que conseguimos consumir [...], mas isso não está acessível a todos. A renda mínima é um direito nesse contexto. Por que não tornar a riqueza acessível a todos?", questiona o porta-voz do movimento pela renda mínima, Che Wagner, em entrevista à BBC Brasil.

"É útil promover uma sociedade em que as pessoas tenham a estabilidade para tentar coisas novas [...], é útil dar a liberdade para as pessoas serem criativas. Isso vai ajudar muito a Suíça se for adotado", opina. Com uma renda *per capita* estimada em US$ 59 mil ao ano e taxa de desemprego inferior a 4%, o país não carece de políticas públicas de combate à pobreza. Isso, dizem defensores do projeto, permitiria ao país "dar-se ao luxo" de experimentar uma utopia.

"A Suíça está em uma situação única. Não temos pobreza, não temos desemprego e é realmente por isso que possuímos aqui a oportunidade de debater o revolucionário conceito de renda universal", avalia Wagner.

André Coelho, da Basic Income Earth Network (BIEN), ONG que defende uma renda universal incondicional, ressalta que o retorno de valor de um investimento desse porte ocorrerá também por meio de ganhos não monetários. Para ele, o projeto oferece "retorno positivo" porque traz "estabilidade aos cidadãos, mais paz de espírito, mais tempo para a família e para os amigos, incentivo e condições para seguir atividades próprias e voluntariados diversos".

Questão: Reflita sobre o texto, a sua relação com as tendências apresentadas e quais seriam os impactos de cada uma das escolhas na relação das pessoas com o trabalho. Que impactos poderia gerar na gestão de pessoas nas organizações?

REFERÊNCIAS

ALBUQUERQUE L. G.; FISCHER, A. L. *Delphi 2010*. Relatório interno. São Paulo: PROGEP-FIA, 2011. Disponível em: <www.fia.com.br/progep>.

ANTONELLO, Cláudia S. *Alternativa de articulação entre programas de formação gerencial e as práticas de trabalho*: uma contribuição no desenvolvimento de competências. 2004. Tese (Doutorado) – Programa de Pós-Graduação da Universidade Federal do Rio Grande do Sul, Porto Alegre.

ANTONELLO, Cláudia S. A metamorfose da aprendizagem organizacional: uma revisão crítica. In: RUAS, R.; ANTONELLO, C. S.; BOFF, L. H. *Aprendizagem organizacional e competências*. Porto Alegre: Bookman, 2005.

_____. Desenvolvimento de projetos e aprendizagem nas organizações. In: ANTONELLO, C. S.; GODOY, A. S. *Aprendizagem organizacional no Brasil*. Porto Alegre: Bookman, 2011.

BARRETO, L. M. T. S.; SILVA, M. P.; FISCHER, A. L.; ALBUQUERQUE, L. G.; AMORIM, W. A. C. Temas emergentes em gestão de pessoas: uma análise da produção acadêmica. *Revista de Administração de Santa Maria*, v. 4, nº 1 p. 215-232, 2011.

BASS, Bernard M.; BASS Ruth. *The Bass handbook of leadership*. New York: Free Press, 2008.

GALBRAITH, Jay R. *Organization design*. Boston: Addison-Wesley, 1977.

HIRATA, H.; MARX, R.; SALERMO, M. S.; FERREIRA, C. G. *Alternativas sueca, italiana e japonesa ao paradigma fordista*: elementos para uma discussão sobre o caso brasileiro. São Paulo: Instituto de Estudos Avançados da Universidade de São Paulo, 1991. (Coleção Documentos, Série Política Científica e Tecnológica, n. 6.)

INKSON, K. *Understanding careers*: metaphors of working lives. Thousand Oaks: Sage, 2007.

LE BOULAIRE, M.; RETOUR, D. Gestion des compétences, stratégie et performance de l'entreprise: quel est le rôle de la fonction RH? *Entrprise & Personnel*, jan. 2008.

LOMBARDO, Michael M.; EICHINGER, Robert W. *FYI*: For Your Improvement, a guide for development and coaching. Minneapolis: Lominger, 1996.

_____; _____. *The leadership machine*. Minneapolis: Lominger, 2001.

KOLB, D.; RUBIN, I.; MCINTYRE, J. *Psicologia organizacional*. São Paulo: Atlas, 1990.

MARX, Roberto *Trabalho em grupos e autonomia como instrumentos da competição*. São Paulo: Atlas, 1997.

_____. *Autonomia e trabalho em grupo como instrumento de competição*. São Paulo: Atlas, 2010.

NORTHOUSE, P. G. *Leadership*: theory and practice. Thousand Oaks: Sage, 2016.

PETTIGREW, A. M. A cultura das organizações é administrável? In: FLEURY, M. T.; FISCHER, R. M. *Cultura e poder nas organizações*. São Paulo: Atlas, 1989.

RIFKIN, Jeremy. *The end of work*: the decline of global labor force and the dawn of the post-market era. New York: Putman, 1995.

RUAS, Roberto. Desenvolvimento de competências gerenciais e a contribuição da aprendizagem organizacional. In: FLEURY, M. T.; OLIVEIRA JR., M. (Org.) *Gestão estratégica do conhecimento*. São Paulo: Atlas, 2001.

_____. Gestão das competências gerenciais e a aprendizagem nas organizações. Documento preliminar preparado como material de apoio aos Cursos de Extensão do Programa de Pós-Graduação e Pesquisas em Administração. Porto Alegre: UFRGS, 2002.

RUAS, Roberto. Gestão por competências: uma contribuição à estratégia das organizações. In: RUAS, R.; ANTONELLO, C. S.; BOFF, L. H. *Aprendizagem organizacional e competências*. Porto Alegre: Bookman, 2005.

_____; ANTONELLO, Cláudia S. Repensando os referenciais analíticos em aprendizagem organizacional: uma alternativa para análise multidimensional. *Revista de Administração Contemporânea*, Curitiba: ANPAD, v. 7, nº 3, 2003.

SEMLER, Ricardo. *Virando a própria mesa*. São Paulo: Best Seller, 1988.

SENGE, Peter. *A quinta disciplina*. São Paulo: Best Seller, 1990.

VELOSO, E. F. R. *Carreiras sem fronteiras e transição profissional no Brasil*: desafios e oportunidades para pessoas e organizações. São Paulo: Atlas, 2012.

VELSOR, E. V.; MCCAULEY, C. D.; RUDERMAN, M. N. *Handbook of leadership development*. San Francisco: Jossey-Bass, 2010.

WENTZEL, Marina. Suíça decide se todos os seus cidadãos receberão R$ 9 mil por mês sem fazer nada. *O Globo*, 4 jun. 2016. Disponível em: <http://g1.globo.com/mundo/noticia/2016/06/suica-decide-se-todos-os-seus-cidadaos-receberao-r-9-mil-por-mes-sem-fazer-nada.html>.

ZARIFIAN, Philippe. *Objetivo competência*: por uma nova lógica. São Paulo: Atlas, 2001.

ÍNDICE REMISSIVO

A

Abordagem sistêmica, 6
Acidentes de trabalho
    análise, 343
Ações de desenvolvimento, 41
    como mensurar efetividade, 181
    formais, 170
    não formais, 170
    para a competência, 172
Acompanhamento de metas
    processo para, 282
Aconselhamento, 204
    de carreira, 202
    individual, 195
Administração científica, 12
Agregação de valor das pessoas, 213
Agregação mútua de valor, 88
Alcance de metas, 316
Ambiente de trabalho
    importância, 343
Ambulatório médico, 315
Ampliação da visão, 178
Análise do mercado
    mapeamento, 66
Âncoras de carreira
    características, 119
Anúncios
    atração de pessoas, 97
Aprendizado
    categorias, 290
Aprendizagem
    ciclo de, 173
    e trabalho, 469
    processo de, 173
    processos formais, 175
    reflexão sobre, 176
Aprimoramento do processo de desenvolvimento, 183
Aprimoramento no sistema, 192
Áreas de comunicação
    objetivos, 378
Arena política
    características, 403
    nível estratégico, 404
    no nível tático, 403
Armadilhas profissionais, 126
Ascensão
    políticas de, 181
Astúcia social, 405
Atração de pessoas
    formas de, 97
Atualização de dados
    pelas, 374
Autoavaliação de interesses, 189
Autoconhecimento, 117
    instrumentos, 195
Autonomia/independência, 119
Avaliação
    ações gerenciais decorrentes da, 305
Avaliação
    colegiada, 308
    importância para as pessoas, 313
    principais ações gerenciais, 306
Avaliação da capacidade
    formulário, 274
Avaliação das competências
    formulário, 273
Avaliação de desempenho
    processos de, 199
Avaliação de desenvolvimento, 265
    descrição de casos, 270
Avaliação de oportunidades, 133
Avaliação de pessoas
    aspectos ritualísticos, 262
    comportamento, 265
    desenvolvimento, 264
    etapas, 263
    histórico de contribuições, 314
    processo de, 261
    resultado, 265
    tipos, 264
Avaliação de potencial, 287
    fluxo, 297
    instrumentos, 289
    processos de, 199
Avaliação de resultado, 276
Avaliação do comportamento
    exemplos, 283
Avaliação dos cargos, 235
Avaliação nas organizações
    processos colegiados, 296

B

Babyboomers, 450

Banco de dados
    captação de pessoas, 98
Banco integrado de dados, 373
Base orçamentária, 373
Benefícios
    assistência financeira, 243
    assistenciais, 242
    necessidades pessoais, 243
    pensão complementar, 243
    recreativos, 243
    resultados esperados, 242
    segurança pessoal, 243
    serviços, 243
Benefícios flexíveis, 243
    cuidados, 244
    desvantagens, 244
    vantagens, 243
Bloqueadores de desenvolvimento, 146
Bolo
    a distribuir, 239
Buracos na carreira, 145
Business analist, 67

C

Caminho errado, 128
Caminhos sem saída, 126
Canais de comunicação, 315, 379
Capacidade dinâmica, 35
Capacitação de pessoas
    treinamento, 161
Captação, 76
Captação de pessoas, 94
    agente especializado, 97
    aspectos, 94
    definição de perfil, 94
    diferentes abordagens, 96
Career centers, 192
Career counseling, 202
Carreira
    autorrestrições, 116
    como pensar, 114
    crescimento, 130
    cuidados, 115
    desenvolvimento, 111
    dificuldade de sonhar, 115
    dimensionamento, 144
    estratégias, 130
    estrutura de, 141

etapas de, 121
fluxo na trajetória, 143
mudança de, 130
mudança de organização, 131
negociação com a organização, 132
políticas de, 190
pontos de atenção, 145
práticas, 190
projeto de, 117
protagonismo da pessoa, 112
trajetórias de, 44
transição de, 150
Carreiras
sistemas de gestão, 140
Carreiras complementares, 131
Carreiras profissionais, 164
Carreira técnica
retorno para a, 153
Ciclo de aprendizagem, 174
Ciclo de conhecimentos, 174
Ciclos de carreira
curtos, 450
Clareza das regras, 200
Classificação de empresas, 84
Clima organizacional
conceito, 355
definição, 356
dimensões, 360
e cultura organizacional, 358
e orientação de líderes, 362
monitoramento, 358
teoria funcionalista, 356
teoria interacionista, 356
Clima organizacional adequado
papel dos gestores, 362
Clima organizacional positivo
e os resultados, 358
Coaching, 205, 406
Coaching executivo, 202
Coaching for performance, 205
Combinação, 173
Comitês de sucessão
exemplos, 430
Compatibilidade, 121
Competência, 33
conceitos, 38
evolução do conceito, 33
níveis de complexidade, 167
Competência gerência geral, 119
Competências, 164
Competências de suporte, 35
Competências de unidades de negócio, 35
Competências distintivas, 35
Competências e complexidade
descrições conjuntas, 269
Competências essenciais, 35

Competências individuais, 34
caracterização, 36
Competências organizacionais, 34, 164
Competências por eixo, 36
Competência técnica/funcional, 119
Complexidade, 38
ações de desenvolvimento, 177
capacitação, 163
dimensões, 40
e entrega, 41
níveis de, 268
ocupação de maior, 182
preparação para maior nível de, 456
Comportamento
avaliação de, 282
Comportamento ético, 294
Comportamentos
categorias de, 282
Computadores cognitivos, 22
Comunicação
canais de, 315
Comunicação entre pessoas e organização
facilitadores, 198
Comunicação instantânea, 378
Comunicação interpessoal
impactos da tecnologia na, 467
Conciliação de expectativas, 50
papéis, 188
papel dos gestores, 146, 190
Condições contratuais, 95
Condições de desenvolvimento, 95
Condições de trabalho, 95
e segurança, 337
Conhecimentos
modelo de conversão, 173
Consistência no tempo, 17
Construção de redes de relacionamento, 405
Contatos pessoais, 88
Contrato de prestação de serviço
temporário, 97
Contrato de trabalho
por tempo determinado, 97
por tempo indeterminado, 97
Contrato psicológico, 8
Contribuição para os resultados, 82
Conversão de conhecimentos
modelo, 173
Cooperação transversal, 270
aspectos negativos, 270
aspectos positivos, 270
Criatividade empreendedora, 120

D

Decisões individuais
suporte a, 194
Deficiências individuais
análise, 41
Demissões em massa, 106
Demografia brasileira
e impactos na gestão de pessoas, 449

Demografia do Brasil, 24
Desafios
exposição a, 178
Desenvolvimento
avaliação das ações, 180
avaliação de, 265
busca de oportunidades, 189
conciliação de expectativas, 187
diálogo de, 321
estruturação das ações, 170
gestão do, 165
mensuração do, 265
necessidade, 174
Desenvolvimento da pessoa
tendências, 289
Desenvolvimento das pessoas, 10, 88
papel das organizações, 192
Desenvolvimento de fontes, 73, 87
Desenvolvimento de liderança
armadilhas, 420
competências exigidas, 416
em um ambiente volátil, 465
Desenvolvimento humano, 162
Desenvolvimento mútuo, 17
Desenvolvimento organizacional
e responsabilidade social, 384
Desenvolvimento profissional
acompanhamento, 182
suporte ao, 376
Desgaste de imagem, 129
Diálogo
estímulo ao, 314
preparação para, 324
realização do, 324
Diálogo de desenvolvimento, 190, 321
acompanhamento das decisões, 327
condução do, 326
etapas, 323
execução, 325
foco do, 323
papel da organização, 331
papel da pessoa, 326
papel do gestor, 328
processo de, 322
Dimensão da estruturação, 166
Dimensão da interação, 166
Dimensão da orientação, 166
Dimensionamento do quadro, 143
Direcionamento estratégico, 86
Disponibilidade de tempo
para o trabalho, 468
Distribuição do bolo
formas de, 239
Distribuição do trabalho
entre pessoas e computadores, 467
Divulgação da organização, 102
Doenças
apresentadas pelas pessoas, 345

E

Eixo de carreira
    graus de complexidade, 237
Eixo gerencial, 236
Eixos de carreira
    e faixas salariais, 236
Entrega
    dimensões da, 166
Entregas desejadas, 95
Equidade
    conciliação entre padrões internos e externos, 226
    critérios de, 216
    padrões externos, 226
    padrões internos de, 212
Equidade interna
    e mercado, 224
Equilíbrio entre vida e trabalho, 451
Escala de complexidade
    mensuração do desafio, 272
Escolha
    processo de, 99
    processos discriminatórios, 100
Espaço ocupacional, 41
Espectro de complexidade, 143
Espírito de equipe, 295
Espírito de equipe
    liderança, 271
Estabelecimento de metas
    exemplos, 281
    processo, 282
Estado Novo, 14
Estágio da fantasia, 121
Estágio das escolhas realistas, 122
Estágio das escolhas tentativas, 121
Estilo de vida, 120
Estratégia da organização, 74
Estratégia empresarial, 34
Estratégia organizacional, 75
Estratégias de carreira, 130
Estrutura de carreiras, 141
Estrutura salarial
    com base em complexidade, 235
Executive coaching, 202
Expatriação, 76
Expatriações, 104
Expectativa das pessoas
    dados sobre, 371
Expectativas da organização, 183
Expectativas das pessoas, 49, 181
Expectativas de carreira
    comunicação ao gestor, 189
Expectativas dos gestores, 182
Experimentação, 175
Exposição a desafios, 178
Externalização, 173

F

Faixas salariais, 225, 235
Feedback, 190
Feedforward, 322
Fluxo de pessoas, 88
    em empresas brasileiras, 252
Folha de pagamentos
    sistema de, 373
Fontes
    desenvolvimento de, 87
    parcerias com instituições, 88
Fontes de captação, 86
Fontes de dados, 183
Fontes de recursos, 86
    monitoramento, 88
Formação de sucessores, 433
Fronteiras organizacionais
    discussões, 468
Funções psíquicas
    de julgamento, 118
    perceptiva, 118
Futuro da organização
    planos para, 375

G

Geração Y, 24
Gerenciamento do quadro, 86
Gestão
    instrumentos de, 141
    perda dos referenciais, 22
Gestão com pessoas
    evolução no mundo, 12
Gestão de carreira
    definições sobre o sistema de, 146
Gestão de carreiras
    avaliação, 155
    critérios, 155
    e responsabilidade ambiental, 388
    papel da organização, 146
Gestão de carreiras pela organização, 139
Gestão de pessoas
    amadurecimento, 263
    ambiente em transformação, 47
    aprimoramento por meio da responsabilidade social, 389
    avaliação, 262
    bases conceituais, 32
    com diferentes vínculos empregatícios, 452
    demandas para repensar, 453
    desafios, 18
    desafios futuros, 457
    e sistemas de informação, 369
    desarticulação, 49
    desarticulação conceitual, 48
    e demografia brasileira, 449
    efeitos perversos, 48
    e gestão de carreiras, 142
    elementos estáveis, 42
    e responsabilidade social, 389
    estratégia de, 145
    estudos emergentes, 464
    exploração do trabalhador, 48
    fundamentos, 31
    impactos da globalização, 453
    impacto na competitividade, 9
    importância, 4
    modelo, 19
    novos caminhos, 16
    novos estudos, 463
    organização, 18
    papéis, 18
    prevenção de problemas, 380
    processo evolutivo, 11
    processo evolutivo no Brasil, 15
    processos de, 20
    protagonismo das pessoas, 467
    pressões para o futuro, 467
    referenciais estáveis, 46
    regulada pelas pessoas, 471
    simplicidade dos sistemas de, 455
    suporte para a organização, 197
    tendências, 22, 465
    tendências e desafios, 445
    transformações no ambiente, 448
    transformações no sistema de, 451
    transparência de critérios de, 451
Gestão de remuneração, 375
Gestão do clima
    e satisfação das pessoas, 353
Gestão estratégica de pessoas, 76
    movimentação, 74
Gestor
    características, 400
Gestor de pessoas
    preparação, 191
Gestores
    como identificar, 413
    desenvolvimento de, 411
    expectativas dos, 182
Gráfico de desenvolvimento
    posicionamento da pessoa, 275
Grupos profissionais, 164

H

Habilidades naturais, 120
Habilidades políticas
    astúcia social, 405
    construção de redes, 405
    desenvolvimento, 406
    influência interpessoal, 405
    preconceitos, 405
    sinceridade visível, 405
    tipos de, 404
Histórico de contribuições, 313
Honestidade de intenções, 200

I

Incentivos
    de curto prazo, 240
Incentivos de curto prazo
    comissão sobre vendas, 241
    não financeiros, 241
    pagamentos focados, 241

participação nos lucros, 241
participação nos resultados, 240
Incentivos de longo prazo
bônus diferido, 241
participação acionária, 241
Indicação da pessoa
para atribuições complexas, 182
Indicações
atração de pessoas, 97
Indicadores de performance, 316
Individualidade
análise das pessoas, 41
Infelicidade profissional, 127
Influência interpessoal, 405
Instrumentos de gestão, 141
Integração, 102
Integridade física
das pessoas, 338
Integridade social, 340
Interação com as pessoas, 455
uso de tecnologias, 375
Internalização, 173
Internet
atração de pessoas, 97
Intervenções no mercado de trabalho
importação de mão de obra, 67

L

Leader-manager, 400
Líder
características, 400
chances de sucesso, 399
e gestor, 402
em orquestra sem maestro, 470
exigências sobre o, 401
transformacional, 402
versus gestor, 395
Liderança
armadilhas típicas do desenvolvimento, 420
comportamentos importantes, 399
comunicação, 399
deficiências, 400
delegação, 399
desejada, 412
desenvolvimento da, 414
desenvolvimento de, 393
etapas de desenvolvimento, 414
foco no essencial, 399
habilidades comportamentais, 417
legitimidade da, 397
no Brasil, 396
operacional, 401
organizacional, 50
perfil desejado pela organização, 412
relacionamentos, 399
suporte da organização, 418
técnica, 401
Líderes
ações de desenvolvimento, 417
como identificar, 413

desenvolvimento de, 411
Líder formal, 402

M

Manuais de autopreenchimento, 132
Mapa sucessório, 429
caracterização, 429
construção do, 430
desdobramentos, 433
etapas para construção, 432
Mapeamento de expectativas, 191
Mapeamento de oportunidades, 189
Massa salarial, 247
características, 248
composição, 248
desenvolvimento e gestão, 198
dinâmica, 249
gestão da, 238
impactos, 248
racionalização, 249
uso estratégico, 249
versus dimensionamento do quadro, 251
Matriz de avaliação, 298
Melhoria contínua
estímulo a, 238
Mensuração do desenvolvimento, 265
Mentores
escolha de, 203
preparação, 204
Mentoring, 202
Mercado
posicionamento da organização, 226
valorização das pessoas pelo, 222
Mercado de trabalho, 192
ameaças, 69
características do, 64
construção da imagem, 67
demanda do, 62
descaso, 62
dinâmica do, 59
monitoramento pela organização, 65
monitoramento pela pessoa, 68
oportunidades, 69
posicionamento, 60
processos de intervenção, 67
proximidade geográfica, 62
transformações, 69
Mercado externo
vantagens, 84
Mercado interno
vantagens, 84
Metas
alcance, 316
Modelos mentais
construção de, 459
Monitoramento do mercado, 222
Movimentação
políticas, 181
processo de, 76

Movimentação das pessoas, 76, 104
ações gerenciais, 312
Movimentação real das pessoas, 145

N

Navegação da organização
no sistema de gestão de pessoas, 202
Negociação
papeis, 132
Negociação com a organização
cuidados necessários, 133
Negociação de carreira
espaços na organização, 133
Negociação de expectativas, 102
Nivelamento por baixo, 417
Nova República, 16

O

Ocorrências
dados sobre, 372
Oferta de pessoas, 63
salários, 63
Oportunidades internas, 375
informações sobre, 196
Organização
expectativas da, 49, 183
identificação das pessoas com a, 452
necessidades da, 89
Organização do trabalho, 12
novas formas, 23
transformações tecnológicas, 449
Organizações
atitudes reativas, 61
papel das, 19
Orientação, 179
Orientação profissional
processos de, 202
programas de, 193
Orientador, 102
Orientadores
gestores como, 199
Outplacement, 68

P

Padrões de valorização, 215
Padrões internos
de equidade, 212
Papel das pessoas
na conciliação de expectativas, 188
Perfil comportamental, 95
Perfil de liderança
critérios de delineamento, 413
Perfil de liderança, 413
Perfil profissional, 94
Performance
avaliação, 277
indicadores de, 316
Período fiscal
final do, 307
início, 307

Pesquisa de clima
  estruturação, 359
Pesquisas
  ações gerenciais, 225
  realização de, 223
Pesquisas de clima organizacional
  e aprimoramento da liderança, 362
Pesquisas organizacionais internas, 359
Pesquisas sobre o mercado
  análise de, 224
Pessoas
  agregação de valor, 213
  captação de, 93
  ciclos de influência, 125
  cuidado com as, 21, 335
  demanda e oferta, 60
  desenvolvimento, 109
  equidade e justiça, 211
  expectativa das, 49
  expectativas, 43
  expectativas das, 181
  formas de valorização, 217
  gerenciar a diversidade de, 456
  gestão do desenvolvimento, 162
  gestão estratégica, 75
  integração na organização, 102
  integridade das, 338
  movimentação, 104
  movimentação de, 57
  orientação, 259
  orientação às, 21
  papéis das, 189
  papel das, 19
  previsão de demanda, 197
  protagonismo das, 111
  satisfação das, 89
  sistema de informação, 194
  socialização, 102
  suporte na movimentação, 103
  valorização das, 39, 209
Pessoas com potencial
  como identificar, 288
Pessoas mais exigentes
  diversidade, 466
Planejamento de carreira
  manuais, 195
Planejamento de pessoas, 73
Planejamento de reposição, 425
Planejamento sucessório
  com ênfase no desenvolvimento, 425
Políticas e práticas
  aprimoramento, 194
Pontos de alinhamento, 142
Posicionamento das pessoas
  categorias, 123
Posturas frente ao mundo, 118
Potencial
  avaliação de, 287
Preparação da liderança, 193
Preparação de sucessores, 191
Prestação de serviços
  pessoa jurídica, 97

profissionais autônomos, 97
Previsão de quadro, 372
Previsões orçamentárias, 372
Processo de aprendizagem, 172
Processo de avaliação
  indicadores de sucesso, 314
Processo decisório
  suporte ao, 377
Processo de comunicação
  de mão dupla, 378
Processo de desenvolvimento
  aprimoramento do, 183
Processo de escolha, 99, 121
  estágios, 121
Processo de escolha
  efetividade, 101
  papéis no, 100
Processo de liderança
  exigências, 414
Processo de transição, 437
  problemas no, 437
Processo evolutivo no Brasil, 14
Processos colegiados
  composição, 297
Processos colegiados de avaliação, 296
Processos críticos para a organização, 164
Processos de avaliação
  dados sobre, 371
Processos de orientação profissional, 202
Processos de recolocação, 106
Processos de transferência, 104
Processo seletivo, 100
Processos sucessórios
  aprendizados, 438
  aprimoramento dos, 440
  aspectos comportamentais, 436
  bases conceituais, 424
  dificuldades típicas, 309
  e perenidade da organização, 426
  estruturação típica, 425
  evolução do, 425
  passos fundamentais, 428
  sem o desenho organizacional, 466
Produtividade, 316
Programa de *mentoring*
  patrocínio, 204
Protagonismo da pessoa
  na carreira, 112
Protagonismo em relação à carreira, 113
Puro desafio, 120

Q

Quadro
  acompanhamento, 86
  projeção do, 85
Quadro de pessoal
  dimensionamento qualitativo, 80
Quadro de pessoas
  desequilíbrios, 85
  dimensionamento, 76
  planejamento, 191

planejamento do, 74
Qualidade de vida no trabalho, 346
  aprimoramento, 348
  e resultados, 347
Questões sociais e ambientais, 455

R

Recolocação, 76, 106
Recompensa
  e remuneração, 231
Recompensas não financeiras
  tipos de, 253
Recursos
  fontes de, 86
Rede de relacionamento, 179
Redução de custos, 454
Referenciais
  construção de, 459
Relação entre pessoas e organizações
  estudos futuros, 469
Relação sujeito e objeto, 118
Relacionamento
  rede de, 179
Relacionamento interpessoal
  etiquetas, 457
Relações com a comunidade, 22
Relações organizacionais
  com poder diluído, 466
  menos tangíveis, 457
Relações sindicais, 22
Remuneração
  desenvolvimento, 312
  e carreira, 312
  e complexidade, 235
  e recompensa, 231
  e velocidade de desenvolvimento, 251
  evolução do pensamento, 232
  lógica do mercado, 220
Remuneração adequada
  parâmetros para, 219
Remuneração básica, 218
Remuneração direta, 217
Remuneração fixa, 232
  formas tradicionais, 234
  versus desenvolvimento, 250
  versus remuneração variável, 249
Remuneração indireta, 217, 218
Remuneração não financeira
  impacto na massa salarial, 255
  uso, 254
Remuneração por *performance*, 218
Remuneração por senioridade, 218
Remuneração variável, 237, 249
  críticas, 241
  fatores, 237
  pagamento, 240
  participação acionária, 239
  participação nas vendas, 238
  participação nos lucros, 238
  participação nos resultados, 238
  riscos, 241

tipos, 238
Reputação, 88
Respeito à comunidade, 295
Respeito às pessoas, 295, 314
Responsabilidade ambiental, 384
    realização profissional, 389
Responsabilidade social, 22
    características no Brasil, 386
    como forma de construção de carreira, 388
    desenvolvimento profissional, 389
    impactos sobre as pessoas, 387
    impactos sobre o desenvolvimento organizacional, 386
Responsabilidade Social e Ambiental, 383
    expansão das fronteiras, 390
    significado para o trabalho, 388
Resultado
    avaliação de, 276
    valorização, 279
Resultados
    mensuração, 277
Retenção, 310
Rotatividade
    avaliação e, 317
    comparativo, 78
Rotatividade de pessoas, 106
Routine-manager, 400

S

Satisfação das pessoas, 88
Satisfação mútua, 17
Saúde
    conceito amplo, 346
    programas preventivos, 344
Saúde das pessoas
    monitoramento, 344
Segunda República, 15
Segurança/estabilidade, 119
Segurança no trabalho, 341
    como cultura organizacional, 342
Sentimento de segurança, 200
Serviço/dedicação a uma causa, 120
Serviços
    criação de, 376
Sinceridade visível, 405
Sistema de administração de carreira
    aplicação, 147
Sistema de gestão de carreira
    aprimoramento, 156
    características, 141
    definição, 146
    metodologia, 147
    pontos de alinhamento, 142
    premissas, 200
    princípios, 141
Sistema de gestão de pessoas
    informações importantes, 200
Sistema de informação
    componentes, 372
    e políticas de gestão, 373
    tendências, 380
    utilização pela organização, 376
    utilização pelas pessoas, 374
Sistema de informações
    clareza, 378
Sistemas de carreira, 373
Sistemas de computação cognitiva, 374
Sistemas de gestão de carreiras, 140
Sistemas de informação
    na gestão de pessoas, 370
Sistemas de informação
    problemas e soluções, 377
Sistemas de recrutamento interno, 373
Socialização, 76, 173
Sucessão
    comparativo das abordagens, 426
    processos, 194
Sucessão
    em trajetórias de carreira, 437
Sucessores
    papéis no desenvolvimento de, 435
    preparação de, 433
Sugestões
    fluxo de, 315
Sugestões de aprimoramento, 190
Suporte à pessoa, 103
Suprimento de pessoas, 82

T

Tecnologias complexas, 456
Tendências na gestão de pessoas, 447
Time span, 288
Tipo clube, 83
Tipo fortaleza, 83
Tipologia de estratégias, 82
Tipos de organizações
    fortaleza, 82
Tipos de recompensa, 219
Tipos psicológicos, 117
Tipo time de beisebol, 83
Tipo universidade, 82
Trabalho
    qualidade de vida no, 346
Trabalho em equipe, 458
Trabalho sem fronteiras, 469
Trajetória de carreira, 375
    momentos, 148
Trajetórias de carreira, 44, 85
    compreensão das, 45
    informações estruturadas, 193
Transferência, 76, 104
Transformações culturais, 25
Transição de carreira, 150
    de técnica para gerencial, 152
    etapas, 151
    gestão da, 153
Transição de carreira profissional
    papel do estado, 468
Transições de carreira
    papel das organizações, 468
Transparência, 199
Triagem
    atividades finais, 100
    atividades iniciais, 99
    atividades intermediárias, 100
Troca de experiências, 194
Tutoria, 203

V

Valores, 118
Valorização da pessoa, 217
Variáveis externas, 86
Velocidade de crescimento, 143
Visão
    ampliação da, 178

W

Work level, 288
Workshops, 132, 195